평신도를 위한
가정예배와 추모예배

평신도를 위한
가정예배와 추모예배

2013년 12월 25일 1판 1쇄 발행
2023년 09월 15일 1판 4쇄 발행

지은이 | 노진향
펴낸이 | 황성연
펴낸곳 | 도서출판 청우
등 록 | 제 2001-000055호
주문처 | 하늘물류센타
주 소 | 경기도 파주시 광탄면 혜음로883번길 39-32
전 화 | 031-947-7777
팩 스 | 0505-365-0691

ISBN 978-89-94846-19-4 03230

저작권법에 의하여 한국내에서 보호받는 저작물이므로
무단전제와 무단복제를 금합니다.

잘못되거나 파손된 책은 구입하신 서점에서 교환하여 드립니다.

책 값은 뒤표지에 있습니다.

평신도를 위한

가정예배와 추모예배

노진향 지음

청우

머리말

밥만 먹고 살 수 없습니다

　사람은 동물과는 달리 밥만 먹고 살 수 없습니다. 예수님이 말씀하셨듯이 사람은 떡으로만 사는 존재가 아니기 때문입니다(마4:4). 하늘의 양식인 하나님의 말씀을 먹어야 살 수 있는 것이 사람입니다. 하나님은 사람의 영혼에 당신의 말씀을 두셨습니다. 그래서 사람은 영혼의 양식인 하나님의 말씀을 먹지 않고는 제대로 살 수 없습니다. 이스라엘 백성들이 70년의 바벨론 유수 때에 절실히 깨달았던 것이 사람이 떡으로만 사는 것이 아닌 하나님의 말씀이 있어야 살 수 있다는 것이었습니다. 영혼의 양식이 결핍되어 있으면 우리의 삶을 그 어떤 것으로 채워도 항상 갈증을 느낍니다. 만족을 못 느끼며 삽니다. 그렇기 때문에 하늘의 양식인 하나님의 말씀으로 우리의 영혼을 채워야하는 것입니다.
　매일 성경과 함께 주님의 말씀을 묵상한다면 우리의 영혼이 하늘의 양식으로 풍성하게 채워지는 놀라운 은혜를 경험하게 될 것입니다. 영혼이 잘되고 범사가 잘되며 강건함을 누리는 축복의 삶을 살게 될 것입니다(요삼 2). 그리고 채우고 또 채워도 채워지지 않는 인생의 빈 잔에 젖과 꿀이 흘러넘치는 감사의 삶을 살게 될 것입니다.
　이 한 권의 책에 수록된 하나님의 말씀이 그리스도의 비밀을 아는 자들에게 기쁨과 행복을 더해주는 생명의 양식이 되기를 바랍니다.

"여호와께서 자기를 경외하는 자들에게 양식을 주시며
그의 언약을 영원히 기억하시리로다"
(시편 111편 5절)

_반달마을에서 노진향

■■■ 이렇게 사용하세요

『가정예배와 추모예배』는 가정예배, 개인 큐티(QT), 심방예배, 추모예배를 드릴 때 쉽게 사용할 수 있도록 만들어진 말씀 중심의 예배서입니다. 매일 아침이나 저녁에 온 가족이 함께 모여 말씀을 읽고 예배드린다면 하나님이 바라시는 복된 가정을 세워가는 데 많은 유익을 줄 것입니다. 또한 이 책은 개인이 묵상을 위한 큐티(QT)자료집으로 활용해도 전혀 손색이 없습니다. 가정과 직장에서 짤막한 시간을 활용하여 말씀을 묵상하고 기도한다면 경건훈련과 신앙생활에 많은 유익을 줄 것입니다. 또한 설교문마다 상단에 주제들이 표기되어 있어서 심방예배서로도 적극 활용할 수 있습니다. 심방이 필요한 가정을 방문하여 심방 성격에 따라 적절한 말씀을 들려주면서 대화를 나눈다면 상대방의 믿음을 세워주는 데 많은 도움이 될 것입니다.

■■■ 설교가 부담된다면

이 책은 예화 중심과 성경 본문 중심으로 되어있기 때문에 말씀을 적용하고 이해하는 데 전혀 어려움이 없습니다. 일반 성도의 위치에서 설교를 한다는 것은 심적으로 적잖은 부담을 갖게 합니다. 신학을 공부한 것도 아니고, 목회자의 고유영역을 침범하는 것 같은 느낌을 버릴 수 없기 때문입니다. 또한 교회의 질서를 어지럽게 하는 것은 아닌가하는 생각도 들게 만듭니다. 그러나 개인과 가정의 경건훈련을 위해서 목회자의 지도를 받거나 또는 예배서를 바탕으로 말씀을 전하는 것이라면 마음의 부담은 가질 필요가 없다고 봅니다. 그리스도인의 경건한 삶의 중심에는 언제나 예배와 말씀이 있습니다. 예배와 말씀 없이 그리스도인으로서의 삶을 산다는 것은 있을 수 없습니다. 우리가 매일의 삶속에서 예배와 말씀이 떠나지 않는 삶을 살 수 있다면 하나님으로부터 받을 수 있는 복 중에 이것보다 더 큰 복은 없습니다.

머리말 • 4
이렇게 사용하세요 • 5
설교가 부담된다면 • 5

1월 January

때	1월 1일	때를 따라 사는 삶
닮아감	1월 2일	예수님처럼 사는 삶
말씀묵상	1월 3일	복 있는 사람
동행	1월 4일	함께 가시는 하나님
마음	1월 5일	마음먹기에 달렸다
오래 참음	1월 6일	복 받고 번성케 되는 믿음
예배	1월 7일	예배의 축복
약점과 강점	1월 8일	약함도 강함이 될 수 있다
찬양	1월 9일	온 땅에 어찌 그리 아름다운지요
기도생활	1월 10일	하늘 문을 여는 기도
상급	1월 11일	상급을 사모합시다
충성	1월 12일	소박한 충성
영적건강	1월 13일	전투적인 신앙생활
오직주님	1월 14일	주님만 의지합니다
기회	1월 15일	기회를 붙잡는 사람
자녀	1월 16일	나는 강력한 존재
기도의 보증	1월 17일	주님께 붙어있어야 한다
성숙한 신앙	1월 18일	심는 대로 거둔다
기도응답	1월 19일	야베스의 기도
소망	1월 20일	나의 소망은 주께 있나이다
역할	1월 21일	너희는 세상의 소금이니
충만	1월 22일	흘러넘치는 삶
환난	1월 23일	환난이 와도 즐거워할 수 있다
평안	1월 24일	평안을 누리는 자
교제와 기도	1월 25일	하나님을 가까이함
부흥	1월 26일	주여 부흥케 하소서
담대함	1월 27일	두려워 말며 담대하라
감사	1월 28일	감사하는 삶
겸손	1월 29일	늘 겸손하게
하나님 중심	1월 30일	승리의 비결
인도하심	1월 31일	하나님의 함께하심

2월 February

향기	2월 1일	향기로운 삶
기도와 찬송	2월 2일	기도와 찬송이 흘러 넘치게 하라
열정, 기회	2월 3일	치는 대로 얻는다
기도	2월 4일	기도의 분향
협력	2월 5일	말씀과 기도에 전념할 수 있도록
은혜	2월 6일	보이지 않는 하나님의 은혜
성전	2월 7일	주의 장막에 머무를 자
은혜	2월 8일	은혜를 아는 자
성경	2월 9일	내 발에 등, 내 길에 빛
유산(설)	2월 10일	물려주어야 할 유산
인성	2월 11일	바나바
탐심	2월 12일	인생을 찌르는 가시
교만	2월 13일	잘될 때 조심해야 한다
마음	2월 14일	예수님의 마음을 품으라
형통	2월 15일	형통의 원리
믿음의 고백	2월 16일	모든 것 주님의 뜻대로
공평	2월 17일	공평하신 하나님
시험, 감사	2월 18일	시험이 복이다
예배	2월 19일	예배라고 다 예배인가
주일	2월 20일	포기를 통해 받은 영광
교회사랑	2월 21일	축복도 중고로 받는다
마음	2월 22일	마음을 바꾸면 된다
믿음과 확신	2월 23일	믿음의 줄
성경	2월 24일	손때 묻은 성경
믿음	2월 25일	믿습니까?
의지	2월 26일	하나님만 믿습니다
의지, 기도	2월 27일	맡김의 축복
마음	2월 28일	심령이 가난한 자

3월 March

나라사랑	3월 1일	사랑하는 민족을 위해서라면
아픔과 복	3월 2일	주밖에는 복이 없나이다
전도	3월 3일	전도는 왜 해야만 하는가?
시기	3월 4일	때가 있습니다
열심	3월 5일	모이기에 힘쓰자
희생	3월 6일	한 알의 밀알처럼
겸손	3월 7일	모든 영광을 하나님께
헌신과 희생	3월 8일	기뻐하고 기뻐하리니
아픔	3월 9일	강렬한 아픔, 강렬한 소원
주님사랑	3월 10일	나를 더 사랑하느냐
열매, 기도	3월 11일	울더라도 뿌려야한다
가치, 기도	3월 12일	가치를 알아야 한다
기도응답	3월 13일	하나님께서 정하신 때
영적전쟁	3월 14일	사단이 당신을 찾는다
믿음	3월 15일	믿음은 가능하다
참된 예배	3월 16일	버려지는 예배
고난	3월 17일	예수님을 따라감
역경	3월 18일	피할 길을 주신다
확신	3월 19일	확신만 있다면
말씀적용	3월 20일	말씀은 적용이 중요하다
십자가	3월 21일	가장 아름다운 그림
죄	3월 22일	주저앉히는 은혜
자유	3월 23일	구원의 자유
고난주간	3월 24일	희생이 있는 삶
십자가	3월 25일	사랑의 확증
사랑	3월 26일	하나님 사랑은
사명 감당	3월 27일	제 십자가를 지고
보배	3월 28일	보배를 가진 질그릇
예수님의 수난	3월 29일	기적이 없어야 할 때가 있다
죄	3월 30일	죄의 문제
부활신앙	3월 31일	부활의 신앙

4월 April

닮아감	4월 1일	예수님의 꿈
대가	4월 2일	약한 자가 강국을 이루겠고
전도	4월 3일	전도해야 합니다
전도	4월 4일	전도가 본업입니다
보람	4월 5일	예수 믿는 보람을 느끼는가?
예수님	4월 6일	지혜와 지식의 모든 보화
깨어있음	4월 7일	마귀가 노리고 있다
감사	4월 8일	감사함을 넘치게 하라
계명	4월 9일	두 가지 큰 계명
사명	4월 10일	겸손한 사명
특징	4월 11일	은혜 받은 자의 특징
기도	4월 12일	기도드려 아뢰세
말씀	4월 13일	순금보다 더 사모하는 말씀
질병	4월 14일	가시 같은 아픔
하나님 말씀	4월 15일	돈으로만 사는 존재가 아니다
위기, 기도	4월 16일	하나님이 필요로 하는 사람
기도의 보증	4월 17일	하나님께 소망을 두라
택하심	4월 18일	하나님이 우리를 택하셨다
인정과 칭찬	4월 19일	시원하게 하는 사람
하나님의 시각	4월 20일	미래를 열어주는 사람
보호	4월 21일	지키시는 하나님
믿음	4월 22일	믿음은 들음에서 난다
실천	4월 23일	네 행복을 위하여
감사	4월 24일	내 잔이 넘치나이다
일꾼	4월 25일	왕을 위해 일하는 사람
자랑	4월 26일	최고의 자랑거리
신앙	4월 27일	여호와를 만날 자
축복	4월 28일	균형 잡힌 축복
교회생활	4월 29일	천 날보다 나은 곳
치유와 기도	4월 30일	나를 고치셨나이다

5월 May

아버지 자리	5월 1일	상실된 부성의 회복
협력	5월 2일	협력이 아름답다
믿음의 유산	5월 3일	믿음의 영향력
구원의 빛	5월 4일	너희는 세상의 빛이라
어린이주일	5월 5일	주의 교훈과 훈계로 양육하라
복과 순종	5월 6일	왜 복을 받지 못하는 것일까?
자녀교육	5월 7일	하나님의 대리자
부모공경	5월 8일	효의 종교
비전의 사람	5월 9일	미래를 바라보는 사람
낮아짐	5월 10일	낮아져야만 영혼을 얻는다
용납의 능력	5월 11일	수용은 사람을 얻는다
어버이주일	5월 12일	사람의 기본 도리
형통의 복	5월 13일	형통의 비결
도움의 손길	5월 14일	필요를 채워주는 사람
멘토	5월 15일	가장 좋은 멘토
생명의 말씀	5월 16일	말씀이 생명이다
교제의 대상	5월 17일	예수님과의 교제
완전한 믿음	5월 18일	하나님의 전권
성령강림절	5월 19일	성령의 능력으로 사는 삶
성령충만	5월 20일	성령 충만을 사모해야한다
성령의 열매	5월 21일	성령의 아홉 가지 열매 – 사랑
성령의 열매	5월 22일	성령의 아홉 가지 열매 – 희락
성령의 열매	5월 23일	성령의 아홉 가지 열매 – 화평
성령의 열매	5월 24일	성령의 아홉 가지 열매 – 오래 참음
성령의 열매	5월 25일	성령의 아홉 가지 열매 – 자비
성령의 열매	5월 26일	성령의 아홉 가지 열매 – 양선
성령의 열매	5월 27일	성령의 아홉 가지 열매 – 충성
성령의 열매	5월 28일	성령의 아홉 가지 열매 – 온유
성령의 열매	5월 29일	성령의 아홉 가지 열매 – 절제
축복	5월 30일	축복받은 오벧에돔의 집
진정한 헌신	5월 31일	죽는 것도 유익한 삶

6월 June

감사	6월 1일	만 번의 감사
섭리	6월 2일	악인의 형통
소망	6월 3일	한 가닥 줄만 있으면
죄사함	6월 4일	그 아들 예수의 피가
행복한 사람	6월 5일	포기하지 않으면 된다
나라사랑	6월 6일	치유가 있어야 평화가 있다
일꾼	6월 7일	내 마음에 합한 사람
시각	6월 8일	하나님에 대한 시각
헤아림	6월 9일	지도자의 마음을 살필 줄 아는 사람
신앙	6월 10일	영적인 앉은뱅이
기도의 능력	6월 11일	사단의 입을 봉하는 기도
성공키워드	6월 12일	153의 축복
은혜	6월 13일	보이지 않는 하나님의 은혜
긍정	6월 14일	'예'의 신앙
간구	6월 15일	하늘 문을 열어놓으심
성령 충만	6월 16일	초월하게 하시는 성령님
섬김	6월 17일	섬기며 사는 삶
사랑의 빚	6월 18일	가장 큰 행복
겸손	6월 19일	겸손이 복을 부른다
중심	6월 20일	하나님은 중심을 보신다
외로움	6월 21일	절대 혼자가 아니다
산 믿음	6월 22일	하나님을 다급하게 한 사람
도고와 간구	6월 23일	강청과 끈기 있는 기도
장성한 신앙	6월 24일	어린아이의 일을 버렸노라
6.25	6월 25일	민족을 사랑한 사람
주님의 음성	6월 26일	작고 세미한 음성
친절	6월 27일	세상을 아름답게 변화시키는 것
하나님 영광	6월 28일	하나님의 영광을 위하여
지혜	6월 29일	지혜가 주는 유익
회개	6월 30일	회개의 은혜

7월 July

고난	7월 1일	고난의 유익함
사랑의 실천	7월 2일	계명을 받은 자
산 믿음	7월 3일	믿음을 표현하는 삶
실패와 성공	7월 4일	길을 찾는 사람만이
정체성	7월 5일	나는 누구인가?
의뢰와 평안	7월 6일	신앙의 힘
맥추절	7월 7일	맥추절을 지킵시다
행복의 원료	7월 8일	감사가 축복을 부른다
분수	7월 9일	필요한 자리에 있는 것
인도	7월 10일	하나님의 인도하심
기도	7월 11일	기도드려 아뢰세
찬송	7월 12일	삶으로 하는 찬송
인생	7월 13일	무엇을 얻으려 하는가?
교회	7월 14일	감동을 주는 교회
간구와 기도	7월 15일	애절한 눈물의 간구
주님 사랑	7월 16일	불러도 싫증나지 않는 이름
성령	7월 17일	성령의 역사가 있는 곳
회개와 은혜	7월 18일	욥의 인생체험
예배 사랑	7월 19일	신앙생활의 가장 중요한 것
믿음의 확신	7월 20일	믿음은 확신하는 것이다
믿음	7월 21일	믿음을 따라 역사하심
주일	7월 22일	주일은 꼭 지켜야한다
환경	7월 23일	악조건 속에서도
인생	7월 24일	하나님께 주목받은 사람
삶	7월 25일	내가 붙들고 살아야 할 것
집중	7월 26일	하나님을 집중하는 삶
기도	7월 27일	가장 강력한 무기
지키심	7월 28일	찾아오시는 하나님
멋진 인생	7월 29일	불처럼 산 사람
도움, 의지	7월 30일	주님께 피하는 자
절망	7월 31일	가장 무서운 전염병

8월 August

천국	8월 1일	천국은 있습니다
믿음	8월 2일	담대한 믿음
믿음의 시각	8월 3일	믿음의 눈으로 바라보니
기회	8월 4일	위기 속의 기회
사명	8월 5일	부담이 사명이다
집중	8월 6일	한 가지 일만 잘해도
사명 감당	8월 7일	그날의 기쁨을 위하여
하나 됨	8월 8일	하나 됨의 능력
회복	8월 9일	신앙의 우물을 점검하세요
치유	8월 10일	상한 마음의 치유
자존감	8월 11일	아름다운 시와 같은 존재
이름	8월 12일	좋은 이름에 걸맞는 삶
영혼	8월 13일	무엇에 매료되어 사는가?
비교	8월 14일	비교하면 망한다
광복절	8월 15일	영적인 주권
믿음의 수준	8월 16일	귀신 수준의 믿음
영적인 힘	8월 17일	세상에서 가장 강한 힘
잊지 않음	8월 18일	하나님의 쓴 소리
깨어있음	8월 19일	생명책과 블랙 리스트
위로	8월 20일	우리도 넘어질 수 있습니다
응답의 확신	8월 21일	기도는 해놓고
동행	8월 22일	아름다운 동행
교회생활	8월 23일	참된 교회생활
함께하심	8월 24일	여기에 계신 하나님
기도응답	8월 25일	그래도 구해야만 한다
돌보심	8월 26일	하나님이 돌보신다
기도	8월 27일	기도가 삶을 주도한다
믿음	8월 28일	예수님과 같아지는 믿음
헌신	8월 29일	칭찬받은 낭비
신앙	8월 30일	참 신앙과 가짜 신앙
성전	8월 31일	그들을 기쁘게 할 것이며

9월 September

신분	9월 1일	보배롭고 존귀한 존재
본받음	9월 2일	이렇게 말할 수 있는 사람
성품	9월 3일	내 몸을 쳐 복종시켜야한다
지혜로운 삶	9월 4일	하나님의 생활방식
구제와 나눔	9월 5일	줌은 줌(ZOOM)이다
순종	9월 6일	나를 성경의 인물과 동일시 하라
순종의 기도	9월 7일	구하기만 하면
동행	9월 8일	하나님과 동행하는 삶
약함과 강함	9월 9일	약한 것을 자랑하라
붙드심	9월 10일	나를 아시는 하나님
전권신앙	9월 11일	하나님의 전권
죄	9월 12일	죄는 삶의 문제이다
주를 의뢰함	9월 13일	하나님은 약점이 없습니다
구원	9월 14일	구원받을 수 있을까?
믿음	9월 15일	믿음의 세계
믿음	9월 16일	마음이 다르면
약속	9월 17일	신실하신 하나님
제사	9월 18일	제사가 효도행위인가?
명절 (추석)	9월 19일	일하고 먹어야 한다
믿음	9월 20일	허물을 덮는 힘
바른 신앙	9월 21일	바로알고, 바로 믿어야 한다
주일	9월 22일	안식일은 쉬어야한다
참된 신앙인	9월 23일	크게 쓰임 받는 사람
고난, 채찍	9월 24일	사랑하기 때문에
생활	9월 25일	그리스도의 향기
믿음의 훈련	9월 26일	믿음의 훈련을 잘 쌓으면
소원	9월 27일	오직 이 한 가지 소원
영적 교제	9월 28일	하나님과의 교제
헌금	9월 29일	예배에는 예물이 있어야 한다
고난과 축복	9월 30일	변장한 하나님의 축복

10월 October

사명	10월 1일	아름다운 죽음
신앙	10월 2일	불
은혜	10월 3일	은혜로 굳게 세워야한다
교회사랑	10월 4일	교회를 사랑하는 자
말씀의 능력	10월 5일	쉐마 이스라엘
고통	10월 6일	하나님의 침묵
은혜	10월 7일	오직 은혜라
주일예배	10월 8일	내가 드린 주일 예배
기도생활	10월 9일	기도는 영혼의 양식이다
우리 몸	10월 10일	성령의 전
심판	10월 11일	인자의 때도 그러하리라
열매 맺음	10월 12일	열매로 알리라
전도	10월 13일	믿게 하는 자들
열정	10월 14일	진실된 열정
보호와 인도	10월 15일	책임져 주시는 하나님
믿음	10월 16일	믿음이 좋은 사람의 특징
영적무감각	10월 17일	가장 무서운 질병
행함	10월 18일	억지로라도 해보라
교회사랑	10월 19일	문제 없는 교회는 없다
협력	10월 20일	뵈뵈와 같이
행복, 주의 일	10월 21일	소유의 넉넉함에 있지 않습니다
희망의 신앙	10월 22일	절망은 죄다
핍박	10월 23일	핍박도 받는다
사모함	10월 24일	하늘 양식으로 부요한 자
간절함	10월 25일	근심하시는 하나님
교회	10월 26일	내가 죽을 수 있는 제단
종교개혁주일	10월 27일	청교도와 예배
말씀	10월 28일	말씀이 하나님이시다
준비된 예배	10월 29일	하나님이 받으시는 예배
예스맨	10월 30일	'예' 만 있습니다
별명	10월 31일	아름다운 별명

11월 November

온전한 믿음	11월 1일	두려워 말고 믿기만 하라
예배의 능력	11월 2일	우리를 살리는 능력
협력의 힘	11월 3일	함께 손을 듦으로
신앙관리	11월 4일	신앙도 역전될 수 있다
믿음의 선물	11월 5일	내게 주신 선물
규례와 법도	11월 6일	지켜 행하라
열심	11월 7일	게으름
어려움	11월 8일	깊은 절망에 빠졌을 때
약속	11월 9일	하나님의 약속
지혜로운 삶	11월 10일	하나님의 기쁨이 되세요
아름다운 신앙	11월 11일	아름다운 신앙생활
가장 큰 복	11월 12일	예수님을 믿는 복
신뢰와 확신	11월 13일	하나님을 기쁘시게 하는 삶
성취	11월 14일	열정만 있으면
도우심	11월 15일	에벤에셀의 하나님
복	11월 16일	하나님의 일방적인 복
추수감사절	11월 17일	감사할 수밖에 없다
말씀과 변화	11월 18일	말씀을 말씀으로
열심	11월 19일	열심을 품고
기도의 엎드림	11월 20일	기도가 우선이다
의심	11월 21일	의심
잘못된 열심	11월 22일	최대 비극
믿음	11월 23일	가짜와 진짜
감사	11월 24일	시련 중에 드린 감사
절대 믿음	11월 25일	개들도 부스러기를 먹나이다
도우심	11월 26일	끝까지 도우시는 하나님
복음전도	11월 27일	뼛속까지 복음
수직적인 시각	11월 28일	캄캄한 현장이 벌어진다 할지라도
은사	11월 29일	받은 은사를 잘 활용해야 한다
감사의 능력	11월 30일	감사는 용납하는 자의 몫

12월 December

재림신앙	12월 1일	도둑같이 오신다
참된 예배	12월 2일	예배는 믿음의 표현
섭리하심	12월 3일	형통한 날과 곤고한 날
합심기도	12월 4일	합심하여 드리는 기도
천국, 내려놓음	12월 5일	부자는 천국에 갈 수 없는가?
인생길	12월 6일	어떤 길을 가고 있습니까?
자의식	12월 7일	나는 하나님의 자녀다
성경	12월 8일	최고로 가치 있는 책
생명의 말씀	12월 9일	말씀은 살아있다
의인	12월 10일	하나님이 찾는 사람
기도, 찬송	12월 11일	덮어야 산다
감사	12월 12일	환난을 바꾸는 비밀
소망의 신앙	12월 13일	나의 영을 부탁하나이다
단장	12월 14일	너희는 하나님의 성전
물질과 믿음	12월 15일	네 보물이 있는 곳에
하나님 나라	12월 16일	이상적인 나라
소망	12월 17일	주께서 주시는 소망
영	12월 18일	육에 속한 사람, 영에 속한 사람
힘, 능력	12월 19일	여호와를 기뻐하는 것
교만	12월 20일	못한다 하지 말고
준비	12월 21일	천국은 준비된 자의 것
사랑	12월 22일	더욱 사랑하며
은혜 감당	12월 23일	은혜를 입은 자
성탄절 이브	12월 24일	평화의 왕
준비된 성탄	12월 25일	하늘에 민감한 사람
감사	12월 26일	감사하는 사람
복	12월 27일	숨겨진 복
달음질	12월 28일	뒤돌아보지 말아야 한다
행복	12월 29일	행복한 사람
위로	12월 30일	위로하는 사람
송구영신	12월 31일	잊어버림의 은혜

추모 예배와 명절 가정예배

추모 예배의 의미 • 388
추모 예배 (1)　　　영원한 생명 • 391
추모 예배 (2)　　　하나님의 나라를 바라보며 • 394
추모 예배 (3)　　　새로운 인생 • 397
추모 예배 (4)　　　복된 소낙비 • 400
추모 예배 (5)　　　넘치는 위로 • 403
추모 예배 (6)　　　영원한 위로 • 406

설날 가정 예배 (1)　결단하게 하소서 • 409
설날 가정 예배 (2)　좋은 그릇 • 412
설날 가정 예배 (3)　돋는 해와 같게 하소서 • 415
설날 가정 예배 (4)　여호와를 만나는 삶이 됩시다 • 418
설날 가정 예배 (5)　여호와를 경외하는 자 • 421
설날 가정 예배 (6)　물려주어야 할 유산 • 424

추석 가정 예배 (1)　감사와 기쁨과 소망 • 427
추석 가정 예배 (2)　하나님께 감사하라 • 430
추석 가정 예배 (3)　감사하는 생활 • 433
추석 가정 예배 (4)　일하고 먹어야한다 • 436
추석 가정 예배 (5)　뜨겁게 사랑합시다 • 439
추석 가정 예배 (6)　추석은 감사의 명절 • 442

모범기도문

추모 예배 기도문　　부모님 기일 • 446
추모 예배 기도문　　추모 심방 1 • 447
추모 예배 기도문　　추모 심방 2 • 448
추모 예배 기도문　　새해, 설날 • 449
추모 예배 기도문　　추석 • 450
추모 예배 기도문　　장례를 마치고-첫성묘 • 451
추모 예배 기도문　　가족 • 452
추모 예배 기도문　　추모 심방 3 • 453
추모 예배 기도문　　초신자 • 454
추모 예배 기도문　　불신자 • 455

주일예배 대표기도문		사랑의 실천 • 456
주일예배 대표기도문		꿈과 비전 • 457
주일예배 대표기도문		성령 충만 • 458
주일예배 대표기도문		능력과 치유 • 459
주일예배 대표기도문		빛과 소금 • 460
주일예배 대표기도문		전도의 삶 • 461
주일예배 대표기도문		신년축하예배 • 462
주일예배 대표기도문		부활 주일예배 • 463
주일예배 대표기도문		추수감사 주일예배 • 464
대표기도문		성탄축하 예배 • 465
치유기도문	영적침체	영적 침체에서 자유하라 • 466
치유기도문	우울증	새 힘을 주시옵소서 • 467
치유기도문	입원환자	나는 너를 치료하는 여호와 • 468
치유기도문	환난 시험	환난 앞에서도 맞서 싸울 수 있는 용기 • 469
치유기도문	낙심	마음이 상한 자를 구원하시는 예수님 • 470
치유기도문	사업실패	낙심하지 않는 기도 • 471
치유기도문	무기력	마음과 생각을 다스려 주옵소서 • 472
치유기도문	이혼	하늘의 평안으로 채워주소서 • 473
치유기도문	중독	압제에서 자유하게 하옵소서 • 474
치유기도문	말기암 환자	히스기야의 기도 • 475

부록 – 가족 · 친족 사망 시 참고사항 • 476
    1. 각종 구비 서류
    2. 부고 예문
    3. 감사 인사 예문

1월 1일 때

때를 따라 사는 삶

• 성경: 전도서 3장 1 ~ 13절 • 찬송: 94장 • 요절: 전 3: 13

오늘 우리에게 새해가 주어졌는데 이 새해는 우리들에게 무슨 의미가 있는 것일까요? 오늘 말씀에 전도서 기자는 삶이라고 하는 것은 하나님의 선물이라고 말씀하고 있습니다. 먹고 마시고 수고하고 낙을 누리는 우리의 모든 삶이 하나님이 우리에게 주신 선물이라는 것입니다.

하나님이 우리에게 새해를 선물로 주신 데에는 분명한 하나님의 뜻이 있을 것입니다. 전도서 기자는 세 가지로 나누어 설명하고 있는데 첫째는, 때에 맞게 살라는 것입니다. 오늘 말씀에 보면 때에 대한 이야기가 나오는데, 그 숫자가 무려 28가지에 이릅니다. 때라고 하는 것은 크게 보자면 '할 때'와 '하지 말아야 할 때'로 구분할 수 있는데, 해야 될 때 하는 것이 지혜일 뿐 아니라 하지 말아야 할 때 하지 않는 것도 지혜라고 말하고 있습니다.

두 번째는, 때를 따라 아름답게 살라는 것입니다. 어린 아이 때는 뛰어다녀야 아름다운 것이고, 청년들 때는 활발하게 행동을 해야만 아름답습니다. 돈이 많은 사람의 아름다움은 돈을 써야 할 곳에 잘 쓸 때 아름답습니다. 믿는 사람은 때를 따라 주님의 말씀에 순종 잘하고, 봉사하고, 이해하고, 사랑하고, 격려하고 감싸줄 때 아름다운 것입니다.

마지막으로 하나님을 경외하면서 살라는 것입니다. 하나님이 사람들에게 영원을 사모하는 마음을 주셨는데 하나님을 섬기고 영원한 하나님의 나라를 바라보며 사는 것이 인간의 본분이요 인간의 행복이라고 말합니다.

우리는 어떻게 사는 것이 나의 때에 맞는 가장 아름다운 모습인가를 고민해 보며, 이 한 해를 하나님 앞에서 가장 아름답게 살아갈 수 있도록 힘써야 할 것입니다.

• **기도**: 때를 주신 하나님, 다시금 우리에게 새해를 주심을 감사합니다. 주님의 말씀을 따라 때에 맞게 사는 한 해가 되게 하옵소서. 때를 따라 아름답게 살 수 있는 한 해가 되게 하옵소서. 순종, 봉사, 사랑, 격려, 나눔, 헌신의 아름다움이 넘치는 한 해가 되게 하옵소서. 하나님을 더욱 경외하며 주님 나라를 바라보는 것을 최고의 행복의 가치로 여기며 사는 한 해가 되게 하옵소서. 예수님의 이름으로 기도합니다. 아멘

• **중보기도**: 모든 그리스도인들이 때를 따라 아름답게 살게 하소서.

1월 2일 닮아감
예수님처럼 사는 삶

• 성경: 요한복음 8장 31~32절 • 찬송: 452장 • 요절: 요 8:31~32

　20세기 독일의 목사 「본 회퍼」는 "그리스도의 제자는 예수처럼 살아야 한다."는 말을 했습니다. 그리스도인이 예수처럼 산다는 것은 '믿음으로 산다'는 의미입니다. 믿음으로 사는 것은 예수의 말씀에 따라 사는 것입니다. 그래서 바울은 "믿음은 들음에서 나며 들음은 그리스도의 말씀으로 말미암았느니라"(롬 10:17)고 말했습니다.

　그런데 오늘날 많은 그리스도인들이 예수 그리스도의 말씀을 듣고 따르기보다 그리스도의 권능만 믿고 따르려고 합니다. 그래서 오늘날 교회에서는 주님이 주신 복은 있어도, 하나님에 관한 말씀, 즉 신학은 없습니다. 어떻게 교회를 부흥시키느냐에 대한 방법은 알고 있으나, 어떻게 그리스도의 제자가 되느냐에 대한 프로그램은 너무 빈약합니다.

　역사는 하나님에 관한 말씀, 곧 신학이 없는 결과를 보여줍니다. 예수님을 십자가에 처형한 유대인들을 보십시오. 그들이 이렇듯 무서운 죄를 저지른 것은 그들의 신학적 무지에서 비롯되었다고 사도 바울은 지적했습니다.

　"내가 증언하노니 그들이 하나님께 열심이 있으나 올바른 지식을 따른 것이 아니니라 하나님의 의를 모르고 자기 의를 세우려고 힘써 하나님의 의에 복종하지 아니하였느니라"(롬10:2~3).

　하나님의 의가 무엇인지 모르고 저지른 하나님에 대한 열성은, 결과적으로 하나님의 의에 복종하지 않아 예수 그리스도를 처형하는 범죄를 범했습니다. 올바른 지식이 없는 열성은 진리를 거스르게 됩니다. 그래서 예수님은 오늘 말씀에 진리를 깨닫는 길을 제시해 주셨습니다.

　올해는 하나님의 말씀에 깊이 뿌리를 내려 예수님을 닮아가는 한 해가 되기를 원합니다.

• **기도**: 본을 보이신 주님, 그동안 저희들이 예수님을 닮아가는 삶을 살려고 했는지 되돌아봅니다. 주님의 뜻과 진리와 상관없는 빗나간 열심과 열성에 매여 있었던 것은 아니었는지요. 이제 올해는 예수님의 제자가 되어 말씀에 철저히 순종하며 주님의 뒤를 따르기에 최선을 다할 수 있게 하옵소서. 주님을 온전히 닮아갈 수 있는 한 해가 되게 하옵소서. 예수님의 이름으로 기도합니다. 아멘

• **중보기도**: 모든 그리스도인들이 예수님을 닮아가는 한 해가 되게 하소서.

1월 3일 말씀묵상

복 있는 사람

• 성경: 시편 1편 1~6절 • 찬송: 202장 • 요절: 시 1:1

　인도에서 오랫동안 살고 있던 「휴버트 미첼」 박사는 암소가 되새김질을 하는 것을 주의 깊게 살펴보고는 그 정확성에 놀라움을 금하지 못했다고 합니다. 그의 관찰에 의하면 소는 마치 타이머를 가지고 있는 것처럼 되새김질을 하는 간격이 일정했다고 합니다.

　시계를 꺼내 재 본 결과, 그 소는 첫 번째 위로부터 음식물을 꺼내 55초 동안 씹어서 삼키고 다시 음식물을 꺼내 씹기 시작하더라는 것입니다. 그가 시간을 재는 동안 소가 씹는 시간은 55초에서 1초도 어긋나는 일이 없었다고 합니다.

　묵상이란 되새김질과도 같습니다. 일단 먹은 음식을 다시 꺼내 철저하게 씹어서 피가 되고 살이 되게 하는 것, 그래서 소가 살지고 건강하여 침투한 병균을 거뜬히 이겨내게 하는 이것이 바로 되새김질이요 묵상인 것입니다.

　말씀을 주야로 묵상하는 사람은 영적인 힘을 공급받게 되는데, 첫째는 악인의 꾀를 따르지 않는 결단을 공급받게 된다는 것이요, 둘째는 죄인의 길에 서지 않는 지혜를 얻게 된다는 것이며, 셋째는 오만한 자들의 자리에 앉지 않는 겸손을 배운다는 것입니다.

　그리고 시냇가에 심은 나무가 철을 따라 열매를 맺고 그 잎사귀가 마르지 아니함같이 만사가 다 형통하게 되는 복을 받게 된다고 말씀하고 있습니다. 그러므로 인간의 행복과 축복과 사람답게 살 수 있는 길은 오직 여호와의 율법을 주야로 묵상하는 것임을 가슴에 새겨둡시다.

• **기도**: 사랑의 하나님, 그동안 저희들이 주님의 말씀을 어떻게 대하며 살았는지 되돌아봅니다. 주님의 말씀을 멀리하는 삶이었다면 반성하게 하시고, 가까이 하는 삶이었다면 그 좋은 습관이 일생을 다가도록 변하지 않게 하여 주옵소서. 저희 모두가 주님의 말씀을 주야로 묵상함으로 복 있는 사람이 되게 하여 주옵소서. 예수님의 이름으로 기도합니다. 아멘

• **중보기도**: 모든 그리스도인들이 말씀을 가까이하고 사랑할 수 있게 하소서.

1월 4일 동행

함께 가시는 하나님

• 성경: 마가복음 4장 26~29절 • 찬송: 430장 • 요절: 막 4: 26, 27

스리랑카의 물소 신학자가 쓴 「시속 4km씩 가는 하나님」이란 책이 있습니다. 여기서 '시속 4km'란 보통 사람이 한 시간에 걸어갈 수 있는 거리입니다.

우리는 무엇이든지 빨리빨리 처리해야 인기 있는 시대에 살고 있습니다. 속도에 따라 가치를 평가받는 시대입니다. 그에 부응하여 시속 300km 이상 달리는 고속전철이 생겼습니다.

그러나 하나님의 속도는 다릅니다. 하나님은 순식간에 수백 마일을 달릴 수 있는 전지전능하신 분이시지만 인간의 속도에 맞추어 걸어가시는 분이십니다.

출애굽한 이스라엘 백성들이 광야 길을 행할 때에 하나님은 앞서 가신 것이 아니라 그들의 속도에 맞추어 구름과 불기둥으로 인도해 주셨습니다.

오늘 말씀에 예수님은 말씀하시길 하나님의 나라는 사람이 씨를 땅에 뿌림과 같다고 하셨습니다. 천국은 일순간에 만들어지는 일회용 식품이 아닙니다. 초능력을 갖춘 자에 의해 이루어지는 세계가 아닙니다.

추수할 때까지 참고 기다리면서 차근차근 일하는 사람들에 의해서 점진적으로 확대되는 나라가 하나님의 나라입니다.

하나님은 전능하신 분이지만 보통 사람이 걸어가는 속도인 시속 4km씩, 그의 나라를 이루어 가는 분이십니다.

매일의 삶 속에서 시속 4km의 하나님을 경험하며 찬양하실 수 있기를 바랍니다.

• **기도**: 사랑의 하나님, 전능하신 하나님께서 저희와 동행하신다고 생각하니 얼마나 감사한지요. 이 사실을 잊고 살았던 지난날이 한없이 부끄럽기만 합니다. 이제 저희의 걸음에 맞추어 동행하시고, 삶을 인도하시는 하나님을 뼛속 깊숙이 느끼며 살아갈 수 있게 하옵소서. 언제나 그 하나님을 소리 높여 찬양할 수 있는 삶이 되게 하시고, 언제나 그 하나님을 향한 진실한 고백이 주님의 보좌에 드려질 수 있는 삶이 되게 하옵소서. 예수님의 이름으로 기도합니다. 아멘

• **중보기도**: 모든 그리스도인들이 우리의 걸음에 맞추어 인도하시는 하나님을 경험하며 살아가게 하소서.

1월 5일 마음

마음먹기에 달렸다

• 성경: 잠언 4장 23 ~ 27절 • 찬송: 427장 • 요절: 잠 4:23

　신라시대 때의 이야기입니다. 두 사람이 먼 여행을 떠나서 낯선 길을 가게 되었습니다. 해는 저물었고 인가를 찾지 못했습니다. 그리고 비 또한 억수같이 쏟아지고 있었습니다. 칠흑같이 어두운 밤, 더는 갈수가 없어서 더듬어 피할 곳을 찾았는데, 마침 동굴 하나가 보여서 거기서 하룻밤을 지내고 가야 되겠다고 생각했습니다. 그들은 먼 길을 오면서 몹시 피곤했기 때문에 젖은 몸을 가눌 길도 없이 그대로 깊은 잠에 빠져들었습니다. 한 사람이 한잠 자고 나서 너무 목이 말라 두리번거리며 더듬더듬 물을 찾았는데 마침 그릇에 물이 있기에 그것을 마셨습니다. 아주 꿀맛 같았습니다. 그리고 다시 잠이 들었습니다. 동녘이 밝아 아침이 되어 정신을 차려보니 자기들이 머물렀던 곳은 동굴이 아니라 무덤이었습니다. 잠결에 마셨던 물은 해골에 괴어 있는 물이었던 것입니다. 그 사람은 그것을 보는 순간, 그대로 구역질이 나서 마셨던 것, 먹었던 것을 다 토해버렸습니다. 그리고 나서 그는 중요한 것을 생각하게 됩니다. 분명히 지난 밤에는 꿀맛같이 마셨던 시원한 물인데, 아침에 사실을 아는 순간 견딜 수가 없어서 다 토해버려야 했습니다. "여기에 어떤 차이가 있을까?" 그는 깊이 생각한 끝에 '인생사 오직 마음에 달린 것이다.' 하는 단순한 진리를 깨닫게 되었습니다. 그리고 그의 한평생의 운명이 여기서 바뀌게 됩니다. 그렇습니다. 모든 것이 마음먹기에 달려 있습니다. 마음을 어떻게 먹느냐에 따라서 꿀맛 같은 생수가 한순간에 썩은 물로 바뀌기도 하고, 썩은 물이 꿀맛같이 느껴지기도 하는 것입니다. 그래서 오늘 말씀에 잠언서 기자는 "모든 지킬만한 것 중에 더욱 네 마음을 지키라"고 권면하고 있습니다. 우리의 행복과 승리의 삶은 환경에 달린 것이 아니라 우리의 마음먹기에 달린 것입니다. 마음이 중요합니다.

- **기도**: 사랑의 주님, 우리의 행복과 승리의 삶은 환경에 달린 것이 아니라 우리 마음에 달린 것임을 깨닫습니다. 마음을 잘 다스릴 줄 아는 지혜가 있게 하여 주옵소서. 그리하여 썩은 환경 속에서도 꿀맛 같은 인생을 살아갈 수 있게 하옵소서. 예수님의 이름으로 기도합니다. 아멘
- **중보기도**: 모든 그리스도인들이 마음을 잘 다스리게 하소서.

1월 6일 — 오래 참음
복 받고 번성케 되는 믿음

• 성경: 히브리서 6장 13~18절 • 찬송: 546장 • 요절: 히 6: 14~15

오늘 말씀에 보면 히브리서 기자가 하나님이 아브라함에게 복을 주신 것에 대하여 이렇게 설명하고 있습니다.

"내가 반드시 너에게 복주고 복주며 너를 번성하게 하고 번성하게 하리라"(히6:14).

이 말씀과 같이 우리가 믿는 하나님은 당신의 사랑하는 백성들에게 복주시기를 소원하시는 하나님이십니다. 번성케 하시기를 소원하시는 하나님이십니다. 그렇기 때문에 하나님의 복을 품은 가정이 되었으니 얼마나 감사한 일입니까?

더욱 중요한 것은 하나님이 당신의 사랑하는 백성들에게 복주시기를, 번성케 하시기를 맹세하셨다는 것입니다. 하나님이 이렇게까지 하신 것은 그 약속이 분명하다는 강한 의지를 보여주시기 위해서입니다. 따라서 우리는 하나님께서 주시겠다고 약속하시고 맹세까지 하신 복과, 번성의 상속자들임을 잊지 말아야 하겠습니다. 그런데 중요한 것은 하나님의 이 놀라운 은혜를 아브라함이 어떻게 받았느냐는 것입니다. 15절을 보면 그 답이 나와 있습니다. "그가 이같이 오래 참아 약속을 받았느니라". 약속에는 반드시 기다림이 따르게 되어 있습니다. 약속은 반드시 기다림을 요구합니다.

아브라함도 하나님이 축복해 주시겠다고 약속하신 것을 그냥 받은 것이 아닙니다. 기다리다가 받았습니다. 아주 오래 기다렸습니다. 하나님께서는 우리에게 좋은 것으로 맘껏 채워주시기를 원하십니다. 번성케 하고, 형통의 복으로 함께하시기를 원하십니다. 그런데 그 복을 받을 우리의 자세가 있습니다. 바로 오래 참는 믿음입니다.

이 믿음이 우리 모두에게 있기를 바랍니다.

• **기도**: 복의 근원이신 하나님, 우리가 믿는 하나님은 복주시기를 좋아하시고 즐겨하시는 하나님이심을 기억하게 하옵소서. 우리에게 복주시기 위하여, 번성케 하시기 위하여 맹세까지 하셨음을 잊지 않게 하여 주옵소서. 오늘 우리는 말씀을 통하여 아브라함이 어떻게 복을 받았는지를 다시 한 번 알게 되었습니다. 저희도 그 믿음을 갖게 하여 주옵소서. 예수님의 이름으로 기도합니다. 아멘

• **중보기도**: 모든 그리스도인들이 아브라함과 같은 믿음을 갖게 하소서.

1월 7일 예배

예배의 축복

• 성경: 창세기 22장 1 ~ 14절 • 찬송: 327장 • 요절: 창 22: 12

오늘 말씀을 보면 아브라함이 이삭을 바치라는 하나님의 명령을 받들어 사흘 길이나 걸리는 모리아 산에 가서 하나님 앞에 제사 드리는 말씀이 기록되어 있습니다.

아브라함은 언제든지 하나님의 말씀에 잘 순종하고 제사를 잘 드리는 사람이었습니다. 아브라함이 하나님의 명령을 따라 지역을 옮기면 가장 먼저 한 일이 제사입니다.

그만큼 아브라함은 하나님께 제사 드리는 일, 즉 하나님께 영광 돌리는 일을 소홀히 하지 않았습니다.

오늘 본문 말씀에도 하나님의 명령이 떨어지니까 사흘 길이 걸려도 지체 없이 노구를 이끌고 제사하기 위하여 모리아 산으로 향하고 있는 것을 봅니다.

이와 같이 아브라함은 오직 하나님께 대한 열심과 순종하려는 마음이 있었기에 하나님이 늘 아브라함을 높여 주셨습니다. 항상 준비된 삶을 살게 해 주셨고 해를 당하지 않는 삶을 살게 해 주셨습니다.

오늘 우리가 아브라함과 같이 항상 예배하는 일에 우선순위를 두고, 예배하는 일에 열심을 내고, 항상 하나님의 말씀에 절대 순종하려는 마음을 갖는다면 아브라함에게 함께하신 하나님이 우리와도 늘 함께하실 줄 믿습니다.

아브라함과 같은 믿음으로 늘 하나님을 기쁘시게 해 드리고, 하나님의 위로와 복을 받는 삶이 되도록 합시다.

• **기도** : 예배를 받으시기에 합당하신 하나님, 오늘 저희의 예배를 돌이켜봅니다. 예배를 귀찮아하고 멀리 하려고만 했던 저희의 모습은 아니었는지요. 예배는 드리되 주님을 사모하는 마음이 없는 형식적인 예배만 드린 것은 아닌지요. 아브라함과 같이 예배로 하나님을 기쁘시게 할 수 있는 믿음의 사람이 되게 하시고, 주님의 말씀에 절대 순종함으로 하나님을 감동시키는 믿음의 사람이 되게 하여 주옵소서. 그리하여 아브라함이 만난 여호와 이레의 하나님을 저희도 만날 수 있게 하시고 아브라함이 받은 복을 저희도 받을 수 있게 하옵소서. 예수님의 이름으로 기도합니다. 아멘

• **중보기도** : 모든 그리스도인들이 예배를 사랑하게 하소서.

1월 8일
약점과 강점

약함도 강함이 될 수 있다

• 성경: 사사기 3장 12~30절 • 찬송: 384장 • 요절: 삿 3:28~30

「리오넬 메시」는 아르헨티나가 자랑하는 세계적인 축구선수입니다. 빠른 돌파와 현란한 드리블로 유명하지만, 169cm라는 축구선수치곤 작은 키 때문에 더 화제가 됩니다.

어릴 때 성장호르몬 이상으로 키가 작았던 그는 힘든 치료과정을 이겨내고 최고의 선수가 되었습니다. 한번 공을 잡으면 잘 뺏기지 않고 잘 넘어지지도 않는 메시를 보고 AP통신은 '낮은 무게중심과 절묘한 균형'이 그의 장점이라고 분석했습니다.

키가 작아 다른 선수보다 중심을 잘 잡는다는 말입니다. 물론 이것만으로 대선수가 된 건 아니지만, 그는 자신의 단점을 장점으로 바꾸는 능력이 있었던 것입니다.

오늘 말씀에 왼손잡이 사사 에훗이 소개되고 있는데, 그는 오른손을 쓰지 못하는 장애인이었습니다. 이런 그가 이스라엘을 구원하는 걸출한 사사가 되었습니다.

그는 충분히 자신의 인생을 비관하거나, 부모를 원망하거나, 더 나아가 하나님을 원망할 수도 있었지만 그렇게 하지 않았습니다. 오히려 자신의 약점 때문에 하나님을 더욱 간절히 바라보고 의지했습니다.

이런 그에게 하나님께서 은혜를 주시니 이스라엘을 구원하는 강한 자가 될 수 있었던 것입니다. 우리에게도 메시와 에훗처럼 단점과 약점이 있을 수 있습니다. 하지만 자신의 정체성을 분명히 하고 삶의 중심을 바로 잡고 하나님을 의지한다면 하나님의 은혜로 결코 넘어지지 않고 인생의 목표를 이뤄갈 수 있습니다.

• **기도** : 사랑의 하나님, 오늘 우리에게도 단점과 약점이 있습니다. 그런데 그것 때문에 자신을 비관하거나 주변을 원망하거나 하나님을 원망했던 적은 없었는지요? 오늘 말씀을 통해서 생각을 바꾸게 하시고, 방향을 바꾸게 하여 주옵소서. 에훗처럼 더욱 하나님을 의지하고 더욱 간절히 찾을 수 있는 믿음의 사람이 되게 하여 주옵소서. 하나님을 온전히 의지하면 강함으로 이끌어 주시는 주님의 은혜 속에서 살 수 있음을 잊지 말게 하여 주옵소서. 예수님의 이름으로 기도합니다. 아멘.

• **중보기도** : 모든 사람들의 약함을 기억하소서.

1월 9일 찬양

온 땅에 어찌 그리 아름다운지요

• 성경: 시편 8편 1~9절　• 찬송: 21장　• 요절: 시 8:1

르네상스 시대의 거장인 「미켈란젤로」는 로마 바티칸의 시스틴 성당 천장 벽화를 그릴 때 혼신을 다하여 작품에 매달렸습니다. 그 결과 그는 불후의 명작 천지창조를 완성했습니다.

감격스런 마음으로 자기의 작품에 서명을 남기고 성당 문을 나서던 순간 그는 눈부신 햇살과 자연의 아름다움에 그만 넋을 잃고 말았습니다. 세상의 무엇과도 비교할 수 없는 자연의 아름다움, 어떤 화가도 그려낼 수 없는 대자연의 아름다움을 보면서 그는 깨달았습니다.

'하나님은 이렇게 아름다운 자연을 창조하시고도 그 어디에 서명을 남기시지 않았는데 기껏 작은 벽화를 그려 놓고 나를 자랑하려 했다니…'

그는 즉시 천장 벽화에서 서명을 지워버리고 그 후로는 자기의 작품에 서명을 하지 않았다고 합니다.

오늘 말씀에 시인은 우주 만물을 지으신 여호와 하나님의 창조하신 솜씨를 찬양하고 있습니다. 그 창조의 솜씨가 얼마나 경이로운지 노래를 시작할 때 감탄하여 끝마칠 때에도 창조주에 대한 감탄으로 마치고 있습니다.

오늘 말씀의 시인과 같이 천지를 지으신 하나님의 솜씨를 보며 찬양해 보신 적이 있습니까? 더 놀라운 것은 그 모든 만물을 자연이 아닌 인간을 위해서 창조하셨다는 것입니다. 바로 나를 위해서 창조하신 것입니다. 그 창조주 하나님이 오늘 나의 삶을 빚고 계십니다.

시인의 감격과 찬양이 오늘 나의 감격과 찬양이 되도록 합시다. 그분의 솜씨를 소리 높여 찬양하며 그분께 내 인생을 맡겨버립시다.

• **기도**: 사랑의 하나님, 오늘 우리에게도 시인과 같이 하나님이 창조하신 대자연을 보며 소리 높여 찬양할 수 있는 깨달음과 믿음이 있게 하옵소서. 그리고 이 모든 것을 우리를 위해서 지으셨다는 것을 고백하고 감사할 수 있게 하옵소서. 지금 우리의 인생도 그 창조주 하나님의 손에 붙잡혀 있음을 깨닫게 하시고, 내 인생을 운영하고 계시는 하나님께 날마다의 찬양과 감사가 있게 하옵소서. 예수님의 이름으로 기도합니다. 아멘

• **중보기도**: 모든 사람들이 하나님의 창조 솜씨를 찬양하게 하소서.

1월 10일
기도생활

하늘 문을 여는 기도

• 성경: 열왕기상 18장 41~46절 • 찬송: 539장 • 요절: 왕상 18:46

오늘 말씀은 엘리야가 기도할 때 3년 6개월 동안 닫혔던 하늘이 열려서 은혜의 비를 쏟아 부어 주신 사건을 다루고 있습니다. 기도하는 사람이라면 엘리야와 같은 능력의 선지자는 못되더라도 기도할 때, 이런 역사를 체험했으면 하는 마음이 간절할 것입니다.

하늘 문을 닫기도 하고 열기도 하는 기도, 얼마나 멋있는 기도입니까? 이 은혜의 비로 인하여 죽어가던 산천초목이 소생하고 궁핍에 괴로워하던 이스라엘 백성들이 다시 살아나는 생명의 역사가 있었습니다.

그런데 감사한 것은, 이 놀라운 기도의 특권과 역사를, 받은 능력에 상관없이 믿음으로 하나님을 간절히 찾는 자들이라면 동일하게 허락하신다는 것입니다.

생각해 보세요. '나의 간절한 기도가 죽어가던 생명도 살릴 수 있다.' '은혜의 빗줄기 복된 비를 부어주시는 동력이 될 수 있다.' 이보다 더 큰 축복이 어디에 있겠습니까?

기도생활을 중단하면 가장 먼저 찾아오는 것이 내 영혼의 가뭄입니다. 돌처럼 딱딱해지고 강퍅해집니다. 그러므로 영혼의 가뭄을 막기 위해서라도 기도생활은 쉬지 말아야 합니다. 사무엘은 기도를 쉬는 것을 죄라고 말했습니다(삼상12:23).

생활이 버겁고 힘들지라도, 바윗덩어리가 짓누르는 고통이 있다 할지라도 기도하는 것은 쉬지 말아야 합니다. 그리할 때, 우리에게 정말 기도의 능력이 필요한 순간, 엘리야를 통하여 역사하셨던 하나님의 은혜의 빗줄기를 경험할 수 있습니다.

• **기도**: 참 좋으신 하나님, 우리 주님은 믿음으로 간절히 찾는 자에게 응답하시는 참 좋으신 주님이심을 믿습니다. 우리가 엘리야와 같은 능력의 선지자는 못 된다 할지라도 주님의 은혜의 빗줄기를 경험할 수 있는 기도의 사람은 되게 하여 주옵소서. 아무리 어렵고 힘들지라도, 고통의 무게를 견디지 못하여 쓰러질 지경이라도 주님을 향한 간절한 기도는 멈추지 않는 삶이 되게 하여 주옵소서. 매일의 기도로 주님의 모습을 닮아갈 수 있게 하옵소서. 예수님의 이름으로 기도합니다. 아멘

• **중보기도**: 모든 그리스도인들이 은혜의 빗줄기를 경험하게 하소서.

1월 11일
상급

상급을 사모합시다

• 성경: 빌립보서 3편 10 ~ 14절 • 찬송: 354장 • 요절: 빌 3: 14

　우리가 예수님을 믿는 목적은 영혼구원만이 전부가 아닙니다. 영혼구원 외에도 우리가 천국에서 받기를 사모해야 하는 것이 있습니다. 그것은 바로 상급입니다. 상급은 하나님이 당신의 말씀과 명령을 행한 이들에게 주시는 보상을 의미합니다.

　오늘 말씀에 사도바울은 "푯대를 향하여 그리스도 예수 안에서 하나님이 위에서 부르신 부름의 상을 위하여 달려가노라"고 했습니다.

　말하자면 사도바울도 복음을 전파하기 위해서 그토록 수고를 아끼지 않았던 것이 하늘의 상급을 바라보았기 때문이라는 것입니다. 그래서 믿음의 형제들에게 "운동장에서 달음질하는 자들이 다 달릴지라도 오직 상을 받는 사람은 한 사람인 줄을 너희가 알지 못하느냐 너희도 상을 받도록 이와 같이 달음질하라"(고전 9:24)고 권면하고 있습니다.

　바울은 자신이 상 받기 위하여 열심히 뛰고 있지만 다른 믿음의 형제들도 하늘의 상급을 받을 수 있기를 간절히 원했던 것입니다. 믿음이 구원을 결정짓는다면 행위는 상급을 결정짓습니다. 이 하늘의 상급을 위하여 우리는 이 땅에 사는 동안 열심히 뛰어야 합니다. 바울처럼 상급을 바라보고 달려가는 자가 되어야 합니다. 상급이 없는 그리스도인이 되는 것보다 구원과 상급을 모두 확실하게 받는 그리스도인이 된다면 이보다 더 큰 복은 없는 것입니다.

　신앙인으로 사는 것이 배나 더 어려울 수 있지만, 훗날 천국에서 큰 상급을 받을 수 있는 신앙의 사람이 된다면 충분히 인내할 수 있습니다. 그날의 위로와 기쁨을 생각하며 사도바울과 같이 힘차게 달음질합시다.

- **기도** : 저희를 구원하신 주님, 예수님을 믿는 목적이 영혼구원이 전부가 아님을 깨닫게 하옵소서. 천국에서는 반드시 상급이 주어진다는 사실을 잊지 않게 하셔서 바울처럼 상급을 바라보고 달려가는 삶을 살 수 있게 하옵소서. 주님의 제자로서의 본분을 다할 수 있게 하옵소서. 예수님의 이름으로 기도합니다. 아멘
- **중보기도** : 모든 그리스도인들이 하늘의 상급을 사모할 수 있게 하소서.

1월 12일 충성

소박한 충성

• 성경: 사사기 3장 31절 • 찬송: 323장 • 요절: 삿 3:31

오늘 말씀은 사사 「삼갈」에 관한 기록입니다. 사사 중에 가장 짧게 기록되어 있는 인물이 삼갈이 아닌가 싶습니다. 단 한 절밖에 그에 관한 기록이 없습니다.

그만큼 많은 지면을 할애하여 기록할 만한 공적이 없었다는 이야기가 되겠지요. 그러나 오늘 말씀을 통해서 우리는 귀중한 교훈을 깨닫게 됩니다. 하나님께서는 화려한 충성만 받으시는 분이 아니라, 소박한 충성도 받으시는 하나님이시라는 것입니다.

누구나 저마다 화려하게 쓰임 받기를 원합니다. 튀는 존재가 되기를 원합니다. 크게 쓰임 받기를 원합니다. 그러나 오늘 말씀은 작게 쓰임 받는 것, 소박하게 쓰임 받는 것도 하나님께서 기억하고 계신다는 것을 보여주고 있습니다.

남이 보기에 공적은 미미할지 몰라도, 어떻게 보면 표시나지 않는 것이라 할지라도 하나님은 작은 일에 충성하는 마음도 인정해 주시고 귀하게 보십니다.

아브라함 링컨은 이렇게 말했습니다. "하나님은 평범한 사람들을 제일 사랑하신다. 왜냐하면 평범한 사람들을 제일 많이 만드셨기 때문이다." 사실 영웅이나 스타는 몇 명 안 됩니다. 물론 그들이 모델이 될 수는 있지만 우리가 다 그렇게 될 수는 없습니다. 그러므로 소박하게 하나님 앞에 충성하는 사람도 소중한 것입니다.

교회에서 이름 없이 빛도 없이, 소리 내지 않고 소박하게 충성하는 사람들이 있습니다. 이들이 바로 이 시대의 삼갈입니다. 소박한 충성자가 많으면 많을수록 교회는 더욱 아름다워져 갈 것입니다.

• **기도**: 사랑의 주님, 오늘 저희는 주님과 교회를 위하여 어떤 모습으로 충성하고 있는지를 돌아봅니다. 공적을 염두에 두고 화려하게 충성하기를 원하기보다는 이름 없이 빛도 없이 맡은 일에 최선을 다할 수 있는 저희의 모습이 되게 하여 주옵소서. 하나님은 지극히 작은 소자에게 한 것을 놓치지 않는 분이심을 잊지 않게 하여 주옵소서. 소박한 충성으로 주님의 교회를 아름답게 세울 수 있는 신앙의 사람이 되게 하옵소서. 예수님의 이름으로 기도합니다. 아멘

• **중보기도**: 모든 그리스도인들이 소박한 충성으로 주님을 기쁘시게 할 수 있게 하소서.

1월 13일 영적건강

전투적인 신앙생활

• 성경: 에베소서 6장 11 ~ 17절 • 찬송: 348장 • 요절: 엡 6: 11

요행이나 행운을 바라기보다는 성실히 일한 만큼 얻은 것을 감사하며 사는 모습이 참으로 아름다운 모습입니다. 풍족한 것만이 좋은 환경은 아닙니다. 아무리 풍족해도 만족을 모르면 그것이 가난한 것입니다. 저마다 자랑하기를 좋아하고, 내세우기를 좋아하는 시대에 우리가 살고 있습니다. 삶의 겸손함이 상실된 시대입니다. 이러한 때에 결핍을 통하여 삶의 겸손함을 배울 수 있다는 것이 축복입니다.

그러나 신앙생활만큼은 예외입니다. 우리의 신앙생활은 결핍현상이 나타나서는 안 됩니다. 왜냐하면 신앙생활의 결핍은 곧 영적인 사망으로 이어질 수 있기 때문입니다.

오늘 말씀이 보여주고 있듯이, 신앙생활은 사탄과의 치열한 영적 전쟁입니다. 사탄은 어떻게든 우리를 믿음의 자리에서 떨어지게 하기위해 틈을 엿보는 존재입니다. 그래서 사탄에게 틈을 보이지 않게 하려면 항상 영적인 튼튼함을 유지해야만 합니다. 그런데 영적인 튼튼함은 규칙적인 신앙생활이 반드시 뒷받침되어야만 한다는 것입니다.

규칙적인 신앙생활 뒷받침되지 않으면 이내 틈이 벌어지고 맙니다. 잦은 매에 장사 없다는 말이 있습니다. 처음에는 아무렇지도 않은 것 같아도 결국은 무너진다는 것입니다. 그러므로 우리는 영적인 튼튼함을 유지하기 위해서 규칙적인 신앙생활에 힘써야만 하겠습니다.

비록 음식이 맛이 없고 영양가가 없을지라도 규칙적인 식생활만으로도 육신의 몸이 건강을 유지할 수 있듯이, 영적 건강도 마찬가지라는 것을 잊지 말아야겠습니다.

• **기도** : 마귀의 궤계를 능히 물리치신 주님, 오늘 말씀을 통하여 신앙생활은 마귀와의 치열한 영적전쟁임을 다시 한 번 깨닫습니다. 사단 마귀는 저희를 넘어뜨리려고 시시때때로 틈을 엿보고 있사오니, 틈을 보이지 않기 위하여 규칙적인 신앙생활에 힘쓸 수 있도록 도와주시옵소서. 혹 틈이 벌어지면 영적인 접착제로 그 틈을 빨리 봉할 수 있게 하셔서 사단 마귀가 전혀 틈타지 못하는 신앙생활이 되게 하여 주옵소서. 예수님의 이름으로 기도합니다. 아멘

• **중보기도** : 모든 그리스도인들이 사단 마귀에게 틈을 보이지 않는 신앙생활이 되게 하소서.

1월 14일 오직주님

주님만 의지합니다

• 성경: 시편 31편 9 ~ 14절 • 찬송: 542장 • 요절: 시 31: 14

오늘 말씀을 보면 다윗의 신앙이 너무나 아름답다는 것을 느끼게 됩니다. '그럼에도 불구하고 주님만을 의지한다' 는 그의 신앙을 만날 수 있기 때문입니다. 9절을 보면 그의 몸과 영혼이 만신창이가 되어 죽어가고 있는 상태를 보여주고 있습니다. 뿐만 아니라 10절에서는 그의 인생이 온통 슬픔과 탄식으로 범벅이 되어 뼈가 쇠잔할 정도로 처참하게 된 것을 보여주고 있습니다. 더 나아가 누구 하나 동정하거나 돕는 자도 없습니다. 오히려 쓰레기처럼 그를 버렸습니다.

만일 오늘 우리가 이런 입장에 놓여 있다면 심정이 어떨까요? 상상할 수 없는 고통이 뒤따를 것입니다. 그런데 다윗은 어떻게 고백하고 있습니까?

"여호와여 그러하여도 나는 주께 의지하고 말하기를 주는 내 하나님이시라"(14절).

간단히 말해서 '나는 주님만을 의지한다' 는 고백입니다.

'내가 쓰레기처럼 버림받았을지라도', '사람들에게 구역질감이 되어도', '울다 지쳐 몽롱하고 괴로워서 숨이 넘어갈 것 같은 고통 속에 있을지라도', '세상이 나를 버린다 해도' 주는 내 하나님이요, 그 하나님을 내 가슴에서 빼앗을 수 없다는 것입니다.

오늘 우리도 이 말씀을 가슴에 담고, 다윗 같은 믿음의 사람이 되기를 다짐해 봅시다.

어떤 상황이 닥쳐와도 "그러하여도 주는 내 하나님이시고, 주님만을 의지합니다." 라는 멋진 고백이, 우리의 입에서 흘러나오게 되기를 바랍니다.

• **기도**: 사랑의 주님, 다윗과 같이 저희에게도 그 어떤 상황 속에서도 주님만 의지할 수 있는 믿음이 있게 하여 주옵소서. 온 세상 날 버려도 주님만은 나를 버리지 않으시고 끝까지 나의 하나님이 되신다는 사실을 놓치지 않는 삶이 되게 하여 주옵소서. 다윗과 같이 오직 주님을 의지하는 아름다운 믿음의 고백이 주님께 기쁨이 되어드리는 삶이 되게 하여 주옵소서. "주님만을 의지합니다."라는 이 고백이 언제나 저희의 입에서 떠나지 않기를 소망합니다. 예수님의 이름으로 기도합니다. 아멘

• **중보기도**: 모든 그리스도인들이 그 어떤 상황 속에서도 주님만을 의지하는 믿음을 갖게 하소서.

1월 15일 기회

기회를 붙잡는 사람

• 성경: 열왕기하 2장 5 ~ 10절 • 찬송: 523장 • 요절: 왕하 2: 9 ~ 10

인생에는 많은 기회가 오고 갑니다. 그 중에 어떤 기회는 자주 오지 않을 수도 있습니다. 일생일대에 한두 번 오고 마는 것도 있습니다.

오늘 말씀을 보면 자신에게 주어진 기회를 잘 포착하여 갑절의 영감을 받은 사람이 있습니다. 바로 엘리사입니다.

그는 자신에게 하나님의 능력을 받을 수 있는 기회가 오자 스승보다 더 탁월한 사역을 감당할 수 있게 해달라고 크게 구했습니다. 그리고 구한 그대로 이루어졌습니다.

오늘 말씀을 통하여 우리는 기회가 왔을 때 그 기회를 붙잡을 수 있는 준비를 잘해야 한다는 것을 깨닫습니다. 기회가 언제 올지 모릅니다. 그러므로 항상 깨어 있어야만 하는 것입니다.

일찍 일어나는 새가 벌레를 잡습니다. 새벽은 깨어 있는 사람에게만 찾아옵니다. 깨어 있지 않은 사람은 새벽이 없습니다. 아침만 있을 뿐입니다. 따라서 일평생 새벽기도가 뭔지 모르고 사는 사람도 있습니다.

광야에서 하나님이 이스라엘 백성들에게 만나를 주실 때 새벽시간에 주셨습니다. 새벽을 깨우는 자만이 만나를 거둘 수 있었던 것입니다. 동이 트면 만나는 모두 사라져 버렸습니다.

항상 깨어 있는 자만이 자신에게 온 기회를 알아봅니다. 그 사람만이 기회가 왔을 때 주저 없이 붙잡을 수 있습니다. 기회가 왔을 때 기회를 잘 붙잡을 수 있는 지혜로운 사람이 되기 위하여 준비할 줄 아는 인생이 되어야겠습니다.

• **기도**: 인생에게 항상 기회를 주시는 하나님, 하나님이 주신 기회를 잘 포착하여 그 기회를 붙잡을 수 있는 삶을 살게 하여 주옵소서. 하나님이 기회를 주셨는데도 불구하고 그 기회를 붙잡을 수 있는 준비를 하지 못하여 놓치는 인생이 되지 말게 하시고, 하나님이 주신 기회를 잘 포착하기 위하여 항상 깨어 준비하는 지혜로운 삶이 되게 하여 주옵소서. 하나님이 주신 기회를 잘 선용하여 주님을 위하여 더 큰 일을 감당할 수 있는 믿음의 사람으로 쓰임 받게 하옵소서. 예수님의 이름으로 기도합니다. 아멘

• **중보기도**: 모든 그리스도인들이 하나님이 주신 기회를 잘 포착하는 준비된 삶을 살게 하소서.

1월 16일 자녀

나는 강력한 존재

• 성경: 시편 7편 1 ~ 8절 • 찬송: 359장 • 요절: 시 7:8

역경을 극복할 수 있는 신앙의 비결은 고난을 당했을 때 자신의 장점을 바라볼 줄 아는 것입니다. 오늘 말씀이 이를 보여주고 있습니다.

오늘 말씀을 보면 시편 기자가 너무 교만한 것 아닌가 하는 생각을 갖기 쉬운데 이 말씀은 "원수에 비해서 내가 하나님 앞에 정당하다.", "나는 하나님께만 매달린다."는 뜻입니다.

"나는 하나님의 자녀이다. 그러니 쉽게 무너질 존재가 아니다." 이런 말입니다.

그러므로 나는 하나님의 자녀, 하나님의 고귀한 종이란 것을 잊지 말아야 합니다. 세상 사람들은 어떻게 생각할지 몰라도 예수님의 피로 다시 거듭난 우리는 하나님 앞에 귀중한 종들입니다. 그러므로 우리는 주님 앞에서 우리가 얼마나 강력한 존재인지를 확인해야만 하지 않겠습니까?

여호수아와 갈렙을 보십시오.

다른 사람들은 정탐을 하고 와서 벌벌 떨었지만 두 사람만큼은 "하나님이 우리와 함께하시면 그들은 우리의 밥"이라고 말했습니다(민14:9).

왜 그렇습니까? 우리는 하나님이 함께하시는 강력한 존재이기 때문입니다.

우리의 인생에 어려움이 있을 때마다 우리가 꺼내들어야 할 카드는 "나는 강한 사람이다. 나는 강력한 사람이다." 이것입니다. 그러므로 인생에 어려움이 올 때에 "내가 얼마나 강력한 존재인가?"

이것을 보여줄 수 있는 그분의 자녀가 되어야합니다. 다른 카드는 필요 없습니다.

• **기도** : 존귀하신 하나님, 고난을 당했을 때 장점을 바라볼 줄 아는 믿음이 있게 하여 주옵소서. 저희는 하나님 앞에서 고귀한 종들임을 잊지 않게 하여 주옵소서. 하나님이 강하시니 저희도 강력한 존재임을 잊지 않게 하여 주옵소서. 저희의 인생에 어려움이 올 때마다 "나는 강력한 사람이다" 믿음의 함성을 외치게 하시고, 이 믿음을 붙들고 살게 하여 주옵소서. 낙심하거나 실망하는 일이 없게 하여 주옵소서. 예수님의 이름으로 기도합니다. 아멘

• **중보기도** : 모든 그리스도인들이 보이지 않게 임하시는 하나님의 은혜를 깨닫게 하소서.

1월 17일
기도의 보증

주님께 붙어있어야 한다

• 성경: 요한복음 15장 5 ~ 7절 • 찬송: 419장 • 요절: 요 15: 7

오늘 말씀은 예수님께서 기도응답에 대한 보증을 약속하고 계십니다. 전깃불을 켤 수 있게 하는 전기가 제일 먼저 발생되는 곳이 발전소입니다. 발전소에서 변전소와 여러 단계를 거쳐서 전기는 집까지 전달됩니다. 그런데 이 발전소에서 집까지 전달될 때에 중간에 한 군데라도 끊어진 곳이 있으면 전기는 들어오지 않습니다. 이와 같은 원리가 영적인 세계에도 그대로 적용됩니다. 우리도 주님께 붙어 있어야만 합니다. 주님께 붙어 있지 않으면 우리의 신앙생활은 선이 끊어진 전기와 같습니다. 주님께 붙어 있는 방법이 무엇일까요? 그것은 기도입니다. 기도를 통해서 주님께 붙게 되는 것입니다. 주님께 붙어 있는 상태에서 기도를 하게 되면 그 다음에는 역사하는 기도가 되는 것입니다. 기도가 주님께 붙게 만들고 붙어 있는 상태에서 기도를 하면 하늘과 땅을 진동케 하는 기도의 사람이 될 수 있습니다. 역사의 물줄기를 바꾸는 사람이 될 수 있습니다.

성경에 요셉이 애굽의 총리가 되고 구원하는 자가 될 수 있었던 것은 자기 안에 있는 능력 때문이 아니었습니다. 주님께 붙어 있었기 때문입니다. 모세가 걸출한 민족의 지도자로 쓰임 받을 수 있었던 것도 자신의 능력 때문이 아니라 주님께 붙어 있었기 때문입니다. 사도바울 역시 마찬가지입니다. 그가 그 어떤 상황에서도 사명을 감당할 수 있었던 것은 주님께 붙어 있었기 때문입니다.

오늘 우리도 주님께 붙어있어야 합니다. 그래야 우리의 기도가 막히지 않을 수 있습니다. 기도의 통로가 막히지 않으면 능력 있는 기도가 됩니다. 하늘과 땅을 진동케 하는 기도의 용장이 될 수 있습니다. 역사의 물줄기를 바꾸는 신앙의 사람이 될 수 있습니다.

• **기도** : 사랑의 주님, 저희의 삶이 주님께 붙어 있는 삶이었는지 돌이켜 봅시다. 기도를 해도 건성으로 기도한 것은 아닌지 돌이켜봅니다. 주님께 붙어 있는 저희의 삶이 되게 하여 주옵소서. 진실한 기도가 주님의 보좌 앞을 향하게 하시고, 지속적인 기도가 주님께 드려질 수 있는 삶이 되게 하옵소서. 그리하여 하늘의 신령한 은혜와 복을 경험하는 삶이 되게 하여 주옵소서. 예수님의 이름으로 기도합니다. 아멘

• **중보기도** : 모든 그리스도인들이 기도로 주님께 붙어 있는 삶이 되게 하소서.

1월 18일
성숙한 신앙

심는 대로 거둔다

• 성경: 갈라디아서 6장 7 ~ 8절 • 찬송: 331장 • 요절: 갈 6: 7 ~ 8

같은 일을 해도 남들보다 더 잘하는 사람이 있습니다. 같이 농사를 지어도 남들보다 더 잘 짓는 사람이 있습니다. 같이 공부를 해도 더 잘하는 사람이 있고, 같이 장사를 해도 돈을 더 잘 버는 사람이 있습니다.

참으로 복된 일입니다. 그런 사람들을 가리켜 그 분야에 소질이 있다고 말합니다. 어느 분야에든지 특별히 천재성을 가진 사람들이 있습니다. 스포츠나 음악이나 미술에도 어려서부터 아주 뛰어난 재능을 발휘하는 사람들이 있습니다.

「모차르트」는 이미 네 살에 작곡을 했습니다. 그리고 여섯 살에 누나와 같이 연주 여행을 하면서 아주 큰 음악회 같은 무대에도 올랐습니다. 음악에 뛰어났던 사람입니다. 바둑계에서 이름난 조치훈이란 분은 이미 열 살이 되기 전에 3단이 되는 뛰어난 실력을 가지고 있었습니다.

그렇습니다. 사람은 똑 같을 수 없습니다. 같은 일을 해도, 같은 분야를 가도 그 가운데 잘하는 사람이 있습니다.

예수를 믿는 것도 잘 믿는 사람이 있습니다. 그런데 이것은 소질도, 천재성도 아닙니다. 신앙만큼은 우연이란 것이 없습니다. 심는 대로 거두게 되는 것이 신앙의 법칙입니다.

육체를 위하여 심는 자는 육체로부터 썩어질 것을 거두고 성령을 위하여 심는 자는 성령으로부터 영생을 거두게 되어 있습니다. 다시 말하면 그의 마음이 얼마나 하나님을 향하여 순수하며, 얼마나 하나님을 사랑하며, 또 얼마나 순종하는가에 따라 결과가 그대로 드러나게 되어 있다는 것입니다.

나는 지금 무엇을 어떻게 심고 있는지 점검해 봅시다.

• **기도** : 심는 대로 거두게 하시는 주님, 육체를 위하여 심는 자가 아닌, 성령을 위하여 심는 자가 되게 하옵소서. 그리하여 이 땅위를 살아가는 동안 주님이 기뻐하시는 아름다운 신앙의 열매를 거두는 삶이 되게 하옵소서. 주님을 더욱 사랑하게 하시고, 주님의 말씀에 더욱 순종할 수 있게 하옵소서. 언제나 주님의 영광만을 앞세우는 삶이 되게 하여 주옵소서. 예수님의 이름으로 기도합니다. 아멘.

• **중보기도** : 모든 그리스도인들이 성령을 위하여 심는 자가 되게 하소서.

1월 19일 기도응답

야베스의 기도

• 성경: 역대상 4장 9 ~ 10절 • 찬송: 369장 • 요절: 대상 4: 10

오늘 말씀은 야베스라는 인물이 하나님께 구하여 응답 받은 기도 내용입니다. 오늘 말씀에 야베스는 두 가지 내용을 하나님께 간구하여 응답을 받았습니다.

첫째로, 지경의 확장을 위해 복에 복을 달라고 간구합니다.

둘째로, 주의 손으로 나를 도우사 환난을 벗어나 근심이 없게 해달라고 간구합니다.

이같은 야베스의 기도 내용을 보면 우리의 기도제목과 별반 차이점이 없지 않습니까? 그러하기에 우리에게 야베스의 기도가 매우 친숙하게 느껴지는가 봅니다. 어떻게 보면 주님의 뜻을 전혀 고려하지 않은 제 욕심만 차리는 이기적인 기도인 것 같지만 문제는 하나님께서 이 기도를 들으셨다는 것입니다.

우리도 지경을 확장해야만 합니다. 육신의 지경은 물론 영적인 지경을 확장해야만 합니다. 지경 확장은 하나님이 기뻐하시는 것입니다. 특히 천국의 지경을 확장하는 것이야말로 하나님이 최고로 기뻐하시는 것입니다.

그리고 근심이 없는 삶을 위하여 주님을 늘 의뢰해야만 합니다. 우리가 이 땅을 사는 동안 환난과 근심 없이는 살 수 없습니다. 자고 일어나면 가장 먼저 밀려오는 것이 근심입니다. 그러나 우리 주님의 손길이 나와 함께하시면 환난 중에도 찬송할 수 있고, 근심 중에도 기뻐할 수 있습니다.

주님은 당신의 손으로 휘청거리는 우리 인생을 붙들어 주시기를 원하십니다. 환난을 면케 해 주시기를 원하십니다. 근심이 없게 하시기를 원하십니다. 우리도 야베스와 같이 하나님께 구하는 것마다 응답 받는 삶이 되어야겠습니다.

- **기도** : 저희의 기도에 귀 기울이고 계시는 주님, 저희에게도 야베스와 같은 기도가 있게 하여 주옵소서. 지경의 확장을 위하여, 환난을 벗어나 근심이 없는 삶을 위하여 주님께 간구할 수 있게 하여 주옵소서. 그리하여 야베스가 만난 하나님을 저희도 만날 수 있게 하시고, 그가 받은 기도의 응답을 저희도 경험하며 사는 삶이 되게 하여 주옵소서. 예수님의 이름으로 기도합니다. 아멘
- **중보기도** : 모든 그리스도인들이 인생에 가장 기본적인 기도의 제목을 놓치지 않는 삶이 되게 하소서.

1월 20일 소망

나의 소망은 주께 있나이다

• 성경: 시편 39편 7절 • 찬송: 95장 • 요절: 시 39: 7

우리는 살아가면서 많은 것에 소망을 둡니다. 때로 그것이 물질일 수도 있고 사람일 수도 있습니다. 물론 그것이 필요한 일입니다. 그러나 우리 모두가 경험하지만, 믿었던 그것들이 우리를 아프게 하고 실망시킬 때가 얼마나 많습니까? 우리가 물질 때문에 얼마나 아픔을 많이 겪습니까? 있으면 있는 대로 힘들고 없으면 없는 대로 힘든 것이 물질입니다. 또 사람 때문에 우리가 얼마나 많은 상처를 받습니까? 그런데 멀리 있는 사람이 나를 아프게 하는 것이 아닙니다. 가까운 사람들이 나를 힘들게 하고 아프게 합니다. 그러나 아프게 하고 힘들게 한다고 우리가 그것들을 포기할 수 있습니까? 포기할 수는 없습니다.

특히 사람들이 그렇습니다. 남편이, 아내가, 자식이, 가까운 사람이 나를 힘들게 한다고 포기할 수 있습니까? 포기할 수 없습니다. 따라서 사람은 사랑의 대상일 뿐입니다.

사람은 믿음의 대상이 아닙니다. 믿는 순간 힘들어지고 아픔이 발생하는 것입니다. 그저 내가 사랑하는 것으로 만족해야 합니다. 그 사람에게 믿음이나 희망이나 소망을 걸면 반드시 실망하게 마련입니다.

오늘 말씀에 시편 기자의 고백대로 우리가 믿어야 할 분, 우리가 기대를 가져야 할 분은 오직 하나님뿐입니다. 하나님께 소망을 두면 실망할 일이 없습니다. 상처 받을 일도 없고 아플 일도 없습니다. 하나님만이 우리의 진정한 소망이 되십니다.

"주여 나의 소망은 주께 있나이다"라고 고백한 시편 기자의 아름다운 신앙고백을 가슴에 품고 읊조려 볼 수 있기 바랍니다.

- **기도** : 소망의 하나님, 저희도 삶 속에서 일어나는 여러 가지 일들로 인하여 마음 아파할 때가 많음을 고백합니다. 그때마다 오늘 시편 기자의 고백대로 저희가 믿어야 할 분은 오직 하나님뿐임을 잊지 말게 하여 주옵소서. 오직 하나님께만 소망을 둠으로 모든 아픔과 실망할 일들을 넉넉히 이겨낼 수 있는 삶이 되게 하여 주옵소서. 예수님의 이름으로 기도합니다. 아멘
- **중보기도** : 모든 그리스도인들이 하나님께만 소망을 두는 삶이 되게 하소서.

1월 21일
역할

너희는 세상의 소금이니

• 성경: 마태복음 5장 13절 • 찬송: 420장 • 요절: 마5: 13

오늘 말씀에 예수님은 주의 백성들을 향해 "너희는 세상의 소금이라"고 말씀하셨는데 이 소금이라는 표현이 절묘합니다.

소금은 그 단어를 생각만 해도 '짜다'는 느낌이 들 정도인데 이 짠 맛으로 음식의 부패를 늦추거나 음식의 맛을 냅니다. 그런데 고대 세계에서 사용되던 대부분의 소금은 소금물을 증류하여 얻은 것이 아니라 염분이 있는 늪지에서 추출한 것이기 때문에 불순물이 많았습니다.

그래서 시간이 지나면 진짜 소금은 용해되고 불순물만 남아서 말 그대로 '맛을 잃은 소금'이 되곤 하였습니다.

이렇게 소금이 맛을 잃으면 정말 사용될 곳이 없었습니다. 그런데 흙을 단단하게 하는 성질은 갖고 있었기 때문에 오로지 운동장이나 공공집회 장소에 뿌려질 뿐이었습니다.

"후에는 아무 쓸데없어 다만 밖에 버려져 사람에게 밟힐 뿐이니라"고 하신 예수님의 말씀은 바로 이와 같은 소금의 용도를 두고 말씀하신 것입니다.

예수님이 소금을 비유로 드신 것은 제자들이 세상에서 방부제 역할을 해야 한다고 말씀하시기 위해서였습니다. 그러면서 그들이, 신앙이 변질되어 그 역할을 감당하지 못하게 되면 하나님을 위해 사용될 수 없다고 경고하신 것입니다.

소금이 제 역할을 감당하지 못했을 때 밖에 버려질 수밖에 없다는 것을 기억합시다.

- **기도**: 너희는 세상의 소금이라 말씀하신 주님, 오늘 저희가 소금의 역할을 감당하며 살았는지 되돌아봅니다. 소금의 역할을 제대로 감당하지 못하는 맛을 잃은 소금은 아니었는지요. 버려져 사람들에게 이리 저리 밟히는 신앙의 상태는 아니었는지요. 소금의 역할을 잘 감당할 수 있는 신앙의 사람이 되게 하여 주옵소서. 세상의 부패를 잘 막아낼 수 있는 신실한 그리스도인으로 살아갈 수 있게 하옵소서. 예수님의 이름으로 기도합니다. 아멘
- **중보기도**: 모든 그리스도인들이 소금의 역할을 감당하게 하소서.

1월 22일 충만

흘러넘치는 삶

• 성경: 요한복음 7장 37 ~ 39절 • 찬송: 184장 • 요절: 요 7:38

신앙인의 삶이란 생수의 강이 흘러넘치는 삶이라고 할 수 있습니다. 그래서 신앙인은 어떤 것을 짜내는 인생이 아니라 넘치는 인생을 살아가야 합니다. 넘치는 것을 '충만'이라고 표현합니다.

그래서 우리는 기도할 때도 표준적인 양만큼만 하는 것이 아니라 넘치도록 하는 것이 성도의 모습입니다.

찬송도 마찬가지입니다. 한두 곡으로 끝나는 것이 아니라 넘쳐흐르는 찬양을 해야만 합니다. 쉽게 말하면 필요 이상으로 해야 한다는 것입니다. 그러면 넘치게 됩니다.

넘친다는 것을 생각할 때 떠오르는 장면이 있습니다. 영화에서 결혼식이 끝나고 나면 피라미드식으로 잔을 올려놓고 따르는 것이 있는데 맨 밑에는 네 개의 잔을, 그 위에는 세 개의 잔을, 그 다음에는 두개, 맨 꼭대기에는 한 개의 잔을 놓습니다.

그리고 음료수가 든 병을 터트려서 맨 위의 잔에다 붓습니다. 맨 위가 차면 두 번째 칸에 있는 잔으로 흘러넘치고, 그것이 차면 세 번째 있는 잔으로, 세 번째 있는 잔이 차면 네 번째 있는 칸에 흘러넘치는 광경을 볼 수 있습니다.

이것을 바로 '충만'이라고 하는 것입니다. 충만한 삶이 바로 이것입니다. 우리가 충만해져야 주변을 충만한 상태로 채울 수 있습니다. 생수의 강이 흘러넘치게 할 수 있습니다.

예수님을 믿는 사람들은 끌려 다니는 인생이 아니라 주도하는 인생을 살아야 합니다. 그래야 하나님 앞에서 그 능력을 주변에 전파시킬 수 있습니다.

• **기도**: 충만케 하시는 주님, 무엇을 하든지 넘치도록 하는 삶이 되게 하여 주옵소서. 주님이 기뻐하시는 것이라면 필요 이상으로 하는 삶이 되게 하여 주옵소서. 찬양도 넘치도록 하게 하시고, 기도와 봉사도 넘치게 할 수 있게 하여 주옵소서. 나눔과 섬김도 넘치게 하시고, 헌신과 충성도 넘치는 삶이 되게 하여 주옵소서. 그래서 끌려 다니는 인생이 아니라 삶을 주도하는 인생이 되게 하여 주옵소서. 예수님의 이름으로 기도합니다. 아멘

• **중보기도**: 모든 그리스도인들이 모든 좋은 것으로 흘러넘치는 삶이 되게 하소서.

1월 23일 환난

환난이 와도 즐거워할 수 있다

• 성경: 로마서 5장 1~4 • 찬송: 336장 • 요절: 롬 5:3~4

오늘 말씀은 참으로 특이한 말씀입니다. 환난이 왔는데도 즐거워한다고 합니다. 어떻게 환난이 왔는데도 즐거워할 수 있을까요?

사도바울은 그 이유를 말하고 있습니다.

"이는 환난은 인내를, 인내는 연단을, 연단은 소망을 이루는 줄 앎이로다" (3,4절).

왜 우리가 환난 중에 기뻐할 수 있는 것일까요? 환난 자체를 보는 것이 아니라, 환난의 연계 고리를 보기 때문입니다. 환난 다음에 인내를 주시고, 인내 다음에 연단을 주시고, 연단 다음에 제일 마지막으로 소망이 있습니다.

예수님을 믿는 사람은 그것을 알기 때문에 환난이 왔는데도 즐거워할 수 있는 것입니다. 이것은 하나님의 자녀만이 가질 수 있는 즐거움입니다.

세상 사람들에게는 이런 즐거움이 없습니다. 그들은 이 세상이 전부인 것으로 알고 현재에 얽매어 사는 존재이기 때문입니다. 그래서 현재에 일어나는 일들 때문에 일희일비(一喜一悲)하면서 삽니다.

우리는 지금 현재를 보고 뛰는 존재가 아니라, 마지막을 보고 뛰는 존재입니다. 환난 많은 이 땅 위를 살아가고 있지만 마지막 천국을 바라보고 사는 존재입니다. 그래서 예수님도 "세상에서는 너희가 환난을 당하나 담대하라"고 응원하고 계십니다(요16:33).

우리는 현재 환난을 당할지라도 이 마지막을 바라보면서 즐거워하고, 현재 있는 모든 일들을 소화하고 담대하게 나아갈 수 있어야 겠습니다.

• **기도**: 소망의 하나님, 지금까지 살면서 하나님의 자녀만이 가질 수 있는 즐거움을 갖고 살았는지 되돌아봅니다. 환난을 당하면서도 즐거워해 본 적이 있었지요. 오늘 말씀을 마음 깊이 새기길 원합니다. 현재에 일어나는 일들 때문에 일희일비하는 인생이 아니라, 천국을 소망하며 지금을 인내할 수 있게 하옵소서. 환난 앞에서 주눅 든 인생이 아니라 담대한 인생이 되게 하여 주옵소서. 예수님의 이름으로 기도합니다. 아멘

• **중보기도**: 모든 그리스도인들이 환난 앞에서도 즐거워할 수 있는 담대함이 있게 하소서.

1월 24일 평안

평안을 누리는 자

• 성경: 이사야 26장 3절 • 찬송: 413장 • 요절: 사 26:3

「페트라르카」라는 심리학자의 말에 따르면 마음의 평안에는 다섯 가지의 적이 있다고 합니다.

첫 번째의 적은 욕심입니다. 욕심에 사로잡히면 결코 만족하지 못하고 아름다운 것을 보지 못합니다. 그 아름다운 것을 자기의 것으로 소유하려고 합니다.

두 번째는 지나친 성취욕입니다. 그러다 보면 승부욕으로 변하여 경쟁이 되어 버립니다. 여기에 평안이 있을 수 없습니다.

세 번째는 질투입니다. 시기 질투는 평화의 적입니다.

네 번째는 분노입니다. 마음에 분을 가지고 있는 사람은 평안할 수 없습니다.

다섯 번째는 교만입니다. 자기 우월감과 열등감은 다 교만입니다. 이 교만 가운데 빠진 사람은 결코 평안할 수 없습니다.

오늘 말씀에 우리가 평안을 누릴 수 있는 방법을 말씀해 주고 있습니다. 이사야 선지자는 "주께서 심지가 견고한 자를 평강하고 평강하도록 지키시리니 이는 그가 주를 신뢰함이니이다"라고 말합니다. 하나님을 신뢰하는 자, 의지하는 자가 평안을 누린다는 것입니다.

우리가 평안을 누리지 못하는 근본적인 이유가 무엇일까요? 하나님을 온전히 신뢰하지 못하기 때문입니다.

하나님께서는 당신을 온전히 신뢰하고 의지하는 자에게 평강하고 평강하도록 붙들어 주십니다. 그래서 우리는 주님을 신뢰하는 심지가 견고해질 수 있도록 힘써야 합니다.

• **기도** : 평강의 하나님, 오늘 저희는 평안을 누리고 있는지요. 혹 불안과 염려 가운데 살고 있는 것은 아닌지요. 평안의 복을 누리지 못하고 있다면 그동안 저희의 믿음이 주님을 온전히 신뢰했는지를 점검해 볼 수 있게 하여 주옵소서. 만약 주님을 온전히 신뢰하지 못했다면 지금부터라도 주님을 온전히 신뢰할 수 있도록 은혜를 더하여 주옵소서. 또한 평안의 적이 되는 세상 것들을 멀리할 수 있는 결단과 의지가 있게 하여 주옵소서. 예수님의 이름으로 기도합니다. 아멘

• **중보기도** : 모든 그리스도인들이 평안의 복을 누릴 수 있게 하소서.

1월 25일 교제와 기도

하나님을 가까이함

• 성경: 시편 73편 25~28절 • 찬송: 424장 • 요절: 시 73:28

우리가 잘 아는 것이지만 하나님께 가까이 하면 복을 받습니다. 하나님을 가까이 하면 사랑을 받습니다. 하나님의 음성 듣기를 사모하면 그분의 음성을 듣습니다. 바로 오늘 말씀에 아삽이 드린 찬양이 그것입니다.

"하나님께 가까이 함이 내게 복이라 내가 주 여호와를 나의 피난처로 삼아 주의 모든 행적을 전파하리이다".

참 좋은 말씀입니다. 그런데 사람들은 하나님을 가까이 하려고 하지 않습니다. 왜 그렇습니까? 하나님께서 주시는 축복을 모르기 때문입니다.

사실 하나님을 가까이 하는 것이 어렵습니다. 그런데 멀리하는 것은 쉽습니다. 굳이 노력하지 않아도 되고, 훈련하지 않아도 됩니다. 그러나 하나님을 가까이 하기 위해서는 노력이 필요하고 훈련도 필요합니다.

그렇다면 어느 것이 값진 것일까요? 쉬운 것을 값지다고 하지 않습니다. 어려운 것이 값지다 할 수 있습니다. 기도가 그렇습니다. 값진 것이기 때문에 어려운 것입니다. 하나님을 가까이 하고, 하나님과 친밀해지기 위해서는 많은 훈련이 필요합니다.

사람들과의 관계도 마찬가지입니다. 정말 누군가를 친밀하게 사랑하고 교제하려면 지식과 훈련과 기술이 있어야만 합니다. 그렇게 얻은 친밀함은 정말 축복된 열매를 낳습니다. 성경에 많은 축복이 있지만 하나님을 가까이 하는 축복만큼 큰 축복이 없습니다.

그분을 가까이 하면 항상 강력한 손길로 붙들어 주십니다. 그러므로 우리는 무엇을 아느냐보다, 누구를 아느냐가 더 중요합니다. 또한 누구를 가까이 하느냐가 더욱 중요한 것입니다.

• **기도**: 복의 근원이 되신 주님, 시편 기자의 고백 대로 하나님을 가까이 함이 복인 줄 알면서도 하나님을 가까이 하는 삶을 살지 못했습니다. 영원하지 않은 것에 마음을 쏟으며 마치 그것이 전부인 것처럼, 그것이 없으면 안 되는 것처럼 살아왔습니다. 하나님의 축복을 모르는 저희였습니다. 이제부터는 하나님을 늘 가까이 할 수 있게 하시고, 주님을 더욱 알아가는 삶을 살아갈 수 있게 하옵소서. 예수님의 이름으로 기도합니다. 아멘

• **중보기도**: 모든 그리스도인들이 하나님을 가까이 할 수 있게 하소서.

1월 26일 부흥

주여 부흥케 하소서

• 성경: 하박국 3장 1~2절 • 찬송: 363장 • 요절: 합 3:1~2

오늘 함께 읽은 본문의, 하박국 선지자가 활동하던 시기는 (주전 612~605) 바벨론의 유다 왕국 침략이 본격화 되던, 나라의 운명이 경각에 달린 시기였습니다.

그 이전까지는 유다 백성의 안타까움을 보고, 왜 하나님께서 세우신 나라가 이렇게 몰락하느냐고, 하나님께 따지듯 불만을 토로하던 하박국 선지자는 하나님의 뜻을 깨닫게 된 후, 이런 모든 위기 가운데서 개인과 가정과 나라가 구원 받을 수 있는 유일한 길은 다름 아닌 "부흥"이라고 믿었습니다. 그래서 그는 하나님을 향하여 원망하던 입술을 돌려 부흥을 위해 기도합니다.

부흥은 히브리어로 '하야' 라고 하는데 이 말의 뜻은 '살리다, 소성케 하다' 라는 뜻을 가지고 있습니다.

하박국은 이스라엘 민족이 살 수 있는 오직 한 가지 길이 있다면 하나님께서 '부흥'의 은혜를 주셔야만 가능하다고 믿었습니다. 그래서 기도합니다.

"주여! 주의 일을 이 수년 내에 부흥하게 하소서. 이 수년 내에 나타내시옵소서."

지금 우리에게 꼭 필요한 한 가지 기도제목이 있다면 "주여! 우리를 부흥하게 하소서." 라는 기도제목일 것입니다. 왜 그렇습니까? 오직 하나님의 부흥만이 우리 자신과 가정과 교회를, 더 나아가서 지역 사회와 민족을 살릴 수 있기 때문입니다.

오늘 말씀에 기록된 하박국의 기도가 내 자신의 기도가 되기를 소원하며 부르짖기를 바랍니다.

• **기도** : 부흥을 주시는 주님, 부흥을 갈망하는 하박국 선지자의 기도가 오늘 저희의 기도제목이 되게 하여 주옵소서. 강퍅하고 메마른 이 시대야말로 진정한 부흥이 필요한 시기임을 깨닫습니다. 교회도 복음의 빛을 잃어가고 있습니다. 지역과 사회와 민족도 몰락의 위기를 겪고 있습니다. 이 시대를 향한 하나님의 뜻을 깨달아 알게 하시고, 부흥을 위해 기도무릎을 꿇게 하옵소서. 예수님의 이름으로 기도합니다. 아멘

• **중보기도** : 모든 그리스도인들이 부흥을 갈망하게 하소서.

1월 27일
담대함

두려워 말며 담대하라

• 성경: 여호수아 1장 3~6절 • 찬송: 347장 • 요절: 수 1: 5~6

　군인들이 훈련을 받는 과정 가운데 '막 타워(mock tower)'라 불리는 교육이 있습니다. 우리가 흔히 알고 있는 '막 타워'는 11~13미터 정도 높이의 모형 타워를 말합니다. 인간이 최고의 공포를 느낀다는 11미터 높이의 타워에서 신병 훈련이나 유격 훈련을 받는 병사들 중에는 심한 기합과 벌을 받으면서도 두려워서 내려가지 못하는 이들이 종종 있습니다. 반대로 훌륭히 임무를 완수하고 내려가는 병사도 있습니다. 이런 차이는 어디서 나올까요? 그 차이는 경험, 체험의 차이라 할 수 있습니다. 많은 훈련을 통해 막 타워에서 밧줄을 의지해 내려오는 방법을 터득한 병사는 줄을 신뢰하게 되고, 안전함을 느끼게 되는 것입니다. 즉 이 평안함은 경험을 통해 얻게 되는 것입니다. 우리 인생도 이와 같이 여러 번 경험하고 몇 번 살아본다면 얼마나 좋겠습니까? 그러면 좀 여유 있게 되고, 매사에 실수하지 않고 잘할 수 있을 텐데 말입니다. 그러나 우리 인생은 그렇지 못합니다. 우리의 인생은 누구나 알듯이 단 한 번으로 끝납니다.

　오늘 말씀은 가나안 땅을 향해가는 이스라엘 백성이 광야 40년의 생활을 마감하는 시기에 백성의 지도자였던 모세가 죽고 그 뒤를 여호수아가 이어가는 상황입니다. 모세와 함께 이스라엘 민족을 이끌고 왔던 여호수아였지만, 막중한 임무에 두려움을 느꼈습니다. 이런 그에게 하나님은 "모세와 함께 있었던 것 같이 너와 함께 있을 것임이니라(5절)" 말씀하십니다. 그러므로 두려워말며 담대하라고 하나님은 말씀하십니다. 결국 이 말씀을 붙든 여호수아는 약속의 땅 가나안에 들어가게 됩니다. 모세와 함께 했던 하나님, 여호수아와 함께했던 하나님은 오늘 우리와도 함께하고 계심을 잊지 말아야 겠습니다.

• **기도** : 함께하시는 하나님, 하나님의 함께하심을 굳게 믿는 믿음을 주옵소서. 인생의 위기 앞에서 "두려워 말고 담대하라"고 용기를 주시는 하나님의 음성을 듣게 하옵소서. 주님의 약속의 말씀을 붙들고 힘있게 전진할 수 있게 하옵소서. 두려움 없는 믿음으로 주님의 뜻을 성취해내는 이 시대의 여호수아가 되게 하옵소서. 예수님의 이름으로 기도합니다. 아멘

• **중보기도** : 모든 그리스도인들이 하나님을 가까이 할 수 있게 하소서.

1월 28일
감사

감사하는 삶

• 성경: 데살로니가전서 5장 18절 • 찬송: 428장 • 요절: 살전 5: 18

    어느 날 정원을 둘러보던 왕이 깜짝 놀랐습니다. 정원에 심어 놓은 나무들과 꽃이 시들어 가고 있었기 때문입니다. 도무지 영문을 알 수 없었던 왕은 키가 작은 참나무에게 왜 이렇게 시들어 가고 있느냐고 물었습니다. 그러자 참나무는 키가 늘씬한 전나무처럼 멋지지 못하니 살아서 무엇 하겠느냐고 대답했습니다. 왕은 전나무에게 그렇다면 너는 왜 시들하냐고 물었습니다. 그랬더니 전나무는 포도나무처럼 열매를 맺지 못하니 살 의미가 없다고 대답했습니다. 다시 왕은 포도나무에게 가서 너는 왜 시들하냐고 물었습니다. 그러자 포도나무는 장미처럼 아름다운 꽃도 피우지 못하니 살 가치가 없다고 대답했습니다. 이처럼 대부분의 꽃과 나무들이 시들어 가고 있는데 그 중에서 한 꽃은 무척 싱싱했습니다. 제비꽃이었습니다. 이를 신기하게 여긴 왕이 제비꽃에게 물었습니다. "어째서 너만 싱싱하냐?" 그러자 제비꽃은 이렇게 대답했습니다. "보잘것없는 저를 정원에 심어 주신 임금님의 은혜를 생각하니 키가 작고 열매가 없어도 감사해서 열심히 살고 있습니다." 우리 그리스도인들은 어떤 모습으로 살아야 할까요?

    오늘 말씀에 사도바울은 범사에 감사하면서 살아야 할 것을 말씀하고 있습니다. 사람들은 자기 힘으로 무언가를 이룰 수 있다고 생각하면 삶에서 감사가 사라지고 자만심이 생깁니다. 그러나 심는 것과 거두는 것은 사람이 할지라도, 씨앗을 자라게 하고 열매를 맺게 하는 것은 하나님이십니다. 그래서 시편 기자는 "여호와께서 집을 세우지 아니하시면 세우는 자의 수고가 헛되다"(시127:1)고 고백했습니다.

    우리는 인간이 하는 모든 수고가 하나님의 도우심 없이는 헛되다는 것을 깨달아야 합니다. 그리고 하나님께 감사할 수 있어야 합니다.

• **기도** : 사랑의 하나님, 감사가 메마른 심령이 되지 않기를 원합니다. 언제나 하나님의 은혜에 감사할 수 있는 삶이 되게 하옵소서. 감사로 하나님의 도우심을 더욱 드러낼 수 있게 하시고, 감사의 토양 위에 주님이 허락하신 귀한 열매를 거둘 수 있는 삶이 되게 하옵소서. 예수님의 이름으로 기도합니다. 아멘

• **중보기도** : 모든 그리스도인들이 범사에 감사할 수 있게 하소서.

1월 29일 겸손

늘 겸손하게

• 성경: 사사기 8장 22 ~ 32절 • 찬송: 196장 • 요절: 삿 8: 23

우리는 살아가면서 이러저러한 변화를 많이 겪게 됩니다. 변화에 적응하는 것은 어려운 일입니다. 그래서 많은 사람들이 이 변화의 시기에 변질되기도 하고, 이제까지 쌓아 온 명예가 실추되기도 하고, 어려움을 당하기도 합니다. 어떤 사람은 기쁨의 때를 잘못 보내서 교만하다가 무너집니다.

어떤 사람은 가난하다가 부유해졌을 때, 고민하던 문제가 해결되었을 때에 하나님께 감사하기보다는 교만하다가 무너집니다. 그와 반대로 사업이 실패했을 때, 건강을 잃었을 때, 가족들과 심한 갈등으로 고통스러울 때에 사람들은 깊은 절망에 빠져 방황하다가 소중한 것을 잃어버리기도 합니다. 이처럼 우리 삶에 되풀이되는 변화의 시기를 어떻게 보내느냐에 따라 더 큰 복으로 나아갈 수도 있고, 받은 복도 무너뜨릴 수 있습니다.

오늘 말씀에 나오는 기드온은 양털 시험을 통해서 하나님의 소명을 확인한 후 미디안 족속을 물리치는 커다란 역사를 이루었습니다. 그러나 그는 하나님의 큰 능력으로 이스라엘 백성을 구원했지만 끝까지 좋은 영향력을 끼치지는 못했습니다. 왜냐하면 명예와 사랑을 얻게 되면서 처음 마음을 잃고 자신이 원하는 것에 귀를 기울였기 때문입니다.

그가 전쟁에서 승리하고 많은 것을 얻었을 때 이 영광이 풀의 꽃과 같음을 깨달았다면, 그는 더욱 겸손하게 하나님의 음성에 귀를 기울였을 것입니다. 그랬다면 그는 끝까지 좋은 영향을 끼친 하나님의 사람으로 기록되었을 것입니다.

하나님 앞에서 늘 겸손하게, 그분의 은총에 감사할 수 있는 우리가 되어야겠습니다.

- **기도**: 겸손의 본을 보이신 주님, 교만하다가 무너지는 인생이 되지 않기를 원합니다. 언제나 겸손으로 허리를 동이는 삶이 되게 하여 주옵소서. 겸손한 마음으로 주님의 음성을 듣기를 즐거워할 수 있게 하시고, 겸손히 주님의 은총을 사모하며 감사의 고백을 주님께 드리며 사는 삶이 되게 하여 주옵소서. 주님께 늘 겸손한 사람으로 기억되게 하여주옵소서. 예수님의 이름으로 기도합니다. 아멘
- **중보기도**: 모든 그리스도인들이 겸손으로 허리를 동이는 삶이 되게 하소서.

1월 30일
하나님 중심

승리의 비결

• 성경: 사사기 7장 5 ~ 12절 • 찬송: 383장 • 요절: 삿 7: 12

성경에 보면 가나안 땅을 정복한 이스라엘에게 블레셋 족속은 상당히 위협적인 존재였습니다. 블레셋 족속은 틈만 나면 국경을 넘어 이스라엘을 공격했기 때문입니다.

그리하여 이스라엘은 아벡에서 블레셋을 대적하였습니다. 그러나 1차 전투에서 이스라엘은 패배했습니다. 그러자 이스라엘 백성은 하나님의 법궤가 함께하면 승리할 것이라고 생각하고, 실로에 있는 하나님의 법궤를 가지고 전투에 나갑니다. 하지만 전투 결과는 이스라엘의 기대와는 정반대였습니다. 오히려 하나님의 법궤까지 빼앗겨 버렸습니다.

물론 블레셋 진영에 있었던 하나님의 법궤는 하나님의 역사로 인해 다시 이스라엘로 돌아오게 됩니다. 하지만 문제는 법궤가 있다는 것이 중요한 것이 아니라 이스라엘 백성이 하나님을 향하고 있는지가 중요한 부분인데, 그들은 이 사실을 망각한 채 법궤를 가지고 나가는 것만으로도 승리할 수 있다고 착각했다는 것입니다.

그 이후 사무엘의 인도 아래 미스바에 모인 이스라엘 백성이 "우리가 여호와께 범죄하였나이다"라고 고백하며 철저히 회개했을 때, 이스라엘은 블레셋을 물리칠 수 있었습니다.

그야말로 하나님 중심으로 돌아갈 때, 하나님의 도우심이 이스라엘에 임한 것입니다.

이처럼 하나님의 구원하심은 세상에서 마음을 돌이켜 하나님을 향해 나아갈 때 이루어집니다. 하나님 중심으로 사는 것이 신앙의 사람이 승리하며 살 수 있는 최고의 비결입니다.

• **기도**: 중심을 살피시는 하나님, 하나님을 믿는다 하면서도 여전히 내가 중심이 되어 내 자신을 앞세우며 살고 있는 것은 아닌지요. 모양만 하나님의 자녀이지, 중심은 마귀가 환영하고 좋아하는 것들만 행하고 있는 것은 아닌지요. 하나님 중심으로 살아갈 수 있는 신앙이 될 수 있도록 저희의 마음을 붙들어 주옵소서. 하나님 중심으로 살아가야만 진정한 신앙의 승리가 주어질 수 있음을 잊지말게 하옵소서. 예수님의 이름으로 기도합니다. 아멘

• **중보기도**: 모든 그리스도인들이 하나님 중심으로 사는 삶이 되게 하소서.

1월 31일
인도하심

하나님의 함께하심

• 성경: 창세기 39장 19~23절 • 찬송: 325장 • 요절: 창 39:23

요셉은 흔히 '꿈의 사람'으로 불립니다. 하나님이 주신 꿈으로 인해 형들의 미움을 받고 10대부터 고난의 삶을 살았습니다.

형들에 의해 미디안 상인들에게 팔려 노예생활을 시작한 요셉은 애굽 왕의 친위대장인 보디발의 집에서 종살이를 하게 되었습니다. 그러나 여주인의 유혹을 뿌리친 대가로 왕의 죄수들만 가두는 특별 감옥에 갇혀 언제 죽을지 모르는 신세로 전락하였습니다. 하지만 요셉은 고난의 시간을 살면서 단 한순간도 하나님이 자신을 버리셨다고 생각하지 않았습니다. 오히려 그 절망적인 상황에서도 하나님이 자신과 함께하신다고 믿었습니다.

오늘 말씀에 "여호와께서 요셉과 함께하시고(창39:21)", "여호와께서 요셉과 함께하심이라(창39:23)"는 말씀이 이를 증명합니다. 그랬기에 "범사에 형통"할 수 있었던 것입니다.

미디안의 대군이 이스라엘을 공격해 왔을 때, 기드온은 하나님의 지시에 따라 세운 300명 용사로 대승을 거두었습니다. 어떻게 가능했을까요? 하나님이 함께하셨기 때문입니다. 모세가 이끈 이스라엘 백성들이 진퇴양난의 위기에서 어떻게 홍해를 무사히 건널 수 있었을까요? 하나님이 함께하셨기 때문입니다. 요단강을 건넌 여호수아와 이스라엘 백성들이 어떻게 난공불락의 여리고 성을 무너뜨릴 수 있었을까요? 하나님이 함께하셨기 때문입니다.

하나님이 언제나 우리와 함께하신다면 형통할 수 있습니다. 우리는 하나님의 함께하심을 경험하며, 신실한 믿음의 생활로 세상에 긍정적인 영향을 끼치며 살아갈 수 있는 행복한 신앙의 사람이 되어야겠습니다.

• **기도**: 함께하시는 하나님, 인생에 그 어떤 고난이 다가온다 할지라도 하나님을 잊어버리는 삶이 되지 말게 하여 주옵소서. 절체절명의 순간에서도 나와 함께하고 계시는 하나님을 믿는 믿음이 변함이 없게 하시고, 그 믿음으로 주님을 더욱 기쁘시게 할 수 있는 믿음의 사람이 되게 하여 주옵소서. 하나님의 하나님 되심을 보여주는 삶이 되기를 원합니다. 주님의 함께하심을 증거하는 삶이 되기를 원합니다. 주님이 계시므로 행복을 느끼는 삶이 되기를 원합니다. 예수님의 이름으로 기도합니다. 아멘

• **중보기도**: 모든 그리스도인들이 하나님의 함께하심을 굳게 믿을 수 있게 하소서.

2월 1일 향기

향기로운 삶

• 성경: 빌립보서 4장 8~9절 • 찬송: 325장 • 요절: 빌 4:8

    1990년 노벨평화상 후보에 올랐던 「엘레나」는 '노인의 어머니'라 불릴 만큼 노인들을 위해 많은 일을 했습니다. 그녀는 폐결핵에 걸려 중국 선교사의 꿈을 접어야 했습니다. 그러나 원망하지 않고 '하나님은 지금 제게 무엇을 원하십니까?'라고 기도하며 고향으로 돌아왔습니다. 유산으로 물려받은 넓은 불모지를 개간해 농사를 짓고 수확해 중국 선교사들에게 선교비를 보냈습니다. 추수하다 탈곡기에 손이 끼어 오른손이 잘렸을 때에도 원망하지 않았습니다. 오히려 "하나님은 지금 제게 무엇을 원하십니까?"라고 기도했습니다. 그녀는 농사를 그만두고 농사짓던 땅에 양로원을 짓고 노인들을 돌보기 시작했습니다. 그곳은 세계적으로 유명한 양로원이 되었고, 그녀는 '노인의 어머니'라는 명예로운 칭호를 받게 되었습니다. "사람의 향기는 천리를 간다."는 말이 있지만 그리스도의 향기는 더 멀리 가는 것 같습니다. 그렇기 때문에 그녀의 향기는 수만 리를 넘어 우리에게도 전해지는 것입니다. 그녀는 어찌 보면 불행과 실패의 연속이었습니다. 하지만 어려움 속에도 그 삶이 빛나고 향기로운 이유는 어디에 있을까요? 그것은 삶이 명성을 얻어서가 아니라 그의 삶의 과정이 참되고 아름다웠기 때문입니다. 우리가 관심 가져야 하는 것은 성공이냐, 실패냐가 아니라 '삶의 향기'입니다.

    오늘 말씀에 사도바울은 성도의 일곱 가지 덕목을 제시했습니다. 참됨과 경건함, 정결함과 옳음, 사랑받을 만함과 칭찬받을 만함, 배우고 본 바를 행함입니다. 그리할 때 평강의 하나님이 함께하신다고 했습니다. 이같은 자세와 성품으로 사는 것이 하나님과 함께 사는 구체적인 방법이며, 하나님을 믿는 구체적인 방법입니다. 우리 모두는 그리스도의 향기를 전파하는 신앙의 사람이 되어야겠습니다.

- **기도** : 사랑의 주님, 사도바울이 제시한 성도의 일곱 가지 덕목이 저희의 삶 속에서 드러날 수 있게 하시고, 그리스도의 향기를 전파하는 삶이 되게 하여 주옵소서. 성도의 삶은 향기로 평가받는 것임을 잊지 말게 하여 주옵소서. 예수님의 이름으로 기도합니다. 아멘
- **중보기도** : 모든 그리스도인들이 향기 나는 삶이 되게 하소서.

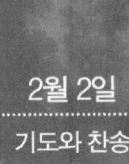

2월 2일 기도와 찬송

기도와 찬송이 흘러 넘치게 하라

• 성경: 시편 57편 7 ~ 11절 • 찬송: 412장 • 요절: 시 57: 8 ~ 9

　수없이 많은 다윗의 시들은 광야에서 지어졌습니다. 오늘 말씀 역시 다윗이 광야에서 지은 시입니다. 사울 왕에게 정신없이 쫓기도 있을 때 굴에 숨어서 이 영광의 찬송을 하나님께 드린 것입니다. 다윗은 그 굴에서도 기도로 새벽을 깨우는 자가 되었습니다.
　누가 어둠을 깨고 새벽을 여는 자입니까? 바로 기도하는 자입니다.
　바울과 실라가 복음을 증거하다 빌립보 감옥에 갇히게 되었을 때, 그 절박한 상황 속에서 한 일은 기도와 찬송이었습니다. 바울과 실라가 비록 감옥에 갇혔으나 그들의 기도와 찬송만큼은 막을 수 없었습니다. 우리가 어느 곳에 갇히더라도 기도하지 못할 곳은 없습니다. 찬송하지 못할 곳은 없습니다. 어떤 환경에 처하더라도 기도와 찬송이 불가능한 환경은 없는 것입니다.
　우리의 삶에 막히는 일들이 발생하면 어떻게 해야 하는 것입니까? 기도하고 찬송하면 됩니다. 그러면 열리게 되어 있습니다. 둑이 있으면 흘러가던 물이 막힐 수 있습니다. 그러나 그 물이 계속 넘치면 둑은 무너지게 되어있습니다. 마찬가지로 기도와 찬송의 강물이 흘러넘칠 수만 있다면 그 어떤 장애든지 쉽게 무너뜨릴 수 있습니다.
　우리는 삶 가운데 어떤 장애의 둑을 만난다 할지라도 흘러넘치는 기도, 흘러넘치는 찬송으로 그 장애를 무너뜨리고 하나님의 능력을 지속적으로 경험하는 삶이 되어야 겠습니다.

- **기도**: 찬송을 받으시기에 합당하신 주님, 저희에게 어떤 환경이 주어지든지 기도 못 할 환경과 찬송 못 할 환경이 없음을 잊지 않게 하옵소서. 기도와 찬송은 하늘 보좌를 움직이는 능력의 통로임을 잊지 않게 하옵소서. 우리 인생의 장애물들을 무너뜨리는 방법도 기도와 찬송을 흘러넘치게 하는 것임을 잊지 않게 하여 주옵소서. 기도와 찬송으로 하나님의 능력을 지속적으로 경험하는 삶이 되게 하여 주옵소서. 예수님의 이름으로 기도합니다. 아멘
- **중보기도**: 모든 그리스도인들이 기도와 찬송이 흘러넘치는 삶이 되게 하소서.

2월 3일
열정, 기회

치는 대로 얻는다

• 열왕기하 13장 14~19절 • 찬송: 449장 • 요절: 왕하 13:19

　오늘 말씀은 엘리사의 생의 마지막 때를 배경으로 하고 있는데, 그는 당시 이스라엘 왕이었던 여로보암을 부릅니다. 그리고 왕의 손을 안찰하고 활과 화살들을 잡게 해서 화살을 쏘게 합니다.

　화살을 쏘게 한 후에 그 화살이 아람 사람을 진멸하는 화살이라고 말합니다. 또한 엘리사는 여로보암에게 그 화살들을 집게 해서 땅을 치라고 말합니다. 그때 왕이 땅을 치는데 세 번만 치고 맙니다. 이런 왕의 모습을 본 엘리사는 겨우 세 번밖에 치지 않는 왕을 보며 노하여 책망합니다.

　그러면 엘리사는 왕이 땅을 세 번밖에 치지 않은 것을 왜 책망했을까요? 그 이유는 19절에 나와 있듯이, 왕이 땅을 친 횟수만큼 아람을 칠 수 있었기 때문입니다. 집은 화살로 땅을 많이 쳤더라면 더 많이 아람을 칠 수 있었습니다. 엘리사는 여로보암을 보면서 굉장히 안타까워했습니다. 욕망도 없고, 열정도 없고, 패기도 없는 왕을 보면서 안타까워한 것입니다.

　오늘 우리가 이 말씀을 대하면서 영적으로 많이 칠 수 있는 삶이 살아야 한다는 중요성을 깨닫게 됩니다. 하나님의 이름으로 많이 치는 삶을 살아야 합니다. 하나님은 치는 대로 얻게 해주신다고 말씀하셨습니다.

　기도도 한두 번 하고 마는 기도가 되어서는 안 됩니다. 전도도 한두 번 하고 마는 전도가 되어서는 안 됩니다. 봉사와 헌신도 마찬가지입니다. 늘리면 늘릴수록, 치면 칠수록 복이 되고 능력이 되는 하나님의 선물입니다.

　하나님은 오늘 우리에게 칠 수 있는 기회를 많이 주셨습니다. 많이 칠 수 있는 기회를 잘 선용하는 자가 지혜로운 사람임을 잊지 맙시다.

• **기도** : 기회를 주시는 하나님, 하나님이 복을 더해주시고자 주신 기회를 잘 깨닫고 실천할 수 있는 저희가 되게 하여 주옵소서. 믿음이 부족하여, 열정과 열심이 부족하여 복과 능력을 주시려는 주님의 은혜를 깨닫지 못하는 어리석은 자가 되지 않게 하시고, 하나님이 주신 기회를 열정을 가지고 감당할 수 있게 하여 주옵소서. 예수님의 이름으로 기도합니다. 아멘
• **중보기도** : 모든 그리스도인들이 열심을 품고 주를 섬기게 하소서.

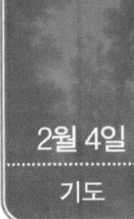

2월 4일
기도

기도의 분향

• 성경: 시편 141편 1 ~ 2절 • 찬송: 364장 • 요절: 시 141 : 2

성경에 보면 기도에 관한 내용이 참으로 많이 기록되어 있습니다. 그만큼 주의 백성들은 기도 없이는 살 수 없다는 말씀입니다.

「쇠얀 키에르케고르」는 '기도는 영적인 호흡이다' 라고 했습니다. 사람이 육신의 생명을 유지하기 위하여 호흡을 쉬지 말아야 하듯, 영적인 생명을 유지하기 위해서는 기도생활을 한 시도 쉬어서는 안 됩니다.

오늘 말씀에 다윗은 자신의 기도에 대하여 분향이라는 말을 쓰고 있습니다. 분향은 사르는 것을 뜻합니다. 구약시대에 제사장은 성전에 있는 분향단에서 매일 아침과 저녁에 향을 살랐습니다.

다윗은 자신의 기도가 이같이 되게 해달라고 간구하고 있습니다. 다윗의 생애를 돌아보면 결코 편치 않은 삶이었습니다.

젊었을 때는 사울의 칼날을 피하여 도망 다녀야 했고, 왕이 되어서도 자식들 때문에 눈물이 마르지 않는 삶을 살았습니다. 그런데도 그는 매일 쉬지 않는 기도를 하나님 앞에 드리기를 소원했습니다.

오늘 우리도 나름대로 바쁘고 힘들겠지만, 오늘 말씀의 다윗의 기도제목을 우리의 기도제목으로 삼았으면 좋겠습니다.

그래서 하나님이 우리를 보실 때 언제나 엎드릴 줄 아는 기도의 사람으로 기억하셨으면 좋겠습니다.

• **기도** : 응답하시는 하나님, 저희는 기도의 중요성을 알면서도 솔직히 기도생활이 뒷받침되고 있지 않음을 고백합니다. 아침 저녁의 기도는커녕 일주일에 한 번도 기도하지 못하는 모습입니다. 기도할 수 있는 이유보다 기도하지 못하는 이유만 앞세워 핑계대기에 바빴습니다. 회개하게 하시고 오늘 말씀의 다윗의 기도제목이 저희의 기도제목이 되게 하여 주옵소서. 매일 쉬지 않는 기도를 하나님 앞에 드릴 수 있기를 소원하며 실천할 수 있게 하옵소서. 저희의 기도도 주님 앞에 분향함같이 되게 하여 주옵소서. 예수님의 이름으로 기도합니다. 아멘

• **중보기도** : 모든 그리스도인들의 기도가 주님께 아침 저녁으로 분향함 같이 되게 하소서.

2월 5일 협력

말씀과 기도에 전념할 수 있도록

• 성경: 사도행전 6장 1~7절 • 찬송: 595장 • 요절: 행 6: 7

  오늘 말씀은 초대교회 당시 일곱 집사를 세우는 장면을 기록한 말씀입니다. 그때 일곱 집사를 세워야 했던 이유는 사도들이 말씀과 기도하는 것뿐만 아니라, 구제하는 것까지 감당하다 보니까 구제도 제대로 되지 않을 뿐 아니라 말씀과 기도도 소홀하게 되었기 때문이었습니다.

  사도들의 판단은 아주 중요했습니다. 사도들이 모든 것을 혼자서 다 할 수 없다는 것입니다. 사도들에게 가장 중요한 사역은 말씀을 전하고 기도하는 것이었기 때문에, 다른 것보다는 이것에 전념할 필요가 있었습니다. 그러기 위해서 여러 가지 많은 일들은 감당해 줄 사람들이 필요했습니다. 그래서 믿음이 좋고 칭찬을 듣는 일곱 사람을 택하여 그들을 안수하여 집사로 세웠던 것입니다.

  이제부터 구제하고 돌보는 일은 집사들이 하였습니다. 그러자 사도들은 더욱 말씀과 기도에 전념할 수 있었습니다. 그 결과 하나님의 말씀이 점점 왕성하여 예루살렘에 있는 제자의 수가 심히 많아지게 되었습니다. 심지어는 허다한 제사장의 무리도 복음에 복종하게 되었습니다.

  여기서 우리는 하나님 나라의 일은 목회자들을 비롯한 신앙 지도자들의 지도를 잘 받아서 이루어 가는 것임을 깨닫게 됩니다. 그런데 목회자가 말씀과 기도에 전념할 수 있도록 하는 역할은 바로 교회 직분자들의 역할이라는 것입니다.

  목회자가 말씀과 기도에 전념할 수 있도록 도와주어야 합니다. 맡은 일을 잘 감당하는 것이 목회자로 하여금 기도하게 돕는 것입니다. 그럴 때 교회에는 믿음의 역사가 일어날 수 있습니다.

• **기도** : 때를 따라 돕는 은혜를 더하여 주시는 하나님 아버지, 자기 자신만을 생각하고 자기 자신만을 위하는 이기적인 신앙생활이 되지 않기를 원합니다. 목회자와 신앙지도자들이 말씀과 기도에 전념할 수 있도록 적극적으로 돕는 신앙생활이 되게 하여 주옵소서. 우선 맡겨진 일에 최선을 다할 수 있게 하시고, 기도로, 물질로, 몸으로 주님의 몸 된 교회를 받들어 섬길 수 있는 충성된 일꾼이 되게 하여 주옵소서. 예수님의 이름으로 기도합니다. 아멘
• **중보기도** : 모든 그리스도인들에게 돕는 은혜를 더하여 주소서.

2월 6일 은혜

보이지 않는 하나님의 은혜

• 성경: 사무엘상 26장 1 ~ 12절 • 찬송: 304장 • 요절: 삼상 26: 12

  오늘 말씀은 다윗이 사울 왕을 두 번째 살려주는 이야기입니다. 다윗이 하길라 산에 나타났다는 소식이 사울 왕에게 전해지자 왕은 삼천 명의 군인들을 이끌고 다윗을 잡기 위해 급하게 왔습니다. 숙영지를 정하고 쉬고 있는 가운데 다윗이 밤중에 몰래 사울왕의 진영을 다녀갑니다. 물론 그때 사울 왕을 죽일 수도 있었지만 하나님의 기름부음 받은 사람을 죽일 수 없다는 믿음으로 왕을 살려두고 대신에 사울 왕에게 가장 가까이 있던 창과 물병을 가지고 자기 진영으로 돌아옵니다. 이 사실이 알려지면서 사울 왕은 크게 깨닫고 자기 집으로 돌아가는 것을 볼 수 있습니다.

  이러한 사건 속에서 성경은 아주 귀한 말씀을 전해주고 있습니다. 다윗이 아비새와 함께 사울 진영에 침투하여 창과 물병을 가지고 무사히 빠져 나갈 수 있었던 것은 하나님이 사울을 깊이 잠들게 하셨기 때문이라는 것입니다.

  여기서 우리는 보이지 않는 하나님의 은혜를 생각할 수 있습니다. 사울을 하나님이 깊이 잠들게 하지 않으셨다면 다윗은 사울의 진영을 무사히 다녀오지 못했을 것입니다. 다윗은 사울을 하나님이 깊게 잠들게 만드셨다는 사실을 잘 모르고 피곤해서 그렇겠거니 생각했을 것입니다. 그러나 하나님이 다윗을 사랑하사 다윗이 눈치채지 못하게 이렇게 작업해 놓으신 것입니다.

  이와 같이 우리 신앙생활에도 보이지 않는 하나님의 은혜가 늘 임하고 있습니다. 보이게 하시는 하나님의 은혜도 있지만 그것은 특별한 경우이고, 대부분 하나님의 은혜는 보이지 않게 우리 삶에 함께하십니다. 이 사실을 깨닫고 매사에 하나님께 감사를 잃지 않는 우리가 되어야 겠습니다.

• **기도**: 은혜의 하나님, 저희가 깨닫지 못하고 느끼지 못할 뿐, 오늘 저희에게도 보이지 않게 임하시는 하나님의 은혜가 무수히 많음을 고백합니다. 저희는 알지 못할지라도 저희를 사랑하시는 하나님의 손길이 항상 저희의 삶을 주장하고 계시는 줄 믿습니다. 감사할 수 있게 하옵소서. 찬양할 수 있게 하옵소서. 예수님의 이름으로 기도합니다. 아멘

• **중보기도**: 모든 그리스도인들이 보이지 않게 임하시는 하나님의 은혜를 깨닫게 하소서.

2월 7일 성전

주의 장막에 머무를 자

• 성경: 시편 15편 1 ~ 3절 • 찬송: 212장 • 요절: 시 15: 1

대 문호이자 정치가이기도 하고 군인이며 실업가였던 「괴테」의 집에는 매일같이 많은 사람들이 몰려와 그의 이야기를 들었다고 합니다. 사람들이 모이면 당연히 험담과 악담이 있기 마련인데, 그럴 때마다 괴테는 이런 말을 했다고 합니다.

"여러분, 휴지 조각은 흩어 놓아도 좋습니다만 험담과 악담을 펴놓는 것은 삼가주십시오. 더러운 말은 티끌과 먼지보다 더 공기를 탁하게 하는 것입니다."

오늘 말씀에서 시편 기자는 행실과 말에 대하여 말하고 있습니다. 정직한 행동과 공의로운 행동은 마음에서 비롯됩니다. 마음이 절망스런 사람은 어두운 빛이 드러나기 마련이요, 기쁨이 가득한 마음 또한 행동으로 표출되기 마련입니다.

행동이 마음에서 비롯됨과 같이 언어 또한 마음에서 비롯됩니다. 사랑이 가득하면 사랑의 말이 나옵니다. 미움이 가득하면 미움의 말이 나옵니다. 사랑의 말은 상대방을 풍요롭게 해주고 용기를 북돋아 주며 상처를 싸매어 주지만, 참소하는 말은 상처와 아픔을 가져다주기에 충분합니다.

흉기를 휘둘러야만 사람을 죽이는 것이 아니라, 한 치도 안 되는 혀끝으로 사람을 죽이고 매장할 수 있음을 기억해야 합니다.

시인의 고백대로 하나님의 성산에 거할 수 있는 사람은 행동과 언어가 신앙과 일치하는 사람이라야 된다는 것을 기억하고, 우리의 언행에 그리스도의 모습이 깃들 수 있도록 힘써야 겠습니다.

• **기도**: 사랑의 하나님, 지금 우리의 마음은 어떤지요? 정직한 행동과 공의로운 행동이 있는 마음입니까? 사랑이 가득한 마음입니까? 기쁨과 사랑을 행동으로, 언어로 보여줄 수 있는 삶이 되게 하여 주옵소서. 오늘도 나로 말미암아 많은 사람이 기뻐할 수 있게 하시고, 사랑을 느낄 수 있게 하옵소서. 저희의 행동과 언어가 신앙과 일치하는 모습이 되기를 원합니다. 주님의 성산에 거할 수 있는 사람이 되게 하옵소서. 예수님의 이름으로 기도합니다. 아멘

• **중보기도**: 모든 그리스도인들이 행동과 언어가 신앙과 일치하는 삶이 되게 하소서.

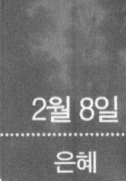

2월 8일
은혜

은혜를 아는 자

• 성경: 에베소서 2장 8~9절 • 찬송: 302장 • 요절: 엡 2:8

아프리카의 성자로 불리는 「알버트 슈바이처」박사는 20대 후반에 모교의 신학부장이 되었습니다. 학교에서 기대하는 유망주였습니다. 그리고 그의 결혼생활에도 기쁨이 있었습니다. 그러한 기쁨에 잠겨 있던 어느 날 그는 아침에 눈을 뜨면서 새로운 것을 깨달았습니다. 그날 그의 일기장에는 이렇게 기록되어 있다고 합니다.

"아침의 밝은 햇살에 눈을 떴다. 내게 부어주신 하나님의 은혜가 얼마나 큰가? 나는 결코 이것을 당연한 것으로 받아들여서는 안 된다. 그것은 죄악이다."

그리고 그는 아프리카로 갈 것을 결심합니다. 자신이 받은 은혜를 나눠 줄 것을 결심하고 받은 은혜를 더 값지게 하기 위한 길을 선택합니다. 그리고 그는 은혜 안에서 평생 하나님을 위한 삶을 살았습니다.

오늘 우리도 바로 이 은혜를 아는 것입니다. 이 은혜 안에 우리가 항상 머물러 있어야 합니다. 그러면 우리도 우리에게 주어진 환경에 주눅 들지 아니하고 담대하게 살아갈 수 있습니다.

그리고 우리가 이 은혜를 베풀고 나눌 줄도 알아야 합니다. 은혜를 아는 것으로만 그치는 것이 아니라, 받은 은혜에 감사하고, 베풀고 나눌 수 있어야 합니다.

그것이 오늘 말씀대로 "그 은혜에 의하여 믿음으로 구원받은 자"의 진정한 모습입니다.

- **기도**: 은혜의 주님, 저희가 지금 주님의 은혜를 아는 자로 살고 있는지 자신을 돌아봅니다. 주님의 은혜를 입은 자로 그 은혜를 어떻게 표현하며 살았습니까? 겨우 주일날 예배만 드리는 것으로 은혜 받은 자의 의무를 다하고 있는 것으로 생각했던 것은 아닌지요. 주님께 받은 은혜를 베풀 수 있는 삶이 되게 하여 주옵소서. 주님의 은혜의 물줄기가 저희를 통하여 이웃에게 전달되게 하시고, 많은 사람을 주님의 은혜로 부요케 할 수 있는 삶이 되게 하여 주옵소서. 은혜의 흔적을 남길 수 있는 삶이 되게 하여 주옵소서. 그것이 하나님의 은혜를 아는 자의 지극히 당연한 모습임을 잊지 말게 하여 주옵소서. 예수님의 이름으로 기도합니다. 아멘
- **중보기도**: 모든 그리스도인들이 은혜 안에서 항상 머물러 있게 하소서.

2월 9일 성경

내 발에 등, 내 길에 빛

• 성경: 시편 119편 97~106절 • 찬송: 206장 • 요절: 시 119: 105

　세계적인 복음전도자 「빌리 그래함」목사님과 사역을 함께한 한국인 자매가 있는데, 「킴 웍스」라는 맹인 자매입니다. 한국 전쟁 때 실명을 했고 고아원에서 자라났는데, 어떤 미군 중사의 도움으로 미국에 가서 인디아나 주립대학에서 공부하고, 또 오스트리아에서 성악 수업을 하여 훌륭한 성악가가 되었습니다. 맹인 성악가가 된 그녀는 예수를 믿고 놀라운 하나님의 은혜를 체험하고 난 뒤 빌리 그래함 목사님과 함께 집회를 할 때마다 간증을 하게 되었습니다. 그녀는 이렇게 간증을 합니다.
　"사람들이 장님인 나를 인도할 때, 저 100미터 전방에 뭐가 있다고 말하지 않습니다. 단지, 바로 앞에 물이 있으니 건너뛰라고 말하고 층계가 있으니 발을 올려놓으라고 말합니다. 나를 인도하시는 분을 내가 믿고 한걸음씩 걸음을 옮기기만 하면 나는 내가 가고자 하는 목적지에 꼭 도착을 합니다."
　우리는 우리 자신이 눈 뜬 장님이라는 사실을 알아야 합니다. 모든 것을 볼 수 있지만 눈을 뜨고 보려 해도 도저히 볼 수 없는 것이 있습니다. 미래입니다. 잠시 잠깐 후의 일을 알 수가 없습니다. 그러기에 우리는 한 걸음 한 걸음 나의 삶을 인도해 주실 하나님의 지도가 필요한 것입니다.
　아주 작은 발걸음이라 해도 내 임의로 내딛을 수가 없다는 것을 인정해야 합니다. 발걸음을 아무리 크게 떼더라도 1분 후의 일도 보이지 않는 것이 우리들의 시야이기 때문입니다.
　성경은 우리의 발걸음을 인도합니다. 그래서 오늘 말씀에 시인은 "주의 말씀은 내 발에 등이요 내 길에 빛이니이다" 라고 고백하고 있는 것입니다.
　시편 기자의 이 고백을 우리의 고백으로 삼을 수 있어야 겠습니다.

• **기도** : 생명의 말씀이신 주님, 우리는 한 치 앞도 볼 수 없는 눈 뜬 장님이라는 것을 잊지 말게 하옵소서. 주님의 말씀은 나의 삶을 인도해 주는 지도임을 잊지 말게 하옵소서. 성경은 하나님께서 나에게 주신 최고의 선물임을 잊지 말게 하옵소서. 주님의 말씀을 더욱 사랑하게 하시고, 사모할 수 있게 하옵소서. 예수님의 이름으로 기도합니다. 아멘
• **중보기도** : 모든 그리스도인들이 성경의 말씀을 사모하게 하소서.

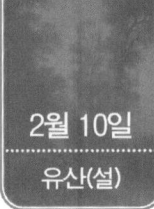

2월 10일
유산(설)

물려주어야 할 유산

• 성경: 디모데후서 1장 1~5절 • 찬송: 559장 • 요절: 딤후 1:5

사람은 누구나 조상에게서 많은 유산을 물려받고 후손들에게도 많은 유산을 물려주고 싶어 합니다. 유산이 많으면 그만큼 부요하고 평안한 삶을 살 수 있기 때문입니다. 그런데 사람들은 유산, 하면 눈에 보이는 물질적인 것만을 생각하지만 우리 그리스도인들에게는 물질적인 것보다 훨씬 가치가 있는 소중한 유산이 있는데, 바로 신앙이라는 유산입니다. 이 유산이 소중한 이유는 이 속에 하나님의 은혜와 축복이 있기 때문입니다. 하나님은 모세를 통해 십계명을 주시면서 "나를 사랑하고 내 계명을 지키는 자에게는 천 대까지 은혜를 베푸느니라"(출20:6)고 말씀하셨습니다. 즉 신앙의 유산을 대대로 계승하는 집안을 크게 축복해 주신다는 말씀입니다.

오늘 말씀에 나오는 디모데는 바울이 2절에서 밝히듯이 '믿음의 아들'이라고 칭찬할 만큼 훌륭한 청년 목회자였습니다. 그런데 디모데의 훌륭한 신앙은 바로 외조모와 어머니로부터 물려받은 것이었습니다. 디모데를 대 사도 바울이 믿음의 아들로 삼을 만큼 훌륭한 신앙인이 될 수 있었던 것은 바로 조상으로부터 물려받은 신앙의 유산 덕분이었다는 것입니다. 신앙의 유산이 얼마나 값진 것인가를 보여주는 대목입니다. 그리고 또 하나는 교회라는 유산입니다. 교회도 우리 그리스도인이 후손들에게 물려주어야 할 소중한 유산입니다. 하나님이 사람들에게 내려 주시는 축복은 교회를 통해서 공급되기 때문입니다. 그래서 교회는 은혜의 통로라고도 하는 것입니다. 이처럼 소중한 교회를 후손들에게 물려주어 후손들로 하여금 교회 중심의 신앙 생활을 하게 하는 것은 후손들을 복되게 하는 것입니다. 우리 가정은 이같은 유산을 후손들에게 물려주어 천 대까지 하나님의 은혜를 누리는 복된 가문을 이루어야겠습니다.

- **기도** : 호주가 되시는 주님, 저희 가정은 다른 무엇보다 신앙이 자손 대대로 계승되어지는 가정이 되게 하여 주옵소서. 부모의 뒷모습을 보며 자녀가 본받을 수 있는 신앙의 모습이 있게 하시고, 자녀를 보며 부모가 칭찬할 수 있는 신앙의 아름다움이 있게 하여 주옵소서. 우리 가정은 주님을 향한 바른 신앙이 계승되어짐으로 자손 대대로 복을 누리게 하옵소서. 예수님의 이름으로 기도합니다. 아멘
- **중보기도** : 모든 그리스도인들의 가정에 신앙이 계승되어지게 하소서.

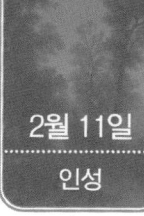

2월 11일
인성

바나바

• 성경: 사도행전 11장 24절 • 찬송: 212장 • 요절: 행 11: 24

'감성지능'이란 책을 쓴 「대니얼 골먼」은 감성에도 전염성이 있다고 했습니다. 만일 누군가가 화를 풀지 못한 채 방에 들어오면 그 사람의 감정이 방에 있는 사람들에게 전파된다는 겁니다. 반면 유머감각이 있는 사람이 방에 들어오면 다른 사람들을 웃게 만든다는 겁니다. 자기훈련이 되지 않아 자신을 잘 통제하지 못하는 사람은 다른 사람을 관리하는 데에도 문제가 있습니다. 자기훈련이 잘 된 사람은 차분하게 상대방의 자기통제를 회복하도록 도와주며 자기 자신이 먼저 변화를 보이지만, 자기훈련이 되지 않은 사람은 상대에게 상처를 주게 됩니다. 자신을 통제할 수 있는 능력은 옳은 일을 하는 습성에서 나옵니다.

사람에게는 육신의 생각과 영의 생각이 함께 존재합니다. 육신의 생각은 사망이요, 영의 생각은 생명과 평안이라고 성경은 말합니다. 그러므로 나를 훈련시키는 연습을 통해 자기통제와 균형감, 안정감을 이룬 깨어 있는 사람이 되어야 합니다.

이런 사람을 성경에서 한명 꼽으라면 바나바를 꼽을 수 있습니다. 그는 본래 구부로 출신 레위지파 사람으로 본명은 요셉입니다(행4:36). 그가 기독교로 개종을 했는데, 성령을 받은 후에 착한 사람이라는 소리를 들을 정도로 복되고 선한 일을 많이 했습니다. 그의 별명이 바나바인데 '권위자'란 뜻을 갖고 있습니다. 성품이 온유할 뿐만 아니라 좋은 영향력을 끼치고 있었기 때문에 초대교회 성도들이 이런 별명을 붙여준 것입니다. 우리도 바나바처럼 좋은 믿음, 좋은 인성을 만들기 위해 노력해야할 것입니다. 사람들에게 아픔이 아닌 회복하도록 도와줄 수 있는 사람이 된다면, 누군가 우리에게 바나바와 같은 별명을 붙여주기에 주저하지 않을 것입니다.

• **기도** : 섬김을 기뻐하시는 주님, 저희는 지금 변화 받은 주님의 사람으로 쓰임 받고 있는지 되돌아봅니다. 아직도 옛 성격과 옛 습성을 버리지 못하고 믿음의 공동체에 거치는 자가 되어 있는 것은 아닌지요. 바나바와 같이 주님을 닮은 성품으로 믿음의 공동체를 겸손히 섬길 수 있게 하여 주옵소서. 많은 사람을 위로하고 도와줄 수 있는 주의 손길이 되게 하여 주옵소서. 예수님의 이름으로 기도합니다. 아멘

• **중보기도** : 모든 그리스도인들이 이시대의 바나바가 되게 하소서.

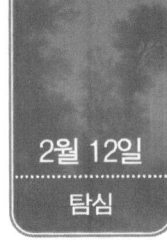

2월 12일 / 탐심

인생을 찌르는 가시

• 성경: 누가복음 12장 15절 • 찬송: 314장 • 요절: 눅 12:15

오늘 말씀에 예수님께서는 우리 속에 들어와 있는 탐심을 물리칠 것을 말씀하고 있습니다. 탐심에 최대의 무기로 이용되는 것이 다름 아닌 돈입니다. 우리 속에 있는 탐심은 형체는 보이지 않지만 돈이라는 매개체를 통해서 자신의 본색을 드러냅니다. 그래서 돈에 애착을 가지면 안 됩니다. 돈에 소망을 가지면 안 됩니다. 디모데전서 6장 10절에 보면 "돈을 사랑함이 일만 악의 뿌리가 되나니 이것을 탐내는 자들은 미혹을 받아 믿음에서 떠나 많은 근심으로써 자기를 찔렀도다"라고 했습니다.

"돈을 좋아하지 않는 사람이 어디 있느냐? 남들도 다 그러고 산다. 우리라고 별 수 있느냐? 돈 없어 봐라, 서러움만 당하더라."이렇게 말할 수 있습니다. 그러나 탐심에 근거한 돈에 대한 애착은 엄청나게 무서운 결과를 빚어낼 수 있습니다.

가시나무 뿌리는 굉장히 보들보들 합니다. 가시나무 뿌리에 가시가 있다고 생각하면 착각입니다. 가시가 있는 종류의 나무들은 하나같이 뿌리가 부드럽습니다. 이 부드러운 가시나무 뿌리에서 줄기가 자라고 나중에 가시가 나오는 것입니다.

인생도 마찬가지입니다. 돈을 좋아하고, 돈을 버는 것이야 당연한 것이겠지만, 그러나 거기에 탐심이 더해지면 열매는 전부 가시로 맺히게 된다는 사실을 기억해야 합니다. 따라서 나중에는 돈이 나를 찌르게 되는 것입니다. 결국 내 인생을 찌르는 가시가 되는 것입니다. 그러므로 우리는 예수님 말씀처럼 탐심을 물리치기 위해서 기도해야만 합니다.

• **기도**: 탐심을 물리치기를 원하시는 주님. 오늘 저희는 탐심에 사로잡혀 있는 것은 아닌지 되돌아 보기를 원합니다. 탐심에 사로잡히면 믿음에서 떠날 수 있고, 그것이 인생을 찌르는 가시가 된다는 것을 잊지 말게 하여 주옵소서. 돈을 벌되 애착을 갖지 않으며, 필요 이상으로 소유하고자 하는 욕심에 사로잡히지 않게 하옵소서. 마음에 쓴 뿌리처럼 돋아나는 탐심을 물리치기 위해서 늘 기도할 수 있게 하옵소서. 예수님의 이름으로 기도합니다. 아멘

• **중보기도**: 모든 그리스도인들이 탐심에 사로잡히지 않게 하소서.

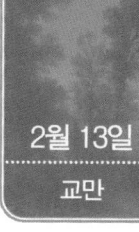

2월 13일 / 교만

잘될 때 조심해야 한다

• 성경: 열왕기상 10장 23~29절 • 찬송: 218장 • 요절: 왕상 10: 26~27

많은 사람이 만사형통을 원하는데 우리는 살아가면서 형통하고 잘될 때 문제가 생길 수 있다는 것을 깨닫게 됩니다. 힘들고 어려울 때는 정신을 차리게 되지만 편안하고 넉넉하면 해이해지기 때문입니다.

이것은 신앙적으로도 마찬가지입니다. 고난이 있을 때는 하나님을 찾다가도 편안해지면 다른 곳에 눈을 돌리는 경우가 많습니다. 우리는 오늘 말씀에서 그 예를 발견하게 되는데 당시 솔로몬은 주변 사람들에게 큰 인기였습니다. 그래서 '온 세상 사람들이 다 하나님께서 솔로몬의 마음에 주신 지혜를 들으며 그의 얼굴을 보기 원하여 왔다'(24절)고 할 정도로 많은 사람들이 찾아왔습니다. 솔로몬의 영화는 하늘 높은 줄 모르고 올라가고 있었습니다(23절).

그런데 여기서부터 문제가 생겼습니다. 너무 넉넉해서일까요? 물질이 잘못 쓰이고 있었습니다. 금으로 방패를 만들고 상아보좌를 만들어 금을 입혔습니다. 이것은 솔로몬이 물질을 잘못 쓰고 있다는 방증입니다. 물론 부를 하나님께서 초기에 약속해 주신 것은 사실이지만 그것이 자기를 자랑하고 드러내는 것에만 사용된다면 그에게 부요를 주신 하나님의 뜻대로 살지 못하는 것입니다.

오늘 우리의 삶은 어떻습니까? 경제적인 안정과 풍요가 생기면서 하나님과 혹시 멀어지지는 않았습니까? 기도시간, 봉사시간, 예배시간, 말씀 보는 시간이 줄어들지는 않았습니까? 혹시 다른 아성을 쌓고 있지는 않느냐는 것입니다. 하나님께로 관심을 돌려야만 합니다.

하나님이 우리의 주인이 되게 하여야만 합니다. 그렇지 않으면 솔로몬과 같이 후회만 남는 인생이 됩니다.

• **기도**: 교만한 자를 대적하시는 하나님, 혹 저희가 주님의 은혜를 새까맣게 잊고 살고 있는 것은 아닌지 되돌아봅니다. 주님이 주신 은혜인데 그것을 육욕을 채우기 위하여 남용하고 있는 것은 아닌지 되돌아봅니다. 겸손한 마음으로 주님을 더욱 가까이 하게 하여 주옵소서. 하나님께만 관심을 갖게 하여 주옵소서. 날마다 하나님이 우리의 주인 되심을 고백하며 시인하는 삶이 되게 하여 주옵소서. 예수님의 이름으로 기도합니다. 아멘

• **중보기도**: 모든 그리스도인이 후회만 남는 인생이 되지 않게 하소서.

2월 14일
마음

예수님의 마음을 품으라

• 성경: 빌립보서 2장 5~11절 • 찬송: 452장 • 요절: 빌 2: 5~8

세 살짜리 딸이 엄마와 함께 예식장에 갔습니다. 주례사가 한참 진행되고 있는 엄숙한 분위기에서 딸이 큰 소리로 소리쳤습니다.

"엄마, 나 쉬 마려워!" 그러자 엄마는 너무 창피해서 딸을 데리고 나와서 이렇게 일어주었습니다. "다음부터는 쉬 마렵다고 하지 말고, 노래하고 싶다고 해."

그로부터 며칠 뒤 할아버지와 함께 자던 그 아이가 할아버지를 깨웠습니다. "할아버지, 저 노래하고 싶어요." 그러자 할아버지는 식구들이 깰까봐 손녀에게 이렇게 말했다고 합니다. "애야, 노래하고 싶으면 할아버지 귀에 대고 하거라."

노래 속에 감추어진 쉬의 비밀을 도대체 누가 알겠습니까? 이 비밀을 알지 못하고 오해하면 한밤중에 봉변을 달할 수도 있습니다.

'노래하고 싶다'는 손녀의 이 말이 무슨 말인지 아이의 수준에서 정확하게 이해하는 것이 필요합니다. 그래야 아닌 밤중에 홍수가 나는 불상사를 막을 수 있습니다. 하나님의 말씀도 우리의 입장에서 이해하려고 하면 오해하기 십상입니다. 하나님의 말씀을 바로 이해하려면 먼저 하나님의 마음을 갖는 것이 우선되어야 합니다. 그런 후에야 하나님의 말씀도 제대로 알아들을 수 있습니다.

오늘 말씀에 사도바울은 빌립보교회에 예수님의 마음을 품을 것을 당부하고 있습니다. 그래야만 그분을 닮아가는 삶이 가능하기 때문입니다.

우리는 지금 예수님의 마음을 품고 있습니까? 이 시대에 예수님의 제자로 사명을 감당하려면 그분의 마음을 품는 것이 우선입니다.

• **기도**: 저희의 마음을 살피시는 주님, 주님의 마음을 품은 신앙생활이 되게 하여 주옵소서. 주님과 같이 낮아질 수 있게 하시고, 겸손할 수 있게 하시고, 섬길 수 있게 하여 주옵소서. 사랑할 수 없는 사람도 사랑할 수 있게 하시고, 도저히 품을 수 없는 사람도 품을 수 있게 하여 주옵소서. 그리하여 온전히 주님을 닮아가는 삶이 되게 하여 주옵소서. 주님의 제자로서 주님을 보여줄 수 있는 삶이 되게 하옵소서. 예수님의 이름으로 기도합니다. 아멘.

• **중보기도**: 모든 그리스도인들이 주님의 마음을 품게 하소서.

2월 15일 형통

형통의 원리

• 성경: 신명기 28장 1 ~ 6절 • 찬송: 204장 • 요절: 신 28: 1

유대인들은 지금도 구약의 법들을 끌어안고 살아가고 있습니다. 미국에는 600만 명의 유대인이 사는데, 그 중의 10%를 차지하고 있는 정통파는 지금도 안식일에는 여행은 물론 편지를 쓰는 것이나 엘리베이터의 버튼을 누르거나 성냥을 긋는 일까지도 하지 않습니다. 그런데 이 소수의 유대인이 거대한 미국을 이끌어가고 있습니다.

'월가의 돈 줄은 유대인의 호주머니로 통한다.'는 말이 있을 정도로 금융을 쥐고 있고, 세계적으로 저널리즘의 핵심에 있는 뉴욕타임스나 워싱턴포스트를 비롯해서, 텔레비전 방송국인 NBC, CBS, ABC 3대 네트워크가 유대계입니다.

과학 분야도 역시 마찬가지입니다. 수소폭탄을 개발한 테일러나 원자력 잠수함을 만든 리코버를 비롯해서 전후의 미국 원자력 개발은 유대인이 독점하고 있으며, NASA 과학자의 절반이 유대인입니다. 맨해튼 빌딩 주인의 40%가 유대인이고, 미국 변호사의 20%, 뉴욕 의사의 과반수가 유대인입니다. 또 세계를 주름잡는 영화회사 MGM, 파라마운트, 워너 브러더스가 유대인의 것이요, 영화계의 거성인 스티븐 스필버그도 유대인입니다.

신약과 예수님을 부인하는 유대교를 두둔하려는 것은 아니지만 하나님을 의지하는 법으로 살아가는 사람들에게 하나님은 지금도 역사하고 계심이 확실하다는 것을 보여주고 있습니다. 하나님의 역사하심을 경험하는 비결은 복잡하지 않습니다.

오늘 말씀대로 하나님의 백성답게 그분의 명령을 지켜 행하면 되는 것입니다. 믿음은 말씀을 많이 아는 것이 아니라, 한 말씀이라도 지켜 행하는 것입니다. 축복의 키워드는 우리 자신임을 잊지 말아야 겠습니다.

• **기도** : 사랑의 하나님, 믿음은 말씀을 많이 아는 것이 아니라 한 말씀이라도 그 말씀에 순종하는 것이 믿음임을 깨닫게 하옵소서. 주님을 온전히 의지할 수 있게 하시고, 주님의 말씀에 온전히 순종하는 삶이 되게 하여 주옵소서. 그리하여 주님이 이끄시는 형통의 삶이 되게 하시고, 주님의 역사하심 속에 놓인 복된 인생이 되게 하여 주옵소서. 예수님의 이름으로 기도합니다. 아멘

• **중보기도** : 모든 그리스도인들이 하나님의 형통의 원리를 깨달을 수 있게 하소서.

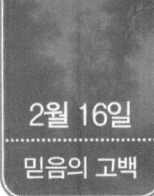

2월 16일
믿음의 고백

모든 것 주님의 뜻대로

• 성경: 다니엘 3장 13 ~ 18절 • 찬송: 445장 • 요절: 단 3: 17 ~ 18

독일의 유명한 음악가인 「요한 세바스찬 바하」가 노년이 되어 시력을 잃었을 때의 이야기입니다. 바하는 당시 유명한 안과 의사의 희망적인 말을 듣고 수술하기로 하였습니다. 드디어 약속한 날이 되어 수술을 받았습니다. 회복을 위한 오랜 시간이 흘러 이윽고 의사가 바하의 눈에서 붕대를 풀었을 때, 침대에 둘러 서있던 자녀들이 바하에게 이렇게 물었습니다.

"아버님, 뭔가 보이세요?"

바하가 대답했습니다. "모든 것이 주님의 뜻대로 되었다. 아무것도 보이지 않는구나!"

희망이 사라지는 순간이었습니다. 앞으로 영원히 볼 수가 없다는 사실에 그의 가족들은 큰 슬픔에 잠겼습니다. 그때 바하는 오히려 자녀들을 위로하였습니다. 그리고 도리어 하나님께 감사의 찬송을 불렀습니다.

나 무슨 말로 주께 다 감사 드리랴/ 끝없는 주의 사랑 한없이 고마워/ 보잘 것 없는 나를 주의 것 삼으사/ 주님만 사랑하며 나 살게 하소서

그렇습니다. 잘되는 것만이 주님의 역사가 아닙니다. 잘되는 것만이 감사의 조건이 아닙니다. 바라던 대로 안 되는 것도 주님의 뜻일 수 있고, 때론 어려움도 감사의 조건이 될 수 있습니다. 어렵고 힘들 때 하나님께 감사하며 믿음의 고백을 드릴 수 있다면 그것은 편안할 때 하는 것과 분명히 차원이 다른 것입니다.

오늘 말씀에 다니엘의 세 친구 사드락과 메삭과 아벳느고가 그와 같은 고백을 하나님께 드리고 있습니다. 그 어떤 상황 속에서도 하나님을 향한 중심이 흔들리지 않겠다는 것입니다. 우리는 어떤 조건에서도 하나님께 대한 감사와 믿음의 고백을 드릴 수 있는 신앙의 사람이 되어야겠습니다.

• **기도** : 영광의 하나님, 언제라도 감사할 수 있게 하시고, 어느 때라도 감사하는 삶이 되게 하여 주옵소서. 잘될 때에도 더욱 감사할 수 있게 하시고, 어렵고 힘들 때에도 더욱 감사할 수 있는 삶이 되게 하여 주옵소서. 그리하여 그 어떤 조건 속에서도 하나님께 감사할 수 있는 신앙의 사람이 되게 하여 주옵소서. 전천후 감사로 하나님을 더욱 기쁘시게 할 수 있는 믿음이 사람이 되게 하여 주옵소서. 예수님의 이름으로 기도합니다. 아멘

• **중보기도** : 모든 그리스도인들에게 전천후 감사가 넘치게 하소서.

2월 17일 공평

공평하신 하나님

• 성경: 시편 97편 2절 • 찬송: 304장 • 요절: 시 97: 2

뇌성마비 시인인 송명희씨의 시 가운데 '나' 라는 제목의 시가 있습니다.
"나 가진 재물 없으나/ 나 남이 가진 지식 없으나/ 나 남에게 있는 건강 있지 않으나 나 남이 없는 것 있으니/ 나 남이 못 본 것을 보았고/ 나 남이 듣지 못한 음성 들었고/ 나 남이 받지 못한 사랑 받았고/ 나 남이 모르는 것 깨달았네/ 공평하신 하나님이 나 남이 가진 것 나 없지만/ 공평하신 하나님이 나 남이 없는 것 갖게 하셨네."

이 시를 쓴 그녀는 또한 이렇게 고백합니다.

"하나님이 내게 보이는 재물이나 지식이나 건강을 주지 않으셨기 때문에 불편함도 없지 않습니다. 그러나 나에게는 눈에 보이는 것 대신에 보이지 않는 것을 많이 주셨음을 고백하지 않을 수 없습니다. 재물이 없으나 천국의 재물을 많이 주셨고, 지식이 없으나 예수님을 아는 고상한 지식을 주셨으며, 건강한 몸이 없으나 건강한 영혼을 주셨으니 왜 공평하신 하나님을 찬양하지 못하겠습니까? 하나님은 나에게 공평하신 하나님입니다. 하나님이 나에게 아무것도 주지 않으셨지만, 예수 그 이름을 보석으로 주셨기 때문입니다. 또한 공평하신 하나님이라 찬양할 수 있는 한 가지 이유만으로도 나는 너무 많이 가졌습니다. 사람들은 자신이 가진 것은 보지 않고 남에게 있는 것만을 쳐다봅니다. 그렇기 때문에 공평하신 하나님이 불공평하신 하나님으로 보이게 됩니다. 누가 무엇을 가졌느냐 부러워하기에 앞서 나에게 무엇을 주셨나 생각하고 공평하신 하나님을 노래하는 마음들은 얼마나 아름다운 보석입니까?"

우리의 삶은 어떻습니까? 공평하신 하나님을 느끼며 살고 있는지요. 우리도 아름다운 보석이 될 수 있습니다.

• **기도** : 사랑의 하나님, 그동안 눈에 보이는 것들로 인하여 하나님께 불평했던 것들을 회개합니다. 불공평하신 하나님으로 생각했던 불신앙을 회개하오니 용서하여 주옵소서. 이제는 공평하신 하나님을 의심치 않으며, 그 하나님을 느끼며 사는 삶이 되게 하여 주옵소서. 공평하신 하나님을 찬양하며 사는 아름다운 보석이 되게 하여 주옵소서, 예수님의 이름으로 기도합니다. 아멘

• **중보기도** : 모든 그리스도인들이 공평하신 하나님을 만나게 하소서.

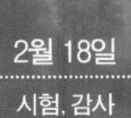

2월 18일 시험, 감사

시험이 복이다

• 성경: 야고보서 1장 2~4절 • 찬송: 342장 • 요절: 약 1:2~3

우리나라 개화기 때의 일입니다. 예수님을 믿는 한 사람이 남의 집에 하인으로 있었습니다. 하인이었지만, 열심히 하나님을 믿어서 집사님이 되었습니다. 주인은 하인이 교회에 나가는 것이 못마땅했지만, 자기 할 일은 어김없이 해 놓는 하인이라, 내버려 둘 수밖에 없었습니다. 그런데 이제 집사가 되어 하인 주제에 교회란 곳에서 집사 대접을 받는 것이 꼴사납고 우스웠습니다. 그래서 하루는 하인을 불러다 놓고는 이렇게 빈정댔습니다.

"이보게, 나는 예수를 믿지 않아도 아무 시험도 없이 잘만 사는데, 자네는 예수를 믿는데도 왜 늘 어려운 시험을 당하는 것인가? 그럴 바에야 예수를 믿지 않는 게 더 낫지 않겠나?" 그러자 이 하인 집사님은 이렇게 대답을 했습니다. "주인님 노하지 말고 들어주십시오. 가령 말입니다. 사냥 중에 사슴 두 마리가 있어 쏘았는데 한 마리는 즉사하고 한 마리는 다리에 맞아 피를 흘리며 도망간다면, 주인께서는 어느 쪽 사슴을 보고 달려가시겠습니까?" "그야 죽은 놈은 내 수중에 든 것이나 다름없으니 산 놈부터 쫓아가 잡아야지." "옳습니다. 마찬가지로 시험이 없는 것은 영혼이 죽어 마귀의 것이 되어버렸으므로 마귀가 내버려두기 때문입니다. 그러나 하나님의 뜻대로 살려는 사람은, 마귀가 이를 방해하여 자기 수하에 넣으려고 온갖 노력을 다하니 시험이 있을 수밖에 없는 것입니다." 신실한 성도에게 시험은 필수입니다. 사단 마귀가 우리를 넘어뜨리려고 가만히 내버려 두지 않습니다. 그러나 시험을 이기면 우리의 신앙은 한층 더 성숙된 신앙으로 나아갈 수 있습니다. 선장은 파도를 무서워하지 않습니다. 파도 앞에서 위축되지 않습니다. 왜냐하면 파도와 싸워 이기면 한층 더 노련한 선장이 된다는 것을 알고 있기 때문입니다. 그러므로 시험이 올 때는 기뻐하고 감사해야합니다.

• **기도** : 영광의 하나님, 신실한 성도에게는 시험이 필수임을 잊지 말게 하여 주옵소서. 시험을 통하여 한층 더 성숙한 신앙으로 나아갈 수 있게 하여 주옵소서 시험이 올 때는 신앙의 내공을 쌓는 기회로 삼게 하시고 기뻐하고 감사할 수 있게 하소서. 예수님의 이름으로 기도합니다. 아멘

• **중보기도** : 모든 그리스도인들이 시험을 잘 이기는 신앙이 되게 하소서.

2월 19일
예배

예배라고 다 예배인가

• 성경: 요한복음 4장 23~24절 • 찬송: 23장 • 요절: 요 4: 23

교회만 오면 10분 이내로 조는 여 집사님이 있었습니다. 졸음이 심할 때는 기우뚱 넘어지기 직전까지 간 일도 있었습니다. 그럴 때면 옆에 있던 교인이 부축하며 졸지 말라고 권면했습니다. 그러면 졸지 않았다고 오히려 편잔을 줬습니다.

목사님은 이 '졸음 집사'가 무안해 할까봐 성경말씀으로 집사님을 깨우치려고 했습니다.

"여호와께서 그 사랑하시는 자에게는 잠을 주시는도다."

졸음 집사님은 그 말을 듣자 신이 나는지 잠이 깨어서 큰 소리로 "아멘" 하고 화답하고는 자부심에 한 마디를 했습니다.

"그것 봐요. 하나님이 나를 지극히 사랑하시니까 잠이 잘 오는 거예요. 왜들 질투하는지…."

그러자 교인들은 웃음을 참느라고 애를 먹었습니다. 얼마 후에 목사님이 다른 성경 말씀을 들려주었습니다.

"시험에 들지 않게 깨어 있어 기도하라."

자부심을 갖고 있던 졸음 집사님은 또 한 마디 불평을 했습니다.

"목사님은 왜 이랬다 저랬다 하세요?"

그리스도인들이 교회에 예배를 드리러 나왔다고 해서 다 예배를 드리고 있는 것은 아닙니다. 졸지는 않지만 참된 예배를 드리지 않는 사람들도 있습니다. 가끔일 수 있겠지만 혹 우리의 예배도 형식의 유혹에 빠져서 건성으로 예배드리는 것은 아닌지요?

오늘 말씀을 좀 더 깊이 묵상하며 참된 예배자를 찾으시는 주님의 마음을 읽을 수 있어야겠습니다.

• **기도**: 지금도 신실한 예배자를 찾고 계시는 하나님 아버지, 오늘 저희의 예배가 너무 형식에 치우쳐 있는 것은 아닌지요? 건성으로 드리는 예배는 아닌지요? 참된 예배자를 찾으시는 주님의 음성을 들을 수 있게 하옵소서. 예배를 통하여 하나님의 임재하심을 경험하는 살아있는 예배를 드릴 수 있게 하옵소서. 형식적인 예배는 주님의 인도를 받지 못하는 삶으로 연결될 수 있음을 잊지 말게 하셔서 참된 예배자가 되기에 마음을 다할 수 있게 하여 주옵소서. 예수님의 이름으로 기도합니다 아멘

• **중보기도**: 모든 그리스도인들이 참된 예배자를 찾으시는 주님의 음성을 들을 수 있게 하소서.

2월 20일 주일

포기를 통해 받은 영광

• 성경: 시편 91편 14절 • 찬송: 314장 • 요절: 시 91: 14

「에릭 리들」은 영국의 100미터 육상 선수로 1942년 제8회 파리 올림픽 경기의 금메달 후보였습니다. 그러나 100미터 경기 일정이 발표되었는데, 첫 예선 일자가 7월 6일 주일 오후 3시와 5시였습니다. 그녀는 그 일정표를 보자마자 "저는 주일에는 안 뜁니다."라고 단호한 결정을 알렸습니다.

에릭 리들의 결정은 주일 성수를 위한 결정이었습니다. 주일은 주님의 날이기에 주님을 위한 일만 해야 한다는 신앙의 표현이었습니다. 그녀의 100미터 출전포기를 들은 영국 전체의 반응은 냉소적이었습니다. 그녀를 가리켜 "편협하고 옹졸한 신앙인", "신앙을 소매 끝에 달고 다니는 신앙심 깊은 척 하는 위선자"라고 비난했습니다. 그러나 그녀는 시합 당일인 주일날 평소처럼 교회에서 온전히 하나님께 예배를 드렸습니다. 그런데 하나님께서는 에릭 리들을 버리지 않으셨습니다.

그녀는 자신의 종목이 아닌 200미터에서 동메달을 땄고, 400미터에도 출전하게 되었습니다. 사실 400미터는 전혀 에릭 리들이 연습도 해보지 않은 종목이었습니다. 그런데 그녀는 결승전까지 올라갔고, 결승전에서는 무서운 속도로 첫 코스를 돌았습니다.

경기를 지켜보는 전문가들은 "처음부터 저런 속도로 돌다가는 도중에 쓰러져 죽을지도 모른다."고 불안해했습니다. 그런데 그녀는 우승 후보를 제치고 47초 6이라는 세계 신기록까지 세우면서 금메달을 목에 걸었습니다.

주일이 무엇이냐고, 주일을 하찮게 여기는 그리스도인들도 있지만, 오늘 말씀대로 하나님을 사랑하는 사람이 하나님의 사랑을 받습니다. 그 사람이 하나님을 만나고 은총을 기름 붓듯 부어주시는 은혜를 경험합니다.

• **기도**: 영광을 받으시기에 합당하신 하나님, 주일을 가볍게 생각하는 마음이 없기를 원합니다. 하나님을 사랑하는 마음이 주일을 잘 지키는 태도로 나타날 수 있게 하시고, 주일을 온전히 지킴으로 언제나 하나님께 큰 영광 돌릴 수 있는 믿음의 자녀가 되게 하옵소서. 그 어떤 유혹이 있든지 주일을 범하는 일이 없게 하시고, 하나님께 예배하는 것을 생명처럼 여길 수 있는 믿음의 자녀가 되게 하옵소서. 예수님의 이름으로 기도합니다. 아멘

• **중보기도**: 모든 그리스도인들이 주일을 온전히 지킬 수 있게 하소서.

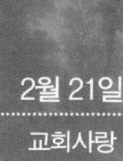

2월 21일
교회사랑

축복도 중고로 받는다

• 성경: 시편 84장 1~2절 • 찬송: 210장 • 요절: 시 84: 1~2

어느 목사님이 세 가정의 개척멤버들과 교회를 세웠습니다. 개척교회는 여러 가지로 어렵습니다. 그 중에서 재정문제가 가장 힘겹게 합니다. 할 것은 많은데 필요한 물질이 없는 것입니다. 그래서인지 개척멤버들이 집에서 사용하다 두었던 물건들을 가져오기 시작했습니다. 쓰던 그릇들을 가져다 놓고, 난로며 선풍기들을 가져다 놓고, 방석도 장롱 깊숙이 처박아 주었던 것을 가져다 놓는데, 목사님도 처음에는 아쉬운 대로 쓸 수 있어서 그리 나쁘게 생각되지 않았습니다. 그런데 하루는 허름한 냉장고가 교회로 들어오는 겁니다. 물론 교회에 냉장고가 필요했습니다. 그런데 그 냉장고가 들어온 경위가 마음에 걸리는 것입니다. 어느 집사님이 새 냉장고를 집에 들여놓으면서 이제까지 쓰고 있던 낡은 냉장고를 교회에서 쓴다고 가져다 놓은 것입니다. 그제야 목사님은 '이게 아니구나.' 하는 생각이 드셨습니다. 아무리 가난한 개척교회지만 하나님 성전을 내 집에서 필요 없는 것들을 가져다가 쌓아놓는 곳으로 생각하면 잘못이기 때문입니다. 그래서 목사님은 다음 주일에 '이제부터는 하나님의 성전을 중고로 채우지 말자.'고 '중고로 드리는 사람은 축복도 중고로 받는다.'고 설교하셨답니다.

오늘 말씀에 시인은 성전을 사랑하고 사모한다고 고백하고 있습니다. 그것도 천막에 지나지 않는 초라한 성전을 말입니다. 성전을 소중히 여기는 것은 내 믿음을 소중히 여기는 것입니다. 성전을 함부로 생각하는 사람이 그 안에서 드리는 예배를 소중하게 생각할 리는 만무합니다.

예배하는 장소가 지하든, 천막이든, 컨테이너 박스든, 그곳을 귀한 곳으로 여겨 거룩히 구분하고 하나님을 만나는 구별된 마음으로 들어가야 하는 것입니다.

• **기도**: 사랑의 주님, 그동안 주님의 몸 된 교회를 함부로 생각했던 것은 아닌지 되돌아봅니다. 진정으로 주님의 몸 된 교회를 내 몸을 아끼듯 사랑하고 섬겼는지 되돌아봅니다. 주님의 몸 된 교회를 사랑하고 소중히 여기는 마음을 갖게 하여 주옵소서. 교회를 소중히 여기는 마음이 내 믿음을 소중히 여기는 마음임을 잊지 말게 하여 주옵소서. 주님을 사랑하는 모습이 교회를 사랑하는 모습으로 나타나게 하옵소서. 예수님의 이름으로 기도합니다. 아멘

• **중보기도**: 모든 그리스도인들에게 교회를 사랑하는 마음을 주소서.

2월 22일
마음

마음을 바꾸면 된다

• 성경: 빌립보서 4장 13절 • 찬송: 300장 • 요절: 빌 4: 13

영국의 정신병 학자인 『하드필드』가 대단히 흥미로운 실험을 했습니다. 그의 실험은 사람의 정신암시가 육체의 힘에 얼마만한 영향을 주는가에 대한 것이었습니다.

3명의 남자에게 보통의 상태에서 힘껏 악력계를 쥐게 했을 때 그들의 평균 악력은 101파운드였는데, 그들에게 '당신은 참으로 약하다.'고 암시를 준 후 다시 재어보았더니 겨우 29파운드로 보통 힘의 3분의 1 이하로 떨어진 것입니다.

이번에는 '당신은 강하다'는 암시를 준 후 재어 보았더니 무려 142파운드에 달하는 결과가 나오는 것이었습니다.

이 실험은 나는 강하다는 적극적인 정신 상태로 충만해지자 그들의 체력은 소극적이고 부정적이었던 상태 때보다 무려 다섯 배나 그 힘이 증가했다는 것을 밝혀주고 있습니다.

그렇습니다. 우리의 마음을 바꾸기만 하면 쉽게 포기할 것도 새로운 변화를 경험할 수 있는 능력의 현장으로 바꿀 수 있습니다.

오늘 말씀에 사도바울은 약한 마음이 밀려올 때마다 이렇게 외쳤습니다. '내게 능력 주시는 자 안에서 나는 모든 것을 할 수 있다!'

우리 같으면 백 번이라도 포기할 수밖에 없는 그 혹독한 사명의 길을, 그가 넉넉히 이기며 달려갈 수 있었던 정신이 이 한 구절에 그대로 배어 있습니다.

약한 마음이 밀려올 때마다 그 유혹을 뿌리치고 사도바울처럼 외쳐 보십시오. 주님께서 우리의 능력이 되어 주실 것입니다.

• **기도** : 능력의 주님, 오늘 저희에게도 사도바울이 가졌던 믿음을 갖게 하옵소서. 약한 마음이 밀려올 때마다 '내게 능력 주시는 자 안에서 나는 모든 것을 할 수 있다' 고 담대하게 외칠 수 있게 하옵소서. 그 믿음으로 어떤 혹독한 상황속에서도 넉넉히 이기며 달려갈 수 있게 하시고, 승리할 수 있는 믿음이 되게 하여 주옵소서. 그러므로 약할 때마다 능력으로 역사해 주시는 주님을 경험하는 삶이 되게 하실 것을 믿습니다. 예수님의 이름으로 기도합니다. 아멘

• **중보기도** : 모든 그리스도인들이 약할 때마다 능력의 주님을 경험하게 하옵소서.

2월 23일
믿음과 확신

믿음의 줄

• 성경: 로마서 8장 38~39절 • 찬송: 432장 • 요절: 롬 8:38~39

바이올린의 귀재 「파가니니」에 관한 일화입니다. 하루는 파가니니가 많은 관중들 앞에서 연주를 하게 되었습니다.

한참 정신없이 연주를 하는데 갑자기 줄 하나가 툭 끊어져 버렸습니다. 보통 사람들 같았으면 당황한 나머지 그 자리에서 내려와 버렸을 것입니다. 그러나 그는 남은 세 줄을 가지고 정성을 다해서 계속해서 연주를 했습니다. 또 잠시 뒤에 두 번째 줄이 끊어져 버렸습니다.

그래도 파가니니는 당황하지 않고, 최선을 다해 계속해서 연주했습니다. 잠시 뒤에는 세 번째 줄마저도 힘을 이기지 못하고, 끊어져 버리고 말았습니다. 그러나 파가니니는 마지막 남은 한 줄을 가지고서도 자기의 연주를 성공적으로 잘 끝냈다고 합니다.

그렇습니다. 오늘 우리가 살아가다보면 인생의 이런 저런 줄들이 끊어질 때가 있습니다. 또 끊어질 줄 알고 살아야만 합니다.

건강의 줄도 끊어질 때가 있고, 인정의 줄도 끊어질 때가 있습니다. 혈연의 줄도, 사업의 줄도 끊어질 때가 있습니다. 의례히 끊어질 줄 알고 살아야만 합니다.

그러나 오늘 말씀에 확신에 찬 사도바울의 고백대로 하나님과 나 사이를 연결해 주는 믿음의 줄, 이 줄 하나만 든든히 붙들고 있으면 우리는 얼마든지 인생을 아름답게 연주하면서 풍성한 삶을 누릴 수 있습니다.

사도바울의 하나님을 향한 확신에 찬 고백이, 오늘 우리의 고백으로 연결되도록 해야겠습니다.

• **기도** : 믿음을 더하시는 주님, 저희의 인생 가운데서도 이런 저런 줄이 끊어질 때가 있습니다. 그때마다 하나님의 사랑을 의심하고, 믿음이 흔들릴 때가 있습니다. 오늘 말씀에 사도바울의 확신에 찬 고백이 저희의 고백이 되게 하여 주옵소서. 믿음의 줄을 든든히 붙들 줄 아는 믿음의 사람이 되게 하옵소서. 그리하여 그 어떤 상황속에서도 인생에게 베푸신 주님의 은혜를 누리는 삶이 되게 하여 주옵소서. 인생을 아름답게 연주할 수 있는 삶이 되게 하옵소서. 예수님의 이름으로 기도합니다. 아멘

• **중보기도** : 모든 그리스도인들에게 하나님을 향한 확신에 찬 고백이 있게 하소서.

2월 24일 성경

손때 묻은 성경

• 성경: 디모데후서 3장 14~17절 • 찬송: 203장 • 요절: 딤후 3: 17

　미국의 어느 마을에 철도를 건너 통학하는 한 소년이 있었습니다. 학교에 가는 시간이 늘 같았기에 소년이 철도를 건널 때면 어김없이 기차가 지나갔습니다. 소년은 그때마다 기차를 타고 가는 사람들에게 손을 흔들어 밝은 미소를 보냈습니다.

　하루는 밤새 폭우가 내렸는데, 이 아이가 학교를 가다 보니 철로가 끊겨 있는 것입니다. 잠시 후면 기차가 마주쳐 지날 텐데, 만약 기차가 그대로 지나가면 수백 명의 희생자가 발생할 수 있는 상황이었습니다.

　아이는 가방에서 연필 깎는 칼을 꺼내 허벅지를 찔렀습니다. 그리고 자신이 입고 있던 흰 셔츠를 벗어 빨간 피로 '스톱'이라는 글씨를 써 기차를 향해 흔들었습니다.

　기관사는 소년의 셔츠에 적힌 붉은 글씨를 보고 급히 기차를 세웠습니다. 기차가 선 다음에야 기관사는 바로 코앞의 철로가 끊긴 것을 알았습니다. 기관사는 선혈이 낭자한 소년을 끌어안으며 이렇게 울부짖었습니다.

　"애야! 너의 피 값으로 우리가 살았다."

　순간 긴장이 풀린 아이는 기절을 했고, 사람들이 아이의 신원파악을 위해 책가방을 열어보았습니다. 그때, 가방에서 가장 먼저 발견된 것은 손 때 묻은 성경이었습니다.

　어떤 힘이 이 아이로 희생하는 법을 가르쳐 수많은 생명을 구하게 했을까요? 그것은 바로 성경입니다. 우리는 이 아이의 모습 속에서 예수 그리스도의 희생을 만나게 됩니다. 우리도 희생의 욕구를 충족시킬 줄 아는 주님의 제자가 되고 싶습니까? 그렇다면 성경을 생명으로 여기십시오. 성경을 생명으로 여기는 것이 주님의 제자가 되는 길입니다.

• **기도**: 생명의 주님, 저희는 하나님의 말씀인 성경을 생명처럼 여기면서 신앙생활 했는지 되돌아봅니다. 성경책을 손에 들기도 버거워하는 신앙생활은 아니지요. 살아 있는 하나님의 말씀인 성경을 사랑하게 하옵소서. 성경 속에서 하나님을 만나게 하시고, 성경 속에서 인생의 길을 발견할 수 있게 하옵소서. 또한 성경 속에서 주님의 제자로서의 삶을 배워나갈 수 있게 하옵소서. 어찌하든지 성경을 생명처럼 여길 수 있게 하옵소서. 예수님의 이름으로 기도합니다. 아멘

• **중보기도**: 모든 그리스도인들이 성경을 생명처럼 여기게 하소서.

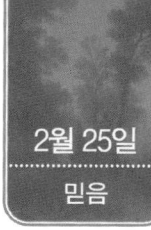

2월 25일 믿음

믿습니까?

• 성경: 누가복음 17장 5~6절 • 찬송: 344장 • 요절: 눅 17:6

　외줄을 타고 이쪽에서 저쪽으로, 저쪽에서 이쪽으로 왔다 갔다 하는 곡예사가 있었습니다. 그 기술이 얼마나 신기에 가까웠는지 어느 때는 어깨에 사람을 태우고 왔다 갔다 합니다. 가슴을 졸이며 구경하던 사람들은 아낌없이 박수를 쳐주었습니다. 재주에 감탄을 했습니다. 그러자 이 곡예사가 사람들에게 묻습니다.

　"여러분, 제가 어깨에 사람을 태우고 저 곳까지 갔다 올 줄 믿습니까?" 사람들은 일제히 "예"라고 대답을 했습니다. "그러면 누구 한 사람 나와 보세요. 제가 그 사람을 태우고 저 곳까지 갔다 오겠습니다. 누구라도 상관없으니 어서 나오십시오."

　순간 장내가 술렁거렸습니다. 방금 전에 '예' 하고 크게 대답했던 모습과는 반대로 아무도 나오질 않았습니다.

　이 모습이 오늘날 신앙생활을 하고 있는 우리들의 모습이 아닌가 생각을 해봅니다. 당신에게 "성경에 나오는 기적을 믿습니까?" 라고 묻는다면 분명하게 믿는다고 대답을 할 것입니다. 그런데 문제는 나한테는 그 기적이 일어나지 않는다고 생각을 합니다. 믿음이 좋고, 특별한 누구한테는 일어날 수 있는 일이지만 나 같은 사람과는 아무 상관이 없는 일로 알고 있습니다. 그래서 그 기적을 부러워할 뿐 나의 것으로 삼지 못합니다. 나에게 일어난다고 믿지 않으니까 기대하지도 않고 시도하지도 않습니다. 또한 기적이 일어날 수 있는 주님의 말씀에 순종하지도 않습니다.

　오늘 말씀에 주님은 아주 작은 믿음을 요구하고 계십니다. 그 믿음만 내게 있어도 기적이 일어난다는 것입니다. 기적 일으키는 믿음은 겨자씨 한 알 정도의 크기면 충분합니다.

• **기도** : 살아계신 하나님, 주님은 지금 저희에게 어떤 믿음을 요구하고 계시는지를 깨닫게 하옵소서. 우리 주님은 지금 저희에게 겨자씨 한 알 크기인 믿음을 요구하고 계시고, 그 믿음 위에 능력을 더하시기를 원하신다는 사실을 놓치지 말게 하여 주옵소서. 겨자씨만 한 믿음이 저희에게 있어도 주님의 기적을 경험하기에 충분하다는 사실을 잊지 말게 하여 주옵소서. 예수님의 이름으로 기도합니다. 아멘

• **중보기도** : 모든 그리스도인들에게 겨자씨만 한 믿음이 있게 하소서.

2월 26일
의지

하나님만 믿습니다

• 성경: 시편 146편 3 ~ 5절 • 찬송: 543장 • 요절: 시 146: 3 ~ 5

유대인들의 육아법 가운데 이런 것이 있습니다. 어린 아이들이 차츰 자의식을 형성해 가면서 자라갈 때, 아이들과 신나게 놀던 아빠가 어느 순간 갑자기 아이들을 휙 던지고는 냉정하게 돌아서 버립니다. 그러면 그 꼬마는 지금까지 볼 수 없었던 아빠의 모습과, 아빠로부터 버려지는 것으로 인하여 엄청난 충격을 받게 됩니다. 이제까지 자신을 너무나 사랑하던 아버지가 갑자기 자신을 버리고 돌아서니 이해가 될 리 있겠습니까? 그러나 아이들은 "설마" 하면서 저 멀리 있는 아빠를 향해 다시 달려갑니다.

절망과 배신을 딛고 또다시 아빠 품으로 돌아오는 아이들을 아빠는 다시 한 번 호되게 밀쳐내 버립니다. 때로는 사랑으로, 때로는 다정한 친구로, 그리고 자신의 삶을 책임지고 있는 아빠는 아이에게는 하나님과 같은 존재가 아닙니까? 그러므로 아버지의 까닭 없는 배신은 어린 아이들이 소화하기에는 너무나 힘겨운 것입니다. 그때 아빠는 아이들에게 이렇게 말합니다. "아들아, 사람을 믿지 말아야 한다. 심지어 이 아빠까지도 너를 배신할 수 있다는 사실을 명심해야 한다."고 교훈합니다. 아이들은 이런 경험을 통하여 인간에게는 까닭 없는 배신이 있다는 것과 인간은 쉽게 변하는 존재라는 것을 체험하게 됩니다. 그리고 인간이 영원히 믿을 수 있는 대상은 오직 하나님 한 분뿐이라는 것을 깨닫게 됩니다. 이것이 하나님만을 의지하게 만드는 유대인의 육아법입니다.

오늘 말씀에 시편 기자의 고백대로 사람은 의지의 대상이 못됩니다. 또한 믿음의 대상도 못됩니다. 언제라도 배신할 수 있는 것이 사람이요, 자기가 불리해지면 언제라도 말을 번복하는 것이 사람입니다. 때문에 인간은 믿음의 대상이 아니라 사랑의 대상임을 잊지 말아야겠습니다.

• **기도** : 믿음을 더하시는 주님, 저희에게는 사람을 믿음의 대상으로 삼는 일이 없게 하여 주옵소서. 사람은 믿음의 대상이 아니라 사랑의 대상임도 잊지 말게 하여 주옵소서. 저희가 영원히 믿고 의지할 대상은 오직 하나님 한 분뿐임을 잊지 말게 하여 주옵소서. 예수님의 이름으로 기도합니다. 아멘
• **중보기도** : 모든 그리스도인들이 하나님만을 믿게 하소서.

2월 27일 의지, 기도

맡김의 축복

• 성경: 잠언 16장 3절 • 찬송: 369장 • 요절: 잠 16:3

오늘 말씀에 잠언서 기자는 맡김의 축복에 대해서 말씀하고 있습니다.

"너의 행사를 여호와께 맡기라 그리하면 네가 경영하는 것이 이루리라".

맡기면 하나님이 책임져 주신다는 것입니다. 하나님을 믿는 믿음이 무엇입니까? 그분께 맡기는 것입니다. 믿음의 힘은 의탁에 있습니다.

미국의 영성가「헨리 나우웬」이 어느 날 그의 아버지와 함께 서커스 구경을 갔습니다. 공연에서 그네 타기 곡예사 다섯 명이 멋진 묘기를 보여주었습니다. 그 중 세 명은 '나는' 역이었고, 두 명은 '잡는' 역이었습니다. '나는' 사람들은 공중으로 높이 치솟았습니다. '잡는' 이의 강한 손에 붙들리기 전에는 모든 것이 아슬아슬했습니다.

나우웬은 곡예사들의 용기에 감탄했습니다. 또한 이 아름다운 공연을 보고 '맡김'의 원리를 깨달았습니다.

"상대방이 자신의 손을 잡으려면 일단 내가 잡고 있는 그넷줄을 놓아야 한다. 움켜쥐었던 손을 펴야 비로소 새로운 차원의 삶에 들어설 수 있다. 내가 붙들고 있는 '그네'의 줄을 놓아야 '잡는 이' 여호와 하나님이 내 손을 잡고 아름다운 비행을 할 수 있다. 그래야 꿈의 세계를 날 수 있다."

그는 완전한 맡김에 대해서 이야기하고 있는 것입니다. 우리가 하나님께 맡기는 행위가 기도입니다. 기도에서 최고의 승부처는 온전히 맡기느냐 못 맡기느냐의 고개입니다. 이 고개를 넘으면 새로운 세계가 나타납니다.

- **기도** : 우리의 기도를 들어주시는 하나님, 그동안 저희가 했던 기도를 돌아봅니다. 주님께 온전히 맡기는 기도를 했는지요. 기도의 최고 승부처는 온전히 맡기느냐 못 맡기느냐의 고개임을 잊지 말게 하여 주옵소서. 주님께 온전히 맡겨야 주님이 우리 손을 붙잡고 아름다운 비행을 할 수 있음을 잊지 말게 하여 주옵소서. 그리고 우리는 꿈의 날개를 펴고 새로운 응답의 세계를 경험하는 축복의 인생이 될 수 있다는 것을 가슴속 깊이 새기게 하여 주옵소서. 예수님의 이름으로 기도합니다. 아멘
- **중보기도** : 모든 그리스도인들이 주님께 온전히 맡기는 기도를 하게 하소서.

2월 28일 마음

심령이 가난한 자

• 성경: 마태복음 5장 1~3절 • 찬송: 427장 • 요절: 마 5:3

　오늘 말씀에 예수님은 심령이 가난한 자로 살아가라고 말씀하십니다(마 5:3). 우리에게 복을 주려고 세상에 오신 바로 그분, 예수님이 하신 말씀입니다. 심령이 가난하다는 말은 하나님께 겸손하고 온유하며 순종하는 자세를 뜻합니다. 심령이 가난하다는 사람은 내게 주어진 것에 대해 작은 것 하나라도 하나님께 감사할 수 있습니다. 그리고 마치 이 세상에서 모든 것을 누리며 사는 사람처럼 살아갈 수 있습니다.

　우리는 하나님이 명령하신다면 우리 마음을 채우고 있는 모든 것을 비우겠다는 자세를 가져야 합니다. 혹시 세상에서 누리는 부와 명예가 있을지라도 우리는 심령이 가난해야 합니다. 즉 가난한 자들의 위치에까지 내려가 겸손해야 하며 그들의 삶과 생각을 이해하기 위해 노력해야 합니다. 그것이 하나님의 마음이며 뜻이기 때문입니다.

　예수님은 세상에서 하나님의 마음과 생각을 가지고 하나님의 뜻을 이루는 삶을 사셨습니다. 이 세상에서 누리는 행복은 그 어떠한 것도 유한합니다. 반드시 끝이 있습니다. 영원한 행복은 천국을 소유할 자격이 있는 사람에게만 주어집니다.

　예수님이 말씀으로 가르치실 때에 많은 사람들이 그분 앞에 있었습니다. 예수님은 "나더러 주여 주여 하는 자마다 다 천국에 들어갈 것이 아니요 다만 하늘에 계신 내 아버지의 뜻대로 행하는 자라야 들어가리라(마7:21)"고 말씀하셨습니다.

　심령이 가난한 자, 하나님 앞에 겸손하고 온유하며 하나님의 뜻에 순종하며 따르는 사람들에게 참된 행복과 영원한 천국이 약속되어 있음을 잊지 맙시다.

• **기도**: 심령이 가난한 자를 찾으시는 주님, 저희도 천국을 소유할 수 있는 심령이 가난한 자가 되게 하여 주옵소서. 주님 앞에서 겸손하고 온유하며 순종하는 자세를 잃어버리지 말게 하시고, 저희에게 주어진 작은 것 하나라도 감사할 수 있는 삶이 되게 하여 주옵소서. 주님이 명하시면 저희의 모든 것을 내려 놓고 비울 수 있는 주님의 자녀가 되게 하여 주옵소서. 예수님의 이름으로 기도합니다. 아멘

• **중보기도**: 모든 그리스도인들이 심령이 가난한 자가 되게 하소서.

3월 1일 나라사랑

사랑하는 민족을 위해서라면

• 성경: 로마서 9장 3절 • 찬송: 586장 • 요절: 롬 9: 3

일본이 자신들의 대륙 진출의 욕망을 이루기 위해 대동아 전쟁을 일으킬 때 일본 기독교계의 지도자였던「우찌무라 간조」선생은 일본 정부를 향해 이렇게 경고했습니다.

"이 전쟁을 중단하지 않으면 일본은 패망한다. 일본 정부는 더 이상 백성을 그릇된 파멸의 길로 몰아가지 말고 전쟁을 중단하고 돌이키라!"

그는 이 말 때문에 '살아서는 절대로 일본 땅을 밟을 수 없다.'는 일본 정부의 추방령을 받고 정처 없는 망명 생활의 길에 올라야 했습니다. 그의 제자들이 일본의 주요 요직에 있기 때문에 얼마든지 편안히 살 수 있는 상황이었습니다. 그는 평상시 늘 '기독교는 국경이 없다. 그러나 그리스도인에겐 국경이 있다. 그리스도인은 민족과 조국을 사랑할 수 있어야 한다.'고 강조했습니다. 누구보다도 민족과 조국을 사랑하는 그였지만 민족이 그릇된 길로 갈 때는 모든 희생을 감수하고서라도 그것을 바로 잡아 주려고 했습니다. 그것이 바로 그리스도인이 감당해야만 할 몫이었기 때문입니다.

지금 우리 민족의 현실이 어떻습니까? 정말 기도해야만 할 때입니다. 정치·경제적으로 너무나 힘든 시기를 우리는 살아가고 있습니다. 이럴 때 우리는 사랑하는 조국을 끌어안고 눈물을 뿌리며 기도해야만 합니다.

사도바울은 하나님을 향해 돌이킬 줄 모르고 심판의 길로 가는 이스라엘을 보면서 그것을 얼마나 처절히 끌어안으려고 했는지 모릅니다. 사랑하는 민족을 위해서라면 자기 한 몸이 영원한 저주에 처해져도 받아들이겠다는 것입니다. 그와 같이 바울은 민족을 사랑했습니다.

오늘 우리는 삼일절을 맞이하여 이 민족 앞에 어떤 모습으로 서 있는지 깊이 돌이켜 봐야만 할 것입니다.

• **기도**: 사랑의 주님, 주님도 민족의 안타까움을 끌어안고 탄식하신 것을 기억합니다. 오늘 저희도 조국을 생각할 때마다 주님의 마음을 갖게 하여 주옵소서. 사랑하는 조국을 위하여 눈물로 기도할 수 있는 마음을 주시옵소서. 이 민족을 위해서라면 이 한 몸이 영원한 저주에 처해져도 받아들이겠다는 마음을 주시옵소서. 죽음을 두려워하지 않고 민족을 위하여 희생했던 옛 선조의 그 모습이 오늘 저희에게 계승되어지게 하여 주옵소서. 예수님의 이름으로 기도합니다. 아멘

• **중보기도**: 모든 그리스도인들이 이 민족을 위하여 기도하게 하소서.

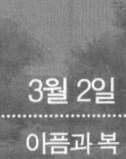

3월 2일
아픔과 복

주밖에는 복이 없나이다

• 성경: 시편 16편 1 ~ 2절 • 찬송: 543장 • 요절: 시 16: 2

오늘 말씀을 기록한 다윗은 참으로 인생에 아픔이 많았던 사람입니다. 잘 나가는가 싶었는데 갑자기 도망자의 신세가 된 적도 있었고, 목숨을 연명하기 위하여 미친 사람 흉내를 내야만 하는 수치스런 때도 있었고, 자식의 반란으로 인하여 신발도 제대로 신지 못한 채 황급히 망명길에 오른 적도 있었던 사람입니다. 그런 인생을 살면서 다윗인들 왜 하나님을 원망하며 자신의 처지를 비관한 적이 없었겠습니까? 그러나 그가 자신의 인생에 감당할 수 없는 아픔이 많았기에 그는 누구보다 하나님께서 자기와 함께하심을 강하게 체험한 사람입니다. 그가 남긴 시편의 주옥 같은 시들은 거의 대부분이 절체절명의 위기 속에서 구원하시는 하나님을 노래하고 있습니다. 그는 인생의 아픔을 통해서 다양하게 함께하시는 하나님을 만난 것입니다. 그러했기에 그는 하나님이 복의 근원이시라는 것을 새삼 깨닫게 된 것입니다. 그래서 오늘 말씀에 그가 고백하기를 "주는 나의 주시오니 주밖에는 나의 복이 없다 하였나이다"라고 하였습니다.

인생에 아픔이 없고 질고가 없다면 나와 함께하시는 하나님이 어떤 하나님인지를 모르고 삽니다. 그러니 인생에 다가온 아픔과 질고는 불행이 아니라 내 인생 가운데 하나님이 일하시는 장소요, 살아계신 하나님을 피부 깊숙이 체험하는 축복의 현장인 것입니다.

우리의 삶에도 아픔이 있습니다. 그 안타까움으로부터 자유하고 싶은 마음이 얼마나 간절합니까? 하지만 내게 향하신 하나님의 손길이 선하심을 끝까지 믿고 다윗처럼 아픔을 통해서 하나님을 경험하는 삶을 살아야겠습니다. 그리하여 우리도 다윗과 같이 스스로의 인생을 통해서 하나님을 찬양하는 시를 고백할 수 있어야겠습니다.

• **기도**: 사랑의 하나님, 저희도 인생에 아픔이 있을 때 다윗과 같이 고백할 수 있는 아름다운 믿음이 있게 하여 주옵소서. 아픔을 불행이라 생각지 말게 하시고, 하나님을 더 가까이 만나는 기회로 삼게 하옵소서. 아픔을 통해서 하나님을 더 깊이 경험하는 삶이 되게 하옵소서. 예수님의 이름으로 기도합니다. 아멘

• **중보기도**: 모든 그리스도인들이 하나님을 더 깊이 경험하게 하소서.

3월 3일 전도

전도는 왜 해야만 하는가?

• 성경: 마태복음 28장 16 ~ 20절 • 찬송: 511장 • 요절: 마 28:19 ~ 20

집에 불이 났을 때 열쇠를 가지고도 그 문을 열어 주지 않아서 안에 있던 사람이 불에 타 죽었다면 그 사람을 죽인 것은 불이 아니고 실상은 문을 열어주지 않은 사람이 될 것입니다.

응급 환자를 병원에 데리고 갔는데 의사가 잠자는 것 때문에 그 환자를 못 본 체 하여 죽었다면 그 환자를 죽인 것은 병이 아니고 의사일 것입니다. 따라서 자신에게 주어진 의무를 태만히 한 자는 명백히 범죄를 저지른 것입니다. 참으로 무서운 사실 아닙니까?

전도도 마찬가지입니다. 구원 받은 사람들이 구원 받은 것으로만 만족하고 영혼의 가치를 깨닫지 못하고 있다면 그것은 주님 앞에서 명백한 범죄 행위인 것입니다.

오늘 말씀에 주님은 너희는 가서 모든 민족을 제자로 삼으라고 명령하셨습니다. 말하자면 전도하라는 말씀입니다. 우리가 모든 민족에게 가서 전도할 수는 없습니다. 그러나 우리 주변에 주님을 모르는 영혼을 찾을 수는 있습니다.

주님의 사랑으로 그들을 찾아가 복음을 전하는 것이 주님의 명령을 따르는 것이요 주님의 말씀에 순종하는 제자의 삶을 사는 것입니다.

이러한 삶을 살지 않는 사람은 입으로는 주님을 존경할지 모르나 사실은 주님을 반대하는 삶을 살고 있는 것이나 다름없습니다. 그리고 전도하지 않는 것은 사단의 일에 동조하는 것이나 다름없습니다.

우리는 사단이 가장 싫어하는 복음을 힘써서 전할 수 있는 주님의 제자들이 되어야겠습니다.

• **기도**: 사랑의 하나님, 그 동안 저희들이 전도하라는 주님의 말씀을 어떻게 대하며 살았는지 되돌아봅니다. 이제껏 영혼에 대하여 아무런 관심을 갖지 않았다면 회개하게 하시고, 영혼에 대하여 관심을 갖고 주님의 명령을 따를 수 있는 제자가 되게 하여 주옵소서. 복음 전하는 것을 부끄러워하지 말게 하시고, 주변의 가까운 사람부터 복음을 전할 수 있는 전도자의 삶을 살아가게 하옵소서. 영혼에 대하여 관심을 가질 때마다 잃은 양을 찾으시는 주님의 사랑을 더욱 뼛속 깊숙이 느끼게 하여 주옵소서. 예수님의 이름으로 기도합니다. 아멘.

• **중보기도**: 모든 그리스도인들이 영혼을 사랑할 수 있게 하소서.

3월 4일 시기

때가 있습니다

• 성경: 전도서 3장 1~11절 • 찬송: 496장 • 요절: 전 3:11

중국 당나라 때 「송청」이라는 유명한 약장수가 있었습니다. 그는 약을 조제하는 데 탁월한 재주가 있었습니다. 그의 약을 먹고 병이 나은 사람이 많았습니다. 송청은 돈 없는 가난한 사람들에게 외상으로 약을 지어주었습니다. 연말이면 외상장부가 수십 권에 이르렀습니다. 그러나 한 번도 약값을 독촉하는 법이 없었습니다. 그는 연말이면 외상장부를 모두 태워버리고 두 번 다시 약값을 묻지 않았습니다.

어떤 사람은 이런 그를 '어리석은 사람'이라고 비웃었고, 어떤 사람은 '대범한 인물'이라고 추켜세웠습니다. 송청의 대답은 간단했습니다.

"나는 어리석은 사람도 대범한 사람도 아닙니다. 40년 동안 약장수를 하면서 수백 권의 외상장부를 태웠지만 크게 손해 본 적은 없습니다. 약값을 떼어먹은 사람도 있으나 나중에 출세해 약값보다 훨씬 많은 보답을 하는 사람도 있습니다. 선을 베푸는 것이 손해 보는 장사만은 아닙니다."

그렇습니다. 열심히 심으면 반드시 거둘 때가 있습니다. 그래서 오늘 말씀에 전도서 기자는 그때를 노래하고 있는 것입니다.

모든 인생에는 때가 있습니다. 우리가 믿는 하나님도 때를 따라 역사하시는 분입니다. 또한 때를 따라 도우시는 분입니다(히 4:16). 지금 인생의 깊은 밤을 보내고 있습니까? 밤이 깊을수록 새벽은 가깝습니다.

심었다면 반드시 거둘 때가 돌아옵니다. 기쁨으로 거둘 때가 반드시 올 것입니다(시 126:5, 6).

• **기도** : 때를 따라 역사하시는 하나님, 저희로 범사에 기한이 있고 천하만사가 다 때가 있음을 기억하게 하옵소서. 저희로 조급한 마음을 갖지 않도록 마음을 다잡아 주시고, 때를 따라 도우시는 주님을 바라보며 열심히 심을 수 있는 마음을 갖게 하옵소서. 인생의 깊은 밤이 온다 할지라도 실족하지 않게 하시고, 만물을 주관하시고 때를 따라 역사하시는 하나님을 끝까지 신뢰할 수 있는 믿음이 되게 하옵소서. 심었으면 반드시 거두게 하시는 하나님이심을 믿습니다. 예수님의 이름으로 기도합니다. 아멘

• **중보기도** : 모든 그리스도인들이 때가 있음을 알게 하소서.

3월 5일 열심

모이기에 힘쓰자

• 성경: 히브리서 10장 25절 • 찬송: 532장 • 요절: 히 10: 25

한 교인이 목사님을 방문해서 "목사님, 다음 주일부터는 교회에 나오지 않고 신앙생활 하겠습니다."라고 말했습니다. 목사님은 아무 말 없이 활활 타는 난로에서 석탄 한 덩어리를 꺼내어 밖에 내놓았습니다. 잘 타던 석탄은 곧 꺼져버리고 말았습니다. 그러나 난로 안에 있는 석탄은 계속해서 활활 타고 있었습니다. 이 모습을 본 교인은 "목사님, 다음 주에도 계속 나오겠습니다."라고 대답하였다고 합니다.

우리 기독교 신앙의 특징은 함께 모여 예배하고 교제하는 데 있습니다. 아무리 신앙이 좋아도 모이지 않으면 나빠지게 마련이고 아무리 열심이 있어도 모이지 않으면 열심이 식기 마련입니다.

그래서 오늘 말씀에 "모이기를 폐하는 어떤 사람들의 습관과 같이 하지 말고 오직 권하여 그 날이 가까움을 볼수록 더욱 그리하자"고 말씀하고 있습니다.

당시 히브리 기독교인들이 잘 모이지 않았던 이유는 많은 핍박 때문이었습니다. 그런데 오늘날은 놀고 즐기는 것 때문에 예배에 빠지거나 주일을 지키지 못하는 경우가 많습니다. 학생들은 학원 보충수업 때문에 주일에 빠지는 경우가 많습니다.

어떤 이유가 되었던 모이기를 게을리 하면 안 됩니다. 모이기를 폐하면 그것도 습관이 되기 때문입니다. 신앙생활에 있어서 가장 좋은 습관은 예배시간에 빠지지 않는 것입니다.

가장 나쁜 습관은 예배에 잘 빠지는 것입니다. 주일 성수하는 일이나 예배시간에 빠지지 않는 습관을 잘 들이는 것이 성공하는 신앙생활의 첩경입니다.

• **기도**: 저희를 간절히 찾으시고 교제하기를 원하시는 주님, 그동안 저희의 신앙생활이 모이기에 힘쓰는 신앙생활이었는지 되돌아봅니다. 이런 저런 핑계를 대며 모이기를 힘쓰지 않았던 모습은 아니었는지요. 아무리 신앙이 좋아도 모이지 않으면 나빠진다는 것을 잊지 말게 하여 주옵소서. 힘써서 모일 수 있게 하시고, 힘써서 주님을 찾게 하여 주옵소서. 그리하여 언제나 주님과의 풍성한 교제가 있게 하시고 성공하는 신앙생활이 되게 하여 주옵소서. 예수님의 이름으로 기도합니다. 아멘

• **중보기도**: 모든 그리스도인들이 모이기에 힘쓸 수 있게 하소서.

3월 6일
희생

한 알의 밀알처럼

• 성경: 요한복음 12장 20 ~ 26절 • 찬송: 341장 • 요절: 요 12: 24

오늘 말씀은 신앙인이라면 거의 다 알고 있을 정도로 귀에 익은 말씀입니다. "한 알의 밀이 땅에 떨어져 죽지 아니하면 한 알 그대로 있고 죽으면 많은 열매를 맺게 된다"(24절)는 말씀입니다.

이 말씀이 담고 있는 내용이 무엇입니까? 한마디로 희생해야만 많은 열매를 보게 된다는 것입니다. 바꾸어 말하면 어떤 사람의 인생이 풍요로워질 수 있다는 것입니까? 희생하는 인생이 풍요로워진다는 것입니다.

우리는 예수 그리스도의 희생을 알고 있습니다. 그러나 그분의 희생을 닮으려고까지 하는 것 같지는 않습니다. 주님을 본받는 생활을 하려면 희생 없이는 불가능합니다. 희생의 대가를 지불해야만 주님을 본받을 수 있습니다. 하나님은 우리에게 각종 은사를 주셨는데 우리에게 희생의 은사가 있기를 원하십니다. 내가 얼마나 많이 희생하느냐에 따라서 우리 가정, 교회, 이웃과 사회도 잘될 수 있습니다. 내가 얼마나 희생하느냐에 따라서 열매 맺는 가정, 열매 맺는 교회, 열매 맺는 생활이 될 수 있습니다. 가려서는 아무 열매도 맺을 수 없는 것입니다.

사도 바울이 고백했듯이 날마다 죽어야 하고(고전15:31), 그 죽음을 통해서 가정과 교회와 사회가 잘되는 것을 보는 것이 예수님의 제자가 얻게 되는 기쁨입니다.

예수님이 보여 주신 것처럼 잘 죽을 수 있기를 바랍니다. 내가 죽음으로 주님의 영광을 볼 수 있기를 바랍니다. 내가 죽음으로 가정의 행복을 볼 수 있기를 바랍니다. 내가 죽음으로 다른 사람이 행복하게 되는 것을 볼 수 있기를 바랍니다.

• **기도**: 한 알의 밀이 되신 주님, 그동안 저희의 삶을 돌이켜 봅니다. 복 받기는 원하면서도 희생에 인색했던 모습은 아니었는지요. 이제는 다른 무엇보다도 주님을 본받아 한 알의 밀이 되는 삶이 되게 하여 주옵소서. 저희의 희생으로 말미암아 가정과 교회와 사회 속에서 아름다운 열매들이 맺혀지는 역사가 있게 하여 주옵소서. 희생하는 인생이 많은 사람을 부요케 하고 살릴 수 있음을 잊지 말게 하옵소서. 예수님의 이름으로 기도합니다. 아멘

• **중보기도**: 모든 그리스도인들이 한 알의 밀이 되게 하소서.

3월 7일 겸손

모든 영광을 하나님께

• 성경: 시편 29편 1 ~ 9절 • 찬송: 20장 • 요절: 시 29: 1 ~ 2

오늘 말씀에 시인은 잠잠히 계시는 분이 아니라, 온 천지가 통증을 느낄 만큼 큰 소리를 발하시는 분임을 고백하고 있습니다. 그리고 하나님의 위엄은 자연마저 벌벌 떤다고 고백하고 있습니다.

그렇습니다. 하나님 앞에서는 자연도 떨 수밖에 없습니다. 그러니 사람은 오죽하겠습니까? 장맛비가 쏟아지고 홍수가 날 때, 인간은 자연을 향해 얼마나 무력한 존재입니까? 그러므로 우리는 크신 하나님 앞에 겸손한 자세로 설 수밖에 없다는 것을 알아야 합니다.

그래서 오늘 말씀에 시인이 인간은 하나님께 영광을 돌려야 한다고 고백하고 있는 것입니다.

"너희 권능 있는 자들아 영광과 권능을 여호와께 돌리고 돌릴지어다"(1절).

그러면 어떤 사람이 하나님께 영광을 돌리는 사람일까요?

「성 프란체스코」는 인류가 낳은 최대의 성자였습니다. 우리에게는 [평화의 기도]로 잘 알려진 인물입니다. 오늘날까지도 그의 이름은 대대로 존경받고 있습니다. 그런데 그는 하나님의 이름이 아닌 자신의 이름이 유명해지는 것을 바라지 않았습니다. 그래서 자서전도 남기지 않고, 일기조차도 남기지 않으려 했다고 합니다.

자신의 이름을 감출 줄 아는 사람, 자기의 머리를 숙일 줄 아는 사람, 오로지 주님의 이름만 드러나기를 원하는 사람, 이런 사람이 주님께 영광을 돌리는 사람입니다. 이런 사람이 되도록 작은 것에서 큰 것까지 모든 영광을 주님께 돌리며 살아갑시다.

• **기도**: 영광을 받으시기에 합당하신 하나님, 그동안 저희의 삶을 돌아봅니다. 지극히 볼품없고 하찮은 일을 하면서도 우쭐대거나 자랑하기를 주저하지 않았던 저희의 모습은 아니었는지요? 이런 저희의 모습이 크신 하나님이 보시기에 얼마나 우스워 보였겠습니까? 엄위하신 하나님 앞에서 겸손의 자세를 잃지 말게 하여 주옵소서. 작은 것이든 큰 것이든 모든 영광을 하나님께 돌릴 줄 아는 사람이 되게 하여 주옵소서. 오직 주님만 높일 수 있는 삶의 자세가 되게 하여 주옵소서. 예수님의 이름으로 기도합니다. 아멘

• **중보기도**: 모든 그리스도인들이 모든 영광을 하나님께 돌리며 살아가게 하옵소서.

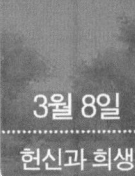

3월 8일
헌신과 희생

기뻐하고 기뻐하리니

• 성경: 빌립보서 2장 16~18절 • 찬송: 321장 • 요절: 빌 2:17

　오늘 말씀에 사도바울은 자신의 희생, 자신의 헌신을 말하고 있습니다. "만일 너희 믿음의 제물과 섬김 위에 내가 나를 전제로 드릴지라도 나는 기뻐하고 너희 무리와 함께 기뻐하리니"
　이 말은 주님을 위해서 자신을 쏟아 붓는 것을 인하여 기뻐하겠다는 사도바울의 고백입니다. 오늘 우리가 하나님의 자녀로 주님을 위하여 내 몸을 쏟아 붓는 삶을 살 수만 있다면 이것보다 더 큰 축복이 어디에 있겠습니까?
　요한계시록 2장 10절을 보면 "네가 죽도록 충성하라 그리하면 생명의 면류관을 네게 주리라"고 말씀하셨습니다. 요한 계시록을 보면 아주 영광스러운 장면이 나옵니다.
　주님이 떠받드는 사람이 있는데 바로 순교자입니다. 천국에 가면 누구 앞에서 제일 기가 죽겠어요? 순교자가 나타나면 기가 죽겠지요.
　우리는 보통 병원에서 링거 꽂고 지내다가 죽는데 "저 사람은 순교했어요"하면 얼마나 부럽습니까? 천국에 가면 제일 원망스러운 것이 무엇이겠습니까? "하나님 왜 나에게 순교할 기회를 안주셨나요?" 이것 아니겠습니까?
　천국 가면 무엇이 복이겠습니까? 죽을 상황일수록 그것이 복입니다. 희생하고 쏟아 부어야만 할 상황일수록 그것이 복입니다.
　우리가 이것을 안다면 이 땅에서 어떻게 살아야 하는 것이 진정으로 복된 삶인지를 알 수 있을 것입니다.
　주님을 위해서 죽을 상황이 되었던 이 땅의 삶이라면 천국에 가면 주님이 떠받들어 주실 것입니다. 그날을 보며 하나님의 자녀로 묵묵히 주어진 사명을 잘 감당할 수 있어야겠습니다.

• **기도** : 희생의 본을 보여주신 주님, 이제껏 저희들은 기뻐해야만 하는 원인을 어디에 두고 살았는지요? 위대한 사도바울의 고백을 보며 저희도 그 삶을 본받을 수 있게 하옵소서. 주님을 위하여 더 많이 희생하고, 죽을 상황일수록 그것이 진정한 복임을 깨닫게 하옵소서. 이 땅을 사는 동안 더 많이 쏟아 붓는 삶을 살 수 있는 것으로 인하여 기뻐할 수 있게 하옵소서. 예수님의 이름으로 기도합니다. 아멘

• **중보기도** : 모든 그리스도인들이 기쁨의 이유를 바로 찾을 수 있게 하소서.

3월 9일
아픔

강렬한 아픔, 강렬한 소원

• 성경: 사무엘상 1장 9 ~ 18절 • 찬송: 407장 • 요절: 삼상 1: 18

　인생에서 받는 상처가 많이 있지만 그 중에 하나는 소망하는 것이 이루어지지 않았을 때의 상처입니다. 잠언서 13장 12절의 말씀을 보면 "소망이 더디 이루어지면 그것이 마음을 상하게 하거니와 소원이 이루어지는 것은 곧 생명나무니라"고 말씀합니다.
　우리가 알듯이 본문의 주인공인 한나는 자식이 없었습니다. 그로 인하여 같이 살고 있는 작은 댁인 브닌나에게도 무시를 당하고 괴롭힘을 당했습니다. 한 여인이 아이를 낳지 못한다는 그 자체가 커다란 아픔인데 무시까지 당하며 괴롭힘을 받았으니 그 고통의 깊이가 얼마나 컸겠습니까?
　그러나 그녀의 깊은 고통, 강렬한 아픔이 소원을 품게 만들었고 하나님께 강렬한 기도를 드리도록 만든 것입니다. 우리 인생에 깊은 고통, 강렬한 아픔이 있다고 해서 그것 때문에 절망할 필요는 없습니다. 깊은 고통, 강렬한 아픔을 인하여 강렬한 소원을 품을 수만 있다면 이것보다 더 귀한 것은 없는 것이고, 강렬한 소원을 가지고 하나님을 강렬하게 찾을 수만 있다면 응답받지 못할 것이 없습니다.
　한나는 그의 강렬한 아픔이 강렬한 소원을 품게 만들었고 또 그녀에게서 강렬한 기도가 나오게 했습니다. 오늘 우리에게도 깊은 고통, 강렬한 아픔이 있다면 그것이 강렬한 소원을 품게 되는 동기가 되도록 해야겠습니다. 그리고 그 강렬한 소원을 하나님께 강렬하게 아룀으로, 한나와 같이 귀한 응답을 받고 치유함을 받을 수 있는 삶이 되어야겠습니다.

• **기도** : 아픔을 어루만져주시는 하나님, 오늘 저희의 삶 가운데서도 깊은 고통과 강렬한 아픔을 경험할 때가 있을 것입니다. 그럴 때 우리는 어떤 신앙의 태도를 취해야만 하는지 오늘 말씀을 통하여 다시 한 번 깨닫습니다. 한나와 같이 강렬한 소원을 품는 동기가 되게 하시고, 그 강렬한 소원을 하나님께 아룀으로 응답과 치유를 받을 수 있는 신앙의 사람이 되게 하여 주옵소서. 예수님의 이름으로 기도합니다. 아멘
• **중보기도** : 모든 그리스도인들이 깊은 고통, 강렬한 아픔이 있을 때 강렬한 소원을 품고 주님께 아뢸 수 있는 믿음을 갖게 하소서.

3월 10일 주님사랑

나를 더 사랑하느냐

• 성경: 요한복음 21장 15 ~ 18절 • 찬송: 315장 • 요절: 요 21: 15

오늘 말씀에 의하면 예수님은 당신을 세 번이나 모른다고 부인했던 베드로를 찾아오셔서 "네가 나를 이 사람들보다 나를 더 사랑하느냐?"고 물으셨습니다. 그것도 한 번이 아닌 세 번이나 반복해서 물으셨습니다. 이때 베드로는 "내가 주님을 사랑합니다", "내가 주를 사랑하는 줄 주께서 아시나이다"라고 대답했습니다.

부활하신 우리 주님께서 얼마나 듣고 싶어 하셨던 대답이셨을까요? 그가 비록 고난의 자리에까지 주님과 함께 나아갈 수 있는 믿음에는 실패하고 넘어졌지만 그 실패를 딛고 다시 일어서기 위해서는, 사랑이 없이는 불가능했기 때문입니다.

주님이 베드로에게 묻듯이 오늘 우리에게 묻고 싶으실 것입니다. "네가 나를 이 사람들 보다 나를 더 사랑하느냐?"

여기서 "이 사람들"을 여러 방향으로 적용해 볼 수 있습니다. 처해진 환경, 물질, 건강, 사회적 지위, 내가 가장 아끼는 것, 끈을 놓아야 하지만 아직도 끈을 놓지 못하고 붙들고 있는 것으로도 적용이 가능합니다. "이것들 보다 나를 더 사랑하느냐?"

실패의 현장에 놓여 있던 베드로에게, 부활하신 주님을 만나고도 주님을 부인한 죄책감에 다시 어부의 생활로 돌아가려고 했던 베드로를 붙잡고, 주님이 물으신 질문이 오늘 본문 말씀입니다. "네가 나를 사랑하느냐?"

주님에 대한 사랑만 확실하다면 우리도 베드로같이 뜨거운 믿음을 가지고 죽도록 충성할 수 있을 것입니다.

• **기도**: 사랑의 주님, 오늘 주님이 저희에게 "네가 나를 사랑하느냐"고 물어 오신다면, 베드로 같이 주저 없이 주님을 사랑한다고 대답할 수 있는지요? 아직도 주님보다 더 사랑하는 것이 많아서 그것에 대한 끈을 놓지 못하고 있는 것은 아닌지요? 주님을 제일로 사랑할 수 있는 믿음을 갖게 하여 주옵소서. 날마다의 삶 속에서 주님을 사랑한다고 고백할 수 있는 저희가 되게 하시고, 주님에 대한 사랑을 구체적인 행동으로 옮기며 살 수 있는 주님의 제자가 되게 하옵소서. 예수님의 이름으로 기도합니다. 아멘

• **중보기도**: 모든 그리스도인들이 주님보다 더 사랑하는 것이 없게 하소서.

3월 11일
열매, 기도

울더라도 뿌려야한다

• 성경: 시편 126편 1 ~ 6절 • 찬송: 496장 • 요절: 시 126: 5 ~ 6

오늘 말씀은 성전에 올라가는 노래라는 표제어가 붙어 있습니다. 곧 성전에 올라가면서 부르던 찬양이라는 말씀입니다. 이스라엘 백성들이 성전에서 멀리 떨어진 곳에서, 성전에 예배하러 오면서 부르던 찬양인데 이 시편 126편은 이스라엘의 해방을 배경으로 하고 있습니다.

우리나라도 과거에 나라를 잃고 고통을 당해본 경험이 있습니다. 이스라엘 역시 바벨론에게 패망하여 70년간 바벨론 포로생활을 경험하면서 이런 일들을 뼈가 녹을 정도로 체험하였을 것입니다. 짧은 구절이지만 "우리가 바벨론의 여러 강변 거기에 앉아서 시온을 기억하며 울었도다"(시137:1)는 말씀이 그들의 바벨론 포로의 고통이 얼마나 참기 힘들었는지 잘 표현해주고 있습니다.

바벨론의 포로로 비참한 노예 생활을 해야 했던 이스라엘 백성들이 할 수 있는 일이라곤 하나님을 향해 우는 것이 전부였습니다. 민족의 해방을 염원하며 눈물로 기도의 씨를 뿌리는 일이었습니다. 이것이 그들이 할 수 있는 일의 전부였습니다. 오늘 말씀은 바로 이런 눈물로 뿌린 기도의 씨에 대한 하나님의 응답을 노래하는 찬양입니다.

오늘 우리에게도 울 수 있는 일들이 참으로 많습니다. 그런데 어느 때부터인가 우리의 눈물이 메말라가고 있다는 느낌을 받습니다. 눈물이 없으면 같이 없어지는 것이 웃음입니다. 눈물과 웃음이 사라지니 우리의 꿈도 함께 사라지고 있습니다.

오늘 말씀에 시편 기자는 우리에게 '눈물로 씨를 뿌리라'고 말씀합니다. 우리 하나님은 눈물 뒤에 반드시 거둠의 기쁨이 있게 하시는 분이심을 잊지 말아야겠습니다.

- **기도** : 사랑의 주님, 저희로 눈물이 있는 신앙이 되게 하여 주옵소서. 주님 앞에 바로 서지 못하는 자신을 위하여 탄식하며 울 수 있게 하시고, 가정을 위하여, 교회를 위하여 눈물의 기도를 드릴 수 있는 신앙이 되게 하여 주옵소서. 또한 온갖 위협 앞에 놓인 이 민족과 이웃을 위하여 탄식하며 기도할 수 있는 마음을 주시옵소서. 눈물이 있는 자에게는 기쁨도 있게 하시는 하나님이심을 믿습니다. 예수님의 이름으로 기도합니다. 아멘
- **중보기도** : 모든 그리스도인들이 눈물로 씨를 뿌리는 신앙이 되게 하소서.

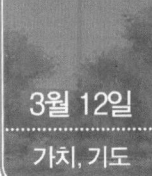

3월 12일
가치, 기도

가치를 알아야 한다

• 성경: 예레미야 33장 3절 • 찬송: 365장 • 요절: 렘 33:3

옛날 어느 산골에 정말 너무나 가난하게 사는 가족이 있었습니다. 아버지는 나무를 해다 장에 팔고 어머니도 푸성귀를 뜯어다 장에 내다 파는 등 열심히 일하는데도 끼니를 잇기가 어려울 정도로 가난했습니다.

그러던 어느 날 아래 마을에 사는 사람들이 이 집에 놀러왔다가 기이한 광경을 보았습니다. 아이들이 마당에 앉아 공기놀이를 하고 있는데 보니 그 공기 돌이 금 덩어리였습니다.

아이들은 이곳저곳을 다니며 공기 돌을 줍다가 반짝반짝 빛나는 돌을 발견하고 가져와서 공기놀이를 하고 있는 것이었습니다.

평생 금을 본 적이 없는 그 아이의 부모는 그저 빛나는 돌이겠거니 하고 생각했을 뿐이었습니다.

가치를 모르면 활용할 줄도 모르게 되어 있습니다. 우리가 하나님께 드리는 기도도 마찬가지입니다.

기도의 가치를 알면 하나님께 부르짖게 되어있습니다.

오늘 말씀에 하나님께서 우리가 부르짖으면 반드시 응답하시겠다고 말씀하셨습니다. 그런데 기도하지 않아 고통을 받고 있다면, 금덩어리가 집에 있음에도 불구하고 그 가치를 몰라 가난으로 고통 받는 것과 과연 무슨 차이가 있는 것일까요?

우리는 기도의 가치를 알고 있습니까?

우리에게 향하신 하나님의 크고 은밀한 일을 경험하려면 응답을 약속하신 주님께 기도드려 아뢸 수 있기 바랍니다.

• **기도**: 저희의 음성 듣기를 기뻐하시는 주님, 저희로 기도의 가치를 깨닫게 하옵소서. 그리하여 더욱 주님께 부르짖을 수 있는 삶이 되게 하시고, 기도하는 것을 쉬지 않는 삶이 되게 하여 주옵소서. 주님께서 확실한 응답의 약속을 주셨사오니, 그 약속하심을 받아 누리는 삶이 되게 하시고, 날마다의 삶속에서 하나님의 크고 은밀한 일을 경험하는 축복이 있게 하옵소서. 예수님의 이름으로 기도합니다. 아멘

• **중보기도**: 모든 그리스도인들이 기도의 가치를 깨닫게 하소서.

3월 13일 기도응답

하나님께서 정하신 때

• 성경: 갈라디아서 6장 7~10절 • 찬송: 369장 • 요절: 갈 6: 9

　기도의 성자라고 불리우는 「조지 뮬러」(George Muiler, 1805-1898)에 대하여 이야기할 때면 그가 5만 번 기도 응답을 받았다는 것에만 초점을 맞추곤 합니다. 그래서 그의 기도의 세계가 어떠했는지에 대해서만 집중하게 되어, 사실은 그가 영혼을 끔찍이 사랑한 가난한 목회자였다는 것에 관하여는 관심을 갖지 않고 있는 것 같습니다.

　그가 목사가 된 후 불쌍한 고아들을 위해서 60년을 헌신했던 것도 사실은 영혼에 대한 주님의 사랑을 담아내고자 했기 때문입니다. 뮬러가 세상을 떠난 후 그에게 남은 재산이라고는 고작 그가 늘 지니고 있었던 손때 묻은 수첩이 전부였습니다.

　거기에는 그가 매일 하나님을 찾아야 했던 간절한 기도제목과 구원받아야 할 친구들과 사람들의 이름이 적혀 있었습니다. 이 수첩은 뮬러가 세상을 떠난 후 친구들이 그의 1주기를 기념하기 위하여 모인 자리에서 공개되었는데, 이제껏 예수님을 믿지 않고 있던 한 친구가 자신의 구원을 위해서 뮬러가 무려 52년 동안 기도했다는 사실을 알고 감동을 받아 그 자리에서 회심하고 예수님을 영접하였습니다. 뮬러는 하나님의 부르심을 받은 후에도 기도의 응답을 받은 것입니다.

　그렇습니다. 매사를 조급하게 생각하지 말아야 합니다. 하나님께서는 기한을 정해두시고 인도하신다는 사실을 기억하셔야 합니다. 그래서 영어 속담에는 'God takes time', 즉 '하나님은 시간을 두시고 역사하신다.'는 속담이 있습니다. 때가 되면 하나님께서 정하신 때에 거두게 하시고, 기도의 응답을 주십니다.

• **기도**: 은혜의 주님, 저희로 조급한 마음을 갖지 않도록 도와주시옵소서. 때가 되면 거두게 하시고 역사하시는 하나님이심을 믿고 선을 행하되 낙심하지 말게 하시고, 착한 일을 하되 실족하지 말게 하여 주옵소서. 때가되면 가장 알맞은 때에, 가장 필요한 때에 응답해 주시는 하나님이심을 믿고 기도를 쉬지 않는 삶이 되게 하여 주옵소서. 예수님의 이름으로 기도합니다. 아멘
• **중보기도**: 모든 그리스도인들이 하나님의 때를 기다릴 줄 아는 신앙이 되게 하소서.

3월 14일 영적전쟁

사단이 당신을 찾는다

• 성경: 고린도후서 11장 14~15절 • 찬송: 350장 • 요절: 고후 11: 14~15

바다에 사는 물고기 중에 '군함'이라는 뜻의 이름을 가진「맨오브워」라는 물고기가 있습니다. 맨오브워는「노메우스」라는 물고기와 공생관계를 맺고 있습니다. 맨오브워는 때때로 강한 바람이나 파도가 일 때 해변까지 밀려오기도 합니다. 그런데 그 이름을 군함이라는 뜻으로 부르는 것은 돛같이 생긴 지느러미를 바다 위로 내놓고 떠다니기 때문입니다.

이 녀석은 자신이 가지고 있는 치명적인 무기를 적에게 전혀 눈치 채지 않게 하고 다닙니다. 무려 30m까지 뻗을 수 있는 무수한 촉수에는 치명적인 독이 묻어 있습니다. 이 촉수들을 물밑으로 늘어뜨리고 다니면서 물 위로는 자신을 우아한 무지개 빛깔의 거품처럼 보이도록 위장을 하고 다니는 것입니다. 그런데 이 물고기는 먹이 사냥을 할 때면 노메우스라는 작은 물고기의 도움을 받습니다. 노메우스는 맨오브워의 독에 면역이 되어서 무서운 촉수들 사이에서 삽니다. 그리고 그 촉수들 사이를 왔다 갔다 하면서 다른 물고기들을 유인하는 것입니다.

큰 물고기들이 노메우스를 만만하게 보고 덤벼들기만 하면 그 즉시 맨오브워의 촉수에 걸려 온 몸이 마비가 되고 노메우스와 맨오브워는 식사를 해결하게 되는 것입니다.

오늘 말씀에 사도바울은 사단도 이렇게 자기 자신을 광명의 천사로 가장하고 우리를 속인다는 것을 언급하고 있습니다. 우리가 사단이 파놓은 함정에 걸려들지 않으려면 믿음의 눈을 바로 뜨고 깨어 잠들지 말아야 합니다. 영적으로 잠드는 순간 우리는 사단에게 삼킴을 당하고 맙니다. '당신이 주님을 찾지 않으면 사단이 당신을 찾는다.'는 영국의 스펄전 목사님의 말을 우리 심령에 새겨놓아야겠습니다.

• **기도**: 능력의 주님, 오늘 저희의 믿음의 현주소가 어떤지 점검해 보기를 원합니다. 사단의 계략에 걸려들고 있는 신앙의 모습은 아닌지요. 믿음의 눈을 바로 떠서 사단의 실체를 바로 볼 수 있게 하여 주옵소서. 영적으로 잠자는 신앙이 되지 말게 하여 주시고, 항상 깨어 있는 신앙이 되게 하여 주옵소서. 그리하여 사단의 그 어떤 계략에도 넘어지지 않고 능히 물리칠 수 있는 담대한 믿음이 되게 하여 주옵소서. 예수님의 이름으로 기도합니다. 아멘

• **중보기도**: 모든 그리스도인들이 사단의 계략에 넘어지지 않게 하소서.

3월 15일
믿음

믿음은 가능하다

• 성경: 히브리서 11장 1~2절 • 찬송: 441장 • 요절: 히 11:1

    미국의 선교사인 「스탠리 존스」는 일평생을 인도에 가서 복음을 전하며 산 사람입니다. 인도에서는 그를 성자로 추앙하고 있습니다. 하루는 그가 쓰러졌습니다. 중풍에 걸린 것입니다. 그때 그의 나이가 89세였습니다. 젊은 나이에 쓰러져도 다시 일어나기가 쉽지 않은 것이 중풍인데 90세 가까운 나이에 쓰러졌으니 무슨 희망이 있겠습니까? 미국 보스턴으로 후송이 되었는데, 그는 자기를 치료하는 의사들에게 이런 부탁을 했습니다.
    "선생님! 제게 한 가지 부탁이 있습니다. 저를 보실 때마다 이렇게 외쳐주시기 바랍니다." "어떻게 말입니까?"
    "스탠리 존스! 나사렛 예수 그리스도의 이름으로 명하노니 일어나 걸어라! 이렇게 외쳐 주십시오."
    의사가 그 말을 듣고 웃었습니다. "아니, 선교사님! 저는 베드로도 아니고 요한도 아니고 또 부흥사도 아닌데 제가 어떻게 그런 말을 외칠 수가 있겠습니까?" 그러나 스탠리 존스가 억지로 강권하니까 의사는 어쩔 수 없이 볼 때마다 그렇게 외쳤습니다. "스탠리 존스! 나사렛 예수 그리스도의 이름으로 명하노니 일어나 걸어라!" 그때마다 그는 침상에 누워 있다가 큰 목소리로 "아멘! 아멘!"으로 화답을 했습니다. 어떤 일이 일어났을까요? 놀랍게도 6개월 만에 완쾌가 되었습니다. 그리고 선교지로 다시 돌아가 죽을 때까지 충성을 다했습니다. 어떻게 90세에 가까운 노환자가 중풍에서 완쾌될 수 있었을까요? 의학적으로는 불가능한 일입니다. 그러나 믿음은 가능합니다. 왜냐하면 오늘 말씀대로 믿음은 바라는 것들의 실상이기 때문입니다. 우리도 이 믿음의 카드를 사용할 줄 아는 신앙의 사람이 되어야겠습니다.

- **기도**: 믿음의 부요함을 원하시는 주님, 저희도 믿음의 카드를 사용할 줄 아는 신앙의 사람이 되기를 원합니다. 믿음의 언어를 사용하게 하시고, 믿음의 고백을 드릴 수 있게 하여 주옵소서. 또한 믿음을 선포할 줄 아는 신앙의 사람이 됨으로, 믿음대로 되는 능력과 축복을 받게 하옵소서. 예수님의 이름으로 기도합니다. 아멘
- **중보기도**: 모든 그리스도인들이 믿음이 부요한 자로 살게 하소서.

3월 16일
참된 예배

버려지는 예배

• 성경: 잠언 8장 17절 • 찬송: 327장 • 요절: 잠언 8: 17

현대 교인들 중에는 예배를 드리려고 교회에 와서 예배에 집중하지 못하고 그 짧은 시간을 어떻게든 견디어 보려고 자기 나름대로 예배 견디기 프로그램을 개발한 성도들도 있다고 합니다. 다음에 열거하는 내용들은 예배시간에 충분히 있을 법한 행위들입니다.

1) 멀거니 강단만 응시하는 딴 생각파
2) 주보에 밑줄 긋고 교정까지 보는 읽기파
3) 졸면서 예배드리는 수면파
4) 수시로 시계 들여다보는 시간 절약파
5) 핸드폰으로 수시로 문자 보내는 애정과시파
6) 핸드폰으로 오락하는 바다이야기파
7) 성경읽기로 시간 때우는 실속파
8) 예배 후에 있는 회의를 준비하는 회의파

매우 안타까운 얘기지만 이런 모습들이 우리의 예배생활 속에 깊숙이 자리 잡고 있습니다. 이런 모습이 우리에게도 있다면 하나님께 예배를 드린 것이 아니라, 드릴 예배를 버린 것입니다.

왜 예배에 집중하지 못하는 모습들이 예배시간에 발생하는 것일까요? 마음을 다하여 하나님을 사랑하지 않기 때문입니다. 그분을 사랑하면 예배시간에 그런 잡스러운 행동을 할 수 없습니다.

오늘 말씀을 마음에 새겨봅시다. "나를 사랑하는 자들이 나의 사랑을 입으며 나를 간절히 찾는 자가 나를 만날 것이니라"고 했습니다. 오늘 우리가 하나님께 드리는 예배가 버려지는 예배가 되지 않도록 기도해야겠습니다.

• **기도**: 참된 예배를 원하시는 주님, 오늘 저희가 주님께 드리는 예배의 모습을 점검해 보기를 원합니다. 주님이 받지 않으시는 예배를 예배랍시고 드리고 있는 것은 아닌지요. 저희의 경박한 예배를 주님이 받으실 거란 착각을 하고 있는 것은 아닌지요. 저희로 예배시간에 잡스러운 행동을 하지 않도록 붙들어 주옵소서. 버려지는 예배가 아니라, 주님께 드려지는 예배를 드릴 수 있도록 저희의 마음을 성령 충만하게 하여 주옵소서. 주님이 받으시는 참된 예배를 드리기를 소원합니다. 예수님의 이름으로 기도합니다. 아멘
• **중보기도**: 모든 그리스도인들이 주님께 진정한 예배를 드릴 수 있게 하소서.

3월 17일 고난

예수님을 따라감

• 성경: 골로새서 1장 24 ~ 25절 • 찬송: 341장 • 요절: 골 1: 24

나치 독일 치하에서 고난을 당했던 「코리」의 이야기는 예수님을 믿는 우리에게 많은 교훈과 감동을 줍니다. 수용소에 갇힌 사람들은 매주 금요일마다 건강 상태를 조사받았습니다. 수용소의 모든 유대인은 완전히 발가벗고 줄을 지어 검사관 앞에 서야만 했습니다.

여자들의 나체 행렬 속에서 아내를 발견한 코리는 울먹이면서 소리쳤습니다. "여보, 예수님도 벌거벗고 십자가를 지셨어요." 아내도 남편에게 소리쳤습니다. "그래요. 예수님을 따라가는 것이니 걱정하지 마세요." 모욕과 부끄러움과 절망의 고통을 품고 있던 나체 행렬의 유대인들은 이 부부의 대화를 듣고 새로운 용기를 얻었다고 합니다.

많은 그리스도인들이 신앙생활을 하면서 고난이 없기를 원하고, 고난이 온다 할지라도 빨리 지나가기를 바라지만 주님을 위해서 받는 고난이라면 자랑스럽고 영광스러운 일입니다.

오늘 말씀을 기록한 사도바울은 예수님을 믿기 전보다 믿은 후에 수없이 많은 고난과 핍박을 받았습니다. 그러나 그는 자신이 예수님 때문에 받게 되는 고난을 한 번도 후회한 적이 없었습니다.

오히려 고난에 동참하기를 적극 원했던 그였습니다. 그래서 그는 오늘 말씀에도 그리스도의 남은 고난을 자신의 육체에 채우는 삶을 살겠노라고 당당하게 선포하고 있는 것입니다.

고난 없이 영광만 얻기를 바라는 이 시대에 예수님을 위하여 고난 받기를 기뻐할 수 있는 신앙의 사람이 되어야겠습니다.

• **기도** : 은혜의 주님, 저희는 신앙생활하면서 고난이 없기를 원하고, 고난이 온다 할지라도 빨리 지나가기를 원했습니다. 그러나 예수님 때문에 받는 고난이라면 피하지 말게 하시고, 후회하지 말게 하여 주옵소서. 오히려 고난에 적극 동참할 수 있는 믿음을 갖게 하옵소서. 주님을 위한 고난이라면 자랑스럽고 영광스럽게 생각할 수 있는 믿음이 되게 하여 주옵소서. 주님의 몸 된 교회를 위해서도 주님이 남기신 고난을 육체에 채우는 삶을 살게 하여 주옵소서. 예수님의 이름으로 기도합니다. 아멘
• **중보기도** : 모든 그리스도인이 주님을 위한 고난 받기를 기뻐할 수 있게 하소서.

3월 18일
역경

피할 길을 주신다

• 성경: 고린도전서 10장 13절 • 찬송: 336장 • 요절: 고전 10: 13

1800년대 초 미국 어느 세관에서 일하던 남성이 갑자기 해고를 당했습니다. 그는 낙심한 채로 집에 돌아와 아내에게 자기가 직장에서 해고된 것을 이야기하면서 괴로워했습니다. "나는 이제 어떻게 하지? 나는 정말 무능한 사람인 모양이야." 아내가 그를 위로해 주었습니다.

"여보, 힘내세요! 당신은 평소에 글 쓰는 것을 좋아했잖아요. 그러니 지금부터라도 글을 쓰시면 될 거예요." "아니 무얼 먹고 살려고?"

"제가 이럴 때를 대비해서 푼푼이 모아 놓은 돈이 있어요. 그 돈이면 일 년은 걱정하지 않고 살 수 있을 거예요." "일 년 안에 잘 팔리는 글을 쓸 수 있을까?" "당신이 하나님을 의지하면 하나님께서 당신을 도우실 거예요."

두 사람은 그 자리에서 무릎을 꿇었습니다. 하나님을 의지하는 심정으로 하나님의 도우심을 구하면서 간절히 기도했습니다. 과연 그로부터 얼마 되지 않아서 그는 한편의 장편소설을 발표했습니다. 그리고 대히트를 쳤습니다. 미국이 낳은 소설 가운데 가장 위대한 작품으로 꼽힌 것입니다. 그 소설의 제목은 "주홍글씨"입니다. 작가의 이름은 「나다나엘 호손」입니다. 그의 삶 속에 던져진 하나의 나쁜 상황이 오히려 그를 무명의 사람에서 역사적인 인물로 바꾸어 놓은 것입니다.

우리의 인생길에도 안 좋은 상황이 충분히 올 수 있습니다. 그러나 우리는 그것 때문에 낙심하거나 실족할 필요가 없습니다. 오늘 말씀에 사도바울이 말한 대로 하나님께서는 당신을 의지하는 자에게 피할 길을 예비하시고 그 발걸음을 좋은 곳으로 인도하시는 분이시기 때문입니다. 절망의 현장을 희망의 현장으로 바꾸어 놓으시는 하나님이 우리가 믿는 하나님이십니다.

• **기도**: 저희의 주가 되시는 하나님, 저희의 인생길에 아무리 안 좋은 상황이 온다 할지라도 넘어지거나 실족할 필요가 없음을 잊지 말게 하여 주옵소서. 우리 하나님께서는 당신을 의지하는 자에게 피할 길을 예비하시고, 그 발걸음을 좋은 곳으로 인도하시는 분이심을 믿습니다. 절망의 현장을 희망의 현장으로 바꾸어 놓으시는 분이심을 믿습니다. 예수님의 이름으로 기도합니다. 아멘.

• **중보기도**: 모든 그리스도인들이 하나님을 굳게 의지할 수 있게 하소서.

3월 19일
확신

확신만 있다면

• 성경: 빌립보서 4장 11~12절 • 찬송: 85장 • 요절: 빌 4: 12

우리에게 '황금의 입'으로 알려질 만큼 설교를 잘했던 교부「크리소스톰」은 로마에 의한 기독교의 박해가 한창일 때 황제 앞에 끌려가게 되었습니다. 그리고 황제는 그를 삭막한 독방에 집어넣으라고 했습니다. 그러자 신하가 말했습니다.

"황제 폐하, 그것은 모르시는 말씀입니다. 예수 믿는 사람들은 혼자 있는 것을 얼마나 좋아하는지 모릅니다. 혼자 있는 동안 하나님과 교제한다고 하기 때문에 독방에 두는 것은 저 사람을 유익하게 하는 것입니다."

황제는 다시 명령을 내렸습니다. "그래? 그러면 악질 죄인들하고 같은 방에 넣어라."

그랬더니 다른 신하가 말렸습니다. "아닙니다. 그것은 더 위험합니다. 저 사람은 아무리 악질이라도 변화시켜서 새사람으로 만듭니다. 도리어 기독교인들이 더 늘어나게 될 것입니다." 황제는 노발대발하면서 소리쳤습니다. "그러면 어쩔 수 없지! 당장 그놈의 목을 쳐라!"

그러자 신하들이 다시 만류했습니다. "아이고 폐하, 그리스도인은 순교당하는 것을 가장 큰 상으로 여기고 있습니다. 처형당할 때 두려워하거나 우는 사람을 보지 못했습니다. 오히려 얼굴에 광채가 나고 기뻐합니다. 처형이야말로 그에게 제일 좋은 것을 안겨주는 것입니다."

목숨을 위협하는 위험이 와도 '있으면 먹고 없으면 금식하고 죽으면 천국 간다.'는 확신만 있으면 됩니다. 이 확신만 있으면 오늘 말씀에 사도바울과 같이 '나는 어떤 형편에 처하든지 내 믿음이 흔들리지 않는다.'고 고백할 수 있습니다.

- **기도** : 믿음의 주요 온전케 하시는 주님, 흔들리는 믿음이 되지 않기를 원합니다. 주님을 향한 확신에 찬 믿음을 갖기를 원합니다. 사도바울과 같이 어떤 형편에 처하든지 자족하는 믿음이 되기를 원합니다. 그 어떤 상황 속에서도 하나님을 믿는 믿음의 능력을 보여주기를 원합니다. 저희의 믿음을 굳게 하여 주옵소서. 예수님의 이름으로 기도합니다. 아멘
- **중보기도** : 모든 그리스도인들이 흔들리지 않는 믿음을 갖게 하소서.

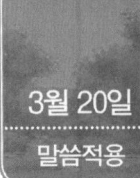

말씀은 적용이 중요하다

• 성경: 요한계시록 22장 7절 • 찬송: 176장 • 요절: 계 22:7

어느 교회에 처음으로 취임한 신임 목사님이 있었습니다. 그는 첫 취임예배에서 아주 멋지고 놀라운 설교를 했습니다. 교인들이 얼마나 기뻐했는지 모릅니다. 우리가 정말 목사님을 잘 모셔왔다고 생각했습니다.

그 다음 주일이 되었습니다. 이 목사님이 취임 예배에서 한 설교를 똑같이 다시 했습니다. 교우들이 고개를 갸우뚱거리며 '저분이 지난 주일에 설교하신 것을 잊었나?' 하고 중얼거립니다. 그래도 이제 두 번째이니까 혹시 잊었거나, 아니면 취임예배로 너무 정신이 없어서 설교 원고를 정리하는 과정에서 착각을 했을지도 모른다는 생각을 하고 이해하고 넘어갔습니다.

그런데, 세 번째 주간에도 이 신임 목사님은 첫 번째, 두 번째 주간에 하신 설교를 똑같이 하셨습니다. 똑같은 설교를 세 번 들었을 때 교우들은 목사님을 잘못 모셔왔다고 생각을 했습니다. 한 용감한 교인이 목사님에게 물었습니다.

"목사님, 목사님은 언제 새로운 설교를 시작하시려 하십니까?"

그 목사님은 이렇게 대답했다고 합니다.

"여러분들이 이 말씀을 정말로 삶속에 적용할 때 그때 저는 새로운 설교를 시작할 것입니다."

하나님의 말씀을 내 삶에 적용하는 것이 중요합니다. 말씀은 듣기만 하라고 있는 것이 아니라 적용하라고 있는 것입니다. 듣기만 할 때는 능력이 안 되지만, 적용할 때는 능력이 됩니다. '로고스'가 '레마'가 되는 것입니다.

오늘 말씀대로 예언의 말씀을 지키는 자가 복 있는 사람임을 잊지 말아야 겠습니다.

• **기도**: 말씀의 주님, 하나님의 말씀은 적용하는 것이 중요함을 잊지 말게 하여 주옵소서. 듣게 된 주님의 말씀을 잘 적용할 수 있는 믿음을 주시고, 지금도 말씀을 통하여 역사하시는 주님을 경험하는 삶이 되게 하여 주옵소서. 주님의 말씀을 적용하며 사는 자가 능력의 삶을 사는 것임을 믿습니다. 말씀을 이루는 증인의 삶을 사는 것임을 믿습니다. 예수님의 이름으로 기도합니다. 아멘
• **중보기도**: 모든 그리스도인들이 말씀을 삶 가운데 적용하며 사는 삶이 되게 하소서.

3월 21일
십자가

가장 아름다운 그림

• 성경: 갈라디아서 6장 14절 • 찬송: 150장 • 요절: 갈 6: 14

가족은 사랑과 믿음과 평화를 희생을 통해 빚어냅니다. 사랑할 수 없는 것도 희생을 통하여 사랑할 수 있는 것으로 만들어냅니다. 믿을 수 없는 것도 자기를 포기함으로 서로를 신뢰하고 의지할 수 있게 만들어 놓습니다. 평화롭지 않은 힘겨운 삶의 환경도 서로를 위해 자신을 부스러뜨림으로 편안히 쉼을 얻을 수 있는 평화를 만들어냅니다. 그래서 가장 아름다운 곳이 가정인 것입니다.

가정이 희생으로 사랑과 믿음과 평화를 만들어 내어서 아름다운 것이라면, 가정보다 더 아름다운 그림이 하나 있습니다.

그 그림은 예수님의 십자가입니다. 사실상으로 보면 십자가는 가장 처절하고, 끔찍하고, 잔인한 그림입니다. 사형이라는 것은 사람이 살아있는 사람의 생명을 끊는 것이기에 다 잔인하고 처절하고 끔찍합니다. 그런데 인류가 고안해 낸 사형방법 중에 가장 잔인하고 처절하고 끔찍한 것이 십자가 사형법입니다.

그러나 이 끔찍한 십자가 안에는 가장 아름다운 그림이 담겨져 있습니다. 우리를 향한 최고의 사랑, 최고의 믿음, 최고의 평화가 담겨 있습니다. 그것도 최고의 희생을 통해 만들어진, 최고의 사랑, 최고의 믿음, 최고의 평화이기에 가장 아름다운 것입니다.

그 아름다운 그림이 지금 우리 마음의 화랑에 걸려 있습니까?

오늘 말씀에 사도바울과 같이, 우리가 최고의 가치로 생각하며 자랑할 것은 예수님의 십자가밖에는 없어야 할 것입니다.

• **기도**: 사랑의 주님, 그동안 저희는 주님의 십자가를 외면한 삶을 살았던 것은 아닌지 되돌아봅니다. 십자가 안에 저희를 향하신 주님의 최고의 사랑이 담겨져 있음을 깨닫습니다. 최고의 희생, 최고의 평화가 담겨져 있음을 깨닫습니다. 주님의 피 묻은 십자가를 더욱 사랑하게 하여 주옵소서. 십자가를 최고의 가치로 생각하며 자랑하는 삶이 되게 하여 주옵소서. 그리고 저희도 제몫의 십자가를 지고 주님을 따를 수 있는 삶을 살아가게 하옵소서. 예수님의 이름으로 기도합니다. 아멘

• **중보기도**: 모든 그리스도인들이 주님의 십자가의 의미를 깨달아, 십자가밖에는 자랑할 것이 없게 하소서.

3월 22일
죄

주저앉히는 은혜

• 성경: 창세기 32장 22~32절 • 찬송: 277장 • 요절: 창 32: 22~25

오늘 말씀을 보면 앞만 보고 달려온 한 인생이 소개되고 있습니다. 그는 우리가 너무나도 자주 들었던 야곱이라는 인물입니다.

앞만 보고 달려온 야곱의 20년의 생애가 바로 오늘 말씀에 기록된 얍복강 나루입니다. 이 얍복강만 건너면 그가 타향살이 20년의 세월 동안 그토록 그리워하던 고향입니다. 하지만 그는 그 강을 건너지 못합니다. 왜일까요? 20년 전 그가 아픔을 주고 떠났던 형의 진노하는 모습이 눈앞에 어른거려 두려웠기 때문입니다. 20년 전 한 번 떠나면 끝이고 다시는 생각지 않을 것이라던 그 죄가 오늘 자신의 발목을 잡고 있는 것입니다. 여기서 우리가 알아야 할 것은 청산되지 않은 죄는 언젠가 반드시 드러나 인간을 정죄한다는 것입니다.

인간은 자신이 지은 죄를 잊어버릴 수 있습니다. 그러나 그런다고 해서 그 죄가 없어지는 것은 아닙니다. 그 죄는 하나님 앞에서 반드시 인간을 정죄하게 될 것입니다. 이 죄 문제를 해결 받을 수 있도록 하나님께서 야곱을 얍복강 나루에 주저앉히셨습니다.

야곱은 환도뼈가 깨지기까지 주저앉고 났더니 지난날 살아온 삶의 진실이 보입니다. 지금까지 죄인인 자신이 하나님의 은혜가 아니었으면 살 수 없었음을 고백한 것입니다. 이제 옛 사람을 벗어버리고 새사람으로 거듭난 야곱에게 하나님이 야곱 대신 '이스라엘'이란 새 이름을 주셨습니다.

오늘 우리도 청산되지 않은 죄가 있다면 하나님 앞에서 반드시 청산해야만 합니다. 그렇지 않으면 그 죄가 언젠가는 자신을 정죄하게 될 것입니다. 하나님의 축복은 거듭난 사람에게 주어지는 은혜의 선물입니다.

• **기도**: 은혜의 주님, 오늘 저희에게도 하나님께 반드시 청산해야만 할 죄가 있는 것은 아닌지 되돌아봅니다. 깨닫는 은혜를 더하여 주셔서 반드시 청산해야만 할 죄가 있다면 엎드려 회개할 수 있게 하시고, 주님의 용서를 구할 수 있게 하여 주옵소서. 회개하는 자에게 주님의 한없으신 사죄의 은총을 더하여 주실 것을 믿습니다. 새롭게 거듭난 삶을 살게 하여 주실 것을 믿습니다. 예수님의 이름으로 기도합니다. 아멘
• **중보기도**: 모든 그리스도인들이 죄를 회개할 수 있는 은혜를 더하소서.

3월 23일 자유

구원의 자유

• 성경: 갈라디아서 5장 1절 • 찬송: 268장 • 요절: 갈 5:1

성경을 읽다보면 기분 좋은 말들이 많습니다. "진리를 알지니 진리가 너희를 자유롭게 하리라"(요8:32)는 말씀이 그중에 하나입니다. 진리는 우리가 참된 자유를 누리는 것입니다. 그리스도께서 우리에게 이 자유를 주시려고 십자가에 달리신 것입니다. 그러니 자유를 마음껏 누리는 삶이야말로 진리이신 예수 그리스도를 제대로 아는 삶입니다. 그렇기에 성도의 삶은 무한대로 자유를 추구해 나가야 합니다.

오늘 말씀은 자유추구에 대하여 두 가지 방법을 제시해 주고 있습니다. 첫째, 십자가의 도에 굳게 서 있어야 한다는 것입니다. 십자가의 도란 우리의 죄와 사망의 문제를 해결하기 위하여 그리스도께서 십자가에서 우리 대신 죗값을 치르셨다는 것입니다. 따라서 참된 자유는 하나님의 자녀로 살 때 누리게 됩니다. 그러니 우리가 진정 자유인이 되고 싶다면 십자가의 도를 제대로 알아야 하며, 그 십자가의 도 위에 굳게 서 있어야 하는 것입니다. 둘째, 다시 종의 멍에를 매지 않도록 주의해야 한다는 것입니다. 사람은 회귀본능이 있습니다. 연어를 비롯한 동물들이 자신이 태어난 곳으로 거슬러 가는 것만이 회귀본능이 아닙니다. 인간도 죄악에서 구원받았음에도 불구하고 다시 죄로 돌아가려는 회귀본능이 있다는 걸 알아야 합니다. 마치 유대인들이 십자가의 도를 맛본 후에도 다시 유대주의로 돌아가려는 것과 마찬가지입니다.

진리이신 예수님께서는 우리에게 자유를 가져다 주셨습니다. 그 자유를 누려야 합니다. 그러기 위하여 우리는 십자가의 도를 늘 기억하며 그 위에 견고하게 서야 할 것입니다. 그리고 자꾸 과거로 돌아가려는 우리의 모습을 십자가의 도에 쳐서 복종시키는 훈련을 계속해야 할 것입니다.

• **기도**: 은혜의 주님, 십자가의 도 위에 굳게 서 있는 믿음이 되게 하여 주옵소서. 죄의 유혹을 받을 때마다 죄에서 자유를 주신 주님의 피 묻은 십자가를 생각할 수 있게 하시고, 자신을 쳐서 십자가의 사랑 앞에 철저히 복종시킬 수 있는 믿음의 삶을 살아가게 하옵소서. 예수님의 이름으로 기도합니다. 아멘
• **중보기도**: 모든 그리스도인들이 십자가의 도 위에 견고히 서게 하소서.

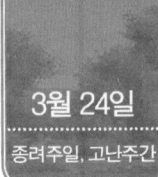

3월 24일 종려주일, 고난주간

희생이 있는 삶

• 성경: 이사야 53장 1~6절 • 찬송: 461장 • 요절: 사 53:6

우리는 이 땅에서 가장 아름다운 희생으로 예수 그리스도의 희생, 십자가의 죽음을 기억합니다. 그 희생은 죽음의 절망 한가운데 있는 우리에게 희망의 한줄기 빛을 주었습니다.

오늘 말씀에 이사야는 53장 1~6절에서 고난 받는 종에 대해 예언하고 있습니다. 고난 받는 종은 바로 예수님이십니다. 예수님은 멸시받고 고난당하며 채찍에 맞고 찔림을 당하십니다(3~5). 바로 우리를 위한 고난과 죽음이었습니다. 우리는 하나님이 주신 우리의 길이 있는데도 제멋대로 우리가 가고 싶은 길로 가고 있습니다(6). 그래서 우리 앞에는 영원한 죽음만이 기다리게 되었습니다.

그러나 예수님은 당신이 가고 싶은 길로 가지 않으셨습니다. 원치 않으셨지만 기쁨으로 아버지의 뜻대로 십자가의 길, 희생의 길을 가셨습니다. 그래서 우리는 새로운 생명과 영원한 희망을 얻었습니다. 예수님의 희생으로 닫혔던 우리 눈이 뜨여 찬란한 희망의 세계를 보게 되었고, 우리의 팔과 다리가 펴져 힘 있게 걷고 뛰게 되었습니다. 그리스도의 십자가 희생은 하나님 구원 역사의 완성이 되었고 우리는 아름다운 인생을 살게 되었습니다.

이제 그리스도의 희생으로 아름다운 인생을 살아가게 된 우리는, 생명의 담지자(擔持者)로서 이 땅에서 모든 것을 살리는 일을 해야 합니다. 때가 이르면 헌신과 희생 앞에 자신을 내놓아야 합니다.

우리 가정도 이러한 희생과 헌신 없이는 희망과 평화와 생명이 없습니다. 우리가 그리스도를 따라 희생하는 삶을 살아갈 때 우리 인생도, 이 세상도 진정한 아름다움으로 가득하게 될 것입니다.

• **기도**: 은혜의 주님, 주님이 하나님 아버지의 뜻을 좇아 십자가의 길, 희생의 길을 가셨듯이 저희도 주님의 뜻을 좇아갈 수 있는 삶이 되게 하여 주옵소서. 주님의 희생하심으로 구원받은 축복의 자녀로 살게 되었사오니 이 땅을 살아가는 동안 생명의 담지자로서 모든 것을 살리는 일을 감당할 수 있는 삶이 되게 하여 주옵소서. 예수님의 이름으로 기도합니다. 아멘
• **중보기도**: 모든 그리스도인들이 주님을 본받아 희생하는 삶을 살게 하소서.

3월 25일
십자가

사랑의 확증

• 성경: 로마서 5장 8절 • 찬송: 149장 • 요절: 롬 5:8

오늘 말씀은 우리에게 복음의 진리를 깨우쳐 주시는 말씀입니다. 우리의 의, 우리의 구원의 길이 어디에 있는가 하는 것에 대하여 말씀하십니다. 사도바울은 오늘 말씀에서 하나님의 사랑을 확증하면서 우리에게 이 진리를 깨우쳐 주고 있습니다.

"우리가 아직 죄인 되었을 때에 그리스도께서 우리를 위하여 죽으심으로 하나님께서 우리에게 대한 자기의 사랑을 확증하셨느니라."

십자가는 하나님의 의의 계시요, 사랑의 계시입니다. 십자가 앞에 설 때 우리는 나 자신의 죄인 됨이 드러납니다. 왜 그럴까요? 십자가는 죄에 대한 심판이기 때문입니다. 본성이 타락한 인간에 대한 하나님의 분노가 십자가에 담겨 있습니다.

거룩하신 하나님 앞에 우리 타락한 인간은 범접할 수도 없고, 그분 앞에 가까이 나아갈 수도 없습니다. 그러나 하나님은 우리를 사랑하셔서 우리를 가까이 하시기를 원하셨습니다. 자녀로 삼기를 원하셨습니다. 우리를 정결케 하시고자 친히 십자가를 지셨습니다. 아들 하나님을 통하여 단번에 제물이 되심으로 우리의 죄를 스스로 심판하셨습니다. 대신 지셨습니다.

이제 우리는 하나님의 아들 예수 그리스도와 그 십자가를 믿음으로 죄에서 자유함을 얻게 되었고, 하나님께 가까이 나아갈 수 있고, 그 아들을 영접함으로 자녀가 되었습니다. 여기에 하나님의 엄청난 사랑이 담겨 있습니다. 한편으로는 하나님의 심판이요, 한편으로는 우리를 향하신 하나님의 사랑이 여기에 담겨 있습니다. 우리는 십자가를 통한 하나님의 의와 사랑의 계시를 발견할 수 있어야겠습니다.

• **기도**: 사랑의 주님, 죄 많은 저희를 하나님의 자녀로 삼으시기 위하여 십자가의 제물이 되신 것을 생각할 때, 너무나 고맙고 감사할 뿐입니다. 그 사랑을 입은 저희도 이제는 주님을 위하여 제물이 되는 삶이 되게 하여 주옵소서. 희생의 제물, 사랑의 제물, 봉사의 제물, 충성의 제물이 되게 하여 주옵소서. 그리하여 저희의 중심에도 십자가의 사랑이 강같이 흘러넘치게 하여 주옵소서. 예수님의 이름으로 기도합니다. 아멘

• **중보기도**: 모든 그리스도인들이 십자가의 정신으로 삶을 살게 하소서.

3월 26일
사랑

하나님 사랑은

• 성경: 누가복음 15장 11 ~ 24절 • 찬송: 299장 • 요절: 눅 15: 21 ~ 24

누가복음은 유난히 비유가 많이 나오는데 오늘 말씀은 선한 사마리아인의 비유와 함께 누가복음에서 가장 유명한 비유라고 할 수 있는 '탕자의 비유' 입니다.

예수님께서 말씀하신 탕자의 비유를 대략 간추려보면 이렇습니다. 탕자가 아버지를 거역하고 아버지로부터 재산을 받아 떠납니다. 떠난 그것으로 그는 아버지와 멀어졌습니다. 방랑 끝에 길이 없어 아버지의 집이 그리워 그 길을 다시 택하고 돌아올 때 아버지는 아들을 반갑게 맞아줍니다. 아버지는 아들로 인하여 많은 것을 잃었습니다. 아버지의 권위를 잃었고, 재산을 잃었고, 자식을 잃었습니다. 그러나 그것을 잃었음에도 불구하고 다시 아버지의 집을 찾아오는 아들을 반가이 맞아줍니다. 그를 다시 아들이라 부릅니다.

예수님이 말씀하신 이 비유의 초점은 무엇일까요? 아버지의 사랑입니다. 아버지를 거역했음에도 불구하고 다시 맞아주고 아들로 삼는 사랑, 아들과 다시 화목을 이루기를 원하는 아버지의 마음을 다루고 있습니다. 그리고 그것이 우리의 아버지가 되시는 하나님의 사랑이라는 것을 보여주고 있습니다.

오늘 우리는 이 사랑을 받았습니다. 이 은혜를 받았습니다. 이 사랑과 은혜를 느낀다면 우리는 용기와 힘을 얻을 수 있습니다. 그리고 변화할 수 있습니다. 새롭게 살 수 있습니다. 지금 우리는 하나님 아버지의 은혜와 사랑이 느껴지고 있습니까?

• **기도** : 사랑의 주님, 저희를 향하신 하나님의 사랑은 아버지의 사랑임을 깨닫습니다. 죄 많은 자식이라 할지라도 용서하시고 다시 품어주시기를 원하시는 그 사랑이 하나님의 사랑이란 것을 깨닫습니다. 그 사랑을 지금 저희가 받고 있다니 얼마나 감사한지요. 이제 그 사랑을 받은 자로서 새로운 삶, 변화된 삶을 살기에 마음을 쏟을 수 있게 하여 주옵소서. 하나님 곁을 떠나 있는 많은 사람들에게도 하나님의 사랑을 알릴 수 있는 믿음이 되게 하여 주옵소서. 예수님의 이름으로 기도합니다. 아멘.

• **중보기도** : 모든 그리스도인들이 하나님 아버지의 은혜와 사랑을 느끼게 하소서.

3월 27일
사명 감당

제 십자가를 지고

• 성경: 누가복음 9장 23~24절 • 찬송: 341장 • 요절: 눅 9: 23

어느 집사님이 여러 사정으로 너무도 힘들게 신앙생활을 하고 있었습니다. 그래서 늘 기도할 때마다 "주님, 너무 힘듭니다."라고 부르짖었습니다. 한번은 꿈을 꾸었는데 꿈에서조차 커다란 십자가를 질질 끌고 힘겹게 길을 가고 있었습니다. 그 때 마침 예수님께서 나타나셨기에 애원하듯 간청을 했습니다.

"주님, 주님은 목수시잖아요. 이 십자가가 너무 무겁습니다. 그러니 조금만 잘라 주세요." 주님은 빙그레 웃으시더니 그 십자가를 잘라 주셨습니다. 길을 가던 그는 또다시 무겁게 느껴지는 십자가를 보며 "조금만 더 잘라주세요."라고 간청했습니다. 결국 그녀는 앞으로 나아갈 때마다 주님께 더 잘라 달라고 부탁했고, 그 때마다 예수님은 그녀의 소원대로 십자가를 잘라 주셨습니다. 그러다 어느덧 천국 문에 다다랐습니다. 천국 문 앞으로 깊은 계곡이 보였습니다. 그런데 그 계곡을 각 사람이 자기가 지고 있던 십자가를 내려서 계곡에 걸친 후 천국으로 건너가는 것입니다.

자신의 십자가를 바라본 그녀는 깜짝 놀랐습니다. 그 십자가는 자신의 손 안에 들어올 정도로 매우 작아져 있었기 때문입니다. 그 순간 그녀는 잠에서 깼다고 합니다. 그리고 기도하는 중에 비로소 "아무든지 나를 따라오려거든 자기를 부인하고 날마다 제 십자가를 지고 나를 따를 것이니라."고 하신 말씀의 뜻을 깨달을 수 있었다고 합니다.

믿음을 살다보면 어려움이 찾아올 수도 있습니다. 그렇다고 주님을 위해 조금도 수고하지 않고, 자기 것을 포기하지 않고, 천국까지 간다면 이 사람은 복 있는 사람이 아니라, 아주 어리석은 사람입니다.

• **기도**: 사랑의 주님, 그동안 저희는 십자가 지기를 힘들어했던 삶을 살았던 것은 아닌지 되돌아봅니다. 내 몫에 태인 십자가가 버겁고 힘들어 아예 내려놓은 상태는 아닌지요. 십자가를 지고 주님을 따른다는 것이 결코 쉬운 것은 아니겠지만, 그렇다고 저희가 질 수 없는 십자가를 지라고 주님이 말씀하신 것은 아닌 줄 믿습니다. 어렵고 힘들 수 있겠지만 이 땅을 살아가는 동안 제 몫의 십자가를 지고 주님을 따를 수 있는 삶이 되게 하여 주옵소서. 예수님의 이름으로 기도합니다. 아멘

• **중보기도**: 모든 그리스도인들이 십자가를 포기하지 말게 하소서.

3월 28일
보배

보배를 가진 질그릇

• 성경: 고린도후서 4장 7 ~ 10절 • 찬송: 410장 • 요절: 고후 4: 7

정치적 불안과 전쟁 등으로 불안한 삶을 살았던 팔레스타인 사람들은 비상시를 대비해 재산을 3등분하여 그 중 삼분의 일에 해당하는 보화를 땅에 묻어두는 습관이 있었다고 합니다. 전쟁 중에 피난을 가면서 귀중품을 땅에 묻어 두고 떠나는데 나무 상자에 넣어두면 썩기 쉽고, 철제 상자에 넣어두면 녹이 슬기 때문에 사람들은 질그릇에 담아 땅속에 감추어 두었습니다.

오늘 성경은 놀라운 은혜를 선포해줍니다. '질그릇 속에 보배를 가졌다'는 것입니다. 사도바울이 이렇게 말한 이유는 질그릇처럼 비천한 존재인 내 안에 예수 그리스도께서 생명의 능력으로 존재해 계신다는 사실을 알리기 위해서입니다.

우리가 비록 연약한 질그릇 같지만 하나님은 우리 안에 하나님을 알게 하는 복음을 주셨습니다. 그리고 길이요 진리요 생명이신 예수 그리스도를 우리 안에 주셨습니다. 그러므로 이제 나는 혼자가 아니라 내 속에 보배이신 주님을 모시고 사는 사람입니다.

나는 연약하지만 우주 만물을 창조하신 하나님, 전능하신 하나님께서 내 속에 계십니다. 그러므로 보배를 담고 사는 하나님의 사람은 인생을 아무렇게나 살지 않습니다. 그릇의 가치는 겉모양에 있지 않고 그 안에 담긴 것이 무엇이냐에 따라 평가를 받습니다.

질그릇 속에 담겨진 이 보배가 오늘 우리의 질그릇 속에도 담겨진 줄 믿습니다. 그러므로 이것은 사도바울 자신의 고백이 아니라 우리 그리스도인 모두의 고백인 것입니다.

• **기도** : 보배로우신 주님, 질그릇처럼 비천한 존재인 저희 안에 보배이신 주님이 계신다고 생각하니 감격하고 감사할 따름입니다. 이제 보배이신 주님을 모시고 사는 인생이 되었으니 아무렇게나 사는 것이 아니라 가치 있는 삶을 살아가기를 다짐해 봅니다. 보배이신 주님을 보여줄 수 있는 삶이 되게 하시고, 주님께 큰 영광 돌리는 삶이 되게 하여 주옵소서. 예수님의 이름으로 기도합니다. 아멘

• **중보기도** : 모든 그리스도인들이 보배이신 주님을 보여주는 삶을 살게 하소서.

3월 29일 예수님의 수난

기적이 없어야 할 때가 있다

• 성경: 마가복음 15장 16 ~ 32절 • 찬송: 458장 • 요절: 막 15: 29 ~ 32

오늘 말씀에 예수님은 당신의 인생 중에 가장 괴로운 순간을 겪고 계시는 것을 볼 수 있습니다.

오늘은 이 장면을 인류구원의 대업을 위해서 서 계신 예수님의 초점에서 보지 말고, 우리와 같은 한 사람으로서의 예수님의 초점에서 보면 어떨까요? 예수님의 인성에 초점을 맞춰서 생각해 보자는 것입니다.

둘러싼 사람들은 모두 자신을 죽이려고 상황을 만들어 가고 있습니다. 나를 따랐던 가까운 사람들은 제자들까지 모두 흩어져 홀로 외로이 남은 상황입니다. 사람들이 온갖 조롱으로 비참하게 하더니, 결국 나를 십자가에 못 박았습니다. 온 몸의 뼈마디와 근육이 녹아드는 아픔 속에서 내가 서서히 죽어가고 있습니다.

지금이 바로 정말 하나님의 기적이 필요한 때입니다. 이럴 때, 내게 지금 기적이 필요하다는, 온갖 당위성을 가진 생각들이 고통 속에서 마음을 지나지 않겠습니까? 그런데, 아무런 기적이 나타나지 않았습니다. 예수님께서는 사람의 인성을 가진 분으로서 극심한 고통을 받으셨지만 기적이 가장 필요한 때에 하나님께서 주시지도 않았고, 예수님께서도 기적을 바라시지 않으셨습니다.

여기서 우리가 놓치지 말고 기억해야 할 것이, 고난 중에 있을 때, 기적이 없어야 할 때도 있다는 것입니다. 고난 중에 있을 때라고 꼭 기적이 있어야 하는 것이 아닙니다. 기적이 없어야 할 때도 있는 것입니다. 그것이 내게 더 유익할 때가 있는 것입니다. 그때 만약 예수님께 기적이 있었다면 예수님의 사역은 완전히 망가졌을 것입니다. 그러므로 고난 중에도 기적이 없어야 할 때가 있음을 기억해야겠습니다.

• **기도**: 사랑의 주님, 십자가 위에서 기적을 바라시지 않은 주님의 마음을 헤아려봅니다. 기적을 행하실 수 있으셨음에도 불구하고 기적을 사용하지 않으셨기에 오늘 저희가 죄 가운데서 구원받은 하나님의 자녀가 된 것을 믿습니다. 오늘 저희는 기적이 필요치 않았던 주님의 십자가를 생각하며, 기적만을 추구하는 신앙생활이 되지 않게 하여 주옵소서. 기적을 바라지 않고 주님께 영광 돌리는 삶이 더 귀하고 아름답다는 것을 잊지 말게 하여 주옵소서. 예수님의 이름으로 기도합니다. 아멘

• **중보기도**: 모든 그리스도인들이 기적만을 좇는 삶이 되지 않게 하소서.

3월 30일 죄

죄의 문제

• 성경: 창세기 3장 17~21절 • 찬송: 274장 • 요절: 창 3:19

현대의 신앙인들은 죄를 가볍게 보려는 경향이 있습니다. 그러나 죄는 그렇게 가볍게 생각할 것이 아닙니다. 죄가 얼마나 무서운지를 깊이 생각하고, 늘 잊지 말아야 합니다.

인류의 모든 고통이 죄로부터 왔기 때문입니다. 그것도 여러 번의 죄악 때문이 아닙니다. 단 한 번, 죄를 지은 결과가 전적인 타락입니다.

그 이후로 죄는 하나님과 인간의 관계를 완벽하게 변질시켜 버렸습니다. 하나님으로부터 끊겨진 인간의 삶은 설명할 것도 없이 비참했습니다.

형제가 형제를 죽이는 비참한 살인을 불러오는 상상할 수 없는 죄들이 판치는 세상에서 아담과 하와는 얼마나 에덴을 그리워했을까요? 노동의 힘겨움이 느껴질 때마다, 아담은 분명히 에덴을 떠올렸을 것입니다.

아이를 낳는 고통을 겪으면서 하와는 하나님의 사랑을 한없이 그리워했을 것입니다. 그리고 자신의 몸으로 낳은 가인이 아벨을 쳐 죽였을 때, 아담과 하와는 하나님께서 자신들에게 얼마나 필요하고 소중한 분이었다는 것을 뼈저리게 경험했을 것입니다. 그리고 자신들이 지었던 그 한 번의 죄가 얼마나 무서운 것인지를 깊이 후회하며 깨닫게 되었을 것입니다.

그러므로 우리는 어떤 경우에라도 죄를 가볍게 보아서는 안 됩니다. 단 한 번의 죄악이 내 모든 것을 앗아가고 무너뜨릴 수 있다는 시각으로 죄를 볼 수 있어야만 합니다.

• **기도**: 은혜의 주님, 저희가 믿는 하나님은 죄를 대적하시는 하나님이심을 믿습니다. 죄 앞에서는 진노를 거두시지 않는 하나님이심을 믿습니다. 저희가 십자가의 은혜로 말미암아 죄 사함을 받았다 할지라도 그 어떤 경우라도 죄를 가볍게 보는 일이 없게 하여 주옵소서. 진노를 쏟으신 주님의 십자가를 보며 죄를 무서워할 수 있게 하시고, 멀리할 수 있게 하여 주옵소서. 단 한 번의 죄가 내 모든 것을 무너뜨릴 수 있다는 것을 잊지 말게 하여 주옵소서. 예수님의 이름으로 기도합니다. 아멘

• **중보기도**: 모든 그리스도인들이 죄를 가볍게 보는 일이 없게 하여 주옵소서.

3월 31일
부활신앙

부활의 신앙

• 성경: 시편 16편 8~11절 • 찬송: 180장 • 요절: 시 16:11

「이그나티우스」는 「트라야누스 황제」때 핍박을 받아 로마로 호송되어 맹수의 밥이 되어 순교했던 사람입니다. 그가 로마로 호송되려고 할 때, 그 소식을 들은 교우들이 구명 운동을 벌이고 있었습니다.

그 때, 이그나티우스는 서머나에서 로마로 이런 편지를 썼습니다.

"나를 맹수에게 주어서 그들을 통하여 하나님께 이르도록 하라. 맹수의 이에 갈려 그리스도의 순전한 떡이 되리라. 오히려 맹수들을 추켜 주어 그들로 나의 무덤이 되게 하여 내가 잠든 후 내 몸의 어느 한 부분도 남겨져 다른 사람의 수고가 되지 않게 하라. 나로 맹수의 즐거움을 갖게 하라.… 보이는 것들이나 보이지 않는 것들이나 내가 그리스도에게 이르름을 시기하지 말라. 오라! 불이든 철이든 맹수의 움키고 끊고 뼈를 부수고 사지를 자르고 온 몸을 부숴 버리는 것들이라도. 오라! 악마의 잔인한 고문도. 그것들은 오직 나로 그리스도에게 이르게 하는 것뿐이리라."

이 고백은 죽음 후에 다가올 부활의 영광을 확실히 믿고 있다는 것을 입증해 줍니다. 부활이 있기에 이처럼 죽음 앞에서도 담대할 수 있는 것입니다.

오늘 말씀에 시인은 위기 속에서도 부활의 신앙을 갖고 어려움을 이겨낸 신앙인입니다. 오늘 말씀을 베드로와 바울이 예수 그리스도의 부활 사건을 증거할 때 인용했던 구절입니다(행2:31, 13:35).

설령 육신이 죽는다 할지라도 하나님은 우리에게 부활의 영광을 주신다는 고백입니다.

오늘 우리에게 부활신앙이 있다면 고난 속에서도, 위기 속에서도 두려워하지 않고 담대할 수 있습니다.

• **기도** : 부활의 소망을 주신 주님, 나는 죽음 후에 다가올 부활의 영광을 확실히 믿고 있는지요. 부활의 신앙을 갖고 모든 어려움을 이겨낸 믿음의 선진들을 보며, 변덕스런 내 신앙은 아니었는지 반성해 봅니다. 이 시간 이후로 부활 신앙으로 죽음 앞에서조차도 담대했던 믿음의 선진들의 본받게 하옵소서. 환경에 요동치 않는 믿음이 되기 위해서는 부활신앙을 가져야 한다는 것을 잊지 말게 하옵소서. 예수님의 이름으로 기도합니다. 아멘

• **중보기도** : 모든 그리스도인들이 부활신앙을 갖게 하소서.

4월 1일 닮아감

예수님의 꿈

• 성경: 마태복음 28장 16~20절 • 찬송: 490장 • 요절: 마 28:18~20

사람의 몸을 입고 이 땅에 오셨던 예수님께도 꿈이 있으셨습니다. 오늘 말씀에 그 꿈이 분명하게 드러납니다. 바로 '제자의 꿈' 입니다. 예수님은 당신께 부름 받은 모든 사람들이 단순하게 예수님을 좇아다니던 무리에서 그치지 않고, 당신을 꼭 닮은 제자가 되기를 바라십니다.

그것이 예수님의 꿈입니다. 믿는 사람들이 예수님의 인격과 성품을 닮고, 그 위에 예수님의 능력을 닮고, 또한 예수님의 비전까지 그대로 품는 제자들이 되시기를 바라십니다. 그리고 그런 제자들이 세상의 곳곳에서 빛을 발하고, 소금의 역할을 하기를 원하십니다. 그렇게만 된다면 이 세상은 정말 행복해질 것입니다.

한 번 생각해 보십시오. 우리가 사는 동네만 해도 교회가 적지 않습니다. 예수 믿는 사람들이 적지 않습니다. 이 사람들이 다 예수님의 인격과 성품을 그대로 닮아서, 예수님의 아름다우신 모습을 그대로 뿜어내면서 산다면, 우리가 사는 이곳이 얼마나 행복한 곳이 되겠습니까?

예수님은 그런 세상을 꿈꾸신 것입니다. 예수님의 꿈은 이제까지 이루어져 왔고, 또 앞으로도 이루어질 것입니다. 왜냐고요? 예수님의 꿈이기 때문입니다. 사람의 꿈은 실패할 때가 많지만, 예수님의 꿈은 실패할 수가 없습니다. 하늘과 땅의 권세를 가지고 계신 분의 꿈이기 때문입니다.

중요한 것은 예수님께서는 당신의 이 꿈을 우리가 품기를 원하신다는 사실입니다. 이것이 우리가 피해갈 수 없는 가장 중요한 꿈인 것을 받아들여야 합니다.

- **기도**: 저희를 제자 삼아주신 주님, 당신을 꼭 닮은 제자의 삶을 살게 하옵소서. 당신의 성품과 인격을 닮게 하시고, 당신의 비전을 그대로 품은 제자가 되게 하옵소서. 세상 곳곳에서 빛을 발할 수 있게 하시고, 소금의 역할을 감당할 수 있게 하옵소서. 주님이 부르시는 그 날까지 주님의 제자로 행복을 뿜어내는 삶이 되게 하옵소서. 예수님의 이름으로 기도합니다. 아멘
- **중보기도**: 모든 그리스도인들이 십자가의 도 위에 견고히 서게 하소서.

4월 2일
대가

약한 자가 강국을 이루겠고

• 성경: 이사야 60장 20~22절 • 찬송: 546장 • 요절: 사 60: 22

    오늘 말씀도 하나님께서는 이사야 선지자를 통하여 당신의 백성들에게 꿈을 주시는 말씀입니다. 작은 자가 천명을 이룬다고 말씀하셨습니다. 약한 자가 강국을 이룰 것이라고 말씀하셨습니다. 작은 자를 통해 당신의 꿈을 이루시겠다는 약속입니다. 약한 자를 통해 당신의 뜻을 펼치시겠다는 약속입니다. 얼마나 기분 좋은 하나님의 약속입니까?

    이 말씀을 곱씹고 또 곱씹어도 전혀 실증나지 않습니다. 오히려 마음이 흥분되고 새 힘이 샘솟듯 합니다. 그런데 하나님이 당신의 백성들에게 이렇게 약속하셨어도 우리가 해야만 할 것이 있습니다. 그것은 내가 치러야 할 대가입니다. 하나님이 주신 꿈, 그분의 뜻을 이루는 꿈인데도 내가 치러야 할 대가가 없는 것은 아닙니다. 그것은 꿈의 대상이 감당해야 할 몫입니다.

    아마도 그것은 내가 포기해야만 하는 그 무엇이 될 수도 있을 것입니다. 내가 희생해야 하는 것이 될 수도 있을 것입니다.

    예수님의 제자들은, 직업과 가족을 다 버리고 예수님을 좇았습니다. 물론 이 시대에 모두가 그러해야만 한다는 것은 아닙니다. 다만 각자에게 치러야 할 대가가 있다는 것입니다.

    세상에 대가를 지불하지 않고 이룰 수 있는 것은 아무것도 없습니다. 그 무엇인가를 이루려면 반드시 대가를 지불해야만 합니다. 하물며 주님의 일이겠습니까?

    대가를 지불할 줄 아는 자만이 오늘 하나님이 주신 약속을 성취하는 주인공이 될 수 있습니다.

• **기도**: 저희를 자녀로 삼아주신 하나님 아버지, 생각하면 생각할수록 감격과 감사를 드립니다. 이제 저희를 통하여 이루시고자 하시는 뜻을 이루시옵소서. 저희가 하나님의 뜻을 이루어가는 의의 도구가 되게 하여 주옵소서. 주님의 뜻을 이루어 가는데 감당할 몫을 능히 감당할 수 있는 믿음을 갖게 하옵소서. 포기할 것이 있으면 포기하게 하시고, 희생할 것이 있으면 희생할 수 있게 하여 주옵소서. 예수님의 이름으로 기도합니다. 아멘

• **중보기도**: 모든 그리스도인들이 하나님의 자녀로 대가를 치르는 삶을 살게 하소서.

4월 3일 전도

전도해야 합니다

• 성경: 마가복음 1장 35~39절 • 찬송: 505장 • 요절: 막 1:38~39

한국의 크리스천 1000명에게 물었습니다.
"당신은 전도를 얼마나 하십니까?"
72.1%가 전도를 거의 하지 못하고 산다고 대답했습니다. 23.6%는 어느 정도 그냥 하고 있다고 답변했습니다. 4.3%만이 열심히 전도한다고 대답했습니다.
전도를 거의 못한다고 대답한 크리스천들에게 다시 물었습니다.
"그럼 왜 거의 전도를 하지 못하고 사십니까?"
40.6%가 너무 바빠서 전도를 하지 못한다고 대답했습니다. 25.4%는 나 자신이 삶 속에서 신앙인으로서의 모범이 되지 못하기 때문에 전도하지 못한다고 말했습니다. 22.3%는 전도를 하고 싶지만 자신이 없어서 하지 못한다고 답변했습니다.
우리의 아버지 되시는 하나님께서 가장 관심을 갖고 계신 것이 전도가 아닌가 생각합니다. 그렇다면 그 분의 자녀로 이 세상을 살고 있는 우리들은 당연히 열심히 전도를 해야만 할 것입니다. 그런데 열심히 전도하는 신앙인은 4.3%에 불과합니다. 아무리 양보해서 생각해 보아도 4.3%는 좀 너무하다는 생각이 듭니다. 생명 주신 주님 앞에 참 부끄러운 대답입니다. 70%가 열심히 전도하고 있다고 대답을 해야만 합니다. 그리고 나머지 30%가 그럭저럭이라도 전도하고 있다고 해야만 그나마 정상일 것입니다. 그리고 왜 전도하지 못하느냐는 질문에 대한 대답은 이유가 될 수 없습니다.
바빠서 전도하지 못한다는 것, 본이 되지 못해서, 또 자신이 없어서 전도하지 못한다는 것도 이유가 될 수 없습니다. 전도훈련을 받아서라도 전도해야 하는 것이 우리의 본분인 것입니다.

• **기도**: 증인이 되기를 원하시는 주님, 저희가 전도 못 할 이유가 없음을 깨닫게 하옵소서. 때를 얻든지 못 얻든지 열심히 전도하는 것이 주님이 바라시는 것임을 잊지 말게 하여 주옵소서. 어떤 이유로든 핑계치 말게 하시고 전도할 수 있는 자리에 저희가 있게 하여 주옵소서. 그것이 주님의 자녀로 세상을 살고 있는 저희의 의무임을 잊지 말게 하여 주옵소서. 예수님의 이름으로 기도합니다. 아멘

• **중보기도**: 모든 그리스도인들이 열심히 전도하게 하소서.

4월 4일 전도

전도가 본업입니다

• 성경: 고린도전서 3장 10 ~ 15절 • 찬송: 502장 • 요절: 고전 3: 15

신앙인은 직업과 본업을 잘 구분해야 합니다. 직업은 이 세상에서 갖는 일거리요, 본업은 전도입니다. 우리는 세상에 사는 동안 모두 직업을 가지고 있어야 합니다. 그리고 그 직업에 충실해야만 합니다. 그러나 더 중요한 것은 본업입니다. 예수를 모르는 사람들에게는 직업이 본업일 수 있지만, 예수님을 믿는 사람들에게는 이 세상의 직업이 본업이 될 수 없습니다. 직업은 직업일 뿐입니다. 직장에서 일하면 보수를 받습니다.

일을 한 대가를 받는 것입니다. 주급, 또는 월급이나 연봉, 일당으로 받는 경우도 있습니다. 보수를 받으면 그것으로 한 달을 살아야 합니다. 일하고도 월급을 받지 못하면 정상적인 삶이 유지될 수 없습니다. 일하고 그 대가를 받는 것은 아주 중요합니다.

그렇다면 왜 전도를 본업이라고 해야 하는 것일까요? 이 세상의 직업은 한 달, 또는 일 년을 두고 일하는 것이지만, 전도는 영원을 두고 일하는 것이기 때문입니다. 영원히 살기 위해 천국의 문을 들어설 때, 주님 앞에서 인정받고 또 상급을 받을 수 있는 최고의 사역이 전도이기 때문입니다. 영원한 삶을 앞에 두고 빈곤하다면 어떻게 해야 합니까?

세상에서는 참 분주하게 열심히 산 줄 알았는데, 그 날에 주님께서 영원한 시간이라는 불로 나의 공력을 시험하셨을 때, 다 타버리고 겨우 벌거벗은 몸뚱이만 가지고 하나님 나라를 들어갈 수 있게 되었다면 얼마나 가난한 것일까요? 그러니까 전도가 본업입니다. 직업도 중요하지만 그보다 더 중요한 것은 전도입니다. 전도할 시간이 없어서 영원한 시간을 앞에 두고 받을 것이 없다면 비참한 것입니다. 전도를 본업으로 삼아야 합니다.

• **기도** : 증인의 사명을 주신 주님, 저희가 이 땅 위에서 감당해야 할 가장 큰 사명이 영혼을 구원하는 일임을 잊지 말게 하여 주옵소서. 영혼구원을 저희가 이 땅에서 감당해야 할 삶의 최우선 과제로 삼을 수 있게 하시고, 천국 문에 이를 때까지 최선을 다하여 전도하게 하여 주옵소서. 주님 나라의 지경을 확장하는 전천후 전도자가 되게 하실 것을 믿습니다. 예수님의 이름으로 기도합니다. 아멘

• **중보기도** : 모든 그리스도인들이 전도를 본업으로 삼게 하소서.

4월 5일 보람

예수 믿는 보람을 느끼는가?

• 성경: 로마서 12장 1절 • 찬송: 327장 • 요절: 롬 12:1

오늘 우리는 어떻게 해야만 예수님을 믿는 보람을 느끼면서 신앙생활을 할 수 있을까요? 그것은 몸과 마음과 전 인격을 드려서 예수님을 믿어야만 합니다. 마음으로만 믿는다고 말하는 사람들이 있습니다. 마음으로만 믿을 수 있습니다. 그러나 마음으로만 믿는 사람들은 예수 믿는 보람을 느낄 수 없습니다. 힘들게 봉사도 해보면서 기쁨도 찾아보고, 힘겹게 헌금해보면서 물질의 축복을 받아보고 해야만 예수 믿는 보람을 느낄 수 있습니다.

힘들게 예수를 믿으면, 힘든 것만큼 보람을 느낄 수 있습니다. 밤잠을 자지 않고 기도해 보고, 새벽기도도 해보고, 전도를 위해서 땀을 흘려 보아야 예수 믿는 보람을 느낄 수 있습니다. 귀족처럼 대우 받는 신앙생활을 하면 아무런 보람을 느낄 수가 없는 것입니다.

예배에 충실하게 참석하기보다는 자기 기분대로, 형편대로 참석하면 구원을 받은 하나님의 자녀이면서도 예수 믿는 보람은 느낄 수가 없는 것입니다. 학생이 공부하기 싫다고 학교를 다니다 말다 하면 공부하는 보람을 느낄 수가 있겠습니까? 신앙생활 하는 것도 마찬가지입니다.

예수 좀 어렵게 믿어야 보람을 느낄 수 있는 것입니다. 예수님의 이름으로 가난한 이웃을 돌아보기도 하고, 주님을 위하여 땀 흘려 수고도 하면 예수 믿는 보람을 느낄 수 있는 것입니다. 세상일도 시련과 아픔이 없으면 보람이 없는 것처럼, 예수 믿는 것도 힘들게, 아픔도 겪으면서 믿을 때에 큰 보람을 찾을 수 있습니다.

오늘 말씀에 사도바울이 말한 대로 내 삶을 거룩한 산 제물로 온전히 드리는 신앙생활을 해보세요. 확실히 예수 믿는 보람을 느낄 수 있습니다.

• **기도**: 은혜의 주님, 구원받은 하나님의 자녀이면서도 예수님을 믿는 보람을 느끼지 못한다면 얼마나 안타까운 일입니까? 저희로 예수 믿는 보람을 느끼게 하옵소서. 열심을 다하여 예배에 참석할 수 있게 하시고, 열심을 다하여 봉사할 수 있게 하옵소서. 열심을 다하여 주님을 기쁘시게 하는 삶을 살 수 있게 하옵소서. 저희의 삶을 거룩한 산 제물로 드리기에 힘쓰는 신앙생활이 되게 하옵소서. 예수님의 이름으로 기도합니다. 아멘
• **중보기도**: 모든 그리스도인들이 예수 믿는 보람을 느끼게 하소서.

4월 6일
예수님

지혜와 지식의 모든 보화

• 성경: 골로새서 2장 1 ~ 5절 • 찬송: 95장 • 요절: 골 2:3

　1986년 11월 미국의 아리조나주에 살고 있는 「스미스」라는 보석상인은 우연히 수석 전시회에 들렸다가 그만 깜짝 놀라고 말았습니다. 15달러짜리 가격표가 매겨진 돌멩이가 실은 사파이어였기 때문입니다.

　스미스씨는 전시회장의 주인을 불러 이게 정말 15달러냐고 물었습니다. 그 주인은 15달러가 비싸다는 표현으로 알아들은 듯 오히려 5달러를 깎아주겠노라고 먼저 제의를 했습니다. 스미스씨는 두말하지 않고 10달러를 주고 사파이어를 사서 집으로 가져왔습니다.

　그 원석을 쪼개어 자기의 기술을 다하여 목걸이, 팔찌, 반지 등을 무수히 만들어 팔았는데 그것으로 그가 벌어들인 돈은 228만 달러였습니다. 보석의 가치를 아는 자와 모르는 자의 차이는 1대 228,000이나 되었습니다.

　보석의 가치를 아는 것과 모르는 것이 엄청난 차이가 있는 것 입니다.

　이와 같이 예수님을 아는 것과 모르는 것은 엄청난 차이가 있습니다. 예수님을 바로 깨달아야 한다는 것입니다. 오늘 말씀에 바울은 예수님을 지혜와 지식의 모든 보화가 감추어져 있는 분으로 소개하고 있습니다.

　그분 안에 지혜와 지식의 모든 보화가 있다는 것입니다. 그러므로 예수님을 정말 깨닫게 되면 개인마다 생겨나는 것이 소망이고 비전입니다. 희망이 생겨납니다. 예수를 만나면 깨어질 가정이 회복이 되고, 죽을 가정들이 살아납니다. 왜 그렇습니까? 예수님이 이미 보배이므로, 그분이 진정 누구인지 깨달은 사람은 '보화를 마음에 가진 사람'이 되기 때문입니다.

　오늘 우리의 마음에 보화 되신 예수 그리스도가 자리 잡고 있다면 우리는 정말 복된 사람입니다.

• **기도** : 사랑의 주님, 예수님을 바로 아는 지식이 있게 하옵소서. 예수님을 바로 깨닫는 은혜가 있게 하옵소서. 그분이 저희의 보배임을 믿습니다. 그분 안에 지혜와 지식의 모든 보화가 감추어져 있음을 믿습니다. 그분이 소망이 되심을 믿습니다. 그분 안에서만 천국을 맛볼 수 있음을 믿습니다. 보배이신 예수님을 잃지 않는 삶이 되게 하옵소서. 예수님의 이름으로 기도합니다. 아멘

• **중보기도** : 모든 그리스도인들이 예수님을 바로 깨달을 수 있게 하소서.

4월 7일
깨어있음

마귀가 노리고 있다

• 성경: 창세기 3장 1~21절 • 찬송: 350장 • 요절: 창 3: 14~17

하나님이 천지를 창조하시고 사람에게 복을 준 이래 그 복을 깨뜨리려 수없이 노력하는 악한 자가 있으니 그가 바로 마귀이고 그 영향을 받은 사람들입니다.

오늘 말씀에 보면 에덴동산에서 잘 살고 있었던 하와를 마귀가 속이고 유혹하는 것을 볼 수 있습니다. 마귀는 하와에게 선악과를 먹으면 하나님처럼 된다고 속입니다.

선악과란 말 그대로 선악을 알게 하는 과일이었습니다. 그걸 먹는다고 하나님처럼 되는 것이 아닙니다. 그런데 마귀는 '그것을 먹으면 하나님처럼 된다.'는 것입니다. 그래서 하와가 먹었습니다. 그런데 하와가 하나님처럼 되었습니까? 아니지요. 저주를 받고 에덴동산에서 쫓겨나고 말았습니다. 한마디로 하나님처럼 되려고 하다가 신세 망친 것입니다.

이렇게 마귀의 유혹은 언제나 달콤합니다. 기가 막힌 소리로 들립니다. 귀에 쏙쏙 들어옵니다. 그래서 잘 속습니다. '속지 말아야지, 속으면 안 된다.' 하다가도 언제나 속습니다. 잠언 5장 3절은 "대저 음녀의 입술은 꿀을 떨어뜨리며 그 입은 기름보다 미끄러우나"라고 경고합니다.

우리를 속이는 말은 언제나 기름같이 매끄럽고 꿀처럼 달콤합니다. 사기꾼들의 말을 들어보십시오. 얼마나 달콤합니까? '속지 말아야지' 하면서도 그 말에 현혹되어 신세 망친 사람들이 한두 사람이 아닙니다.

마귀는 지금도 두 눈에 불을 밝히고 삼킬 자를 찾아다니고 있습니다. 하와 같이 마귀의 유혹에 걸려들지 않기 위하여 항상 깨어 있는 신앙생활을 해야만 할 것입니다.

• **기도**: 능력의 주님, 저희로 마귀의 정체를 바로 알게 하셔서 마귀의 달콤한 유혹에 넘어가지 않는 삶이 되게 하여 주옵소서. 속지 말아야지 하면서도 속을 수밖에 없는 것이 마귀의 달콤한 유혹임을 잊지 말게 하셔서, 마귀의 계략을 능히 대적하기 위하여 항상 깨어있게 하시고 성령 충만을 구하는 삶이 되게 하여 주옵소서. 예수님의 이름으로 기도합니다. 아멘

• **중보기도**: 모든 그리스도인들이 마귀의 달콤한 유혹에 넘어가지 않게 하소서.

4월 8일 감사

감사함을 넘치게 하라

• 성경: 골로새서 2장 6~7절 • 찬송: 430장 • 요절: 골 2:6~7

영국의 유명한 설교가이자 부흥사였던 「찰스 스펄전」 목사님은 이런 말씀을 하셨습니다.

"촛불을 보고 감사하면 하나님은 전등을 주시고, 전등을 보고 감사하면 달빛을, 달빛을 보고 감사하면 햇빛을, 햇빛을 보고 감사하면 밝은 천국을 주신다. 불행할 때 감사하면 불행이 끝나고, 형통할 때 감사하면 형통이 지속된다."

감사는 불행을 축복으로 바꾸는 통로입니다. 그러나 원망은 축복을 저주로 바꾸는 지름길입니다. 감사와 불평은 주어진 게 아니라 내가 만드는 것입니다. 똑같은 사건이라도 감사로 만들고 불평으로 만드는 것은 내가 하는 것이지, 감사할 사건이 따로 있고, 불평할 사건이 따로 있는 것이 아니라는 말입니다. 그러므로 우리는 감사를 단지 생각하는 사람이 아니라, 감사하는 사람이 되어야겠습니다. 단지 감사하려는 사람이 아니라, 감사하는 사람이 되어야겠습니다.

신앙인의 가장 큰 힘은 내 입에서 나오는 원망과 불평의 쓴 물을 감사와 기쁨의 단 물로 바꾸어내는 것입니다.

더 나아가 감사함을 넘치게 해야만 합니다. 물을 펌프로 끌어올려서 사용하는 것보다 지면 위로 풍성하게 솟아나게 해야만 삶이 풍성해지는 법입니다. 감사도 질이 좋은 감사가 있고, 질이 좋지 않은 감사가 있습니다.

넘치는 감사가 풍성한 감사입니다. 이런 감사가 우리의 인생을 새롭게 합니다. 내 입술이 감사의 샘이 될 때, 분명히 내 인생은 샘이 될 것입니다. 내 입을 감사의 단물을 흘리는 입으로 만듭시다.

• **기도**: 은혜의 주님, 감사합니다. 감사는 불행을 축복으로 바꾸는 통로임을 잊지 말게 하여 주옵소서. 언제 어느 때라도 불평의 이유를 찾기보다 감사할 수 있는 이유를 찾으시고, 감사로 주님을 기쁘시게 할 수 있는 삶이 되게 하여 주옵소서. 감사의 샘으로 인생의 생수를 끌어올리는 삶을 살게 하시고, 넘치는 감사로 주변 곳곳을 풍요롭게 할 수 있는 주님의 자녀가 되게 하옵소서. 예수님의 이름으로 기도합니다. 아멘

• **중보기도**: 모든 그리스도인들에게 넘치는 감사가 있게 하소서.

4월 9일 계명

두 가지 큰 계명

• 성경: 마가복음 12장 28~31절 • 찬송: 293장 • 요절: 막 12:30~31

성경에는 하나님께서 하라고 하신 말씀들이 많이 있습니다. 또 하나님께서 하지 말라고 하신 말씀들이 많이 있습니다. 예수님께서는 그 많은 계명을 두 가지 계명으로 명확하게 정리해 주셨습니다.

첫째는 하나님을 사랑하는 것이고 둘째는 이웃을 사랑하는 것입니다. 그런데 중요한 것은, 예수님께서 그 많은 계명을 두 가지로 줄여 주셨음에도 정작 이 두 가지밖에 안 되는 계명조차 우리의 힘으로 지켜내기 어렵다는 것입니다.

예수 믿는 사람이라면 누구든지 마음을 다하고 목숨을 다하고 뜻을 다하고 힘을 다하여 하나님을 사랑하고 싶어 합니다. 이웃을 나 자신과 같이 사랑하고 싶어 합니다. 그런데 그것이 잘되지 않습니다. 왜 그럴까요? 이유가 무엇일까요? 불가능한 것일까요? 그렇지 않습니다.

예수님께서는 불가능한 것을 하라고 시키시는 분이 아니십니다. 그렇다면 가능한 이 일을 왜 우리는 실현하지 못하는 것일까요? 내 것으로 하려고 하기 때문입니다. 다시 생각해야합니다. 우리 안에는 온전한 사랑이 없습니다. 그래서 내가 가지고 있는 것으로만 하려고 하면 잘되지를 않습니다.

그러므로 예수님의 보혈의 능력을 구해야만 하는 것입니다. 십자가의 사랑을 말입니다. 그분의 보혈의 능력이 내 안에 부어지면 성품이 바뀌게 되고, 내 안의 모든 사랑의 질이 바뀌어 버립니다. 사랑할 수 없는 사랑도 사랑하게 됩니다.

예수님의 보혈 안에 하나님의 본질의 사랑이 담겨있기 때문입니다. 사랑하며 살고 싶습니까? 예수님의 보혈의 능력을 구하시기 바랍니다.

• **기도**: 사랑의 주님, 주님의 가장 큰 계명을 알면서도 실천하는 삶을 살지 못했음을 솔직히 고백합니다. 용서하여 주옵소서. 주님의 큰 계명을 지키기로 다시 한 번 다짐하오니, 결심이 변하지 않도록 저희의 중심을 다잡아 주시옵소서. 계명을 지키기가 힘들 때마다 주님의 십자가를 바라보며 보혈의 능력을 구할 수 있게 하여 주옵소서. 예수님의 이름으로 기도합니다. 아멘

• **중보기도**: 모든 그리스도인들이 주님의 큰 계명을 지키는 삶을 살게 하소서.

4월 10일 — 겸손한 사명

사명

• 성경: 사무엘상 16장 6~13절 • 찬송: 212장 • 요절: 삼상 16:11~13

오늘 함께 읽은 본문을 보면, 이스라엘의 초대 왕이었던 사울이 하나님의 눈 밖에 나서 버림을 받았습니다. 이제 새로운 왕이 기름 부음을 받아야 했습니다. 하나님께서는 사무엘에게 이새의 집으로 가서 그 아들 중에서 기름을 부으라고 말씀합니다.

이새의 여덟 아들 중에 다윗은 말째, 즉 막내였습니다. 사무엘의 방문의 목적을 안 이새는 말째 아들인 다윗만 양떼를 돌보게 놓아두고는 일곱 아들을 불러들입니다. 하나님만을 최고로 생각했던 다윗은 하나님의 종이 자신의 집을 방문했는데, 얼마나 보고 싶었겠습니까? 시골 구석의 양치기 소년이 언제 또 선지자요, 제사장인 그분을 볼 수 있는 기회가 있겠습니까? 다윗도 형들처럼 집으로 오고 싶었을 것입니다. 그 분을 만나서, 자신이 최고로 생각하는 하나님에 대해 묻고 싶은 것도 많았을 것입니다. 그러나 다윗은 그 시간, 자신에게 주어진 사명을 겸손한 마음으로 성실하게 감당합니다.

형들이 주의 종을 만나서 기름부음을 받을 기대에 부풀어 있을 때, 다윗은 양들 사이에서 사명을 겸손하게 묵묵히 감당합니다.

하나님은 이렇게 겸손하게 사명을 묵묵히 감당하며 다른 사람을 섬기는 사람을 마음에 꼭 들어 하십니다. 그래서 하나님은 다윗에게 기름을 부어 왕으로 세우셨고, 이스라엘을 통째로 맡기셨습니다.

사명도 겸손하게 하는 사명이 있고, 교만하게 하는 사명이 있습니다. 겸손하게 하는 사명을 붙들면 하나님의 축복을 담는 그릇이 됩니다. 그러나 교만하게 하는 사명을 붙들고 있으면 자신의 신앙을 망치고, 다른 사람의 마음에 상처를 줍니다. 그러므로 나를 교만하게 하는 사명은 내려놓아야 하는 것입니다.

• **기도**: 겸손의 본을 보이신 주님, 저희로 겸손히 사명을 감당할 줄 아는 주님의 자녀가 되게 하여 주옵소서. 하나님은 맡겨진 사명을 겸손히 감당하는 자에게 은혜를 더하시고, 축복을 담아내는 그릇으로 사용하신다는 사실을 잊지 말게 하여 주옵소서. 언제나 맡겨진 사명에 겸손을 관제로 덮을 수 있는 주님의 자녀가 되게 하옵소서. 예수님의 이름으로 기도합니다. 아멘

• **중보기도**: 모든 그리스도인들이 겸손한 사명자가 되게 하소서.

4월 11일 특징

은혜 받은 자의 특징

• 성경: 히브리서 10장 24~25절 • 찬송: 208장 • 요절: 히 10: 24~25

　은혜 받은 사람의 특징이 여러 가지가 있겠지만 그중에 하나는 교회를 자꾸 가고 싶어진다는 사실입니다. 주일이 지나면 수요일이 기다려집니다. 수요일이 지나면 금요일이 기다려집니다. 그것도 모자라서 교회에 갈 무슨 일이 생기지나 않을까 기다려지는 마음이 됩니다. 그래서 교회에서 무슨 일을 한다고 하면 빠지지 않고 제일 먼저 나옵니다. 이것이 바로 은혜 받은 사람의 특징인 것입니다.

　그러나 은혜 받지 못한 사람은 무슨 핑계거리를 만들어서라도 교회에 안 가려고 기를 씁니다. 주일날만 되면 항상 바쁜 일이 생깁니다. 교회에서 무슨 일을 한다고 하면 하기 싫어서 무조건 변명만 늘어놓습니다. 기도하자고 해도 바쁘고, 전도하자고 해도 바쁘다고 합니다. 바쁘고, 안 되고, 아프고, 못하고, 하기 싫고, 시간 없고, 이것이 은혜 받지 못한 사람의 핑계거리입니다.

　은혜 받은 사람은 무슨 핑계거리를 만들어서라도 교회에 가려고 애를 씁니다. 그리고 이것은 아주 자연스러운 것입니다. 교회에 모여서 이야기하고, 교회 일을 하는 것이 즐겁고 기쁩니다.

　오늘 우리는 어떤 특징을 갖고 있습니까? 교회에서 함께하기를 즐겨해야만 합니다. 예배 때뿐만 아니라 수시로 즐겨 모이는 모습이 있어야 합니다. 그래서 기쁘게, 하나님의 일을 즐기는 모습이 있어야 하는 것입니다. 그것이 주님을 사랑하고, 교회를 사랑하는 사람의 진정한 모습입니다.

　오늘 말씀에 히브리서 기자가 권면한 것을 마음판에 꼭 새겨 두시기 바랍니다.

- **기도**: 은혜의 주님, 오늘 저희에게 은혜 받은 자의 특징보다는 은혜 받지 못한 자의 특징이 있는 것은 아닌지 자신을 돌아봅니다. 혹, 은혜 받지 못한 자의 특징이 저희 자신에게서 발견된다면 회개하게 하시고, 은혜 받은 자의 특징이 나타나는 삶이 되도록 마음을 쏟을 수 있게 하옵소서. 주님을 더욱 사랑하게 하시고, 주님의 몸 된 교회를 더 잘 섬길 수 있게 하시며, 형제와 자매를 더 잘 돌아보는 믿음의 삶이 되게 하옵소서. 예수님의 이름으로 기도합니다. 아멘
- **중보기도**: 모든 그리스도인들에게 은혜 받은 자의 특징이 있게 하소서.

4월 12일 기도

기도드려 아뢰세

• 성경: 야고보서 5장 13 ~ 18절 • 찬송: 369장 • 요절: 약 5: 15

아일랜드의 한 청년이 결혼식을 하루 앞두고 사랑하는 약혼녀가 익사하는 아픔을 당했습니다. 그는 슬픔을 극복하지 못하고 절망의 늪에 빠졌습니다. 친구들과 주위 사람들의 권유에 따라 이 청년은 아픔의 장소를 피하여 캐나다로 갔습니다. 그러나 그곳에 안주하기도 전에 고향에 계신 어머니가 중병으로 죽음을 기다리고 있다는 소식이 들려왔습니다.

그는 죽고 싶었습니다. 세상의 모든 불행이 한꺼번에 자기를 향하여 토네이도처럼 몰려오는 것 같았습니다. 그 청년은 힘 없이 하나님 앞에 무릎을 꿇었습니다. 그리고 흐느끼며 부르짖었습니다. "주님! 어머니의 병을 고쳐 주세요. 응답해 주세요. 평생을 하나님의 영광을 위하여 살겠습니다."고 결단의 기도를 드렸습니다.

그 순간 하나님의 놀라운 위로와 평화가 가슴 속 깊이 스며들었습니다. 이 때 떠오른 영감으로 지은 찬송이 "시험 걱정 모든 괴롬 없는 사람 누군가 부질없이 낙심 말고 기도드려 아뢰세" 찬송가 369장입니다. 그리고는 고향에 전화해서 어머니의 안부를 물었습니다. 그는 중병을 앓던 어머니가 거짓말처럼 완전히 치료되었다는 기쁜 소식을 들었습니다.

이 청년이 바로 「조지프 스크리븐」입니다. 스크리븐이 울부짖으며 드린 기도는 어머니를 살려내는 기적을 일으켰습니다. 오늘 말씀은 기도에 대한 확실한 응답과 하나님의 역사하심에 대하여 우리에게 확신을 주고 있는 말씀입니다.

어렵고 힘들 때, 하나님께 기도 무릎을 꿇을 줄 아는 자는 절대로 넘어지지 않습니다. 왜냐하면 하나님은 실패가 없는 분이시고, 그분께 기도하는 우리의 기도 또한 실패가 없기 때문입니다.

• **기도**: 사랑의 하나님, 지금도 하나님께서는 기도무릎의 능력을 우리에게 공급해 주시기를 원하고 계시는 줄 믿습니다. 언제나 기도의 능력을 공급받을 수 있는 믿음의 삶이 되게 하시고, 특히 어렵고 힘들 때 더욱 간절히 하나님을 향하여 두 손을 높이 들고 부르짖을 수 있는 기도의 사람이 되게 하여 주옵소서. 지금도 하늘 문을 열기를 원하시는 예수님의 이름으로 기도합니다. 아멘

• **중보기도**: 모든 그리스도인들에게 기도무릎이 있게 하소서.

4월 13일 말씀

순금보다 더 사모하는 말씀

• 성경: 시편 19편 7~11절 • 찬송: 200장 • 요절: 시 19:7~8

아세아 방송에 [5분 성경]이라는 프로그램이 있었습니다. 성경이 없는 공산권 동포들이 받아쓸 수 있도록 성경을 천천히 5분 동안 읽어 주는 프로였습니다. 그런데 이 프로그램을 진행하면서도 실무자들에게는 의구심이 사라지질 않았습니다. "과연 이것을 듣고 받아쓰는 동포가 있을까? 괜히 헛수고하고 있는 것은 아닐까?"

그러나 놀라운 사건이 벌어졌습니다. 얼마 후, 이 방송을 듣고 일일이 받아 쓴 필사본 성경 실물이 입수되었습니다. 그리고 성경을 받아 기록한 중국 교포도 만날 수 있었다고 합니다.

성경이 얼마나 귀하고 소중했으면 성경을 몽땅 기록하였겠습니까? 성경은 영혼을 살리는 젖줄이었기 때문입니다. 젖줄이 없이는 아기가 살아남을 수 없는 것처럼, 성경의 젖줄을 통해서만이 생명이 살아날 수 있는 것입니다.

오늘 말씀 10절을 보면 순금보다도 더 사모해야 할 것은 하나님의 말씀이라는 것입니다. 시인은 왜 이렇게 고백했을까요? 말씀이 생명을 가져다 주기 때문입니다. 그래서 시인은 7절에 죽었던 영혼을 소성시킬 수 있는 것은 말씀이라고 고백하고 있습니다. 또한 우둔한 자를 지혜롭게 하는 것이 말씀이라고 고백하고 있습니다.

하나님이 말씀으로 천지를 지으신 것처럼 성경 속에는 우리 인생을 새롭게 창조하는 하나님의 능력이 있습니다. 성경이 내 손에 들려져 있다는 사실 하나만으로도 감격하고 감사하십니까? 순금보다 말씀을 더 사모할 수 있는 마음이 되기를 바랍니다.

• **기도**: 생명의 말씀이신 주님, 하나님의 말씀은 영혼을 소성시키는 생명이 충만함을 잊지 말게 하옵소서. 죄를 정결케 하는 능력이 있음을 잊지 말게 하옵소서. 그 안에는 영원한 생명과 이 세상을 행복하고 인간답게 살아가는 진리가 담겨져 있음을 잊지 말게 하옵소서. 수많은 순금보다도 하나님의 말씀을 더 사모할 수 있게 하옵소서. 오늘 말씀에 시인의 고백이 나의 고백이 될 수 있게 하옵소서. 예수님의 이름으로 기도합니다. 아멘

• **중보기도**: 모든 그리스도인들이 성경의 말씀을 사모하게 하소서.

4월 14일 / 질병

가시 같은 아픔

• 성경: 고린도후서 12장 7~10절 • 찬송: 300장 • 요절: 고후 12:9

우리 삶에는 저마다 가시 같은 아픔들이 있습니다. 이 땅을 살아가는 사람들 중에 가시 같은 아픔이 없는 사람은 거의 없습니다. 우리뿐만 아니라 이 땅을 살아가는 대부분의 사람들도 가시 같은 아픔이 있을 것입니다.

오늘 말씀에 사도바울도 가시 같은 아픔이 있었습니다. 그 아픔의 강도가 얼마나 컸던지 사도바울은 그것을 육체의 가시라고도 표현하였고 사단의 사자라고도 했습니다. 성경학자들은 바울이 말한 가시를 그의 육체적인 질병으로 보고 있습니다. 그 질병 때문에 사도바울은 말할 수 없는 고통을 겪었다는 말씀입니다. 그리고 이 질병을 놓고 얼마나 기도했던지 주님께 세 번 간구했다고 표현하고 있습니다.

여기서 우리는 '간구'라는 표현이 가슴을 뭉클하게 만들지 않습니까? 그냥 기도한 것이 아니라 통사정을 하다시피 자기의 육체적인 질병을 놓고 하나님께 부르짖었다는 말입니다. 그런데 놀라운 것은 사도바울이 그 질병을 놓고 하나님께 간구하다가 하나님의 능력을 체험했다는 것입니다. 더욱 믿음이 강화되고, 하나님의 신비, 그리스도의 능력이 자기에게 있음을 깨닫게 되었습니다.

우리들도 원치 않는 질병에 시달릴 때가 있습니다. 우리 주변에도 그런 사람들이 있는 것을 봅니다. 사람이 질병 가운데 놓일 때만큼 간절할 때가 또 있을까요? 우리도 바울과 같이 그 간절함을 하나님께 내놓을 줄 알아야합니다.

간절히 하나님을 찾으면 치료의 하나님을 만나게 해 주시고, 능력의 하나님, 응답의 하나님을 만나게 해 주십니다. 하나님이 우리를 얼마나 사랑하시는지를 피부 깊숙이 경험할 수 있습니다.

- **기도**: 저희의 약함을 아시는 주님, 저희에게도 가시 같은 아픔들이 얼마나 많은지요. 그것이 육체의 질병일 때도 있고, 마음의 아픔일 때도 있습니다. 가시 같은 아픔이 있을 때 사도바울과 같이 그 아픔을 놓고 주님께 간절히 부르짖을 수 있게 하여 주옵소서. 그리하면 바울에게 응답을 주신 하나님이 저희에게도 응답해 주실 줄 믿습니다. 예수님의 이름으로 기도합니다. 아멘
- **중보기도**: 모든 그리스도인들의 아픔이 응답의 통로가 되게 하소서.

4월 15일 하나님 말씀

돈으로만 사는 존재가 아니다

• 성경: 신명기 8장 1 ~ 4절 • 찬송: 204장 • 요절: 신 8:3

사람들은 흔히 생각하기를 돈만 있으면 잘살 것 같다고 하지만 돈 때문에 불행해지는 사람들이 의외로 많습니다. 잘 선용하면 복이 되지만 잘못 사용하면 일만 악의 뿌리가 되는 것이 돈이요 물질입니다. 그러므로 돈이 우리의 인생을 행복하게 해 줄 수는 없는 것입니다.

흔히 "잘산다, 못산다"의 기준을 돈으로 삼는 경우가 있습니다. 돈이 많으면 잘산다고 하고, 돈 없으면 못산다고 그럽니다. 그러나 돈이 잘살고 못사는 가치 기준이 아니라 돈은 내가 먹고 살기에 불편하지 않을 만큼 있으면 되는 것입니다. 그러면 잘 사는 것입니다.

오히려 돈이 많으면 못살게 됩니다. 돈 많은 사람치고 잘사는 사람을 못 봤습니다. 대기업의 총수들 중에 돈 때문에 넘어지는 경우가 얼마나 많습니까? 그게 어디 잘사는 것입니까? 못사는 것입니다.

그런데 오늘 말씀을 보면 사람은 돈만 가지고 사는 존재가 아님을 말씀하고 있습니다. 사람이 떡으로만 사는 존재가 아니라는 것입니다. 떡으로만 사는 존재라면 우리가 짐승과 다를 바가 무엇이 있겠습니까? 떡과 함께 사람에게 필요한 것이 있는데 그것이 하나님의 말씀이라는 것입니다. 사람은 짐승과는 달리 영혼이 있는 존재입니다. 그래서 하나님의 말씀을 들어야 합니다. 그래야 육신은 물론 영혼도 삽니다.

우리가 하나님의 말씀을 잘 듣기 위해서는 무엇보다 예배생활이 중요합니다. 주일 예배뿐만 아니라 주중 예배도 잘 참석할 수 있어야 합니다. 그래야만 내가 하나님 앞에서 얼마나 가치 있는 인생인지를 깨닫게 될 것이고, 육적으로 영적으로 건강한 삶을 살 수 있습니다.

• **기도**: 말씀으로 역사하시는 주님, 저희는 돈이 삶의 기준이 되지 말게 하시고 하나님의 말씀이 삶의 기준이 되게 하여 주옵소서. 말씀을 듣는 자리에 언제나 있게 하시고, 말씀으로 사는 삶이 되게 하여 주옵소서. 그리하여 영혼이 잘되고 육신이 잘되는 주님의 은혜를 누릴 수 있게 하옵소서. 예수님의 이름으로 기도합니다. 아멘

• **중보기도**: 모든 그리스도인들이 말씀으로 사는 삶이 되게 하소서.

4월 16일
위기, 기도

하나님이 필요로 하는 사람

• 성경: 사도행전 27장 1~26절 • 찬송: 595장 • 요절: 행 27: 24~25

오늘 말씀에 사도바울이 가이사에게 재판을 받기 위해 '알렉산드리아 호'를 타고 로마로 가는 도중 '유라굴로'라는 광풍을 만나 배가 파선하게 될 위기에 몰렸습니다. 그러나 그 배에는 하나님이 필요로 하는 사람 바울이 있었기 때문에 배에 탄 276명 전원이 무사히 멜기데 섬에 상륙하게 되었습니다. 우리는 현재 위기의 시대를 살아가고 있습니다.

이 위기의 때에 하나님이 꼭 필요로 하는 사람이 되어서 어려움을 잘 극복해 나갈 수 있기를 바랍니다.

그러면 하나님이 필요로 하는 사람은 어떤 사람일까요? 기도하는 사람입니다. 오늘 말씀에 276명이 탄 배가 파선하여 모두 죽을 수밖에 없는 위기 상황에서 죽지 않고 다 살아날 수 있었던 것은 금식하며 기도한 사람이 있었기 때문입니다. 따라서 위기 상황일 때일수록 기도가 얼마나 중요한지를 깨닫습니다. 기도를 놓지 않으면 위기를 잘 극복할 수 있습니다.

정말 가장 큰 위기는 위기의 때에 기도하지 않는 것이 위기입니다. 우리 인생사는 언제나 위기입니다. 위기를 안고 살고 있는 것이 우리 인생이라는 말씀입니다. 따라서 우리 인생에 위기는 없어지지 않습니다. 그래서 기도가 필요한 것입니다. 위기의 순간에 무릎 꿇을 수만 있다면 절대 넘어지지 않습니다. 그래서 기도가 중요한 것입니다.

우리 모두 내 인생에 언제나 도사리고 있는 위기를 기도로 잘 이겨내실 수 있기를 바랍니다.

주님은 오늘도 기도의 사람을 찾고 계십니다. 하나님께서 필요로 하는 사람은 기도의 사람입니다.

• **기도**: 기도의 사람을 찾고 계시는 주님, 기도의 중요성을 강조하고 계시는 주님의 사랑을 잊지 않는 저희가 되게 하여 주옵소서. 위기의 때일수록 더욱 기도할 수 있는 저희가 되게 하시고, 기도로 다른 사람의 위기도 막아줄 수 있는 믿음의 사람이 되게 하여 주옵소서. 우리 인생에 가장 큰 위기는 기도가 없는 것임을 깨닫게 하시고, 언제나 무릎 꿇어 기도할 수 있는 기도의 사람이 되게 하여 주옵소서. 예수님의 이름으로 기도합니다. 아멘

• **중보기도**: 모든 그리스도인들이 하나님이 필요로 하는 사람이 되게 하소서.

4월 17일 기도의 보증

하나님께 소망을 두라

• 성경: 시편 42편 1 ~ 11절 • 찬송: 488장 • 요절: 시 42: 5

　오늘 말씀을 기록한 시편 기자는 깊은 낙심에 빠졌다가 그 낙심을 극복할 수 있는 방법을 찾아 본문 5절에서 이렇게 고백하고 있습니다. "내 영혼아 네가 어찌하여 낙심하며 어찌하여 내 속에서 불안하여 하는가 너는 하나님께 소망을 두라 그가 나타나 도우심으로 말미암아 내가 여전히 찬송하리로다".

　하나님은 당신께 소망을 두는 자들에게 불안과 낙심을 극복하는 새 힘을 주십니다. 불안하고 절망한 영혼이 위로를 받고 새 힘을 얻을 수 있는 비결은 바로 하나님께 소망을 두는 것입니다.

　그러면 우리가 소망을 두는 하나님은 어떤 분이십니까? 살아계신 분입니다. 오늘 말씀에도 시편 기자는 '내 영혼이 하나님 곧 살아계시는 하나님을 갈망한다.' 고 고백하고 있습니다.

　우리가 하나님께 소망을 둘 때, 낙심을 극복하고 새 힘을 얻을 수 있는 이유는 하나님은 살아계신 분이시기 때문입니다.

　그리고 하나님은 반석이신 분입니다. 9절의 말씀을 보면 시편 기자는 하나님을 일컬어 "내 반석이신 하나님"이라고 말했습니다. 하나님은 든든한 반석이 되시기 때문에 하나님께 소망을 두는 사람은 어떤 상황 속에서도 흔들리지 않고 견고하게 설 수 있습니다.

　그리고 하나님은 도우시는 하나님이십니다. 11절에 시편 기자는 "그가 나타나 도우심으로 말미암아 내 하나님을 여전히 찬송하리로다"고 고백하고 있습니다. 그러므로 우리는 낙심 속에 있을 때 우리를 도우시는 하나님께 소망을 둘 수 있어야만 합니다.

• **기도** : 소망의 하나님, 오늘 시편 기자의 고백대로 불안과 낙심이 찾아올 때 살아계신 하나님께 소망을 두게 하여 주옵소서. 우리의 영혼이 위로를 받고 새 힘을 얻을 수 있는 비결은 살아계신 하나님께 소망을 두는 것임을 잊지 말게 하여 주옵소서. 또한 하나님은 든든한 반석이심을 기억하게 하옵소서. 그러므로 반석이 되신 하나님께 소망을 두는 사람은 어떤 상황 속에서도 견고하게 설 수 있음을 잊지 말게 하옵소서. 예수님의 이름으로 기도합니다. 아멘

• **중보기도** : 모든 그리스도인들이 하나님께 소망을 두는 삶이 되게 하소서.

4월 18일
택하심

하나님이 우리를 택하셨다

• 성경: 요한복음 15장 14 ~ 16절 • 찬송: 597장 • 요절: 요 15: 16

　오늘 말씀을 보면 예수님은 '너희가 나를 택한 것이 아니요 내가 너희를 택하여 세웠다'고 말씀하고 있습니다.

　이 말씀이 무슨 뜻일까요? 이것은 우리가 하나님을 택한 것이 아니고 하나님이 우리를 택하셔서 예수를 믿게 하셨다는 뜻입니다. 우리는 이 선택의 축복을 잘 누릴 수 있어야 하겠습니다. 부모를 잘 만난 것도 축복이고, 배우자를 잘 만난 것도 축복이지만 가장 큰 축복은 살아계신 하나님을 만난 것입니다.

　왜냐하면 인간의 만남은 불완전하기 때문입니다. 사랑하는 것도 불완전합니다. 있을 때, 건강할 때, 예쁠 때, 사랑스러울 때는 잘해 주지만 그렇지 못할 때는 마음이 변하고 사랑이 변하는 것이 인간의 모습입니다.

　그러나 살아계신 하나님은 결코 변함이 없습니다. 로마서 11장 29절은 "하나님의 은사와 부르심에는 후회하심이 없느니라"고 하셨습니다. 하나님이 선택하셨기에 끝까지 책임지시는 것입니다.

　또 하나는, 인간은 힘이 없는 부족한 존재이기 때문입니다. 아무리 내가 잘해 줄려고 해도 내가 능력이 없어서 못해 줄 때가 얼마나 많습니까? 그러나 하나님은 전지전능하신 하나님이십니다. 그 하나님은 어떤 일도 하실 수 있습니다.

　그 하나님이 우리를 택하여 주셨습니다. 우리를 자녀로 삼으시고 우리의 아버지가 되어 주셨습니다. 그러므로 우리를 잘되게 하시는 하나님이십니다. 얼마나 감사한 일입니까? 우리 모두 하나님을 잘 섬겨서 행복한 삶을 살아야겠습니다.

• **기도** : 저희를 선택하여 주신 하나님, 참 감사합니다. 이 선택의 축복을 잘 누릴 수 있는 저희가 되게 하옵소서. 하나님은 저희의 아버지시오니 자녀를 향하신 그 사랑이 얼마나 크겠습니까? 그 사랑을 느낄 줄 아는 자녀가 되게 하시고, 늘 가까이할 수 있는 저희의 삶이 되게 하옵소서. 저희를 잘되게 해주시는 하나님의 은혜를 잊지 않고 언제나 마음과 뜻과 정성과 힘을 다하여 섬기는 삶이 되게 하옵소서. 예수님의 이름으로 기도합니다. 아멘
• **중보기도** : 모든 그리스도인들이 하나님의 택하심을 느끼며 살게 하소서.

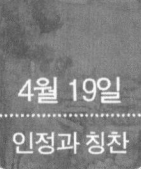

4월 19일
인정과 칭찬

시원하게 하는 사람

• 성경: 고린도전서 16장 15 ~ 18절 • 찬송: 463장 • 요절: 고전 16:18

오늘 말씀에 보면 「스데바나」라는 사람이 나오는데 그 사람에 대한 사도 바울의 평가가 아주 인상적입니다. 18절을 보면 "그들이 나와 너희 마음을 시원케 하였으니"라고 말하고 있습니다. 이것이 스데바나라는 인물에 대해서 사도바울이 갖고 있는 인상입니다.

스데바나는 마음을 시원케 하는 사람이라는 것입니다. 그 당시 주님을 위해서 자신의 삶을 완전히 내던진 사도바울의 눈에 스데바나는 그렇게 비쳐졌습니다. 오늘 말씀을 대하면서 나는 어떤 사람이라고 생각하십니까?

마음을 시원케 하는 사람은 목회자뿐만 아니라 모든 사람에게 사랑을 받습니다. 칭찬을 듣습니다. 그리고 주님께도 인정을 받습니다. 주님의 12제자 가운데 주님의 마음을 시원케 해드렸던 인물을 한사람 꼽으라면 베드로를 생각해 볼 수 있습니다.

그 당시 예수님이 어떤 분이냐에 대해서 소문이 무성할 때 베드로는 주저 없이 "주는 그리스도시오 살아계신 하나님의 아들이시니이다"(마16:16)라고 고백함으로 주님의 마음을 시원케 해 드렸습니다. 주님께서 얼마나 마음이 흐뭇하고 시원하셨던지 "바요나 시몬아 네가 복이 있도다 이를 네게 알게 한 이는 혈육이 아니요 하늘에 계신 내 아버지시니라… 내가 이 반석 위에 내 교회를 세우리니 음부의 권세가 이기지 못하리라"(마16:17-18)고 축복하셨습니다.

시원케 하는 사람이 주님께 칭찬을 들을 수 있고, 사람들에게도 칭찬을 들을 수 있습니다. 그리고 그런 사람이 복 있는 사람임을 잊지 말아야겠습니다.

• **기도** : 칭찬을 아끼지 아니하시는 주님, 그동안 저희의 신앙생활이 어떠했는지 돌아봅니다. 주님과 다른 사람의 마음을 시원하게 해드리는 것은 고사하고 답답하게 하고, 속상하게 하였던 것은 아닌지요. 이제부터는 주님과 목회자뿐만 아니라 모든 사람의 마음을 시원케 하는 사람으로 살게 하여 주옵소서. 예수님의 이름으로 기도합니다. 아멘

• **중보기도** : 모든 그리스도인들이 시원케 하는 사람이 되게 하소서.

4월 20일
하나님의 시각

미래를 열어주는 사람

• 성경: 요한복음 9장 1~3절 • 찬송: 595장 • 요절: 요 9:3

이 세상에서 장애자로 살아간다는 것은 그 어떤 형벌보다도 고통스러운 것이라고 할 수 있을 것입니다. 특히 그들을 더욱 힘들게 하고 고통스럽게 하는 것은 그들을 바라보는 사회 시선일 것입니다. 사회는 그들에 대하여 너그러운 시선을 갖고 있지 않기 때문입니다.

이런 시각과 대우는 비단 오늘의 모습만이 아닙니다. 유대인들은 장애를 갖고 있는 사람에 대하여 편협한 시각을 갖고 있었습니다. 그 자신의 죄나, 조상의 죄 값으로 장애가 생겼다고 정죄하기를 좋아했습니다. 얼마나 잘못된 사고방식입니까?

이에 대하여 오늘 말씀에 주님은 "이 사람이나 그 부모의 죄로 인한 것이 아니라 그에게서 하나님의 하시는 일을 나타내고자 하심이라"(3절)고 하셨습니다. 말하자면 정죄하고 평가하는 과거적 시각에 길들여진 유대인들에게 미래적 관점을 제시하신 것입니다.

장애가 과거를 위한 업보가 아니라 하나님의 관점에서 보면 미래를 위한 소망의 씨앗이라는 것입니다. 미래에 하나님께 영광을 돌리기 위한 한 가지 방법이라는 것입니다. 이것이 장애를 가진 사람을 보는 예수님의 시각이셨습니다.

우리도 장애인에 대하여 주님이 말씀하시고 보여주셨듯이, 하나님의 영광을 위한 미래적인 시각을 갖고 살아야 하겠습니다.

미래적 시각이 성경의 시각입니다. 미래적 시각이 하나님의 시각입니다. 주님의 시각입니다. 성령님의 시각입니다. 우리 예수 믿는 사람들은 미래를 열어주는 사람들입니다.

- **기도**: 모든 사람을 사랑하시는 주님, 오늘 저희는 장애인에 대하여 어떤 시각을 갖고 있는지요. 성경은 하나님께 영광을 돌리기 위한 한 가지 방법이라는 것을 보여주고 있습니다. 이것이 장애를 가진 자에 대한 예수님의 시각이셨습니다. 저희도 정죄하거나 판단하는 일이 없게 하시고, 예수님의 시각을 갖고 장애인들에게 도움을 줄 수 있게 하여 주옵소서. 우리 예수 믿는 사람들은 미래를 열어주는 사람들임을 잊지 말게 하여 주옵소서. 예수님의 이름으로 기도합니다. 아멘
- **중보기도**: 모든 그리스도인들이 장애인들을 예수님의 시각으로 보게 하소서.

4월 21일
보호

지키시는 하나님

• 성경: 시편 121장 5~6절 • 찬송: 383장 • 요절: 시 121:5

「보리스 파르테크나크」의 소설을 영화로 만든 [닥터 지바고]는 아름다운 설원이 무척 인상적입니다. 영화의 종반부에 장군과 한 소녀의 대화 장면이 나오는데, 장군이 소녀에게 묻습니다. "어떻게 아버지와 헤어지게 되었느냐?" 그녀는 별로 대답하고 싶지 않은 질문이었기에 말을 얼버무리면서 이렇게 대답합니다.

"혁명의 와중이고 거리는 불이 나고 복잡해서 그저 도망치는 중에 헤어졌습니다."

장군은 또 다시 "정말 헤어진 이유가 무엇이지?"하고 다그쳐 물었습니다. 그러자 그녀는 "사실은 아버지가 내 손을 놓아버렸어요."하고 대답했습니다. 이때 장군은 소녀에게 말합니다.

"내가 가르쳐 주지, 코마로프스키는 네 친아버지가 아니었단다. 너의 아버지는 닥터 지바고야! 만일 그가 네 친아버지였다면 아무리 불이 나고 혁명의 와중이라도 절대로 네 손을 놓지 않았을 거야."

진짜 아버지와 가짜 아버지의 차이는 여기에 있습니다. 진짜 아버지는 결코 딸의 손을 놓지 않습니다.

오늘 말씀에 시인이 고백하고 있는 것이 바로 그것입니다. 우리가 섬기는 하나님은 진짜 아버지이시기에 우리를 항상 지키신다는 것입니다.

우리를 붙잡고 계신 손을 절대로 놓지 않으신다는 것입니다. 그러므로 곤고한 우리 인생들에게 있어서 오직 주님만이 우리의 쉴 수 있는 그늘이 되어주십니다.

시편 기자는 바로 이 사실을 체험했기에 확신에 찬 고백을 한 편의 시로 남기고 있는 것입니다.

• **기도** : 지키시는 하나님, 하나님은 우리를 지키시는 분이심을 믿습니다. 저희의 연약한 인생을 절대로 놓지 않으시고 능력의 오른손으로 꼭 붙들고 계시는 하나님이심을 믿습니다. 그 하나님을 날마다 체험하는 삶이 되게 하시고, 시편 기자와 같이 한편의 시로 남길 수 있는 고백이 있는 삶이 되게 하여 주옵소서. 예수님의 이름으로 기도합니다. 아멘

• **중보기도** : 모든 그리스도인들이 평안의 복을 누릴 수 있게 하소서.

4월 22일 믿음

믿음은 들음에서 난다

• 성경: 로마서 10장 17절 • 찬송: 569장 • 요절: 롬 10: 17

갓난아이들은 하루에 자기 몸무게 25퍼센트 정도의 양을 먹는다고 합니다. 우리가 아무리 "돼지, 돼지"해도 갓난아이들만큼의 돼지가 없습니다. 아이들은 그냥 마구 먹습니다. 마구 먹고 마구 싸댑니다.

예를 들어 몸무게 60킬로그램 되는 사람이 하루에 15키로그램 정도의 음식을 먹는다면 그게 인간입니까? 그런데 아기는 그렇게 먹습니다. 4킬로쯤 되는 아이가 1킬로 정도를 먹어치웁니다. 이러니까 아기가 하루가 다르게 쑥쑥 자라는 것입니다.

오늘 말씀에 바울은 "믿음은 들음에서 나며 들음은 그리스도의 말씀으로 말미암는다"고 말씀합니다. 그러므로 균형 잡힌 믿음의 성장을 위해서는 말씀을 들을 기회가 많아야만 합니다. 다시 말해서 말씀을 자꾸 들어야 믿음이 성장한다는 말입니다.

성경은 말씀을 자꾸 읽어야 믿음이 성장한다고 말씀하고 있지 않습니다. 자꾸 들어야한다고 말씀합니다. 이 말씀은 교회중심의 신앙생활을 잘해야만 믿음이 성장한다는 것을 일깨워 주고 있는 것입니다.

사정이야 어떻든 간에 교회를 가까이 하지 못하는 것은 그만큼 영적으로 엄청난 손해입니다. 지난날 열심을 냈던 것만 회상하는 사람이 있는데, 과거의 열심이 지금의 믿음을 유지시켜주지 못합니다.

그러므로 우리는 어떻게든 교회를 가까이 해야만 하고, 말씀을 들을 수 있는 기회를 양보하지 말아야합니다. 그래야 큰 믿음으로 자랄 수 있습니다.

- **기도**: 말씀이신 주님, 지금 저희의 믿음의 모습은 어떠한지요? 젖을 먹지 못하여 영양실조에 걸려 죽어가고 있는 갓난아이처럼 아사 직전에 놓인 믿음은 아닌지요? 신령한 젖을 사모할 수 있게 하옵소서. 교회를 사랑하고 말씀 듣는 자리를 사랑할 수 있게 하옵소서. 그리하여 균형 잡힌 믿음의 성장이 있게 하시고, 열심을 품고 주님을 섬길 수 있게 하옵소서. 큰 믿음으로 주님을 기쁘시게 할 수 있는 신앙의 사람이 되게 하옵소서. 예수님의 이름으로 기도합니다. 아멘
- **중보기도**: 모든 그리스도인들이 교회를 가까이 하게 하시고, 말씀 듣는 자리를 사모하게 하소서.

4월 23일 실천

네 행복을 위하여

• 성경: 신명기 10장 12~15절 • 찬송: 218장 • 요절: 신 10:13

오늘 말씀은 모세를 통하여 이스라엘 백성들에게 주시는 하나님의 말씀입니다. "내가 오늘 네 행복을 위하여 네게 명하는 여호와의 명령과 규례를 지킬 것이 아니냐"

이 말씀에서 우리는 당신의 사랑하는 백성들을 향하신 하나님의 마음이 어떠하신지 읽을 수 있습니다. 그것은 오늘 말씀에서 보여주고 있듯이 행복하게 살기를 원하신다는 것입니다.

"내가 오늘 네 행복을 위하여"라고 하셨습니다. 이 말씀대로 하나님은 오늘 우리들의 행복을 원하십니다. 우리들이 행복하게 사는 것을 진심으로 원하고 계십니다. 절대로 불행하게 되거나 잘못되기를 바라지 않으십니다. 그래서 행복에 이르는 길을 일러주고 계십니다.

그 길이 무엇입니까? '여호와의 명령과 규례를 지키라'는 것입니다. 그러면 행복할 것이라고 말씀하십니다.

오늘날 사람들은 행복을 위해서 이런 저런 많은 이야기를 합니다. '돈이 있어야 한다', '건강해야 한다', '사회적 지위가 있어야 한다', '연줄이 있어야 한다', '잘 살아야 한다' 그런데 하나님은 그것으로 행복할 수 있는 것이 아니라 내 명령과 규례를 지키면 행복하다고 말씀하십니다.

즉 믿음으로 살면 행복하게 된다는 말씀입니다. 예수 잘 믿고, 예배생활 잘하고, 하나님의 말씀을 잘 듣고 그대로 행하면 행복하게 된다는 말씀입니다. 단순합니다. 복잡하지 않습니다. 하나님은 우리가 복잡하게 하는 것을 원하시지 않습니다. 말씀 그대로 단순하게 믿고 따르는 것을 원하십니다. 우리를 행복한 사람으로 만들어 주시기위해서 말이죠.

잊지 맙시다. 하나님은 우리가 행복하기를 원하십니다.

• **기도**: 사랑의 하나님, 오늘의 말씀 속에서 사랑하는 백성을 향하신 하나님의 마음을 느낍니다. 우리가 주님을 위한다고 하지만 어찌 하나님의 사랑과 비교할 수 있겠습니까? 주님께서 행복의 길을 일러주신 대로 잘 지켜 행함으로 행복하게 하시는 주님의 은총을 경험하게 하옵소서. 예수님의 이름으로 기도합니다. 아멘

• **중보기도**: 모든 그리스도인들이 하나님의 행복을 경험하게 하소서.

4월 24일 감사

내 잔이 넘치나이다

• 성경: 시편 23편 1 ~ 6절 • 찬송: 304장 • 요절: 시 23: 5 ~ 6

성경에는 당신의 사랑하는 백성들을 위한 하나님의 넘치는 약속으로 가득 차있습니다. 넘친다는 말은 '풍족함', '흘러넘침', '만족함', 남는 것을 의미합니다. 그런데 오늘 말씀에 다윗이 인생황혼기에 하나님을 향하여 "내 잔이 넘치나이다."(5절)라고 고백하고 있습니다.

그가 자신의 인생을 돌아보면 결코 평탄한 삶이 아니었음에도 불구하고 그는 말년에 지난날을 회고하면서 "내 잔이 넘치나이다."라고 고백하고 있습니다.

우리들도 가끔씩 지난날을 회상할 때가 있습니다. 그때 우리는 하나님을 향하여 어떤 고백을 올릴 수 있겠습니까? 돌이켜보면 우리의 삶도 결코 평탄한 삶이 아닐 수 있을 것입니다.

그럼에도 불구하고 하나님이 나의 목자가 되어주셨기 때문에 "내 잔이 넘치는 삶을 살았노라"고백하였던 다윗처럼 우리도 그와 같은 고백할 수 있다면 그보다 더 아름다운 신앙고백은 없을 것이라고 봅니다.

또한 다윗은 주님의 전에 거하는 것이 소원이었습니다. 그래서 "내가 여호와의 집에 영원히 살리로다"로 자신의 고백을 마무리 짓고 있습니다. 언제나 주님의 전을 기억하고 그 전에 거할 수 있다는 것, 이것이 신자의 아름다운 삶입니다.

주님의 전에 거하는 것을 소원하며 인생을 정리해 갈 수 있다는 것은 하나님의 백성으로서 가장 복된 인생을 사는 것입니다. 이런 삶을 사는 것이 바로 내 잔이 넘치는 삶입니다. 오늘 우리도 하나님께 '내 잔이 넘치는 삶이었다'는 고백을 드릴 수 있는 삶이 되기를 바랍니다.

• **기도** : 넘치게 하시는 하나님, 우리는 지금 하나님을 향하여 어떤 고백을 드릴 수 있을지 고민에 생각에 잠깁니다. 결코 평탄하지 않은 삶이었지만 하나님께 올리는 감사의 고백만큼은 흘러넘쳤던 다윗을 보며 저희의 얄팍한 믿음이 참으로 부끄럽다는 생각을 갖습니다. 저희도 환경을 초월하여 다윗과 같이 넘치는 감사의 고백을 주님께 드릴 수 있는 인생이 되게 하여 주옵소서. 주님이 더욱 사랑하실 수밖에 없는 이유들이 저희에게 있게 하여 주옵소서. 예수님의 이름으로 기도합니다. 아멘

• **중보기도** : 모든 그리스도인들에게 하나님을 향해 흘러넘치는 감사의 고백이 있게 하소서.

4월 25일 일꾼

왕을 위해 일하는 사람

• 성경: 역대상 4장 23절 • 찬송: 305장 • 요절: 대상 4:23

　구약의 역대상, 역대하를 보면 많은 왕들의 이름이 나와 있습니다. 그런데 그 중간에 보면 왕들이 아닌 아주 평범한 사람의 이름들이 기록되어 있는 것이 성경을 읽는 독자의 눈길을 끌게 만듭니다.
　이들의 직업은 다름 아닌 옹기장이입니다. 옹기장이가 뭐 그리 중요한지 성경은 그들의 이름을 놓치지 않고 기록을 해 놓았습니다. 옹기장이는 말 그대로 흙 그릇을 만드는 사람들입니다. 왕에 비하면 아주 낮은 신분의 사람들이요, 별 볼 일 없는 하찮은 사람들입니다.
　굳이 성경에 기록해 놓지 않아도 누구 하나 이것으로 인하여 트집을 잡으며 민감하게 반응할 사람들이 아닙니다. 그런데 이런 그들이 왜 성경에 기록되어 있을까 하는 것입니다.
　그 정답이 바로 오늘 본문의 말씀입니다. 비록 흙을 굽고 지극히 서민의 생활을 하지만 그들이 왕을 위해 일하는 사람이었기 때문에 성경에 기록되는 귀한 존재들이 된 것입니다.
　사실 우리도 만왕의 왕이신 주님을 위하여 일하는 사람들입니다. 그러므로 그 일이 어떤 일이든 만왕의 왕이신 주님을 위하여 하는 일이라면, 또한 주님의 몸 된 교회를 위하여 하는 일이라면 주님께서도 우리의 이름을 결코 놓치지 않을 것입니다. 그러므로 주님과 그분의 몸 된 교회를 위해서 하는 일이라면 즐겁고 기쁜 마음으로 더욱 적극적으로 할 수 있어야겠습니다. 이미 우리의 이름은 하늘나라의 생명책에 기록되었습니다.
　나 같은 죄인이 받은 은혜치고 너무나 엄청난 것입니다. 이 놀라운 은혜를 더욱 굳게 하며 만왕의 왕이신 주님을 위한 삶을 살아야겠습니다.

- **기도**: 만왕의 왕이신 주님, 저희의 형편과 환경이 어떻든지 저희는 만왕의 왕이신 주님을 위하여 일하는 일꾼이라는 것을 잊지 말게 하여 주옵소서. 형편과 환경을 초월하여 만왕의 왕이신 주님을 잘 받들 수 있는 삶이 되게 하여 주옵소서. 만왕의 왕이신 주님을 위한 일이라면 이것저것 가리지 않고 최선을 다할 수 있는 일꾼이 되게 하여 주옵소서. 예수님의 이름으로 기도합니다. 아멘
- **중보기도**: 모든 그리스도인들이 만왕의 왕이신 주님을 잘 섬기는 믿음을 갖게 하소서.

4월 26일 자랑

최고의 자랑거리

• 성경: 예레미야 9장 23~24절 • 찬송: 94장 • 요절: 렘 9: 23~24

사람은 누구나 자랑하기를 좋아합니다. 자랑이 무엇입니까? 다른 사람에게 자기가 잘한 것이나, 자기에게 있는 좋은 것을 드러내는 것입니다.

오늘 말씀은 예레미야가 자기 자랑을 일삼았던 이스라엘 백성들을 향하여 경고했던 말씀입니다. 이스라엘 백성들이 자랑하지 말아야 할 것을 자랑하면서 사니까, 그것이 하나님께 거슬렸고, 그래서 하나님이 그들에게 자랑거리를 정해 주신 것입니다. 24절은 이렇게 말씀합니다.

"자랑하는 자는 이것으로 자랑할지니 곧 명철하여 나를 아는 것과 나 여호와는 사랑과 정의와 공의를 땅에 행하는 자인 줄 깨닫는 것이라 나는 이 일을 기뻐하노라 여호와의 말씀이니라".

하나님께서는 두 가지 자랑을 하라고 하십니다. 첫째, 나를 아는 것을 자랑하라는 것입니다. 둘째, 내가 사랑과 정의와 공의로 세상을 다스리는 것을 자랑하라는 것입니다. 내가 잘나서 잘 사는 것처럼 생각하지 말라는 것입니다.

하나님이 사랑과 정의와 공의로 다스려 주시기 때문에 잘 사는 것임을 기억하고 그것을 자랑하라는 것입니다. 그러면 지금 내가 누리고 있는 것에 대해서는 어떻게 해야 합니까? 감사하면 됩니다. 멋진 남편, 예쁜 아내, 똑똑한 자식, 좋은 직장, 풍성한 물질을 주신 것은 자랑할 일이 아니라 감사할 일입니다. 우리가 자랑해야 할 것은 하나님밖에는 없습니다.

우리는 하나님을 자랑하고, 하나님이 주신 것에는 감사하며 살아야 합니다. 신앙이 깊어질수록 자신의 형편은 십자가 아래 내려놓고 주님만 자랑할 줄 아는 사람이 되어야 합니다.

• **기도**: 저희를 자녀로 삼아주신 하나님, 저희로 하나님을 아는 것을 자랑하며 사는 삶이 되게 하옵소서. 또한 하나님이 사랑과 정의와 공의로 세상을 다스려주신다는 것을 자랑할 수 있게 하옵소서. 저희가 자랑할 것은 오직 하나님밖에 없음을 잊지 말게 하여 주옵소서. 또한 하나님이 주신 것에는 늘 감사하며 살아가게 하옵소서. 예수님의 이름으로 기도합니다. 아멘

• **중보기도**: 모든 그리스도인들이 하나님을 아는 것을 자랑하며 사는 삶이 되게 하소서.

여호와를 만날 자

• 성경: 잠언 8장 17절   • 찬송: 88장   • 요절: 잠 8: 17

인간이 한평생 이 세상을 살아가는 동안 네 가지를 잘 만나면 복 있는 자라고 합니다. 첫째, 부모를 잘 만나야 하고, 둘째, 친구를 잘 만나야 하고, 셋째, 선생을 잘 만나야 하고, 넷째, 배우자를 잘 만나야 복 있는 자라고 합니다. 그러나 이 네 가지 만남 중에는 가장 중요한 만남이 빠져 있습니다. 바로 하나님과의 만남입니다. 하나님은 인간과의 만남을 기뻐하시며 또한 끊임없이 약속으로 만남을 축복하여 주셨습니다. 그러면 하나님은 어떤 사람을 만나 주시며, 또한 하나님을 만날 사람은 어떤 사람이겠습니까? 첫째, 간절한 마음으로 하나님을 찾는 자가 만날 수 있습니다. 오늘 말씀에 "나를 사랑하는 자들이 나의 사랑을 입으며 나를 간절히 찾는 자가 나를 만날 것이니라"고 하였습니다. 이 말씀대로 하나님을 사랑하고 하나님을 간절히 찾는 자가 하나님을 만날 수 있습니다. 둘째, 신령과 진정으로 예배하는 자가 만날 수 있습니다. 예배는 하나님의 최대 관심입니다. 그래서 주님은 요한복음 4장 23절에도 하나님은 신령과 진정으로 예배하는 자를 찾으신다고 하셨습니다. 우리에게 참된 예배를 드릴 수 있는 환경적 조건이 뒷받침되지 않는다 할지라도 예배하는 일에 힘쓸 수 있어야 합니다. 하나님은 예배를 통해서 우리에게 회복을 주시기 때문입니다. 셋째, 은혜를 구하는 자가 하나님을 만납니다. 스가랴 8장 22절에 보면 "만군의 여호와를 찾고 은혜를 구하자"고 했습니다. 가장 불행한 사람은 하나님의 은혜를 알지 못하고 그 은혜를 구하지 못하는 자들입니다. 반면 가장 행복한 사람은 하나님의 은혜를 입은 사람입니다. 우리의 삶 속에 하나님을 만나야 될 일들이 얼마나 많습니까? 오늘의 말씀대로 우리가 하나님을 찾음으로 하나님의 은혜를 입는 신앙의 사람이 되어야겠습니다.

• 기도 : 만나주시는 하나님, 오늘 말씀대로 주님을 사랑하게 하시고, 간절히 찾을 수 있게 하옵소서. 하나님을 사랑함같이 예배를 사랑할 수 있게 하시고, 예배하는 일에 힘쓸 수 있게 하옵소서. 또한 하나님의 은혜를 구하는 삶이 되게 하여 주옵소서. 예수님의 이름으로 기도합니다. 아멘

• 중보기도 : 모든 그리스도인들이 하나님을 만나는 자들이 되게 하여 주소서.

4월 28일
축복

균형 잡힌 축복

• 성경: 잠언 22장 4절 • 찬송: 435장 • 요절: 잠 22: 4

오늘 말씀은 우리가 참으로 좋아할 수밖에 없는 말씀입니다.

이 말씀은 우리에게 잠언 중의 잠언이 될 수 있는 말씀이기 때문입니다. 우리가 이 짧은 말씀을 묵상하면 하나님의 마음을 알 수 있습니다.

하나님은 겸손한 사람과 여호와를 경외하는 사람에게 세 가지 축복을 약속하셨습니다. 한 가지 축복만 약속하신 것이 아닙니다. 세 가지 축복을 약속하셨습니다.

세 가지 축복이 의미하는 것이 뭘까요? 성경에서 3이라는 숫자는 완전수를 가리킵니다. 그러므로 완전한 축복, 균형 잡힌 축복을 말합니다. 그러면 잠언 기자가 말하는 세 가지 축복은 무엇입니까?

첫째, 재물의 축복입니다.

우리가 영적으로 하나님 앞에 바로 서있으면 재물을 주십니다.

둘째, 영광을 얻게 되는 축복입니다.

영광이란 명예를 의미합니다. 그 이름이 창대케 되는 것을 의미합니다.

셋째, 생명의 축복입니다.

생명은 영원한 것을 말합니다. 무한한 것을 말합니다. 생명에는 놀라운 잠재력이 있습니다. 창조력이 있습니다. 아기가 잉태되고 자라는 것을 보세요. 얼마나 놀라운 창조력입니까?

우리 모두 여호와를 경외하는 것을 하나님께 인정받음으로 균형 잡힌 세 가지 축복을 받아 누릴 수 있는 신앙의 사람이 되어야겠습니다.

• **기도**: 복 주시기를 즐겨 하시는 하나님, 저희가 하나님의 축복을 담아낼 수 있는 축복의 그릇이 되게 하여 주옵소서. 영적으로 하나님 앞에 바로서기에 힘쓸 수 있게 하시고, 주님을 기쁘시게 하는 삶이 되게 하여 주옵소서. 그리하여 재물과 영광과 생명의 축복을 받음으로 여호와 하나님을 잘 섬기는 것이 복의 근원임을 뭇사람들에게 나타낼 수 있게 하옵소서. 예수님의 이름으로 기도합니다. 아멘

• **중보기도**: 모든 그리스도인들이 하나님 앞에 영적으로 바로 섬으로 균형 잡힌 완전한 축복을 받게 하소서.

4월 29일 / 교회생활

천 날보다 나은 곳

• 성경: 시편 84편 10 ~ 12절 • 찬송: 208장 • 요절: 시 84: 10

오늘 말씀은 성전 중심의 신앙생활이 얼마나 중요한가를 잘 표현한 말씀입니다.

"주의 궁정에서의 한 날이 다른 곳에서의 천 날보다 나은즉 악인의 장막에 사는 것보다 내 하나님의 성전 문지기로 있는 것이 좋사오니".

시편 84편은 고라 자손의 시인데 역대기 26장을 보면 고라 자손은 성전에서의 문지기 역할을 맡고 있었습니다. 문지기라면 누가 알아주는 것도 아니고, 존경받을 만한 역할도 아닌데 그들은 성전문지기의 역할을 맡고 있는 것에 대하여 깊은 감사를 드렸습니다. 왜냐하면 성전에서의 생활을 할 수 있었기 때문입니다.

그런 경험을 바탕으로 고라 자손은 주의 궁정에서의 한 날이 다른 곳에서의 천 날보다 낫고 악인의 장막에 사는 것보다 내 하나님의 성전 문지기로 있는 것이 좋다는 고백을 하고 있는 것입니다.

대단한 것도 아닌 성전 문지기였지만 성전에서의 생활, 그자체가 기쁨이고 만족이었던 이 고라자손의 마음이 오늘 우리의 마음이기를 원합니다. 할 수만 있으면 성전에서의 생활을 최소화하려고 하는 이때에 교회생활을 강화하는 것이야말로 이 짧은 우리 인생을 값지게 사는 것입니다.

다른 곳에서의 삶은 우리가 아무리 노력해도 죄가 묻어나는 삶일 수밖에 없습니다. 그러나 주님의 전에서의 생활만큼은 조금이라도 죄를 절제할 수 있으니 내 영혼을 위하여 얼마나 축복된 삶입니까?

우리 주 하나님께서 성전에 마음을 둔 그 중심을 보배롭게 보실 것입니다. 복된 삶이 될 수 있도록 형통의 길로 인도하실 것입니다.

• **기도** : 성전의 주인이신 주님, 오늘 저희의 삶이 성전 중심의 삶인지를 돌아보게 하옵소서. 할 수만 있으면 주님의 교회를 멀리 하려고 했던 모습은 아니었는지요? 주일 한 번의 예배로 신앙생활의 전부인 것처럼 생각하고 있었던 것은 아니지요? 주님의 몸 된 교회를 사랑할 수 있게 하옵소서. 주님의 몸 된 교회를 가까이 할 수 있게 하옵소서. 교회 생활을 잘하는 것을 기쁨의 이유로 삼을 수 있게 하옵소서. 예수님의 이름으로 기도합니다. 아멘

• **중보기도** : 모든 그리스도인들이 교회를 사랑하게 하시고, 교회 생활 그 자체가 기쁨이 되게 하소서.

4월 30일
치유와 기도

나를 고치셨나이다

• 성경: 시편 30편 1~12절 • 찬송: 472장 • 요절: 시 30:2

영국 황실에 「피터 크로퍼」라는 유명한 바이올리니스트가 있었습니다. 그는 영광스럽게도 [스트라디바리우스]라고 하는 세계적으로 유명한 바이올린을 가지고 핀란드에서 연주할 기회를 얻었습니다. 세계 최고의 악기로 연주하게 되었다는 기쁨으로 흥분한 그가 실수로 바이올린을 떨어뜨리고 말았습니다. 깨어진 악기를 바라보며 망연자실하지 않을 수 없었습니다. 그런데 어느 날, 런던에서 악기를 손질하는 기사가 찾아와 그 악기를 고쳐보겠다고 나섰습니다. 그 후, 고쳐진 바이올린으로 시범 연주를 하게 되었을 때 새것이었을 때보다 더 아름다운 소리가 청아하게 울려 퍼지면서 청중을 감동시켰다고 합니다.

오늘 말씀에 시인은 "여호와 내 하나님이여 내가 주께 부르짖으매 나를 고치셨나이다"라고 고백합니다. 시인이 '나를 고치셨다'고 고백하는 것이 무엇인지 정확히 알 수 없지만 그에게 뭔가 망가진 것이 있었다는 것을 보여주고 있습니다. 육체가 병들었을 수도 있고, 마음이 온통 상처투성이였을 수도 있고, 어쩌면 인생자체가 망가져 있을 수도 있습니다. 그러나 하나님께 부르짖으매 자기의 기도를 들으시고 망가진 데를 다시 고쳐주셔서 새롭게 시작하도록 도우셨다는 것입니다. 그래서 그는 이 시를 "내가 잠잠하지 아니하고 … 내가 주께 영원히 감사하리이다"라고 고백하며 마무리 짓고 있습니다. 돌이켜 보면 우리의 삶도 아프고 상한 곳이 수없이 많음을 발견합니다. 사랑하시는 당신의 자녀이기에 우리가 알지 못하고, 깨닫지 못하고, 느끼지 못하는 가운데서도 치유하시는 하나님이십니다. 그래서 우리는 실족한 자리에서도 다시 일어설 수 있는 것입니다. 오늘 시인의 뜨거운 감사 기도가 우리에게도 있어야 하겠습니다.

• **기도**: 사랑의 하나님, 하나님은 저희의 상한 곳을 어루만져 주시고, 아픈 곳을 치유하시는 분이심을 믿습니다. 저희보다 저희를 더 잘 아시기에 저희가 느끼지 못하는 가운데서도 치유의 손길을 펴시는 하나님이심을 믿습니다. 오늘 저희에게도 시편 기자와 같은 감사기도가 있게 하여 주옵소서. 주님의 은혜를 늘 읊조릴 수 있게 하여 주옵소서. 예수님의 이름으로 기도합니다. 아멘

• **중보기도**: 모든 그리스도인들이 하나님의 치유를 경험하게 하소서.

5월 1일
아버지 자리

상실된 부성의 회복

• 성경: 창세기 9장 18 ~ 29절 • 찬송: 566장 • 요절: 창 9: 23

　5월은 가정의 달입니다. 가정의 달을 맞이하여 질서에 대하여 생각해보려고 합니다. 안타깝게도 지금 우리가 사는 이 시대는 질서가 다 무너져 내리고 있습니다. 가정의 질서, 사회의 질서가 다 무너져 내리고 있습니다. 우리 사회 전반에 걸쳐, 질서가 무너지면서 많은 문제점들이 나타나고 있습니다. 문제가 한두 가지가 아닙니다. 그렇다면 '그 원인이 어디에 있을까?' 하는 것입니다. 근본 원인은 바로 '부성(父性)의 상실'에 있습니다.

　성경을 보십시오. 특히 구약 성경은 인간 사회에서 아버지의 자리를 얼마나 소중하게 지켜주려 하는지 모릅니다. 오늘 말씀인 창세기 9장을 보면 노아 가족의 일화가 소개되어 있습니다.

　대홍수가 지나간 후 노아는 농업을 시작하여 포도를 재배해서 포도주를 빚었습니다. 그런데 너무 과하게 마셔서 만취했는데 그만 벌거벗은 채 잠이 들고 말았습니다. 세 아들 중의 하나인 함이 그 광경을 보고는 나가서 두 형제에게 사실을 말한 모양입니다. 그러자 셈과 야벳은 옷을 가지고 들어가 아버지를 덮어드립니다.

　술에서 깨어난 노아는 셈과 야벳에게는 축복을 하면서도 함에게는 저주를 내립니다. 아버지의 하체는 수치를 의미합니다. 그래서 자식이 아버지의 하체를 보는 것은 금기입니다. 그만큼 부성을 지키는 것이 중요한 것입니다. 부성이 무너지면 부성만 무너지는 것이 아니요, 전반적인 질서가 다 무너지고 맙니다. 그래서 성경은 노아의 일화뿐 아니라, 여러 부분에서 이런 부성의 중요함을 일러주고 있습니다. 상실된 부성이 회복되면 이 시대의 무너진 질서는 회복될 수 있습니다.

• **기도**: 사랑의 하나님, 아버지의 자리를 지켜주는 자녀와 가정이 되게 하옵소서. 부성이 무너지면 부성만 무너지는 것이 아니요, 전반적인 질서가 다 무너지고 만다는 것을 잊지 말게 하여 주옵소서. 여러 부분에서 부성의 중요함을 깨달아 가정에서 부성이 상실되지 않도록 아버지의 자리를 지켜주는 자녀와 가정이 되게 하옵소서. 예수님의 이름으로 기도합니다. 아멘
• **중보기도**: 모든 그리스도인들의 가정에 아버지의 자리가 있게 하소서.

5월 2일 협력

협력이 아름답다

• 성경: 시편 133편 1~3절 • 찬송: 220장 • 요절: 시 133: 1~3

우리 주변에서 미움 받는 사람, 싫어하는 사람은 어떠한 사람일까요? 그것은 아마도 이기적인 사람일 것입니다. 이기적인 사람은 제아무리 잘났다 해도 사람들에게 인정을 받지 못합니다. 좋아하지를 않습니다. 가까이 하고 싶지를 않습니다.

이기적인 신앙을 가진 사람도 마찬가지입니다. 혼자만 잘하는 신앙생활, 혼자만 잘하는 기도 생활, 혼자만 잘하는 찬양은 영광을 드러내는 것이 못 됩니다. 이기적일 뿐입니다. 그러나 겸손히 협력할 줄 아는 사람은 아름답습니다. 함께하고 싶어집니다. 뿐만 아니라 공동체가 아름다워지고 힘을 얻습니다.

오늘 말씀은 다윗이 언약궤를 시온에 안치하고 온 이스라엘이 하나로 연합되어가는 그 모습을 보고 협력으로 하나됨의 아름다움을 노래한 시입니다. 혼자 잘하는 것보다 협력하는 것이 아름다운 것입니다. 그러므로 더욱 서로가 연합해야만 합니다.

우리는 그리스도의 지체입니다. 몸의 지체가 이기적일 때 어떻게 되겠습니까? 다른 지체에게 고통이 됩니다. 모두가 같이 고통을 당합니다. 하나님 나라와 교회가 고통을 당합니다. 그러나 그리스도의 지체로서 서로를 돌아보며 교만하지 않고 겸손히 서로 섬기고 협력하며 하나될 때 우리가 있는 곳은 더욱 아름다울 수 있습니다.

그리고 거기서 큰 힘을 발휘할 수 있습니다. 서로 협력하고, 하나됨으로 주 안에서 기쁨을 주고, 은혜를 끼치고 시원케 하는 신앙의 사람이 되어야 겠습니다.

• **기도** : 은혜의 주님, 혼자만 잘하는 신앙생활이 되지 말게 하시고, 협력할 줄 아는 신앙생활을 할 수 있게 하옵소서. 그리스도의 지체로서 서로 돌아보며 섬기고 협력할 때 더욱 아름다워질 수 있음을 잊지 말게 하옵소서. 무엇을 하든지 서로 협력하고 하나됨으로, 서로에게 기쁨을 주고 은혜를 끼치는 신앙생활이 되게 하여 주옵소서. 이 땅을 살아가는 동안 많은 천국 공동체의 아름다움을 보여주는 삶이 되게 하옵소서. 예수님의 이름으로 기도합니다. 아멘

• **중보기도** : 모든 그리스도인들이 서로 협력하고, 하나되는 삶을 살게 하소서.

5월 3일
믿음의 유산

믿음의 영향력

• 성경: 디모데후서 1장 3~5절 • 찬송: 312장 • 요절: 딤후 1:5

오늘 말씀은 사도 바울의 영적인 아들이며, 바울의 사역에 없어서는 안 될 동역자인 디모데에 대하여 그의 믿음을 칭찬하고 있는 말씀입니다.

바울은 디모데가 훌륭한 믿음의 사람이 될 수 있었던 것이 외할머니와 어머니가 가진 믿음의 영향력을 받아 거짓 없는 믿음을 소유한 훌륭한 그리스도인이 되었다고 말하고 있습니다. 이처럼 가족을 비롯한 다른 사람들에게서 믿음과 신앙의 영향력을 받아 훌륭한 하나님의 사람이 된 것은 디모데뿐이 아닙니다.

어머니 한나의 영향을 받아 한 시대의 등불이 된 사무엘 선지자, 믿음의 조상이라 불리는 아브라함의 영향을 받아 대표적인 순종의 사람이 된 이삭이 있습니다.

바로의 공주의 아들이라 칭함을 거절한 모세의 믿음은 그가 태어났을 때 아름다운 아이임을 보고 석 달 동안 숨겨 임금의 명령을 무서워하지 않았던 그 부모의 영향 때문이었습니다(히 11:23~34).

좋은 신앙을 다른 사람에게서 받을 수도 있겠지만 부모는 자녀들에게 그런 좋은 영향을 주어야 할 의무가 있습니다. 부모가 자녀에게 유산으로서 무엇을 남겨 주어야 하겠습니까? 눈에 보이는 유형적 유산보다 귀한 것이 신앙이며 믿음입니다.

오늘 자녀를 둔 부모로서, 이 시대를 사는 그리스도인은 성경에 나오는 부모처럼 훌륭한 믿음을 유산으로 남길 수 있는 부모가 되게 해달라고 기도해야만 할 것입니다.

• **기도**: 사랑의 하나님, 자녀에게 믿음의 좋은 영향력을 끼칠 수 있게 하옵소서. 부모가 자녀에게 물려줄 수 있는 가장 값진 유산은 눈에 보이는 유형적 유산보다 신앙이며 믿음임을 잊지 말게 하여 주옵소서. 자녀에게 거짓이 없는 믿음의 본을 보일 수 있게 하시고, 영적인 가치의 우월함을 보여줄 수 있는 부모가 되게 하옵소서. 예수님의 이름으로 기도합니다. 아멘.

• **중보기도**: 모든 그리스도인들이 자녀에게 믿음의 좋은 영향력을 끼칠 수 있게 하소서.

5월 4일
구원의 빛

너희는 세상의 빛이라

• 성경: 마태복음 5장 14~15절 • 찬송: 510장 • 요절: 마 5:14

황량한 바다에 등대지기가 있었습니다. 그는 매달 1일에 바다에 불을 비출 수 있는 한 달분의 기름을 공급받았습니다. 어느 날, 한 여인이 추위에 떨고 있는 아이들을 위해 불을 땔 수 있게 기름을 좀 나누어 달라고 했습니다. 다음에는 한 농부가 와서 등에 넣을 기름이 없어 아들이 공부를 하지 못하고 있으니 기름을 좀 달라고 요청했습니다. 등대지기는 이들의 사정을 듣고 그들의 요구보다 약간 후하게 기름을 나누어 주었습니다.

그런데 문제가 생겼습니다. 한달이 되려면 아직도 며칠이 남았는데 기름이 동이 나서 등대를 비출 수 없게 된 것입니다. 등대지기의 마음은 불안해지기 시작했습니다. 아닌 게 아니라 그날 밤 세 척의 배가 길을 잃고 헤매다가 암초에 걸려 파손되었고, 100명 이상이 생명을 잃었습니다. 이 사건으로 등대지기는 정부기관의 조사를 받았고, 어떻게 자기가 기름을 다 쓰게 되었는지 상세히 설명해야 했습니다. 등대지기의 설명을 들은 조사관은 "당신에게는 오직 한 가지 일이 주어졌소. 그것은 등대에 불을 켜는 것이오. 그외의 다른 모든 일은 부차적이오. 그러니 당신의 잘못은 고려의 여지가 없소!"라고 말했습니다. 등대지기는 곧바로 파면당했습니다.

지금 우리 주위에 얼마나 많은 영혼들이 갈 길을 잃고 헤매며 방황하고 있습니까? 그럼에도 불구하고 우리가 자신의 임무, 곧 영혼 구원을 위해 일하지 않는다면 '자격 상실'이라는 주님의 심판이 있을 것입니다. 오늘 말씀에 주님은 당신을 따르는 우리를 세상의 빛이라고 말씀하셨습니다. 구원의 빛을 환하게 비추는 등대라는 말입니다. 우리는 그 빛을 밝게 비추어서 많은 사람을 주님께로 인도해야 하는 책임을 잘 감당해야 할 것입니다.

• **기 도**: 구원의 하나님, 저희로 '너희는 세상의 빛이라'고 하신 주님의 말씀을 가슴 깊이 새기게 하여 주옵소서. 갈 길 몰라 방황하는 영혼들을 주님께로 인도하기 위해 사랑의 빛을 비추고, 구원의 빛을 비출 수 있는 저희의 삶이 되게 하여 주옵소서. 그것이 주님을 따르는 자에게 주어진 의무와 책임임을 잊지 말게 하여 주옵소서. 예수님의 이름으로 기도합니다. 아멘

• **중보기도**: 모든 그리스도인들이 세상의 빛의 역할을 잘 감당하게 하소서.

5월 5일 어린이주일

주의 교훈과 훈계로 양육하라

• 성경: 에베소서 6장 4절   • 찬송: 564장   • 요절: 엡 6: 4

오늘은 어린이주일입니다. 자녀들에 대한 중요성을 다시 한 번 생각할 수 있는 기회가 부모에게 주어진 것입니다. 지금 하나님 앞에서 부모로서의 역할을 잘하고 있습니까?

오늘 말씀을 보면, 부모들에게 주시는 하나님의 말씀이 있습니다. 먼저, '아비들아' 하는 말로 시작하고 있습니다. 이것은 물론 넓게 보면 부모를 가리키는 말이기는 하지만 그러나 자녀 양육의 일차적인 책임은 바로 아버지에게 있다는 것을 가르쳐주는 말입니다.

가정의 가장은 아버지입니다. 하나님께서 아버지를 가정의 머리로 삼으셨습니다. 한 가정에서 일어나는 모든 일의 책임은 가장인 아버지에게 있습니다. 그러므로 자녀 교육에 대한 청지기로서의 책임도 아버지가 져야 합니다. 그리고 자녀를 노엽게 하지 말라고 했습니다. 이 말은 자녀들도 인격이 있고, 희노애락의 감정을 가지고 있다는 말입니다. 자녀들은 아무것도 모르기 때문에 내 마음대로 해도 괜찮다는 생각을 가지면 가정교육은 실패할 수밖에 없습니다. 자녀들은 큰 상처를 받고 잘못된 길로 걸어가게 됩니다.

그리고 오직 주의 교훈과 훈계로 양육하라고 했습니다. 자녀가 거짓말을 했을 때, 성경에 거짓말에 대하여 어떻게 말씀하고 있는지를 가르치라는 것입니다. 성경이 자녀에게 말씀하도록 하는 겁니다. 그렇게 가르쳐 놓으면 앞으로 커서도 모든 문제를 성경에서 풀게 됩니다. 성경에서 해답을 얻게 됩니다. 성경은 예배 교과서가 아닙니다. 실제 생활의 교양서로서 성경이 되어야 합니다.

자녀 교육을 다른 데 맡겨서는 안 됩니다. 부모가 해야 합니다. 자녀교육은 부모에게 하나님이 주신 귀한 사명입니다.

• **기도**: 사랑의 하나님, 주님이 말씀하신 대로 자녀를 노엽게 하지 말고 주의 교훈과 훈계로 잘 양육할 수 있는 부모가 되게 하옵소서. 그리하여 자녀가 성장하면서 하나님을 더 잘 섬길 수 있게 하시고, 일생을 다하도록 주님을 떠나는 일이 없게 하옵소서. 주님을 더욱 닮아가는 자녀, 주님을 더욱 의지하는 자녀, 주님께 큰 칭찬을 듣는 자녀가 되게 하옵소서. 예수님의 이름으로 기도합니다. 아멘

• **중보기도**: 부모 된 모든 그리스도인들이 자녀를 주의 교양과 훈계로 잘 양육할 수 있게 하소서.

5월 6일
복과 순종

왜 복을 받지 못하는 것일까?

• 성경: 사무엘상 15장 22절 • 찬송: 449장 • 요절: 삼상 15: 22

우리는 보통 하나님이 복을 주신다고 하면 그 말씀이 별로 마음에 와 닿지 않습니다. 하나님이 복을 주신다고 하면 머리로는 '아멘'이 되는데 가슴 쪽으로 오면 고개가 갸우뚱거려집니다. 왜 이렇게 되는 것일까요? 복을 받는다는 말은 많이 들었는데, 실제로 복을 받아본 경험이 별로 없어서 그런 것입니다.

성경을 보게 되면 얼마나 많은 사람들이 말씀에 순종하여 복을 받았는지 알 수 있습니다. 실로암 못에 가서 눈을 씻으면 볼 수 있다는 예수님의 말씀을 들은 환자는 즉시 실로암 못으로 달려갑니다(요 9:1~12). 제사장에게 몸을 보이면 고침 받는다는 말을 들은 10명의 한센병 환자는 모두 제사장에게로 달려가다가 고침을 받습니다(눅17:11~21).

물 항아리에 물을 채웠다가 이제 잔치 자리에 가져다 주라는 예수님의 명령을 받은 사람들은 의심하지 않고 가져다주니 그 어느 것보다 맛있는 포도주가 되었습니다(요 2:1~11).

이같은 기적의 동력은 무엇일까요? 순종입니다. 성경이 우리에게 하나님과 말씀에 대해 요구하는 것은 믿고 순종하라는 것입니다. 그럴 때 하나님은 우리에게 복을 주신다는 것입니다. 그러므로 우리가 복을 받지 못하는 근본적인 이유는 말씀에 대한 순종이 없기 때문입니다.

순종할 수 있는 자리는 다 피해 다니기 때문입니다. 하나님은 살아계신 분이십니다. 하나님의 말씀은 살아있습니다(히4:12). 복을 받으려면 순종이 제사보다 낫고 듣는 것이 숫양의 기름보다 낫다는 말씀을 마음 판에 새겨두어야 할 것입니다.

• **기도**: 제사보다 순종을 원하시는 주님, 저희로 순종의 사람이 되게 하옵소서. 저희가 하나님의 능력을 경험하지 못하는 삶을 사는 근본적이 이유는 말씀에 대한 순종이 없기 때문임을 깨닫습니다. 순종할 수 있는 자리는 다 피해 다녔기 때문임을 깨닫습니다. 하나님이 저희에게 요구하시는 것은 순종의 욕구를 충족시키는 것임을 잊지 말게 하옵소서. 순종의 사람으로 거듭나도록 은혜를 더하여 주옵소서. 예수님의 이름으로 기도합니다. 아멘

• **중보기도**: 모든 그리스도인들이 하나님께 순종의 삶을 드릴 수 있게 하소서.

5월 7일 자녀교육

하나님의 대리자

• 성경: 신명기 6장 4~9절 • 찬송: 202장 • 요절: 신 6:6~7

종교 개혁자였던 「요한 칼빈」선생은 "하나님께서는 가정의 부모로 하여금 하나님을 대신하게 하셨다."고 말했습니다.

각 가정의 부모에게 하나님께서 하시던 주된 사역, 즉 인도하고, 가르치고, 양육하고, 보호하는 일을 부모에게 맡기셨다는 말입니다. 그러니까 가정의 자녀들에게는 부모가 하나님의 대리인이라는 말입니다. 그러기에 부모는 하나님의 역할을 할 수 있어야만 합니다.

자녀들을 바로 양육하고 보호하면서, 아울러 잊지 말아야 할 것은 자녀들을 하나님 말씀으로 양육하기에 힘써야 한다는 것입니다.

유대인들은 자녀 교육을 잘하기로 유명한데 그들의 자녀 교육의 핵심이 "쉐마교육"입니다. 그런데 이 쉐마교육의 내용은 특별한 것이 아닌 바로 말씀 교육입니다.

이스라엘은 변변한 지하자원도 없고 땅도 겨우 우리나라 강원도만 한 땅에 인구도 전 세계적으로 고작 2,000만 명 정도로 많지 않습니다. 그런데 놀라운 것은 노벨상의 38%를 유대인이 받았으며 전 세계의 돈줄, 과학, 정치 등 모든 면에서 탁월한 능력을 보이고 있습니다.

기업인 홍정욱 씨는(남궁원 아들) 하버드대학을 졸업하며 상을 세 개나 받았습니다. 그는 어렸을 때부터 철저한 과외를 했는데 성경 과외를 받았다는 것입니다. 그 말씀에 대한 열정과 그 말씀의 능력이 자신을 만들었다고 그는 이미 여러 곳에서 말한 바 있습니다. 그러기에 하나님의 대리인 된 부모는 오늘 말씀대로 자녀들을 말씀으로 양육하고 키우는 데 게을리 하지 말아야 합니다.

• **기도** : 사랑의 하나님, 부모는 자녀를 하나님의 말씀으로 양육하는 하나님의 대리인이라는 것을 잊지 말게 하여 주옵소서. 자녀가 말씀에서 떠나지 않도록 말씀으로 양육하며 기도할 수 있는 부모가 되게 하시고, 자녀가 살아계신 능력의 하나님을 만나는 삶이 되도록 신앙으로 지도할 수 있는 부모가 되게 하옵소서. 자녀에게 하나님의 대리인 된 부모의 역할을 잘 감당할 수 있도록 은혜를 더하여 주옵소서. 예수님의 이름으로 기도합니다. 아멘

• **중보기도** : 부모 된 모든 그리스도인들이 부모는 자녀에게 하나님의 대리인이라는 것을 잊지 말게 하소서.

5월 8일
부모공경

효의 종교

• 성경: 신명기 5장 16절 • 찬송: 577장 • 요절: 신 5: 16

공자가어(孔子家語)라는 책에 이런 말이 나옵니다. "나무는 조용히 있고자 하나 바람이 그치질 않고, 자식은 봉양을 하려고 하나 어버이는 기다려 주지 않는다. 한 번 가면 다시 오지 않는 것은 세월이고, 다시는 볼 수 없는 것이 어버이다."

유명한 '풍수지탄(風樹之嘆)'은 바로 여기서 나온 말로 어버이께 효도를 다하지 못한 사람이 뒤늦게 뉘우치고 한숨짓는 일을 말합니다. 이 말 한마디로 공자는 일약 효를 강조하는 인류의 스승으로 추앙받게 됩니다.

어떤 사람들은 기독교가 부모 공경에 대해 인색한 종교라고 말하나 하나님은 아예 십계명 중에 사람과의 관계 속에 부모 공경을 으뜸으로 두셨습니다. 뿐만 아니라 성경 여러 곳에서도 부모 공경에 대하여 강조하고 있는 것을 볼 수 있습니다.

예수님도 하늘의 하나님과 육신의 부모에게 효를 다하셨습니다. 그러므로 기독교는 부모 공경에 대해 인색한 종교가 아니라 효를 강조하고 있는 종교입니다. 특히 성경은 부모를 공경하는 것이 자녀가 해야만 할 지극히 옳은 일임을 강조하고 있습니다(엡 6:1).

특히 오늘 말씀에 하나님은 부모를 공경하는 자에게 장수의 복까지 약속하여 주십니다. 그러니까 장수의 복은 부모 공경을 잘하는 자가 받게 되는 하나님의 약속된 축복입니다.

그러므로 부모를 잘 공경하고 그 말씀에 순종하는 자녀는 절대로 불행하게 되지 않습니다. 대대로 명문가문을 이루는 하나님의 축복을 누릴 수 있습니다.

• **기도**: 부모 공경을 명령하신 하나님, 하나님을 공경하듯 육신의 부모를 잘 공경하는 자녀가 되게 하여 주옵소서. 부모님의 마음을 서운하게 해드리거나 늙은 부모를 멸시하는 악행을 저지르지 않게 하여 주옵소서. 부모 공경을 잘하는 자가 하나님의 약속의 자녀임을 잊지 말게 하여 주옵소서. 부모 공경을 잘함으로 대대로 명문가문을 이루게 하옵소서. 예수님의 이름으로 기도합니다. 아멘

• **중보기도**: 모든 그리스도인들이 육신의 부모를 잘 공경할 수 있게 하소서.

5월 9일 비전의 사람

미래를 바라보는 사람

• 성경: 빌립보서 3장 12~14절 • 찬송: 490장 • 요절: 빌 3:14

미국이 러시아로부터 알래스카를 사라는 제안을 받았을 때 미 의회는 절대다수가 반대를 했습니다.

모두가 하나같이 쓸모없는 땅이라는 의견이었습니다. 그때 재무부 장관인 「윌리엄 시워드」가 의회에서 의원들을 설득시켰습니다.

"여러분, 나는 눈 덮인 알래스카를 바라보고 그 땅을 사자는 것이 아닙니다. 나는 그 안에 감추어진 무한한 보고를 바라보고 사자는 것입니다. 여러분, 나는 우리 세대를 위해 그 땅을 사자는 것이 아닙니다. 다음 세대를 위해 그 땅을 사자는 것입니다."

그의 간곡한 설득으로 미 의회는 알래스카를 사기로 결정했습니다. 불과 720만 달러에 샀습니다. 1에이커, 즉 1224평을 단돈 2센트씩에 산 셈입니다.

알래스카는 확인된 석유 매장량만 45억 배럴에 이르고, 가스, 목재, 구리 등 지하자원의 가치가 엄청난 자연의 보고입니다. 그 가치만도 약 1조 달러에 달할 정도라고 합니다. 지금 미국에서 제일 큰 땅을 가진 주정부는 알래스카입니다. 가장 부자인 주 정부도 역시 알래스카입니다.

이 이야기는 한 사람의 비전이 후대에 얼마나 큰 영향력을 끼칠 수 있는가를 보여주고 있습니다.

비전의 사람, 미래를 바라보는 사람이 그가 속한 공동체를 행복하고 건강하게 세워나갈 수 있습니다. 하나님이 쓰시고 함께 일하시는 사람은 비전의 사람입니다. 미래를 바라보는 사람입니다.

• **기도**: 믿음대로 되게 하시는 주님, 한 사람의 비전이 후대에 얼마나 큰 영향을 끼칠 수 있는가를 깨닫습니다. 한 사람의 비전이 그가 속한 공동체를 행복하게 하고, 건강하게 세워갈 수 있음을 깨닫습니다. 저희로 미래를 바라보는 비전의 사람이 되게 하옵소서. 가정과 교회와 나라를 행복하고 건강하게 세워갈 수 있게 하옵소서. 비전의 사람을 통하여 일하시는 하나님을 경험하는 삶이 되게 하여 주옵소서. 예수님의 이름으로 기도합니다. 아멘

• **중보기도**: 모든 그리스도인들이 미래를 바라보는 비전의 사람이 되게 하소서.

5월 10일 낮아짐

낮아져야만 영혼을 얻는다

• 성경: 고린도전서 9장 19~23절 • 찬송: 264장 • 요절: 고전 9:23

조선시대의 거상인 「임상옥」의 자서전 '가포집'을 토대로 쓴 최인호 씨의 소설 '상도'에 보면 조선시대의 거상 임상옥이 초기에 만상 주인 홍득주라는 사람 밑에서 장사를 배울 때 배운 상업 철학이 이것입니다.

"장사는 이문을 남기는 것이 아니고 사람을 남기는 것이다."

그는 이 철학을 평생을 통해 굳게 잡고 장사를 했습니다. 마침내 그는 조선시대의 상권을 장악하는 제일의 거부가 되었습니다. 그는 재산가로서만 부자가 아니라, 사람을 얻는 자로서 부자이기도 했습니다.

이 중요한 사실을 우리 모든 그리스도인들이 깊이 생각해야 합니다. 여기에 하나님의 뜻이 있음을 깨달아야만 합니다. 사람이 아무리 큰 업적을 남겼다 하더라도, 아무리 높은 자리에 있었다 할지라도, 아무리 좋은 훈련을 받았고, 좋은 선택을 했다 하더라도 그의 곁에 사람이 없다면, 그와 함께할 사람이 없다면 그는 실패자입니다. 그와 같이 우리가 아무리 신앙생활을 잘 했다 할지라도 내 곁에 사람이 없다면 우리의 신앙은 어딘가 문제가 있는 것입니다.

오늘 말씀은 바로 그 부분에 대해서 말씀해 주고 있습니다. 사도바울은 많은 사람을 얻기 위해서 자신이 어떻게 했는가 하는 것을 우리에게 말씀해 주고 있습니다.

특별히 영혼을 구원하기 위해서, 복음에 참여하기 위해서 어떻게 했는가에 대해서 말씀해 주고 있습니다.

바울같이 화려한 이력을 가진 사람이 영혼을 구원하기 위하여 취한 태도는 오늘 우리가 반드시 닮아가야 할 그리스도인의 모습입니다.

• **기도**: 낮은 곳으로 오신 주님, 사도바울은 많은 사람의 영혼을 구원하기 위하여 낮아짐의 삶을 살았습니다. 그것은 곧 우리 주님이 본을 보이셨던 삶이셨습니다. 저희도 낮아짐의 삶을 사셨던 주님을 본받게 하옵소서. 내세울 것이 많은 인생이라 할지라도, 자랑할 것이 많은 인생이라 할지라도, 사람을 얻기 위해서, 영혼을 구원하기 위하여 낮아질 수 있는 삶을 살아가게 하여 주옵소서. 예수님의 이름으로 기도합니다. 아멘

• **중보기도**: 모든 그리스도인들이 주님을 본받아 영혼구원을 위하여 낮아짐의 삶을 살게 하소서.

5월 11일 용납의 능력

수용은 사람을 얻는다

• 성경: 에베소서 4장 1~6절 • 찬송: 212장 • 요절: 엡 4:1~3

　수용성이란, 이해하고 인정하고 용납하는 것을 말합니다. 긍휼히 여길 줄 아는 마음, 받아들일 줄 아는 마음, 수용할 줄 아는 사람이 사람을 얻게 됩니다.

　성경 사도행전에 나오는 바나바는 수용할 줄 아는 사람이었습니다. 무서운 사람 사울이 초대교회 안에 들어오려 할 때 누구나 다 염려하고 두려워했습니다. 사람들에게 사울은 매우 두렵고 꺼리는 존재였습니다. 그때 바나바가 사울을 용납했습니다. 그를 수용했습니다.

　그것으로 인해 바나바는 위대한 사도 바울을 얻게 되었고, 교회 입장에서는 천군만마와 같은 능력의 종을 얻게 되었으며 수많은 사람들은 자기에게 생명의 복음을 전해준 은인을 얻게 된 것입니다.

　우리는 다 서로 다른 사람들입니다. 같은 데가 단 한군데도 없습니다. 따라서 다양성 속에 있는 사람들입니다. 믿음의 정도도 모두 다릅니다. 배경도 다르고 경험도 다릅니다. 문화도 다릅니다. 사고방식도, 살아가는 방법도 다릅니다. 그러나 이것을 이해해야 하고 수용해야 하며 인정해 주어야만 합니다.

　그리스도인의 성별된 삶은 세상과의 단절을 의미하지 않습니다. 그들과 함께 살면서, 어울리면서 그들에게 동화되지 않는 삶, 그들을 리드하는 삶이 성별의 삶입니다. 나는 믿음이 좋다고 고상해서도 안 되고 우월의식을 가져서도 안 됩니다. 믿음이 약한 사람에게는 믿음 약한 사람을 이해하면서 그들을 인정하고 함께할 수 있어야만 합니다. 우리의 수용성은 사람을 얻고, 사람을 살리는 능력입니다. 성령의 사람임을 보여주는 방편입니다.

- **기도** : 저희를 용납해 주신 주님, 저희로 다른 사람을 수용할 줄 아는 삶을 살게 하옵소서. 믿음이 좋다고 고상한 척 하지 말게 하시고, 다른 사람을 무시하거나 얕보는 일이 없게 하여 주옵소서. 다른 사람을 이해하고, 품어주고, 사랑할 수 있게 하옵소서. 그리하여 많은 사람을 주께로 인도할 수 있는 제자의 삶을 살게 하옵소서. 성령의 사람으로 살게 하옵소서. 예수님의 이름으로 기도합니다. 아멘
- **중보기도** : 모든 그리스도인들이 다른 사람을 수용할 줄 아는 그리스도인으로 살게 하소서.

5월 12일 어버이주일

사람의 기본 도리

• 성경: 에베소서 6장 1~3절 • 찬송: 383장 • 요절: 엡 6: 2~3

요즘, 부모님들이 자식으로부터 버려지고 있습니다. 우리를 낳아주시고 길러주신 부모님을 존경하며 공경하는 것이 천리(天理)인데, 요즘 사람들은 그것을 아무렇지도 않다는 듯이 버리고 있는 것입니다.

우리가 잘 알고 있듯이 십계명 가운데 인간과 관련해서 주어진 첫 번째 계명은 바로 "네 부모를 공경하라(출20:12)"입니다.

하나님께서 인간과 관련되어 지켜야 할 계명 가운데 첫 번째로 부모 공경을 제시한 것은 바로 그 계명이 인간의 모든 관계를 대변하는 기본 도리이기 때문입니다. 그래서 바울은 "네 아버지와 어머니를 공경하라 이것은 약속이 있는 첫 계명이니(엡6:2)"라고 말합니다. 부모 공경은 약속이 있는 첫 번째 계명입니다. 이 또한 부모 공경이 인간이 지켜야 할 모든 도리 가운데 가장 근본적이며 기본이 되는 도리임을 뜻합니다.

한 가지 더 주목해야 할 것은 부모를 공경할 때 주어지는 복입니다. 바울은 "이로써 네가 잘되고 장수하리라(엡6:3)"고 했고, 십계명에서는 "그리하면 네 하나님 여호와가 네게 준 땅에서 네 생명이 길리라(출20:12)"고 말씀했습니다. 또한 바울은 "자녀들아 모든 일에 부모에게 순종하라 이는 주 안에서 기쁘게 하는 것이니라(골3:20)"라고 했습니다.

부모를 공경하는 것은 하나님이 기뻐하시는 뜻입니다. 인간의 기본 도리를 다할 때 잘되고 복을 얻게 됩니다. 부모님에게 순종합시다. 그러면 만사가 잘되고 형통하는 복을 누리게 될 것입니다.

• **기도**: 저희에게 부모를 주신 주님, 저희로 부모를 공경하는 자녀의 도리를 다할 수 있게 하옵소서. 부모를 진심으로 공경하는 것이 하나님이 기뻐하는 것임을 잊지 말게 하옵소서. 마음과 힘을 다하여 부모를 공경할 수 있게 하시고, 정성을 다하여 부모를 보살펴드릴 수 있게 하옵소서. 부모님이 사시는 동안 자녀 때문에 마음 상해 하거나 서글픈 일이 없도록 부모에게 기쁨이 되는 자녀가 되게 하옵소서. 예수님의 이름으로 기도합니다 아멘

• **중보기도**: 모든 그리스도인들이 하나님의 약속 있는 첫 계명을 잘 지키게 하소서.

5월 13일
형통의 복

형통의 비결

• 성경: 역대하 7장 11 ~ 14절 • 찬송: 384장 • 요절: 대하 7: 11

오늘 말씀인 역대하 7장은 우리 인생에 있어 내비게이션과 같은 말씀입니다. 20년 동안의 성전과 왕궁 건축을 마치고 낙성식을 행할 때, 하나님께서는 솔로몬에게 직접 나타나셔서 이스라엘의 형통을 약속하셨습니다.

그렇다면 솔로몬처럼 하나님의 형통을 보장받을 수 있는 비결은 무엇일까요?

첫째는 악한 길에서 떠나는 것입니다(14상). 여기서 악한 길은 우상을 숭배한 이스라엘의 패역함, 하나님보다 세상의 방백들, 애굽의 칼과 병거를 더 의지하는 어리석음을 말합니다. 이 시대를 사는 우리는 무엇으로부터 떠나야 할까요? 하나님의 뜻보다 진학, 출세, 직장, 육체의 편안함 등을 먼저 찾았던 이기적인 즐거움에서 떠나야 합니다.

둘째는 스스로 낮추는 것입니다(14중). 하나님의 크심을 본 사람은 자신의 작음을 알게 됩니다. 그는 하나님을 구하게 되고, 하나님의 긍휼을 입게 됩니다.

셋째는 기도하는 것입니다(14하). 기도는 하나님의 얼굴을 쳐다보는 것입니다. 하나님의 얼굴을 구할 때 은혜가 되고, 하나님의 이름을 부를 때 도움이 시작됩니다. 진정 하나님의 형통을 얻기 원한다면 할 수 없는 일은 물론, 할 수 있다고 생각되는 일까지 하나님께 묻고 하나님의 음성을 들어야 합니다.

하나님은 개인이나 지도자나 교회나 국가나 악한 길에서 떠나, 날마다 자신을 낮추고 겸손함으로 간절히 하나님만을 구할 때 진정한 형통을 책임져 주십니다.

• **기도**: 형통의 복으로 함께하시는 하나님, 저희로 악한 길에서 떠나게 하시고, 스스로를 낮출 줄 알게 하시고, 간절히 하나님을 찾는 삶이 되게 하여 주옵소서. 할 수 없는 일은 물론, 할 수 있다고 생각되는 일까지 하나님께 묻고 지혜를 구할 수 있는 하나님의 자녀가 되게 하옵소서. 그리하여 하나님이 책임져 주시는 형통의 복을 받는 삶이 되게 하여 주옵소서. 예수님의 이름으로 기도합니다. 아멘
• **중보기도**: 모든 그리스도인들이 하나님의 형통의 복을 받아 누리는 삶이 되게 하소서.

5월 14일 도움의 손길

필요를 채워주는 사람

• 성경: 고린도전서 16장 17절 • 찬송: 293장 • 요절: 고전 16: 17

사람들의 마음에는 나름대로의 문제와 어려움을 가지고 있습니다. 영적인 갈등을 일으키고 있는 사람, 시험에 빠진 사람, 몹시 궁금증과 의문이 많은 사람, 이러한 사람들에게 믿음의 교훈을 주고, 마음이 상한 사람에게는 이해와 위로를 주며, 함께 있어 주어야 할 사람과는 늘 교통하며 함께 있어 줌으로 그것이 얼마나 큰 힘이 되는지 모릅니다.

내가 지치고 힘들어할 때 그때 내게 던져 주는 한마디의 위로의 말은 얼마나 나를 시원하게 해 주는지 모릅니다. 또한 얼마나 큰 힘이 되는지 모릅니다.

사람의 필요는 물질로만 채워지는 것이 아닙니다. 따뜻한 격려와 위로의 말이 더 큰 위로와 힘이 됩니다. 함께 있어 주는 것이 더 큰 힘이 됩니다.

오늘 말씀에 사도바울은 필요를 채워준 사람에 대하여 소개하고 있습니다. 그들은 스데바나와 브드나도와 아가이고라는 인물입니다. 이들은 사람들의 부족한 것을 채워 주는 일을 했습니다.

교회와 바울과 그 일행의 갈급한 마음을 채워주었다는 것입니다. 특히 바울은 고린도 교회를 떠나있을 때, 그곳 소식에 대하여 목말라 하고 있었습니다. 그때 이들이 바울에게 고린도 교회의 소식을 가지고 온 것입니다.

좋은 소식을 주고, 위로와 격려의 말을 하며, 필요할 때 함께 있어 주는 것, 이런 사람이 항상 누구에게나 기다려지는 사람이요, 생기와 활력을 불어넣어 주는 사람입니다.

• **기도** : 사랑의 주님, 저희로 필요를 채워주는 사람으로 살게 하옵소서. 좋은 소식을 전해주고, 위로와 격려의 말을 하며, 필요할 때 함께 있어주는, 이런 사람으로 살게 하옵소서. 한걸음 더 나아가 하나님의 필요를 채우는 사람으로 살게 하옵소서. 지금 하나님이 무엇을 원하시고 바라시는지 그것을 깨닫게 하셔서 하나님께 기쁨이 되는 사람으로 살게 하옵소서. 예수님의 이름으로 기도합니다. 아멘

• **중보기도** : 모든 그리스도인들이 필요를 채워주는 사람으로 살게 하소서.

5월 15일 멘토

가장 좋은 멘토

• 성경: 열왕기상 12장 1~16절 • 찬송: 96장 • 요절: 왕상 12:15

우리의 인생사는 "이것이냐 저것이냐"하는 문제를 놓고 선택을 할 때가 많습니다. 그리고 어떤 것을 선택하느냐에 따라 그 결과가 크게 달라질 수 있기 때문에 어떤 중요한 문제를 놓고 현명한 결정을 내리려면 지혜와 경험이 많은 사람의 조언을 듣는 것이 좋습니다. 그러므로 좋은 멘토(mentor)를 두는 것은 대단히 복된 일입니다. 멘토의 사전적 의미는 "경험 없는 사람에게 조언과 도움을 베풀어주는 사람"입니다.

오늘 말씀에는 멘토를 잘못 선택했다가 왕국이 분열되는 큰 화를 자초한 사람이 나오는데 그는 바로 르호보암 왕입니다. 르호보암은 솔로몬 왕의 신하였던 노인들과 자신과 함께 자라난 소년들에게 각기 자문을 구했는데 노인들의 자문을 버리고 소년들의 자문을 따르고야 말았습니다.

그로 인하여 백성들의 인심을 잃었고 이스라엘이 남북으로 갈라지는 비극을 초래하고야 만 것입니다.

르호보암의 비극은 멘토를 잘못 선택함으로써 야기된 것입니다. 우리가 현명하고 사려 깊은 멘토를 선택하여 그의 조언을 따른다면 좋은 결과를 얻을 수 있지만 그렇지 못한 멘토를 선택하면 큰 화를 당할 수 있습니다. 그러므로 우리는 멘토를 잘 선택해야만 합니다.

우리 인생에 가장 훌륭한 멘토는 하나님입니다. 다윗이 전쟁에서 승승장구할 수 있었던 것은 하나님을 멘토로 삼았기 때문입니다(삼하5:17~25).

하나님을 멘토로 삼을 줄 아는 사람이 가장 지혜로운 사람이라고 할 수 있습니다.

• **기도**: 사랑의 주님, 좋은 멘토를 만나기를 원합니다. 더욱이 신앙의 바른 길을 조언 받을 수 있는 멘토를 만나기를 원합니다. 인도하여 주옵소서. 또한 좋은 멘토의 역할을 감당하기 원합니다. 조언이 필요한 사람에게 주님의 사랑이 묻어 있는 진실한 말을 건넬 수 있는 멘토가 되게 하여 주옵소서. 그리고 우리 인생에 하나님이 가장 훌륭한 멘토임을 잊지 말게 하옵소서. 예수님의 이름으로 기도합니다. 아멘

• **중보기도**: 모든 그리스도인들이 믿음 있는 멘토의 역할을 감당하게 하소서.

5월 16일 생명의 말씀

말씀이 생명이다

• 성경: 신명기 32장 46~47절 • 찬송: 95장 • 요절: 신 32:46

글을 읽을 수는 없지만 성경을 꼭 읽고 싶어 했던 어떤 부인이 있었습니다. 그 부인은 고민하다가 자신에게 성경을 읽어줄 사람을 고용하여야겠다는 생각을 하게 되었습니다. 그리고 매일 품삯을 주고 어떤 한 사람을 고용하게 되었습니다.

고용된 그 사람은 처음에는 그저 품삯을 받을 목적으로 별다른 생각도 없이 매일 매일 부인에게 성경을 읽어주었습니다. 그렇게 시간이 흘렀는데 언젠가부터 이 사람은 성경에 기록되어 있는 말씀이 믿어지기 시작했습니다.

전래 이야기나 지식이 아닌 살아있는 생명의 말씀으로 읽혀진 것입니다. 결국 말씀을 읽는 가운데 예수님을 만나게 된 것입니다. 이렇게 생명의 말씀을 읽어 새 생명을 얻은 그는 부인보다 더욱 신실한 그리스도인이 되었습니다.

이처럼 하나님의 말씀은 성령으로 말미암아 마음으로 받는 이들에게 생명이 됩니다. 그러니 말씀을 읽으면 읽을수록 그 말씀은 우리에게 유익이 되며, 그 말씀대로 살려고 하면 할수록 큰 능력이 되는 것입니다. 그래서 모세는 죽기 직전에 이스라엘 백성들에게 그 말씀을 붙들라고 명령하고 있는 것입니다.

그 말씀을 자녀들에게 지켜 행할 수 있게 하라고 당부하고 있는 것입니다. 신앙인에게는 말씀이 생명입니다.

말씀대로 살려고 힘쓰는 것이 신앙생활입니다. 말씀대로 사는 것이 결코 헛된 일이 아님을 우리의 삶을 통하여 경험하도록 합시다.

• **기도** : 말씀으로 오신 주님, 하나님의 말씀은 성령으로 말미암아 받아들이는 자에게 생명이 됨을 잊지 말게 하옵소서. 말씀 속에서 살아계신 하나님을 만나고 예수님을 만나는 삶이 되게 하옵소서. 언제나 주님의 말씀을 주야로 묵상함으로 이 땅을 살아가는 동안에 주님의 능력과 지혜를 공급받아 사는 삶이 되게 하옵소서. 저희에게는 말씀이 생명임을 항상 기억하며 살게 하옵소서. 예수님의 이름으로 기도합니다. 아멘

• **중보기도** : 모든 그리스도인들이 하나님의 말씀을 생명으로 느끼는 삶을 살게 하소서.

5월 17일
교제의 대상

예수님과의 교제

• 성경: 요한복음 15장 1~11절 • 찬송: 434장 • 요절: 요 15:5

오늘 말씀에 예수님은 "나는 참 포도나무요 너희는 가지"라고 말씀하셨습니다.

이 말씀의 핵심은 가지가 열매를 맺기 위해서는 나무에 붙어 있어야 하는 것처럼 우리가 신앙의 열매를 맺기 위해서는 참 포도나무이신 예수님께 붙어 있어야 한다는 것입니다. 그러므로 우리는 오늘 말씀을 '예수님과의 교제' 라는 측면에서 생각해 볼 수 있습니다.

사람은 참으로 신기합니다. 가까이 하는 사람을 닮아가게 되어있습니다. 긍정적인 사람 옆에 있으면 나까지 긍정적이게 됩니다. 반대로 부정적인 사람 옆에 있으면 나도 부정적이게 됩니다.

그래서 사람들은 '그 사람을 알려면 그 사람이 사귀고 있는 친구를 보라.' 는 말을 합니다. 그 사람과 가까이 하는 사람을 보면 대충 그 사람에 대해서 알 수 있기 때문입니다.

내가 누구와 교제하느냐가 이렇게 중요한 것입니다. 우리가 하나님의 자녀로 신앙의 열매를 맺기 위해서는 당연히 신앙이 좋은 사람을 사귀어야 하겠지만, 근본적으로 우리의 믿음의 주가 되시는 예수님과 사귐을 가져야만 합니다. 그래야 예수님을 닮아갈 수 있고 풍성한 신앙의 열매를 맺을 수 있기 때문입니다.

우리는 지금 예수님과 어느 정도로 사귀고 있다고 생각합니까? 정말 내가 예수님 안에 있다고 확신할 수 있습니까?

오늘 말씀에 예수님이 '~ 안에'를 12번씩이나 반복해서 표현하신 것을 가슴 깊이 새겨야 할 것입니다.

• 기도 : 은혜의 주님, 저희로 주님과의 교제가 항상 이루어지는 삶이 되게 하옵소서. 주님을 가까이함으로 주님의 마음을 헤아릴 줄 아는 제자가 되게 하시고, 주님이 하셨던 것을 사랑으로 감당할 수 있는 제자가 되게 하옵소서. 또한 주님께 온전히 붙어 있는 삶이 되기를 원합니다. 그리하여 하나님의 자녀로 아름다운 믿음의 열매를 맺어갈 수 있게 하옵소서. 예수님의 이름으로 기도합니다. 아멘

• 중보기도 : 모든 그리스도인들이 예수님과의 교제가 풍성히 이루어 질 수 있게 하소서.

5월 18일
완전한 믿음

하나님의 전권

• 성경: 마태복음 10장 29~31절 • 찬송: 435장 • 요절: 마 10: 29~31

다섯 살 어린 아들이 아빠가 지붕을 수리하느라고 걸쳐 놓은 사다리를 타고 반쯤 올라가다 멈추었습니다. 올라가다보니 무섭습니다. 밑을 내려다보니 내려가기도 무섭고, 올라가려니 올라가는 것은 더 무섭습니다.

어쩔 줄 모르다가 울기 시작합니다. 잠시 전에 연장을 사러 나갔던 아빠가 아들의 울음소리를 듣고 달려와 두 팔을 벌렸습니다.

"아들아, 아빠가 받아줄 테니 손을 놔!"

이 아이가 손을 놓으면 아빠를 믿는 것이고, 손을 놓지 않으면 아빠를 믿지 못하는 것입니다. 이 어린 아들이 "아빠, 나는 아빠를 믿는데, 손을 놓지는 못하겠어."하고 운다면, 믿는다는 말은 가짜입니다. 믿으면 아무 염려 없이 손을 놓는 것입니다.

우리 인생도 이럴 때가 있습니다. 올라가야 할 목표가 있어 시작을 했습니다. 거뜬히 아무 문제가 없이 목표지점까지 갈 수 있을 것이라 생각했는데, 가다보니 나를 둘러싼 사건과 환경들이 변수를 가져오고, 자신감은 떨어지고, 이럴 수도 저럴 수도 없는 상황에 놓일 때가 있습니다.

이럴 때 우리는 어떻게 해야만 하겠습니까? 하나님께 전적으로 맡기는 것입니다. 오늘 말씀에서 예수님은 하나님의 전권을 말씀하고 계십니다.

하찮은 것 참새 한 마리까지도 하나님께서 전권을 가지고 계시다는 것입니다. 그러니 두려워하지 말라는 것입니다. 그러므로 하나님을 온전히 믿고 그분께 맡기면 됩니다. 우리가 믿고 손을 놓으면 그분의 품이 나를 책임져 주십니다.

• **기도** : 능력의 하나님, 저희가 믿는 하나님은 하찮은 참새 한 마리도 거두시고 보호하시는 하나님이심을 믿습니다. 저희의 인생이 어려움을 만날 때 책임져 주시는 하나님이 계심을 잊지 않는 삶이 되게 하옵소서. 저희로 하나님께 전적으로 맡기는 삶을 살아갈 수 있게 하시고, 그분을 온전히 의지할 수 있는 삶이 되게 하옵소서. 하나님께서 모든 것의 전권을 가지고 계시다는 것을 한순간도 놓치지 않게 하옵소서. 예수님의 이름으로 기도합니다. 아멘

• **중보기도** : 모든 그리스도인들이 하나님께 전적으로 맡기는 삶을 살게 하소서.

5월 19일 성령강림절

성령의 능력으로 사는 삶

• 성경: 로마서 15장 13절 • 찬송: 196장 • 요절: 롬 15:13

시편 146편 5절의 말씀을 보면 "야곱의 하나님을 자기 도움으로 삼으며 여호와 자기 하나님에게 자기의 소망을 두는 자는 복이 있도다"라고 했습니다. 시편 기자의 고백대로 하나님께 소망을 두고 사는 자가 복 있는 사람입니다. 성경 말씀 전체가 하나님의 약속의 말씀이지만 하나님께 소망을 두고 살 때 주님이 특별히 약속하신 것이 있습니다. 성령의 능력으로 얻게 되는 기쁨과 평강입니다.

오늘 말씀에 보면 "소망의 하나님이 모든 기쁨과 평강을 믿음 안에서 너희에게 충만하게 하사 성령의 능력으로 소망이 넘치게 하시기를 원하노라"고 말씀합니다.

그냥 기쁨과 평강을 누릴 수 있는 것이 아닙니다. 성령의 능력으로 기쁨과 평강을 누리는 것입니다. 이 말씀을 기록한 바울을 보세요. 세상적인 기준으로 볼 때 그가 만족할 수 있었습니까? 오히려 억울했지요. 그 좋은 가문도, 박학다식한 지식도, 율법을 가르치는 선생의 위치도 모두 잃은 사람입니다. 거기다가 질병까지 있었습니다. 그러나 그는 원망하지 아니하고 오히려 "항상 기뻐하라, 범사에 감사하라"(살전5:16,18)고 데살로니가 교인들에게 편지하고 있지 않습니까? 이것이 어떻게 가능한 일입니까? 하나님께서 성령의 능력을 바울에게 부어 주셨기 때문입니다. 따라서 성령의 능력 안에서 또 다른 소망을 본 것입니다.

오늘 우리도 이와 같은 은혜를 누릴 수 있어야겠습니다. 우리 모두 성령의 능력으로 사는 삶이 되어서 그 어떤 상황에서도 기쁨과 평강을 잃지 않고 감사로 하나님께 영광 돌리는 사람이 되도록 합시다.

• **기도** : 기쁨과 평강을 더하시는 하나님, 저희를 성령으로 충만하게 하시고, 성령의 능력으로 함께하여 주옵소서. 그리하여 그 어떤 상황 속에서도 기쁨과 평강을 잃지 않는 삶이 되게 하여 주옵소서. 기쁨과 평강으로 주님을 더욱 높일 수 있게 하시고, 감사의 제사를 주님께 드릴 수 있게 하옵소서. 예수님의 이름으로 기도합니다. 아멘

• **중보기도** : 모든 그리스도인들이 성령의 능력으로 사는 삶이 되게 하소서.

5월 20일
성령충만

성령 충만을 사모해야한다

• 성경: 에베소서 5장 18절 • 찬송: 184장 • 요절: 엡 5: 18

사람이 행복하려면 인간관계가 달라져야 합니다. 불행의 90%는 잘못된 인간관계에서 옵니다. 부부의 관계가 원만하지 못합니다. 부모와 자식 간에 대화가 단절됩니다. 직장에서 상사와 관계가 좋지 않습니다. 동료나 부하직원과의 관계에서도 문제가 계속 발생합니다. 이래서 행복하지 못한 것입니다. 그리고 이런 문제의 원인을 다 남에게 돌립니다.

남편이, 아내가, 자식이, 부모가 옳지 않아서 내가 이렇게 불행하다고 생각을 합니다. 내가 성공하지 못하는 것도 나를 돕는 사람이 없어서라고 생각합니다. 그런데 성령으로 충만하면 보는 것이 달라집니다. 어둠의 영이 역사하는 것이 보입니다. 그래서 어떤 사람이 잘못하는 것 때문에 상처를 받지 않습니다. 어둠의 역사라는 것을 알기 때문입니다. 불쌍히 여기고, 기도하며, 결국엔 그가 그 결점을 이기도록 돕습니다. 결국엔 승리하는 것입니다. 성령 충만하면 말하는 것이 달라집니다. 말하는 것이 예수님을 닮아갑니다. 성령 충만하면 기도를 많이 하게 되어 있습니다. 마음을 주고받는 대화가 많아지면 대상을 닮아가게 마련입니다. 예수님을 닮아가는데 특히 말에서 예수님을 닮아가게 되어 있습니다. 험담을 하지 않습니다. 칭찬하고 격려합니다. 부정적이고 비판적인 말을 하지 않습니다. 긍정적이고 축복의 말을 합니다. 또 믿음의 말을 합니다. 놀라운 것은 이렇게 믿음으로 하는 말들이 그대로 이루어지는 것입니다. 그대로 됩니다.

성령 충만하면 이렇게 듣고 보고 말하는 것이 변하고 그것이 모든 장벽을 초월하게 하고 끝내 승리하게 되는 기쁨을 가져옵니다. 우리는 우리의 인생에 변화의 주체가 되는 성령 충만을 언제나 사모할 수 있어야겠습니다.

• **기도** : 성령 충만을 원하시는 주님, 저희로 성령 충만한 삶을 살게 하옵소서. 그리하여 저희의 삶 전 영역에서 달라지는 삶이 나타나게 하옵소서. 말하는 것이나 행동하는 것이 달라지게 하시고, 주님을 섬기는 모습이 달라지게 하옵소서. 저희의 인생에 변화의 주체가 되시는 성령 충만을 언제나 사모할 수 있게 하옵소서. 예수님의 이름으로 기도합니다. 아멘
• **중보기도** : 모든 그리스도인이 성령 충만을 사모하게 하소서.

5월 21일
성령의 열매

성령의 아홉 가지 열매 – 사랑

• 성경: 갈라디아서 5장 22~24절 • 찬송: 196장 • 요절: 갈 5: 22~23

우리가 성령의 사람인지 아닌지를 무엇으로 알 수 있을까요? 예수님은 '열매로 알리라'(마 7:20)고 말씀하셨습니다. 그가 맺는 열매를 보면 성령의 사람인지 아닌지를 알 수 있다는 것입니다. 오늘부터 성령의 사람이 맺게 되는 열매에 대하여 살펴보려고 합니다.

오늘 말씀에 사도바울은 성령의 사람이 맺게 되는 열매를 아홉 가지로 나누어 설명하고 있는데 제일 먼저 사랑의 열매를 언급하고 있습니다. 이것은 그만큼 사랑의 열매가 중요하다는 것이며 동시에 사랑의 열매를 맺기가 어렵다는 것을 반증해 주고 있는 것입니다.

사랑은 때로 더 많은 것을 차지할 수 있는 기회를 잃을 수 있으며, 때로 더 많은 것을 잃을 수 있습니다. 사랑은 미움과 시기 같은 일반적인 감정을 버려야 하고, 모든 것을 참고 견뎌야합니다. 그러니 사랑하며 산다는 것, 사랑의 열매를 맺는 것은 결코 쉬운 일이 아닙니다. 하지만 우리가 기쁨으로 사랑할 수 있는 방법이 있으니 그것은 우리를 향하신 하나님의 사랑을 아는 것입니다.

하나님께서는 죄악으로 인해 멸망에 처한 우리를 구원하시려고 독생자를 보내주실 만큼 우리를 사랑하신 것을 느끼면 사랑할 수 있습니다. 하나님은 우리를 구하시기 위해 자기 아들을 죽이셨으니 그 사랑을 어떻게 측량할 수 있겠습니까(롬 5:8)? 그런데 우리는 막상 현실에서 사랑하며 산다는 것이 너무 어렵습니다. 그렇다고 포기할 것이 아닙니다.

성령 충만을 구하고, 더욱 큰 은사를 사모하면 됩니다(고전 12:31). 그리하면 내 자신으로는 못해도 성령의 능력으로 사랑의 열매를 맺으며 살 수 있습니다.

• **기도**: 사랑의 주님, 저희로 사랑의 열매를 맺는 삶이 되게 하옵소서. 사랑하기 힘들 때, 하나님이 우리를 사랑하신 그 사랑을 생각할 수 있게 하시고, 용서하기 힘들 때, 십자가로 모든 것을 품으신 주님의 은혜를 생각할 수 있게 하옵소서. 사랑의 열매를 맺기 위하여 모든 것을 참고 모든 것을 견딜 수 있게 하옵소서. 모든 것을 용납하고 이해하며, 품을 수 없는 것까지도 품을 수 있는 믿음을 주옵소서. 예수님의 이름으로 기도합니다. 아멘
• **중보기도**: 모든 그리스도인들이 사랑의 열매를 맺게 하소서.

5월 22일
성령의 열매

성령의 아홉 가지 열매 – 희락

• 성경: 갈라디아서 5장 22~24절 • 찬송: 431장 • 요절: 갈 5:22~23

　오늘은 희락의 열매에 대하여 살펴보려고 하는데 희락은 말 그대로 기쁨입니다. 우리가 사랑하며 사는 것도 쉽지 않지만 기뻐하며 사는 것도 쉬운 것은 아닙니다. 그렇기 때문에 희락은 성령의 사람만이 맺을 수 있는 열매인 것입니다. 눈만 뜨면 매일 분노와 짜증과 불평할 일들이 우리를 기다리고 있습니다. 그래서 성경이 말하는 기쁨의 열매는 기뻐할 수 없는 중에 기뻐하는 것입니다.

　시험과 핍박을 받아도 기뻐하고, 비난과 조롱을 당해도 기뻐하고, 고난과 역경이 있어도 기뻐하라는 것입니다. 심지어 죽을 수밖에 없는 상황이 되어도 기뻐하라는 것입니다. 말도 되지 않는 얘기죠? 어떻게 그렇게 할 수 있습니다. 그것이 가능한 일입니까? 그러나 바울은 가능하다는 것입니다. 억울한 누명을 쓰고 빌립보 감옥에 갇혔어도 하나님을 찬미하며 기도할 수 있게 되더라는 것입니다.

　세 번 태장으로 맞고 강의 위험과 강도의 위험과 동족의 위험과 이방의 위험과 광야의 위험과 거짓 형제중의 위험을 당해도 감사하게 되더라는 것입니다(고후11:23~28). 날마다 꿈틀거리며 살아나는 육체의 소욕을 죽이고 성령의 인도하심 가운데 주님 안에서 사니까 기뻐할 수 없는 가운데서도 항상 기뻐할 수 있게 되더라는 것입니다(살전 5:16).

　기쁨의 열매를 맺을 수 없다고 미리 단정하지 맙시다. 육체의 사람은 할 수 없어도 성령의 사람은 할 수 있습니다. 그러므로 약하여 질 때마다 성령의 충만을 구하면 됩니다. 성령님으로 말미암은 희락의 꽃이 피고, 그 열매가 맺혀지게 될 것입니다.

- **기도**: 기쁨을 원하시는 주님, 기쁨의 열매는 성령의 사람만이 맺을 수 있는 열매임을 믿습니다. 저희로 성령 충만하여 기쁨의 열매를 맺는 삶이 되게 하여 주옵소서. 시험과 핍박을 받아도, 조롱과 비난을 당해도, 고난과 역경이 있어도 기뻐할 수 있게 하옵소서. 손해 보고 억울한 일을 당할지라도 주님 안에서 사는 것으로 인하여 기뻐할 수 있게 하옵소서. 예수님의 이름으로 기도합니다. 아멘
- **중보기도**: 모든 그리스도인들이 희락의 열매를 맺게 하소서.

5월 23일
성령의 열매

성령의 아홉 가지 열매 – 화평

• 성경: 갈라디아서 5장 22~24절 • 찬송: 327장 • 요절: 갈 5:22~23

　오늘 살펴 볼 성령의 세 번째 열매는 '화평' 입니다. 이 단어는 '평화', '번영', '하나가 됨'이라는 뜻을 가지고 있습니다. 그런데 성령의 열매로써의 화평은 단순한 평화나 번영이 아닙니다.

　바울은 "모든 지각에 뛰어난 하나님의 평강이 그리스도 예수 안에서 너희 마음과 생각을 지키시리라"(빌 4:7)고 하였습니다. '모든 지각'은 인간이 만들어 내거나 누릴 수 있는 것이 아닙니다. 그러니까 '모든 지각에 뛰어난 하나님의 평강'이란 일시적이고 표면적인 세상의 평화와 구별되는 영원하고 본질적이며 완전한 평화로써 인간으로는 이해할 수 없는 수준의 평화입니다.

　어떻게 그런 평화가 인간의 심령과 삶 가운데 이루어질 수 있습니까? 하나님께서 평화를 깨뜨리는 모든 것으로부터 마음과 생각을 지키시기 때문에 가능한 것입니다. 그러면 어떤 사람이 화평의 열매를 맺을 수 있을까요? 그 첫 번째 조건은 항상 기뻐하는 것입니다. 우리는 환경을 바라보지 않고 주님을 바라보면서 살면 기뻐할 수 없는 가운데서도 항상 기뻐하는 삶을 살 수 있습니다. 두 번째는 관용하는 것입니다. 관용이란 자기 의견을 포기하고 양보하는 자세입니다. 상대방의 허물과 약점을 알고도 그것을 덮고 용서하는 자세입니다. 기뻐하는 것만치 관용하는 것도 어렵습니다. 그래서 예수님의 마음을 품는 훈련이 필요한 것입니다(빌 2:5). 세 번째는 기도로 염려를 푸는 것입니다. 염려는 화평을 깨뜨리는 주된 요인이 되기도 합니다. 마음에 염려가 가득한 사람이 화평할 수 없는 것입니다. 그래서 염려를 주님께 아룀으로 우리의 마음속에서 계속 털어내야만 합니다(벧전 5:7). 이 세 가지를 잘하여 화평의 열매를 맺게 되기를 바랍니다.

• **기도**: 십자가로 화평을 이루신 주님, 저희로 성령 충만하여 화평의 열매를 맺으며 살게 하옵소서. 십자가의 희생으로 하나님과 저희 사이의 막힌 담을 허시고 화평을 이루신 주님을 본받아 적극적으로 화평을 이루며 사는 삶이 되게 하옵소서. 화평의 열매를 맺기 위하여 주님이 품으셨던 마음을 품을 수 있게 하시고, 주님이 가지셨던 생각을 가질 수 있게 하옵소서. 예수님의 이름으로 기도합니다. 아멘
• **중보기도**: 모든 그리스도인들이 화평의 열매를 맺게 하소서.

5월 24일
성령의 열매

성령의 아홉 가지 열매 – 오래 참음

• 성경: 갈라디아서 5장 22~24절 • 찬송: 212장 • 요절: 갈 5:22~23

오늘 살펴볼 성령의 네 번째 열매는 '오래 참음'입니다. 믿음을 가진 자들에게 오래 참는 것이 왜 중요한지를 성령의 열매 중 하나로 다루고 있는 것을 보면 알 수 있습니다.

행복한 신앙생활, 승리하는 신앙생활의 비결은 오래 참는 것입니다. 예수님은 우리를 죄에서 구원하시기 위하여 십자가에서 죽기까지 오래 참으셨습니다. 하나님의 아들로서 당장이라도 멸하실 수 있는 죄인들에 대하여 오래 참으심으로 인류구원을 완성하신 것입니다.

바울은 빌립보교회 성도들에게 구원에 대하여 "항상 복종하여 두렵고 떨림으로 너희 구원을 이루라"고 당부했는데 구원 받은 자들에게 오래 참고 인내하는 것이 얼마나 중요한지를 보여주고 있는 말씀입니다. 우리가 신앙생활 하다보면 낙심될 일들, 넘어질 일들이 수없이 반복됩니다. 환경 때문에 고통 받고, 사람 때문에 실족하는 일들이 얼마나 많습니까?

그것들로부터 우리의 믿음을 지키는 비결은 항상 오래 참고 인내하는 것밖에 없습니다. 그래서 인내는 믿음을 가진 자만이 맺게 되는 성령의 열매인 것입니다.

아직도 육체가 시키는 대로 하는 유혹을 뿌리치지 못하고 있습니까? 기분 내키는 행동하고, 기분 내키는 대로 살고 싶은 욕구를 버리지 못하고 있습니다. 그것 역시 성령을 거스르는 일이기 때문에 참는 은사가 필요한 것입니다.

우리의 힘으로는 참고 인내하는 것이 한계가 있으니 성령 충만을 받아 육체의 소욕을 불사를 수 있도록 기도해야만 할 것입니다.

- **기도**: 오래 참으심으로 저희의 구원을 이루신 주님, 저희로 성령 충만하여 오래 참음의 열매를 맺으며 살게 하옵소서. 행복한 신앙생활, 승리하는 신앙생활의 비결은 오래 참는 것임을 깨달아, 그 어떤 상황 속에서도 인내할 수 있는 성령의 사람이 되게 하옵소서. 잘 참고 잘 인내함으로 성령을 거스르는 일이 없게 하시고, 주님의 성품을 닮아가는 삶이 되게 하옵소서. 예수님의 이름으로 기도합니다. 아멘
- **중보기도**: 모든 그리스도인들이 오래 참음의 열매를 맺게 하소서.

5월 25일
성령의 열매

성령의 아홉 가지 열매 – 자비

• 성경: 갈라디아서 5장 22~24절 • 찬송: 529장 • 요절: 갈 5:22~23

성령의 다섯 번째 열매는 '자비'입니다. 자비는 헬라어로 '크레스토테스'라고 읽는데 '도덕적으로 탁월함', '친절함', '인자함'이라는 뜻이 있습니다. '크레스토테스'는 그리스도를 의미하는 '크리스토스'와 발음이 비슷합니다. 그래서 사람들은 그리스도의 이미지를 친절하고 인자하신 분으로 인식하게 되었고 그에 따라 그리스도인들은 당연히 친절하고 인자한 사람들이어야 한다고 생각하게 되었습니다.

만약 그리스도인인데 친절하지 않고 인자하지 않으면 "당신 그리스도인 맞아?"라는 말을 들어야 했습니다. 그렇습니다. 자비는 성령을 따라 살아서 그리스도인 됨을 드러내는 사람들의 성품이자 삶의 열매입니다.

그렇다면 우리는 이 아름다운 열매를 어떻게 맺을 수 있을까요? 먼저 하나님의 자비하심을 기억하면서 사는 것이 중요합니다. 우리의 구원은 철저히 하나님의 자비하심으로 이루어진 것이기 때문입니다. 그래서 바울은 우리가 그 은혜에 의하여 믿음으로 말미암아 구원을 받았다는데 그 은혜가 하나님의 자비하심에서 나온 것이라고 밝히고 있습니다(엡 2:7,8).

지금도 우리는 여전히 하나님의 자비하심 가운데 살고 있습니다. 그 은혜를 알고 있다면 우리가 타인에게 친절과 인자함을 베푸는 것은 그렇게 어렵지 않을 것입니다.

다윗은 이 사실을 알고 있었기 때문에 항상 타인에게 자비와 은총을 베푸는 삶을 살고자 했습니다(삼하 9:3). 우리는 타인에게 자비를 베풀며 살아감으로 하나님의 사랑이 우리 속에 거하고 계심을 보여줄 수 있는 성령의 사람이 되어야겠습니다.

- **기도**: 자비로우신 주님, 저희로 성령 충만하여 주님의 자비하심을 닮아가게 하옵소서. 누구에게나 친절하게 하시고, 누구에게나 인자한 모습을 보일 수 있게 하옵소서. 누구에게나 베풀게 하시고, 누구든지 감싸 안을 수 있게 하옵소서. 그리하여 많은 사람을 주님께로 인도할 수 있는 영혼구원의 열매도 맺을 수 있게 하옵소서. 예수님의 이름으로 기도합니다. 아멘
- **중보기도**: 모든 그리스도인들이 자비의 열매를 맺게 하소서.

5월 26일 — 성령의 열매

성령의 아홉 가지 열매 – 양선

• 성경: 갈라디아서 5장 22~24절 • 찬송: 569장 • 요절: 갈 5: 22~23

사도행전에 보면 바나바를 "착한 사람이요 성령과 믿음이 충만한 사람이라"(행 11:24)이라고 칭했는데, 여기서 '착한'에 해당되는 단어가 오늘 살펴볼 성령의 여섯 번째 열매인 있는 '양선'과 같은 단어입니다. 그렇다면 우리가 바나바가 어떤 사람인지를 살펴보면 '양선'이라는 성령의 열매를 맺는 삶이 어떤 것인지 분명해질 것입니다.

바나바는 예수님을 구주로 영접한 이후 자신의 밭을 팔아서 사도들의 발 앞에 둔 사람입니다.

당시 교회는 가난한 자를 구제하는 일에 열심이었는데 바나바는 이 사역이 선한 것임을 알고 자기의 재산을 기꺼이 내놓았던 것입니다. 또한 그는 '위로의 아들'이라는 뜻에 맞게 주변에 있는 어려운 처지에 있는 사람들을 위로하고 권면하는 일을 하였습니다. 그리고 예루살렘 교회가 바울의 개종을 의심쩍어할 때, 바울을 예루살렘 교회에 소개한 사람이 바나바였습니다.

또한 그는 안디옥교회가 크게 성장하자 다소에 있는 바울을 찾아가서 함께 목회하게 하였는데, 이 일은 교회나 바울에게 큰 힘이 되었습니다.

별일 아닌 것처럼 생각될 수도 있는데 적극적으로 선한 일을 구하는 삶을 살았던 인물이 바나바였습니다.

이것은 그가 어떤 인물인지를 우리에게 알게 하고 있습니다. 오늘 우리도 바나바와 같은 삶을 우리의 삶을 통하여 보여줄 수 있다면 양선의 열매를 맺는 성령 충만한 믿음의 사람이 될 수 있습니다.

• **기도**: 은혜로우신 주님, 저희로 성령 충만하여 양선의 열매를 맺는 사람이 되게 하여 주옵소서. 바나바와 같이 성령과 믿음이 충만하여 착한 일이 넘치는 삶을 살아갈 수 있게 하옵소서. 물질을 선용할 줄 알게 하시고, 가난한 자와 어려운 자를 돌아볼 수 있는 삶을 살게 하옵소서. 또한 위로가 필요한 자에게는 용기를 주는 말로 위로할 수 있게 하시고, 도움이 필요한 자에게는 마음을 다하여 도울 수 있는 삶을 살 수 있게 하옵소서. 예수님의 이름으로 기도합니다. 아멘

• **중보기도**: 모든 그리스도인들이 양선의 열매를 맺게 하소서.

5월 27일
성령의 열매

성령의 아홉 가지 열매 - 충성

• 성경: 갈라디아서 5장 22~24절 • 찬송: 333장 • 요절: 갈 5:22~23

    오늘 살펴볼 일곱 번째 성령의 열매는 '충성' 입니다. '충성' 은 헬라어로 '피스티스' 라고 하는데 '확신' 과 '꾸준함' 이라는 의미가 있습니다. 믿음을 '피스토스' 라고 하는데 충성과 믿음의 기본 동사가 똑같은 것을 생각하면 같은 단어에서 유래하였다는 것을 알 수 있습니다. 그러므로 충성이라는 단어에 '확신' 혹은 '믿음' 의 의미가 있는 것은 당연합니다.

    그러면 믿음이 무엇입니까? 하나님의 전권을 인정하며, 그분을 온전히 의지하는 것이 믿음입니다. 반 정도만 인정하고 반 정도만 의지할 마음을 갖는 것은 믿음이 아닙니다.

    그분이 나를 책임져 주실 줄 믿고 전적으로 의지하는 것이 믿음입니다. 그리고 '충성' 이라는 헬라어의 '피스티스' 는 '꾸준함' 이라는 뜻이 있다고 했습니다. 자신에게 맡겨진 일이 크든지 작든지 충실함으로 끝까지 감당할 줄 아는 사람이 충성의 열매를 맺는 사람입니다.

    예컨대 예수님의 달란트 비유에 등장하는 다섯 달란트와 두 달란트 받은 종의 모습입니다. 그들은 주인이 얼마를 맡겼든지 액수에 상관하지 않고 주인이 돌아올 때까지 충실하게 일하여 이윤을 남겼습니다. 주인에게 신뢰와 믿음을 보여준 것입니다.

    오늘도 주님은 이와 같은 충성된 일꾼을 찾고 계십니다. 주님이 어떤 일을 맡겨주시든지 조건과 환경을 초월하여 그 일을 끝까지 충실하게 감당할 줄 아는 사람을 찾고 계십니다.

    하나님의 나라와 주님의 교회는 그와 같은 사람이 있어야 하기 때문입니다. 우리는 지금 주님의 일을 충실히 감당하고 있습니까? 그러면 우리는 성령의 열매를 맺는 삶을 살고 있는 것입니다.

• **기도** : 충성하라 명령하신 주님, 저희로 성령 충만하여 충성의 열매를 맺는 삶이 되게 하옵소서. 주님은 지금도 착하고 충성된 일꾼을 찾고 계심을 잊지 말게 하여 주옵소서. 주님이 어떤 일을 맡겨주시든지 모든 조건을 초월하여 충실하게 감당할 수 있게 하옵소서. 죽도록 충성하는 자가 받게 되는 생명의 면류관을 받는 축복의 사람이 되게 하옵소서. 예수님의 이름으로 기도합니다. 아멘

• **중보기도** : 모든 그리스도인들이 충성의 열매를 맺게 하소서.

5월 28일
성령의 열매

성령의 아홉 가지 열매 – 온유

• 성경: 갈라디아서 5장 22~24절 • 찬송: 187장 • 요절: 갈 5: 22~23

오늘 살펴볼 성령의 여덟 번째 열매는 '온유' 입니다. 온유는 예수님이 자신의 마음에 대하여 말씀하실 때 사용하신 것을 볼 수 있습니다.

마태복음 11장 29절을 보면 "나는 마음이 온유하고 겸손하니 나의 멍에를 메고 내게 배우라"고 하셨습니다. 자신의 성품이 온유하다는 것입니다.

실제로 예수님은 도수장으로 끌려가는 어린양과 털 깎는 자 앞에 잠잠한 양같이 곤욕을 당하여 괴로울 때도 그 입을 열지 아니한 온유하신 분이셨습니다(사 53:7).

그렇다면 우리도 부름 받은 주님의 사람이라면 당연히 온유가 삶의 특징으로 드러나야 마땅할 것입니다. 온유를 향해 나아가는 우리는 먼저 분노의 감정을 다스릴 수 있어야 합니다. 당신을 잡으러 온 자들 앞에서 잠잠하셨던 예수님처럼 때로 억울한 일을 당하고 분노가 일어나는 상황에 처한다 하더라도 분노를 폭발시키지 말아야만 합니다.

분노를 더 이상 참을 수 없을 것 같으면 하나님께 분노를 참을 수 있게 해 달라고 더욱 기도해야만 합니다. 그리고 한걸음 더 나아가 고통을 주는 상대를 축복할 수 있어야합니다.

모세는 그렇게 했습니다. 자신을 비방한 미리암이 문둥병에 걸리자 속시원하다고 말하지 않고 오히려 그녀를 용서하시고 고쳐달라고 하나님께 부르짖었습니다(민 12:10~13). 이런 그였기에 하나님은 모세를 가리켜 "온유함이 지면의 모든 사람보다"더하다고 칭찬하셨습니다(민 12:3).

우리는 예수님을 따르는 제자들입니다. 그렇기 때문에 성령을 따라 살면서 이 귀한 온유의 열매를 맺는 삶을 살아야 할 것입니다.

• **기도** : 온유하신 주님, 저희로 성령 충만하여 주님의 온유하심을 닮아가게 하옵소서. 주님의 부름을 받은 사람답게 온유가 삶의 특징으로 드러날 수 있는 삶이 되게 하여 주옵소서. 비방과 비난 앞에서도 온유할 수 있게 하시고, 한 걸음 더 나아가 상대방을 축복할 수 있는 삶이 되게 하여 주옵소서. 모세와 같이 온유함이 지면의 모든 사람보다 더하다는 주님의 칭찬을 듣게 하옵소서. 예수님의 이름으로 기도합니다. 아멘

• **중보기도** : 모든 그리스도인들이 온유의 열매를 맺게 하소서.

5월 29일
성령의 열매

성령의 아홉 가지 열매 – 절제

• 성경: 갈라디아서 5장 22 ~ 24절 • 찬송: 212장 • 요절: 갈 5: 22 ~ 23

오늘은 성령의 아홉 가지 열매 중 마지막으로 '절제'에 대하여 살펴보게 되었습니다. 사도바울이 성령의 열매를 언급하면서 절제를 마지막에 배치해 놓은 것은 그 어느 것보다 중요하고 의미가 있기 때문일 것입니다.

절제라는 단어는 '자기 통제'라는 뜻이 있습니다. 그래서 훈련을 목적으로 모든 종류의 욕망을 자제하는 것을 의미합니다. 그러니 절제의 열매를 맺지 못한다면 다른 열매는 기대할 수가 없을 것입니다.

절제하지 않고 오래 참기가 힘들 것입니다. 절제하지 않고 화평하기가 어려울 것입니다. 절제하지 않는 사랑을 성령의 열매라고 할 수 없을 것입니다. 절제는 이렇게 중요한 것입니다.

그러면 절제의 열매를 맺기 위해서 우리에게 요구되는 것은 무엇일까요? 바울이 보여준 것은 '내 몸을 쳐 복종하게 하는 것'이었습니다(고전 9:27). '내 몸을 친다'는 것이 절제한다는 것과 같은 의미를 담고 있습니다. 그는 자신이 싸워야 할 대상이 항상 자기 자신임을 밝혔습니다. 죄의 욕구가 얼마나 강력한지 아무리 결심하고 노력해도 사라지지 않고 더욱 더 심각해졌기 때문입니다. 그래서 그는 날마다 자신을 죽이는 훈련을 했습니다(고전 15:31). 자신을 날마다 십자가에 못 박았습니다(갈 2:20).

욕구가 자기를 주관하지 못하도록 거듭 훈련한 것입니다. 이처럼 절제의 열매를 맺으려면 자기를 다스릴 수 있어야 가능합니다.

자기가 자기를 주관하지 못하게 할 때 비로소 우리는 성령의 이끌림 가운데 성령의 아홉 가지 열매를 맺는 삶을 살 수 있습니다.

• **기도** : 사랑의 주님, 저희로 성령 충만하여 절제의 열매를 맺는 삶이 되게 하옵소서. 절제하지 못하면 다른 성령의 열매도 맺기 어렵다는 것을 알았사오니, 절제하기 위하여 자기 훈련에 힘쓰는 삶이 되게 하옵소서. 날마다 자신을 쳐 십자가에 못 박는 삶이 되게 하시고, 성령의 능력을 덧입어 분노, 욕망, 욕구, 욕심을 물리칠 수 있는 삶이 되게 하여 주옵소서. 성령의 이끌림 가운데 아름다운 성령의 아홉 가지 열매를 맺는 삶이 되게 하여 주옵소서. 예수님의 이름으로 기도합니다. 아멘

• **중보기도** : 모든 그리스도인들이 절제의 열매를 맺게 하소서.

5월 30일
축복

축복받은 오벧에돔의 집

• 성경: 역대상 13장 6~14절 • 찬송: 446장 • 요절: 대상 13:14

　오늘 말씀에는 하나님이 복 주신 가정이 소개되고 있는데 오벧에돔의 가정입니다. 하나님의 그의 가정에 복을 내려주신 이유는 하나님을 언약궤를 위해 자신의 집을 내어 드렸기 때문입니다.

　다윗은 원래 하나님의 언약궤를 아비나답의 집에서 다윗성으로 옮겨오려고 했습니다. 그러나 언약궤를 옮기는 과정에서 웃사가 하나님의 궤를 붙들다가 죽임을 당하는 일이 발생했습니다. 그래서 다윗은 물론이고 그 누구도 언약궤를 선뜻 자기 집에 모시려고 하지를 않았습니다.

　괜히 모셨다가 웃사처럼 화를 당할까 두려웠기 때문입니다. 그러나 오벧에돔은 하나님의 언약궤를 위해 자신의 집을 선뜻 내어드렸습니다. 당시 그 지방에는 많은 집들이 있었지만 오벧에돔만이 자신의 집을 하나님의 언약궤가 머무를 처소로 제공했다는 것입니다. 하나님이 쓰시기를 원하실 때 오벧에돔처럼 기꺼이 내어드리는 믿음이 있다면 복을 받을 수 있습니다.

　그리고 그의 가정은 하나님의 언약궤를 모셨기 때문입니다. 하나님의 언약궤는 하나님의 임재의 상징으로서 성전의 모든 기구들 중에 가장 신성한 성물입니다. 그러므로 하나님의 언약궤를 모시는 것은 하나님을 모시는 것과 같습니다. 그런데 하나님의 언약궤가 오벧에돔의 집에 있었던 기간은 3개월에 불과합니다.

　그럼에도 하나님이 오벧에돔의 집과 그의 모든 소유에 복을 주셨다면 하나님을 평생 모신 가정은 두말할 필요도 없습니다.

　오늘 우리 가정도 오벧에돔의 가정처럼 하나님의 복의 통로를 만들 수 있는 가정이 되도록 해야겠습니다.

• **기도** : 자비로우신 주님, 저희도 오벧에돔 처럼 주님이 쓰시기를 원하실 때 기꺼이 내어드리는 믿음이 되게 하여 주옵소서. 설령 손해와 희생을 감수해야만 하는 일일지라도 그것이 주님을 위한 것이라면 기꺼이 감내할 수 있는 믿음의 삶이 되게 하여 주옵소서. 그리할 때 오벧에돔이 복을 받았던 것처럼 저희도 주님의 복을 받는 축복의 사람이 되게 하실 것을 믿습니다. 예수님의 이름으로 기도합니다. 아멘
• **중보기도** : 모든 그리스도인들이 주님을 위하여 내어드리는 삶이 있게 하소서.

5월 31일
진정한 헌신

죽는 것도 유익한 삶

• 성경: 빌립보서 1장 20 ~ 21절 • 찬송: 341장 • 요절: 빌 1: 20

예수님을 믿는 사람 중에 어떤 사람이 가장 행복한 사람이요, 축복받은 사람일까요? 예수님을 위해서 목숨을 거는 사람, 예수님을 위해서 죽는 길로 나아가는 사람, 이런 사람이 가장 행복한 사람이요, 축복받은 사람입니다.

우리가 교회를 통하여 여러 가지 신앙교육을 받지만 그 교육의 핵심은 예수님을 위해서 목숨을 걸 줄 아는 성도를 만드는 것입니다.

오늘 말씀에 사도바울은 "이는 내게 사는 것이 그리스도니 죽는 것도 유익함이라"고 고백하고 있습니다. 얼마나 가슴 뭉클하고 멋있는 고백입니까? 바울은 이런 고백을 남길 만큼 주님을 위해서 목숨을 걸 줄 아는 사람이었기에 행복한 사람이었고, 축복의 사람이었고, 승리의 사람이었습니다. 그리고 이것이 성도 본연의 모습이기도 합니다.

세상 사람들이 왜 어리석은 것입니까? 생명을 걸 가치가 없는 것들에 생명을 거니까 어리석은 것입니다.

오늘 말씀에 '그리스도'라는 말 대신에 다른 것들을 대입해 볼까요?

"이는 내게 사는 것이 돈이니, 쾌락이니, 명성이니 죽는 것도 유익함이라."

그런데 이렇게 사는 사람들은 결국 지옥을 갈 수밖에 없으니 아무 유익이 되지 않는 것입니다.

우리는 주님 앞에 서는 그날까지 주님을 위해서 목숨을 거는 삶을 살아야겠습니다. 이것이 주님의 제자로서 최고의 목표요, 최대 소원이 되어야만 합니다.

이 시대에 주님을 위하여 목숨을 걸 줄 아는 사람이 있다면 주님이 얼마나 기뻐하시겠습니까? 주님께 최고의 기쁨을 안겨드리는 삶이 될 것입니다.

• **기도** : 희생의 본을 보이신 주님, 저희가 주님 앞에 서는 그날까지 주님을 위해서 목숨을 걸 줄 아는 헌신의 삶을 살게 하옵소서. 사도바울과 같이 가슴 뭉클한 믿음의 고백을 주님 앞에 드릴 수 있는 삶이 되게 하시고, 주님을 위하여 죽을 수 있는 것을 최고의 행복으로 여길 수 있는 삶이 되게 하옵소서. 또한 이것이 저희의 소원이 되게 하시고, 저희가 이루어야 할 인생 최대 목표가 되게 하여 주옵소서. 주님께 최고의 기쁨을 안겨드리는 삶이 되기를 원합니다. 예수님의 이름으로 기도합니다. 아멘

• **중보기도** : 모든 그리스도인들에게 진정한 헌신의 삶이 있게 하소서.

6월 1일
감사

만 번의 감사

• 성경: 시편 50편 23절 • 찬송: 428장 • 요절: 시 50:23

　세계 2차 대전 후 일본 해군장교 「가와가미 기이치」가 본국으로 귀국했습니다. 그러나 처참한 일본의 현실을 보니 하루하루 불만이 쌓여갔습니다. 그랬더니 전신마비 병이 오고 말았습니다. 정신과를 찾았는데, 의사 후치다가 '감사'라는 처방을 내렸습니다.
　"매일 만 번씩 감사하세요."
　그는 병석에 누워 억지로 감사를 연발했습니다. 어느 날, 아들이 감 2개를 가져왔기에 감사하다며 손을 내밀었더니 신기하게 마비되었던 손이 움직였습니다. 그리고 굳어있던 목도 풀렸습니다. 결국엔 전신마비가 사라지고 말았습니다.
　이 사람은 신자도 아닙니다. 감사하라는 처방을 내린 의사 역시 기독교인이 아닙니다. 그럼에도 감사는 능력으로 역사하는 것을 보게 됩니다. 그렇다면, 전능하신 하나님을 향해 감사하는 것이 얼마나 놀라운 능력을 그 안에 담고 있겠습니까? 그래서 오늘 말씀에 하나님은 우리에게 이렇게 말씀하시는 것입니다.
　"감사로 제사를 드리는 자가 나를 영화롭게 하나니 그 행위를 옳게 하는 자에게 내가 하나님의 구원을 보이리라"(시 50:23).
　감사의 제사로 하나님을 영화롭게 할 수 있기를 바랍니다. 그럴 때, 하나님은 내게 구원을 베푸시고, 건지시며, 영화롭게 하실 것입니다.
　"감사하는 마음에는 사단이 씨앗을 뿌릴 수 없다."는 말이 있습니다. 그렇습니다. 감사는 모든 것을 이길 힘을 그 안에 담고 있습니다.

• **기도**: 감사로 제사를 드리기를 원하시는 하나님, 저희로 감사의 제사로 하나님을 영화롭게 할 수 있는 삶이 되게 하여 주옵소서. 감사하다가 능력으로 역사하시는 하나님을 경험할 수 있게 하시고, 감사하다가 하나님의 구원하심을 보는 삶이 되게 하여 주옵소서. 항상 마음이 담긴 감사로 하나님을 기쁘시게 하고, 저희의 인생을 복되게 할 수 있기를 원합니다. 예수님의 이름으로 기도합니다. 아멘
• **중보기도**: 모든 그리스도인들이 감사로 하나님의 능력을 경험하게 하소서.

6월 2일
섭리

악인의 형통

• 성경: 시편 73편 1~28절 • 찬송: 433장 • 요절: 시 73: 16~17

오늘 말씀에 보면 시인은 악인이 형통하고, 오만한 자가 잘되고 의로운 자가 고난당하는 것에 대하여 큰 회의를 느끼고 있는 것을 봅니다. 악인은 하나님을 믿거나 의뢰하지도 않고 있는데, 하는 일마다 잘되고 형통한다는 것입니다. 죽을 때도 비참하게 죽어야 하는데 오히려 간호사 품 안에 안겨서 고통 없이 고이 잠들듯 죽는다는 것입니다. 그래서 악인의 형통함을 보고 시인은 실족하고 넘어질 뻔 하였다는 사실을 솔직히 고백하고 있습니다. 말하자면 하나님을 배교하고 떠날 뻔 하였다는 말입니다. 그러나 그는 이렇게 고백을 합니다. "내가 어쩌면 이를 알까 하여 생각한즉 그것이 내게 심한 고통이 되었더니 하나님의 성소에 들어갈 때에야 그들의 종말을 내가 깨달았나이다"(16,17).

비록 마음이 낙심되고, 하나님을 원망하고 싶은 마음이 생겼지만, 이것을 깊이 생각하다가 성전에 들어갔을 때, 즉 예배드리면서, 기도하는 가운데 깨닫게 되었다는 것입니다. 악은 곧 망한다는 사실과 저들이 흥한 듯하지만 미끄러지고, 마치 들풀과 같아서 곧 시들어 황폐하게 되어버린다는 사실을 말입니다.

이러한 하나님의 섭리를 깨달은 시인은 하나님께 감사의 고백을 합니다. "하늘에서는 주 외에 누가 내게 있으리요 땅에서는 주밖에 내가 사모할 이 없나이다"(25).

우리는 고난 가운데 있을 때 생각하는 지혜가 필요합니다. 생각은 나를 깨닫게 하고 살게 합니다. 볼 수 없었던 것을 볼 수 있게 하고, 들을 수 없었던 음성을 듣게 합니다.

• **기도**: 섭리하시는 하나님, 하나님께서는 악인의 삶에 대해서 그들이 무엇을 하든 전혀 관심이 없으심을 깨닫습니다. 또한 악인의 결국은 영원한 사망임을 깨닫습니다. 그러므로 잠시 형통한 것처럼 보이는 악인의 삶을 보며 실족하지 말게 하여 주옵소서. 하나님의 자녀로 성전을 가까이 하며 세상의 불합리함을 이겨 나갈 수 있는 삶이 되게 하여 주옵소서. 예수님의 이름으로 기도합니다. 아멘

• **중보기도**: 모든 그리스도인들이 하나님의 섭리하심을 느끼게 하소서.

6월 3일
소망
한 가닥 줄만 있으면

• 성경: 시편 62편 1 ~ 12절 • 찬송: 407장 • 요절: 시 62: 5

「제임스 와트」라는 사람이 그린 [소망]이라는 유명한 명화가 있습니다. 이 명화의 내용을 보면 지구가 있는데 그 지구 위에 남루하게 옷을 입은 어떤 소녀가 앉아 있습니다. 그리고 그 소녀가 거기서 바이올린을 켜고 있습니다. 그런데 그 바이올린 줄을 가만히 보면 그 줄들이 가닥가닥 끊겨 있습니다. 그리고 오직 하나의 줄만 남아 있습니다.

이 소녀는 그 하나밖에 없는 바이올린 줄을 가지고 열심히 악기를 켜고 있는 것입니다. 줄이 정상적으로 모두 있어도 바이올린을 켜기 어려운데 가닥가닥 끊어지고 하나밖에 없으니 얼마나 어렵겠습니까? 그러나 그 줄을 가지고 소녀는 열심히 바이올린을 켜고 있습니다. 그것이 바로 [소망]이라는 명화입니다.

인맥의 줄이 끊어지고 세상 줄과 믿었던 사람과의 관계도 끊어져 배신당하고 나 혼자만 남은 것 같을지라도, 하나님과 내가 교통할 수 있는 한 가닥 줄만 있으면 우리의 인생을 아름답게 노래할 수 있습니다. 그래서 오늘 말씀에 시인은 자기 아들이 비정의 칼을 휘두르고 있는 고통 속에서도 묵묵히 하나님만을 바라보며 주님만을 의지하고 있습니다.

"나의 영혼아 잠잠히 하나님만 바라라 무릇 나의 소망이 그로부터 나오는도다"(5).

지금 무엇을 의지하고 있습니까? 오로지 나를 구원해 주실 분은 이 세상에 하나님 외에는 아무도 없습니다. 시인과 같이 주님만을 바라보고 주님만을 의지할 때 구원의 손길이 하늘에서 임하는 역사가 있게 될 것입니다.

• **기도**: 소망의 하나님, 절체절명의 위기 상황에 놓였을 때, 시인과 같이 당황하지 아니하고 잠잠히 하나님만을 바라볼 수 있는 믿음이 있게 하여 주옵소서. 주님만을 온전히 의지할 때, 인생을 아름답게 노래할 수 있는 소망의 강가로 이끄실 줄로 믿습니다. 예수님의 이름으로 기도합니다. 아멘.

• **중보기도**: 모든 그리스도인들이 주님께 소망을 둘 수 있게 하소서.

6월 4일
죄사함

그 아들 예수의 피가

• 성경: 요한일서 1장 7절 • 찬송: 266장 • 요절: 요일 1:7

영국의 한 노인이 평생 가난하게 살면서 예수를 믿지 않다가 60이 넘어서 죽을 병에 걸렸다고 합니다. 평생 죄만 짓고 살아온 것이 무서웠든지 죽은 후의 운명이 걱정되었습니다. 그래서 손녀를 불러 성경을 읽어달라고 했고, 손녀는 병든 할아버지를 위해 간절한 마음으로 성경을 읽어 내려가기 시작했습니다. 그런데 읽으면 읽을수록 마음이 점점 어두워지고 죄책감이 더 깊어만 갔습니다.

어느 날 이 손녀가 성경을 읽어 가다가 오늘 말씀을 읽게 되었는데 "그 아들 예수의 피가 우리를 모든 죄에서 깨끗하게 하실 것이요" 하는 성구를 읽자 노인이 깜짝 놀라면서 "그런 말씀이 거기 있어?" 하고 물었습니다.

"예, 할아버지."

"다시 읽어라." 다시 읽었습니다.

"그런 말씀이 정말 있니?" "예, 여기 있어요. 할아버지."

"다시 읽어라." 소녀는 다시 읽었습니다.

"그 아들 예수의 피가 우리를 모든 죄에서 깨끗하게 하실 것이요."

이번에는 "애야 내 손가락을 그 성경구절에 짚어다오." 손녀가 짚어 드렸습니다. 이때 할아버지는 "내가 이 말씀을 믿고 죽었다고 모든 사람에게 알려다오."라고 부탁하며 세상을 떠났다고 합니다.

아무런 대가도 원치 않으시고, 오직 예수 그리스도를 믿기만 하면 아들의 피가 모든 죄를 사하여 주신다는 이 은혜를 세상의 무엇과 비교할 수 있겠습니까? 이 은혜를 누리고 있다면 진술한 고백을 주님께 드려보실 수 있기를 바랍니다.

• **기도**: 저희를 피로 값 주고 사신 주님, 저희의 죄를 씻기는 예수님의 피밖에 없음을 믿고 고백합니다. 예수님의 피가 저희의 모든 죄를 깨끗하게 하신 것을 믿습니다. 저희가 받은 죄 사함의 은총을 가볍게 여기는 일이 없게 하여 주옵소서. 저희를 위하여 피 흘리신 주님을 바라볼 때마다 항상 감사할 수 있게 하시고, 주님의 제자로서 믿음으로 살고자 하는 각오와 다짐이 있게 하여 주옵소서. 예수님의 이름으로 기도합니다. 아멘

• **중보기도**: 모든 그리스도인들이 죄 사함의 은총을 누리게 하소서.

6월 5일
행복한 사람

포기하지 않으면 된다

• 성경: 시편 43편 5절 • 찬송: 400장 • 요절: 시 43:5

　1995년 12월 8일, 프랑스의 세계적인 여성잡지 엘르(Elle)의 편집장이며 준수한 외모와 화술로 프랑스 사교계를 풍미하던 43세의 「장 도미니크 보비」가 뇌졸중으로 쓰러졌습니다. 3주 후, 그는 의식을 회복했지만 전신마비가 된 상태에서 유일하게 왼쪽 눈꺼풀만 움직일 수 있게 되었습니다.
　얼마 후, 그는 눈 깜빡임 신호로 알파벳을 지정해 글을 썼습니다. 그런 식으로 대필자인 「클로드 망디빌」에게 20만 번 이상 눈을 깜박여 15개월 만에 쓴 책이 '잠수복과 나비' 입니다.
　책 출간 8일 후, 그는 심장마비로 그토록 꿈꾸던 나비가 되었습니다. 그는 서문에서 이렇게 썼습니다.
　"흘러내리는 침을 삼킬 수만 있다면 세상에서 가장 행복한 사람입니다."
　그의 말에 따르면 자연스런 들숨과 날숨을 가진 것만으로도 우리는 행복한 사람입니다. 불평과 원망은 행복에 겨운 자의 사치스런 신음입니다. 혹 지금 어려운 일들로 인하여 힘들어하고 있습니까? 그러나 길은 잃어도 희망을 포기하지 않으면 길을 찾을 수 있습니다.
　기회는 위기 덕분이고 내면의 진가는 외면의 고통 덕분이라는 것을 기억해 보세요. 어렵다고 포기만 하지 않으면 됩니다.
　만신창이가 되어도 사는 길은 분명히 있습니다. 넘어진 곳이 일어서는 곳이라는 것을 기억합시다.
　별은 멀리 있기에 아름다운 것처럼, 축복은 조금 멀리 있어 보일 때 오히려 인생에 있어서 보약이 된다는 것을 기억합시다. 그러므로 오늘 말씀에 시인이 고백한 대로 낙심하지 맙시다. 불안해 하지 맙시다. 우리에겐 도우시는 하나님이 계십니다.

• **기도**: 소망의 하나님, 저희로 포기하지 않는 삶을 살아가게 하옵소서. 포기하지 않으면 희망을 찾게 되는 줄 믿습니다. 포기하지 않으면 주님의 축복을 담아낼 수 있는 인생이 되게 하실 것을 믿습니다. 낙망하지 않으면 우리를 도우시는 하나님을 날마다 경험하는 삶이 되게 하실 것을 믿습니다. 예수님의 이름으로 기도합니다. 아멘
• **중보기도**: 모든 그리스도인들이 하나님을 바라봄으로 포기하지 않는 삶을 살아가게 하소서.

6월 6일 나라사랑

치유가 있어야 평화가 있다

• 성경: 누가복음 4장 18 ~ 19절 • 찬송: 86장 • 요절: 눅 4: 18 ~ 19

오늘 말씀에 예수님은 공생애 사역을 시작하시면서 이사야의 말씀을 통해 자신이 오신 목적을 선언하셨습니다. 이 땅에 치유를 통해 기쁨과 평화와 행복의 삶을 이루시기 위해 오셨다는 것입니다. 그러므로 우리는 예수님의 증인으로 세상에 보내졌음을 알아야만 합니다.

우리가 예수님의 제자로서 해야 할 일은 치유하는 일입니다. 평화와 비전은 상처가 치유되는 데서부터 시작됩니다. 치유가 있고 평화가 시작됩니다. 치유가 있고 새로운 삶을 위한 비전이 시작됩니다.

아직도 이 민족 앞에 가장 큰 상처는 분단의 아픔입니다. 분단의 아픔을 치유하는 길은 무엇입니까? 먼저 아픔을 이해하고 감싸주는 것입니다. 아직도 북한은 구조적인 문제 때문에 가난과 굶주림과 헐벗음의 고통을 안고 있습니다.

가난하여 굶주리고 있다면 먹을 것을 제공해 주어야만 하고, 이 일을 교회들이 앞장서야만 합니다. 또 얽매인 것을 풀어주어야만 합니다. 얽매임에서 벗어나고자 온 탈북자들을 돌보고 정착하도록 돕는 것도 상처를 치유하는 일입니다. 또한 눈 먼 자에게 다시 보게 함을 이루어야 합니다. 그들이 문화적 혜택을 누리도록 북한에 개발의 자원을 제공하는 것도 그들을 치유하는 길일 것입니다. 눈이 뜨여야 분별할 수 있기 때문입니다.

이 밖에도 분단의 한 그림자인 조선족 동포들을 감싸주는 일 등등, 민족의 아픔을 치유하기 위해 교회가 감당해야 할 몫은 무수히 많습니다. 배고픈 자에겐 빵 한 조각이 큰 도움이요, 은혜인 것입니다. 민족의 아픔을 잊는 순간 한국 교회의 사명도 잃어버림을 잊지 말아야 하겠습니다.

• **기도** : 치유케 하시는 주님, 저희로 예수님의 증인으로 세상에 보내졌다는 것을 깨닫게 하옵소서. 세상을 치유하는 주님의 제자가 되게 하옵소서. 세상을 살리고 회복시키는 것이 저희의 사명임을 잊지 말게 하여 주옵소서. 빛을 잃어버린 어두운 이 땅에 예수 그리스도를 통한 새 빛이 동터 오를 수 있도록 예수의 심장을 가지고 세상에 나아갈 수 있게 하옵소서. 예수님의 이름으로 기도합니다. 아멘

• **중보기도** : 모든 그리스도인들이 세상을 치유하는 삶을 살게 하소서.

6월 7일
일꾼

내 마음에 합한 사람

• 성경: 사도행전 13장 21 ~ 23절 • 찬송: 433장 • 요절: 행 13: 22

하나님의 사람 다윗에게 남이 흉내 낼 수 없는 한 가지 장점이 있었다면 전능하신 하나님을 전적으로 의지하고, 하나님만 믿고 나가는 거였습니다. 그는 자신 앞에 누가 있든지, 어떤 환경이든지 상관하지 않았습니다.

하나님의 인도하심만 믿고 바라보며 그 인도하심에 순응했던 인물이 다윗입니다. 그 결과 그는 진정 하나님의 마음에 꼭 맞는 사람이 될 수 있었습니다. 그리고 오늘 말씀대로 하나님은 다윗에게 당신의 뜻을 다 이루는 축복을 부어주셨습니다.

사람은 일을 하든지 게임을 하든지 누구나 자기 마음에 맞는 사람하고 일을 합니다. 자기 마음에 맞지 않으면 아무리 똑똑하고 훌륭해도 필요할 때만 일을 시키지 평생을 함께하지는 않습니다.

우리는 가끔 돈이 많은 사람이나 높은 위치에 있는 사람을 잘 알 경우에 "저 사람이 예수만 믿으면 큰일을 할 사람"이라는 말을 합니다. 그러나 이 말은 예수 믿는 사람이 해서는 안 되는 말입니다. 다윗이 원래 돈 많고, 능력이 있었던 사람입니까? 그래서 하나님을 믿고 큰일을 했던 것입니까? 그가 하나님을 전적으로 의지하고 하나님 마음에 맞는 인격과 심성을 갖추었기에 하나님이 크게 사용하신 것뿐입니다.

따라서 대기업의 회장이 예수 믿으면 더 큰일을 하게 되는 것이 아니라 무일푼의 거지라도 회개하고 하나님의 마음에 꼭 맞기만 하면 큰일을 하게 되는 것입니다. 하나님은 당신 뜻에 맞는 사람이면 그 사람을 통하여 당신의 뜻을 이루십니다.

오늘 우리도 성령에 붙잡혀서 하나님의 마음에 꼭 맞는 인격과 심성을 갖추면 하나님께 분명히 크게 쓰임 받을 수 있습니다.

- **기도**: 능력의 하나님, 그동안 하나님 마음에 합한 사람으로 살았는지 되돌아봅니다. 저희도 다윗과 같이 전능하신 하나님을 전적으로 의지하고, 하나님만 믿고 나아가는 믿음이 되게 하여 주옵소서. 하나님의 인도하심만 믿고 바라보며 나아갈 수 있는 믿음이 되게 하여 주옵소서. 그리하여 다윗과 같이 하나님 마음에 합한 사람, 하나님의 뜻을 이루는 사람으로 살게 하옵소서. 예수님의 이름으로 기도합니다. 아멘
- **중보기도**: 모든 그리스도인들이 하나님의 마음에 합한 사람으로 살게 하소서.

6월 8일
시각

하나님에 대한 시각

• 성경: 하박국 3장 16~19절 • 찬송: 10장 • 요절: 합 3:17

하박국 선지자를 보면 그는 하나님에게 불만이 많았습니다. 그의 불평은 이런 것들입니다. 악인의 강포로 말미암아 부르짖어도 하나님은 들은 체 만 체 한다는 것입니다(1:2). 거짓된 자들을 방관하시고 악인이 자기보다 의로운 사람을 핍박하고 죽이는데도 본체 만체 한다는 것입니다(1:13).

그는 하나님의 백성들이 이방 사람들에게 압제 당하는 것을 보고는 하나님께 이렇게 불평을 쏟아놓고 있는 것입니다. 심지어 그는 이렇게까지 말합니다. "주께서 어찌하여 우리를 바다의 물고기나 곤충 같게 하십니까? 그들이 우리를 바다고기 같이 곤충같이 잡는 것이 마땅합니까?"(1:14~17의역).

그런데 이런 그의 불평과 불만이 우리가 잘 아는 찬양으로 바뀝니다. "비록 무화과나무가 무성하지 못하며 포도나무에 열매가 없으며 감람나무에 소출이 없으며 밭에 먹을 것이 없으며 우리에 양이 없으며 외양간에 소가 없을지라도 나는 여호와로 말미암아 즐거워하며 나의 구원의 하나님으로 말미암아 기뻐하리로다"(3:17,18).

앞의 불평과 찬양 사이의 차이점은 무엇입니까? 상황이 변했습니까? 아닙니다. 이스라엘이 이방 사람 앞에서 꼼짝 못하는 안타까운 현실은 그대로입니다. 똑같은 현실을 놓고 하나님에 대해서 제대로 알지 못할 때는 하나님께 대들고 따지는 듯 하는 모습이었는데, 하나님을 제대로 알게 되자 있는 자리에서 그대로 하나님께 찬양을 할 수밖에 없었던 것입니다.

상황이 달라진 것이 아니라, 하나님을 바라보는 시각이 바뀐 것입니다. 우리도 하나님을 바라보는 시각이 바뀌면 불평이 변하여 찬양이 될 수 있습니다.

• **기도**: 능력의 하나님, 저희도 하박국 선지자와 같이 하나님을 바라보는 시각이 달라지게 하여 주옵소서. 하나님을 바라보는 시각이 달라짐으로 악인을 위하여도 기도할 수 있는 마음을 갖게 하시고, 핍박하는 자를 위해서도 품을 수 있는 여유로운 마음이 되게 하여 주옵소서. 불평이 변하여 찬양이 되게 하시고, 슬픔이 변하여 기쁨이 되게 하여 주옵소서. 예수님의 이름으로 기도합니다. 아멘

• **중보기도**: 모든 그리스도인들이 하나님을 바라보는 시각이 달라지게 하여 주소서.

6월 9일 헤아림

지도자의 마음을 살필 줄 아는 사람

• 성경: 여호수아 14장 10 ~ 12절 • 찬송: 354장 • 요절: 수 14:12

여호수아 14장의 말씀은 이스라엘이 요단강 서편을 정복하고 나서 땅을 분배하는 말씀이 기록되어 있습니다.

좋은 땅을 가진 지파는 군말이 없겠지만 나쁜 땅을 분배받은 지파는 얼마나 말이 많겠습니까? 따라서 여호수아는 "나쁜 땅을 어느 지파에게 주어야만 할 것인가?" 이것이 상당히 골치 아픈 문제로 자리 잡고 있었을 것입니다. 그런데 이 문제를 갈렙이 단번에 해결하는 장면이 오늘 본문 말씀입니다. 갈렙이 달라고 하는 헤브론 땅은 험한 지형의 산지로 이루어져 있습니다. 그곳에는 예전에 이스라엘을 절망케 했던 아낙 자손이 살고 있었습니다. 그리고 성읍들 역시 크고 견고했습니다.

이런 연유로 각 지파가 제 1순위로 기피하는 곳입니다. 괜히 사서 고생할 필요 없다는 것이죠. 그런데 그 산지를 갈렙은 자신에게 달라는 것입니다. 여호수아가 깜짝 놀랐을 것입니다. 왜냐하면 그의 나이가 85세의 고령이었기 때문입니다. 그 나이에 젊은 사람도 기피하는 그 땅을 자신에게 달라니 있을 수 없는 일이죠. 그런데 이 말씀에서 우리가 주목해야 할 것은 지도자가 난처한 입장에 처할 때마다 갈렙은 그 지도자의 마음을 살필 줄 아는 사람이었다는 사실입니다.

자신의 처한 현실을 초월하여 지도자를 먼저 생각하고, 공동체를 먼저 생각했던 사람, 그리고 그 짐을 자신이 지기를 원했던 사람, 이런 그였기에 그가 죽은 후에 무덤 속에서도 이스라엘을 움직이는 영적인 버팀목이 되었습니다. 이와 같은 갈렙의 위대한 신앙이 우리 가정에도 계승되어지도록 합시다.

- **기도**: 헤아림을 도로 받을 것이라고 하신 주님, 그동안 저희는 다른 사람의 마음을 헤아릴 줄 아는 신앙의 사람이었는지 돌아보기를 원합니다. 자기의 유익만 생각하고 자기의 입장만 고집하고 앞세웠던 이기적인 모습은 아니었는지요. 저희도 갈렙과 같이 다른 사람의 마음을 살피고 헤아릴 줄 아는 신앙의 사람이 되게 하여 주옵소서. 그 짐까지도 대신 질 줄 아는 믿음의 사람이 되게 하여 주옵소서. 예수님의 이름으로 기도합니다. 아멘
- **중보기도**: 모든 그리스도인들이 서로를 살필 줄 아는 믿음의 사람이 되게 하소서.

영적인 앉은뱅이

• 성경: 사도행전 3장 1 ~ 10절 • 찬송: 312장 • 요절: 행 3: 6

오늘 우리는 성전 미문의 앉은뱅이를 보면서 우리 자신의 신앙의 모습을 바라보게 됩니다. 현대는 육체적인 장애보다는 정신과 영혼의 장애자들이 더 많다는 것을 무시할 수 없습니다.

우리는 육신적으로 멀쩡해서 건강하다고 생각할 수 있지만, 영적인 의미에서 보면 우리 모두가 신앙의 앉은뱅일 수도 있다는 말씀입니다. 이것은 우리의 관심이 어디에 있고, 우리가 무엇 때문에 그렇게 정신없이 살아가고 있느냐를 생각해 보면 알 수 있습니다.

솔직히 오늘 말씀에 나오는 성전 미문의 이 앉은뱅이만 먹을 것을 위해서 걱정합니까? 아닙니다. 우리를 포함해서 모든 사람이 다 먹을 것을 위해서 걱정하고 또 그것을 위해서 정신없이 살아가고 있습니다. 따라서 어느 누구도 이것으로부터 자유로울 수 없습니다. 그렇다면 우리 모두가 다 영적인 앉은뱅이들이라는 사실입니다. 다리나 손이 없어서 구걸하는 사람들보다는 좀 고상해 보이고 깨끗해 보일지는 모르나, 영적으로 보면 우리 모두는 구걸하는 앉은뱅이일 수 있다는 사실입니다.

성도는 하나님의 말씀으로 사는 존재들이기 때문에 돈 걱정, 음식 걱정 하지 말아야 한다는 얘기가 아닙니다. 보다 중요한 것은 하나님께서 무엇을 기뻐하시는지를 생각하며 지금 하나님 중심으로 살려고 노력하고 있느냐는 것입니다. 그것이 나에게 보이지 않는다면 우리는 영적인 앉은뱅이입니다.

"그런즉 너희는 먼저 그의 나라와 그의 의를 구하라 그리하면 이 모든 것을 너희에게 더하시리라"(마6:33)는 예수님의 말씀을 잊지 말아야겠습니다.

• **기도**: 사랑의 하나님, 저희는 지금 무엇 때문에 정신없이 살아가고 있는지요? 어디에 관심을 두고 살아가고 있는지요? 또한 무엇을 구하며 살고 있는지요? 저희의 삶이 하나님의 기쁨을 구하는 삶이 되게 하여 주옵소서. 하나님 중심으로 사는 삶이 되게 하여 주옵소서. 주님의 말씀대로 주님의 나라와 그의 의를 구하는 삶이 되게 하여 주옵소서. 예수님의 이름으로 기도합니다. 아멘

• **중보기도**: 모든 그리스도인들이 하나님의 기쁨을 구하는 삶이 되게 하소서.

6월 11일
기도의 능력

사단의 입을 봉하는 기도

• 성경: 다니엘 6장 10절 • 찬송: 364장 • 요절: 단 6: 10

오늘 본문에 보면 다니엘이라는 인물이 등장합니다. 다니엘이, 기도하는 그 한 가지 이유 때문에, 굶주린 사자굴 속에 던져지는 신세가 되었지만, 솜털 하나 뜯기지 아니하는 하나님의 보호를 받았습니다. 이 놀라운 기적을 경험한 장본인인 다니엘이 왕에게 이렇게 증언합니다.

"나의 하나님이 이미 그 천사를 보내어 사자들의 입을 봉하셨으므로 사자들이 나를 상해하지 아니하였사오니 이는 나의 무죄함이 그 앞에 명백함이오며 또 왕이여 나는 왕에게도 해를 끼치지 아니하였나이다 하니라"(6:22).

다니엘의 체험은 우리에게 기도가 어떤 것인지를 명확히 말씀해 주고 있습니다. 기도는 사자의 입을 봉하는 능력을 불러옵니다.

기도는 사단의 입을 봉하는 능력을 불러옵니다. 다니엘이 사자 굴속에 던져졌을 때, 이미 그곳에는 천사들이 파견되어 있었습니다. 그리고 그 천사들이 이미 사자들의 입이 열려지지 않도록 봉해버렸습니다.

베드로 전서 5장 8절은 "너희 대적 마귀가 우는 사자같이 두루 다니며 삼킬 자를 찾나니"라고 말씀합니다.

그러나 그 마귀의 입을 봉하는 큰 능력이 있으니, 그것이 바로 우리의 기도라는 것입니다. 오늘 말씀에 따르면 다니엘은 하루 세 번씩 무릎을 꿇고 하나님 앞에 기도와 감사를 드리는 사람이었습니다. 그 같은 다니엘의 기도가 마귀와 사자의 입을 한꺼번에 봉해버린 것입니다.

오늘 우리가 다니엘을 통해서 배울 것은 다른 것이 아닙니다. 사단의 입을 봉하는 기도, 우리는 이 기도를 배워야 합니다.

• **기도** : 부르짖기를 원하시는 하나님 아버지, 다니엘과 같은 기도의 사람이 되게 하여 주옵소서. 다니엘은 시간을 정하여 하루 세 번씩 하나님께 기도를 드렸습니다. 저희도 그와 같은 기도를 주님께 드릴 수 있는 기도의 사람이 되게 하여 주옵소서. 그리하여 사람의 힘이 아닌 하나님의 능력으로 살아가는 삶이 되게 하여 주옵소서. 예수님의 이름으로 기도합니다. 아멘
• **중보기도** : 모든 그리스도인들이 다니엘과 같은 기도의 사람이 되게 하소서.

6월 12일
성공키워드

153의 축복

• 성경: 요한복음 21장 11절 • 찬송: 134장 • 요절: 요 21: 11

우리나라에서 볼펜 하면 떠오르는 회사가 있습니다. 「모나미」입니다. 1963년에 '모나미 153볼펜'을 내놓아 우리나라의 필기구 시장에 큰 획을 그은 문구업체입니다.

이 볼펜은 40년 가까이 국내에서 가장 많이 쓰인 히트상품인데, 지금까지 약 34억 자루가 생산되었고, 이것을 이어놓으면 자그마치 지구둘레를 12바퀴나 돈 것이 된다고 합니다.

이 기적의 모나미 153볼펜은 1962년 경복궁 문구 박람회에서 사람이 볼펜을 사용하는 것을 보고 신선한 충격을 받은 창업주 「송삼석」 회장이 볼펜을 생산할 수 있는 공장도, 기술도 없었던 상황에서 만든 것입니다. 그런데 왜 하필이면 이 볼펜의 이름이 153볼펜일까요?

그것은 창업주 송삼석 회장이 직접 붙인 것인데, 요한복음 21장을 묵상하다가 예수님의 제자 베드로가 예수님께서 지시하신 대로 그물을 던졌더니 그물이 찢어질 정도로 153마리의 고기를 잡았다는 것에서 영감을 얻어 모나미 볼펜의 이름을 153이라고 붙인 것입니다.

성경을 묵상하다가 얻은 영감대로 이름만 붙였는데도 「모나미 153」은 한국 국민의 대표적인 필기구로 사랑을 받게 되었습니다.

그렇습니다. 축복은 말씀에 있습니다. 승리도 말씀에 있습니다. 행복도, 풍성함도 말씀에 있습니다.

이 말씀을 듣고, 묵상하고, 순종하는 자에게 하나님의 능력이 나를 움직이는 것을 경험하게 될 것입니다.

• **기도** : 말씀으로 축복하시는 주님, 저희로 말씀의 능력을 굳게 믿으며 사는 삶이 되게 하옵소서. 승리도 말씀에 있음을 믿습니다. 축복도 말씀에 있음을 믿습니다. 말씀을 듣고 묵상하기에 마음을 쏟을 수 있게 하시고, 말씀의 능력이 저희를 움직여 가는 것을 경험하는 삶이 되게 하여 주옵소서. 이 땅을 살아가는 동안 말씀의 보화를 캐내는 삶이 되게 하여 주옵소서. 예수님의 이름으로 기도합니다. 아멘

• **중보기도** : 모든 그리스도인들이 축복의 말씀을 경험하며 사는 삶이 되게 하소서.

6월 13일 은혜

보이지 않는 하나님의 은혜

• 성경: 신명기 32장 10절 • 찬송: 391장 • 요절: 신 32: 10

평생을 가난한 이웃을 위하여 일생을 바친「마더 테레사」수녀의 '악의 꽃'이라는 책에 보면 이런 이야기가 나옵니다. 한 아들이 정원에서 놀다가 돌에 걸려 넘어져 다쳤습니다. 그러자 아버지는 아들을 얼른 안고 약을 바르고 치료해 주었습니다. 아이를 재워놓은 후 아버지는 정원에 나가서 돌을 골라냅니다. 사랑하는 아들이 다시는 넘어져서 다치지 않게 하기 위해서 돌을 골라내는 것입니다.

우리는 많은 경우 치료하시는 하나님만을 생각하며 감사드립니다. 그러나 우리가 알지 못하는 사이에, 우리가 잠든 사이에, 우리 앞에 있는 장애물을 치우시는 하나님의 보이지 않는 은혜는 잘 깨닫지를 못합니다. 그러나 하나님은 우리가 알지 못하는 은혜를 더 많이 베풀고 계시다는 사실을 잊지 말아야 합니다.

오늘 말씀에 모세는 광야 생활이 거의 다 끝나갈 무렵에 지난 40년간의 광야생활을 되돌아보면서, 이스라엘 백성이 무사히 광야생활을 마치고 가나안 땅에 들어갈 수 있었던 것은 전적인 하나님의 은혜로 된 것임을 고백하고 있습니다.

우리에게 향하신 하나님의 은혜는 보이는 은혜보다 보이지 않는 은혜가 더 많습니다. 조용히 하나님의 은혜를 생각해 봅시다. 그러면 우리가 알지 못하는 하나님의 은혜가 있었기에 우리가 이렇게 평안히 지낼 수 있었음을 깨닫게 될 것입니다. 이 사실을 빨리 깨닫고 감사할 줄 하는 자가 지혜로운 사람입니다.

• **기도**: 은혜 베푸시기를 즐겨하시는 하나님 아버지, 이 시간 조용히 하나님의 은혜를 더듬어 봅니다. 저희의 인생 가운데서도 보이지 않게 역사하시고 함께하신 하나님의 은혜가 있음을 깨닫기를 원합니다. 그 은혜가 있었기에 오늘 저희가 여기까지 살아올 수 있었음을 깨닫고 감사할 수 있게 하여 주옵소서. 나의 나 된 것은 하나님의 은혜로 된 것이라고 고백하며 증거하는 삶이 되게 하여 주옵소서. 예수님의 이름으로 기도합니다. 아멘

• **중보기도**: 모든 그리스도인들이 보이지 않는 하나님의 은혜를 경험하는 삶을 살게 하소서.

6월 14일 긍정

'예'의 신앙

• 성경: 고린도후서 1장 15~22절 • 찬송: 336장 • 요절: 고후 1: 19~20

「커밍 워커」라고 하는 교수는 성공의 요인을 네 가지로 요약하여 말했습니다. 첫 번째는 지능입니다. 두 번째는 지식입니다. 세 번째는 기술입니다. 네 번째는 태도, 자세입니다.

워커교수는 이 네 가지 요인 가운데 93% 이상으로 결정적인 영향을 주는 것이 있는데, 그것은 '태도'라고 말하고 있습니다. 주저하지 않는 자세, 기쁜 마음으로 찬성하고 참여하는 태도, 이러한 태도를 가진 사람은 인생을 성공적으로 살 수 있다고 합니다.

우리가 인생을 아름답게 살기 위해서는, 하나님께서 주신 환경과 조건 속에서 성공적인 삶을 살기 위해서는 긍정적인 태도를 가져야 합니다. 특히 믿음의 사람으로서 우리는 더더욱 긍정적인 태도를 가져야 합니다. 믿음의 사람으로서 성공적인 영적인 삶을 살기 위하여, 그리스도를 닮은 삶을 살기 위하여 긍정적인 태도를 가져야 합니다. 바로 '예'라고 하는 이 태도입니다. 그것은 그리스도적인 태도요, 하나님 나라의 백성의 태도입니다.

오늘 말씀 19절에 보면 사도 바울은 예수님에 대하여 이렇게 말씀합니다. "하나님의 아들 예수 그리스도는 예하고 아니라 함이 되지 아니하셨으니 그에게는 예만 되었느니라".

예수 그리스도는 '예'이십니다. '아멘'이십니다. 주님의 생애를 돌아볼 때 주님의 삶은 아멘으로 시작해서 아멘으로 사시고, 아멘으로 끝나십니다. 주님의 모습, 생각과 말씀, 삶의 내용이 다 '예'가 됩니다. 사도바울도 예수 그리스도께서 '예'가 되시기에 자신도 '예'한다고 하고 있습니다. 오늘 우리도 하나님 나라의 백성으로서 그분의 제자 된 삶을 살고 있기 때문에 '예'하고, '아멘'할 수 있는 삶을 살아야겠습니다.

• **기도**: 순종의 본을 보이신 주님, 저희로 예와 아멘의 삶이 되게 하옵소서. 그것이 하나님 나라 백성의 삶이고, 예수님의 제자가 된 그리스도인의 태도요, 삶임을 잊지 말게 하여 주옵소서. 주님이 기뻐하시는 것이라면 언제나 예만 있게 하시고, 언제나 아멘만 하게 하옵소서. 예수님의 이름으로 기도합니다. 아멘

• **중보기도**: 모든 그리스도인들이 주님 앞에서 '예'와 '아멘'의 삶을 살게 하소서.

6월 15일
간구

하늘 문을 열어놓으심

• 성경: 마태복음 7장 7~11절 • 찬송: 539장 • 요절: 마 7: 7~8

어떤 사람이 하나밖에 없는 아들을 키웠습니다. 얼마나 착하고, 순종적인 아들인지 눈에 넣어도 아프지 않을 사랑스런 아들이었습니다. 10살이 되면서 이 아이에게 단짝이 생겼습니다. 그런데 성격이 괴팍하고, 부모도 없이 할머니 밑에서 자라는 아이였습니다. 그런데 그런 아이와 다윗과 요나단처럼 둘도 없는 사이가 된 것입니다.

어느 날 이 친구가 트럭이 과속으로 달려오고 있는 것도 모른 채 무단 횡단을 하고 있었습니다. 착한 아들이 뛰어들어 친구를 밀쳐냈지만 바퀴에 깔리고 말았습니다. 병원으로 실려 간 아들은 회복불능의 판정을 받고 죽어갑니다. 소식을 듣고 달려온 부모에게 아들이 이렇게 말합니다. "아빠, 사랑해요. 그리고 죄송해요. 그런데 부탁이 하나 있어요. 제 친구는 착한 아이인데 부모가 없어서 불행한 아이예요. 저 대신 제 친구를 아들처럼 생각하시고, 제 친구가 부탁하는 것은 제가 부탁하는 것처럼 생각하시고 들어주세요. 아빠." 이랬다면, 그 부모가 아들의 요구를 거절할 수 있을까요? 그 아이가 조금 마음에 들지 않아도, 너무도 숭고한 희생의 죽음을 죽어가면서 부탁하는 아들의 마지막 요구를 들어주지 않을 부모는 없을 것입니다.

예수님께서 우리에게 이렇게 하셨습니다. 자신을 희생하시며 우리가 당신의 이름으로 기도할 문을 열어 놓으신 것입니다. 그러니 우리가 예수님의 이름으로 기도할 때 하나님께서 듣지 않으실 수 없는 것입니다. 혹 우리가 기도하기에 자격이 부족해도, 미운 모습이 많아도, 하나님께서는 우리를 위해 숭고한 희생을 치르신 '예수님의 이름으로' 기도하는 우리의 기도를 결코 외면하지 않으실 것입니다. 우리가 구하기만하면 들어주실 것입니다.

• **기도** : 사랑의 주님, 저희가 하나님을 가까이 할 수 있도록 숭고한 희생을 치르신 주님의 사랑에 감사를 드립니다. 저희가 기도할 때마다 하나님께서는 예수님의 희생을 기억하시기에 외면하지 않으시고 응답의 은혜를 더하시는 줄 믿습니다. 저희가 기도할 때마다 예수님의 희생이 묻어 있는 기도라는 것을 잊지 말게 하여 주옵소서. 예수님의 이름으로 기도합니다. 아멘

• **중보기도** : 모든 그리스도인들이 기도의 가치를 잊지 말게 하소서.

6월 16일
성령 충만

초월하게 하시는 성령님

• 성경: 사도행전 2장 1~4절 • 찬송: 183장 • 요절: 행 2:4

성령은 우리로 하여금 모든 것을 초월하게 하십니다. 초월한다는 것은, 내가 이길 수 없는 것들을 이기게 되는 것을 말합니다. 승리하는 것입니다. 성령은 우리에게 승리를 가져다주시는 분이십니다. 제자들이 오늘 말씀에서 성령의 충만하심을 경험한 것을 눈여겨 살펴봅시다.

성령께서 충만하게 임하실 때 어떤 일들이 일어났습니까? 급하고 강한 바람 같은 소리가 들렸습니다. 불의 혀같이 갈라지는 것이 그들에게 보였습니다. 성령의 말하게 하심을 따라 다른 방언으로 말하기를 시작했습니다.

성령 충만하면 들리는 것이 달라집니다. 전에 들리지 않던 것이 들리기 시작합니다. 전에는 사람의 말만 들렸습니다. 그것도 좋은 말보다는 나쁜 말들이 많이 들렸습니다. 남의 험담을 들을 때는 묘한 즐거움이 있었습니다.

누군가 다른 사람에게 들었다며 내 결점을 이야기할 때에는 참을 수가 없어서 복수할 길을 찾았습니다.

그런데 성령 충만하니 들리는 것이 달라졌습니다. 사람의 말보다 하나님의 음성이 더 많이 들립니다. 나도 모르게 들려오는 좋지 않은 말들은 귀로는 들어도 마음에 담지를 않습니다. 누군가 내 말을 안 좋게 하는 내용이 들려와도 그때도 그 안에서 하나님의 음성을 듣게 됩니다. 그래서 전에는 내 고조된 감정을 이기지 못해서 상처를 받고 또 상처를 주던 일들이 너무도 많았는데 이제는 그 자리에 하나님의 사랑이 자리 잡고 모두를 품고 포용하여 끝내 서로를 변화되게 만들어 놓습니다.

초월하는 것입니다. 성령께서 이렇게 하시는 것입니다. 그래서 우리는 성령 충만을 사모해야만 하는 것입니다.

- **기도**: 성령 충만을 원하시는 주님, 저희로 성령 충만을 사모하게 하시고, 성령 충만한 삶을 살아가게 하옵소서. 성령 충만함으로 사람의 말보다 하나님의 음성에 귀 기울일 수 있는 삶이 되게 하시고, 하나님의 사랑으로 모든 것을 품고 포용할 수 있는 삶을 살아가게 하옵소서. 성령의 사람으로 주변을 변화시키는 삶을 살게 하옵소서. 예수님의 이름으로 기도합니다. 아멘
- **중보기도**: 모든 그리스도인들이 성령 충만한 사람이 되게 하소서.

6월 17일 — 섬김

섬기며 사는 삶

• 성경: 마태복음 20장 28절 • 찬송: 452장 • 요절: 마 20 : 28

할머니와 할아버지가 가파른 경사를 오르고 있었습니다. 할머니는 너무나 힘이 드는지 애교 섞인 목소리로 할아버지에게 말했습니다. "영감~ 나 좀 업어줘!" 할아버지도 무지 힘들었지만 남자라는 체면 때문에 할 수 없이 할머니를 업었습니다. 그런데 할머니가 얄밉게 묻습니다. "영감, 내가 무거워?" 그러자 할아버지는 담담한 목소리로 "그럼~ 무겁지! 얼굴 철판이지, 머린 돌이지, 간은 부었지. 많이 무겁지!" 한참을 업고 가다가 할머니를 내려놓고 다시 함께 걷습니다. 이번에는 걷다가 너무 지쳐버린 할아버지가 할머니께 말했습니다. "할멈~ 나두 좀 업어주면 안 될까?"

기가 막힌 할머니는 그래도 할 수 없이 할아버지를 업어봅니다. 이때 할아버지가 약 올리는 목소리로 할머니에게 말합니다. "할멈~ 그래도 생각보다 가볍지?" 이 말을 들은 할머니는 찬찬히 자상한 목소리로 입가에 미소까지 띄우며 이렇게 말했습니다. "그럼~ 가볍지. 영감 머리는 비었지. 허파에는 바람이 들어갔지, 양심은 없지. 너~무 가볍지!"

사람의 본능엔 섬기려는 마음보다 섬김을 받으려는 마음이 더 큽니다. 다른 사람이 나를 섬겨줄 때는 한없이 좋아하고 기뻐하지만, 다른 사람을 섬겨야 할 때는 힘들어 하고 짜증스러워 하는 것이 사람의 기본적인 본성입니다. 그래서 사람은 섬김을 받으려고 많은 노력을 기울입니다.

그것과는 반대로 예수님을 따르는 사람들은 다른 사람을 섬기려는 데 많은 노력을 기울이며 살려고 합니다. 왜냐하면 그것이 예수님을 진정으로 닮고자하는 그분의 제자 된 모습이기 때문입니다. 또한 섬김을 모르는 삶은 구원의 감격이 없는 삶이기 때문입니다.

- **기도**: 섬김의 본을 보이신 주님, 저희로 주님과 같이 섬기는 삶을 살게 하옵소서. 이해 못할 사람이라 할지라도 섬김의 본을 보이신 주님을 닮고자 하는 마음으로 섬길 수 있게 하시고, 힘들고 어려울지라도 주님의 제자로서의 삶을 살고자 하는 마음으로 섬길 수 있게 하옵소서. 그리하여 구원의 감격을 느끼는 삶이 되게 하옵소서. 예수님의 이름으로 기도합니다. 아멘
- **중보기도**: 모든 그리스도인들이 섬기는 삶을 살아갈 수 있게 하소서.

6월 18일
사랑의 빚

가장 큰 행복

• 성경: 로마서 13장 8절 • 찬송: 213장 • 요절: 롬 13:8

필리핀의 부유한 사업가의 아들이 마닐라의 성서대학에 입학했습니다. 그는 기숙사의 욕실과 화장실이 불결하다고 학장에게 불평했습니다. 그러자 학장은 미소를 지으며 "내가 조치해주지."라고 말하고는 곧장 기쁨이 가득한 얼굴로 화장실을 깨끗이 청소를 했습니다. 이 모습을 보고 당황해 하는 그 학생에게 따뜻하게 말했습니다.

"자, 이만하면 마음에 드는가? 우리 학교는 청소부를 고용할 형편이 안 되어서 모두 자원하는 심정으로 자기 일을 한다네. 사랑의 빚진 자가 되게 함이 우리 학교의 교육 목표일세."

이 사건은 그가 졸업 후 목사가 되어 미국 시카고 자유교회에서 가난하고 소외받는 외국 학생들에게 사랑의 빚을 갚는 일에 일생을 바칠 수 있는 교훈이 되었습니다. 어려울 때마다 자기 손바닥에 십자가를 그으면서 주님께 진 사랑의 빚을 생각했습니다.

오늘 우리도 예수님께 사랑의 빚을 진자들입니다. 굳이 그 빚을 갚지 않아도 뭐라고 할 사람은 없겠지만, 우리가 주님께 받은 은혜가 값싼 싸구려 은혜가 되지 않기 위해서는 사랑의 빚을 갚는 삶을 살아야 할 것입니다.

사랑의 빚을 갚는 생활이 어렵고 힘들 수도 있겠지만 십자가의 주님을 생각한다면 나의 생명, 손과 발, 시간과 물질을 하나도 아깝지 않게 생각하며 주님께 드리는 삶을 살 수 있을 것입니다.

충분히 다른 사람을 사랑하고, 용서하며, 섬기는 삶을 실천할 수 있을 것입니다. 그리고 그것이 가장 큰 행복이요, 기쁨이 됨을 온몸으로 느끼며 감사하게 될 것입니다.

• **기도**: 사랑의 주님, 저희로 주님께 사랑의 빚을 진 자로서 그 빚을 갚는 삶을 살아갈 수 있게 하옵소서. 주님의 사랑을 본받아 저희의 생명과 물질과 시간을 하나도 아깝지 않게 생각하며 주님께 드릴 수 있는 삶을 살아갈 수 있게 하옵소서. 주님과 같이 충분히 용서하고, 충분히 사랑하고, 충분히 섬기는 삶을 실천할 수 있게 하옵소서. 예수님의 이름으로 기도합니다. 아멘
• **중보기도**: 모든 그리스도인들이 사랑의 빚진 자로서 살게 하소서.

6월 19일
겸손

겸손이 복을 부른다

• 성경: 베드로전서 5장 5절 • 찬송: 212장 • 요절: 벧전 5:5

한 회사의 여직원이 처리할 일이 많아 야근을 하게 되었습니다. 조용한 사무실에 전화벨 소리가 요란하게 울려 퍼졌습니다. 잘못 걸려온 전화였습니다. "전화를 잘못 거셨습니다. 편안한 밤 되시기 바랍니다." 친절하게 전화를 끊었습니다.

또 다시 전화벨 소리가 울렸습니다. 또 그 목소리였습니다. "네. 전화번호를 확인하고 전화하시면 좋겠습니다. 좋은 밤 되세요." 끊었습니다. 또 이어서 전화벨 소리가 울렸습니다. 또 그 목소리였습니다. "예. 자꾸 목소리를 들으니 너무너무 반갑습니다. 저희 회사는 파이프를 생산하는 회사입니다. 파이프가 필요하시면 이 전화번호를 기억하셨다가 꼭 전화 주십시오. 좋은 밤 되세요." 전화를 끊었습니다.

며칠 후 사장실로 전화가 걸려왔는데 상상도 할 수 없을 만큼 어마어마한 파이프를 주문했다는 것입니다. 이유인즉 "당신의 친절한 여직원을 보았더니 그것 하나만으로 당신들의 모든 상품은 충분히 신용가치가 있었습니다. 내가 이것을 주문합니다."라는 이야기였습니다.

잘못 걸려온 전화, 그것도 세 번을 연거푸 잘못 걸려온 전화의 주인공을 같은 실수를 세 번씩이나 되풀이하는 푼수로 생각했다면 서로 기분을 상하는 관계로 끝나버리고 말았을 것입니다. 그러나 그 사람에게 중심을 다하여 겸손히 대했더니, 큰 유익을 주는 고객이 되었습니다.

내가 그를 어떻게 대하느냐에 따라 그는 내게 그만큼의 의미 있는 사람이 되어줍니다. 오늘 말씀에 베드로의 권면대로 우리는 누구를 대하든지 겸손으로 허리를 동이는 자세를 잃지 말아야겠습니다.

• **기도** : 겸손의 본을 보이신 주님, 저희로 교만하지 않고 겸손한 삶을 살게 하옵소서. 하나님에 대하여도 겸손할 수 있게 하시고, 사람에 대하여도 겸손함을 잃지 않는 삶을 살아갈 수 있게 하옵소서. 겸손함으로 주님의 몸 된 교회를 섬길 수 있는 일꾼이 되게 하시고, 겸손함으로 많은 사람을 주님께로 인도하는 제자로서의 삶을 살아갈 수 있게 하옵소서. 예수님의 이름으로 기도합니다. 아멘
• **중보기도** : 모든 그리스도인들이 겸손한 삶을 살게 하소서.

6월 20일 / 중심

하나님은 중심을 보신다

• 성경: 고린도전서 13장 13절 • 찬송: 308장 • 요절: 고전 13:13

낮 예배 설교를 위해 집을 나서시던 목사님이 배꼽티를 입고 교회에 가겠다는 나서는 중학생 딸과 사모님의 신경전을 보시게 되었습니다. 사모님이 딸을 불러 세우며 말씀합니다. "얘, 너 이리 좀 와봐. 너 그 모습이 도대체 뭐니? 네가 이효리냐?" "아니, 제 모습이 뭐가 어때서요?" "아니, 그 모습으로 예배드리러 가겠다는 거냐?" "그럼요." 이렇게 대답한 딸이 눈을 부라리는 엄마의 눈길을 피해 아빠 목사님에게 묻습니다. "아빠! 하나님께서 사람의 중심을 보시나요? 외모를 보시나요?" 뚱딴지같은 질문에 기가 막힌 목사님이 대답하십니다. "야, 이 녀석아, 당연히 중심을 보시지…."

그 말씀 끝에 살며시 미소를 지으며 딸이 엄마에게 일격을 가합니다. "그러니까 제가 하나님 앞에 중심을 보여드리겠다는데, 왜 간섭을 하세요!!!"

그렇습니다. 하나님께서는 우리의 중심을 보십니다. 중심은 우리의 마음을 가리키는 것입니다. 그렇다면, 하나님은 우리의 마음의 어떠한 것을 보실까요? 오늘 말씀에 사도바울은 우리의 마음이 믿음과 소망과 사랑으로 채워져야 한다고 가르쳐 주고 있습니다.

우리의 신앙, 우리의 인생을 지탱해 나가는 가장 중요한 세 가지가 믿음, 사랑, 소망이라는 것입니다. 믿음, 소망, 사랑, 이 세 가지만 중심에 제대로 자리 잡고 있으면, 우리의 인생은 흔들리지 않습니다. 그의 신앙에는 하나님께서 함께하시는 증거가 분명하게 나타납니다.

"믿음, 소망, 사랑" 이것이 신앙의 기본입니다. 아무리 강조해도 지나치지 않을 아주 중요한 요소들임을 잊지 맙시다.

- **기도** : 중심을 보시는 하나님, 저희의 마음이 항상 믿음, 소망, 사랑으로 채워져 있는 삶이 되게 하옵소서. 저희의 신앙, 저희의 인생을 지탱해 나가는 가장 중요한 세 가지가 믿음, 소망, 사랑임을 잊지 말게 하옵소서. 이것이 신앙의 기본임을 기억하여 항상 믿음 위에 서 있게 하소서, 주님께 소망을 두게 하시고, 하나님을 사랑하고 이웃을 사랑하는 삶이 되게 하옵소서. 예수님의 이름으로 기도합니다. 아멘
- **중보기도** : 모든 그리스도인들이 믿음, 소망, 사랑의 삶을 살게 하소서.

6월 21일 / 외로움

절대 혼자가 아니다

• 성경: 열왕기상 19장 13~18절 • 찬송: 382장 • 요절: 왕상 19:18

　북이스라엘 아합과 이세벨의 정권 하에 활동했던 위대한 선지자 엘리야도 갈멜산에서 바알 선지자들과의 싸움에서 승리를 경험하고 난 후 심한 영적 침체에 빠지게 되었습니다.
　이세벨 왕후가 자기를 죽이겠다는 말 한마디에 겁이 덜컥 나서 광야로 도망간 엘리야는, "네가 어찌하여 여기 있느냐"(13)고 말씀하시는 하나님의 물음에 "내가 만군의 하나님 여호와께 열심이 유별하오니 이는 이스라엘 자손이 주의 언약을 버리고 주의 제단을 헐며 칼로 주의 선지자들을 죽였음이오며 오직 나만 남았거늘 그들이 내 생명을 찾아 빼앗으려 하나이다"라고 원망 섞인 대답을 합니다(14).
　이제 하나님의 백성들은 다 죽고 자신만 홀로 남았다는 것입니다. '혼자서 무엇을 하겠느냐 그럴 바에야 차라리 나도 죽는 것이 낫지 않겠느냐' 는 엘리야의 말에 대하여 하나님께서는 놀라운 말씀을 하십니다.
　"내가 이스라엘 가운데에 칠천 명을 남기리니 다 바알에게 무릎을 꿇지 아니하고 다 바알에게 입 맞추지 아니한 자니라"(18).
　우리가 어렵고 실패했을 때 우리는 자칫 '모두가 나를 떠나가고 모두가 나를 외면하고 나를 무시한다. 나만 외톨이다.' 이런 생각을 갖기 쉽습니다. 자괴감에 빠지고 절망합니다. 그러면서 하나님도 원망하고, 하나님을 찾지 않습니다.
　오늘 말씀은 아무리 그런 때에라도 하나님은 우리와 함께하시고, 모두가 나를 떠나도 하나님은 떠나지 않고 나와 함께하신다는 것을 보여주고 있습니다. 따라서 아무리 혼자라고 생각되고 외톨이라고 생각될 때에도 우리는 절대 혼자가 아님을 기억해야만 하겠습니다.

• **기도**: 언제나 저희와 함께하시는 하나님, 저희가 어렵고 힘들 때, 혼자라고 생각 될 때, 하나님을 원망한 적이 없었는지 되돌아봅니다. 하나님은 어느 때나 저희를 홀로 버려두지 않으시고 저희와 함께하시는 분이심을 잊지 말게 하여 주옵소서. 모두가 떠나도 하나님께서는 절대로 저희 곁을 떠나지 않으신다는 것을 굳게 믿고 살아가는 삶이 되게 하옵소서. 예수님의 이름으로 기도합니다. 아멘
• **중보기도**: 모든 그리스도인들이 언제나 함께하시는 하나님을 느끼는 삶이 되게 하소서.

6월 22일
산 믿음

하나님을 다급하게 한 사람

• 성경: 창세기 22장 1 ~ 14절 • 찬송: 546장 • 요절: 창 22: 14

오늘 말씀은 아브라함이 하나님의 말씀에 순종하여 이삭을 번제로 드리는 내용입니다. 아브라함이 이삭을 죽이려 하자 하나님께서 아주 다급하게 아브라함을 부르시는 장면이 우리의 시선을 고정시킵니다. 아브라함이 하나님께 이삭을 제물로 드릴 때 어떤 모습이었습니까? 하나님은 능히 죽은 자를 다시 살리시는 분임을 믿음으로 드립니다. 이런 믿음으로 칼을 들고 이삭을 내리치려고 하자 하나님이 다급해 하십니다. 하나님이 좀처럼 사람의 이름을 두 번 부르신 적이 없는데, 성경에서 처음으로 사람의 이름을 두 번 부르신 장면이 바로 오늘 말씀에 아브라함을 부르시는 장면입니다. 우리가 매순간 순종하고 하나님의 말씀대로 나가면 하나님이 정신없어지고 주변 사람이 정신없어집니다. 이것이 바로 하나님 자녀가 갖는 위력입니다. 다니엘이 사자 굴에 끌려갈 위기에 처하게 되었을 때, 그는 자기 목숨이 걸린 문제인데도 너무도 초연했습니다. 하나님의 말씀에 조금도 흐트러짐이 없는 모습을 보였습니다. 그런데 왕이 근심했습니다(단6:14). 이것이 중요한 원리입니다. 하나님의 자녀라고 하면서 날마다 근심걱정이 떠나지 않는 이유가 무엇입니까? 하나님을 어정쩡하게 믿기 때문입니다. 이 길도 아니고 저 길도 아니고 날마다 고민이요 고통뿐입니다. 걱정이 많은 사람들은 어정쩡한 사람들입니다. 우리는 이런 자세를 버려야 하겠습니다.

우리에게 찾아온 시험을 이기는 비결이 무엇입니까? 철저히 믿는 믿음입니다. "이삭을 죽이면 다시 살려주시겠지." 하고 칼을 뽑는 믿음, "사자 굴에 들어가도 절대로 기도는 쉴 수 없어. 들어가서도 기도할 거야." 하고 기꺼이 사자 굴에 들어가는 믿음, 이런 믿음이 시험에 들지 않고, 시험을 이깁니다. 하나님이 피할 길을 예비해 주시고, 큰 믿음의 사람으로 세우십니다.

- **기도** : 믿음을 보시는 주님, 저희로 하나님을 철저히 믿는 믿음을 갖게 하옵소서. 하나님을 철저히 믿는 믿음으로 그 어떤 시험 앞에서도 담대할 수 있게 하시고, 믿음으로 넉넉히 이기는 삶을 살아갈 수 있게 하옵소서. 하나님을 만족시켜 드리는 큰 믿음의 사람이 되기를 원합니다. 예수님의 이름으로 기도합니다. 아멘
- **중보기도** : 모든 그리스도인들이 큰 믿음의 사람이 되게 하소서.

6월 23일
도고와 간구

강청과 끈기 있는 기도

• 성경: 창세기 18장 22~33절 • 찬송: 369장 • 요절: 창 18: 32~33

오늘 말씀은 끈기 있는 기도가 무엇인지를 보여 주고 있는 말씀입니다. 아브라함은 소돔과 고모라를 멸하시겠다는 하나님의 말씀을 듣고, 그 도시에 롯이 있음을 알고 그 도시를 멸하지 말 것을 하나님께 강청합니다.

처음에는 50으로 시작합니다. 그러다가 10인까지 숫자가 내려갑니다. 50에서 10까지, 숫자가 내려가기까지 아브라함은 하나님께 무려 여섯 번이나 강청하는 기도를 드리고 있습니다. 대단한 끈기가 아니고는 이렇게 할 수가 없습니다. 하나님은 아브라함의 끈기를 보고 계셨습니다. 어느 정도까지 구하는지를 보고 계셨습니다.

기도의 여러 유형이 있지만 하나님이 좋아하시는 기도 중에 하나가 끈기 있는 기도입니다. 기도에서 제일 중요한 것은 끈기입니다. 낙망치 않고 기도하는 것입니다.

믿음의 사람은 담대함이 필요합니다. 담대하면 상을 받게 되어 있습니다. 사실 아브라함은 처음부터 끈기가 있는 사람이 아니었습니다. 그러나 그의 믿음이 성장하면서 끈기도 점점 성장을 한 것입니다. 하나님은 아브라함의 끈기 있는 기도를 들으시고 그의 조카 롯을 소돔과 고모라에서 구원하십니다. 창세기 19장 29절을 보면 "하나님이 그 지역의 성을 멸하실 때 곧 롯이 거주하는 성을 엎으실 때에 하나님이 아브라함을 생각하사 롯을 그 엎으시는 중에서 내보내셨더라"고 기록하고 있습니다.

롯이 구원을 받을 수 있었던 것은 온전히 아브라함의 끈기 있는 기도, 낙망치 않고 끝까지 부르짖었던 기도 때문이었습니다. 우리에게도 이런 기도가 있다면 내 주변을 살리시는 하나님의 역사를 경험하게 될 것입니다.

- **기도** : 좋은 기도의 본을 보여주신 주님, 저희로 아브라함과 같이 끈기 있는 기도를 드릴 수 있게 하옵소서. 하나님의 응답이 있을 때까지 낙망치 않고 끝까지 강청하는 기도를 드릴 수 있게 하시고, 설령 응답하심이 없더라도 끈기 있게 부르짖는 기도의 습관은 변하지 말게 하여 주옵소서. 예수님의 이름으로 기도합니다. 아멘
- **중보기도** : 모든 그리스도인들이 끈기 있는 기도의 사람이 되게 하소서.

6월 24일 장성한 신앙

어린아이의 일을 버렸노라

• 성경: 고린도전서 13장 11절 • 찬송: 339장 • 요절: 고전 13:11

오늘 말씀이 기록된 고린도전서13장은 기독교인들에게 사랑 장으로 잘 알려져 있습니다. 이 말씀을 읽다보면 사랑이 무엇인지 가슴으로 받아들이게 됩니다. 그런데 후반부에 이르면 사도바울이 장성한 신앙에 대하여 언급하고 있는 것을 보게 됩니다. 그러면 장성한 신앙의 특징은 어떤 것일까요?

첫째, 드릴 줄 압니다. 어린아이는 하나에서부터 열까지 부모님께 받아서 살아갑니다. 부모가 없으면 살 수 없는 것이 어린아이의 특징입니다. 그러나 아이가 자라서 장성한 사람이 되면 부모님께 무엇을 해드려야 하는가를 고민할 줄 아는 사람이 됩니다. 그와 같이 하나님의 은혜를 깨달은 신앙인은 받은 은혜에만 만족하는 것이 아니라 자신이 주님을 위해서 무엇을 해야 할 것인가를 위해서 고민할 줄 알게 됩니다.

둘째, 환경을 극복할 줄 압니다. 어린아이는 주변 환경의 영향을 잘 받습니다. 추위나 더위도 못 참고, 배고프거나 졸린 것도 못 참습니다. 잘 울기도 하고, 잘 웃기도 합니다. 그러나 장성한 사람이 되면 어릴 때 참지 못하던 것을 쉽게 참습니다. 환경을 극복할 수 있는 힘이 생겼기 때문입니다. 그와 같이 장성한 신앙인은 시험이나 핍박, 고통이나 환난이 와도 잘 참고 이겨냅니다.

마지막으로, 문제를 해결할 줄 압니다. 어릴 때는 시도 때도 없이 많은 문제를 일으키기는 하나 해결하지는 못합니다. 그러나 장성한 사람이 되면 스스로 문제를 해결하려고 합니다. 그와 같이 장성한 신앙인은 그 어떤 문제에 부딪쳐도 그 문제를 해결해 나가는 능력을 갖추게 됩니다.

지금 나는 어떤 신앙인입니까? 사도바울의 말대로 장성한 사람이 되어서는 어린아이의 일을 버릴 수 있어야 합니다.

• **기도** : 좋으신 하나님, 저희로 장성한 신앙의 사람이 되게 하옵소서. 주님을 위해서 무엇을 할 것인지 거룩한 고민을 할 줄 알게 하시고, 어떤 환경이든지 그 영향을 받지 않고 극복할 줄 아는 신앙의 사람이 되게 하옵소서. 고통이나 환난이 와도 이겨낼 수 있게 하시고, 어떤 문제에 부딪쳐도 능히 헤쳐 나갈 수 있는 담대함을 보일 수 있게 하옵소서. 예수님의 이름으로 기도합니다. 아멘

• **중보기도** : 모든 그리스도인들이 장성한 신앙의 사람이 되게 하소서.

6월 25일
민족을 사랑한 사람

• 성경: 느헤미야 1장 1~11절 • 찬송: 310장 • 요절: 느 1:4~5

우리는 6월이 되면 꼭 잊지 말아야 될 것이 있습니다. 그것은 바로 민족의 뼈아픈 아픔이었던 6.25동란입니다. 6월로 상징되는 이 민족의 아픔은 통일이 되어서도 우리의 현실이 되어 계속 남게 될 것입니다. 그리고 아직도 이 민족이 안고 있는 풀어야 할 숙제가 있습니다. 그것은 바로 남북이산가족의 상봉입니다.

헤어진 지 52년 만에 만난 부부가 잠깐의 만남을 가진 후 다시 헤어질 때, 애절하게 부르짖던 할머니의 절규가 저는 아직도 뇌리에 생생하게 남아 있습니다. 기약을 예측할 수 없는 헤어짐 속에서 백발의 노인이 되어버린 남편을 붙들고 "어떻게 헤어져요. 못해요. 헤어질 수 없어요. 난 못가요." 하고 부르짖던 그 할머니의 절규가 이 민족이 처해 있는 아픔의 현실입니다.

오늘 말씀에 나오는 느헤미야는 이방 땅 수산궁에 술 맡은 관원장으로 있으면서 예루살렘의 이스라엘 민족이 처한 큰 환난과 능욕의 소식을 듣고 통곡하며 울고, 수일 동안 하나님 앞에 금식하며 기도했던 인물입니다. 느헤미야는 탄식하지 않아도 될 넉넉한 위치에 있었던 사람입니다.

조국의 안타까운 소식을 접했지만 눈만 감고 있어도 아무 문제가 없었을 사람이었습니다. 그가 그렇게 한들 누가 뭐라고 비난할 수 있겠어요. 그런데 그가 민족의 아픈 소식을 듣자 그 아픔을 자신의 아픔인 냥 끌어안고 탄식하며 하나님께 부르짖었습니다.

이것이 망한 민족을 사랑했던 느헤미야의 모습입니다. 그리고 이것이 하나님이 쓰시는 사람의 모습입니다. 지금 우리도 느헤미야와 같이 조국의 아픔을 안고 기도할 줄 아는 신앙의 사람이 되어야겠습니다.

• 기도 : 좋은 기도의 본을 보여주신 주님, 저희로 느헤미야와 같이 조국을 사랑할 수 있게 하옵소서. 조국의 아픔을 내 자신의 아픔으로 느낄 수 있게 하옵소서. 그리하여 조국의 아픔을 안고 주님 앞에 탄식하며 부르짖을 수 있게 하시고, 기도하는 한 사람을 한 민족보다 강하게 쓰시는 주님의 은혜를 경험하는 삶이 되게 하옵소서. 예수님의 이름으로 기도합니다. 아멘
• 중보기도 : 모든 그리스도인들이 조국의 아픔을 안고 기도할 수 있게 하소서.

6월 26일
주님의 음성

작고 세미한 음성

• 성경: 열왕기상 19장 11 ~ 12절 • 찬송: 529장 • 요절: 왕상 19: 12

호남평야의 벽지 만경에 만경여자고등학교가 있습니다. 이 학교의 독서지도교사가 독서대상인 대통령상을 받았습니다. 또한 독서를 지도받은 학생의 취업반 전원이 취직하고 진학반 전원이 진학을 했습니다. 이런 경사가 어디 있습니까? 도시의 명문도 아니요 도시에서 고교에 진학 못한 학생들로 이룩된 시골 학교이기에 놀라움은 더 커질 수밖에 없었습니다.

그런데 이 학교 학생은 1,2학년 때에는 1주일에 한 권, 3학년 때에는 2주일에 한 권의 의무 독서량을 정해서 최소 3년 동안 100권의 양서를 읽게 하는 것입니다. 이것이 전원 취직, 전원 진학의 비결이 된 것입니다.

아무리 영상의 시대요, 비주얼(visual) 문화라 할지라도 사람을 깊이 생각하게 하고 옳은 길을 찾아가게 하는 것은 읽는 문화입니다.

오늘날 교회 내에도 영상 시스템을 갖추고 있는 것이 보편화 되고 있지만 듣는 것과 읽는 것을 소홀히 하면 영상의 화려한 덫에 걸려 하나님의 세미한 음성을 듣는 것에서 점점 더 멀어질 수밖에 없습니다.

세미한 주님의 음성을 듣지 못하면 영적으로 피폐해지며, 생기를 잃어버린 삶을 살게 됩니다. 깊은 절망 가운데 빠질 수밖에 없습니다. 지금 우리에게 필요한 것은 화려한 영상물을 통하여 들리는 주님의 음성이 아니라 골방에서 들리는 작고 세미한 주님의 음성입니다.

하나님의 작고 세미한 음성을 들을 수 있는 영적 비주얼을 갖추기 위하여 주님의 말씀을 묵상하고, 기도의 지경을 넓힐 수 있는 신앙의 사람이 되어야겠습니다.

• **기도** : 사랑의 주님, 저희로 세미한 주님의 음성을 들을 수 있는 삶이 되게 하옵소서. 그러기 위하여 기도의 골방을 사랑할 수 있게 하시고, 기도의 지경을 넓힐 수 있게 하옵소서. 주님의 말씀을 사랑하게 하시고, 주야로 묵상하는 가운데 말씀 속에서 말씀하시는 주님의 음성을 들을 수 있는 삶이 되게 하옵소서. 예수님의 이름으로 기도합니다. 아멘

• **중보기도** : 모든 그리스도인들이 세미한 주님의 음성을 듣는 삶이 되게 하소서.

6월 27일
친절

세상을 아름답게 변화시키는 것

• 성경: 창세기 24장 10 ~ 20절 • 찬송: 212장 • 요절: 창 24: 12

　창세기 24장에는 아브라함이 연륜 있는 종에게 아들의 신붓감을 찾아오라며 '밧단아람'으로 보낸 말씀이 기록되어 있습니다. 당시 가나안 땅에는 하나님을 버리고 우상을 섬기는 타락한 문화가 판치고 있어 그곳 처녀들을 며느리로 맞아서는 안 된다고 여겼기 때문입니다. 나홀 성에 도착한 종은 하나님께 기도하면서 자기와 약대에게 친절을 베푸는 여인을 하나님이 택하신 여인으로 알겠다고 다짐했습니다.

　기도를 마치기도 전에 한 여인이 물 항아리를 어깨에 메고 나왔습니다. 종이 여인에게 물을 청하자 여인은 주저하지 않고 물동이를 내려 손에 받쳐 들고 물을 마시게 했습니다. 또 당장 우물로 달려가 약대에게 먹일 물도 길었습니다. 밧단아람 지역의 물 사정은 그리 좋지 못합니다. 어렵게 물의 근원을 찾아도 30미터 정도 더 파고 들어가야 물을 얻을 수 있습니다. 그래서 성 밖에 우물을 파 놓고 공동으로 사용했습니다. 그러니 물 항아리를 지고 30미터나 되는 계단을 내려가 길어 올린 물을 다른 사람에게 나누어 주기란 쉽지 않은 일입니다. 게다가 짐승에게도 물을 먹인다는 것은 다른 사람에 대한 철저한 배려와 친절이 아니고서는 도저히 불가능한 일입니다. 아브라함의 종은 그런 리브가의 친절한 모습을 묵묵히 바라보면서 저 여인이야말로 하나님께서 택하신 여인이라는 것을 확신하였습니다. 결국 리브가는 이삭의 아내가 되어 만국의 어머니가 되었으며, 예수 그리스도의 조상이 되었습니다.

　하나님은 아브라함의 대를 이어 인류 구원의 큰 뜻을 가지고 계셨습니다. 그리고 하나님은 리브가를 통하여 온 세상이 밝게 비춰지기를 원하셨습니다. 하나님은 친절한 사람들을 통해 세상을 더욱 아름답게 변화시키십니다.

• **기도** : 사랑의 주님, 저희로 친절한 사람이 되게 하옵소서. 철저한 배려와 친절 속에서 주님의 향기를 발하는 삶이 되게 하시고, 주님의 사랑을 보여줄 수 있는 삶이 되게 하옵소서. 친절한 삶을 통하여 더 많은 사람을 주님께로 인도할 수 있게 하시고, 세상을 더욱 아름답게 변화시켜 나갈 수 있게 하옵소서. 예수님의 이름으로 기도합니다. 아멘
• **중보기도** : 모든 그리스도인들이 친절한 사람이 되게 하소서.

6월 28일 하나님 영광

하나님의 영광을 위하여

• 성경: 고린도전서 10장 31 ~ 33절 • 찬송: 20장 • 요절: 고전 10 : 31

1858년 미국 뉴욕 한 가정에 다리는 절고, 눈은 잘 안 보이고, 호흡에 문제가 있는 소아마비 아이가 태어났습니다. 처음에 부모는 하나님을 원망했으나 곧 생각을 바꾸어 아이를 선물로 여기고 하나님께 감사했습니다.

부모는 날마다 아이를 어루만지며 이렇게 말했습니다.

"하나님은 너를 사랑하신단다. 하나님이 너와 늘 함께하시고 지키신단다. 너를 귀히 쓰신단다."

그러자 놀라운 일이 생겼습니다. 이 아이가 28세 때 뉴욕시장이 되었고 그 후 주지사와 미국 부통령을 거쳐 43세의 나이로 미국 대통령이 됩니다. 이 사람이 바로 미국의 26대(1901~1909) 대통령 시어도어 루스벨트입니다. 부모의 기도대로 하나님이 지켜주셨기 때문입니다.

하나님께서는 우리가 고백하는 대로 우리에게 복을 주시는 분이십니다. 그런데 우리가 복을 말하면서 꼭 알아야 할 것이 있습니다. 우리에게 왜 복을 주시는지를 알아야 합니다.

세상 사람들은 일반적으로 복을 자신과 자신 주변의 사람들의 것으로 생각합니다. 그러나 우리는 그렇지 않습니다. 복을 받으려는 이유도, 은혜를 받으려는 이유도 하나님께 영광을 돌리고 다른 사람들에게 나누어 유익을 주기 위함입니다.

복을 받아 자신만 유익되게 하려는 것을 우리는 기복주의 신앙이라고 합니다. 그러나 복을 받아 하나님을 위해 사용하며 이웃을 위해 사용하려는 것은 성경적 신앙이라고 할 수 있습니다. 우리는 성경적 신앙을 소유한 자들이 되어야겠습니다.

• 기도 : 영광을 받으시기에 합당하신 주님, 저희로 주의 이름의 영광을 위하여 사는 삶이 되게 하옵소서. 사도바울의 권면대로 먹든지 마시든지 무엇을 하든지 다 하나님의 영광을 위하여 할 수 있게 하시고, 하나님의 교회에나 사람들에게 거치는 자가 되는 삶이 되지 말게 하여 주옵소서. 하나님을 기쁘게 하고 모든 사람을 기쁘게 하며, 나 자신의 유익보다는 다른 사람의 유익을 구할 줄 아는 삶이 되게 하옵소서. 예수님의 이름으로 기도합니다. 아멘

• 중보기도 : 모든 그리스도인들이 하나님께 영광 돌리는 삶을 살게 하소서.

6월 29일 지혜

지혜가 주는 유익

• 성경: 잠언 9장 10절 • 찬송: 217장 • 요절: 잠언 9: 10

　독일 베를린의 「막스 플랑크」 교육 연구소가 15년 동안 1천명을 대상으로 나이와 지혜의 연관성을 연구했습니다. 연구소는 오랜 연구를 통해 지혜로운 사람들이 갖는 몇 가지 공통점을 밝혀냈습니다.

　연구에 의하면 지혜로운 사람들은 대부분 역경을 극복했거나 고난을 체험한 경험이 있습니다. 가난한 환경에서 자라난 사람들과 일찍 인생의 어두운 단면을 체험한 사람들이 평탄한 삶을 살아온 사람보다 훨씬 지혜로웠습니다. 또한 개방적이고 창조적인 사람들이 나이가 들수록 점점 지혜의 빛을 발합니다. 연구소는 인생의 문제를 깊이 생각하는 사람들이 지혜를 얻는다고 발표했습니다. 그러나 고집이 세고 괴팍한 사람들은 나이가 들수록 지혜와 신용을 잃는다고 경고합니다.

　성경은 지혜와 그 유익에 대하여 이렇게 말씀합니다. "지혜를 얻으며 명철을 얻으라 내 입의 말을 잊지 말며 어기지 말라 지혜를 버리지 말라 그가 너를 보호하리라 그를 사랑하라 그가 너를 지키리라 지혜가 제일이니 지혜를 얻으라 네가 얻은 모든 것을 가지고 명철을 얻을지니라 그를 높이라 그리하면 그가 너를 높이 들리라 만일 그를 품으면 그가 너를 영화롭게 하리라 그가 아름다운 관을 네 머리에 두겠고 영화로운 면류관을 네게 주리라" (잠4:5~9).

　그런데 잠언서 기자는 지혜를 얻는 방법에 대하여 여호와를 경외하는 것이 지혜의 근본이라고 말하고 있습니다(잠9:10). 왜냐하면 지혜는 하나님께로부터 오기 때문입니다. 그러므로 우리가 하나님을 잘 섬기면 지혜롭게 됩니다. 그리고 지혜로운 삶은 우리에게 하나님의 복을 받게 되는 은혜의 통로가 됩니다. 우리는 지혜로운 사람이 되기를 힘써야만 하겠습니다.

• **기도** : 지혜를 더하시는 하나님, 저희로 지혜가 주는 유익에 대하여 깨닫게 하옵소서. 지혜가 제일이니 지혜를 얻으라고 말씀하셨사오니 하나님께 지혜를 구하는 삶이 되게 하여 주옵소서. 또한 하나님을 경외하는 것이 지혜의 근본이라고 하셨사오니, 하나님을 잘 섬길 수 있는 주님의 자녀가 되게 하옵소서. 또한 지혜로운 삶은 하나님의 복을 받게 되는 은혜의 통로임을 기억하여 지혜로운 사람이 되기에 마음을 다할 수 있게 하옵소서. 예수님의 이름으로 기도합니다. 아멘
• **중보기도** : 모든 그리스도인들이 지혜를 구하는 삶이 되게 하소서.

6월 30일
회개

회개의 은혜

• 성경: 요한1서 1장 8 ~ 10절 • 찬송: 279장 • 요절: 요일 1: 9

하나님의 말씀은 듣는 이에 따라서 두 가지로 갈라집니다. 예컨대 똑같은 태양이 빛을 내리비춥니다. 얼음은 녹지만 진흙은 굳습니다. 말씀을 들을 때도 똑같은 일이 벌어집니다. 똑같은 조건에서 똑같은 내용의 말씀을 들었음에도 불구하고 한쪽에서는 회개하는 역사가 있는 반면에, 다른 한쪽에서는 오히려 강퍅해지는 일이 벌어질 수 있습니다. 그래서 하나님의 말씀을 듣고 회개하면 바로 하나님께서 구원하신 증거입니다. 반대로 하나님의 말씀을 듣고 강퍅해지면 택함을 받지 못한 것입니다.

다윗을 생각해 봅시다. 다윗이 나단 선지자를 통하여 하나님의 말씀을 들었습니다. 선지자의 입을 통하여 증거되는 말씀을 듣게 되자 그에게 변화가 일어납니다. 죄를 깨닫게 됩니다. 죄를 깨닫게 되자 공포와 두려움이 온통 그의 마음을 휘감습니다(삼하12:1~15). 하나님이 나를 버리실 것이라는 두려움, 내 영혼을 버리실 것이라는 두려움, 나를 외면하실 것이라는 두려움, 그래서 다윗은 이 죄를 안고 하나님 앞에 절규하며 부르짖어 기도 내용이 시편 51편입니다. "나를 주 앞에서 쫓아내지 마시며 주의 성령을 내게서 거두지 마소서"(11). 제발 나를 버리지 말라는 것입니다. 내 영혼을 버리지 말라는 것입니다. 제발 용서해 달라는 것입니다. 이와 같이 부르짖는 다윗의 기도에 대하여 하나님이 어떻게 반응하셨습니까? 그의 기도를 들으시고 용서해 주셨습니다(삼하12:13).

오늘 말씀에도 하나님이 회개하는 자에게 어떤 반응을 보이시는지를 말씀하고 있습니다. 반드시 사죄의 은총을 더하여 주신다는 것입니다. 이것을 알고도 회개가 없다면 자신이 구원받은 하나님의 자녀인지 깊이 고민해 봐야만 합니다.

• **기도** : 사랑의 주님, 저희로 마음이 강퍅하여 죄를 깨닫지 못하는 자가 아니라, 죄를 깨닫고 주님의 용서와 은총을 구하는 자가 되게 하여 주옵소서. 주님을 향한 참된 회개가 없다면 진정한 구원도 경험할 수 없음을 잊지 말게 하여 주옵소서. 항상 죄에 민감한 자가 되게 하시고, 심령이 가난한 자로 주님 앞에 엎드릴 수 있게 하옵소서. 예수님의 이름으로 기도합니다. 아멘

• **중보기도** : 모든 그리스도인들이 회개의 은혜를 경험할 수 있게 하소서.

오늘의 생명을

우리에게 날마다 생명을 주심을 감사합니다.
덤으로 하루씩, 은혜로 하루씩 보태 주시는 이 목숨,
감사함으로 사용하게 하소서.
주께서 기다려 주시는 동안
회개하여 돌이키게 하시고
팔다리 성할 때 힘껏 사랑하게 하시고
기회 주실 때 얼른 대답하고 이웃을 섬기게 하시며
눈과 귀가 성한 동안 주의 말씀을 사모하게 하소서.
높은 가을 하늘처럼 보다 높이 바라보게 하시고
붉은 단풍처럼 열정적으로 나를 불태우게 하시고
떨어져 묻히는 잎새들처럼
아낌없이 소리 없이 묻히게 하소서.
주께서 내 이름을 부르시는 날이
가까워 옴을 느끼면서
오늘도 주신 생명
소중하게 쓰게 하소서.

_최효섭

7월 1일 고난

고난의 유익함

• 성경: 시편 119편 71절 • 찬송: 342장 • 요절: 시 119:71

북해도에서 청어를 잡아 런던 시장에 내다 파는 어부들에게는 공통된 고민거리가 있었습니다. 청어를 싣고 런던에 도착해 보면 고기들이 이미 죽어 있었던 것입니다. 그래서 이들은 어떻게 하면 청어를 싱싱하게 살아 있는 채로 시정에 내다팔 수 있을지를 늘 고민하였습니다.

그런데 참으로 이해할 수 없는 일이 있었습니다. 어부들 중에 한 사람은 언제나 싱싱한 청어를 내다 파는 것이었습니다.

알고 보니 그의 방법은 청어를 담은 어항에 메기 한 마리를 넣는 것이었습니다. 메기가 어항에 들어오면 청어들은 메기를 피하려고 계속 헤엄쳐 다니므로 죽지 않는 다는 것이었습니다.

하나님이 우리에게 종종 고난을 허락하시는 것은 우리를 죽은 믿음이 아닌, 산 믿음을 가진 온전한 그리스도인으로 세우시기 위한 그분의 사랑입니다. 우리의 믿음은 시간이 지남에 따라 식을 수도 있고, 잃어버릴 수도 있습니다. 또한 빼앗길 수도 있습니다. 사단은 지금도 여전히 우리의 믿음을 빼앗으려고 우는 사자같이 삼킬 자를 찾아다니고 있기 때문입니다.

그러므로 우리는 깨어 있어야 합니다. 그러나 안타깝게도 그렇지 못할 때가 있습니다. 그때 하나님께서는 우리가 정신을 차리도록 하시기 위하여 고난을 통하여 흔들어 깨우시는 것입니다.

그러므로 우리도 오늘 말씀에 시편 기자의 고백대로 고난의 유익함에 대하여 찬양할 수 있는 신앙의 사람이 되어야겠습니다.

• **기도** : 사랑의 주님, 저희로 고난을 통하여 저희의 신앙을 흔들어 깨우시는 하나님의 사랑을 깨닫게 하옵소서. 시간이 지남에 따라 저희의 믿음이 식어지고, 신앙의 게으름이 올 수 있기 때문에, 하나님께서는 고난을 통하여 저희의 잠자는 신앙을 흔들어 깨우시는 줄 믿습니다. 그러므로 하나님이 허락하시는 고난에 대하여 감사할 수 있게 하시고, 고난을 달게 받을 수 있는 기쁨이 있게 하여 주옵소서. 예수님의 이름으로 기도합니다. 아멘

• **중보기도** : 모든 그리스도인들이 고난의 유익함을 감사할 수 있게 하소서.

7월 2일
사랑의 실천

계명을 받은 자

• 성경: 요한1서 4장 21절   • 찬송: 218장   • 요절: 요일 4:21

　어떤 사람이 전철 안에서 독일인 남자와 대화를 나누게 되었는데, 이런 저런 이야기를 하던 그는 연락처를 적어 주겠다며 종이를 꺼내더니 안주머니에서 몽당연필을 한 자루를 꺼내어 그 흑심에 살짝 침을 발라 깨알같이 작을 글씨를 썼습니다. 그는 그 독일인을 보며 그들의 몸에 밴 근검절약을 볼 수 있었다고 합니다.

　제2차 세계대전에서 패망한 직후, 독일인들은 근검절약에 최선을 다했습니다. 그 결과 잿더미 속에 쓰러진 나라를 재건하여 라인 강의 기적을 일구어냈습니다. 패전의 아픔과 고통을 딛고 일어선 독일의 생명력은 바로 작은 몽당연필에 숨겨져 있었던 것입니다.

　주님 품에 안긴 테레사 수녀는 노벨 평화상을 받고 기자들과 인터뷰를 하면서 이런 말을 남겼습니다.

　"나는 아무것도 아닙니다. 어렵고 가난한 사람들에게 30년 동안 빵과 우유를 나누어 주었을 뿐인데, 이렇게 큰 상을 받게 되었습니다. 나는 그저 하나님의 손에 쥐어진 몽당연필에 불과합니다."

　캘커타의 성녀로 알려진 테레사 수녀는 종교를 초월하여 죽어가는 인도의 빈민들을 돌보고 치료하는 일에 그 누구보다 앞장섰습니다. 그녀는 작은 체구를 가진 힘없는 여성이지만 하나님의 손에 붙들리자 세계가 깜짝 놀랄 만큼 이웃 사랑의 실천을 몸소 보여주었던 것입니다. 하나님의 손에 붙들린 몽당연필 한 자루의 힘은 이처럼 크고 놀랍습니다.

　오늘 말씀대로 우리의 마음속에 주님의 사랑으로 만들어진 형제를 사랑하는 몽당연필이 한 자루씩 있다면 세상은 엄청나게 달라질 수 있을 것입니다.

• **기도** : 사랑의 주님, 저희의 마음속에 주님의 사랑으로 만들어진 사랑이 있게 하소서. 그 사랑을 실천할 수 있는 사랑의 사람이 되게 하옵소서. 하나님을 사랑하고, 교회를 사랑하며, 이웃을 내 몸과 같이 사랑할 수 있게 하옵소서. 도저히 사랑할 수 없는 것까지도 사랑할 수 있게 하옵소서. 주님을 닮아감으로 죽음같이 강한 사랑을 보일 수 있는 주의 제자가 되게 하옵소서. 예수님의 이름으로 기도합니다. 아멘

• **중보기도** : 모든 그리스도인들에게 사랑의 몽당연필이 있게 하소서.

7월 3일 산 믿음

믿음을 표현하는 삶

• 성경: 누가복음 10장 25~37절 • 찬송: 218장 • 요절: 눅 10:36~37

믿음과 하나님의 나라는 눈에 보이는 것이 아니기 때문에 명확하게 설명하기 어렵습니다. 그래서 예수님도 백성들이 잘 듣고 이해하도록 많은 비유를 이용해서 설명하였습니다. 예수님이 말씀하신 비유 중에서 당시 듣는 사람들에게 큰 충격을 주었던 비유가 있습니다. 그것은 오늘 말씀에 나오는 '선한 사마리아인 비유' 입니다. 어떤 사람이 길을 가다가 강도를 만나 모든 것을 빼앗기고 거반 죽은 상태가 되었습니다. 그때 강도 만난 사람이 누워 있는 그 자리를 여러 사람이 지나갑니다. 제사장이 지나갑니다. 레위인이 지나갑니다. 그들은 유대 사회에서 믿음과 경건의 대명사처럼 여겨지던 사람들이었습니다. 하지만 그들은 거반 죽은 사람을 피해서 지나갔습니다.

그때 사마리아인이 지나갑니다. 사마리아인은 유대인들이 경멸하던 대상이었습니다. 하지만 사마리아인은 죽어 가는 사람을 치료하고 주막에 돈을 주어 나머지 치료를 받게 해주었습니다. 비유를 들려주신 예수님은 이렇게 말씀하셨습니다. "이를 행하라 그러면 살리라…가서 너도 이와 같이 행하라"(눅10:28, 37).

선한 사마리아인의 비유는 어떤 율법교사가 어떻게 하면 영생을 얻을 수 있냐고 예수님께 질문하는 데서 시작되었습니다. 그에 대한 예수님의 대답은 하나님을 사랑하고 이웃을 사랑하라는 것이었습니다. 영생을 얻는 비결은 믿음이지만, 그것은 사랑으로 나타납니다.

오늘날 우리가 이해하는 것처럼 믿음과 사랑은 단순히 명사형이 아닙니다. 그것은 동사형입니다. 그래서 야고보 장로는 행함이 없는 믿음은 죽은 믿음이라고 말한 것입니다. 우리는 사랑으로 참 믿음을 표현하는 삶을 살아야만 합니다.

• **기도** : 사랑의 주님, 저희로 영생을 얻을 수 있는 비결은 믿음이지만 그것은 사랑으로 나타난다는 것을 잊지 말게 하여 주옵소서. 행함이 없는 믿음은 죽은 믿음임을 깨닫고, 열심을 다하여 사랑하게 하시고, 열심을 다하여 참 믿음을 표현할 수 있는 삶이 되게 하여 주옵소서. 참 사랑과 참 믿음으로 주님을 더욱 기쁘시게 할 수 있는 주님의 자녀가 되게 하옵소서. 예수님의 이름으로 기도합니다. 아멘

• **중보기도** : 모든 그리스도인들에게 사랑의 나타남이 있게 하소서.

7월 4일
실패와 성공

길을 찾는 사람만이

• 성경: 역대상 15장 1~28절 • 찬송: 375장 • 요절: 대상 15:12~13

우리가 살다 보면 성공하리라 믿었던 것에 대하여 실패를 경험할 때가 있습니다. 사람은 누구나 실패를 경험하게 됩니다. 그러나 모두 같은 반응을 보이는 것은 아닙니다.

어떤 사람들은 실패에 매몰되어서 헤어나오지 못합니다. 실패로 인한 공허함을 이겨 내지 못해 자포자기하거나 인생을 허비하기도 합니다. 반면 자신의 실패를 성공으로 연결시키는 사람도 있습니다. 그들은 실패한 원인을 찾아 연구하고 노력하다가 그 속에서 성공의 가능성을 발견합니다.

오늘 말씀에 소개되는 다윗도 실패를 성공으로 연결시킨 사람입니다. 다윗은 하나님의 은혜로 왕이 되었을 때, 이제까지 방치되어 오던 하나님의 법궤를 예루살렘 성으로 들여오려고 했습니다. 그런데 갑자기 소가 날뛰어서, 소를 진정시키려고 하다가 웃사가 죽는 큰 어려움에 처하게 됩니다. 이제 다윗의 계획은 실패로 끝나는 듯합니다. 그는 하나님의 궤를 옮겨오는 일에 두려움을 느낍니다.

이처럼 한 번 실패를 경험한 사람이 똑같은 일에 다시 도전하는 것은 무척이나 어려운 일입니다. 그러나 다윗은 하나님의 궤가 머문 오벧에돔의 집이 복을 받는 모습을 보고 법궤를 들여오는 일을 다시 시도합니다. 결국 다윗은 법궤를 들여오는 일에 멋지게 성공을 합니다. 이는 다윗이 자신의 실패를 정확히 파악하고 하나님의 말씀대로 정확하게 계획을 세워 법궤를 운반했기 때문입니다. 오늘날 우리도 세상을 살면서 실패할 수 있습니다. 실패는 누구에게나 찾아옵니다. 다만 그 실패 속에서 길을 찾는 사람만이 성공을 거둘 수 있습니다.

• **기도**: 은혜의 주님, 저희가 하나님을 섬기지만 세상을 살면서 종종 실패할 때가 있음을 고백합니다. 하나님을 섬긴다고 하여 실패가 없는 것이 아니라, 실패는 누구에게나 찾아오는 것임을 잊지 말게 하옵소서. 그 실패 속에서 낙심하거나 실족하지 말게 하시고, 문제의 원인을 찾아내어 다시 시도할 수 있는 믿음의 사람이 되게 하옵소서. 우리 주님은 저희의 실패 속에 성공의 키워드를 숨겨놓고 계신 줄 믿습니다. 예수님의 이름으로 기도합니다. 아멘
• **중보기도**: 모든 그리스도인들이 실패를 두려워하지 말게 하소서.

7월 5일
정체성

나는 누구인가?

• 성경: 요한복음 1장 19~28절 • 찬송: 310장 • 요절: 요 1: 23, 27

자기 정체성과 삶의 의미에 관한 문제는 오늘날 대부분의 사람들이 가지고 있는 고민입니다. 정체성이란 내가 누구인가에 대한 고민이고, 삶의 의미란 무엇을 목적으로 살아가야 하는가에 대한 근본적인 물음입니다.

이 두 가지 문제에 대하여 명확한 답을 제시한 사람이 바로 오늘 말씀에 나오는 세례 요한입니다.

세례 요한은 예수님보다 6개월 먼저 태어났으며, 예수님이 사역하시기 전 이미 대중적인 스타였습니다. 세례 요한이 사역을 하던 요단 강 주변에는 직업이나 직책을 불문하고 수많은 사람들이 모여들었습니다. 워낙 높은 명성을 얻다 보니 바리새인들은 그가 이스라엘 백성이 기다리던 메시아인지 알아보고 오라고 사람을 보낼 정도였습니다.

그러나 세례 요한은 자신이 누구인지를 잘 알고 있었기에 바리새인들이 보낸 사람들에게 분명하고 명확하게 이야기했습니다.

"나는 광야에서 외치는 자의 소리이자, 주님을 믿으며 그의 길을 예비하는 자요."

이어서 세례 요한은 자신은 뒤에 오시는 분, 곧 메시아의 신발 끈을 풀 만한 자격조차 없다고 고백합니다.

자신이 누구인지 알고 있었던 세례 요한은 자신을 높이려 하지 않았습니다. 우리도 자신을 높이고자 하는 유혹을 받을 때가 있습니다. 그럴 때마다 오늘 말씀에 나오는 세례 요한을 보며 유혹에서 벗어나 주님만 증거하고 그분의 사역에 동참하는 삶을 살아야겠습니다.

• 기도 : 사랑의 주님, 저희로 세례 요한과 같이 자기 정체성을 분명히 파악할 수 있게 하옵소서. 그리하여 자신을 높이고자 하는 유혹에서 벗어날 수 있게 하시고, 낮음의 위치에서 주님의 제자로서의 사명을 성실히 감당할 수 있게 하옵소서. 겸손히 주님만 증거하고, 주님의 뜻을 좇아 살고자 하는 자에게 은혜 위에 은혜를 더하여 주실 줄 믿습니다. 하늘의 기쁨을 맛보는 삶이 되게 하실 것을 믿습니다. 예수님의 이름으로 기도합니다. 아멘

• 중보기도 : 모든 그리스도인들이 자신의 정체성을 정확히 파악하며 살게 하소서.

7월 6일
의뢰와 평안

신앙의 힘

• 성경: 창세기 21장 14~19절 • 찬송: 405장 • 요절: 창 21:17, 18

　오늘 말씀에 하갈은 아들 이스마엘과 함께 아브라함의 집에서 쫓겨나 브엘세바 광야를 헤매게 되었습니다. 정처 없이 헤매다 보니 가죽부대에 담아 온 물이 다 떨어졌습니다. 결국 하갈은 하나뿐인 아들이 죽을까 염려하여 눈물을 흘렸습니다. 그때 하늘에서 하나님의 사자가 그녀를 위로해 줍니다. 이스마엘에게서 큰 민족이 나오게 하겠다는 것입니다. 또한 목말라 죽을 것을 두려워하고 있는 하갈의 눈을 밝혀 샘이 있는 곳을 보게 하십니다. 사실 샘은 본래부터 그 자리에 있었습니다. '등잔 밑이 어둡다'는 말처럼 하갈의 눈이 어두워 그것을 발견하지 못했을 뿐입니다. 이제 지쳐 있던 하갈은 물을 마신 뒤 원기를 회복합니다. 이처럼 신앙은 우리의 눈을 밝혀줍니다. 가려져 볼 수 없었던 것을 보게 합니다. 그러므로 우리도 닫혀 있는 영의 눈이 열려야 합니다. 하나님의 은혜를 간절히 사모해야 합니다. 하나님에 대한 사모함은 그분의 사랑을 발견하게 해주며, 그로 인해 고난의 현장은 축복의 장으로 바뀔 것입니다.

　오늘날 대다수의 사람들이 미래에 대하여 두려운 마음을 가지고 살아갑니다. 이는 하나님의 사랑을 확신하지 못하기 때문입니다. 하나님을 알고자 하는 마음이 그 마음에서 떠났기 때문입니다. 사람들은 하나님 없이 잘 살 수 있다고 말하지만, 사실 하나님 없이 우리의 인생은 평안할 수 없습니다. 사람을 의지해도 소용이 없습니다. 마음의 평안은 오직 하나님이 우리를 사랑하시며, 우리를 위해서 모든 것을 희생하신다는 사실을 알 때 찾아옵니다. 기억하십시오. 예수님은 세상이 줄 수 없는 평안을 주겠다고 약속하셨습니다(요 14:27).

• **기도** : 사랑의 주님, 오늘 저희도 미래에 대하여 두려운 마음을 갖고 있는 것은 아닌지요? 저희로 하나님의 은혜를 간절히 사모할 수 있게 하옵소서. 신앙은 우리의 눈을 밝혀줄 뿐만 아니라, 가려져 볼 수 없던 것까지도 보게 한다는 것을 잊지 말게 하옵소서. 하나님의 은혜를 사모하고 의지함으로 불확실한 저희의 인생을 붙들고 계시는 하나님의 사랑을 뼛속 깊숙이 느낄 수 있게 하옵소서. 예수님의 이름으로 기도합니다. 아멘
• **중보기도** : 모든 그리스도인들이 하나님의 사랑을 확신하게 하소서.

7월 7일 맥추절

맥추절을 지킵시다

• 성경: 출애굽기 23장 14~17절　• 찬송: 588장　• 요절: 출 23:16

　맥추절은 1년의 반인 6개월간 하나님이 베푸신 은혜와 사랑을 기억하고 감사하는 것입니다. 하나님의 은혜를 찾을 수 없다는 사람도 있지만 지나온 시간들을 돌아보면 하나님이 우리 가정과 내게 주신 은혜와 사랑을 있을 것입니다. 그 사랑을 기억하며 하나님께 감사하고, 지난날을 지키신 하나님은 오늘과 내일도 책임지고 지키시는 분임을 기억하고 감사 찬양을 돌릴 수 있어야 합니다.

　또한 맥추절은 모든 것이 하나님의 것임을 기억하고 감사해야 합니다. 오늘 말씀에 "맥추절을 지키라 이는 네가 수고하여 밭에 뿌린 것의 첫 열매를 거둠이니라"(16절). 말씀하셨습니다. 우리가 땀 흘리고 수고해 곡식을 거두었더라도 이것은 하나님의 도우심이라는 말씀입니다. 하나님의 도우심 없이는 우리가 수고해도 곡식을 거둘 수 없습니다. 하나님은 곡식이 자라게 자연만물을 주관하여 공기와 햇빛, 비와 바람을 주셔서 자라게 하고 수확하게 합니다. 따라서 우리가 수확한 열매의 주인은 하나님이심을 고백하는 것이 감사의 신앙입니다.

　구약성경에서 하나님은 첫 열매를 하나님께 바치라 하셨습니다. 그런데 첫 열매만이 아니라 과일이 열리는 나무 자체가 하나님의 것입니다. 첫 열매를 드리는 것은 모든 열매가 하나님의 것임을 고백하는 일입니다. 따라서 맥추절의 궁극적 의미는 나약한 인간이 하나님께 도움을 구하라는 것입니다. 하나님과 함께해야 참된 행복과 자유를 누릴 수 있습니다.

　지난날 주님이 베푸신 은혜에 감사를 드립시다. 지금까지 살면서 누리는 모든 것이 하나님의 은혜임을 기억하고 감사합시다.

• **기도** : 은혜의 주님, 오늘 말씀을 통하여 맥추절의 의미를 다시 한 번 깨닫게 됩니다. 첫 열매를 하나님께 드리는 것은 모든 열매가 하나님의 것임을 고백하는 일임을 알았사오니, 어떤 열매가 주어지든지 하나님께 감사할 수 있는 믿음의 자녀가 되게 하여 주옵소서. 또한 항상 하나님께 도움을 구하는 삶을 살게 하시고, 하나님의 은혜에 보답하고자 하는 삶이 되게 하여 주옵소서. 예수님의 이름으로 기도합니다. 아멘
• **중보기도** : 모든 그리스도인들이 첫 열매의 의미를 깨닫게 하소서.

7월 8일
행복의 원료

감사가 축복을 부른다

• 성경: 디모데후서 3장 1 ~ 2절 • 찬송: 429장 • 요절: 딤후 3: 2

'죄와 벌', '카라마조프 가의 형제들' 등 수많은 명작을 남긴 러시아의 대문호 「도스토예프스키」는 그가 짧은 한 평생을 살면서 많은 고통을 겪었습니다.

그가 어릴 때 아버지가 살해당했습니다. 그래서 고아로 성장했습니다. 청년 시절에는 혁명당에 들어갔다가 체포되어 사형선고를 받고 시베리아로 유형되어 4년간 살았으며 결혼을 하였으나 아내는 질병으로 일찍 죽고, 재혼을 하였으나 태어난 아이가 죽고 종래에는 자기 자신마저도 간질병에 걸려 평생 그 병으로 고통을 받으며 살아야 했습니다. 그런데 그는 자기의 그 무서운 질병이 자신의 신앙을 강하게 만들었고, 정신을 무장시켜 주었기에 자신의 병을 오히려 '거룩한 병'이라고 부르며 감사하였다고 합니다.

오늘 우리에게 감사할 것은 얼마든지 있습니다. 그럼에도 불구하고 우리가 감사하지 못하는 것은 교만하기 때문입니다.

교만한 사람의 특징은 항상 불평을 앞세운다는 것입니다. 감사할 일인데도 불구하고 거기에서 불평의 조건을 찾습니다. 교만한 사람에게는 감사가 없습니다. 교만이 감사를 볼 수 있는 마음의 눈을 가리고 있기 때문입니다.

감사는 하나님의 축복을 받는 그릇이며 불평은 불행의 재료입니다. 감사는 또 다른 감사를 낳는 행복의 원료입니다. 우리는 감사의 삶을 사는 신앙의 사람이 됩시다.

• **기도**: 은혜로우신 하나님, 저희로 감사할 것은 얼마든지 있음을 깨닫게 하옵소서. 언제나 하나님께 감사할 수 있게 하시고, 감사로 주님을 기쁘시게 할 수 있는 믿음의 사람이 되게 하옵소서. 교만이 감사할 마음의 눈을 가리지 않도록 늘 겸손으로 허리를 동이게 하시고, 감사할 조건이 불평의 조건이 되지 않도록 엎드려 기도할 수 있는 신앙의 사람이 되게 하여 주옵소서. 감사는 하늘 문을 여는 축복의 통로임을 믿습니다. 감사는 또 다른 감사를 낳는 행복의 원료임을 믿습니다. 예수님의 이름으로 기도합니다. 아멘

• **중보기도**: 모든 그리스도인들이 하나님의 사랑을 확신하게 하소서.

필요한 자리에 있는 것

• 성경: 사사기 9장 7~15절 • 찬송: 595장 • 요절: 삿 9: 13

기드온이 죽자, 그가 첩에게서 얻은 아들 아비멜렉이 70명의 자기 형제들을 죽이고 스스로 왕이 되었습니다. 형제들이 모두 죽임을 당할 때 가까스로 몸을 피해 살아남은 막내 요담은 그리심 산 꼭대기에 올라가, 아무런 자격도 없는 아비멜렉이 스스로 왕이 된 것을 비꼬며 큰 소리로 외친 내용이 오늘 말씀입니다.

그 내용은 다음과 같습니다. 하루는 나무들이 기름을 부어 자기들의 왕을 세우려고 길을 나섰습니다. 나무들은 감람나무를 자기들 위에 왕으로 세우려 했으나, 감람나무는 하나님과 사람을 영화롭게 하는 기름을 내는 일을 그만둘 수 없다며 거절합니다. 그리하여 무화과나무를 찾아갔으나 무화과나무 역시 달고 아름다운 열매 맺기를 포기할 수 없다고 합니다. 또한 포도나무도 하나님과 사람을 즐겁게 하는 포도주를 내는 일이 소중하다며 왕이 되기를 사양합니다. 그래서 가시나무에게 왕이 되어 달라고 청하자, 가시나무는 거드름을 피우며 그렇다면 자기 그늘 밑에 와서 숨으라고 말합니다.

그러나 가시나무에게 무슨 그늘이 있어 그 덕을 보겠습니까? 가시나무가 왕이 되어 그늘을 드리우겠다고 하는 것만큼 슬프고 고통스러운 착각이 어디 있습니까? 반면 감람나무와 무화과나무와 포도나무가 왕이 되기를 거절하는 이유는 얼마나 아름답습니까? 이는 모두 자신의 역할이 무엇인지, 자기가 하고 있는 일들이 얼마나 가치 있는지를 깨닫고, 남을 다스리기보다는 자신에게 주어진 역할을 기쁨으로 수행하겠다는 것입니다. 높은 자리보다 필요한 자리에 있기를 원하는 건강한 나무들에 의해 숲의 아름다움이 지켜지듯이, 기쁨과 보람으로 자신의 역할을 감당하는 사람들에 의해 가정과 교회, 사회의 아름다움이 지켜지는 것입니다.

• **기도**: 사랑의 주님, 저희로 하여금 주어진 역할을 기쁨으로 할 수 있는 자리에 있게 하소서. 남을 다스리는 자리보다 섬기는 자리에 있게 하시고, 높은 자리보다 필요한 자리에 있기를 원하는 모습이 되게 하옵소서. 그리하여 가정과 교회와 사회를 아름답게 세워갈 수 있는 주님의 사람으로 살게 하옵소서. 예수님의 이름으로 기도합니다. 아멘

• **중보기도**: 모든 그리스도인들이 하나님이 필요로 하는 자리에 있게 하소서.

하나님의 인도하심

7월 10일 / 인도

• 성경: 민수기 9장 15 ~ 23절 • 찬송: 379장 • 요절: 민 9: 23

출애굽한 이스라엘 백성들이 약속의 땅에 이르기 위해 거친 광야를 통과해야만 했습니다. 광야의 여정은 갖은 위험에 노출되어 있습니다. 내부의 불평불만도 큰 문제였고, 언제 닥칠지 모르는 외부의 적들과의 전쟁도 큰 위험이었습니다. 사람을 쓰러뜨릴 만큼 강렬한 낮의 해도, 견디기 어려운 추위가 몰려오는 밤의 달도 위험입니다. 그러므로 하나님의 인도는 절대적인 은혜요 축복입니다.

하나님은 광야의 이스라엘 백성들에게 낮에는 구름기둥을, 밤에는 불기둥으로 그들을 보호하시고, 임재하시고, 인도하셨습니다.

지금 우리는 마치 광야를 지나는 것과 같은 많은 위험과 예측할 수 없는 문제가 도사리고 있는 세상을 살고 있습니다. 그래서 우리에게도 하나님께서 인도하신다는 믿음이 필요합니다. 우리를 인도하시는 하나님의 방법이 과거와 다른 점이라면 불기둥, 구름기둥과 같은 가시적 방법이 아니라 성령의 역사를 통해 인도하신다는 것입니다. 그렇다면 어떤 방식으로 인도하실까요? 첫째, 순종하면 은혜를 베푸십니다. 순종할 때 구름기둥이 나타났고(출 13, 민 9장), 불순종하자 사라졌습니다(민 12장). 둘째, 하나님의 인도는 언제나 분명합니다. 모두가 볼 수 있고 그 어떤 상황에서도 애굽이 아닌 가나안을 향합니다. 셋째, 하나님의 인도는 그분의 명령(말씀)을 따라 이루어집니다(민 9장 18, 20, 23).

오늘날도 우리가 나아갈 방향은 분명합니다. 보혜사 성령의 인도하심을 따라가야 합니다. 오늘도 '하나님의 인도하심'을 온전히 신뢰하고 순종하여 따라가면서 승리하는 생활을 합시다.

• **기도** : 사랑의 주님, 지금 저희는 마치 광야를 지나는 것과 같은 많은 위험과, 예측할 수 없는 문제가 도사리고 있는 세상을 살고 있습니다. 보혜사 성령님은 저희를 인도하시는 영이오니 성령님의 인도하심을 온전히 따를 수 있게 하옵소서. 그리하여 그 어떤 위험과 예측할 수 없는 문제 속에서도 승리케 하시는 성령의 역사를 경험하는 삶이 되게 하옵소서. 예수님의 이름으로 기도합니다. 아멘

• **중보기도** : 모든 그리스도인들이 성령님의 인도하심을 따라가게 하소서.

7월 11일 기도

기도드려 아뢰세

• 성경: 열왕기하 19장 14 ~ 37절 • 찬송: 369장 • 요절: 왕하 19: 19

남 유다의 13대 왕 히스기야 때, 앗수르 제국의 왕 산헤립이 유다를 침략하여 협박편지를 보냈습니다. 그 편지의 내용은 '예루살렘 성을 포위하여 진을 치고 있으니 일찌감치 항복을 하라.'는 것이었습니다. 히스기야 왕은 깜짝 놀랐습니다. 앗수르는 큰 나라요, 군대도 막강한 나라였기 때문입니다. 그 큰 나라가 쳐들어 와서 이미 진을 치고 있다니 깜짝 놀랄 수밖에 없었습니다.

히스기야는 사자의 손에서 편지를 받아보고 하나님의 성전으로 달려갔습니다(14~15). 그리고 하나님 앞에 편지를 펴놓고 간절히 기도를 합니다. 한밤중에, 히스기야가 성전에서 간절히 기도하고 있던 그때, 하나님께서 천사들을 앗수르 진영에 보내어 군사 십팔만 오천 명을 다 송장으로 만드셨습니다(35). 하나님께서 히스기야의 간절한 기도를 들으시고 역사하신 것입니다.

성경에 많이 나오는 단어 중의 하나가 '기도'라는 단어입니다. 이 단어는 성경에 수백 번이나 나옵니다. 이것은 '기도'가 얼마나 중요한 것인지를 말해 주고 있습니다. 기도는 아무리 강조해도 지나치지 않을 만큼 중요합니다. 그러므로 기독교 신앙의 핵심도 역시 '기도'입니다. 기도하는 사람은 신앙이 변함이 없습니다. 그러나 기도하지 않는 사람은 시험에 듭니다. 유혹에 빠집니다. 그래서 신앙생활을 오래 했다 할지라도 기도하지 않으면 그 사람은 죽은 신앙이 될 수밖에 없습니다. 그러니 하나님의 축복과 은총에서 거리가 멀어질 수밖에 없는 것입니다. 그래서 기도해야만 합니다.

성경은 기도를 쉬는 죄를 범치 말라고 말씀하고 있습니다.

• **기도** : 기도의 본을 보이신 주님, 저희로 기도가 중요함을 깨닫게 하옵소서. 주님과 같이 습관을 좇아 기도할 수 있게 하시고, 기도하지 않으면 영혼이 죽을 것 같은 고통을 겪게 하옵소서. 기도를 통하여 항상 주님과의 영적인 교제가 빈틈없이 이루어질 수 있게 하시고, 기도를 통하여 주님의 축복과 은총 속에 거하는 삶이 되게 하옵소서. 예수님의 이름으로 기도합니다. 아멘

• **중보기도** : 모든 그리스도인들이 기도하지 않으면 영혼이 죽을 것 같은 고통을 겪게 하소서.

7월 12일 찬송

삶으로 하는 찬송

• 성경: 에베소서 1:3~14절 • 찬송: 31장 • 요절: 엡 1:12

종교개혁자 「마틴 루터」는 "마귀가 두려워하는 건 내 설교가 아니라 내 찬양"이라고 말했습니다. 신자들에게 찬양은 이처럼 중요합니다. 바울도 에베소 교인들에게 하나님을 찬양하라고 권합니다(엡1:6,12,14). 하지만 언제부터인가 신자들에게 '찬양'이란 말은 빈 상자처럼 되어버렸습니다.

오늘 말씀에서 바울은 하나님을 찬양해야 할 분명한 이유를 가르쳐 주고 있습니다.

첫째, 성부 하나님의 사랑을 찬양하라고 합니다. 하나님은 온갖 영적인 복을 그리스도께 속한 우리에게 사랑으로 베풀어 주셨기 때문입니다(3절).

둘째, 성자 예수님이 값없이 베풀어 주신 구속의 은혜를 찬양하라고 합니다(7~12절). 그리스도의 십자가로 말미암아 우리의 모든 죄를 용서받았기 때문입니다.

셋째, 약속하신 성령의 인치심을 찬양하라고 합니다(13~14절). 성령께서는 우리가 하늘의 복된 기업을 받을 자임을 보증하시기 때문입니다.

「유진 피터슨」은 하나님을 찬양하는 것을 '영광스러운 삶'이라고 풀고 있습니다. 하나님을 찬양하는 것은 목소리로만이 아니라 찬양하는 삶이 되어야 합니다(12절).

하나님을 찬송하되 입술로만이 아니라 전 삶으로 찬송해야 합니다. 교회에서만이 아니라 삶의 전 영역에서 하나님을 높이고 자랑하고 증거해야 하는 것입니다. 우리가 찬송이 되어야 합니다.

• **기도**: 찬양을 받으시기에 합당하신 하나님, 저희로 하여금 하나님을 찬양하는 삶이 되게 하옵소서. 목소리만의 찬양이 아니라 몸과 마음을 다하여 전심으로 찬양하는 삶이 되게 하옵소서. 찬양을 통하여 하나님만이 찬양을 받으시기에 합당하신 분이심을 드러낼 수 있게 하시고, 찬양을 통하여 하나님의 사랑을 드러낼 수 있는 삶이 되게 하옵소서. 예수님의 이름으로 기도합니다. 아멘

• **중보기도**: 모든 그리스도인들이 하나님을 전심으로 찬양하는 삶을 살게 하소서.

7월 13일 인생

무엇을 얻으려 하는가?

• 성경: 마태복음 19장 23~30절 • 찬송: 575장 • 요절: 마 19: 23 ~ 24

오늘 말씀 중에 "낙타가 바늘귀로 들어가는 것이 부자가 하나님의 나라에 들어가는 것보다 쉬우니라(마19:24)"는 말씀은 예수님이 재물에 대하여 쓸 줄 모르는 한 부자 청년을 안타까워하시면서 하신 말씀입니다. 이 말씀은 세계화 시대, 지금의 경제체제 아래 살고 있는 우리에게 더 큰 도전으로 다가옵니다. 우리는 아프리카의 어린이가 하루 종일 5백 원도 안 되는 혹독한 저임금에 시달리며 생산하는 커피를 마십니다.

이런 세상에서 부자로 산다는 것이 어떤 의미이겠습니까? 오늘 말씀에 몹시 놀란 제자들이 예수님께 묻습니다. "그렇다면 누가 구원을 얻을 수 있으리이까"(마19:25). 이 같은 제자들의 질문은 오히려 당연한 것입니다. 하지만 주님은 거기서 포기하지 말라고 가르치십니다. "사람으로는 할 수 없으나 하나님으로서는 다 하실 수 있느니라"(마19:26).

그렇습니다. 인간의 능력을 뛰어넘는 하나님의 역사를 구하라는 말씀입니다. 이는 인간의 노력을 그만두거나 포기하라는 뜻이 아니라, 인간이 할 수 있는 최선을 찾되 그 과정에서 하나님의 뜻을 구하라는 말씀입니다.

그것은 바로 은혜입니다. 하나님의 은혜를 입으면 누구든 새사람으로 거듭납니다. 기꺼이 전 재산을 내놓기도 하고, 목숨을 아끼지도 않으며 영원한 생명의 값진 길로 나아가게 됩니다.

나는 지금 단 한 번뿐인 내 인생을 무엇을 얻고자 살아가고 있습니까? 이제는 무거운 세상 짐을 내려놓고 가장 값지고 영원한 것을 얻기 위한, 기쁘고 보람 있는 인생을 살아가야겠습니다.

• **기도** : 은혜로우신 하나님, 저희로 하여금 하나님의 뜻을 구하는 삶이 되게 하옵소서. 저희가 할 수 있는 최선의 노력을 찾되 그 과정 속에서 항상 하나님의 뜻이 무엇인지를 묻고 구할 수 있게 하옵소서. 그리 할 때 인간의 능력을 뛰어 넘는 하나님의 구원과 능력을 맛보는 축복의 인생이 되게 하실 것을 믿습니다. 은혜의 사람으로 영원한 생명 길로 나아가는 값진 인생이 되게 하실 것을 믿습니다. 예수님의 이름으로 기도합니다. 아멘

• **중보기도** : 모든 그리스도인들이 영원한 생명 길로 나아가는 값진 인생을 살게 하소서.

감동을 주는 교회

• 성경: 데살로니가전서 1장 2~8절 • 찬송: 336장 • 요절: 살전 1:3

디모데와 실라에게서 데살로니가 교회의 좋은 소식을 듣고 바울은 편지를 보내 격려했습니다. 데살로니가 교회는 어려운 상황에서 세워졌지만 바울에게 깊은 감동을 줄 만큼 믿음생활을 잘하고 있었습니다. 데살로니가 성도들은 어떠한 믿음을 가졌을까요?

첫째, 데살로니가 교회 성도들은 성숙한 신앙을 가졌습니다. 고난 속에서도 하나님을 굳건히 신뢰하는 믿음이 있었습니다. 서로 위로하고 격려하며 때로는 물질을 나누면서 사랑의 공동체를 만들어 갔습니다. 예수님 때문에 얻게 된 고난을 영적 성숙을 얻는 통로로 삼았습니다.

둘째, 데살로니가 교회 성도들은 복음의 능력을 체험했습니다. 복음을 듣는 데에 그치지 않고 들은 복음의 능력을 체험하며 신앙생활을 했습니다. 예수님을 통해 얻은 구원의 감격을 누리며 살았고, 더 나아가 예수님의 이름으로 육체는 물론 심령이 치유되고 회복되는 체험을 했습니다.

셋째, 데살로니가 교회 성도들은 좋은 소문을 가진 자들이었습니다. 그들은 믿음의 본이 되기에 충분한 신앙과 인격을 가졌습니다. 그러자 교회에 대한 좋은 소문이 온 사방으로 퍼졌습니다. 교회는 소문이 좋아야 합니다. 그래야 구원의 통로 역할을 할 수 있습니다.

신앙의 사람은 고난 속에서도 인내하는 성숙한 신앙을 가져야 하며, 복음의 능력을 직접 체험하는 자가 되어야 합니다. 그리고 이웃에게 좋은 소문으로 전해지는 자가 되어야 합니다. 그것이 성전인 우리의 모습입니다.

• **기도**: 교회의 주인이신 주님, 저희로 데살로니가교회 성도들처럼 고난 속에서도 하나님을 굳건히 신뢰하는 믿음을 갖게 하옵소서. 복음의 능력을 체험하는 신앙생활을 하게 하옵소서. 그리고 믿음의 본이 되기에 충분한 신앙과 인격을 가질 수 있게 하옵소서. 그리하여 이웃에게 좋은 소문이 전해지는 그리스도인이 되게 하옵소서. 예수님의 이름으로 기도합니다. 아멘

• **중보기도**: 모든 그리스도인들이 데살로니가교회 성도들의 믿음을 갖게 하소서.

7월 15일
간구와 기도

애절한 눈물의 간구

• 성경: 호세아 12장 3 ~ 6절 • 찬송: 315장 • 요절: 호 12: 3 ~ 4

　오늘 말씀은 기도하는 야곱의 모습을 가장 잘 보여주고 있는 말씀입니다. 야곱은 하나님께 기도할 때 울며 간구했습니다. 울며 간구했다는 것은 하나님께 통사정하며 부르짖었다는 말입니다. 결코 포기하지 않는 집념을 가지고, 하나님께 매달려 기도한 것입니다. 야곱이 이렇게 기도한 이유가 무엇일까요? 그는 벼랑 끝에 선 것 같은 인생의 문제에 직면해 있었기 때문입니다. 자기 스스로 해결할 수 있는 문제가 아니었습니다.
　하나님이 만져주시지 않으면 그는 절망의 벼랑 끝에서 헤어난다는 것이 도무지 불가능했습니다. 그랬기에 그는 울며 기도했고, 천사를 붙잡고 축복을 받기까지 결사적으로 부르짖어 기도했습니다. 야곱은 자신이 절망의 벼랑 끝에 서 있었지만 모든 문제를 해결해 주시는 하나님을 붙잡으면 해결될 줄 믿은 것입니다.
　세상이 우리에게 주는 것은 완전한 것이 없습니다. 모든 것이 불완전한 것들뿐입니다. 우리는 불완전한 것들에 기대를 걸거나 미련을 가져서는 안 됩니다. 그래서 완전하신 하나님을 바라보아야 하는 것입니다. 크게 하심과 강하게 하심이 다 하나님의 손에 달려있습니다. 부하거나 가난하게 하심도 다 하나님의 손에 달려있습니다. 높이기도 하시고 낮추기도 하시는 것이 다 하나님께 있는 것입니다. 우리를 향하신 하나님의 축복의 씨앗은 야곱이 드린 것 같은 애절한 눈물의 기도를 통해 자랍니다.
　기도의 거름을 통해 자라는 것입니다. 우리도 우리 스스로 해결할 수 없는, 벼랑 끝에 선 것 같은 문제가 있을 때 오늘 말씀의 야곱처럼 하나님께 애절한 기도를 드림으로 확실한 회복의 은혜를 체험할 수 있어야겠습니다.

• **기도**: 야곱과 함께하신 하나님, 저희는 스스로 해결할 수 없는 문제가 있을 때 어떤 태도를 취했는지요? 야곱의 기도를 보면서 하나님께 저희도 간절히 부르짖을 수 있는 기도의 사람이 되게 하여 주옵소서. 야곱이 주님께 간절히 기도함으로 응답을 받았듯이, 저희에게도 그와 같은 기도의 태도와 응답이 있게 하여 주옵소서. 예수님의 이름으로 기도합니다. 아멘.
• **중보기도**: 모든 그리스도인들이 주님께 간절한 기도를 드릴 수 있게 하소서.

7월 16일
주님 사랑

불러도 싫증나지 않는 이름

• 성경: 시편 8편 1 ~ 2절 • 찬송: 32장 • 요절: 시 8: 1

우리가 이 땅을 살다보면 부르고 또 불러도 싫증나지 않는 이름이 있습니다. 가령 '어머니'라는 이름이 그런 이름일 것이라고 생각합니다. 눈을 감고 '어머니!' 하고 부르면 가슴에 와 닿는 것이 있습니다. 또 연애시절에는 사랑하는 사람의 이름을 부를 때 가슴이 저려오고 마음에 파장이 일어나면서 온몸이 짜릿짜릿합니다. 가슴이 벌렁벌렁거립니다.

오늘 말씀에 다윗도 이런 감성의 소유자가 아니었나 싶습니다. 다윗은 여호와의 이름을 부르면서 체온을 느끼고 있습니다. 이렇게 읊조리면서 말입니다. "여호와 우리 주여 주의 이름이 온 땅에 어찌 그리 아름다운지요". 그러면서 그는 가슴 속에 하나님의 체온을 느끼고 있는 것입니다.

오늘 우리는 하나님의 이름을 부를 때마다 하나님의 체온을 가슴 깊이 느끼고 있습니까? 하나님께서는 당신의 이름을 부르면서 체온을 느끼는 사람을 통해서 일하십니다.

똑똑한 사람, 많이 배운 사람, 지식 있는 사람, 능력 있는 사람을 통해서 일하시는 것이 아닙니다. 당신의 체온을 느끼는 사람을 통해서 일하십니다.

2절을 보면 그 사실을 알 수 있습니다. 어린아이라 할지라도 하나님의 이름을 부르면 그를 통해서 일하신다는 주님의 약속입니다. 바로 그 대표적인 인물이 다윗입니다. 그는 어린 나이에 하나님의 이름을 들고 나가서 적장 골리앗을 단숨에 죽였습니다. 어릴 때 자신의 체험을 오늘 말씀에 담고 있는 것입니다.

오늘 우리도 주의 이름을 부르면서 그분을 체온으로 느낄 수 있어야 합니다. 주의 이름을 많이 부르는 자, 그런 사람이 다윗과 같이 영광스런 인생을 살 수 있습니다.

• **기도** : 사랑의 주님, 저희로 하여금 다윗과 같은 감성의 소유자가 되게 하여 주옵소서. 하나님의 이름을 부르면서 가슴에 와 닿는 그 무엇이 있게 하시고, 하나님의 이름을 부르면서 가슴속으로 하나님의 체온을 느낄 수 있게 하옵소서. 하나님의 이름을 부르다가 다윗과 같이 하나님 앞에서 영광스런 인생을 살게 하옵소서. 예수님의 이름으로 기도합니다. 아멘

• **중보기도** : 모든 그리스도인들이 하나님의 이름을 부를 때마다 하나님의 체온을 느끼게 하소서.

7월 17일 성령

성령의 역사가 있는 곳

• 성경: 사도행전 10장 23~48절 • 찬송: 419장 • 요절: 행 10:47

    오늘 말씀을 보면 고넬료의 가정은 주님의 역사가 일어나고 있는 새 역사의 현장으로 우리 앞에 나타나고 있습니다. 이 놀라운 성령의 역사가 일어난 까닭이 무엇일까요?

    첫째, 준비가 있었다는 것입니다. 고넬료가 보낸 종들을 따라 베드로가 가이사랴에 있는 고넬료의 집에 당도해 보니 고넬료가 이미 자기 가족들과 하인들과 친구들까지 모아놓고 베드로가 오기를 기다린 것입니다. 이것은 그들이 베드로를 통해서 하나님께서 내려 주실 크신 은혜를 받아들일 만반의 준비를 하고 있었다는 것입니다. 하나님은 준비된 곳에 성령의 역사가 있게 하십니다.

    둘째, 겸손이 있었다는 것입니다. 고넬료는 베드로에게 엎드려 절하면서 영접하였고, 베드로는 고넬료에게 "일어나십시오. 나도 역시 사람입니다."라고 말하면서 그를 일으켜 세웠습니다. 즉, 두 사람 다 겸손이 있었던 것입니다. 하나님은 겸손한 자를 통하여 성령의 역사를 일으키십니다.

    셋째, 화합이 있었다는 것입니다. 고넬료와 베드로의 청함과 응답은 서로 기도로 화합되었습니다. 그러기에 거기에 성령의 역사가 일어난 것입니다. 화합이 무엇입니까? 서로의 마음과 뜻이 하나가 된 상태입니다.

    오순절 날 120문도가 합심하여 전혀 기도에 힘썼을 때 성령의 역사가 일어났습니다(행 2:1~4). 그러므로 하나님은 준비가 있는 곳, 겸손이 있는 곳, 화합이 있는 곳에 언제나 성령의 역사가 있게 하신다는 것을 기억해야겠습니다.

• **기도**: 능력의 주님, 저희의 삶에도 주님의 역사, 성령의 놀라운 역사가 있는 삶이 되게 하옵소서. 항상 주님의 은혜를 받을 수 있는 준비를 할 수 있게 하시고, 겸손을 신앙의 덕목으로 갖출 수 있는 사람이 되게 하옵소서. 또한 기도로 마음과 뜻이 하나가 되는 화합을 이루는 사람이 되게 하옵소서. 그러므로 언제나 주님의 역사하심, 성령의 역사하심을 경험하는 삶이 되게 하옵소서. 예수님의 이름으로 기도합니다. 아멘

• **중보기도**: 모든 그리스도인들이 준비와 겸손과 화합을 이루는 삶이 되게 하소서.

7월 18일
회개와 은혜

욥의 인생체험

• 성경: 욥기 14장 1 ~ 10절 • 찬송: 400장 • 요절: 욥 14: 10

    오늘 말씀은 욥이 고난을 통해서 깨달은 은혜를 기록한 말씀입니다. 인생은 참으로 짧고 유한하다는 것입니다. 1절에 욥은 "여인에게서 태어난 사람은 생애가 짧고 걱정이 가득하다."고 했습니다. 욥이 왜 이런 고백을 했을까요? 우리 인생이 짧은 만큼 고난도 역시 일순간에 불과하다는 것입니다. 욥은 고난 속에서 이것을 깨달았습니다.

    그렇습니다. 우리 인생은 참으로 짧습니다. 길어야 백수도 누리지 못하는 것이 우리 인생이요, 그 전에 여러 가지 사고와 질병으로 인하여 일찍 세상을 떠나는 사람도 참으로 많습니다. 이것이 인생입니다. 그래서 인생도 짧은 만큼 고난 역시 짧기에 욥은 고난 속에서 낙담하지 아니하고 영원한 것을 주시는 하나님을 간절히 열망했습니다. 이런 그에게 하나님은 회복을 주셨습니다.

    욥은 모든 재산과 자녀와 건강을 잃은 극한 고통을 당했지만 하나님을 만나고 체험한 후에는 잃은 것을 모두 회복했습니다. 그런데 우리가 한 가지 명심해야 할 것은 욥에게 임한 회복은 회개한 후에 이루어졌다는 것입니다. 하나님이 욥이 스스로를 의롭게 여길 때는 그의 고난을 그대로 내버려 두셨습니다. 그러나 욥이 티끌과 재 가운데서 회개하자 비로소 그의 잃은 것을 회복시켜 주셨습니다. 하나님도 인정하실 만큼 순전하고 정직한 사람이었던 욥도 회개했다면 우리도 회개할 일이 얼마나 많겠습니까? 성도가 가장 아름다울 때는 눈물 흘리며 회개할 때입니다. 왜냐하면 주님보시기에는 심령이 깨끗한 자가 아름답게 보이기 때문입니다. 욥이 깨달은 은혜가 우리에게도 있기를 원하고, 욥이 체험한 하나님을 우리도 만나는 삶이 됩시다.

- **기도** : 은혜로우신 주님, 저희로 하여금 욥과 같은 믿음의 모습이 있게 하옵소서. 욥과 같이 고난 속에서도 낙담하지 않고 영원한 것을 주시는 하나님을 열망할 수 있게 하옵소서. 욥과 같이 회개할 줄 앎으로 회복의 은혜를 더하시는 주님의 사랑을 경험하게 하옵소서. 욥이 깨달은 은혜와 체험이 오늘 저희에게도 증거되는 삶이되기를 원합니다. 예수님의 이름으로 기도합니다. 아멘
- **중보기도** : 모든 그리스도인들이 욥이 받은 은혜를 받게 하소서.

7월 19일
예배 사랑

신앙생활의 가장 중요한 것

• 성경: 창세기 12장 5~9절　• 찬송: 327장　• 요절: 창 12:8

　오늘 말씀은 하나님의 부르심을 받아 하란 땅을 떠나 가나안 땅으로 왔던 아브람이 어떻게 살아가고 있는가를 보여주는 말씀입니다. 아브라함의 생애를 흔히 두 가지 말로 요약하기도 하는데, 하나는 제단이요 또 하나는 장막입니다. 제단이라는 말은 어디를 가나 제단을 쌓고 예배를 드렸다는 말이요 장막이라는 말은 어디를 가나 장막을 짓고 살았다는 말입니다.

　아브라함은 항상 예배를 드리는 생활을 하였습니다. 어디를 가든지 제일 먼저 그가 한 일은 하나님을 예배하는 일이었습니다. 예배를 가장 소중하게 생각하는 생활이 성도의 가장 기본적이고 가장 중요한 자세입니다. 오늘날 예배를 우습게 생각하고 예배를 소중하게 생각하지 않는 성도들이 많은데 그것은 참으로 잘못된 일입니다.

　신앙생활의 가장 중요하고 최종적인 목적은 예배입니다. 전도를 왜 합니까? 전도하고 예수 믿게 해서 하나님을 예배하는 생활을 하도록 전도하는 것입니다.

　사람의 가장 중요한 본분은 하나님을 예배하는 일입니다. 아브라함은 바로 이 일을 제대로 알고 예배하는 생활을 가장 우선하였습니다. 그 삶을 하나님이 축복하지 않을 수 없었습니다.

　예배하는 일에 게으르거나 예배를 경홀히 여기는 우리가 되어서는 안 될 것입니다. 예배를 생명처럼 여길 수 있어야겠습니다. 아브라함처럼 복을 받을 수 있는 사람은 예배를 사랑하는 사람입니다.

• **기도** : 예배를 통하여 영광 받으시기를 원하시는 하나님, 저희로 하여금 아브라함과 같은 삶을 살게 하옵소서. 항상 하나님께 드리는 예배를 최우선 순위에 놓을 수 있는 삶이 되게 하시고, 예배를 통하여 하나님을 기쁘시게 할 수 있는 삶이 되게 하옵소서. 하나님께 예배하는 일을 생명처럼 여길 수 있게 하시고, 많은 사람을 하나님을 예배하는 자리로 인도할 수 있는 삶을 살게 하옵소서. 또한 예배를 사랑함으로 아브라함처럼 복을 받을 수 있는 사람이 되게 하옵소서. 예수님의 이름으로 기도합니다. 아멘

• **중보기도** : 모든 그리스도인들이 예배를 사랑할 수 있게 하시고, 생명처럼 여길 수 있게 하소서.

7월 20일
믿음의 확신

믿음은 확신하는 것이다

• 성경: 히브리서 11장 3절 • 찬송: 267장 • 요절: 히 11:3

미션스쿨인 어느 고등학교에서 교목이 학생들에게 채플에 출석할 것을 열심히 권했습니다. 그런데 한 학생이 도무지 응하지를 않았습니다. 답답해진 교목은 그 학생을 불러 사유를 물었습니다.

"왜 예배 출석을 거부하는가?"

학생이 대답합니다. "목사님! 저는 기독교가 어떤 것인지 도무지 알 수가 없습니다. 알 수가 없기 때문에 믿을 수가 없고, 믿을 수가 없기 때문에 예배에도 들어가지 않는 것입니다."

제법 논리적인 대답이었습니다. 그러자 묵묵히 듣고 있던 목사님이 제안을 했습니다.

"학생! 지금 한 말을 거꾸로 한번 생각해 볼 수 있겠나?"

잠시 머뭇거리던 학생이 이렇게 말했다고 합니다.

"나는 예배에 들어가지 않기 때문에 믿을 수가 없고, 믿을 수가 없기 때문에 알 수도 없습니다."

오늘 우리는 믿음이 무엇이라고 생각하고 있습니까? 신앙을 갖고 있는 사람들 중에 과연 믿음에 대하여 알고 있는 사람이 얼마나 된다고 생각하고 있습니까? 이것은 누구를 판단하기 위해서 묻는 질문이 아닙니다.

우리는 믿음에 대하여 바로 알고 있어야 하는데, 믿음을 한마디로 정의하자면 확인하는 것이 아니라 확신하는 것입니다. 우리는 이 믿음으로 하나님을 찾을 수 있는 신앙의 사람이 되어야겠습니다.

• **기도**: 믿음의 주요 온전케 하시는 주님, 저희는 지금 믿음을 어떻게 생각하고 있는지요? 저희들은 과연 믿음에 대하여 바로 알고 있는지요? 믿음에 대하여 깨닫는 은혜를 주옵소서. 오늘 말씀에 통하여 믿음은 확인하는 것이 아니라 확신하는 것임을 알았사오니, 하나님을 확신하는 믿음을 갖게 하옵소서. 저희로 하여금 믿음의 역사를 일으키고 나타낼 수 있는 삶을 살아갈 수 있게 하시고, 믿음의 산 증인이 될 수 있게 하옵소서. 열심을 다하여 하나님을 찾으므로 살아계신 하나님을 경험하는 삶이 되게 하옵소서. 예수님의 이름으로 기도합니다. 아멘

• **중보기도**: 모든 그리스도인들이 하나님을 확신하는 믿음을 갖게 하소서.

7월 21일 - 믿음

믿음을 따라 역사하심

• 성경: 창세기 22장 7~8절 • 찬송: 391장 • 요절: 창 22:8

'기도의 사람' 또는 '고아들의 아버지'라는 별칭으로 유명한「조지 뮬러」의 거실에 들어가면 눈에 띄는 것이 하나 있었다고 합니다. 그것은 창유리에 쓰여 있는 '여호와 이레'라는 글귀였습니다.

뮬러는 고아원에 필요한 음식과 그밖의 필요한 것이 없어서 어떻게도 할 수가 없을 때, 급히 거실로 가서 햇빛에 빛나는 '여호와 이레'라는 글자를 보곤 했답니다. 그리고는 "맞아! 하나님이 필요한 것을 준비해 주실 거야." 하고 말했다는 것입니다.

뮬러는 하나님께서 도와주실 것을 꿈에도 의심치 않았습니다. 전후 7년 간에 걸쳐 고아들에게 먹일 식량을 3일 이상의 분량을 가진 일이 드물었고 항상 부족했으나, 뮬러는 언제나 하나님을 믿고 의지했고, 그때마다 하나님께서는 뮬러의 믿음을 따라 미리 예비하신 것으로 놀랍게 채워주셨습니다.

오늘 말씀에 이삭이 하나님께 드릴 번제물에 대하여 아브라함에게 묻는 말씀입니다. 이삭은 자신이 하나님께 바쳐질 번제물이라는 것을 모르고 있었습니다. 하나님이 아브라함에게만 말씀하셨기 때문입니다. "번제할 어린 양은 어디 있나이까"(7) 물어오는 아들의 질문에 아브라함은 조금도 망설임 없이 "하나님이 친히 준비하시리라"(8)고 대답하였습니다. 하나님께 대한 믿음이 없었더라면 그는 이렇게 대답하지 못했을 것입니다. 그런데 중요한 것은 이러한 그의 고백대로 정말 하나님께서 이삭 대신 번제할 어린양을 준비하셨다는 것입니다(13). 믿음을 가진 자에게 하나님은 반드시 앞서 가시며 준비해 주시는 분이심을 알 수 있습니다.

오늘 우리도 우리의 믿음을 따라 역사하시는 하나님을 경험하는 삶이 되어야겠습니다.

• **기도** : 사랑의 하나님, 저희도 하나님이 도와주실 것을 꿈에도 의심치 않는 믿음을 갖게 하옵소서. 언제나 하나님을 의지할 수 있게 하시고, 믿음을 따라 예비하시는 하나님의 은혜를 경험하는 삶이 되게 하옵소서. 항상 믿음의 고백이 주님께 드려지는 삶이 되게 하시고, 주님이 원하시는 것이라면 아브라함처럼 주저하거나 망설임 없이 주님께 드릴 수 있는 믿음이 되게 하옵소서. 예수님의 이름으로 기도합니다. 아멘

• **중보기도** : 모든 그리스도인들이 아브라함과 같은 믿음의 사람이 되게 하소서.

7월 22일 주일

주일은 꼭 지켜야한다

• 성경: 신명기 7장 9절 • 찬송: 44장 • 요절: 신 7: 9

　아주 오래된 이야기인데, 한 시골 소년이 큰 꿈을 안고 뉴욕에 왔습니다. 소년은 그곳에서 자신의 미래를 개척해 나가겠다고 굳게 결심을 합니다. 그러나 소년이 가지고 있는 것이라곤 자신이 자라난 시골 마을에서 배운 인쇄 기술이 전부였는데, 운 좋게도 뉴욕에서 가장 크다는 인쇄소들 중 한 곳에 일자리를 얻습니다. 그리고 열심히 일했습니다. 그러던 어느 토요일 오후입니다. 주일에도 일하지 않으면 마무리 지을 수 없을 만큼의 많은 분량의 원고를 받았는데, 원고 뭉치를 가늠해본 소년은 감독관에게 가서 말했습니다. "오늘 정시에 퇴근하지 않고 밤 12시까지 일하겠습니다. 되도록 12시 이전까지 일들을 끝낼 수 있도록 노력하겠지만, 혹 일이 마무리되지 못한다 해도 내일은 일할 수 없습니다." 소년의 당돌한 태도에 감독관은 깜짝 놀라며 이렇게 말했습니다. "그러면 너는 일자리를 잃고 말 거다." 그러자 소년은 원고 뭉치를 들고 사장을 찾아가 이렇게 말했습니다. "저는 어릴 때부터 어머니께 철저한 신앙교육을 받았습니다. 어머니는 어떤 일이 있어도 주일은 지켜야 한다고 가르쳐 주셨습니다. 저는 이제까지 그 말씀을 어겨 본 일이 없습니다. 이제 와서 주일을 범하느니 차라리 일자리를 포기하겠습니다." 사장은 소년의 신앙에 감복하지 않을 수 없었습니다. 그리고 소년에게 다시는 주일 근무를 요구하지 않았습니다. 이 소년이 바로 훗날 베스트셀러를 많이 출판하고 세계적인 영향력을 끼쳤던 '하퍼 브라더스 출판사' 의 창설자인 「존 하퍼」라는 사람입니다.
　하나님의 말씀에 철저하게 순종해서 손해 보는 일은 절대 없습니다. 천대까지 그 언약을 이행하시는 하나님이십니다.

• **기도** : 사랑의 주님, 저희로 하여금 성수주일을 잘 할 수 있게 하옵소서. 주일을 지키지 못하는 것은 그 어떤 범죄보다 악하다는 것을 기억하게 하옵소서. 주일을 잘 지킴으로 주님 안에서 진정한 안식과 평안을 얻을 수 있게 하시고, 회복시켜 주시는 주님의 은혜를 경험하게 하옵소서. 또한 주일을 잘 지킴으로 천대까지 그 언약을 이행하시는 하나님을 복을 받아 누릴 수 있게 하옵소서. 예수님의 이름으로 기도합니다. 아멘

• **중보기도** : 모든 그리스도인들이 주일을 잘 지킬 수 있는 믿음을 갖게 하소서.

악조건 속에서도

7월 23일 / 환경

• 성경: 창세기 6장 9~22절 • 찬송: 433장 • 요절: 창 6:9

구약의 복은 생육하고 번성하는 것인데 오늘 말씀에 나오는 노아는 500세가 되도록 자식을 얻지 못합니다(5:22). 이 정도라면 저주받은 인생이라고 할 만하지 않습니까? 그러나 노아는 하나님을 원망하지 않습니다. 오히려 하나님께 의롭다 인정받을 만큼 하나님 앞에서 온전히 행하였고 주님과 동행하였습니다(6:9). 그렇다고 노아의 시대가 평안한 시대는 아니었습니다. 하나님께서 세상을 심판하여 끝내겠다고 결단하리만치 썩을 대로 썩은 세상, 악할 대로 악한 세상이었습니다.

어느 한구석 희망이라곤 보이지 않는 세상이었습니다. 이렇게 노아 시대는 죄로 덮인 시대였습니다. 죄가 세상에 관영하였고, 사람의 생각은 모두 악했습니다(6:5). 그러나 노아는 이렇게 악한 세상에서 오직 하나님만 바라보며 하나님의 구원을 기대했던 것입니다. 하나님이 함께하는 사람들은 이런 악조건에 주눅 들거나 절망하지 아니하고 악조건을 기회로 놀라운 사역을 감당하는 사람들임을 기억해야 합니다.

오늘 우리들도 노아처럼 악조건 속에서도 오히려 하나님께 귀하게 쓰임 받는 신앙인이 될 수 있습니다. 세상이 악하다고 포기해서는 안 됩니다. 어떤 사람에게는 악한 세상이 저주가 될 수 있지만 노아에게는 축복의 기회가 되었습니다. 그는 모든 인류의 조상이 되었고, 자신과 그의 가족 그리고 땅 위의 모든 생물들로 하여금 대홍수의 심판으로부터 구원을 받게 하였습니다. 악한 세상에서 노아처럼 의로움만 간직하고 있다면 하나님은 그 사람을 통해서 자신의 일을 이루십니다.

하나님의 방법대로 쓰임 받는 사람은 악한 시대에도 여전히 존재하는 법임을 기억해야겠습니다.

- **기도**: 사랑의 주님, 악조건 속에서도 하나님께 귀하게 쓰임 받았던 노아를 봅니다. 저희도 악조건 속에서도 하나님께 귀하게 쓰임 받을 수 있는 신앙이 되게 하여 주옵소서. 세상이 악하다고 하여 포기하지 말게 하시고, 오히려 축복의 기회로 삼을 수 있는 비전을 갖게 하옵소서. 세상이 어떠하든 하나님께 쓰임 받는 사람으로 이 시대를 살게 하옵소서. 예수님의 이름으로 기도합니다. 아멘
- **중보기도**: 모든 그리스도인들이 악조건 속에서도 하나님께 쓰임 받는 신앙인이 되게 하소서.

7월 24일 인생

하나님께 주목받은 사람

• 성경: 사도행전 14장 8 ~ 10절 • 찬송: 217장 • 요절: 행 14: 9

세상에는 걷고 싶어도 걸을 수 없는 수많은 사람들이 있습니다. 불의의 사고로 그렇게 된 사람들도 있지만 나면서부터 걸을 수 없는 장애를 입은 사람들도 있습니다. 그들의 간절한 소원은 단 한 번만이라도 죽기 전에 걸어 보는 것일 것입니다.

"나도 저 사람들처럼 한 번만이라도 자유롭게 걸어보고 싶다."

이것이 뼛속까지 사무친 그들의 소원일 것입니다. 걷고는 싶은데 걷지를 못하는 안타까움, 이 얼마나 속상하고 절망스런 일이겠습니까?

그런데 오늘 말씀에 등장하는 앉은뱅이는 이상하게도 단지 일어서는 것이 그의 소원이 아니었음을 보여주고 있습니다. 그는 태어나면서부터 앉은뱅이로 살았던 사람이지만 그의 관심은 단지 일어서는 데 있었던 것이 아니라, 바울의 설교를 귀담아 듣는 데 있었습니다. 이를테면 육신적인 것보다는 영원한 것에 그의 소원을 두고 있었던 것입니다. 이런 그였기에 수많은 사람들이 그곳에 있었지만 유독 바울의 관심이 그에게 집중될 수밖에 없었고 마침내 육신의 병도 고침 받게 되는 축복을 누리게 되었습니다.

오늘 말씀에 앉은뱅이가 설교를 하고 있는 바울에게 주목받았다는 것은 곧 하나님께 주목받았다는 것입니다. 그의 믿음이 하나님께 검증된 것입니다. 이처럼 하나님께 주목받기만 하면 인생이 달라집니다. 눈앞에 펼쳐진 세상이 다르게 보이기 시작합니다.

오늘 우리도 하나님께서 주목하실 수밖에 없는 인생이 되기 위하여 마음을 쏟읍시다. 반드시 하나님의 역사를 경험하는 삶이 될 것입니다.

• **기도**: 사랑의 주님, 저희로 하여금 하나님께 주목받는 인생을 살게 하옵소서. 하나님께서 주목하실 수밖에 없는 인생이 되기 위하여 마음을 쏟을 수 있게 하시고, 하나님께서 주목하셔야만 우리의 인생이 달라질 수 있음을 잊지 말게 하여 주옵소서. 하나님께서 저희의 믿음을 검증하실 때 칭찬받을 수 있는 믿음이 되게 하시고, 저희의 믿음을 통하여 일하시는 하나님을 경험하는 삶이 되게 하옵소서. 예수님의 이름으로 기도합니다. 아멘

• **중보기도**: 모든 그리스도인들이 하나님께 주목받는 인생이 되게 하소서.

7월 25일 삶

내가 붙들고 살아야 할 것

• 성경: 창세기 12장 1~9절 • 찬송: 134장 • 요절: 창 12:2~3

요즘 우리 사회는 자살 관련 사건이 끊이질 않고 있습니다. OECD 국가 중 자살률 1위라는 불명예를 갖고 있는 나라가 바로 대한민국입니다. 세상을 살다보면 정말 살기 싫을 때가 있습니다. 여기서 딱 죽으면 좋겠다고 생각될 때가 있습니다.

그렇다면 사람들은 왜 자살을 하는 것일까요? 꿈을 잃어버렸기 때문입니다. 더 이상 삶에 희망이 보이지 않기 때문입니다. 이렇게 살 바에야 차라리 죽는 것이 낫다고 생각하기 때문입니다. 그래서 죽음을 결심합니다. 그러나 자살은 가장 용기 없는 사람의 선택입니다. 왜냐하면 힘든 일을 피하고 쉬운 길을 선택하기 때문입니다. 그래서 자살은 부끄러운 행동이고, 하나님이 주신 생명을 자기 마음대로 결정짓는 죄입니다. 그러나 비전의 사람은 마음 가짐이 다릅니다.

실패가 거듭되어도 "괜찮아 그럴 수도 있지. 잘 안 될 때도 있지. 괜찮아 평생 이렇게 살지 않을 거야. 내 인생 이렇게 살도록 정해져 있지 않아." 이런 다짐을 합니다. 사람은 무엇을 붙들고 사느냐가 중요합니다. 사람은 붙들고 있는 것을 말하고 죽기 때문입니다.

오늘 함께 읽은 본문의 말씀은 하나님께서 아브라함을 부르시고 위대한 약속을 주시는 말씀입니다. 그리고 그 부름에 응답한 아브라함의 모습을 기록하고 있습니다. 오늘 말씀은 우리가 붙들고 살아야 할 것 세 가지를 보여주고 있는데 첫째는 비전을 붙들어야 합니다. 비전은 인생의 이정표이기 때문입니다. 둘째는 가치를 붙들어야 합니다. 그래야 시간과 물질을 투자할 수 있기 때문입니다. 셋째는 하나님의 인도하심을 붙들어야 합니다. 왜냐하면 하나님은 영원토록 우리를 인도하시는 분이시기 때문입니다.

• **기도**: 자비로우신 하나님, 오늘 저희로 하여금 아브라함이 붙들었던 것을 붙들고 살아갈 수 있게 하옵소서. 인생의 이정표가 되는 비전을 붙들 수 있게 하시고, 시간과 물질을 투자할 수 있는 가치를 붙들 수 있게 하옵소서. 그리고 하나님의 인도하심을 붙들고 사는 삶이 되게 하옵소서. 그리하여 아브라함처럼 믿음으로 승리하고 성공하는 인생이 되게 하여 주옵소서. 예수님의 이름으로 기도합니다. 아멘

• **중보기도**: 모든 그리스도인들이 하나님의 인도하심을 붙들고 살게 하소서.

7월 26일 집중

하나님을 집중하는 삶

• 성경: 이사야 55장 6~9절 • 찬송: 412장 • 요절: 사 55:6

　대표곡 '난 참 바보처럼 살았군요'로 잘 알려진 김도향씨는 "항문조이기"로 유명합니다. 그가 텔레비전에 비추기만 하면 기회를 놓칠세라 이 항문조이기에 대해서 이야기 합니다. 24시간 틈만 나면 항문 조이는 데 집중한다고 합니다. 그가 항문조이기를 하는 것이 바보처럼 사는 것이 아닌 나름대로 지혜롭게 사는 것인지는 모르겠지만 어쨌든 항문을 조이는 일에도 목을 걸고 집중하며 사는 사람이 있습니다. 어떤 사람은 하루 종일 검지손가락만 기억한다고 합니다. 정신 건강에 좋다는 것입니다.

　그렇다면 우리 예수 믿는 사람들은 무엇에 집중하며 살아야 하는 것입니까? 우리는 항문도 아니고, 검지도 아닙니다. 우리는 '하나님'을 집중하면서 살아야 합니다. 하나님께 집중하면서 그분께 영광 돌리며 살고자 하는 것이 그분의 자녀 된 우리의 본분입니다.

　그것은 결심하고 다짐했다고 해서 하루아침에 되는 것이 아닙니다. 그분을 찾는 꾸준한 훈련이 뒷받침되어야만 가능한 것입니다.

　우리가 가정 예배를 드리는 것도 하나님을 찾고 그분께 집중할 수 있는 좋은 방법입니다.

　하나님을 경험할 수 있는 가장 좋은 방편이 예배이기 때문입니다. 매일의 생활 속에서 예배가 차지하고 있는 비중이 많아진다면 우리는 그분의 뜻을 보다 더 쉽게 발견할 수 있고, 그분이 기뻐하시는 것들을 좇아갈 수 있는 신실한 자녀가 될 수 있습니다.

• **기도** : 사랑의 주님, 저희는 지금 무엇에 집중하며 살고 있는지요? 돈입니까? 명예입니까? 학벌입니까? 권세입니까? 저희로 하여금 하나님을 가까이 함이 복임을 깨닫게 하셔서 하나님을 집중하면서 살 수 있게 하옵소서. 하나님을 힘써서 찾을 수 있게 하시고, 힘써서 예배할 수 있는 삶이 되게 하여 주옵소서. 그러므로 매일의 생활 속에서 저희를 향하신 하나님의 뜻을 발견하는 삶이 되게 하시고, 하나님의 인도하심을 따라, 그분이 기뻐하시는 것을 좇아가는 삶이 되게 하옵소서. 예수님의 이름으로 기도합니다. 아멘

• **중보기도** : 모든 그리스도인들이 하나님께 집중하며 살아가게 하소서.

7월 27일 기도

가장 강력한 무기

• 성경: 마태복음 14장 22~33절 • 찬송: 135장 • 요절: 마 14:31~33

　오늘 본문은 오병이어의 기적이 일어난 직후 일어난 사건입니다. 보리떡 다섯 개와 물고기 두 마리로 배불리 먹은 경험이 있던 사람들은 집에 가려고 하지 않았습니다. 우리들이라 해도 집에 가고 싶은 생각이 없었을 것입니다. 사람들이 흩어지지 않자, 예수님은 제자들을 먼저 배에 태워 건너편으로 가게 하시고는 사람들을 보내셨습니다. 그 후에 예수님께서는 기도하러 따로 산에 올라가셨습니다.
　참 많은 것을 생각하게 해주는 구절입니다. 항상 능력을 체험한 후가 문제입니다. 은혜를 체험하기 위한 기도보다 은혜를 받은 후의 기도가 더 필요하다는 주님의 실제적인 본보기 가르침입니다. 주님은 하나님의 아들이심에도 산으로 올라가 기도하십니다. 하나님 아버지와 결산을 해야 하는 것입니다. 내가 한 일에 대해 전부 말씀을 드리고 또 말씀을 들어야 하는 친밀한 시간을 가지시는 것입니다. 그런데, 정작 기도해야 하는 제자들이 배 안에서 기도했다는 기록은 없습니다. 제자들은 아마도 대단했던 오병이어의 기적을 이야기하며 한참을 떠들어대고 있었을 것입니다. 그런데 갑자기 변덕스러운 갈릴리 바다에, 풍랑이 일어났습니다. 갈릴리 바다에서 잔뼈가 굵은 어부 출신의 제자들이 네 명이나 되었지만, 풍랑을 이길 수가 없었습니다. 인생의 큰 문제에 부딪히면 내 경험도, 내 지식도, 내 전문분야의 나만 가지고 있는 기술도 아무 소용이 없습니다.
　어떤 상황에서나 기도가 가장 큰 무기입니다. 예수님을 잘 믿어도 언제나 풍랑은 있습니다. 그 모양과 세기만이 차이가 있을 뿐입니다. 그런데 우리에겐 그 풍랑들을 이길 수 있는 가장 강력한 무기가 있습니다. 바로 기도입니다.

• 기도: 능력의 주님, 풍랑 앞에서 쩔쩔매는 제자들의 모습이 저희의 모습임을 깨닫습니다. 저희의 인생에도 풍랑이 몰아칠 때가 있습니다. 그 풍랑 앞에서 어찌해야 좋을지 당황하며 공황상태에 빠질 때가 있습니다. 그런데도 기도를 잊고 있을 때가 있습니다. 주님, 어떤 상황에서나 기도를 통하여 풍랑이 이는 인생을 잔잔케 하시는 주님을 만나는 삶이 되게 하옵소서. 예수님의 이름으로 기도합니다. 아멘

• 중보기도: 모든 그리스도인들이 기도를 놓치지 않는 삶이 되게 하소서.

7월 28일
지키심

찾아오시는 하나님

• 성경: 창세기 28장 10~19절 • 찬송: 338장 • 요절: 창 28:15

'모래 위의 발자국'이라는 시가 있습니다. 바닷가 모래밭에 두 개의 발자국이 놓여 있었습니다. 그 발자국 하나는 내 것이고 또 하나는 하나님의 것이었습니다. 오랫동안 나 있던 두 개의 발자국은 어느 곳에서 한 개의 발자국으로 바뀌어 있었습니다. 직감적으로 이 사람은 그때가 자신의 인생길에서 가장 힘들고 어려운 때임을 알았습니다. 그러자 화가 났습니다. 내가 제일 힘들 때 하나님이 떠나시다니, 어떻게 이럴 수 있는가? 화를 내는 그 사람을 향해 주님은 조용히 말씀하십니다.

"그 발자국은 네 발자국이 아니라 내 발자국이란다. 네가 너무나 힘들어하기에 내가 너를 업고 지나갔단다."

오늘 말씀에 형의 장자권을 빼앗기 위해 아버지를 속이고 형을 속인 야곱은 결국 도망자의 신세가 되고 말았습니다. 자기를 죽이겠다는 형의 보복이 두려웠기 때문입니다. 외삼촌의 집으로 도망가던 야곱은 해가 지자 결국 얼마가지 않아 광야에서 유숙할 수밖에 없는 처량한 신세가 되고 맙니다. 사나운 야생 동물의 소리만이 들려오는 쓸쓸하고 어두운 광야에서 두려움 가운데 돌베개를 베고 잠을 청할 수밖에 없었던 그에게 하나님이 찾아오셨습니다. 그가 비록 잘못은 했지만 축복을 사모했던 사람이었기 때문에 하나님이 그를 찾으신 것입니다. 그리고 그의 두렵고, 쓸쓸하고, 외로운 자리에 함께해주시고 놀라운 축복의 말씀으로 위로와 용기를 주셨습니다.

이와 같이 우리가 믿는 하나님은 찾아오시는 하나님이십니다. 우리의 외롭고 쓸쓸한 자리, 절망과 실패의 자리를 놓치지 않고 찾아오셔서 위로와 용기와 꿈과 비전을 심어주시는 하나님이십니다. 그 하나님을 더욱 의지할 수 있기를 바랍니다.

• **기도**: 연약한 인생을 홀로 버려두지 않으시는 하나님, 감사합니다. 외롭고 쓸쓸한 야곱을 찾으셔서 위로와 용기와 꿈을 심어주셨던 하나님께서 저희의 연약한 인생 가운데도 찾아오셔서 동일한 은혜와 사랑으로 함께하실 것을 믿습니다. 그 하나님을 더욱 의지하고 바라보며 소망할 수 있는 삶이 되게 하여 주옵소서. 예수님의 이름으로 기도합니다. 아멘

• **중보기도**: 모든 그리스도인들이 찾아오시는 하나님을 경험하는 삶이 되게 하소서.

7월 29일
멋진 인생

불처럼 산 사람

• 성경: 열왕기하 2장 1~11절 • 찬송: 150장 • 요절: 왕하 2: 11

    지혜의 보고라 불리는 유대인의 지혜서 탈무드에 보면 인생의 모습을 여러 종류의 짐승에 비유하는 말이 나옵니다. 한 살은 왕이고, 두 살은 돼지, 열살은 염소, 열여덟 살은 말, 결혼한 나이는 당나귀, 중년은 개, 노년은 원숭이라고 비유했습니다. 그 이유를 들어보면 참 일리가 있는 것 같습니다. 한 살은 모든 사람이 모여서 얼러주고 비위를 맞춰주니까 왕 같은 나이일 것입니다. 그리고 두 살은 흙탕 속에서도 좋다고 뒹구는 나이이니까 돼지 같은 나이이고, 열여덟 살은 덩치가 커져서 힘을 자랑하게 되는 말 같은 나이일 것입니다. 결혼을 하면 가정이라는 멍에 때문에 힘겹게 살아야 하니까 당나귀 같은 나이라고 볼 수 있고, 그런가 하면, 가족을 먹여 살리느라 헐떡거리며 살아가는 중년은 개 같은 나이이고, 노년은 어린아이처럼 되어가지만 누구의 관심도 끌지 못하는 원숭이 같은 나이입니다.

    그럴듯한 비유가 아닌가 생각합니다. 산다는 것이 어찌 보면 정말 왕같이 태어나서 원숭이같이 끝나는 것이 아닌가 하는 생각이 문득 듭니다. 세월이 가면서 점점 초라해지고 시들어 가는 것이 인생입니다. 그러나 또 한편 우리 인생을 살펴볼 때, 이런 비유에 전적으로 동감할 수 없는 경우가 있다고 생각합니다. 그것은 한평생 사는 인생이지만 그 인생을 참으로 영광스럽고 정말 탁월하게 멋진 인생으로 살아가는 사람들이 있기 때문입니다.

    살아도 단순히 사는 것이 아니고, 죽어도 그냥 죽어 없어지지 않는 참으로 멋지고 영광스러운 인생들이 우리 가운데 있습니다. 성경에서 그런 사람을 한사람 꼽으라면 엘리야입니다. 그는 생을 시작하는 것도 그랬고, 생의 마지막 순간에까지 우리에게 탁월한 인생의 모습을 보여주고 있습니다. 오늘 우리도 엘리야와 같은 인생을 살기 위해 기도해야 할 것입니다.

• **기도** : 능력의 주님, 저희로 하여금 세월이 가면서 점점 초라해지고 시들어가는 인생을 살지 말게 하시고, 엘리야와 같이 멋진 인생을 살아갈 수 있게 하옵소서. 살아있을 때 하나님을 위하여 걸출하게 쓰임 받는 인생이 되게 하시고, 죽어도 그냥 죽어 없어지지 않는 인생을 살아갈 수 있게 하옵소서. 예수님의 이름으로 기도합니다. 아멘

• **중보기도** : 모든 그리스도인들이 하나님 앞에서 복되고 아름다운 인생을 살아가게 하소서.

7월 30일
도움, 의지

주님께 피하는 자

• 성경: 시편 17편 1~15절 • 찬송: 214장 • 요절: 시 17: 7

오늘 말씀을 기록한 다윗의 삶은 인생의 어느 한 순간도 평안하기만 한 시간이 없었습니다. 양치기 소년이었을 때, 양을 움키러 온 짐승과 목숨을 건 사투를 벌였던 때부터 사울에게 쫓기고, 아들 압살롬의 반란을 겪고, 죽음에 이를 때까지 다윗의 삶의 왼편은 늘 환난이었습니다. 그래서 그의 오른손은 늘 하나님을 붙들었습니다. 그럴 수밖에 없는 것이 다윗이 의지할 곳이 하나님밖에 없었기 때문입니다.

그런 그의 신앙고백이 그가 쓴 시편에 고스란히 담겨 있고, 오늘 말씀이 그 중의 하나입니다.

다윗은 7절에서 이렇게 고백합니다.

"주께 피하는 자들을 그 일어나 치는 자들에게서 구원하시는 주여 주의 기이한 사랑을 나타내소서".

이 고백에서 다윗은 주께 피하는 자를 하나님은 구원하신다고 고백합니다. 주께 피하는 자에게 하나님께서 기이한 사랑을 나타내신다고 고백합니다. 한 마디로 말하면 주께 피하는 것은 가장 큰 복이라는 것입니다.

우리가 기억해야 할 것은 환난을 당하지 않는 사람이 복된 사람이 아니라, 환난 가운데 주님께 피하는 자가 복 있는 사람입니다.

염려 걱정이 하나도 없는 사람이 복된 사람이 아니라, 염려 걱정 가운데서 주님께 피하는 자가 행복한 사람입니다.

우리에게는 언제라도 피할 수 있는 주님이 계시니 너무나 감사한 일입니다. 그분 때문에 우리는 겁낼 것 없는 인생을 살 수 있습니다.

• **기도**: 사랑의 주님, 저희의 삶도 다윗과 별반 다르지 않음을 고백합니다. 근심이 없는 날이 없고 평안할 날이 없습니다. 다윗이 주님께 피함으로 구원하시는 하나님의 은혜를 경험하면서 살았듯이, 저희도 그와 같은 삶을 살아갈 수 있게 하옵소서. 저희의 인생에도 지켜주시는 하나님을 고백하며 한편의 시가 드려질 수 있는 삶이 되게 하여 주옵소서. 예수님의 이름으로 기도합니다. 아멘

• **중보기도**: 모든 그리스도인들이 언제나 하나님께만 피하여 구원의 은혜를 경험하는 삶이 되게 하소서.

7월 31일
절망

가장 무서운 전염병

• 성경: 시편 45편 5절 • 찬송: 407장 • 요절: 시 45: 5

「박진식」씨가 쓴 '절망은 희망의 다른 이름이다'라는 책이 있습니다. 그는 일곱 살 무렵부터 몸에 이상이 생기기 시작하더니 아홉 살이 되자 주변의 사물을 붙잡지 않으면 일어나거나 앉거나 눕지도 못하는 지경에 이르고 말았습니다. 병명은 '부갑상선 기능 항진증에 의한 각피석회화증'이라는 희귀병이었습니다. 시간이 지나면서 남아도는 칼슘이 석회로 변해, 몸에 차곡차곡 쌓여 엉겨 붙는 병이었습니다. 의사들은 20대를 넘기지 못한다고 했습니다.

몸은 점점 굳어져 갔고 손가락 하나 제대로 움직일 수가 없게 되었습니다. 그는 죽어가는 육신을 보듬고 그 이해할 수 없는 절망에 울어야 했습니다. 그러나 흔적도 없이 죽어가기에는 너무 억울한 것입니다. 그래서 그는 자신의 이런 기막힌 인생을 기록하여, 스스로 불행하다고 생각하는 이 세상 모든 사람들에게 한 줄기 희망의 빛이 되기로 결심하였습니다. 손에 볼펜을 끼고 컴퓨터 키보드를 한 자씩 두드리기 시작했습니다.

내일을 알 수 없는 절망과 불행 속에서 독학으로 영어와 한문을 공부하고 다방면의 독서와 시 습작에도 정성을 쏟았습니다. 몸이 점점 돌로 변해가는 처절한 고통을 당하면서도 결코 절망하지 않는 30대 젊은이의 이야기입니다.

이 세상에서 가장 무서운 마음의 전염병은 '절망'이라고 말합니다. 그리스도인은 어떤 경우에도 절망하지 않고 소망을 가져야 합니다. 하나님을 바라보면 절망 중에도 소망을 찾을 수 있기 때문입니다. 오늘 말씀의 시인도 절망이 찾아올 때 하나님께 소망을 두고 하나님을 바라볼 것을 권하고 있습니다.

• **기도** : 위로의 주님, 오늘 저희는 인생을 살면서 절망해본 적이 없었는지요? 가장 무서운 마음의 전염병은 절망이란 것을 잊지 말게 하여 주옵소서. 저희로 하여금 절망의 그림자가 드리워질 때 하나님을 찾게 하시고, 하나님을 바라볼 수 있게 하여 주옵소서. 하나님을 바라보면 절망 중에도 소망을 찾을 수 있음을 잊지 말게 하여 주옵소서. 예수님의 이름으로 기도합니다. 아멘
• **중보기도** : 모든 그리스도인들이 절망 중에도 하나님을 바라봄으로 소망을 찾을 수 있게 하소서.

8월 1일 천국

천국은 있습니다

• 성경: 고린도전서 15장 16~19절 • 찬송: 235장 • 요절: 고전 15:19

오래 전에 방송의 날을 맞아 KBS와 영국BBC가 공동 제작한 프로그램이 화제를 모은 적이 있었습니다. 이 프로그램은 위성 네트워크를 통해 세계 각국의 스튜디오를 연결, 세계인이 신에 대해 어떻게 생각하는가에 대해 토론하는 프로그램이었습니다. 토론에 앞서 한국, 미국, 나이지리아, 인도, 레바논, 멕시코, 이스라엘, 러시아, 인도네시아 등 10개 국가의 다양한 종교를 가진 1만 명의 일반인을 대상으로 신에 대한 여론 조사도 실시했습니다. 그 결과 "당신은 신을 믿는가"라는 질문에 대해 나이지리아인의 98%, 인도인의 97%가 긍정적인 답변을 한 반면, 한국은 42%만이 '그렇다'고 답해 최하위를 기록했습니다. '신을 위해 죽을 수 있는가'라는 질문에도 멕시코인의 59%, 인도인의 46%가 '그렇다'고 대답을 했지만 한국은 12%만이 신을 위해 죽을 수 있다고 대답해 역시 최하위를 기록했습니다. "신이나 전능한 존재가 우리의 생활 방식을 평가한다"라는 질문에 대해서도 인도네시아인의 94%, 인도인의 83%, 나이지리아인의 81%, 미국인의 76%가 그렇다고 대답을 했지만 42%만이 그렇다고 대답을 한 영국인에 이어 한국은 35%로 세 분야에서 최하위 결과가 나왔습니다. 최근에 통계청에서 조사한 바에 의하면 천국 가기 위해서 교회에 다니는 사람이 15%, 마음의 평안이나 안정을 위해서 교회에 다니는 사람이 45%로 나타났습니다.

오늘 우리의 믿음은 어떻습니까? 기독교는 이 땅에서 하늘로 맞닿아 있는 종교입니다. 이 땅 위에 살지만 하늘을 바라보며 사는 존재가 우리들입니다. 따라서 천국이 없다면 모든 사람 가운데 우리가 더욱 불쌍한 자일 수밖에 없습니다.

• **기도**: 사랑의 주님, 저희는 지금 천국이 있다는 것을 확신하고 있는지요? 혹 천국에 대하여 불확실한 믿음을 갖고 있는 것은 아닌지요? 저희로 천국이 있다는 것을 확신하게 하여 주옵소서. 저희는 지금 이 땅 위에서 살아가고 있지만 하늘의 진리를 붙들고 천국을 바라보며 사는 존재들임을 잊지 말게 하여 주옵소서. 언제나 천국을 소망할 수 있는 삶이 되게 하시고, 이 땅에서도 천국의 기쁨을 누리는 삶이 되게 하여 주옵소서. 예수님의 이름으로 기도합니다. 아멘

• **중보기도**: 모든 그리스도인들이 천국을 확신하게 하소서.

8월 2일 믿음

담대한 믿음

• 성경: 요한복음 16장 29 ~ 33절 • 찬송: 353장 • 요절: 요 16: 33

한국초대교회사에 부흥운동을 일으켰던 최봉석 목사님이라는 분이 계십니다. 이분이 평양의 거리에서 전도를 하다가 말을 타고 거리를 순찰하는 순경을 향해 느닷없이 "예수천당 불신지옥"이라고 외치는 바람에 말이 놀라서 타고 있던 순경이 떨어져 크게 다치고 말았습니다.

최 목사님은 지서(경찰서)에 끌려가서 심한 고문을 받았습니다. 그런데 고문을 받으면서도 계속해서 "예수천당 불신지옥"이라고 소리를 지르는 겁니다. 고문하는 일본 순경이 너무 이상해서 물어봤습니다.

"당신은 지금 고문을 당하고 있는데 왜 비명을 지르지 않고 '예수천당, 불신지옥' 하면서 소리를 지르는가."

그러자 최봉석 목사님은 "예수가 목구멍까지 꽉 차 있는데 어카갔시오." 하고 내답했습니다. 순경은 고문할 때마다 "예수 천당, 불신지옥"이라고 소리 지르는 것이 듣기 싫어서 결국 풀어주고 말았습니다. 최봉석 목사님은 한국초대교회 때 얼마나 크게 쓰임을 받았는지 사람들이 그분을 최권능 목사님이라고 불렀습니다.

하나님은 누구를 통하여 영광을 받으실까요? 하나님을 믿는다는 것을 분명하게 표현하는 사람입니다. 믿음의 용기를 보여주는 사람입니다. 그 사람을 통하여 우리 하나님은 영광을 받으십니다.

오늘 말씀에 예수님은 환난의 때에 더욱 담대한 믿음을 가질 것을 말씀하고 계십니다.

오늘 우리는 위기가 오면 올수록 더욱 믿음을 표현하는 참된 신앙인이 되어야겠습니다. 그렇게 함으로 하나님께서는 영광을 받으시고, 우리에게는 위기를 통한 새로운 축복의 기회를 얻을 수 있습니다.

• **기도**: 믿음의 주님, 저희로 하여금 하나님이 영광 받으시는 삶을 살게 하옵소서. 하나님을 믿는다는 믿음을 분명하게 표현할 수 있게 하시고, 믿음의 용기 또한 보여줄 수 있는 사람이 되게 하옵소서. 위기가 오면 올수록 더욱 참된 신앙을 표현할 수 있는 있게 하시고, 위기를 통한 새로운 축복의 기회도 얻을 수 있게 하옵소서. 오직 하나님께 큰 영광 돌리는 삶이 되게 하옵소서. 예수님의 이름으로 기도합니다. 아멘

• **중보기도**: 모든 그리스도인들이 참된 신앙을 표현할 수 있는 삶이 되게 하소서.

8월 3일
믿음의 시각

믿음의 눈으로 바라보니

• 성경: 빌립보서 4장 11 ~ 13절 • 찬송: 215장 • 요절: 빌 4:12

한 여 집사님이 이사를 가게 되었습니다. 남편이 사업에 실패하고 풍까지 맞아 거의 반신불수가 되었습니다. 갖고 있던 재산 다 날리고 허름한 아파트 지하창고를 개조한 집으로 이사를 했습니다. 공기도 퀴퀴하고 방도 하나여서 다 큰 아들, 딸을 데리고 살기에는 정말 열악한 환경이었습니다.

그런데 이 여 집사님께 심방 온 목사님이 어떻게 위로의 말씀을 전해야 할지 주저하고 있을 때 이렇게 말했습니다.

"목사님! 정말 감사해요. 이 위로 다 전도할 사람들이네요. 문들을 보니까 교패가 하나도 없어요. 전도의 사명을 감당하라고 이곳에 보내셨으니 너무 너무 감사해요."

이 여 집사님에게는 집안이 망하여 퀴퀴한 지하실로 이사하게 된 것이 엄청난 불행일까요? 아닙니다. 하나님을 기쁘시게 할 수 있는 또 다른 기회가 그녀에게 주어졌을 뿐입니다.

육신적으로는 초라하기 그지없을지라도 믿음의 눈으로 바라보니 거기에 전도할 대상자가 눈에 보이고, 이 일을 위하여 하나님께서 나를 이곳에 보내셨다고 믿음의 고백을 합니다.

하나님은 바로 이런 자를 통하여 영광을 받으시고, 하나님 나라는 이런 자들을 통하여 펼쳐져 나가는 것입니다. 신앙의 사람에게 필요 없는 단어 중 하나가 불행이란 단어입니다. 왜냐하면 어떤 형편에 처하든지 견고한 믿음으로 하나님께 영광을 돌리며 살면 되는 것입니다.

오늘 사도바울이 담대하게 고백한 말씀에 위로를 얻기를 바랍니다.

• **기도** : 믿음을 주시는 주님, 저희로 하여금 어떠한 형편에 처하든지 하나님께 영광 돌리며 사는 삶이 되게 하옵소서. 어떤 형편에 처하든지 하나님께 영광 돌리지 못할 형편은 없다는 것을 잊지 말게 하여 주옵소서. 사도바울과 같이 "내게 능력주시는 자 안에서 내가 모든 것을 할 수 있느니라"는 믿음으로 감당 못할 환경도 넉넉히 이겨갈 수 있는 신앙의 사람이 되게 하옵소서. 어떤 형편에 처하든지 하나님의 섭리하심과 뜻하심을 찾아낼 수 있는 믿음의 시각을 갖게 하옵소서. 예수님의 이름으로 기도합니다. 아멘

• **중보기도** : 모든 그리스도인들이 믿음의 눈으로 바라보는 시각이 있게 하소서.

8월 4일 기회

위기 속의 기회

• 성경: 사도행전 8장 1~8절 • 찬송: 543장 • 요절: 행 8:4

　오늘 말씀의 배경이 되는 초대교회에 위기가 찾아왔습니다. 스데반 집사의 순교를 시발점으로 하여 큰 핍박이 덮쳐온 것입니다. 핍박이 어찌나 컸던지 성도들이 전부 흩어지지 않으면 안 되었습니다. 그 핍박은 다름 아닌 산헤드린의 공문을 받은 사울이 예수 믿는 자들을 잡아서 옥에 가둔 일입니다(3). 당시 로마는 유대지역에서 산헤드린의 권세를 어느 정도 용인하고 있었습니다. 특히 풍습과 종교에 관한 문제에 대해서는 물리적 힘을 가할 정도의 권세를 가지고 있었습니다.

　예수 믿는 사람들에 대해서 제지할 필요를 느낀 산헤드린은 예수 믿는 사람들의 씨를 말려 버릴 작정으로 대대적인 핍박을 허락했던 것입니다. 초대교회는 이런 위기를 맞아 지혜로운 모습을 보여줍니다.

　신앙에 있어서도 위기가 기회인 것을 여실히 보여주고 있습니다. 그래서 예수 믿는 사람들의 씨를 말리려는, 산헤드린의 의도와는 정반대로, 오히려 예수 믿는 사람들이 더 많아지고, 더 넓은 지역으로 퍼지는 효과가 나타나게 만들었습니다. 하지만 이런 모습은 그냥 이루어진 것이 아닙니다. 이렇게 된 데에는 위기를 맞아 기회를 살릴 줄 알았던 참된 성도의 자세가 있었던 것입니다. 흩어진 성도들이 위기를 기회로 바꾸는 분명한 모습을 보였기에 교회는 새로운 지평을 넓힌 것이었습니다.

　오늘도 우리에게는 여러 가지 위기가 다가옵니다. 어떤 위기는 이미 와 있고, 또 어떤 위기는 앞으로 맞이하게 될 것입니다. 그럴 때마다 초대교회 성도들이 위기를 기회로 삼은 참된 신앙을 본받아 새로운 지평을 넓히고 견고하게 할 수 있는 신앙의 사람이 되어야겠습니다.

• **기도**: 사랑의 주님, 저희의 인생 가운데도 수없는 위기가 밀려오고 있음을 절감합니다. 그때마다 우리는 하나님을 믿는 사람으로서 어떤 신앙의 태도를 보였는지요? 위기를 기회로 바꿀 줄 알았던 초대교회 성도들과 같이 저희에게도 위기관리 능력이 있게 하여 주옵소서. 그리하여 인생에 새로운 지평을 열어갈 수 있는 믿음의 사람이 되게 하옵소서. 예수님의 이름으로 기도합니다. 아멘

• **중보기도**: 모든 그리스도인들이 위기를 기회로 바꿀 줄 아는 참된 신앙의 자세가 있게 하소서.

8월 5일
사명

부담이 사명이다

• 성경: 느헤미야 1장 1 ~ 11절 • 찬송: 279장 • 요절: 느 1:2 ~ 5

　성경에서 우리가 본받아야 할 사람 중에 한 사람이 느헤미야입니다. 느헤미야는 제사장도, 선지자도 아닌 평신도 정치인이었습니다. 하나님께서는 모세에게도 나타나셨고, 예레미야에게도 말씀하셨지만, 느헤미야에게는 단 한 번도 직접적으로 나타나신 적이 없습니다. 그는 선지자의 권면도 받은 적이 없습니다.

　선지자가 나타나서 "너는 예루살렘 성벽을 52일 만에 다시 쌓으라."고 한 적이 없습니다. 그럼에도 느헤미야는 자신에게 주신 사명이 무엇인지를 알았습니다. 어떻게 알았을까요? 부담감입니다. 원수들에 의하여 훼파된 예루살렘만 생각하면 목이 메이고, 눈물이 줄줄 흘러내리는 그 부담감이 바로 그의 사명이었던 것입니다.

　마음 안에 가난한 사람에 대한 부담을 가진 사람이 있습니다. 그 사람과 얘기하다 보면 처음부터 끝까지 불쌍한 사람들에 관한 것뿐입니다. 온통 노숙자들에게만 쏠려 있습니다. 그것이 사명이라는 것입니다. 어떤 이들은 장애인만 생각하면 눈물이 쏟아집니다. 장애인들을 위해서 기도하자고 하면, 다른 사람들은 그냥 기도하는데 그 사람은 눈물을 흘리면서 통곡합니다. 왜 그렇습니까? 장애인들에 대한 사명이 있기 때문입니다. 어떤 이들은 구원받지 못한 영혼들을 생각하면 눈물이 쏟아집니다. 그들을 위해서 기도하자고 하면 다른 사람들은 그냥 기도하는데 그 사람은 눈물 콧물 흘리면서 기도합니다. 왜 그렇습니까? 영혼구원에 대한 사명이 있기 때문입니다.

　오늘 우리에게는 어떤 부담감이 있습니까? 무엇에 대한 부담감이 있습니까? 그 부담감이 바로 사명임을 잊지 말아야겠습니다.

• **기도** : 은혜의 주님, 저희로 하여금 영적인 부담감을 갖게 하옵소서. 예수님을 만나지 못하고 방황하는 사람들을 보면 눈물이 줄줄 흘러내리고, 주님의 몸 된 교회를 생각하면 죽도록 충성하지 못하는 것이 속상한 영적인 부담감이 있게 하여 주시기를 원합니다. 그리하여 저희가 이 땅 위를 살아가는 동안 주님의 사람으로서, 주님의 뜻을 온전히 이루는 삶이 되게 하옵소서. 예수님의 이름으로 기도합니다. 아멘

• **중보기도** : 모든 그리스도인들이 거룩한 부담을 갖게 하소서.

8월 6일 집중

한 가지 일만 잘해도

• 성경: 디모데전서 2장 1~7절 • 찬송: 341장 • 요절: 딤전 2:6~7

「잭 웰치」(Jack Welch)라는 사람이 GE의 최고 경영자가 되었을 때 그는 GE 회사가 가장 잘할 수 있는 핵심사업 11가지만 남겨두고 다른 모든 사업들에서 손을 떼는 과감한 구조조정을 감행했다고 합니다. 그 결과 GE는 세계 초일류 기업으로 다시 태어날 수 있게 되었습니다.

우리도 집중의 원리를 배워야 합니다. 사람이 여러 가지 일들을 동시에 하면서 좋은 결과를 거둘 수는 없습니다. 왈츠 곡에 재즈 춤을 추는 것과 클래식 음악에 한국 고전 무용을 추려고 하면 잘 되지가 않습니다.

수영에 재능이 있는 사람은 수영 한 가지에 집중하는 것이 좋습니다. 다른 사람이 골프를 한다고 해서 골프까지 신경을 쓰게 되면 힘이 분산되어 한 가지 일도 잘할 수 없는 사람이 됩니다.

바울은 이방인의 구원이라는 한 가지 일에 집중한 결과 큰 열매를 거둘 수 있었습니다.

오늘 우리도 한 가지 일에만 집중합시다. 과거의 성공이나 뼈아픈 실패에 연연해하면 안 됩니다. 바울은 자신의 시선과 집중에 방해되는 것들은 과감하게 정리하는 용기 있는 사람이었습니다.

우리는 너무 여러 가지 일에 매달릴 필요가 없습니다. 한 가지만 잘해도 하나님께 쓰임 받을 수 있습니다. 한 가지 일만 잘해도 하나님께 영광 돌리는 삶을 살 수 있습니다.

하나님께서 주신 사명을 찾아 그 일에 집중해 봅시다. 그러면 사명도 찾고 그 속에서 행복도 함께 찾게 될 것입니다.

• **기도**: 사랑의 주님, 저희에게도 사도바울과 같이 한 가지 일에만 집중할 수 있는 은혜를 주옵소서. 주님의 뜻을 좇아가는 일이라면, 그 일에 방해되는 것들을 과감히 정리할 수 있게 하시고, 오직 주님께 쓰임 받을 수 있는 일에만 집중할 수 있는 중심을 갖게 하여 주옵소서. 또한 하나님께서 내게 주신 사명이 무엇인지를 찾아볼 수 있게 하여 주옵소서. 예수님의 이름으로 기도합니다. 아멘

• **중보기도**: 모든 그리스도인들이 하나님께서 주신 사명을 찾아 그 일에 집중함으로 큰 열매를 거두는 삶이 되게 하소서.

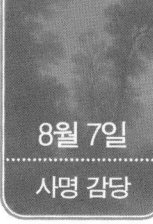

8월 7일
사명 감당

그날의 기쁨을 위하여

• 성경: 빌립보서 3장 13~14절 • 찬송: 323장 • 요절: 빌 3: 13~14

하나님은 우리에게 일하게 하시고 상을 주시기를 원하십니다. 우리에게 사명을 주시는 것은 하나님 나라의 상급을 준비하시기 위한 것입니다. 우리가 생명을 다하여 사명을 감당하면 영원한 상급으로 채워주십니다.

"네가 죽도록 충성하라 그리하면 내가 생명의 면류관을 네게 주리라"(계 2:10)고 하셨습니다. 소아시아 일곱 교회들에게 말씀하시기를 이기는 자와 지키는 자와 견디는 자와 참는 자에게 분명한 상급들이 있다고 하였습니다(계 2~3장).

그래서 바울도 오늘 말씀에 "푯대를 향하여 그리스도 예수 안에서 하나님이 위에서 부르신 부름의 상을 위하여 좇아간다"고 말하고 있습니다. 바울은 하늘의 상을 위하여 달려가고 있었습니다. 그것은 그에게 가장 큰 소망이었고, 그의 사역에 힘을 실어준 능력이었습니다.

무엇이 행복한 삶이고 어떤 것이 만족한 삶입니까? 우리 최대의 행복은 하나님께서 우리에게 주신 사명을 잘 감당하다가 하나님께서 주시는 상을 맛보는 것입니다. 경기가 종료된 후에는 언제나 평가나 시상식이 있습니다.

하나님이 우리에게 주신 재능, 은사, 기술, 물질, 건강, 지식 그리고 기회들을 어떻게 사용하였는지 평가하고 심판할 시간이 반드시 있다는 것을 알아야 합니다. 그 날은 기쁨의 날이 되어야 합니다.

그 날은 하나님 앞에서 칭찬과 함께 큰 상급을 받는 종들이 되어야만 합니다. 그러므로 우리는 육신을 위하여 무엇을 먹을까 무엇을 마실까만을 궁리할 것이 아니라 하나님의 뜻을 이루기 위하여 달려가는 삶을 살아야 할 것입니다. 그날의 기쁨을 위하여 세월을 아끼는 자가 되어야만 합니다.

• **기도** : 사명을 감당하신 주님, 저희로 하여금 사명을 잘 감당할 수 있게 하옵소서. 그것이 하나님을 섬기는 자의 기쁨이고, 예수님의 제자가 된 자의 행복임을 잊지 말게 하여 주옵소서. 이 땅 위에서의 삶이 조금 초라할지라도 바울과 같이 하늘의 상을 위하여 달려가는 삶이 되게 하옵소서. 항상 주어진 기회를 선용할 수 있게 하시고, 무엇을 하든지 하나님께 만족이 되는 것을 할 수 있게 하옵소서. 예수님의 이름으로 기도합니다. 아멘

• **중보기도** : 모든 그리스도인들이 그 날의 기쁨을 위하여 달음질하게 하소서.

8월 8일
하나 됨

하나 됨의 능력

• 성경: 전도서 4장 12절 • 찬송: 220장 • 요절: 전 4: 12

이솝우화에 나오는 이야기입니다. 어느 사람에게 아들이 셋이 있었습니다. 이 셋은 사이가 좋지 않아 매일같이 싸웁니다. 아버지는 다른 근심은 없는데 이 아들들이 항상 근심거리였습니다. 아버지가 죽게 되었습니다.

죽음을 앞둔 아버지가 매일같이 싸우는 아들들이 눈에 밟히는 것입니다. 아버지는 아들들에게 가서 회초리를 네 개씩 가져오라고 했습니다. 그리고 하나씩 부러뜨려 보라고 했습니다. 회초리 하나쯤은 누구나 쉽게 부러뜨릴 수 있지 않습니까? 셋은 모두 손쉽게 하나씩 부러뜨렸습니다.

그러자 이번에는 세 개를 한꺼번에 잡고 부러뜨려보라고 했습니다. 하나는 잘 부러졌지만 세 개는 달랐습니다. 부러지지 않았습니다. 그때 아버지가 세 아들에게 평생 남는 말을 합니다.

"이와 같이 너희도 하나가 되어야 한다."
"이와 같이 너희도 하나가 되어야 한다."

이것이 세 아들을 아버지가 세 아들에게 마지막으로 들려준 유언이었습니다.

그렇습니다. 낱개는 금방 부러집니다. 하지만 하나로 묶여서 단을 이루면 웬만해서는 부러지지 않습니다.

오늘 말씀에 전도서기자는 "한 사람이면 패하겠거니와 두 사람이면 맞설 수 있나니 세 겹줄은 쉽게 끊어지지 아니하느니라"고 말씀합니다. 하나가되어 마음을 같이하는 것이 그만큼 중요한 것입니다.

한 사람이면 패하기 쉽습니다. 그러나 둘이 하나가 되면 어떤 일이든 능히 담당할 정도가 된다는 것을 잊지 말아야겠습니다.

• **기도** : 사랑의 주님, 저희로 하여금 하나가 되어 항상 마음을 같이 하는 삶이 되게 하여 주옵소서. 주도 하나요, 성령도 하나이듯, 저희도 언제나 하나 되기에 힘쓸 수 있게 하셔서 주님이 명령하신 복되고 아름다운 일들을 이루어가는 삶을 살게 하옵소서. 또한 둘이 하나가 되면 그 어떤 일이든 능히 담당할 정도가 된다는 것을 잊지 말게 하여 주셔서 어렵고 힘들수록 더욱 마음을 같이할 수 있는 신앙의 사람이 되게 하옵소서. 예수님의 이름으로 기도합니다. 아멘

• **중보기도** : 모든 그리스도인들이 마음을 같이 하는 아름다운 삶을 살게 하소서.

8월 9일 회복

신앙의 우물을 점검하세요

• 성경: 창세기 26장 12~22절 • 찬송: 629장 • 요절: 창 26:22

오늘 말씀에 보면 블레셋 족속들의 땅이었던 그랄에 이삭의 가족이 살고 있었습니다. 이삭은 하나님께 복을 받아 그해의 농사가 아주 잘 되었습니다. 백배나 얻었다고 하였습니다(12).

말이 백배지 보통 축복을 받은 것이 아닙니다. 그런데 블레셋 사람들은 자신들의 땅에서 이삭이 잘되는 것이 배가 아픈지 이삭의 아버지 아브라함이 팠던 모든 우물을 흙으로 메워 버렸습니다(15). 하지만 이삭은 블레셋 사람들이 우물을 메운 일들에 대하여 '이렇다, 저렇다' 반응하지 않았습니다. 그리고 실망하지도 않고 다시 그랄 골짜기로 가서 아버지 아브라함이 팠던 우물을 새롭게 다시 팠습니다.

그러나 얼마 안 가서 그랄 목자들과 다툼이 일어났습니다(20~21). 하지만 이삭은 이런 일들에 대하여 분노하거나 실망하지 않았습니다. 그들과 부딪치지 않기 위해 계속 장소를 옮겨가면서 우물을 새롭게 파서 자신의 영역을 확대해 나갔습니다(22절).

사탄은 하나님의 백성들이 잘되는 것을 얼마나 싫어하는지 모릅니다. 그래서 우리의 영혼에 불순물을 섞어서 하나님의 역사를 차단하고 어려움이 일어나게 만듭니다. 유혹, 방탕, 교만, 시기, 질투, 게으름, 탐욕, 분쟁 이런 것들을 채워 은혜의 우물을 막아버리는 것입니다. 그러나 이런 것들을 제거하고 팠던 우물을 다시 파는 것을 신앙의 회복이라고 말합니다.

과거에 하나님 앞에서 귀하게 사용되었던 것이 어느새 불필요하게 무뎌진 것을 다시 쓸 수 있도록 만드는 것이 회복입니다.

지금 내 영혼의 상태는 불순물을 걷어내고 새롭게 해야만 하는 것은 아닌지 돌아보았으면 좋겠습니다.

• **기도**: 저희를 살피시는 주님, 오늘 저희의 영혼에는 하나님의 역사를 차단하는 불순물이 섞여 있는 것은 아닌지 되돌아볼 수 있게 하옵소서. 혹 불순물이 섞여 있다면 사단에게 매이지 않도록 빨리 제거할 수 있게 하시고, 신앙의 회복을 이룰 수 있게 하여 주옵소서. 그리하여 언제나 하나님께 귀하게 쓰임 받을 수 있는 건강한 영혼을 가진 신앙인으로 살아가게 하옵소서. 예수님의 이름으로 기도합니다. 아멘

• **중보기도**: 모든 그리스도인들이 영혼에 불순물이 섞여 있지 않은 순도 100%의 신앙인이 되게 하소서.

8월 10일
치유

상한 마음의 치유

• 성경: 마태복음 18장 21~22절 • 찬송: 218장 • 요절: 마 18: 22

　우리의 마음이 건강하지 못한 그 배후, 그리고 마음에 상처를 입은 배후에는 반드시 사람이 있습니다. 사람 중에도 우리는 비교적 가까운 사람들에게 상처를 받습니다. 또한 살면서 내 뜻대로 일이 되지 않아서 스트레스를 받기도합니다. 살면서 받은 상처든지, 아니면 스트레스든지 그 이면에는 분명 사람이 존재한다는 것입니다.

　이때 우리는 이것을 먼저 생각해야 합니다. 그러면 과연 나는 사람들에게 상처를 받기만 했고, 나는 다른 사람들에게 상처를 입히지 않았나? 하는 것입니다. 내 자신은 잘 모르겠고, 느낄 수 없겠지만 지금 이순간도 내가 준 상처 때문에 고통 받는 사람들이 있다는 사실을 알아야 합니다.

　만약 내가 준 상처 때문에 고통 받는 사람이 있다면 나는 그 사람이 내게 어떻게 해주기를 원할까요? 아마도 그 사람이 나를 용서해 주기를 원할 것입니다. 그런데 놀라운 것은 나는 아무리 생각해 보아도 그 사람에게 준 상처가 기억나지 않는다는 것입니다.

　뭔가 생각이 나고 기억이 나야 가서 용서를 빌든지 어떻게 하든지 할 것인데 참 답답한 일입니다. 그러기에 마음의 상처가 치유받기 위해서는 전적으로 내가 마음으로부터 상대방을 용서하는 일이 필요합니다.

　예수님은 형제가 내게 죄를 범하면 몇 번이나 용서해 주어야만 하느냐는 베드로의 질문에 일곱 번뿐 아니라 일곱 번을 일흔 번까지라도 용서하라고 하셨습니다. 무한정 용서하라는 말씀입니다.

　용서하는 자만이 용서를 받을 수 있고, 마음의 상처를 치유받을 수 있습니다. 용서하지 않으면 평생 위장된 분노에서 내 마음이 자유로울 수 없다는 것을 잊지 말아야겠습니다.

• **기도**: 상한 마음을 치유하시는 주님, 저희가 혹 받은 상처로 인하여 괴로워하고 있습니까? 용서해야만 내 마음에 치유가 있음을 기억하여 용서할 수 있는 은혜를 더하여 주시옵소서. 또한 저희로 인하여 상처받고 괴로워하고 있는 사람들은 없는지요? 그들의 상한 마음을 치유하여 주시고, 고통의 기억들을 잊어버릴 수 있는 은혜를 더하여 주옵소서. 그리하여 주님이 주신 자유와 평안을 누리며 사는 삶이 되게 하옵소서. 예수님의 이름으로 기도합니다. 아멘

• **중보기도**: 모든 그리스도인들의 상처 난 영혼을 치유하소서.

8월 11일
자존감

아름다운 시와 같은 존재

• 성경: 에베소서 2장 10절 • 찬송: 95장 • 요절: 엡 2: 10

오늘 말씀에 사도바울은 에베소교회의 그리스도인들에게 편지를 쓰면서 "우리는 그가 만드신 바라"고 적고 있습니다.

여기서 "만드신 바"라는 말은 "하나님의 걸작품"이란 뜻입니다. 그렇습니다. 우리는 하나님의 걸작품입니다. 코가 비뚤어졌건, 키가 작건, 얼굴이 못생겼건 간에 나는 하나님의 걸작품입니다. "만드신 바" 이 단어가 헬라어로 "포이에마"인데 여기서 '포임'이란 말이 나왔습니다. 포임이 바로 "시(詩)"라는 뜻입니다. 말하자면 나는 하나님의 아름다운 한 편의 시와 같은 존재라는 것입니다.

"나는 하나님의 아름다운 한 편의 시와 같은 존재다."

그러니 우리가 얼마나 가치 있는 존재입니까? 오늘 우리가 잘살건 못살건, 능력 있건, 능력이 없건, 똑똑하건 무식하건 간에, 하나님이 두고 보시기에 아름다운 한 편의 시와 같은 존재입니다.

은행에 한 100억 원 정도 예금한 사람이 있다고 칩시다. 이런 사람은 어디서나 당당하다고 합니다. 사소한 말에도 울컥하지 않습니다.

마찬가지로 내가 하나님의 걸작품이고 내 속에 천지를 창조하신 하나님이 계시는데, 우리는 웬만한 말에 울컥할 필요가 없습니다. 상처를 받을 필요가 없습니다. 내 안에 자부심이 있어야 합니다. 나를 귀히 여기는 마음이 있어야 합니다. 다시 말하지만 하나님이 보시기에 '아름다운 한 편의 시와 같은 존재'이기 때문입니다.

우리는 이 사실을 마음에 새기고 더욱 성숙된 인격으로 주님께 귀하게 쓰임 받는 믿음의 사람이 되어야겠습니다.

• **기도**: 저희를 만드신 하나님 아버지, 저희를 하나님의 걸작품으로 만들어 주심을 감사드립니다. 저희로 하나님이 두고 보시기에 아름다운 한 편의 시와 같은 존재임을 잊지 말게 하여 주옵소서. 자신을 귀하게 여기는 마음이 있게 하시고, 자신감을 갖고 살아갈 수 있게 하옵소서. 어디서나 당당하게 하시고, 하나님의 걸작다운 삶의 스타일을 보여주며 사는 매력 있는 하나님의 자녀가 되게 하옵소서. 예수님의 이름으로 기도합니다. 아멘
• **중보기도**: 모든 그리스도인들이 자신이 어떤 존재인지를 깨닫게 하소서.

8월 12일
이름

좋은 이름에 걸맞는 삶

• 성경: 사도행전 11장 24 ~ 26절 • 찬송: 452장 • 요절: 행 11: 25 ~ 26

　안디옥에서 그리스도인(christian)이라는 말이 처음 생겼습니다. 안디옥 교회 성도들이 사는 모습이 그 지역 사람들과 달랐던 것입니다. 그들의 삶이 그 지역 사람들이 보기에 바로 그리스도(Christ)와 같았다는 것입니다. 그래서 '작은 그리스도이다' 라는 의미로 이 명칭이 안디옥교회 성도들에게 붙여진 것입니다. 그러니 우리가 그리스도인이라고 할 때는 정말 우리의 삶이 예수 그리스도를 보여주고 나타내는 삶이 되어야합니다. 그래야 합당한 크리스쳔입니다.

　지금 우리는 크리스쳔이라는 이름에 합당한 삶을 살고 있습니까? 만약 그렇지 않다면 그 좋은 이름을 망치고 있는 것입니다. 더 나아가 그 이름과 연관된 예수 그리스도를, 그리고 하나님을 욕되게 하는 것입니다.

　우리는 우리에게 붙여진 좋은 이름이, '그 이름 그대로' 빛을 발하게 해야만 합니다. 내용적으로도 '크리스쳔' 다운 삶을 살아야 하고, 또는 '작은 그리스도' 로서 이 땅에 살아야합니다.

　다른 사람에게는 이 이름이 주어지지 않습니다. 오직 예수님을 믿는 사람에게만 주어지는 이름입니다.

　지금 우리에게 '크리스쳔' 이라는 좋은 이름이 붙여졌습니다. 사람은 죽어서 이름을 남겨야 한다는 속담이 있습니다.

　안디옥 교회 성도들처럼 지역 사람들에게 좋은 이름을 남길 수 있는 신앙인이 되어야겠습니다. 그것이 우리가 이 땅의 사람들에게 받을 수 있는 최고의 칭찬이요, 하나님께 큰 영광을 돌리는 삶입니다.

• **기도** : 그리스도인이란 아름다운 이름을 주신 주님, 저희로 그 이름에 합당한 삶을 살아갈 수 있게 하옵소서. 그 이름 그대로 빛을 발할 수 있게 하시고, 작은 그리스도로서 하나님과 예수 그리스도를 보여줄 수 있는 삶이 되게 하옵소서. 그리하여 안디옥교회 성도들처럼 지역 사람들에게 좋은 이름을 남길 수 있는 신앙인이 되게 하여 주옵소서. 예수님의 이름으로 기도합니다. 아멘

• **중보기도** : 모든 그리스도인들이 그 이름에 걸맞는 삶을 살게 하소서.

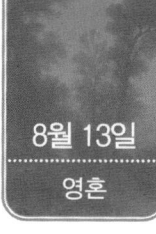

8월 13일
영혼

무엇에 매료되어 사는가?

• 성경: 누가복음 16장 19~31절 • 찬송: 94장 • 요절: 눅 16:31

    오늘 말씀은 한 부자와 그 집 대문에 기거하다시피 하는 거지 나사로에 관한 이야기입니다. 그런데 부자와 거지, 모두 죽어 저세상으로 갔는데, 거지는 아브라함의 품으로 가서 참된 쉼을 얻은 반면, 부자는 불타는 음부에 떨어져 고통을 당하게 됩니다.

    이 이야기를 읽으면서 정말 궁금한 것이 있습니다. 부자였기 때문에 음부에 떨어졌고, 거지였기 때문에 아브라함의 품으로 갔다는 말인가요? 부자는 자신의 집에서 빌어먹는 거지를 박대하지도 않았습니다. 꽤나 불편했을 텐데 말입니다. 어찌 보면 꽤나 인정이 많은 부자입니다. 우리 같으면 이렇게까지 관대하지 못할 것입니다. 또한 날마다 잔치를 베푼 것으로 봐서 재물을 자기 혼자 움켜쥐고 있지도 않았습니다.

    어찌 보면 이 부자는 선한 부자일 수도 있습니다. 그런데도 일방적으로 이 부자는 음부, 말하자면 지옥에 떨어지고, 거지는 아브라함의 품, 즉 천국에 들어갔다고 합니다. 만약 '부자냐 가난하냐' 라는 것이 기준이 되었다면 그것처럼 불공평한 것도 없는 것입니다. 도대체 어떤 기준이 있었던 것일까요?

    여기서 우리는 예수님께서 무엇에 초점을 두고 이 같은 비유를 말씀하셨는가를 알아야 합니다. 비유에 나오는 부자는 단순히 부자가 아니라, 자신이 가진 부에 매료되어 영혼을 잊어버린 사람에 대하여 말씀하고 계신 것입니다. 반대로 거지 나사로는 재물로 말하자면 아무 것도 없었지만 자기의 영혼을 생각하며 하나님 나라에 소망을 둔 사람을 이야기하고 있는 것입니다. 지금도 이 땅에는 두 부류의 사람들이 살고 있습니다. 우리는 어떻게 사는 것이 진정으로 가치 있는 삶인지를 고민하며 살아야 할 것입니다.

• **기도** : 사랑의 주님, 저희는 지금 무엇에 매료되어 살고 있는지요? 그리스도인이라고 하지만 여전히 세상의 것들에 매료되어 영혼까지도 잃어버린 삶을 살고 있는 것은 아닌지요? 다시금 심령을 가다듬게 하셔서 어떻게 사는 것이 진정으로 가치 있는 삶인지를 고민하며 살아갈 수 있게 하여 주옵소서. 영혼에 초점을 맞춘 삶이 되게 하시고, 하나님 나라에 소망을 둔 삶이 되게 하옵소서. 예수님의 이름으로 기도합니다. 아멘

• **중보기도** : 모든 그리스도인들이 물질보다 자신의 영혼에 관심을 갖게 하소서.

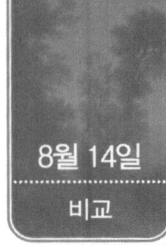

8월 14일
비교

비교하면 망한다

• 성경: 마태복음 25장 14~30절 • 찬송: 429장 • 요절: 마 25: 29

오늘 말씀은 예수님이 달란트를 비유로 들어 하신 말씀입니다. 달란트라는 말은 재능이라는 뜻이지만, 비유할 당시에는 직접적으로 돈이었기 때문에, 돈에 대하여 이야기하는 것이 더욱 실제적인 것입니다. 주인은 각자에게 다르게 맡겼습니다. 어떤 이에게는 다섯 달란트, 어떤 이에게는 두 달란트, 또 어떤 이에게는 한 달란트를 맡겼습니다. 다섯 달란트와 두 달란트를 받은 사람은 그 길로 즉시 가서 장사를 했습니다. 주인이 자신에게 이것을 맡겼을 때는 이윤을 남기라고 주신 것으로 생각했기 때문입니다. 그래서 배를 남겼습니다. 그런데 한 달란트 받은 사람은 달랐습니다. 그는 받은 것을 그대로 땅에 묻어버렸습니다. '주인이 나중에 달라고 할 것이 당연하니까 그 때가 되면 그냥 파서 주면 되겠지' 했습니다.

앞의 두 사람과 마지막 이 사람과의 다른 점은 무엇입니까? 비교하고 있다는 것입니다. 앞의 두 사람은 주인이 맡겨 준 것에 대한 생각을 했다면, 뒤의 한 사람은 그런 것은 안중에도 없고 누구는 얼마, 누구는 얼마, 그렇게 비교만 했다는 것입니다.

하나님이 주시는 복은 이와 같습니다. 하나님은 우리 모두에게 복을 주시는 분이십니다. 우린 이것을 잊고는 남의 것과 비교하기만 합니다. 그래서 남보다 못하다는 주관적인 판단이 서면 자신은 복을 받지 못했다고 생각하고 항상 불만만 갖습니다. 진취적으로 앞을 향해 나가질 못합니다. 그런 자는 결국 그 있는 것도 뺏기고 마는 것입니다. 주님께서 이 비유를 통하여 무엇을 말씀하시고자 하시는 것일까요? 비교하지 말고 지금 있는 것 가지고 하나님과 동행하는 삶을 살라는 것입니다. 그것이 복 있는 인생이라는 것입니다.

• **기도**: 복 있는 인생을 살기를 원하시는 주님, 저희도 알게 모르게 다른 사람과 제 자신을 비교하면서 살았음을 솔직히 고백합니다. 남의 것과 제 것을 비교하면서 살았습니다. 그래서인지 이제껏 만족을 느끼지 못하는 삶을 살았던 것 같습니다. 주님, 이제는 남과 비교하지 않고 주님이 제게 주신 것에 감사하며 주님과 동행하는 삶이 되게 하여 주옵소서. 예수님의 이름으로 기도합니다. 아멘

• **중보기도**: 모든 그리스도인들이 하나님이 주신 것에 만족하며, 감사하며 살게 하소서.

8월 15일
광복절

영적인 주권

• 성경: 시편 19편 7~14절 • 찬송: 381장 • 요절: 시 19:13

우리나라가 36년간 일본에 나라의 주권을 빼앗겼던 적이 있었습니다. 그 때에 우리 조상들이 얼마나 고통스러운 세월을 보냈는지 모릅니다. 오늘은 우리나라가 일본에게 빼앗겼던 주권을 되찾은 것을 기념하는 광복절입니다.

우리는 그 감격을 기억하지는 못하지만 다시는 무슨 일이 있어도 주권을 빼앗기지 말아야 합니다. 주권을 빼앗기는 순간 비참해집니다. 내 것이 더 이상 내 것이 아닙니다. 내 이름이 더 이상 내 이름이 아닙니다. 내 땅이 더 이상 내 땅이 아니고, 내 목숨이 더 이상 내 목숨이 아닙니다.

이것은 영적으로도 그렇습니다. 주권을 빼앗기지 말아야 합니다. 나라와 민족의 주권도 중요하지만, 영적인 주권은 더욱 중요합니다. 다른 주권을 다 빼앗겨도 이 영적인 주권을 놓치지 않으면 그 사람은 삽니다. 그러나 영적인 주권을 빼앗기면 그 사람은 소망이 없습니다.

그렇다면 어떨 때 영적인 주권을 빼앗기는 것일까요? 죄가 나를 주장하는 순간부터 빼앗기는 것입니다. 그래서 오늘 말씀에 시인은 "죄가 나를 주장하지 못하게 하소서"라고 기도하고 있는 것입니다(13). 그렇다면 죄가 나를 주장하는 것은 어떻게 알 수 있을까요? 죄인 줄 뻔히 알면서도 고의로 죄를 짓는 것이 나를 주장하고 있다는 증거가 되는 것입니다.

죄에게 내 주권을 내어주었다면, 사실은 그 죄를 붙들고 조정하고 있는 사단에게 내 주권을 빼앗긴 것이 되고 마는 것입니다.

우리가 내 주권을 내어드릴 수 있는 분은 오직 한 분, 우리 주님뿐임을 잊지 말아야겠습니다.

• **기도**: 모든 것을 주관하시는 하나님, 이 나라가 더 이상 주권을 빼앗기는 나라가 되지 않도록 붙들어 주옵소서. 하나님의 강한 권세로 이 나라를 지켜 주옵소서. 저희 또한 그리스도인으로서 영적인 주권을 잘 지키는 삶이 되게 하여 주옵소서. 영적인 주권을 빼앗기는 순간 사단의 노리개가 되고, 밥이 된다는 것을 잊지 말게 하여 주옵소서. 오직 주님께만 저희의 주권을 내어드릴 수 있게 하옵소서. 예수님의 이름으로 기도합니다. 아멘.

• **중보기도**: 모든 그리스도인들이 영적인 주권을 지킬 수 있게 하소서.

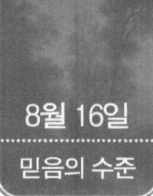

8월 16일
믿음의 수준

귀신 수준의 믿음

• 성경: 마가복음 5장 1 ~ 20절 • 찬송: 455장 • 요절: 막 5: 7 ~ 8

　참 재미있는 사실은 귀신들에게도 믿음이 있다는 것입니다. 물론 올바른 믿음은 아닐 것입니다. 그러나 믿음이 있습니다. 오늘 말씀에 보면 귀신들도 예수님을 알아보고 "지극히 높으신 하나님의 아들 예수여"(7)라고 고백합니다. 당시에 하나님을 잘 믿는다는 유대인들은 예수님을 향해 "나사렛에서 무슨 선한 것이 나올 수 있겠는가?"(요 1:46)라고 말하며, 하나님의 아들로 오신 예수님을 인정하지 않았는데, 귀신은 예수님을 하나님의 아들로 정확하게 알아보았습니다. 또한 귀신이 기도도 하고(10) 순종도 하는 것을 볼 수 있습니다(13). 이것을 보면 당시 유대인들의 믿음보다 귀신의 믿음이 비교도 안 될 만큼 훨씬 더 낫다는 생각을 갖습니다. 고백도 있고, 기도도 하고, 순종도 합니다.
　이렇게 단순 비교하는 것이 어떨지 모르지만, 우리의 신앙을 바로 지키기 위해 이렇게 단순하게 비교해 보는 것도 유익이 될 것입니다. 귀신도 자기 수준의 믿음이 있습니다. 그러나 이런 귀신의 믿음이 올바른 믿음은 아닙니다. 아주 잘못된 믿음입니다. 왜냐하면 예수님이 하나님의 아들이신 것을 알아보고 또 고백도 하지만, 예수님을 사랑하지는 않기 때문입니다. 예수님께 기도도 하고 순종도 하지만 자기 본위적인 요구일 뿐이요, 결국은 남에게 손해를 안겨줬기 때문입니다(13).
　그렇다면 오늘 우리의 믿음을 한번 점검해 봅시다. 과연 우리의 믿음은 귀신보다 나은 것일까요? 주님을 향한 중심이 없는 사랑, 고백이 없는 기도, 힘겨운 순종이 있다면 내 믿음의 수준은 귀신의 믿음의 수준과 무엇이 다른 것일까요? 어찌 보면 귀신보다도 못한 믿음일 수도 있다는 것을 잊지 말아야겠습니다.

• **기도**: 믿음의 주요 온전케 하시는 주님, 저희의 믿음의 현주소를 진단해 봅니다. 저희의 믿음은 과연 귀신보다 나은 믿음이라고 할 수 있는지요? 사랑도 없고, 고백도 없고, 순종도 없는 귀신보다 못한 믿음은 아닌지요? 주님, 저희의 믿음이 귀신보다 나은 믿음이 되게 하여 주옵소서. 주님을 향한 사랑이 뜨겁게 하시고, 순종에 대한 반응도 뜨겁게 하여 주옵소서. 예수님의 이름으로 기도합니다. 아멘
• **중보기도**: 모든 그리스도인들이 귀신보다 나은 믿음이 되게 하소서.

8월 17일
영적인 힘

세상에서 가장 강한 힘

• 성경: 에베소서 6장 10 ~ 18절 • 찬송: 283장 • 요절: 엡 6: 11

세계적인 골프선수 최경주 선수는 아내의 기도로 독실한 신앙을 갖게 되었고, 기도하는 선수로 유명합니다. 최경주 선수에게 기자가 물었습니다. "매 경기마다 승부에 대한 압박감이 엄청날 텐데. 그 압박감을 어떻게 해결합니까?"

그 질문에 대한 최경주 선수의 답변이 이렇습니다.

"경기에 나설 때 흥분과 긴장은 분명히 있다. 일반 선수들은 280야드를 걸어가는 동안에 온갖 생각을 다한다. '이렇게 칠까, 저렇게 칠까.' 하지만 나는 페어웨이를 걸어가면서 골프생각 대신 성경말씀과 기도로 위로 받는다. 찬송가를 부르고 성경구절을 외우면서 간다. 외우지 못할 때는 아내가 써 준 성경구절 쪽지를 본다. 그걸 모르는 사람들은 그 사이에 내가 무슨 비법 책이라도 보는 줄 안다. 하나님이 함께해 주신다는 믿음이 있으면 타이거 우즈나 비제이 싱도 두렵지 않다. 믿음은 담대함을 준다."

이 믿음으로 그는 세계의 정상에 우뚝 서 있는 것입니다. 세상에서 가장 강한 힘은 영적인 힘입니다. 영적인 힘을 받으면 무엇이든 이룰 수 있고, 또 무엇이든 극복할 수 있습니다. 어둠의 영적인 힘도 얼마나 강한지 모릅니다. 우리는 사단의 영적인 힘을 하나님께서 주시는 영적인 힘으로 승리해야만 합니다. 그러기 위해 하나님의 사랑에 나를 헌신해야만 합니다. 하나님의 사랑에 점화된 영혼을 소유해야 합니다. 새벽기도를 하든, 말씀을 암송하든, 그 어떤 방법으로든 내 영혼이 하나님의 사랑에 점화된, 불타오르는 심령이 되어 세상에서 가장 강한 영적인 힘을 늘 공급받는 삶이 되어야 합니다.

• **기도** : 은혜의 주님, 저희로 강한 영적인 힘을 소유할 수 있게 하여 주옵소서. 그리하여 육욕은 물론 사단의 악한 궤계를 능히 물리칠 수 있는 삶이 되게 하여 주옵소서. 영적인 힘을 소유하기 위하여 주님을 뜨겁게 사랑하며, 뜨겁게 기도하며, 말씀을 묵상하는 생활에 힘쓰게 하여 주옵소서. 항상 불타오르는 심령이 되어 영적인 힘을 공급받는 삶이 되게 하여 주옵소서. 예수님의 이름으로 기도합니다. 아멘

• **중보기도** : 모든 그리스도인들이 강한 영적인 힘을 소유할 수 있게 하소서.

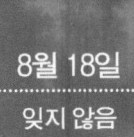

8월 18일
잊지 않음

하나님의 쓴 소리

• 성경: 누가복음 3장 31절 • 찬송: 304장 • 요절: 눅 3:31

오늘 말씀은 누가가 예수님의 족보를 기록한 내용 중에 한 구절입니다. 마태복음의 예수님 족보는 아브라함부터 예수님까지 내림차순으로 기록되어 있습니다.

누가는 예수님의 족보를 예수님으로부터 하나님까지 오름차순으로 기록하고 있습니다. 그런데 특이한 것은 다윗의 아들의 이름을 '나단'이라고 기록합니다. 사무엘하 5장 13~16절까지의 말씀을 보면 다윗에게는 예루살렘에서 얻은 아들이 열한 명 있었습니다. 그런데 그 열한 아들 중 예수님에게로 이어지는 족보에 솔로몬이 아니라 나단이라는 아들의 이름이 기록된 것입니다. 그러면 왜 하필이면 솔로몬이 아니고 나단일까요?

우리가 성경을 읽으면서도 성경의 저자마다 다르게 기록한 것을 분석해 볼 필요가 있습니다. 나단이 누굽니까? 나단은 다윗 자신에게 하나님의 쓴 소리를 들려준 인물입니다. 자신이 범죄했을 때 직선적으로 대놓고 '회개하라'고 말했던 인물이 나단입니다. 어떻게 보면 나단은 다윗에게는 반갑잖은 인물입니다. 그냥 묻어버릴 수도 있는 죄를 굳이 지적한 사람이요, '하나님의 쓴 소리'를 들려준 인물입니다. 그런데 다윗은 일생일대의 하나님의 쓴 소리를 잊지 않으려고, 그 하나님의 음성을 들려주었던 선지자의 이름을 아들의 이름으로 선택하여 나단이라 부른 것입니다.

늘 아들의 이름을 부를 때마다, 자신을 바로 잡아주시고, 다시 세워 주시려는 하나님의 사랑이 느껴집니다. 그 때의 그 순간이 기억납니다. 하나님께서는 이런 다윗이었기에 그를 아주 깊이 사랑하신 것입니다. 그리고 하나님의 일을 다 이루게 하셨습니다.

• **기도**: 사랑의 주님, 저희로 하나님의 쓴 소리를 잘 들을 줄 아는 신앙의 사람이 되게 하옵소서. 그리하여 다윗과 같이 하나님의 쓴 소리를 잊지 않으려고 언제나 힘쓰는 신앙생활이 되게 하여 주옵소서. 또한 하나님의 쓴 소리를 생각할 때마다 하나님의 사랑이 느껴지고, 하나님의 마음이 느껴지고, 하나님의 체온이 느껴지는 은혜를 경험하게 하옵소서. 다윗을 아주 깊이 사랑하신 하나님의 손길이 오늘 저희에게도 경험되어지게 하여 주옵소서. 예수님의 이름으로 기도합니다. 아멘

• **중보기도**: 모든 그리스도인들이 하나님의 쓴 소리를 들을 줄 아는 믿음이 있게 하소서.

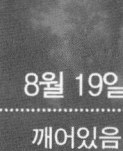

8월 19일 깨어있음

생명책과 블랙 리스트

• 성경: 계시록 20장 11 ~ 15절 • 찬송: 500장 • 요절: 계 20: 15

오늘 읽은 계시록의 말씀은 마지막 날 사람들이 심판대에 설 때, 주께서 책을 한 권 가지고 계실 것이라는 말씀입니다. 그 책의 이름은 '생명책' 입니다.

사람마다 그 책에 기록된 자기의 행실대로 심판을 받는데, 그 생명책에 이름이 없는 사람은 누구든지 불 못에 던져지고 만다는 것입니다. 그러니 이 생명책에 이름이 기록된다는 것이 얼마나 소중하고 복된 일입니까?

우리가 기억해야 할 것이 있습니다. 이 세상 사람들은 누구나 그 이름이 두 가지 리스트 중에 한 곳에는 기록되어 있다는 사실입니다. 하나는 '블랙 리스트' 입니다. 여기에 이름이 적힌 사람은 다 죽고 멸망합니다. 블랙 리스트는 사탄이 가지고 있는 것입니다. 살생부입니다. 다 죽습니다. 결국은 멸망합니다.

또 하나의 리스트는 우리 주님께서 가지고 계신 '생명책' 입니다. 여기에 이름이 기록된 사람은 다 삽니다. 영원히 삽니다. 이 세상이 멸망하는 그 날에도 하나님의 나라로 옮겨져 영원히 삽니다. 싫든 좋든 죽은 사람이나 산 사람이나 이 두 리스트 중 하나에는 반드시 기록되어 있습니다.

우리는 이 사실을 잊지 말고 그리스도인으로서 어떻게 살아야 할지를 매일 고민하면서 살아야겠습니다.

• **기도** : 인생을 판단하시는 주님, 저희는 과연 주님께서 가지고 계신 생명책에 기록되어 있는 믿음의 사람인지 되돌아봅니다. 이 땅을 살아가는 동안 믿음생활 잘하게 하여 주옵소서. 주님이 인정하시는 산 믿음이 되게 하시고, 믿음의 덕을 세울 수 있는 삶을 살아가게 하옵소서. 싫든 좋든 그 날이 되면 우리는 주님의 심판대 앞에 서게 된다는 사실을 기억하여 이 땅을 살아가는 동안 어떻게 사는 것이 믿음으로 사는 것인지를 고민하며 살아갈 수 있게 하옵소서. 예수님의 이름으로 기도합니다. 아멘
• **중보기도** : 모든 그리스도인들이 생명책에 기록되는 축복을 누릴 수 있게 하소서.

8월 20일 위로

우리도 넘어질 수 있습니다

• 성경: 민수기 11장 10 ~ 15절 • 찬송: 543장 • 요절: 민 11:15

　오늘 말씀에 보면 지도자 모세도 힘을 잃고 탄식하는 모습을 발견하게 됩니다. 온유한사람이라는 '닉네임(nickname)'이 붙은 모세도 하나님 앞에 상한 마음으로 탄식하는 모습이 기록되어 있습니다. 자신을 죽여 달라고 하나님 앞에 불평하며 하소연합니다. 더 이상 못하겠다고, 힘들어 죽겠다고, 쉬게 해 달라고 부르짖습니다. 이처럼 모세도 이스라엘 백성을 이끄는 지도자이기 전에 연약함을 지닌 사람인지라, 이렇게 쓰러지는 모습을 보이고 있는 것입니다.

　오늘 우리도 사실 주의 일을 열심히 하다 보면 때로는 짜증날 때도 있고, 귀찮을 때도 있습니다. 때로는 불평이 생길 때도 있습니다. 포기하고 싶을 때도 있습니다. 때로는 모세처럼 죽고 싶을 때도 있을 것입니다. 사람인데 왜 없겠습니까? 없는 것이 이상하고 있는 것이 당연한 것입니다. 사람은 언제라도 넘어지고 쓰러질 수 있는 연약한 존재입니다. 가벼운 바람 앞에서도 몸을 눈조차 제대로 뜨지 못하는 것이 사람입니다.

　그러나 그럼에도 불구하고 주어진 일에 최선을 다하면 사랑이 풍성하신 우리 하나님께서 그 마음을 만져 주시고 헤아려 주십니다. 더 큰 위로로 함께하여 주십니다. 더 큰 응답으로 이끌어 주십니다. 더 큰 축복으로 채워주십니다.

　오늘 우리도 주님을 위하여 충성하다가 넘어지고 실족할 수 있지만, 그럴 때일수록 하나님을 더욱 간절히 찾아야하겠습니다.

• **기도** : 은혜의 주님, 저희도 주님의 일을 하다가 짜증날 때도 있었고, 귀찮을 때도 있었습니다. 실족하여 넘어질 때도 있었습니다. 아직도 연약한 믿음 때문인 것을 깨닫습니다. 저희로 주어진 일에 최선을 다하며 성실히 충성할 수 있도록 믿음을 강화시켜 주옵소서. 주님의 일을 하다가 힘을 잃게 되었을 때, 하나님을 더욱 간절히 찾을 수 있게 하시고, 연약한 마음을 헤아려 주시고 회복시켜 주시는 은혜를 경험하게 하여 주옵소서. 예수님의 이름으로 기도합니다. 아멘

• **중보기도** : 모든 그리스도인들이 주의 일 하다가 넘어지거나 실족하지 않도록 붙들어주소서.

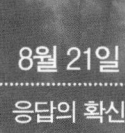

8월 21일
응답의 확신

기도는 해놓고

• 성경: 사도행전 12장 1~16절 • 찬송: 545장 • 요절: 행 12:5~7

오늘 말씀에 베드로가 옥에 갇혔다는 소식을 들은 교회는 긴박감을 가지고 베드로를 위하여 간절히 하나님께 기도하기 시작합니다. 당연히 하나님께서 베드로를 도우셔서 구원해 달라는 기도였을 것입니다. 그런데 막상 베드로가 사자의 도움으로 탈출하여 그들이 있는 집밖에 있을 때 그들은 베드로가 탈출했다는 소식을 믿지 않았습니다.

그들은 왜 이런 태도를 취했을까요? 이성의 테두리 안에서 기도를 했기 때문입니다. 자신들이 생각하기에 불가능하다고 여겨지는 것은 불가능의 세계로 닫아놓을 뿐 현실로 이루어질 것이라고 믿지를 못한 것입니다.

극단적으로 말하면 기도는 기도로 끝날 뿐 기도를 한다고 상황이 바뀔 수 없다고 생각을 한 것입니다. 즉, 믿음으로 기도한다고 하면서도 실제는 믿음 없이 기도한 것입니다.

누군가 말하는 것처럼 믿음은 거창한 구호가 아닙니다. 원대한 이상도 아니며 심오한 주제도 아닙니다. 그들은 단결하여 하나님께 기도할 줄은 알았지만 하나님께서 즉각적으로 응답하셔서 베드로를 구원해 내실 것이라고는 온전히 믿지를 못한 것입니다.

우리는 기도할 때 꼭 떠들썩하지 않아도 됩니다. 꼭 손을 들고 흔들지 않아도 됩니다. 물론 성경이 말씀하고 있는 것처럼 부르짖어 기도해야겠지만 무엇보다도 바라는 바를 순수하게 믿는 것이 필요합니다.

우리는 믿음으로 기도하고, 하나님의 응답을 순수하게 받아들일 수 있는 믿음이 있어야겠습니다.

• **기도**: 응답하여 주시는 하나님, 저희도 기도할 때에 믿음으로 기도한다고 하면서도 믿음 없이 기도한 적이 있었음을 솔직히 고백합니다. 기도하면서도 상황이 바뀌지 않을 것이라는 불신 속에 저희의 마음이 머물러 있었습니다. 오늘 말씀을 통하여 하나님은 반드시 응답하시는 하나님이심을 잊지 말게 하여 주옵소서. 믿음으로 기도하고, 믿음으로 부르짖으면, 믿음대로 될 수 있도록 이끌어 주시는 하나님이심을 잊지 말게 하여 주옵소서. 예수님의 이름으로 기도합니다. 아멘

• **중보기도**: 모든 그리스도인들에게 기도에 대한 확신이 있게 하소서.

8월 22일 동행

아름다운 동행

• 성경: 사도행전 19장 29 ~ 41절 • 찬송: 438장 • 요절: 행 19: 29

사도바울의 선교사역에 수많은 믿음의 동역자들이 있었는데, 오늘 말씀에도 바울과 끝까지 동행한 한 인물을 소개하고 있습니다. 바로 아리스다고라는 사람입니다.

그가 언제 예수님을 믿게 되었으며, 어떻게 바울을 만났고, 언제 바울의 선교사역에 합류했는지는 알 수 없습니다. 단지 우리가 아는 것은 그가 데살로니가 출신이라는 것과 마게도냐 교회의 대표라는 것입니다. 그리고 그가 바울의 사역을 돕기 위해 바울과 함께 선교여행에 동행하고 있다는 것을 알 뿐입니다.

오늘 말씀은 바울을 죽이고자 했던 무리들이 그를 찾을 수 없자 대신 분을 풀 목적으로 가이오와 아리스다고를 잡아서 노천극장으로 끌고 간 내용입니다. 그런데 비록 억울한 일이긴 하였지만, 그가 바울을 대신하여 폭도들에게 끌려간 것을 기쁘게 여겼을 것입니다. 그렇지 않았다면 이후에 계속해서 바울의 선교여행에 함께하지 않았을 것입니다. 그리고 훗날 로마의 감옥에 갇힌 바울을 끝까지 섬기지도 못했을 것입니다.

아름다운 동행이란 무엇일까요? 오늘 말씀을 기준하여 생각해 본다면 사랑하고 존경하는 사람을 대신하여 고난을 받을 수 있는 자리에까지 기꺼이 나아갈 수 있는 것, 그것이 진정한 아름다운 동행이라고 할 수 있습니다. 예수님이 우리의 진정한 동행자이신 것도 우리를 대신하여 기쁨으로 고난을 받으셨기 때문입니다.

아리스다고와 같은 아름다운 동행자를 만나고 싶습니까? 그렇다면 우리가 먼저 그처럼 대신 고난을 받을 수 있고, 희생할 수 있는 아름다운 동행자가 되어야합니다.

• **기도** : 은혜의 주님, 저희로 아름다운 동행자가 되게 하여 주옵소서. 먼저는 주님과의 아름다운 동행이 있게 하시고, 그다음은 믿음의 동역자들과 함께하는 아름다운 동행이 있게 하여 주옵소서. 이 땅을 살아가는 동안 더 많은 사람들에게 아름다운 동행자가 되어 주며, 더 많은 사람과 동행하면서 주님의 뜻을 성실히 이루어가는 삶이 되게 하여 주옵소서. 예수님의 이름으로 기도합니다. 아멘

• **중보기도** : 모든 그리스도인들이 아름다운 동행의 삶을 살게 하소서.

8월 23일
교회생활

참된 교회생활

• 성경: 사도행전 9장 19 ~ 30절 • 찬송: 520장 • 요절: 행 9: 21 ~ 22

참된 교회생활은 어떻게 하는 것일까요? 교회생활을 시작하자마자 '즉시' 예수님을 전하는 것입니다. 오늘 말씀은 바울의 교회생활을 보여주고 있는 말씀입니다. 바울은 다메섹에 제자들과 함께 있을 때 머뭇거리지 않고 즉시 복음을 전했습니다(20). 그가 예루살렘 교회에 갔을 때에도 역시 담대하게 예수님의 이름을 말하며 복음을 전했습니다.

이처럼 바울의 교회 생활은 다른 것이 아니었습니다. 오늘 말씀에 나타난 대로 즉시 예수님을 전하는 것이었습니다. 무엇을 기다린 것이 아닙니다. 누가 그렇게 하라고 시킨 것도 아닙니다. 또한 기간으로 볼 때 어느 정도 되어야 한다는 기준도 없었습니다. 그는 예수를 만나자마자, 교회생활을 시작하자마자 예수님을 증거하기 시작한 것입니다. 그렇습니다. 우리가 교회인 이상 우리는 때를 얻든지 못 얻든지 말씀이신 예수 그리스도를 전파해야만 합니다(딤후 4:2).

주님이 마지막 날에 심판하실 때 무엇을 물어보실까요? '네가 몇 명을 구원시켰느냐?'를 묻지는 않을 것입니다. 왜냐하면 구원의 주체는 하나님이시기 때문입니다. 구원에 관한 한 우리는 우리의 자격을, 또한 우리의 능력을 논할 수 없습니다.

다만 주님께서 이것은 물어보실 것입니다. '너는 때를 얻든지 못 얻든지 나를 전파하기를 힘썼느냐? 나를 알리기를 힘썼느냐?' 이 질문에 오늘 우리는 무엇이라고 대답할 수 있겠습니까? 대답할 준비는 되어 있습니까? 우리는 예수님을 드러내고 예수님을 전하는 데 있어 그 어떤 양보도 없어야만 합니다.

• **기도** : 한 생명이라도 구원하기를 원하시는 주님, 저희로 때를 얻든지 못 얻든지 주님을 알리기를 힘쓰는 삶이 되게 하여 주옵소서. 주님을 알리는 데 주저하거나 머뭇거리는 인생이 되지 말게 하여 주옵소서. 피하거나 핑계 대는 인생이 되지 말게 하여 주옵소서. 주님의 마음을 가지고 복음을 전파하기에 힘쓰게 하시고, 복음을 전하는 데 있어서 그 어떤 양보도 없게 하여 주옵소서. 예수님의 이름으로 기도합니다. 아멘

• **중보기도** : 모든 그리스도인들이 주님의 마음으로 복음 전파의 사명을 감당하는 삶을 살게 하소서.

8월 24일
함께하심

여기에 계신 하나님

• 성경: 창세기 28장 10~22절 • 찬송: 393장 • 요절: 창 28: 16~19

야곱이 형의 보복이 두려워 도망칠 때 우리는 보통 야곱이 소년이나 건장한 청년 정도일 것으로 생각하지만 놀랍게도 성경에 나와 있는 연대를 살펴보면 이때 야곱의 나이는 70세 전후였을 것으로 추정하고 있습니다 야곱이 나중에 흉년을 피해 애굽으로 내려가서 바로를 만날 때가 130세였고, 그때 아들 요셉이 애굽의 총리로 있을 때의 나이가 39살이었습니다.

결국 야곱이 91세에 요셉을 낳은 것인데 요셉을 낳을 때가 외삼촌의 집에서 떠난 해입니다. 야곱이 삼촌 집에서 14년을 살았으니까 외삼촌 집을 향하여 가던 때를 계산하면 77세인데 라헬과 결혼한 후 수년을 아이가 없어 맘 고생하였다는 것을 계산하면 이 때 야곱의 나이는 70세 전후가 아닌가 생각합니다. 그러면 그 70여 년의 세월 동안 야곱이 왜 하나님에 대한 이야기를 못 들었겠습니까? 아버지 이삭과 할아버지 아브라함에게 나타나 역사하신 하나님에 대해서 수도 없이 많은 이야기를 들었으리라고 생각합니다. 그런데 지금 정말 하나님을 가장 필요로 하는 이 순간 그는 하나님을 생각하지 못합니다. 하나님이 이곳에 계신다는 사실조차 모릅니다.

오늘 우리도 마찬가지입니다. 정말 큰일을 당하고 큰 시련을 당하게 되면 하나님을 찾을 것 같은데 그렇지 않다는 것입니다. 하나님을 잊어버리고 하나님을 찾지 못하고 하나님께 기도하지 못할 때가 많습니다.

그러나 오늘 말씀은 아무리 그런 때에라도 하나님은 우리와 함께하시고, 모두가 나를 떠나도 하나님은 떠나지 않고 우리와 함께하신다는 것을 보여주고 있습니다. 그러므로 혼자라고 생각되고, 외톨이라고 생각될 때에도 우리는 절대 혼자가 아님을 기억해야만하겠습니다.

• **기도** : 은혜의 주님, 저희로 정말 하나님을 가장 필요로 하는 순간, 하나님을 생각지 못하는 어리석음이 없게 하여 주옵소서. 저희의 마음 중심에 언제나 저희와 함께하고 계시는 하나님을 느낄 수 있게 하시고, 그 하나님을 항상 의뢰할 수 있는 인생이 되게 하옵소서. 그 어떤 상황 속에서도 저희와 함께하고 계시는 하나님을 놓치지 않는 삶이 되게 하옵소서. 예수님의 이름으로 기도합니다. 아멘

• **중보기도** : 모든 그리스도인들이 하나님의 함께하고 계심을 느끼는 삶이 되게 하소서.

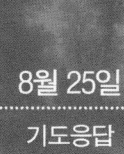

**8월 25일
기도응답**

그래도 구해야만 한다

• 성경: 에스겔 36장 37~38절 • 찬송: 539장 • 요절: 겔 36:37

오늘 말씀의 배경은 다음과 같습니다. 주전 586년에 바벨론에 의해서 예루살렘이 함락되면서 남쪽 유다는 망합니다. 솔로몬의 아들 르호보암 때 남과 북이 두 나라로 나뉘었던 이스라엘은 북쪽 이스라엘 왕국이 주전 722년에 이미 앗수르에 의해 망하고 있었습니다.

물론 하나님이, 사랑하시던 유다를 갑자기 망하게 한 것은 아닙니다. 이사야, 예레미야 등 수많은 선지자들을 보내어 심판을 예고하셨습니다. 그리고 멸망을 하더라도 70년이 지난 후에는 다시 회복시켜 주신다고 언약하셨습니다. 예레미야 29장 10절의 말씀을 보면 이렇습니다.

"여호와께서 이와 같이 말씀하시니라 바벨론에서 칠십년이 차면 내가 너희를 돌보고 나의 선한 말을 너희에게 성취하여 너희를 이곳으로 돌아오게 하리라".

그런데 오늘 말씀을 보니까 하나님이 해방을 약속하셨더라도 구해야만 한다고 말씀하고 계십니다. 여기서 우리는 기도라는 것을 생각해 볼 수 있습니다. 하나님께 드리는 기도는 바로 그런 것입니다.

신명기 28장을 보면 우리가 복에 치어 죽을 정도로 하나님께서 많은 복을 약속하셨습니다. 이 복들을 우리에게 주신다는 것입니다. 그러나 이미 하나님께서 우리에게 주시기로 약속한 것들이지만 오늘 말씀대로라면 구해야 얻게 되는 것입니다. 잊지 맙시다. 하나님은 구해야만 주십니다.

• **기도** : 기도하기를 원하시는 주님, 저희가 아무리 하나님의 약속의 자녀라지만, 하나님께서 모든 좋은 것을 저희에게 주시겠다고 약속하셨지만, 그래도 구해야만 약속을 받아 누리는 자녀가 될 수 있음을 잊지 말게 하여 주옵소서. 전심으로 하나님을 찾을 수 있게 하시고, 열심을 다하여 기도할 수 있게 하옵소서. 그리하여 매일 생활 속에서 하나님의 약속을 받아 누리는 축복의 자녀가 되게 하옵소서. 예수님의 이름으로 기도합니다. 아멘.

• **중보기도** : 모든 그리스도인들이 전심으로 하나님을 찾고 기도하는 삶을 살게 하소서.

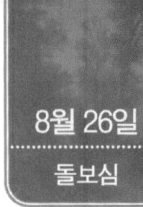

8월 26일
돌보심

하나님이 돌보신다

• 성경: 베드로전서 5장 7절 • 찬송: 290장 • 요절: 벧전 5:7

옛날 프랑스의 「샤르니」라고 하는 사람은, 나폴레옹 황제에게 밉게 보여 감옥에 갇히는 신세가 되었습니다. 오랜 세월이 흘러 그는 친구들은 물론 가족들에게도 잊혀졌습니다. 처음에는 자주 면회를 오던 가족들도 점점 멀어졌습니다. 그 때, 그는 벽에 이렇게 적었습니다. "아무도 나를 돌보지 않는다." 소망을 잃어버리는 순간이었습니다.

그러던 어느 날 감옥 바닥에 있던 돌 틈에서 푸른 싹 하나가 돋아났습니다. 샤르니는 간수가 매일 주는 물을 조금씩 남겨서 잎사귀에 부었습니다. 마침내 꽃봉오리가 생기더니 아름다운 꽃을 피웠습니다. 그는 먼저 썼던 글을 지우고 이렇게 썼습니다.

"하나님이 돌보신다."

감옥에 아름다운 꽃이 피었다는 소문은 입에서 입으로 전달되어 조세핀 왕비의 귀에 들어갔습니다. 꽃을 좋아했던 조세핀은 "꽃을 진심으로 사랑하고 돌보는 이는 결코 나쁜 사람이 될 수가 없다."고 생각했습니다. 왕비는 황제에게 재고를 건의했고, 샤르니는 석방되었습니다.

아무도 돌보지 않습니다. 그러나 하나님이 돌보시면 됩니다. 하나님이 살리시면 됩니다. 하나님이 고치시면 건강해집니다.

하나님께서 일으키시려고 하시면 반드시 일어납니다. 하나님께서 길을 열어주시면 반드시 길이 열립니다. 오늘 베드로의 권면대로 우리를 돌보시는 주님께 모든 것을 맡기는 삶을 살아갑시다.

- **기도**: 은혜의 주님, 아무도 돌보지 않는다 할지라도, 하나님은 저희를 돌보시는 분이심을 믿습니다. 그 하나님 안에서 인생 가운데 일어나는 근심과 걱정을 내려놓을 수 있게 하시고 모든 문제들을 전적으로 맡기고 살아갈 수 있게 하옵소서. 하나님이 돌보신다는 믿음을 가지고 사는 자에게 언제나 천국의 기쁨을 맛보는 삶이 되게 하실 것을 믿습니다. 예수님의 이름으로 기도합니다. 아멘
- **중보기도**: 모든 그리스도인들이 돌보시는 하나님을 경험하는 삶이 되게 하소서.

8월 27일
기도

기도가 삶을 주도한다

• 성경: 출애굽기 17장 8~16절 • 찬송: 364장 • 요절: 출 17:11

  오늘 본문은 아말렉과 이스라엘 간에 큰 전쟁을 기록하고 있습니다. 이 전쟁에서 이스라엘이 큰 승리를 거두었습니다. 이 큰 승리 속에는 무엇이 들어 있었을까요? 이 큰 승리를 만들어 낸 이유가 있었다는 것을 오늘 말씀이 기록하고 있습니다.

  참으로 어려운 전투였습니다. 이스라엘은 애굽에서 나온 피난민들이었습니다. 제대로 훈련된 군인들이 아니었습니다. 전쟁할 무기도 없었습니다. 그런데 이스라엘이, 굳건한 터를 잡고, 군사를 키우고, 무기를 준비하고 있던 아말렉의 군대와 싸워 이겼습니다. 그 승리에는, 그 승리를 가져온 이유가 있었습니다. 바로 기도였습니다.

  이스라엘을 인도하던 모세는 여호수아에게 군대를 맡겨 출전을 시키고는 아론과 훌을 데리고, 높은 산으로 올라갔습니다. 그리고 손을 들고 이스라엘이 승리하게 해 주실 것을 하나님께 기도했습니다. 놀라운 것은, 모세가 손을 들고 기도하면, 이스라엘이 이기고, 힘이 들어 손을 내리면 그 순간 아말렉의 전세가 강해졌다는 것입니다.

  여기서 우리는 우리의 기도가 이렇게 민감하다는 것을 생각하게 됩니다. 삶의 현장에서 노력과 수고도 필요하겠지만 우리의 삶을 좌지우지하는 것은 바로 기도입니다.

  우리의 이성적인 기준이 기도가 삶의 승리와 좌절을 주도한다는 것을 받아들이기 어렵겠지만 그것은 엄연한 사실입니다. 왜냐하면 우리의 생사를 주관하시는 분이 하나님이시기 때문입니다. 그러므로 우리의 삶을 좌지우지하는 것이 다름 아닌 기도라는 것을 잊지 말아야겠습니다.

- **기도** : 은혜의 주님, 저희로 기도의 사람이 되게 하여 주옵소서. 저희의 삶을 주도하는 것은 기도임을 잊지 말게 하여 주옵소서. 항상 기도에 민감하게 하시고, 민감하게 반응하시는 주님을 만나는 삶이 되게 하옵소서. 기도보다 앞서는 것이 없게 하시고, 모든 일에 기도를 우선할 수 있는 저희의 믿음이 되게 하여 주옵소서. 기도로 성공하는 인생이 되기를 원합니다. 예수님의 이름으로 기도합니다. 아멘
- **중보기도** : 모든 그리스도인들이 기도가 삶을 주도한다는 것을 깨닫게 하소서.

8월 28일 / 믿음

예수님과 같아지는 믿음

• 성경: 마가복음 9장 14~27절 • 찬송: 357장 • 요절: 막 9: 23

오늘 말씀에 보면 예수님 앞에 한 아버지가 벙어리 되고 귀먹은 귀신들린 아들을 데리고 옵니다. 아무 때라도 귀신이 그 아이를 잡으면 경련을 일으키고 거품을 흘리며 불 속으로 들어가기도 하고, 물속으로도 들어가는 아이였습니다.

아무도 그 아이를 고치지 못했습니다. 유명한 의사도 그를 고치지 못했습니다. 심지어 예수님의 제자들 아홉 명이 들러붙어서 고치려고 애를 써보았지만 고치지를 못했습니다. 그러나 예수님은 그 아이를 고치셨습니다. 여기서 우리는 이 아이를 앞에 놓고 예수님께서 말씀하시는 것을 귀담아 들어야만 합니다. 19절의 말씀을 보면 "믿음이 없는 세대여 내가 얼마나 너희와 함께 있으며 얼마나 너희를 참으리요"라고 말씀하십니다.

병든 아이를 놓고 쩔쩔매는 제자들 앞에 예수님께서 하시는 이 말씀은, 삶의 여러 문제들 앞에서 쩔쩔매고 있는 우리들에게 하시는 말씀입니다. 여기서 예수님께서 말씀하신 이 말씀의 속뜻은 무엇일까요?

신앙인의 문제는 오직 믿음이 문제라는 것입니다. 그러면 믿음이 무엇일까요? 믿음은 예수님과 같아지는 것입니다.

믿음에는 두 가지 요소가 있는데 말씀의 섭취를 통해 예수님과 마음, 생각, 감정, 성품, 가치관, 비전, 목적과 삶이 같아지는 것입니다. 그러면서 기도를 통해서 삶에 필요한 지혜와 능력까지 같아지는 것입니다.

이것이 믿음입니다. 이런 믿음이 있으면 산처럼 요지부동하는 문제라 할지라도 겨자씨만 한 믿음으로도 해결된다는 것이 주님의 말씀입니다. 예수님과 같아지는 것이 믿음임을 잊지 맙시다.

- **기도**: 믿음의 주가 되시는 주님, 오늘 말씀을 통하여 저희의 믿음을 돌아봅니다. 저희에게도 믿음이 문제라는 사실을 깨닫습니다. 저희의 연약한 믿음을 긍휼히 여기시옵소서. 저희로 온전한 믿음을 갖게 하옵소서. 저희의 믿음이 예수님과 같아지는 것이 되게 하옵소서. 그분의 생각, 가치관, 마음, 목적이 같아지는 것이 되게 하옵소서. 예수님의 이름으로 기도합니다. 아멘
- **중보기도**: 모든 그리스도인들이 예수님과 같아지는 것이 믿음임을 깨닫게 하소서.

8월 29일
헌신

칭찬받은 낭비

• 성경: 마가복음 14장 3~9절 • 찬송: 211장 • 요절: 막 14:6

　오늘 말씀은 한 여인이 예수님께 귀한 것을 바치는 아름다운 사건을 다루고 있습니다. 장소는 베다니 마을 나병환자 시몬의 집이었습니다(3). 아마도 이 사람은 예수님을 만난 후에 병을 고침받는 기적을 체험했을 것입니다. 그래서 너무도 감사하여 예수님을 모시고 은혜의 잔치를 열었을 것입니다. 그러면 이 나병환자 시몬과 한 여자와의 관계는 어떤 관계였을까요? 다른 복음서를 보면 옥합을 깨뜨린 이 여인을 나사로의 누이 마리아로 보고 있습니다. 따라서 시몬은 나사로와 같은 동네에 거주하는, 그리고 개인적으로 꽤 친분이 두터운 사이였을 것입니다. 그리고 두 가정 모두가 예수님의 은혜를 체험했고, 사랑했음에 틀림이 없습니다.
　이렇게 예수님의 은혜를 입은 사람들이 그분을 모시고 잔치를 벌이고 있는 것입니다. 그리고 그 잔치 중간에 마리아가 깜짝 이벤트를 준비했는데, 매우 값진 향유 한 옥합을 가지고 나와서 그 옥합을 깨뜨려 향유, 순전한 나드를 예수님의 머리에 부었습니다.
　이런 장면을 보면서 흥분을 감추지 못하는 사람들이 있었습니다. 팔아서 구제하는 데 쓰면 훨씬 더 효과적인 것을 쓸데없이 낭비했다는 것입니다. 그러나 주님은 그녀에 대하여 "그가 내게 좋은 일을 하였다"(6) 칭찬하셨습니다. 원문에는 '좋은 일'이 '아름다운 일'이라고 되어있습니다.
　오늘의 신앙인 중에도 두 부류의 사람이 있습니다. 주님을 위하여 헌신하는 것을 지나친 낭비로 보는 시각을 가진 사람과, 아름다운 낭비로 보는 시각을 가진 사람입니다. 항상 사랑의 동기는 합리적인 사고방식과 계산을 초월한다는 사실을 잊지 말아야겠습니다.

• **기도**: 사랑의 주님, 오늘 저희도 마리아와 같이 예수님께 칭찬받을 수 있는 아름다운 헌신이 있게 하여 주옵소서. 아무리 해도 지나치지 않은 것이 주님께 대한 헌신임을 기억하여 헌신의 욕구를 충족시켜 갈 수 있는 저희의 삶이 되게 하옵소서. 언제나 저희가 주님께 행하는 모습이 좋은 일, 아름다운 일, 복된 일이 되게 하여 주옵소서. 예수님의 이름으로 기도합니다. 아멘
• **중보기도**: 모든 그리스도인들에게 주님을 사랑하는 동기에서 비롯된 아름다운 낭비의 삶이 있게 하소서.

8월 30일 / 신앙

참 신앙과 가짜 신앙

• 성경: 베드로전서 4장 12~13절 • 찬송: 450장 • 요절: 벧전 4:12~13

참 신앙과 가짜 신앙을 어떻게 구분할 수 있을까요? 참 신앙은 아무리 어려운 일이 다가와도 결코 흔들리지 않습니다. 참 신앙을 가진 자들에게는 환난이라는 것은 도리어 하나의 기회일 뿐입니다.

그래서 오늘 말씀에 베드로는 불 시험을 이상한 것으로 보지 말고 오히려 당연한 것으로 받아들이라는 것입니다. 왜냐하면, 그 시험을 지나면 더 기쁘고 즐거운 모습이 있기 때문입니다. 그래서 참 신앙을 가진 자는 환난을 두려워하지 않습니다. 오히려 환난을 즐기는 자가 됩니다.

환난 후에 있을 더 큰 기쁨을 보기 때문입니다. 하지만 참 신앙이 아닐 때는 다릅니다. 참 신앙이 아닐 때는 조그마한 어려움이 와도 넘어집니다. 그 안에 생명 자체가 없었기 때문입니다. 신앙의 뿌리가 없었기 때문에 바람이 조금만 세게 불어도 뿌리째 뽑혀 날아가고 마는 것입니다.

알곡과 쭉정이가 어떻게 다릅니까? 약간의 바람만 불면 이 둘의 차이는 금방 알아볼 수 있습니다. 알곡은 바람이 불어도 그냥 있습니다. 속이 꽉 찼기 때문입니다. 하지만 쭉정이는 바람 부는 대로 이리 저리 나뒹구는 것입니다. 속이 비어있기 때문입니다.

환난은 바로 바람과 같은 것입니다. 이것을 통하여 참된 신앙은 더욱 연단받는 것이고, 그렇지 못한 신앙은 자신의 본래의 모습 곧 신앙 없음을 드러내는 것입니다. 그러므로 우리는 환난이 와도 그 환난을 즐길 줄 아는 참 신앙인이 되어야겠습니다.

• **기도**: 은혜의 주님, 오늘 저희는 주님이 보시기에 참신앙의 소유자입니까? 아니면 가짜 신앙의 소유자입니까? 저희의 신앙의 현주소가 어떠한지를 깨닫는 은혜를 더하여 주옵소서. 그리하여 주님이 인정하시는 참 신앙을 소유한 신앙의 사람이 되게 하여 주옵소서. 고난이 와도, 환난이 닥쳐도 끄떡 않고 오히려 즐길 수 있게 하시고, 주님을 위해서라면 불속에라도 뛰어들 수 있는 참신앙의 사람으로 살게 하옵소서. 예수님의 이름으로 기도합니다. 아멘

• **중보기도**: 모든 그리스도인들이 참 신앙의 소유자들이 되게 하소서.

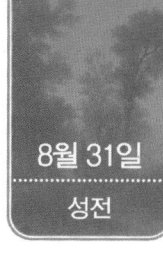

8월 31일
성전

그들을 기쁘게 할 것이며

• 성경: 이사야 56장 7절 • 찬송: 287장 • 요절: 사 56: 7

오늘 말씀은 이사야 선지자가 남 유다의 백성들을 향하여 예언한 말씀입니다. 이사야는 하나님께서 바벨론에 포로로 끌려간 이스라엘 백성을 구원하실 것이라고 선포했습니다.

하나님께서 구원을 베푸실 때에는 이스라엘 백성뿐만 아니라, 이방인과 흠이 있고 부정하게 여기던 성적인 장애인까지도 구원을 하시겠다고 약속을 하셨습니다. 그래서 '만민'이 하나님의 성전에 나가서 제사를 드리고 기도하게 하실 것이라고 하셨습니다.

하나님께서는 누구나 다 온전한 예배를 드릴 수 있도록 구원을 베풀어주십니다. 혈통이나 신분이나 신체적인 조건에 제한 없이, 회개하면 누구든지 다 용서해 주시는 것입니다. 뿐만 아니라, 하나님을 섬기고 하나님의 말씀을 지켜 행하면 축복도 허락하여 주십니다.

아무리 걱정, 근심이 많다 할지라도 하나님 앞에 기도하고 내 인생의 짐, 수고하고 무거운 짐을 맡기고 의지하면, 하나님께서 안식을 주시고 형통케 하시고, 축복을 베풀어 주시는 것입니다. 그러니 성전에 나오는 자들은 얼마나 기쁘겠습니까? 얼마나 기쁜 마음으로 나오겠습니까?

다윗은 성전에 나아가 "주께 피하는 모든 사람은 다 기뻐하며 주의 보호로 말미암아 영원히 기뻐 외치고 주의 이름을 사랑하는 자들은 주를 즐거워하리이다"라고 고백했습니다(시 5:11).

하나님 앞에 나가면 우리 마음속에 기쁨이 넘쳐납니다. 즐거움이 넘쳐납니다. 그리고 우리는 그 즐거움을 통해서 하나님 앞에 예배와 찬양을 드릴 수 있습니다.

• **기도** : 은혜로우신 하나님, 저희가 믿는 하나님은 차별치 아니하시는 하나님이심을 믿습니다. 아무리 큰 죄를 지었다 할지라도 통회자복하면 용서해 주시는 하나님이심을 믿습니다. 그리고 구원의 은혜를 더하여 주시는 하나님이심을 믿습니다. 그러므로 저희가 늘 하나님이 계신 곳, 성전을 사랑할 수 있게 하시고, 성전을 찾는 기쁨을 갖게 하옵소서. 성전에서 하나님을 만나는 행복을 갖게 하옵소서. 예수님의 이름으로 기도합니다. 아멘

• **중보기도** : 모든 그리스도인이 성전에 나오는 기쁨을 누릴 수 있게 하소서.

9월 1일 신분

보배롭고 존귀한 존재

• 성경: 이사야 43장 4절 • 찬송: 563장 • 요절: 사 43:4

옛말에 '자식은 눈에 넣어도 아프지 않다.'는 말이 있습니다. 부모에게 자녀는 자기의 생명과 같아서 자신의 생명과 맞바꿀 수 있는 존재, 자기의 모든 것을 주어서라도 아끼고 사랑할 수 있는 존재입니다. 그런데 하나님께서 우리를 사랑하시는 모습도 그와 같습니다.

오늘 말씀은 우리에게 향하신 하나님의 사랑이 어떠한지를 만나볼 수 있습니다. 4절에 하나님께서 우리를 보배롭고 존귀하게 여기며 사랑한다고 말씀하십니다. 그렇다면 지금 우리는 하나님께서 우리를 얼마나 사랑하시는지, 또 우리가 얼마나 소중한 존재인지 그 느낌이 느껴집니까? 잘 느껴지지가 않죠?

그렇다면 이 말씀을 공동번역 성경으로 한번 읽어보겠습니다.

"너는 눈에 넣어도 아프지 않을 나의 귀염둥이, 나의 사랑이다. 그러니 어찌 해안지방을 주고라도 너를 찾지 않으며 부족들을 내주고라도 너의 목숨을 건져내지 않으랴!"

이제 조금 감이 잡히는 것 같습니까? 아직도 별 느낌을 모르겠습니까?

이 말씀을 보면 하나님께서 우리를 향해 눈에 넣어도 아프지 않을 자식과 같은 존재라고 하십니다. 자식을 위해서 모든 것을 쏟을 수 있는 부모와 같은 심정, 그 사랑으로 우리를 보신다고 말씀하고 계십니다.

우리는 누가 뭐래도 우리는 이 세상에서 하나님 안에서 이러한 존재입니다. 이것이 우리의 신분이요, 이것이 우리의 존재요, 이것이 지금 우리가 받고 있는 사랑입니다.

- **기도**: 저희를 사랑하시는 하나님, 무가치하고 무자격한 저희를 보배롭고 존귀하게 여기시며 사랑하신다고 생각하니 너무나 감격스럽고 감사할 따름입니다. 하나님의 그 크신 사랑과 은혜를 무엇으로 보답할 수 있겠습니까? 저희로 범사에 하나님을 인정할 수 있게 하시고, 잘 공경하는 삶을 살아갈 수 있게 하옵소서. 저희의 하는 모든 일이 하나님께 영광을 돌리고자 하는 일이 되게 하옵소서. 예수님의 이름으로 기도합니다. 아멘
- **중보기도**: 모든 그리스도인들이 하나님의 사랑을 느끼는 삶이 되게 하소서.

9월 2일
본받음

이렇게 말할 수 있는 사람

• 성경: 고린도전서 11장 1절 • 찬송: 505장 • 요절: 고전 11: 1

오늘 말씀에 사도바울은 "내가 그리스도를 본받는 자가 된 것같이, 너희는 나를 본받는 자가 되라."고 말하고 있습니다. 바울은 지금 한두 사람을 두고 이렇게 말한 것이 아닙니다. 자신의 편지를 받아 읽을 고린도 지역의 그리스도인들 모두를 향한 요구입니다.

우리는 이 구절을 읽으면서 큰 충격을 받을 수밖에 없습니다. 도대체 어떻게 이렇게 말할 수 있는 것일까요? 너무도 자신 있게, 너무도 당당하게 '너희는 나를 본받으라.' 고 말입니다. 본받는다는 것은 일부분을 닮는 것을 말하는 것이 아닙니다. 전체적인 면을 말하는 것입니다. 붕어빵이 틀 속에서 똑같이 만들어져 나오는 것처럼, 그대로 닮는 것을 본받는다고 말하는 것입니다.

사도행전 26장에 보면 사도 바울이 로마로 잡혀가기 위해 체포되어 결박이 지워진 채로, 아그립바 왕 앞에서 복음을 전하는 것을 볼 수 있습니다. 지금 자신이 결박당해 있는 것 말고는 모든 사람이 다 자기와 같이 되었으면 좋겠다고 말했습니다(29). 이것은 고린도교회 성도들에게 했던 말과 같은 말입니다. 참 대단한 사람입니다.

예수님을 아는 성도들에게만 자기를 본받으라고 말하지 않습니다. 예수님을 신앙하지 않는 사람 앞에서까지 담대하게 당신들도 다 나와 같이 되었으면 좋겠다고 말하고 있는 것입니다. 하나님께서 그렇게 해주셨으면 좋겠다는 것입니다. 이렇게 말할 수 있는 사람은 행복한 사람입니다. 한 사람에게라도 이렇게 자신 있게 말할 수 있다면, "당신은 나를 꼭 닮아야만 한다."고 그렇게 말할 수 있다면, 그가 행복한 사람이고, 그는 성공한 사람입니다.

• **기도** : 믿음의 본을 보이신 주님, 저희로 바울 같이 나를 본받는 자가 되라고 자신 있게 말할 수 있는 믿음의 사람으로 살아갈 수 있게 하옵소서. 예수님을 믿지 않는 사람들에게조차도 당신들도 나와 같이 되었으면 좋겠다고 말할 수 있는 믿음의 확신을 갖게 하옵소서. 그것이 성공하는 믿음의 삶을 사는 것임을 잊지 말게 하옵소서. 예수님의 이름으로 기도합니다. 아멘

• **중보기도** : 모든 그리스도인들이 나를 본받으라고 말할 수 있는 믿음의 삶을 살게 하소서.

9월 3일
성품

내 몸을 쳐 복종시켜야한다

• 성경: 고린도전서 9장 27절 • 찬송: 187장 • 요절: 고전 9: 27

어느 교회에 일흔 되신 집사님이 한 분 계셨습니다. 이분이 노인정에서 같은 또래의 친구와 점심내기 장기를 두고 계셨습니다. 그런데 집사님이 한 수 위의 실력이라 상황이 불리하면 그분은 계속 물러 달라고 떼를 썼습니다. 한두 번도 아니고 염치없이 계속 물러 달라고 하자 집사님이 한 마디 했습니다. "깨끗이 졌다고 하게."

그러자 갑자기 그 친구가 장기판의 말을 뒤섞어 버리면서 무효라고 선언했습니다. 이 정도 되면 집사님이 화를 낼만 한데,

"그래, 이 판은 무효로 하고 자네 컨디션이 좋을 때 다시 한 번 두세. 그리고 점심때가 되었으니 우리 점심이나 같이 먹으러 가세. 오늘은 내가 사겠네."

이렇게 말하면서 친구의 상한 감정을 달래주었습니다. 집사님은 멋쩍어하는 친구의 팔을 붙잡고 식당으로 향했습니다. 그 다음 주 집사님은 그 친구의 손을 붙잡고 교회에 함께 나오셨습니다.

오늘 말씀에 사도바울은 자기 몸을 쳐 복종케 한다고 말하고 있습니다. 자기의 성품이 복음에 거치는 것이 되지 않게 하기 위해서였습니다. 우리의 신앙생활은 근본적으로 예수님의 성품을 닮아가는 것입니다. 이것이 가장 중요합니다.

이것이 모든 신앙의 기본입니다. 성품이 변하지 않으면 신앙의 많은 것들이 빛을 잃어버리고 맙니다. 직분을 받고도 거치는 사람이 됩니다. 열심을 내면서도 해치는 사람이 됩니다. 기적을 체험하면서도 사람의 마음을 아프게 합니다. 전도의 문을 닫아 버립니다. 아주 잘못된 것입니다. 그래서 예수님의 성품을 먼저 닮아야 합니다.

- **기도**: 사랑의 주님, 저희로 날마다 자기 몸을 쳐서 예수님의 성품을 닮아갈 수 있도록 은혜 내려주옵소서. 예수님 믿으면서도 성품이 변하지 않으면 신앙의 많은 것들을 잃어버리게 된다는 것을 잊지 말게 하여 주옵소서. 언제나 예수님을 닮아가기 위하여 자신을 내려놓을 줄 아는 삶이 되게 하여 주옵소서. 그리하여 많은 사람을 주께로 인도할 수 있는 예수님의 제자가 되게 하옵소서. 예수님의 이름으로 기도합니다. 아멘
- **중보기도**: 모든 그리스도인들이 예수님의 성품을 닮아가게 하소서.

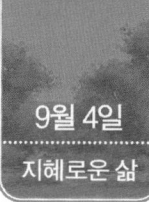

9월 4일
지혜로운 삶

하나님의 생활방식

· 성경: 누가복음 6장 27 ~ 36절 · 찬송: 218장 · 요절: 눅 6:36

오늘 말씀은 예수님께서 우리에게 불가능한 일을 많이 말씀하십니다. 예컨대 원수를 사랑하라고 말씀하십니다. 죽여도 분이 가시지 않을 것 같아서 원수인데 말이죠. 또한 이 뺨을 치는 자에게 저 뺨도 돌려대라고 말씀하십니다. 뺨을 맞는 것은 다른 곳을 맞는 것과 다르게 큰 수치감을 안겨줍니다. 장난으로도 뺨을 맞으면 열이 받고 곧바로 되갚아주고 싶어집니다.

그런데 주님은 35, 36절에서 그 이유를 말씀하시는데 하나님 아버지께서 인자하시기 때문이라는 겁니다. 하나님은 은혜를 모르는 사람과 악한 사람에게까지도 인자하시다는 겁니다. 그러니 그분의 자녀 된 우리도 그 모습을 닮아 하나님의 자비하심과 같이 자비해야 한다는 것입니다. 그렇다면 하나님께서는 우리에게 단지 당신을 닮아야만 한다는 그 이유 하나만으로 이런 불가능한 일을 해야만 한다고 강요하시는 것일까요? 그렇지 않습니다. 하나님은 그런 이기적인 분이 아니십니다.

이렇게 사는 것이 당장은 바보 같을지 모르지만, 궁극적으로 보면 가장 지혜롭기 때문입니다. 이 말씀대로 사는 것이 당장은 손해 보는 일 같지만, 결국은 유익을 가져다주기 때문입니다. 쉽게 말하면 이것은 하나님의 생활방식입니다.

하나님의 생활방식이 미련하시겠습니까? 실패하시겠습니까? 그래서 35절에 이렇게 단언하시는 것입니다. "그리하면 너희 상이 클 것이요." 이렇게 살면 반드시 큰 상을 하나님께서 주실 것이라는 약속입니다.

하나님께서는 당신의 사랑하는 백성들이 당신의 훌륭한 모습을 닮아가는 것을 아주 기뻐하시고 행복해 하십니다.

- **기도**: 사랑의 본을 보이신 주님, 저희로 예수님을 본받아 도저히 품을 수 없는 사람도 품을 수 있게 하시고, 도저히 용서할 수 없는 사람도 용서할 수 있게 하옵소서. 해롭게 하는 자에게도 주님의 사랑을 나눠 줄 수 있게 하시고, 가시노릇을 하는 사람도 인자함으로 대할 수 있는 마음이 있게 하옵소서. 그리하여 저희로 하여금 하나님이 행복해하시는 것을 느끼는 삶이 되게 하옵소서. 예수님의 이름으로 기도합니다. 아멘
- **중보기도**: 모든 그리스도인들이 하나님의 생활방식대로 살아갈 수 있게 하소서.

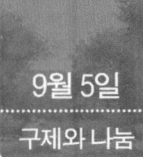

9월 5일
구제와 나눔

줌은 줌(ZOOM)이다

• 성경: 누가복음 6장 38절 • 찬송: 595장 • 요절: 눅 6:38

　미국 역사상 최고 부자였다는 「록펠러」는 52세 때 근육무력증, 탈모증, 불면증, 위계양 등으로 인해 먹지도, 자지도 못하고 나무막대기처럼 말라갔습니다. 의사는 1년도 못 살 것이라는 진단을 내렸습니다. 죽음의 문턱에 이르자 그처럼 악착같이 모았던 재산도 그에게 아무런 의미가 없었습니다.
　그때 그의 삶을 바꾼 것이 오늘 말씀입니다.
　"주라 그리하면 너희에게 줄 것이니 곧 후히 되어 누르고 흔들어 넘치도록 하여 너희에게 안겨주리라 너희가 헤아리는 그 헤아림으로 너희도 헤아림을 도로 받을 것이니라".
　록펠러는 당장 자신의 부를 나누기 시작했습니다. 그런데 흥미롭게도 엄청난 기부를 했지만 그의 소유는 줄지 않았고 놀랍게도 기부를 시작한 지 불과 12개월이 됐을 때, 그의 건강이 완전히 회복되었습니다. 이후로 그는 계속 기부의 삶을 실천하면서 살다가 98세에 주님 품에 안겼습니다.
　최근 심리학자들은 실제로 주는 사람이 더 건강하고, 행복하고, 장수한다는 연구결과를 발표했습니다. 미시간대 학자들은 지난 5년간 400명의 노인 부부들을 조사한 후 다른 사람들을 돕는 사람들은 그렇지 않은 사람들에 비해 수명이 훨씬 더 길다는 결론을 내렸습니다.
　줌은 줌(Zoom)입니다. 줌할 수 있는 자만이 하나님의 능력과 사람의 마음을 끌어당길 수 있습니다. 줌할 수 있는 자만이 장수의 복을 누릴 수 있습니다.

• **기도**: 저희를 헤아리시는 주님, 저희도 주고 헤아리는 삶을 살아갈 수 있게 하옵소서. 주는 삶을 살 때, 그것이 하나님의 축복의 통로가 된다는 것을 잊지 말게 하여 주옵소서. 헤아리는 삶을 살 때, 그것이 하나님의 헤아림을 받게 되는 삶이 된다는 것을 잊지 말게 하여 주옵소서. 이 땅을 살아가는 동안 더 많이 주고, 더 많이 헤아릴 수 있는 저희의 삶이 되게 하여 주옵소서. 주고 헤아리는 것으로 주님을 닮아갈 수 있게 하시고, 뭇사람으로 하여금 주님을 알게 하는 복음의 도구가 되게 하여 주옵소서. 예수님의 이름으로 기도합니다. 아멘
• **중보기도**: 모든 그리스도인들이 주고 헤아리는 것에 익숙한 삶을 살게 하소서.

9월 6일
순종

나를 성경의 인물과 동일시 하라

• 성경: 여호수아 1장 2~9절 • 찬송: 399장 • 요절: 수 1:6

이런 재미있는 이야기가 있습니다. 정신병동 주임의사가 환자를 검진하러 왔습니다. 의사가 말했습니다.

"당신 이름이 뭐죠?"

"나? 나는 나폴레옹이다!"

"나폴레옹이오? 누가 그랬죠?"

"하하! 바보 같으니라구…. 당연히 하나님이 그랬지."

이 대화를 가만히 듣고 있던 옆 침대의 환자가 끼어들며 말했습니다.

"야! 내가 언제 그랬어?"

정신병원에 가면 모든 환자가 자기는 나폴레옹이고, 왕이고, 하나님이라고 말합니다.

믿음이란, 성경의 인물과 나를 동일시하는 것입니다. 내가 아브라함이라고 생각하는 것입니다. 요셉이라고 생각하는 것입니다. 모세라고 생각하는 것입니다. 그리고 말씀대로 순종하고, 겸손하게 하나님을 바라보는 것입니다. 하나님께서는 그와 같은 우리의 삶을 최고의 자리에 올리시고 영광을 받으실 것입니다.

오늘 말씀은 모세의 시종이었던 여호수아가 이제 그의 뒤를 이어 최고의 지도자로 승격하는 장면을 보여주고 있습니다. 동시에 모세의 대를 잇고 당황하고 자신 없어 하는 여호수아에게 하나님께서 격려와 약속의 말씀을 주고 계십니다.

오늘 우리가 이 말씀을 하나님께서 나에게 주시는 말씀으로 믿고 아멘 하여 순종하면, 우리도 여호수아와 같이 하나님의 영광을 위하여 역사에 한 획을 긋는 걸출한 인생을 살 수 있을 것입니다.

• **기도**: 순종과 겸손의 본을 보이신 주님, 저희로 주님을 위하여 성경의 인물과 같이 쓰임 받을 수 있게 하옵소서. 그들이 하나님의 말씀에 순종했던 것과 같이 순종할 수 있게 하시고, 그들이 하나님 앞에서 겸손했던 것과 같이 겸손할 수 있게 하옵소서. 그리하여 하나님의 영광을 위하여 이 시대에 꼭 필요한 사람으로 쓰임 받을 수 있게 하옵소서. 예수님의 이름으로 기도합니다. 아멘

• **중보기도**: 모든 그리스도인들이 성경의 인물과 같은 삶을 살게 하소서.

9월 7일
순종의 기도

구하기만 하면

• 성경: 요한복음 16장 24절 • 찬송: 380장 • 요절: 요 16: 24

「헨리」와 「리처드 블랙커비」가 쓴 '하나님 음성에 응답하는 삶'이라는 책에 있는 이야기 한 대목을 소개하겠습니다.

"내가 처음 집례한 장례식은 어린 꼬마의 장례식이었다. 우리 교회 한 부부의 첫 아이였고, 조부모에게는 첫 손주였다. 어느 날 그 집에 심방을 가서 보니 그 아이는 부모의 말을 대놓고 무시했다. 오라고 하면 가고, 앉으라고 하면 일어섰다. 부모는 그런 행동을 나무라기보다는 그저 귀여워했다. 하루는 그 집 앞마당 문이 열려 있었다. 딸아이가 마당을 빠져나가 길 쪽으로 가는 것이 부모 눈에 띄었다. 저쪽에서 차 한 대가 무서운 속도로 달려오고 있었다. 딸아이는 주차해 둔 두 대의 차 사이로 빠져나가 도로 쪽으로 달려갔다. '안돼! 돌아와!' 부모가 다급한 목소리로 어린 딸에게 외쳤다. 아이는 잠깐 서서 부모를 보고 씩 웃더니 다시 돌아서서는 달려오는 차 쪽으로 곧장 뛰어들었다. 차는 아이를 세차게 들이받았다. 아이의 죽음 앞에서 터져 나오는 부모의 통곡은 그야말로 단장의 비애였다. 그것은 한 아이가 부모의 말에 순종하도록 훈련되어 있지 않아서 일어난 비극이었다. 나는 그 사건을 통해 큰 교훈을 얻었다. 하나님의 백성들에게 그분의 음성이 들릴 때 반드시 즉각 순종하도록 가르쳐야 한다는 것이다. 하나님 음성을 알아듣고 그분께 순종하는 것이 바로 생명이다!"

그렇습니다. 순종하는 것이 생명입니다. 주님이 내게 기도하라고 말씀하셨으면 순종하여 기도하는 것이 복입니다. 우리가 기도 응답을 받지 못하는 가장 큰 이유는 순종이 없고 기도가 없기 때문입니다.

• **기도** : 순종의 본을 보이신 주님, 저희로 주님과 같이 순종할 수 있는 주님의 제자가 되게 하옵소서. 주님의 말씀을 가려서 순종하는 일이 없게 하시고, 주님의 말씀이라면 아멘 할 수 있는 순종의 사람이 되게 하여 주옵소서. 또한 형편을 따라 순종하는 일도 없게 하시고, 어떤 형편에 처하든지 주님의 말씀 앞에서는 아멘만 있게 하옵소서. 예수님의 이름으로 기도합니다. 아멘

• **중보기도** : 모든 그리스도인들이 순종하는 것을 생명처럼 여기게 하소서.

9월 8일
동행

하나님과 동행하는 삶

• 성경: 창세기 5장 21 ~ 24절 • 찬송: 440장 • 요절: 창 5: 24

대 부흥사 무디의 일화입니다. 어느 교회에서 무디의 부흥회가 열렸는데 초만원이어서 16세 미만의 아이들은 입장 금지가 되어 있었습니다. 열두 살쯤 된 소년 하나가 거절을 당하자 문가에 울며 앉아 있었습니다. 이때 마차로 무디 선생이 도착하였는데 무디의 눈이 우연히도 이 소년을 발견하였습니다.

"너 왜 울고 있니? 집을 잃었니? 아니면 배가 고파서 그러니?" 그러자 아이는, "무디 선생님의 말씀이 듣고 싶은데 아이들은 못 들어가게 해요." 그러자 무디가 말했습니다. "나의 외투 뒷자락을 꼭 붙들고 따라오너라." 소년은 무디의 외투자락을 잡고 따라 나섰습니다. 성전 입구는 물론, 강단 위까지 올라가는 것이었습니다. 어리둥절한 소년에게 무디가 말했습니다. "저 큰 의자에 끝까지 앉아 있어도 좋다. 여기는 내 옷자락만 붙들고 있으면 언제나 들어온다는 것을 잊지 마라."

15년 후 이 시골교회에 새로 부임해온 목사는 그때의 그 어린 소년이었다고 합니다.

어리고 약한 우리가 험한 이 세상을 살아갈 최선의 방법은 하나님만을 꼭 잡고 그 분과 동행하는 것뿐입니다. 오늘 말씀은 하나님과 동행한 삶을 살다 간 에녹에 대하여 소개하고 있습니다. 에녹이라고 항상 그의 삶이 평탄한 것만은 아니었을 것입니다. 그에게도 숱한 고난이 있었지만 주님과 동행하였기 때문에 고난이, 고난으로 생각되지 않았던 것입니다. 우리가 예수님을 믿는다고 고난이 없어질까요? 전혀 그렇지 않습니다. 예수를 믿기 전보다 더한 고난을 당할 수도 있습니다. 그럼에도 우리가 당당할 수 있는 비결은 내 안에 주님이 계시고, 늘 동행해 주시기 때문입니다.

• **기도** : 은혜로우신 하나님, 저희가 어떤 형편에 처하든지 하나님과 동행하는 삶을 살게 하옵소서. 삶이 어렵고 힘들지라도 하나님 손 놓지 않고 당신과 동행할 수 있게 하시고, 삶이 즐겁고 평안할지라도 하나님 손 놓지 않고 당신과 동행하는 삶을 살게 하옵소서. 그리하여 오늘 저희의 삶도 하나님과 동행한 삶을 살다간 에녹의 삶처럼 되게 하옵소서. 예수님의 이름으로 기도합니다. 아멘

• **중보기도** : 모든 그리스도인들이 하나님과 동행하는 삶을 살게 하소서.

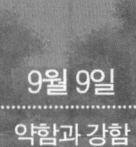

9월 9일
약함과 강함

약한 것을 자랑하라

• 성경: 고린도후서 12장 1 ~ 10절 찬송: 214장 요절: 고후 12: 10

　이런 이야기가 있습니다. 한 번은 사슴이 강가에 물을 먹으러 가서 물에 비친 자신의 모습을 보았습니다. 거기에 비친 자신의 다리가 너무 볼품없었습니다. 막대기처럼 길게 뻗은 다리가 자기 몸 중에서 제일 못생긴 것이라고 생각했습니다. 그리고 자신의 자랑스런 뿔을 보았습니다. 참으로 아름답고 자랑스런 뿔이었습니다. 왕관 같았습니다.

　사슴은 "다리야, 다리야, 어쩜 이렇게 못생겼니. 너도 내 뿔처럼 잘생겼으면 얼마나 좋겠니?"하고 한숨을 쉬었습니다. 그런데 잠시 후에 물먹으러 온 사슴을 사자가 습격했습니다. 못생긴 다리로 열심히 달려서 도망을 갔습니다. 비록 못생긴 다리이지만 위급한 상황에서 생명을 구해주는가 싶었습니다. 그런데 그만 잘생긴 뿔이 나무에 걸려서 사자에게 잡히고 말았습니다.

　구약 성경에 나온 사람들 중에 시쳇말로 가장 꽃미남을 꼽으라면 다윗의 아들인 압살롬을 꼽을 수 있습니다. 그는 얼굴도 잘생겼지만, 머리카락이 얼마나 멋있었는지 모릅니다. 그런데 안타깝게도 쿠데타를 일으켰다가 실패한 압살롬이 도망을 가다가 그 아름다운 머리카락이 나무에 걸려 상대방 장수인 요압의 창에 찔려죽고 말았습니다.

　우리는 약한 것 때문에 망하지 않습니다. 강한 것 때문에 망합니다. 오늘 말씀을 보면 사도바울은 그리스도인들에게 약한 것을 자랑하라고 권면합니다. 약함 때문에 주님을 의지하므로 그리스도의 능력으로 사는 것이, 잘난 맛에 자기 능력으로 사는 것과는 감히 비교가 되지 않았기 때문입니다. 그러므로 약함을 통하여 주님께 더욱 가까이 가는 사람들의 약함은 곧 강함입니다.

• **기도**: 저희의 강함이 되시는 주님, 저희로 사도바울과 같이 강한 것보다 약한 것을 자랑할 수 있는 삶이 되게 하여 주옵소서. 그 약함 때문에 주님을 더욱 의지할 수 있게 하시고, 약함을 통하여 주님께 더욱 가까이 나아가는 삶이 되게 하여 주옵소서. 그러므로 약함을 강하게 하시는 주님의 능력 속에서 감사의 고백만 넘치는 삶이 되게 하여 주옵소서. 예수님의 이름으로 기도합니다. 아멘
• **중보기도**: 모든 그리스도인들이 약한 것을 자랑하는 삶이 되게 하소서.

9월 10일 붙드심

나를 아시는 하나님

• 성경: 시편 139편 1~12절 • 찬송: 384장 • 요절: 시 139:8~12

하나님이 인정하신 성군 다윗도 상실한 마음이 있었습니다. 막힌 문제가 있었고, 어마어마한 삶의 무게에 짓눌려 있었습니다. 그의 형편을 알고 위로하며 필요를 채워주는 사람이 없었던, 그래서 너무나 힘들고 고통스러운 삶을 살았던 사람입니다. 그런데 다윗은 상실한 마음에서의 치유와 막힌 문제에서의 해결이라는 놀라운 경험을 했습니다. 그리고 그 경험을 고백했는데 그것이 오늘 말씀입니다. 그러면 다윗은 어떻게 그 문제들을 해결했을까요? 하나님입니다. 하나님으로 인해 치유 받았고, 그를 상하게 한 근본적인 문제 역시 해결함 받았습니다. 그러면 그가 만난 하나님은 어떤 하나님일까요?

살펴보시는 하나님이셨습니다(1). 여기서 살펴본다는 말은 물줄기나 금속을 찾기 위하여 땅을 파거나 뚫는 것을 가리킬 때 사용하는 말입니다. 그렇게 하나님께서 자신을 자세하게 정확하게 살펴보셨다는 것입니다(3). 그리고 도우시는 하나님이셨습니다. 그래서 그는 자신이 어느 곳에 있을지라도 거기서도 주의 손이 자신을 인도하시며 붙드신다고 고백했습니다(8~10).

여기서 다윗이 언급한 곳은 단지 장소를 의미한다기보다 그의 마음이 처한 곳이라고 할 수 있습니다. 외로울 때, 힘들 때, 삶의 무게로 인해 고통 받을 때, 그 마음이 있는 곳이 하늘과 스올과 바다 끝이었습니다.

다윗만이 아닙니다. 우리 역시 주께서 그 강한 오른 손으로 인도하시고 붙드시는 줄 믿습니다. 그러므로 우리도 어마어마한 삶의 무게에 짓눌려 있을 때 주의 오른 손이 붙들어 주신다는 이 믿음 위에 굳게 서 있어야만 하겠습니다.

• **기도**: 은혜로우신 하나님, 하나님은 저희를 살펴보시고 붙들고 계시는 하나님이심을 믿습니다. 마음이 낙심되고 상심이 클 때, 다윗과 같이 하나님만을 의뢰하고 의지할 수 있는 신앙의 사람이 되게 하여 주옵소서. 어느 누구도 도와주는 이가 없을 때, 다윗과 같이 주께서 그 강한 손으로 인도하고 계신다는 믿음 위에 굳게 서있게 하옵소서. 예수님의 이름으로 기도합니다. 아멘

• **중보기도**: 모든 그리스도인들이 주의 오른 손이 붙들어 주신다는 믿음 위에 굳게 서 있게 하소서.

9월 11일
전권신앙

하나님의 전권

• 성경: 사무엘상 2장 6~9절 • 찬송: 93장 • 요절: 삼상 2:6~7

오늘 함께 읽은 본문은 사무엘의 어머니 한나가 평생의 원이었던 아들을 출산한 후에, 하나님 전에 그 아들을 약속대로 드리면서 고백하는 기도의 내용입니다. 그녀의 기도 내용을 보면 하나님의 전권을 인정하고 있는 것을 보게 됩니다. 자신에게뿐 아니라, 지금 자신이 낳아 하나님께 드리고 있는 사무엘에 대해서도 그녀는 하나님의 전권을 인정하고 있는 것입니다.

오늘 말씀을 쉽게 풀이하자면 이런 뜻입니다.

"하나님, 하나님의 전권을 인정하고 받아들입니다. 저와 제 아들에 대해 전권을 가지고 계신 하나님의 뜻대로 하십시오."

그랬더니 사무엘을 통해 하나님께서는 놀라운 일을 행하십니다. 사무엘 평생을 축복하시며, 구약의 역사에 한 획을 긋는 걸출한 일꾼으로 사용하십니다.

오늘 우리도, 평생에 하나님의 인도함을 받는 축복된 삶을 살고 싶습니까? 주님이 주시는 성공을 맛보고 싶습니까? 그렇다면 하나님의 전권을 인정할 수 있어야만 합니다.

내가 살고 죽는 모든 것이 하나님께 있다는 전권신앙을 소유할 수 있어야만 합니다. 우리는 하나님의 전권을 부인하고도 싶겠지만, 하나님은 내게 대하여 전권을 가지고 계신 분이십니다.

우리 모두에 대하여 전권을 가지고 계신 분이십니다. 왜냐하면 그 분이 우리를 만드셨기 때문입니다. 그러므로 우리는 자신에 대한 하나님의 전권을 절대적으로 인정하고 받아들일 때, 우리를 통하여 놀라운 일을 행하시는 하나님을 경험하는 삶을 살 수 있습니다.

• **기도**: 은혜로우신 하나님, 그동안 저희는 하나님의 전권을 인정하면서 살았는지 되돌아봅니다. 저희로 하나님의 전권을 절대적으로 인정하고 받아들일 수 있게 하여 주옵소서. 내가 살고 죽는 모든 것이 전적으로 하나님께 달려 있다는 전권신앙을 소유할 수 있게 하여 주옵소서. 그리하여 저희를 통하여 놀라운 일을 행하시는 하나님을 경험하는 삶을 살 수 있게 하옵소서. 예수님의 이름으로 기도합니다. 아멘

• **중보기도**: 모든 그리스도인들이 하나님의 전권신앙을 소유하게 하소서.

죄는 삶의 문제이다

9월 12일 / 죄

• 성경: 이사야 59장 1~5절 • 찬송: 279장 • 요절: 사 59:2

우리가 신앙생활하면서 절대 잊지 말아야 할 것이 죄에 관한 문제입니다. 죄의 문제는 죄의 문제로만 끝나지를 않는다는 것입니다. 죄는 내 삶의 전반에 영향력의 뿌리를 뻗습니다. 그 뿌리는 아주 강인해서 내 모든 삶의 전 영역에 파고들어 문제를 만들어가기 시작합니다. 우리의 삶의 문제의 뿌리를 보면 거기에는 반드시 죄악이 묻어 있습니다. 그러므로 죄의 문제는 일부가 아닌 내 삶 전체의 문제입니다.

죄의 문제가 해결되지 않는 한, 나의 다른 문제들도 해결이 되지를 않습니다. 내 삶에 문제가 있는 것은 죄가 있기 때문입니다. 물론 '이 문제는 바로 이 죄가 원인이다.'라고 공식화할 수는 없습니다. 그러나 궁극적으로 보면 다 죄의 문제인 것입니다.

우리는 이 죄의 문제를 반드시 해결해야 합니다. 이유가 있습니다. 죄가 있는 곳에서는 하나님의 역사가 시작되지 않기 때문입니다. 죄에 관한 이야기를 하면 '난 이미 예수님의 피로 죄 사함을 받았는데 왜 또 사함 받은 죄의 문제를 말하느냐!'며 별로 달가워하지 않는 신앙인들도 많이 있습니다. 그런데 문제 해결에 대한 말씀이나, 실패를 딛고 성공하는 약속의 말씀을 증거할 때는 귀를 쫑긋 세웁니다. 그런데 문제 해결이나 실패가 죄의 문제와 밀접하다면 어떻게 해야 하는 것입니까? 죄가 해결되지 않으면 문제가 해결되지를 않습니다.

겨울을 보내야 싹이 돋듯 죄를 해결하지 않는 한 인생의 겨울은 가지 않습니다. 죄가 가야 영혼의 봄이 오는 것이고, 봄이 와야 내 삶의 모든 분야에 싹이 돋고 내가 파종하는 씨앗들도 싹이 돋을 수 있습니다.

- **기도**: 사죄의 은총을 더하시는 하나님, 오늘 저희에게는 하나님 앞에서 반드시 해결 받아야 할 죄의 문제가 없는지 되돌아보기를 원합니다. 하나님이 가장 미워하시는 것이 죄임을 잊지 말게 하여 주옵소서. 죄 문제가 해결되어야만 인생의 모든 문제가 해결된다는 사실을 놓치지 않게 하여 주옵소서. 다른 무엇보다도 항상 죄에 대하여 민감하게 대처하는 신앙이 되게 하여 주옵소서. 예수님의 이름으로 기도합니다. 아멘
- **중보기도**: 모든 그리스도인들이 죄 문제에 대하여 민감하게 대처하는 삶이 되게 하소서.

9월 13일
주를 의뢰함

하나님은 약점이 없습니다

• 성경: 시편 127장 1~2절 • 찬송: 380장 • 요절: 시 127: 1~2

가난 때문에 돈을 벌어야 한다고 말하고, 돈벌이 하려고 하나님 곁을 떠나면 아무리 노력해도 헛수고가 됩니다. 가난에서 해방되는 길은 가난할수록 더 열심히 하나님께 나와야 합니다. 열심히 돈만 번다고 가난이 해결되는 것이 아닙니다.

하나님이 복주시지 않으면 모든 수고가 헛수고가 됩니다. 그래서 시편 기자는 오늘 말씀에 "너희가 일찍이 일어나고 늦게 누우며 수고의 떡을 먹음이 헛되도다"라고 했습니다(2). 주님을 멀리하고 열심히 벌어보았자 사고 한 건 터지면 말짱 도루묵이 되어버리고 맙니다. 사기 한 번 당하면 버는 것 몇 십 배가 날아갑니다.

'우환이 가장 큰 도둑이다.' 라는 속담이 있습니다. 몇 푼 더 버는 것이 중요하지 않습니다. 몇 푼 더 벌려고 하나님을 멀리할 것이 아니라, 힘들수록, 어려울수록 하나님을 더욱 의지하고 주님의 도우심을 바랄 때 하나님이 주시는 은총을 누릴 수 있습니다.

가난함 때문에 하나님께 나아와서 눈물로 기도하고 하나님을 붙들고 사는 사람들은 그 약함이 강함이 됩니다. 왜 그렇습니까? 하나님이 그 약함을 붙들어 주시기 때문입니다. 다시 말하지만 돈에는 치명적인 약점이 있습니다. 사람을 흥하게도 하지만 망하게도 하는 요소가 돈입니다. 그러나 하나님은 약점이 없습니다. 흥하게만 하고 망하게는 하시지 않습니다.

가난해도 최선을 다해서 섬기는 사람들에게 하나님이 복을 주십니다. 그러므로 경제적으로 어렵다고 돈 벌려고 하나님 섬기는 것을 뒤로 미루는 것이 아니라 열심히 주님의 은혜와 복을 구하는 삶이 되어야 합니다.

• **기도**: 은혜로우신 하나님, 저희로 의지하고 바라는 것이 오직 하나님이게 하여 주옵소서. 일생을 다하는 동안 하나님만을 바라는 사람이 되게 하여 주시고, 하나님의 은혜를 구하는 삶이 되게 하여 주옵소서. 저희의 인생을 다 아시는 하나님께서 도움을 구할 때마다 응답하시고 은총을 더하여 주실 것을 믿습니다. 복 있는 길로 이끄실 것을 믿습니다. 하나님은 저희를 살펴보시고 붙들고 계시는 하나님 이심을 믿습니다. 예수님의 이름으로 기도합니다. 아멘.

• **중보기도**: 모든 그리스도인들이 하나님 섬기기를 힘쓰는 삶이 되게 하소서.

9월 14일
구원

구원받을 수 있을까?

• 성경: 누가복음 13장 22~30절 • 찬송: 521장 • 요절: 눅 13:24

하나님 안에 있는 우리는 다 하나님 나라에 들어갈 것을 확신하며 살고 있습니다. 구원의 확신만은 분명합니다. 그러나 우리는 지금 이 시대를 살아가는 그리스도인들로서 현실을 분명하게 바라볼 필요가 있습니다. 어떤 현실이냐 하면 '과연 얼마나 많은 사람들이 구원을 받을까?' 하는 신앙의 현실입니다.

오늘 말씀은 예수님께서 각 마을로 다니시며 가르치시는데 어떤 사람이 이렇게 여쭈어본 것입니다.

"주여, 구원을 받는 자가 적으니이까"(23).

그러자 예수님께서 이렇게 대답하십니다.

"좁은 문으로 들어가기를 힘쓰라 내가 너희에게 이르노니 들어가기를 구하여도 못하는 자가 많으리라"(24).

이 말씀대로라면 구원받는 사람이 적다는 말씀입니다. 구원의 문은 좁은 문이고, 들어가기를 구하여도 못하는 자가 많다는 것입니다. 오늘 우리는 예수님이 주시는 이 말씀을 아주 충격적으로 받아들여야 합니다. 결코 예수님은 구원받는 것이 쉽다고 말씀하신 적이 없으십니다. 구원받는 사람이 적다면 구원받는 것이 어렵다는 뜻입니다. 들어가기를 '구하여도 못하는 자가 많을 것'이라는 말씀도 역시 구원받는 것이 생각만큼 그렇게 쉽지 않다는 뜻의 강조입니다. 그러면 과연 나는 확실히 구원받을 수 있을까요?

우리 자신의 신앙의 유익을 위해서라도 가끔씩 우리의 구원을 의심해 볼 필요가 있을 것습니다. 그리고 우리의 구원이 정말 값진 것이 되기 위해 구원받는 것이 쉽다는 생각은 버려야만 할 것입니다.

• **기도**: 구원의 하나님, 오늘 저희는 구원받은 하나님의 자녀로 살고 있는지요? 모양만 구원받은 하나님의 자녀로 살고 있는 것은 아닌지요? 저희가 진정으로 구원의 축복을 받을 수 있는지, 구원의 확신을 점검할 수 있게 하시고, 지금까지의 신앙생활을 점검할 수 있게 하옵소서. 구원의 문은 좁고, 들어가기를 구하여도 못 들어가는 자가 많다는 것을 기억하며 신앙생활하게 하옵소서. 예수님의 이름으로 기도합니다. 아멘

• **중보기도**: 모든 그리스도인들이 구원의 문으로 들어가기를 힘쓰는 삶이 되게 하소서.

9월 15일
믿음

믿음의 세계

• 성경: 창세기 18장 9 ~ 15절 • 찬송: 540장 • 요절: 창 18: 14

오늘 말씀은 아브라함이 사람의 모습을 하신 하나님을 대접한 후 축복받는 장면을 보여주고 있습니다. 대접을 받은 하나님께서 그의 부인인 사라를 찾으시면서 "내년 이맘때 아들이 있을 것"이라고 축복하십니다(10). 그때 아브라함의 나이가 100세요, 사라의 나이가 90세였습니다.

그 말을 장막 뒤에서 들은 사라가 속으로 웃었는데, 그녀가 웃을 수밖에 없었던 그에 합당한 이유가 있었습니다.

우리가 알듯이 여인이 나이가 많아 폐경기가 되면 잉태할 수 없습니다. 지극히 당연한 상식이요 이치입니다. 그래서 웃은 것입니다. 이 때 하나님께서 사라에게 왜 웃느냐고 책망하십니다. 사라의 입장에서는 지극히 당연한 웃음이었는데 하나님께서는 사라가 웃은 것에 대하여 질타하십니다.

그렇다면 사라가 책망을 받은 이유가 뭘까요? '불신' 때문입니다. 하나님의 말씀을 믿지 못함에 대한 책망입니다. 다른 것은 몰라도 하나님의 말씀은 믿어야 합니다. 아무리 상식에 벗어난 일이라 할지라도 하나님께서 하시는 말씀이면 듣고 아멘 해야 합니다. 그리고 믿고 순종해야 합니다. 그것이 믿음입니다.

믿음은 이성을 뛰어넘는 힘입니다. 이성으로만 다 이해할 수 없습니다. 이 땅에는 이성을 초월한 일들이 많이 있기에 믿음이 필요한 것입니다. 이성이라는 차원을 넘어서, 보다 더 깊고 심오한 세계를 볼 수 있는 믿음이 있습니다. 하나님께서는 우리에게 이 믿음을 두셨습니다. 우리로 겸손히 하나님을 의지하게 하고, 하나님 안에서 보고 들을 수 있도록 믿음의 세계를 두신 것입니다. 우리는 이것을 알아야 합니다.

• **기도** : 은혜로우신 하나님, 오늘 저희에게도 하나님의 말씀을 믿지 못하는 불신이 자리 잡고 있는 것은 아닌지요? 하나님의 말씀을 믿을 수 있는 믿음의 눈을 열어 주옵소서. 그리하여 겸손히 하나님을 의지하게 하시고, 말씀에 순종하는 삶을 살아가게 하옵소서. 또한 이성의 눈으로 보지 못한 것들을 믿음의 눈으로 보면서, 믿음의 세계를 열어주신 하나님을 찬양하는 삶을 살아가게 하옵소서. 예수님의 이름으로 기도합니다. 아멘

• **중보기도** : 모든 그리스도인들이 믿음으로 보지 못한 것들을 보는 삶을 살게 하소서.

9월 16일
믿음

마음이 다르면

• 성경: 민수기 14장 20 ~ 25절 • 찬송: 347장 • 요절: 민 14: 24

하나님과 우리가 근본적으로 다른 점은 바로 '전능'에 있습니다. 우리는 하나님의 형상을 닮은 피조물로서 하나님의 성품과 인격을 닮았습니다. 그러나 영원하시고, 무소부재하시고, 전능하신 하나님의 속성을 우리는 가지지 못했습니다. 그것이 우리 하나님과 피조물이 다른 것입니다.

이는 우리로 겸손케 하시기 위해서입니다. 이 전능하신 하나님을 온전히 믿을 때, 우리는 이성과 감성의 지배나 환경의 지배를 받지 않고 하나님을 크게 볼 수 있습니다. 아무리 큰일이 있다하더라도 그 속에서 하나님을 먼저 보게 되는 것입니다.

여호수아와 갈렙이 가나안 땅을 정탐 후, 나머지 열 명의 정탐꾼과 달랐던 것이 무엇이었을까요? 그들은 마음이 달랐습니다(민 14:24). 마음이 다르면 시각도, 생각도 달라집니다. 그리고 또 하나 중요한 차이가 있습니다. 열 명의 정탐꾼이 보고할 때는 땅에 것에 대해서만 보고를 합니다. '그 땅이 어떻고, 그곳의 성이 어떻고, 사람은 어떠하다. 그래서 우리는 할 수 없다.'는 것입니다. 그러나 여호수아와 갈렙은 하늘을 봅니다. 하나님을 봅니다. 그리고 그것을 보고합니다. "여호와께서 우리를 기뻐하시면… 오직 여호와를 거역하지 말라 또 그 땅 백성을 두려워하지 말라… 여호와는 우리와 함께 하시느니라"(민 14:8, 9).

바로 이 차이입니다. 저들은 하나님을 보았고, 하나님이 함께하신다는 믿음이 있었기에 환경을 보아도 두려워하지 않았던 것입니다. '할 수 있거든'이 아닙니다. 하나님의 전능하심을 믿고 하나님께 맡기는 것입니다. 그것이 믿음입니다.

• **기도** : 전능하신 하나님, 하나님을 크게 볼 수 있는 마음을 주옵소서. 전능하신 하나님을 온전히 믿을 수 있는 믿음을 주옵소서. 그리하여 여호수아와 갈렙 같이 하늘을 보고 하나님을 볼 수 있게 하시고, 하나님을 온전히 의지하는 믿음의 고백을 드릴 수 있게 하여 주옵소서. 또한 그 어떤 환경 속에서도 전능하신 하나님께 모든 것을 맡기고 사는 삶이 되게 하여 주옵소서. 예수님의 이름으로 기도합니다. 아멘

• **중보기도** : 모든 그리스도인들에게 하나님을 크게 볼 수 있는 마음을 주소서.

9월 17일 약속

신실하신 하나님

• 성경: 이사야 40장 28～31절 • 찬송: 546장 • 요절: 사 40:31

하나님은 신실하신 분이시기에 반드시 약속을 지키십니다. 문제는 우리의 조급함입니다.

"왜 빨리 하지 않으실까?" "하나님은 나를 잊으셨는가?"

조급함에서 이러한 마음을 갖게 되고, 그로 인해 실망하고 포기하게 됩니다. 그러나 하나님의 때가 있습니다. 그 때는 정확합니다. 나를 위해서, 그리고 하나님 자신의 영광을 위해서 하십니다.

이스라엘이 포로가 되어 바벨론에서 생활하면서 그들은 곧 하나님께서 우리를 구원해 내실 것이라고 믿었습니다. 그리고 희망을 걸었습니다. 그런데 십 년이 지나고 이십 년, 삼십 년이 지나도 하나님의 구원은 이루어지지 않습니다. 여기에 그들이 불평을 합니다.

"하나님이 우리를 잊으셨나보다. 우리는 버림받은 것이다."

이러한 그들에게 하나님께서 이사야 선지자를 통해서 주신 말씀이 오늘 말씀입니다. 하나님을 앙망할 때 새 힘을 얻게 되고, 그 힘으로 기다릴 때 하나님께서 구원하신다는 약속의 말씀입니다.

하나님의 시간, 하나님의 때가 있습니다. 주님의 영광을 드러내시기 위해서 우리에게 꼭 필요한 때에 다가오십니다. 하나님은 신실하신 분이십니다. 하나님은 자신이 하신 약속에 대해서 신실하십니다.

문제는 나에게 있습니다. 하나님의 이 신실하심을 조급함 때문에 포기하고 또는 잊어버리기 때문입니다. 잊지 않고 기억하면서 하나님께 기도하고, 하나님 앞에 성실한 삶을 살 때, 우리를 축복의 길로, 형통의 길로 이끌어주십니다.

• 기 도: 신실하신 하나님, 저희로 하나님의 때가 있음을 깨닫게 하옵소서. 저희에게도 당신의 영광을 드러내시기에 꼭 필요한 때에 다가오시는 하나님이심을 깨닫게 하옵소서. 그러므로 저희의 조급함 때문에 넘어지거나 실족하지 말게 하여 주시고, 약속에 실신하신 하나님을 끝까지 의지하고 바라며, 성실한 삶을 살아갈 수 있게 하여 주옵소서. 예수님의 이름으로 기도합니다. 아멘

• 중보기도: 모든 그리스도인들이 신실하신 하나님을 경험하는 삶이 되게 하소서.

9월 18일
제사

제사가 효도행위인가?

• 성경: 고린도전서 10장 20~21절 • 찬송: 559장 • 요절: 고전 10:20~21

오늘은 명절 때마다 가장 화두가 되는 조상에 대한 제사 문제에 대하여 함께 짚어보려고 합니다. 우선 조상 제사에 내포되어 있는 몇 가지 성격을 알 필요가 있습니다.

제사는 원시적 '물활론(Animism)'에 근거를 둔 잡신숭배의 하나라는 사실입니다. 다시 말해서 조상을 수많은 신 중의 하나로 섬기는 종교적 성격이 그 배후에 깔려 있다는 것입니다. 그리고 제사는 귀신을 섬기는 일과 불가분의 관계를 가지고 있습니다(고전 10:20). 때문에 제사는 효도행위가 될 수 없습니다. 죽은 자의 영혼이 제사를 받지 못하기 때문입니다. 따라서 제사는 신앙양심상 허락할 수 없는 일입니다.

양심이 파산하면 믿음도 위기를 만납니다(딤전 1:19). 그러므로 제사를 지내는 불신 가정에서는 신자로서 양보할 수 있는 선이 어디까지인가를 알려주어야만 합니다. 제사를 준비하는 일에 참여할 수 있습니다. 하지만 제사상을 차려 놓고 절을 하는 자리에서는 절을 하는 대신 부동의 자세로 기도하는 것이 바람직합니다.

처음에는 어려움을 겪기 마련이지만 그것이 후에 가정을 구원하는 데 결정적인 계기를 만들어 줄 수 있습니다.

세상이 혼란하고 어지러운 때일수록 우상숭배가 갖가지 이름으로 신앙인들을 혼란스럽게 하고 있습니다. 미신을 돈벌이 수단으로 이용하여 사람들을 미혹하고 있는 세상입니다. 사탄을 의식하지 않고 단지 돈벌이 수단으로 미신을 이용한다 하여도 그 사람은 이미 사탄의 손에서 이용당하고 있는 것입니다. 그러니 우리는 거짓 속설에 미혹됨이 없이 온전하게 믿음생활해야 합니다.

- **기도**: 유일하신 하나님, 세상이 혼란하고 어지러운 때일수록 우상숭배가 갖가지 이름으로 신앙인들을 혼란스럽게 하고 있습니다. 이 모든 것이 사단이 저희로 하여금 하나님에게서 멀어지게 하려는 계략임을 깨닫게 하셔서, 사단의 계략에 넘어지는 삶이 되지 말게 하여 주옵소서. 또한, 조상제사는 물론 그 어떤 형태로든 우상을 섬기는 일이 없게 하시고, 하나님만을 섬기는 온전한 믿음생활을 할 수 있게 하여 주옵소서. 예수님의 이름으로 기도합니다. 아멘
- **중보기도**: 모든 그리스도인들이 우상숭배를 멀리하게 하소서.

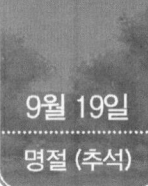

9월 19일
명절 (추석)

일하고 먹어야 한다

• 성경: 데살로니가후서 3장 10 ~ 12절 • 찬송: 450장 • 요절: 살후 3: 10

오늘은 추석 명절입니다. 추석(秋夕)은 중추절(仲秋節), 가위, 한가위, 가배(嘉俳)라고도 합니다. 가위라 함은 신라의 여인들이 길쌈하던 것을 의미하던 가배가 변해서 된 말입니다.

신라 유리왕은 두 공주에게 6부의 부녀자들을 두 편으로 나누어 음력 7월 보름부터 한 달간 베를 짜게 하고, 그 공을 평가하여 진 쪽은 이긴 쪽에 음식을 대접하게 했습니다. 또한 8월 보름(15일)에는 왕이 관원들에게 활쏘기를 시켜 삼베를 상품으로 주었습니다. 이러한 원형으로 볼 때 우리나라 고유 명절인 추석은 일을 장려하기 위해 지킨 명절이라 할 수 있습니다.

예수님은 "내 아버지께서 이제까지 일하시니 나도 일한다(요5:17)"고 하셨습니다. 그리고 부지런히 일하지 않는 자에게는 악하고 게으른 종이라 책망하셨습니다(마25:26).

오늘 말씀에 바울도 "일하기 싫어하거든 먹지도 말게 하라"(살후3:10)고 했습니다. 가나안 농군학교를 세운 고(故) 김용기 장로는 음식 한 끼에 반드시 네 시간씩 일하고 먹자는 신조를 가르쳤습니다.

오늘날은 불로소득이나 일확천금을 꿈꾸는 사람들이 많아졌습니다. 부지런히 땀 흘려 얻는 소득을 외면하고, 땀 흘리지 않고도 얻을 수 있는 소득에 마음을 두는 것입니다. 그러다 보니 실업자는 많다고 하는데 땀과 수고로써 일해야 하는 일자리는 사람들에게 외면당하고 있습니다. 땀과 수고가 없는 소득은 허망하여 그 사람의 영혼을 지켜주지 못합니다. 그것은 헛되이 쓰이게 되고 결국은 하나님께서 도로 거둬 가실 것입니다. 주님도 일하셨던 것 같이 우리도 땀을 흘리며 부지런히 일하는 자세를 가져야하겠습니다.

• **기도** : 은혜로우신 하나님, 저희로 일확천금을 꿈꾸는 사람이 되지 말게 하여 주옵소서. 땀 흘리지 않고도 얻을 수 있는 소득에 마음을 두지 말게 하여 주옵소서. 부지런히 땀 흘려서 얻은 소득을 기뻐할 수 있게 하시고, 일할 수 있는 기회를 주신 하나님께 감사하며 사는 삶이 되게 하여 주옵소서. 예수님의 이름으로 기도합니다. 아멘

• **중보기도** : 모든 그리스도인들이 땀 흘린 소득을 기뻐하게 하소서.

9월 20일
믿음

허물을 덮는 힘

• 성경: 베드로전서 4장 8절 • 찬송: 218장 • 요절: 벧전 4 : 8

눈썹이 없는 한 여인이 있었습니다. 이 여인은 눈썹 콤플렉스 때문에 늦게까지 결혼도 못하다가 눈썹을 예쁘게 화장하여 눈썹이 없는 것을 속이고 건실한 연탄장수 청년과 결혼하게 되었습니다.

이 여인은 매일 남편을 도와 연탄을 배달하며 즐거운 신혼을 보냈습니다. 그런데 문제가 있었습니다. 여인은 눈썹이 없다는 것을 감추기 위해 남편이 잠든 후에야 자고, 남편이 깨기 전에 일어나 화장을 하고 눈썹을 그려 넣어야 했던 것입니다.

어느 화창한 가을날, 겨울을 준비하는 집이 늘어나면서 연탄 배달도 많아졌습니다. 남편이 끄는 손수레를 열심히 밀다 보니 아내의 온몸이 땀에 젖어 있었습니다. 손수레를 곁에 세워두고 그들은 잠시 앉아 쉬었습니다.

남편의 얼굴은 그나마 나은데, 아내의 얼굴은 땀으로 엉망이 되어 있었습니다. "여보, 얼굴 좀 봐요. 땀 닦아 줄게!" 남편의 갑작스런 말에 아내는 화들짝 놀랐습니다. 아내는 극구 사양을 했지만 남편은 막무가내였습니다. '이러다간 눈썹이 없는 것을 들키고 말 텐데…' 그 순간 남편이 몸을 돌려 아내의 얼굴에 수건을 갖다 댔습니다. "여보, 고생이 많지?" 당황한 아내는 어찌할 바를 몰랐습니다. 한참 뒤 아내의 눈에는 눈물이 흘러내렸습니다. 남편의 거친 손길은 아내의 눈썹을 건드리지 않으려고 조심스럽게 움직이고 있었던 것입니다.

사랑은 상대의 모든 허물을 덮는 힘이 있습니다. 그래서 오늘 말씀에 베드로 사도는 서로 뜨겁게 사랑할 것을 권면하고 있습니다. 우리는 세상을 살아가면서 더욱 뜨겁게 사랑하기에 힘써야 하겠습니다. 예수님이 우리의 모든 허물을 십자가의 사랑으로 온전히 덮으신 것처럼 말입니다.

• **기도** : 서로 사랑하라 말씀하신 주님. 미움과 증오가 가득한 이 세상을 치유할 수 있는 것은 사랑밖에 없는 줄 믿습니다. 저희로 서로 사랑하며 살아가게 하옵소서. 사랑하되 모든 허물을 덮을 수 있는 사랑이 되게 하시고, 저희를 죽기까지 사랑하신 예수님의 십자가 사랑을 보여줄 수 있는 사람이 되게 하옵소서. 예수님의 이름으로 기도합니다. 아멘

• **중보기도** : 모든 그리스도인들에게 뜨겁게 사랑할 수 있는 마음을 주소서.

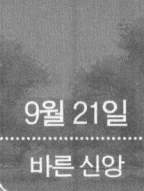

9월 21일
바른 신앙

바로 알고, 바로 믿어야 한다

• 성경: 디모데후서 3장 14~15절 • 찬송: 201장 • 요절: 딤후 3: 14~15

주일학교를 지도하고 있는 전도사님이 설교하기 전에 아이들에게 이렇게 물었습니다.

"여리고 성을 누가 부쉈는지 아는 사람?"

그런데 아무 학생도 대답지를 못하고 가만히 있는 것입니다. 그래서 전도사님은 앞에 앉아 있는 학생에게 물었습니다. 그러자 이 학생은 정색을 하면서, "제가 안 부쉈는데요." 하며 울먹거렸습니다.

어이가 없었던 전도사님은 예배가 끝나고 선생님에게 물었습니다. "여리고 성을 누가 부쉈는지 물어보니까 아이들이 자기가 안 그랬다고 그러는데 도대체 신앙교육이 어떻게 된 것입니까?" 하고 말했습니다.

그러자 그 아이의 담임선생님이 "그 아이의 말이 맞을 겁니다. 그 아이는 거짓말을 할 아이는 아닙니다. 아마도 그 아이가 아니라 다른 아이가 그랬을 겁니다."라고 말하는 것입니다.

선생님이 이렇게 대답을 하니 심각한 문제라고 판단한 전도사님은 이 이야기를 교육부회의 시간에 담임목사님과 부장집사님들이 다 있는 곳에 이 이야기를 했습니다. 그랬더니 부장 집사님이 송구해하는 표정으로 이렇게 말했습니다. "죄송합니다. 제가 잘 못 가르쳐서 그렇습니다. 다음부터는 절대로 거짓말하지 않도록 주의를 시키겠습니다."

이런 일이야 있을 수 없겠지만 무조건 교회 출석만 잘하면 좋은 신앙이 아니라는 것을 우리에게 깨우쳐 주고 있습니다. 바로 알고 바로 믿어야 하나님을 경험할 수 있고 변화된 인격과 신앙으로 사람들에게 영향력 있는 그리스도인이 될 수 있습니다. 우리는 무늬만 신앙인이 되지 않기 위하여 늘 배우고 확신한 일에 거하는 신앙의 사람이 됩시다.

• **기도**: 은혜로우신 하나님, 저희로 하나님을 바로 알고 바로 믿을 수 있는 신앙의 사람이 되게 하옵소서. 바로 믿어야만 바로 살 수 있음을 기억하여, 늘 말씀을 배우고 확신한 일에 거하는 삶이 되게 하옵소서. 또한 바른 믿음으로 주변에 그리스도인으로서의 좋은 영향력을 끼칠 수 있는 신앙의 사람이 되게 하옵소서. 예수님의 이름으로 기도합니다. 아멘

• **중보기도**: 모든 그리스도인들이 하나님을 바로 알고 바로 믿고 바로 살 수 있게 하소서.

9월 22일 주일

안식일은 쉬어야한다

• 성경: 레위기 19장 3절 • 찬송: 43장 • 요절: 레 19: 3

한 여 집사님에게 똑똑한 딸이 있었습니다. 2등이라고는 해본 적이 없는 수재였습니다. 그런데 고 3이 되자 집사님이 딸에게 "너는 서울대학교에 갈 아이니 고3 때에는 교회에 나가지 말아라."고 일렀습니다. 목사님이 집사님에게 '딸을 교회에 보내라'고 말씀하셨더니 "아닙니다. 우리 딸은 서울대학교에 갈 아이입니다. 고3 때에는 교회에 못나갑니다. 주일에도 공부를 쉬게 할 수 없습니다."하는 겁니다. 그래서 목사님은 안타까운 심정으로 "집사님, 농사짓는 사람은 아무리 배가 고파도 씨감자는 먹지 않는다고 합니다. 씨감자를 먹으면 굶어 죽습니다. 우리에게는 주일성수가 씨감자인데 절대로 주일을 지키는 믿음만은 없애면 안 됩니다." 말씀하셨습니다. 그러나 집사님의 딸은 주일에 교회에 나오지 않았고, 원대로 서울대학교에 들어갔습니다. 집사님은 그것보라는 듯이 으쓱대며 다녔는데, 그만 문제가 생겼습니다. 이 아이는 2등을 해 본 적이 없어서 자신이 수재 중에 수재인 줄로 알았는데, 서울대학에 들어가 보니까 자기는 지극히 평범하고 주위에 수재가 아닌 사람은 아무도 없었습니다. 그리고 아무리 애를 써도 도저히 따라잡을 수가 없었습니다. 절망을 느낀 이 아이는 결국 자살하고 말았습니다.

딸의 장례를 마치고 집사님이 목사님께 이렇게 오열을 하더랍니다. "목사님, 내 딸을 죽인 것은 저의 불신앙입니다. 내가 딸을 죽이고 말았어요."

안식일은 하나님께 예배하며 쉬라고 주신 법입니다. 휴식은 하나님께서 주신 축복이요 우리가 누릴 수 있는 가장 큰 기쁨 중의 하나입니다. 그래서 하나님께서는 이스라엘 백성들에게 안식일에 휴식할 것을 하늘의 법으로 정해주신 것입니다. 우리는 가장 큰 계명인 십계명에 안식일이 자리 잡고 있다는 것을 기억해야만 합니다.

• **기도** : 안식일의 주인이신 주님, 저희로 주님의 날을 잘 지킬 수 있는 신앙의 사람이 되게 하여 주옵소서. 형편과 처지에 따라 주일을 범하는 일이 없게 하시고, 주님의 계명을 성실히 지킬 수 있는 신앙의 사람이 되게 하여 주옵소서. 그리하여 끌려 다니는 신앙생활이 아니라, 주님이 채우시는 안식과 평안을 진정으로 누리며 사는 신앙생활이 되게 하여 주옵소서. 예수님의 이름으로 기도합니다. 아멘.
• **중보기도** : 모든 그리스도인들이 주님의 날을 잘 지킬 수 있게 하소서.

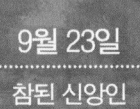

9월 23일 참된 신앙인

크게 쓰임 받는 사람

• 성경: 민수기 13장 30 ~ 14장 10절 • 찬송: 341장 • 요절: 민 14:8 ~ 9

민수기 13장을 보면 모세가 12명의 정탐꾼을 선발하여 하나님이 주시겠다고 약속하신 가나안 땅을 미리 정탐하게 하는 말씀이 기록되어 있습니다. 가나안 땅을 40일 동안 미리 탐지하고 돌아온 12명의 정탐꾼이 모든 백성들이 지켜보고 있는 가운데 모세 앞에서 보고를 합니다. 그런데 12명의 정탐꾼 중 10명은 부정과 절망의 보고를 하였습니다.

그 땅 거주민과 성읍은 견고하다는 것입니다. 그들은 우리보다 강하다는 것입니다. 그들 앞에서 우리는 메뚜기 같다는 것입니다. 이때 모세의 입장이 얼마나 난처했겠습니까? 그런데 이때 갈렙이 나서서 한마디 합니다.

"여호와께서 우리를 기뻐하시면 우리를 그 땅으로 인도하여 들이시고 그 땅을 우리에게 주시리라 이는 과연 젖과 꿀이 흐르는 땅이라 다만 여호와를 거역하지 말라 그 땅 백성을 두려워하지 말라 그들은 우리의 먹이라. 그들의 보호자는 그들에게서 떠났고 여호와는 우리와 함께 하시느니라"(민 14:8,9).

갈렙은 지도자가 난처한 입장에 처해 있을 때 그 마음을 살필 줄 아는 사람이었습니다. 그리고 그 십자가를 자기가 대신 짊어지려고 했습니다. 이러한 그였기에 그는 이방인의 신분을 가진 사람이었으면서도(창15:18~20,민 32:12) 약속의 땅을 받아 누리는 하나님의 축복의 사람이 될 수 있었던 것입니다. "네 발로 밟는 땅은 영원히 너와 네 자손의 기업이 되리라"(9절).

자신이 처한 현실을 초월하여 지도자를 먼저 생각하고, 공동체를 먼저 생각할 줄 아는 사람, 그리고 그 짐을 자신이 지기를 원하는 사람, 이런 사람이 위대한 신앙인이고 하나님께 크게 쓰임 받는 사람입니다.

• **기도**: 인생을 굽어 살피시는 하나님, 오늘 저희는 누군가 난처한 입장에 놓였을 때 어떤 태도를 보였는지요? 상대방을 궁지로 더욱 몰아넣는 태도를 보인 것은 아니지요? 상대방의 마음을 헤아릴 줄 알고 위로하며, 용기와 믿음을 보여줄 수 있는 신앙의 사람이 되게 하여 주옵소서. 예수님의 이름으로 기도합니다. 아멘

• **중보기도**: 모든 그리스도인들이 서로를 헤아릴 줄 아는 믿음의 사람이 되게 하소서.

9월 24일
고난, 채찍

사랑하기 때문에

• 성경: 히브리서 12장 6~8절 • 찬송: 543장 • 요절: 히 12:8

　길을 가는데 공원 벤치에서 중학교 학생들이 담배를 피우고 있습니다. 그 모습을 보고 모두가 속으로 한마디씩 하면서 지나가지만 가서 그 학생들을 제지하거나 책망하는 사람은 아무도 없습니다. 세상이 무서우니까 그러다가 무슨 봉변을 당할지도 모른다는 생각에서 그냥 지나가기도 하지만, 더 중요한 이유는 내가 사랑하고 내가 기대하는 내 아들, 내 딸이 아니기 때문입니다. 만약 내 아들이 그러고 있으면 당장 달려가서 한 대 때리거나 크게 야단칠 것입니다. 왜냐하면 내가 사랑하는 아들이요, 내가 기대하는 딸이기 때문입니다.

　하나님 아버지도 마찬가지입니다. 당신의 아들이 아니고 당신의 백성이 아니면 웬만큼 잘못해도 그냥 내버려 둡니다. 징계를 하지 않습니다. 그래서 많은 시편의 기자들은 왜 악인이 형통하냐? 고 따지기도 했습니다만, 악인이 형통한 것은 그들이 하나님의 백성이 아니기에 잠시 그 상태로 내버려 두시기 때문입니다.

　그러나 하나님의 백성들이, 하나님의 자녀들이 잘못하면 하나님은 그들을 사랑하시기 때문에 그냥 두지 않고 그들을 책망하십니다. 그렇게 살아서는 안 되기에 그들을 징계하십니다. 그래서 올바른 삶을 살도록 이끄십니다. 우리에게 고난이 있다는 것은 하나님이 우리를 사랑하시는 증거요 우리가 하나님의 백성이 되고 자녀가 되었음을 증거해 주는 것입니다.

　사랑하기 때문에 고난이 있습니다. 그러므로 우리는 고난 속에서 주님의 사랑을 느낄 수 있어야겠습니다.

• **기도**: 은혜로우신 하나님, 하나님은 저희를 살펴보시고 붙들고 계시는 하나님이심을 믿습니다. 마음이 낙심되고 상심이 클 때, 다윗과 같이 하나님만을 의뢰하고 의지할 수 있는 신앙의 사람이 되게 하여 주옵소서. 어느 누구도 도와주는 이가 없을 때, 다윗과 같이 주께서 그 강한 손으로 인도하고 계신다는 믿음 위에 굳게 서 있게 하옵소서. 예수님의 이름으로 기도합니다. 아멘
• **중보기도**: 모든 그리스도인들이 주의 오른손이 붙들어 주신다는 믿음 위에 굳게 서 있게 하소서.

9월 25일 생활

그리스도의 향기

• 성경: 고린도후서 2장 15~16절 • 찬송: 218장 • 요절: 고후 2:15~16

　오늘 말씀에 사도바울은 하나님의 자녀를 그리스도의 향기로 표현하고 있습니다. 예수님을 믿는 자들에게나 믿지 않는 자들에게나 우리는 그리스도의 향기라는 것입니다. 우리는 사도바울이 이렇게 말한 의도를 쉽게 파악할 수 있습니다. 이 땅에서 하나님의 자녀로 사는 우리의 삶이 향기로운 삶이 되어야 한다는 것입니다. 썩고 냄새나는 삶이 아닙니다. 가치 있고 비중 있는 삶을 살아야 한다는 말씀입니다.

　그리스도인으로 사는 우리는 탁하고 추한 세상에 맑고 상쾌함을 줄 수 있는 산소 같은 그런 삶을 살아야 합니다. 피곤하고 짜증나는 세상에서 우리 때문에 피곤이 풀리고 살맛 나고, 살고 싶은 세상이 되어야만 합니다.

　인위적으로 만들어 낸 향수나 화장품 같은 냄새가 아닙니다. 만들어 낸 향기는 시간이 지나면 없어지거나 오래 맡으면 오히려 머리가 아프지만, 주님을 닮아서 나는 향기는 시간이 지나도 없어지지 않습니다.

　이런 향내 나는 삶과 인격을 갖춘 신앙은 하루아침에 되지는 않겠지만, 오늘 우리는 그런 신앙의 향기를 갖기 위해서 노력해야만 할 것입니다.

　지금 우리가 살고 있는 시대는 신앙의 향기를 갖기 위해서 더욱 노력할 때입니다. 왜냐하면 기독교가 세상으로부터 많은 비난을 받고 있기 때문입니다.

　그리스도인다운 멋진 향기, 누구라도 우리와 함께하고 싶어 하는 그런 향기, 예수 그리스도의 향기가 있는 신앙의 사람이 되도록 힘써야겠습니다.

• **기도**: 사랑의 주님, 사도바울이 하나님의 자녀를 그리스도의 향기로 표현하고 있습니다. 예수님을 믿는 자들에게나 믿지 않는 자들에게나 저희가 그리스도의 향기라는 것입니다. 향기를 내는 삶이 되어야 한다는 것입니다. 저희로 신앙의 향기를 내기 위해서 노력할 수 있게 하시고, 주님을 닮아가기에 힘쓸 수 있게 하옵소서. 모든 사람들에게 예수 그리스도의 향기를 품은 사람으로 기억될 수 있게 하옵소서. 예수님의 이름으로 기도합니다. 아멘
• **중보기도**: 모든 그리스도인들이 그리스도인의 향기를 내는 삶이 되게 하소서.

9월 26일
믿음의 훈련

믿음의 훈련을 잘 쌓으면

• 성경: 사무엘상 17장 31 ~ 54절 • 찬송: 359장 • 요절: 삼상 17: 34 ~ 36

　오늘 말씀에 실력 있는 믿음을 가진 한 사람이 소개되고 있습니다. 우리가 잘 아는 다윗입니다. 다윗은 아버지의 양을 지키는 일을 맡았습니다. 그는 들에서 사자나 곰이 와서 양떼를 잡아가면 그것을 치고 그 입에서 새끼를 건져냈다고 말합니다.

　사자나 곰이 그렇게 어리숙한 동물이 아닙니다. 작대기 하나 들고 위협을 한다고 "어이구, 무서워라!" 하며 도망갈 동물이 아니라는 것입니다. 사자는 백수의 왕이라 불리우는 동물입니다. 그러므로 객관적으로 본다면 도저히 상대가 되지 않는 싸움입니다.

　다윗은 그런데도 겁없이 달려가면서 사자와 곰을 대적하여 싸웠습니다. 도대체 그런 힘과 용기가 어디서 나온 것일까요? 하나는 들에서 실력을 쌓은 결과이고, 또 하나는 하나님께서 사자와 곰의 발톱에서 건져내실 것이라는 믿음입니다. 이것을 한마디로 정리하면 실력 있는 믿음이라는 것입니다.

　당시 이스라엘의 군대는 칼이나 창도 제대로 없는 오합지졸이었습니다. 그런데 블레셋은 어떠했습니까? 그들은 철기 문화와 청동기 문화가 발달된 민족이었습니다. 따라서 무기나 군사 면으로 볼 때 이스라엘은 비교가 안 됩니다. 싸워보나마나 이미 결과가 드러난 전쟁이었습니다. 그런데 이스라엘이 이겼습니다. 그 이유는 한 사람의 실력 있는 믿음의 사람이 등장하니까 전쟁의 분위기가 완전히 뒤바꿔진 것입니다.

　우리도 믿음의 훈련을 잘 쌓으면 다윗과 같이 세상을 압도하고 불가능을 역전시키는, 실력 있는 믿음의 소유자들이 될 수 있습니다. 실력 있는 믿음은 반드시 쓰임 받게 되어있습니다.

• **기도** : 은혜로우신 하나님, 저희로 하여금 다윗과 같이 믿음의 훈련을 잘 쌓을 수 있는 신앙의 사람이 되게 하여 주옵소서. 믿음의 훈련을 잘 쌓으므로 다윗과 같이 세상을 압도하고, 불가능을 역전시키는 믿음의 사람으로 쓰임 받을 수 있게 하여 주옵소서. 지금도 하나님께서는 다윗과 같은 실력 있는 믿음의 소유자를 찾고 계심을 기억하여 그 어떤 상황에서도 믿음의 훈련에 힘쓰는 삶이 되게 하여 주옵소서. 예수님의 이름으로 기도합니다. 아멘.
• **중보기도** : 모든 그리스도인들이 믿음의 훈련을 잘 쌓아서 쓰임 받는 사람이 되게 하소서.

9월 27일
소원

오직 이 한 가지 소원

• 성경: 시편 27편 1~6절 • 찬송: 210장 • 요절: 시 27:4

우리를 포함한 모든 사람들에게는 소원이 있습니다. 그러나 그 소원의 내용을 보면 순간적인 것들이 많습니다. 그 순간을 이루면 또 다른 것을 요구하게 됩니다. 예컨대 좋은 집, 좋은 옷, 성공과 출세, 좋은 사람 만나는 것들이 그것입니다. 그러므로 이런 것들은 궁극적인 소원은 아닙니다. 이것은 그 소원이 이루어지면 또 다른 욕심에 사로잡힐 것들입니다.

궁극적인 소원은 그때 그때에 따라서 달라지는 소원이 아닙니다. 그 어떤 순간이든지 변하지 않고 항상 사모하고 그렇게 되기를 원하는 소원, 그것이 궁극적인 소원이요, 그 소원을 우리는 이 땅에서 가지고 있어야 합니다.

오늘 말씀을 보면 다윗에게 오직 한 가지 소원이 있었습니다. 그의 소원은 하나님의 집에 살면서 하나님의 아름다운 모습을 보는 것과 성전에서 주님과 의논하며 살아가는 것입니다. 한마디로 말하면 '평생 하나님의 집에 거하는 삶'입니다.

이것은 다윗의 일관된 소원이었습니다. 다윗은 평안할 때도 이것을 하나님께 구했고, 고난 가운데서도 하나님께 구했습니다. 특별히 오늘 이 시를 쓴 배경은 다윗이 압살롬에게 쫓겨 도망다닐 때입니다. 다른 사람도 아닌 믿었던 자식과 믿었던 신하들에게 배반을 당했으니 이 얼마나 고통스럽고 괴로운 일입니까? 그런 상황에서도 그는 하나님의 집에 거하며 그 안에서 누리는 삶, 이 한 가지를 구한다고 했습니다.

이것이 다윗에게 있어서 가장 소중한 가치요 소원이었습니다. 이 가치, 이 삶이 오늘 우리의 소원이 되실 수 있기를 바랍니다.

• **기도** : 저희로 아름다운 소원을 갖게 하시는 주님, 저희로 하여금 다윗과 같은 소원이 있게 하여 주옵소서. 성전에 거하면서 하나님의 아름다운 모습을 볼 수 있게 하시고, 항상 주님과 의논하며 살아갈 수 있게 하여 주옵소서. 이것을 구하되 다윗과 같이 평안할 때도 구할 수 있게 하시고, 고난 가운데서도 구할 수 있게 하여 주옵소서. 이 소중한 가치를 붙들고 사는 저희의 삶이 되게 하여 주옵소서. 예수님의 이름으로 기도합니다. 아멘

• **중보기도** : 모든 그리스도인들이 성전에 거하기를 소원하는 삶을 살게 하소서.

9월 28일
영적 교제

하나님과의 교제

• 성경: 시편 19편 7~10절 • 찬송: 438장 • 요절: 시 19:9~10

우리는 오늘 말씀 속에서 다윗이 말씀에 대한 사랑과 열정이 어떠한지를 만나볼 수 있습니다. 그는 하나님의 말씀을 사모하는 사람이었습니다. 말씀을 통하여 하나님과 교제했고, 이 교제의 삶을 통하여 하나님의 집에 영원히 거하는 삶이되기를 소망했습니다. 하나님과의 교제가 풍성해질 때 거기에 만족함이 있고, 힘이 있고, 능력이 있습니다.

저주 중의 최고의 저주는 이 사실을 깨닫지 못하는 것입니다. 이 사실을 깨닫지 못하고 헛된 것을 위해서 살아가는 삶이 저주입니다. 독한 저주는 병들고 대학 떨어지며 사업에 실패하는 것이 아닙니다. 하나님께서 사랑하는 자에게 징계와 채찍을 주신다고 했습니다. 그 채찍을 통해서 하나님께로 돌아오게 하시기 위해서입니다.

그러나 최고의 저주는 깨닫지를 못하는 것입니다. 그러니 "하나님과 교제하는 삶을 살면 밥이 나와 떡이 나와." "기도하고 말씀 본다고 내 삶이 당장 달라지나?" 이런 말이나 하는 겁니다.

깨닫지를 못하니까 주님을 가까이 하기보다는 밥상이 올무가 되는 것입니다. 날마다 무엇을 먹을까 무엇을 마실까, 돈을 추구하고, 명예를 추구하고 쓸데없는 것만 추구하면서 사는 것입니다. 이게 바로 저주입니다.

우리는 하나님과 교제하는 시간이 풍성해지는 것, 이것이 큰 축복임을 깨달아야 합니다. 하나님과의 교제가 있어야 거기서 위로를 얻을 수 있고, 거기서 힘을 얻을 수 있고, 거기서 지혜를 얻으며 능력을 힘입을 수 있습니다.

• **기도** : 사랑의 주님, 오늘 저희는 하나님과 풍성한 교제를 이루며 살고 있는지 되돌아봅니다. 혹시 다른 무엇을 애착심을 가지고 추구하면서 살다가 하나님과의 교제가 메말라 있는 것은 아닌지요? 하나님과의 교제가 끊어진 삶이 곧 저주의 삶임을 잊지 말게 하여 주옵소서. 언제나 주님과 풍성한 교제를 이루는 삶이 되게 하시고, 그 안에서 위로와 힘을 얻으며 지혜를 얻는 삶이 되게 하여 주옵소서. 예수님의 이름으로 기도합니다. 아멘

• **중보기도** : 모든 그리스도인들이 하나님과의 교제가 풍성해지게 하소서.

9월 29일 헌금

예배에는 예물이 있어야 한다

• 성경: 고린도후서 9장 7절 • 찬송: 50장 • 요절: 고후 9:7

우리가 하나님께 예배하는데, 예배에는 반드시 예물이 있어야 합니다. 희생으로 하나님께 드려지는 것이 없는 제사는 아무것도 아니듯, 예물이 없는 예배는 아무런 의미도 없습니다. 구약에 보면 여유가 있는 사람은 소나 양을 드려야 하고, 찢어지게 가난하면 비둘기라도 드려야만 했습니다. 자신의 형편에 따라 반드시 제물을 드려야만 했습니다.

가난하다고 해서 "너는 가난하니까 내가 마음만 받겠으니 제물은 드리지 말아라." 하지 않으셨습니다. 따라서 오늘 우리가 드리는 예배에도 감사의 예물이 있어야 합니다. 감사의 내용대로, 감사한 만큼, 하나님께 드리는 감사의 헌금이 있어야 하는 것입니다.

하나님께서 내게 주신 은혜에 상응하게, 그 축복에 걸맞게, 그 응답에 어울리게, 우리는 반드시 감사의 예물을 가지고 예배로 나와야만 하는 것입니다. 이것이 예배자의 기본적인 자세입니다.

감사의 예물을 형식적으로 드리는 사람이 있습니다. 다른 사람들이 주일 헌금하는 만큼의 금액으로 감사헌금을 드리는 사람이 있습니다. 정말 예수님께서 말씀하신 과부처럼 전 재산이 두 렙돈밖에 안 되어 그것을 드리는 것이라면 그것은 하나님 앞에 최고의 예물이 될 것입니다. 그러나 내가 하나님 앞에 적게 드리는 것이 드릴 마음이 없어서, 아까워서, 습관이어서 그러는 것이라면 당장 고쳐야합니다.

하나님은 그 아들까지 아끼지 않고 나에게 주셨습니다. 그 놀라운 사실에 우리는 부끄럽지 않게 하나님께 드릴 수 있어야 합니다. 내 물질이 있는 곳에 내 마음이 있습니다(마6:21).

• **기도**: 즐겨내는 자를 사랑하시는 주님, 오늘 저희가 주님께 드리는 예물은 주님이 기쁘게 받으시는 예물이 되게 하여 주옵소서. 마음을 담아 정성껏 예물을 드릴 수 있게 하시고, 억지로 드리거나 인색한 마음으로 드리는 일이 없게 하여 주옵소서. 저희가 주님께 드리는 예물 속에 과부의 두 렙돈과 같은 정성이 있게 하시고, 주님의 십자가의 사랑 앞에 부끄럽지 않은 희생이 묻어 있는 예물이 되게 하여 주옵소서. 예수님의 이름으로 기도합니다. 아멘

• **중보기도**: 모든 그리스도인들이 주님이 기쁘게 받으시는 예물을 드릴 수 있게 하소서.

9월 30일
고난과 축복

변장한 하나님의 축복

• 성경: 시편 119편 65~71절 • 찬송: 312장 • 요절: 시 119:67

하나님은 축복을 주실 때 고난의 보자기에 싸서 주신다는 말이 있습니다. "고난은 변장한 하나님의 축복이다."는 말이 있습니다. 하나님은 은혜와 복을 주실 때 반드시 고난을 겸하여 주십니다. 왜냐하면 우리는 쉽게 교만해질 수 있는 죄에 약한 존재이기 때문입니다.

그래서 20세기의 위대한 영적 지도자인 C. S. 루이스는 "타락한 인생에게 고난마저 없다면 얼마나 교만할 것인가!"라고 했습니다. 타락한 인생은 고난이 없이는 하나님을 향한 진정한 신뢰를 배울 수 없습니다. 진정한 순종을 배우지를 못합니다.

시련과 고통은 우리의 연단을 위해 하나님께서 사용하시는 고마운 일꾼들입니다. 우리 인생에 닥치는 폭풍우와 바람이 있었기 때문에 우리의 설익은 품성이 하나님의 아름다운 품성으로 꼴 지워지는 것입니다.

시련과 고난이 없이는 우리는 속이 꽉 찬 사람이 되지 못합니다. 비바람 궂은 날씨를 견딘 작물이 알이 잘 영근 곡식을 내듯이, 빈 속을 가진 쭉정이 같은 연약한 사람이 되지 않으려면, 우리는 연단을 받아야 합니다.

우리에게 있는 시련과 고난은 우리의 신앙과 인격을 단련하는 통로입니다. 그래서 오늘 말씀에 시편 기자는 "고난당하기 전에는 내가 그릇 행하였더니 이제는 주의 말씀을 지키나이다"(67) 했고, "고난당한 것이 내게 유익이라 이로 말미암아 내가 주의 율례들을 배우게 되었나이다"(71)라고 고백했습니다.

그러므로 우리 인생에 시련과 고난은 우리의 성품에서 불순물과 거친 것을 제거해내는 하나님의 유용한 도구들임을 잊지 말아야겠습니다.

• **기도**: 사랑의 주님, 오늘 저희는 쉽게 교만해질 수 있는 연약한 존재임을 깨닫습니다. 그러므로 시련과 고통을 통하여 저희를 겸손한 사람으로 빚으시는 하나님의 사랑을 느낄 수 있게 하옵소서. 또한 주님을 닮아 가는 아름다운 품성으로 변화되는 축복을 받을 수 있게 하옵소서. 또한 고난을 피하는 삶이 아니라 고난 속에 숨겨진 주님의 축복을 발견할 줄 아는 지혜의 사람이 되게 하옵소서. 예수님의 이름으로 기도합니다. 아멘

• **중보기도**: 모든 그리스도인들이 고난을 변장한 하나님의 축복으로 받아들일 수 있게 하소서.

10월 1일 사명

아름다운 죽음

• 성경: 신명기 34장 1~8절 • 찬송: 316장 • 요절: 신 34:7

사람은 나이 들어 기력이 쇠하면 죽게 됩니다. 병들어 죽는 것도 병이 사람의 기력을 쇠하게 만들었기 때문입니다. 그런데 오늘 말씀에 모세는 죽을 때 120세였지만 눈이 흐리지 않았고 기력이 쇠하지 않았습니다(신34:7).

모세는 결코 몸이 쇠약해져 죽은 게 아니라는 말씀입니다. 모세는 120세까지 아주 정정했습니다. 그런 모세가 어떻게 해서 죽습니까? 모세가 자신의 사명을 완수해 하나님이 세상에서 데려가셨다고 합니다.

인생이란 얼마나 오래 살았는가보다는 어떻게 살다 어떻게 죽느냐가 중요합니다. 모세의 죽음은 사명을 마친 자의 죽음입니다. 사명을 다한 자의 죽음은 아름답습니다. 사명을 다한 자의 임종에는 진정한 샬롬(평안)이 있기 때문입니다.

모세의 최후 모습은 우리에게 큰 격려와 도전을 줍니다. 우리의 최후 모습은 어떨지 생각해 보신 적이 있습니까? 아마 없을 것입니다. 그 누구도 자신이 최후를 맞는 순간 무슨 일이 벌어질지 모르기 때문입니다. 죽음은 누구에게나 걸림돌입니다. 죽음은 누구에게나 두려움의 대상입니다. 그러나 우리 그리스도인들에게는 죽음이 걸림돌이 될 수 없습니다. 죽음이란 영생을 사는 또 하나의 시작이기 때문입니다.

사도바울은 "나는 선한 싸움을 싸우고 달려갈 길을 마치고 믿음을 지켰으니… 나를 위하여 의의 면류관이 예비되었으므로"(딤후 4:7~8)라고 말합니다. 여기서 선한 싸움, 달려갈 길이란 하나님이 맡기신 사명을 이루려고 최선을 다했다는 뜻입니다. 믿음 안에서는 '최고'가 아니라 '최선'을 다하는 사람이 귀한 인생임을 잊지 말아야겠습니다.

- **기도**: 은혜로우신 하나님, 죽음은 누구에게나 걸림돌이요 두려움의 대상이지만 사명을 다한 자의 죽음은 안식이요 평안인 줄 믿습니다. 저희로 모세와 같이 이 땅에서의 사명을 마친 후 아름다운 죽음을 맞이할 수 있는 복을 받게 하옵소서. 바울과 같이 맡겨진 사명을 이루려고 선한 싸움을 싸우며 달려가는 모습이 있게 하시고, 믿음 안에서 최선을 이루는 삶이 되게 하여 주옵소서. 예수님의 이름으로 기도합니다. 아멘
- **중보기도**: 모든 그리스도인들이 복되고 아름다운 죽음을 맞이할 수 있는 삶을 살게 하소서.

10월 2일 신앙

불

• 성경: 누가복음 12장 49~50절 • 찬송: 184장 • 요절: 눅 12:49

인간이 동물과 다른 점의 하나는 불의 사용에 있습니다. 불은 동물들에게는 공포의 대상이지만 인간들에게는 매우 요긴한 물질입니다. 인간은 불 덕분에 난방이나 음식 조리나 야간활동이 가능하게 되었습니다. 불의 특성은 태우는 것과 옮겨 붙는 것입니다. 그래서 작은 불씨 하나로도 산이나 들을 태워버릴 수 있습니다.

불이라는 것은 눈에 보이는 물질을 태울 때만 일컫는 것이 아닙니다. 예수님은 오늘 말씀에 "내가 불을 땅에 던지러 왔노니 이 불이 이미 붙었으면 내가 무엇을 원하리요" 하고 말씀하셨습니다. 예수님이 말씀하신 불은 물질을 태우는 불이 아닙니다. 신앙의 불을 의미하는 것입니다. 즉 하나님을 향한 믿음이 불붙기를 바라신다는 말씀입니다. 불의 속성은 뜨거움에 있습니다. 바로 이 뜨거움 때문에 불이 음식을 익히고 물질을 녹이는 것이 가능한 것입니다. 신앙의 불이 붙는다는 것은 주님을 향한 믿음과 사랑이 뜨거워지는 것입니다. 주님은 뜨겁지 않고 미지근한 신앙을 원치 않으십니다. 라오디게아교회가 책망을 받은 것이 그 이유였습니다(계3:16). 그리고 변화의 불을 의미합니다. 불은 물질을 변화시키는 특성을 가지고 있습니다. 흙으로 그릇을 만들 때는 반드시 불을 가해야 하는데 그렇지 않으면 단단한 그릇이 만들어지지 않습니다. 생선이나 고기는 날 것으로는 그냥 먹을 수 없지만 불에 익히면 먹을 수 있는 음식이 됩니다. 이처럼 불은 사물을 변화시키는 특징이 있습니다.

예수 그리스도를 믿는 사람에게도 이와 같은 변화가 필요합니다. 변화의 불은 내 영혼을 이롭게 하지만 심판의 불은 멸망에 이르게 한다는 사실을 잊지 말아야겠습니다.

• **기도** : 사랑의 주님, 저희로 미지근한 신앙이 아니라 뜨거운 신앙이 되게 하여 주옵소서. 뜨겁게 예배할 수 있게 하시고, 뜨겁게 기도할 수 있게 하여 주옵소서. 뜨겁게 전도할 수 있게 하시고, 뜨겁게 봉사할 수 있게 하여 주옵소서. 항상 불붙는 신앙으로 주님께 영광 돌리는 삶이 되게 하여 주옵소서. 예수님의 이름으로 기도합니다. 아멘

• **중보기도** : 모든 그리스도인들이 뜨겁게 주님을 섬기게 하소서.

은혜로 굳게 세워야한다

10월 3일
은혜

• 성경: 히브리서 13장 9절 • 찬송: 310장 • 요절: 히 13:9

  오늘 말씀은 사실 유대주의에 대해 경계하는 말씀입니다. 초대교회 때도 교회 안에 틈타는 이단들이 많이 있었습니다. 그 가운데 대표적인 것이 영지주의와 유대주의였습니다. 이 중에서도 특별히 유대주의 이단은 초대교회 성도들을 많이 괴롭혔고, 그들을 넘어뜨렸습니다.

  대표적인 예를 갈라디아서에서 볼 수 있는데, 갈라디아교회는 한 때 바울을 신뢰한 나머지 자기의 눈을 빼서 주겠다고 할 정도로 바울을 사랑했고, 신뢰하고, 의지했었습니다. 그들은 안질을 앓고 있었던 바울의 처지를 너무나 잘 안 것이지요. 그런데 유대 율법주의가 틈을 타서 '구원을 받아도 율법을 지켜야 하고 할례를 받아야 한다.'는 교리를 퍼뜨리고 바울에 대해서 부정적으로 말함으로 인해 저들의 마음이 심하게 흔들렸던 것입니다. 갈라디아서는 그러한 교회를 향하여 바울이 쓴 서신서입니다.

  오늘 말씀에 "음식으로 말미암아"라는 말은 바로 음식에 관한 규례로, 율법을 상징한 것입니다. 유대주의를 상징적으로 사용한 것이지요. 이것에 의해 넘어지지 말 것에 대하여 당부하는 것입니다.

  우리도 공감하듯이 우리 신앙, 우리의 삶에서 우리를 변질시키고, 우리를 약하게 만드는 요소들이 많이 있습니다. 물질, 환경, 사회조직, 제도, 관습 등 많은 것들이 우리를 유혹하기도 하고, 위협도 하며, 우리가 온전한 신앙의 삶을 살아가는 것을 방해합니다.

  여기서 우리가 이길 수 있는 방법이 무엇일까요? 그것은 은혜로 우리의 마음을 지키는 것입니다. 우리의 마음을 견고히 세우는 것입니다. 은혜로 우리 마음을 굳게 세울 때 흔들리지 않을 수 있습니다.

• 기도 : 은혜로우신 주님, 저희의 신앙을 약하게 만들고, 저희의 삶을 변질시키는 요소들이 많이 있음을 절감합니다. 온전한 신앙생활을 하기가 참으로 힘이 듭니다. 주님, 오늘 말씀대로 주님의 은혜로 저희의 마음을 잘 지킬 수 있도록 도와주시옵소서. 저희의 마음을 은혜로 견고히 세우고, 은혜로 굳게 할 수 있도록 성령 충만하게 하여 주옵소서. 예수님의 이름으로 기도합니다. 아멘

• 중보기도 : 모든 그리스도인들이 주님의 은혜로 굳게 세워져 가는 삶을 살게 하소서.

교회를 사랑하는 자

10월 4일 / 교회사랑

• 성경: 시편 122편 1 ~ 9절 • 찬송: 210장 • 요절: 시 122: 1

성도의 특징은 교회를 사랑한다는 데 있습니다. 특별히 어느 누구를 콕 찍어서 말씀드리지 않아도 어떤 시대이든지 신실한 성도의 특징은 교회를 사랑한다는 것입니다. 믿음이 좋은지 그렇지 않은지를 알려면, 교회를 얼마나 사랑하고 관심을 갖는가를 봐도 알 수 있습니다.

신앙이 좋은지 그렇지 않은지에 대한 평가 기준은 매우 다양합니다. 그런데 가장 확실한 것은 교회에 대한 관심을 보면 그 사람의 신앙을 알 수 있습니다. 신앙이 없었던 사람이, 신앙을 갖게 되면 제일 먼저 나타나는 현상이 교회에 관심을 갖고 교회를 사랑한다는 것입니다. 봉사할 것을 찾아보기도 하고, 예배시간에 빠지지 않으려고 합니다. 이것은 어느 누구든 신앙의 정도에 따라 나타나는, 동일한 현상입니다.

오늘 말씀을 보면 바로 그런 모습이 잘 나타나 있습니다. '성전에 올라가는 노래'라는 표제가 붙은 시편이 120편에서 134편까지인데 시편 122편은 그 중에서 세 번째 노래입니다. 오늘 시편의 말씀에 보면 신자의 기쁨과 감격은, 성전으로 올라가서 성전 안으로 들어가는 것이라고 했습니다.

신자에게 있어서 복은 하나님의 집을 위해서 기도하고 하나님의 집을 사랑하는 것이라는 사실을, 본 시(詩)는 우리에게 분명하게 가르쳐 주고 있습니다.

화려하고 멋진 집을 지어놓고, 산해진미의 음식을 먹으며, 잘 자고, 잘 쉴 수 있는, 그런 집에서 사는 것이 복이 아니라, 교회를 바라보고 교회를 향하여 올라가는 것이 복이요, 기쁨이라는 사실입니다.

• **기도**: 교회를 세우신 주님, 저희로 주님의 몸 된 교회를 사랑하게 하여 주옵소서. 잠깐 예배만 드리고 사라지는 모습이 아니라 교회에 관심을 갖고 섬길 수 있는 사랑이 있게 하여 주옵소서. 봉사할 것을 찾아보기도 하고, 섬길 수 있는 일들을 찾아서 할 수 있는 신앙의 사람이 되게 하여 주옵소서. 주님의 몸 된 교회를 내 몸같이 사랑하는 것이 주님을 사랑하는 것임을 잊지 말게 하여 주옵소서. 예수님의 이름으로 기도합니다. 아멘

• **중보기도**: 모든 그리스도인들이 주님의 몸 된 교회를 사랑하게 하소서.

10월 5일
말씀의 능력

쉐마 이스라엘

• 성경: 신명기 6장 4~9절 • 찬송: 546장 • 요절: 신 6:4~5

오늘 말씀은 '쉐마'라 불리는 말씀입니다.

"이스라엘아 들으라(히- 쉐마 이스라엘) 우리 하나님 여호와는 오직 유일한 여호와이시니 너는 마음을 다하고 뜻을 다하고 힘을 다하여 네 하나님 여호와를 사랑하라"(4~5절).

이렇게 시작하면서 "집에 앉았을 때에든지 길을 갈 때에든지 누워 있을 때에든지 일어날 때에든지 이 말씀을 강론할 것이며"라고 합니다(7).

곧 하나님의 말씀과 더불어 살라는 것입니다. 왜 그렇게 하라는 것일까요? 하나님의 말씀이 삶의 지혜요, 능력이요, 생명이기 때문입니다.

솔로몬은 그의 평생에 삼천의 잠언을 말하였고 노래가 일천 다섯입니다. 그의 잠언이 성경에 실려 있습니다. 그의 잠언은 철저히 경험에 의해 주어진 말씀입니다. 그가 말하는 잠언의 핵심은 한마디로 "여호와를 경외하는 것이 지혜의 근본"이라는 것입니다.

하나님을 경외함으로 지혜로운 삶을 살 수 있다는 것입니다. 잠언의 말씀을 읽다가 보면, "내 아들아 나의 말을 받으며 나의 계명을 네게 간직하라"는 말씀이 계속 반복됩니다. 그리고 그 결과 지혜와 지식을 얻고, 하나님의 보호와 인도하심을 받는다고 계속해서 말씀하는 것을 볼 수 있습니다.

주님은 우리가 말씀 안에 있을 때 지혜를 얻고 하나님의 돌보심 안에서 열매 맺게 된다고 하십니다. 그리고 주님의 제자로서의 삶을 살게 될 뿐만 아니라 기도의 능력을 얻는 삶이 된다고 하십니다(요15:7~8). 그러므로 우리는 말씀이 삶의 지혜요, 능력이요, 생명임을 잊지 말아야겠습니다.

• **기도** : 말씀의 주님, 저희로 하나님의 말씀과 더불어 살아가는 삶이 되게 하여 주옵소서. 하나님의 말씀이 삶의 지혜요, 능력이요, 생명임을 믿습니다. 그 말씀을 한순간도 잊지 않고 사는 삶이 되게 하여 주옵소서. 말씀을 묵상하다가 주님의 음성을 들을 수 있게 하시고, 특별히 제게 들려주시는 말씀도 경험할 수 있게 하옵소서. 말씀의 능력으로 사는 저희의 삶이되기를 원합니다. 예수님의 이름으로 기도합니다. 아멘

• **중보기도** : 모든 그리스도인들이 하나님의 말씀과 더불어 살아갈 수 있게 하소서.

10월 6일
고통

하나님의 침묵

• 성경: 시편 50편 16~21절 • 찬송: 217장 • 요절: 시 50: 21

일본의 기독교 작가인 「엔도 쇼사쿠」의 책 중에 '침묵'이라는 책이 있습니다. 그 책에서 일본의 기독교가 탄압을 받는 장면이 나옵니다. 예수 믿는다는 이유로 사람들을 핍박합니다. 예수를 부인하면 살려주지만, 부인하지 않으면 바닷가에 나무를 세워 매달고 밀물 때에 물에 잠겨 죽게 합니다. 그리고 땅을 파고 머리를 거꾸로 쳐 박고 흙을 메웁니다.

이러한 핍박의 고난 속에 한 신부가 '하나님, 정말 당신은 계십니까?' 라고 절규합니다. 그때 하나님은 그 가운데 말씀하십니다. '저들이 고난 받는 현장에 나도 함께 있다. 나도 그들과 같이 함께 핍박을 받고 있고, 나도 그들과 같이 함께 고난을 당하고 있다.'

우리는 하나님이 침묵하고 계실 때 이 침묵으로 인하여 하나님을 인간의 수준으로 축소시키는 경향이 있습니다. 그래서 사람들은 하나님에 대하여 회의하고, 의심하고 하나님을 우상화시켜버립니다. 그러나 하나님께서 침묵하시니 '하나님은 계시지 않는가 보다.' 아니면 '우리와 같으신 분인가 보다.' 라고 생각한다면 큰 잘못입니다.

오늘 말씀에 하나님이 "네가 이 일을 행하여도 내가 잠잠하였더니 네가 나를 너와 같은 줄로 생각하였도다"(21)라고 하신 말씀이 바로 그 뜻입니다.

하나님은 침묵하시는 분이십니다. 내가 악을 행하건, 선을 행하건 하나님은 말씀하시지 않습니다. 우리가 고난을 당해도 하나님은 침묵하십니다. 그러나 하나님의 침묵 속에 메시지가 있습니다. 침묵 속에도 하나님은 나에게 말씀하시고 있음을 우리는 알아야 합니다.

• **기도** : 은혜로우신 하나님, 저희로 하나님의 침묵하심은 침묵이 아님을 깨닫게 하옵소서. 하나님의 침묵하심 속에도 메시지가 있음을 느낄 수 있게 하옵소서. 그러므로 하나님의 침묵하심 때문에 낙심하거나 실족하지 말게 하시고, 하나님의 침묵 속에서 그분의 메시지를 깨달아 알 수 있는 영적 성숙이 있게 해달라고 기도하게 하옵소서. 예수님의 이름으로 기도합니다. 아멘

• **중보기도** : 모든 그리스도인들이 하나님의 침묵 속에서도 그분의 음성을 들을 수 있는 영적 성숙이 있게 하소서.

10월 7일 은혜

오직 은혜라

• 성경: 고린도전서 15장 10절 • 찬송: 305장 • 요절: 고전 15: 10

오늘 말씀에 사도바울은 참으로 멋진 고백을 남기고 있습니다. "내가 나 된 것은 하나님의 은혜로 된 것이니… 오직 나와 함께 하신 하나님의 은혜로라".

사도 바울이 잘 쓰는 표현 중의 하나가 바로 "하나님의 은혜"였습니다. 그는 하나님의 은혜를 알았기 때문에 자신의 몸에 있는 육체의 병으로 인해 말할 수 없이 고통스러워도 그것을 은혜로 여겼습니다.

그는 복음을 위하여 수없이 고난을 당했습니다. 죽을 고비를 넘긴 것이 한두 번이 아닙니다. 그러나 그는 하나님의 은혜를 아는 사람이기 때문에, 그 은혜의 복음을 전하기 위해 어떤 환경과 핍박에도 굴하지 않고 담대하게 나아갑니다. 하나님의 은혜를 붙들고 일생을 담대하게 살아갑니다.

종교개혁자 「마틴 루터」가 종교개혁을 이끌어가는 과정에서 얼마나 많은 어려움이 있었는지 모릅니다. 로마 가톨릭의 위협과 주변의 곱지 않은 시선, 그리고 생명의 위협까지 받았습니다. 그러나 그가 그 어려움 가운데서도 개혁을 포기하지 않고 지켜나간 동력이 "오직 은혜"라는 믿음이 있었기 때문입니다. '오직 믿음, 오직 은혜, 오직 말씀' 이것이 그가 담대하게 종교개혁을 끌고 가는 힘이 되었습니다.

오늘 우리도 바로 이 은혜를 아는 것입니다. 이 은혜 안에 우리가 항상 머물러 있어야 합니다. 그러면 우리도 지금 우리에게 주어진 환경에 주눅 들지 아니하고 담대하게 살아갈 수 있습니다.

• **기도**: 은혜로우신 하나님, 오늘 저희도 사도바울과 같이 오직 하나님의 은혜라고 고백할 수 있는 신앙의 사람이 되게 하여 주옵소서. 이 은혜를 붙들고 살아갈 때 그 어떤 환경에도 주눅 들지 아니하고 담대하게 살아가게 될 줄로 믿습니다. 이 은혜 안에 항상 머물러 있기 위하여 주님의 은혜를 곱씹을 수 있게 하시고, 모든 것을 은혜로 여길 수 있는 믿음의 삶을 살게 하옵소서. 예수님의 이름으로 기도합니다. 아멘

• **중보기도**: 모든 그리스도인들이 오직 하나님의 은혜라고 고백할 수 있는 은혜의 사람이 되게 하소서.

10월 8일 주일예배
내가 드린 주일 예배

• 성경: 야고보서 4장 8절 • 찬송: 380장 • 요절: 약 4:8

어떤 사람이 천국에 올라가는데 사람들 앞에 죽 사다리가 놓여 있는 것입니다. 그리고 사람들이 그것을 타고 올라가는데 자기 앞에 놓인 사다리는 이가 빠진 것처럼 손잡이가 너무 많이 빠져 있어서 올라가기가 너무 힘든 것입니다. 그래서 천사에게 "왜 제가 올라가는 사다리는 손잡이가 이렇게 많이 빠져있는 것입니까?"라고 물었더니 천사가 말하기를 "그 손잡이 하나하나는 네가 드린 주일예배다."라고 했습니다.

허황된 이야기인 것 같지만 그렇다고 전혀 틀린 이야기라고 단정할 수는 없습니다. 오늘날 기독교인들 중에 주일을 잘 지키지 않는 성도들이 의외로 많은 것이 사실이기 때문입니다. 과거에는 주일을 생명처럼 여겼습니다. 그래서 가훈을 '주일은 생명이다' 라고 정한 가정도 있을 정도였습니다.

우리는 왜 주일을 생명처럼 여겨야 하는 것일까요? 그것은 시대가 바뀌고 변해도 결코 타협할 수 없는 하나님의 말씀이요 명령이기 때문입니다.

그리고 오늘 말씀에도 야고보 장로가 말씀하듯이 하나님을 가까이 해야만, 하나님께서 우리를 가까이 하시기 때문입니다. 그러므로 하나님의 임재하심을 경험하려면 예배에 잘 참석하는 것은 필수입니다. 그리고 예배의 참석은 그 사람의 신앙상태를 보여주는 바로미터입니다. 우리가 하나님을 사랑하는 것과 신앙의 깊이는 반드시 예배참석의 여부로 드러나게 되어 있기 때문입니다.

예배가 결핍된 사람, 특히 주일예배를 밥 먹듯이 빠지는 사람은 하나님의 사랑을 모르거나 사랑하지 않는 자입니다.

• **기도** : 예배의 소중함을 일깨워주신 주님, 저희로 주일 예배를 사랑할 수 있게 하옵소서. 주일 예배를 생명처럼 여길 수 있게 하시고, 예배를 통하여 하나님을 경험하는 삶이 되게 하여 주옵소서. 또한 주중 예배도 열심으로 참석할 수 있게 하옵소서. 그리하여 하나님을 사랑하는 것을 예배드리는 것으로 보여드릴 수 있는 신앙의 사람이 되게 하옵소서. 예수님의 이름으로 기도합니다. 아멘

• **중보기도** : 모든 그리스도인들이 예배를 사랑하는 모습으로 하나님께 영광 돌리게 하소서.

10월 9일
기도생활

기도는 영혼의 양식이다

• 성경: 누가복음 22장 39~46절 • 찬송: 135장 • 요절: 눅 22:39~40

　기도는 그리스도인의 신앙생활에서 매우 중요한 요소 가운데 하나입니다. 기도는 영혼의 호흡이기 때문에 기도를 멈춘 그리스도인은 영적으로 죽어가고 있는 것이나 다름이 없습니다. 그래서 기도생활이 잘 안 된다면 이것은 신앙생활에 적신호가 켜졌음을 나타내는 것입니다. 우리가 기도에 대하여 기본적으로 알아야 할 것이 있습니다.

　첫째는, 영적전쟁임을 인식해야 한다는 것입니다. 기도생활은 영적전쟁입니다. 이 전쟁의 대상은 바로 사탄입니다. 전쟁의 승패는 틈새에 좌우되는 경우가 많습니다. 사탄은 성도들을 넘어뜨리기 위해서 틈타는 존재입니다. 우리는 이 틈이 벌어질 때마다 영적인 접착제로 잘 붙어야 하는데 그것이 바로 기도생활입니다.

　둘째는, 습관을 들여야 한다는 것입니다. 기도생활을 잘하려면 무엇보다 습관이 무척 중요합니다. 예수님이 기도생활을 잘하신 것도 습관에 있었던 것을 알 수 있습니다(39). 그러므로 신앙생활 잘하는 비결은 바로 습관에 달려 있습니다.

　셋째는, 성경읽기와 찬송을 병행해야 한다는 것입니다. 신앙생활 잘하려면 기도 외에도 성경읽기와 찬송 부르는 것을 함께 해야만 합니다. 찬송은 기도의 짝이라고 할 수 있습니다. 시편이 그것을 잘 보여주고 있습니다. 기도가 잘 안 될 때 찬송을 많이 부르면 기도하려는 마음을 끌어올릴 수 있습니다.

　그리스도인의 신앙생활에 기도의 중요성은 아무리 강조해도 지나치지 않습니다. 능력 있는 그리스도인의 삶은 기도 생활에 있음을 잊지 말아야겠습니다.

• **기도**: 습관을 좇아 기도하신 주님, 오늘 저희는 기도를 멈춘 상태가 아닌지요? 영적인 호흡이 끊긴 상태는 아닌지요? 그리하여 신앙생활조차도 귀찮아하고 있는 것은 아닌지요? 저희로 기도의 중요성을 깨닫게 하옵소서. 기도가 없으면 하나님과의 은혜의 통로가 단절된다는 것을 잊지 말게 하옵소서. 능력 있는 그리스도인으로 살기 위하여 주님과 같이 습관을 좇아 기도할 수 있게 하옵소서. 예수님의 이름으로 기도합니다. 아멘

• **중보기도**: 모든 그리스도인들이 기도의 삶을 놓치지 말게 하소서.

10월 10일
우리 몸

성령의 전

• 성경: 고린도전서 6장 19 ~ 20절 • 찬송: 304장 • 요절: 고전 6: 20

　이스라엘 백성들이 하나님의 은혜와 사랑을 깨닫지 못하고 망각의 삶을 살 때, 그들이 어떤 존재인지를 이사야 선지자의 입을 통하여 말씀해 주셨습니다. "야곱아 너를 창조하신 여호와께서 지금 말씀하시느니라 이스라엘아 너를 지으신 이가 말씀하시느니라 너는 두려워하지 말라 내가 너를 구속하였고 너를 지명하여 불렀나니 너는 내 것이라"(사 43:1).

　이스라엘은 하나님의 것이요 그분의 소유물이라는 것입니다. 바꾸어 말하면 굉장히 가치 있는 존재라는 것입니다. 그러니 그 존재의 가치를 느끼며 살라는 말씀입니다. 이 말씀은 오늘 우리에게도 그대로 적용되는 말씀입니다.

　오늘 말씀에 사도 바울은 "너희 몸은 너희가 하나님께로부터 받은 바 너희 가운데 계신 성령의 전인 줄을 알지 못하느냐 너희는 너희 자신의 것이 아니라 값으로 산 것이 되었으니 그런즉 너희 몸으로 하나님께 영광을 돌리라"고 말하고 있습니다. 이 말씀도 역시 동일한 선상에 놓고 적용해야 할 말씀입니다.

　우리는 우리의 것이 아니라 하나님의 것입니다. 하나님으로부터 받은 몸입니다. 내 몸은 하나님의 것입니다. 그리고 성령께서는 우리 안에 거하십니다. 그러므로 우리 몸은 성령이 거하시는 하나님의 전이기도 한 것입니다. 또한 중요한 것은 하나님께서는 나를 위하여 대신 아들을 내어 주시는 대가를 지불하셨습니다. 우리는 값으로 산 자입니다.

　하나님께서는 나를 위하여 가장 소중한 것을 내어주시고서 나를 자녀 삼으셨습니다. 그러므로 우리는 우리의 삶 전부를 드려 하나님께 영광을 돌리는 삶을 살아야만 합니다.

• **기도** : 사랑의 주님, 저희를 그리스도의 피로 값 주고 사셔서 하나님의 자녀로 삼아주신 것을 감사드립니다. 또한 저희로 성령이 거하시는 성령의 전이 되게 하시니 감사드립니다. 이제 저희가 살아도 주를 위하여 살고 죽어도 주를 위하여 죽을 수 있는 삶이 되게 하여 주옵소서. 저희의 삶 전부를 드려 하나님께 영광 돌리는 삶이 되게 하여 주옵소서. 예수님의 이름으로 기도합니다. 아멘

• **중보기도** : 모든 그리스도인들이 자신의 존재가치를 느끼며 살게 하소서.

인자의 때도 그러하리라

10월 11일 / 심판

• 성경: 누가복음 17장 26~30절 • 찬송: 175장 • 요절: 눅 17:28~29

　이탈리아 남부 연안에 위치한 폼페이라는 고대도시는 로마 귀족들의 별장지대였습니다. 그곳에서 로마 귀족들은 날마다 먹고 마시며 향락을 즐겼습니다. 그곳엔 영원히 아무 일도 없을 것 같았습니다. 그러나 서기 79년 8월의 어느 날 베수비오 화산이 대폭발을 일으켜 2~3미터 두께의 화산재가 순식간에 시가지를 덮어버렸습니다. 2천여 명이 현장에서 그대로 화산재에 묻혀 죽었고 도시는 완전히 파괴되고 말았습니다.

　1748년 본격적인 발굴에 착수하여 옛 시가지의 거의 절반 정도가 발굴되었는데, 종말이 코앞에 닥친 줄도 모르고, 먹고, 마시고, 죄 짓고, 향락에 취해 있다가 그대로 뜨거운 화산재에 묻혀 버린 그들의 모습을 생생히 볼 수 있었습니다.

　예수님은 주님의 재림과 최후 심판 때도 사람들의 반응은 롯의 사위들과 같을 것이라고 말씀하셨습니다. 롯의 사위들이 소돔과 고모라의 심판을 농담으로 여겼듯이, 최후 심판의 메시지를 농담거리로 알고 조롱할 것이라는 말씀입니다. 세상 사람들은 최후 심판이 있고, 세상 종말이 있으리라는 하나님의 경고에 귀 기울이지 않습니다. 온 세상이 이렇게 멀쩡한데 무슨 종말이냐고 합니다.

　사람이 죽으면 그것으로 끝이지 무슨 천국이 있고 지옥이 있느냐고 말합니다. 죄 가운데 거하면서도, 마치 자신에겐 아무 일도 없을 것처럼 큰 소리 치기도 합니다. 그러나 주님의 오심과 최후 심판은 그들이 전혀 생각지 못했던 때에, 도적같이 임할 것입니다. 그러므로 우리는 "깨어 있으라 어느 날에 너희 주가 임할는지 너희가 알지 못함이니라"고 하신 말씀을 기억하면서 살아야겠습니다(마 24:42~43).

- **기도**: 알파와 오메가가 되시는 주님, 오늘 저희는 주님의 재림을 확신하며 신앙생활하고 있는지요? 주님의 말씀대로라면 주님은 분명히 다시 오시겠다고 하셨는데, 저희는 그 사실을 불신하고 있는 것은 아닌지요? 주님의 오심과 심판은 전혀 생각지 못하던 때에 도적같이 임한다는 사실을 저희로 깨닫게 하옵소서. 그때를 준비할 수 있는 믿음이 저희에게 있게 하여 주옵소서. 예수님의 이름으로 기도합니다. 아멘
- **중보기도**: 모든 그리스도인들이 재림신앙을 갖게 하소서.

10월 12일
열매 맺음

열매로 알리라

• 성경: 요한복음 15장 1 ~ 8, 16절 • 찬송: 496장 • 요절: 요 15: 16

우리가 이 세상의 많은 사람들 가운데서 예수님을 알고 구원의 자리에 이르게 된 것은 주님이 우리를 선택하여 주셨기 때문입니다. 그래서 오늘 말씀에 주님은 "너희가 나를 택한 것이 아니요 내가 너희를 택하여 세웠다."고 말씀하셨습니다. 그렇습니다. 주님이 우리를 선택하여 주시지 않으셨다면 우리는 결코 주님을 믿을 수 없고 주님께로 나아갈 수도 없습니다. 우리는 주님의 선택을 통해 세상의 많은 사람들 가운데서 주님의 자녀가 되는 은혜를 누리게 된 것입니다.

그런데 주님이 우리를 선택해주신 이유가 있는데, 그 이유를 "열매를 맺게 하기 위해서"라고 말씀하셨습니다(16). 즉 주님께서 세상의 많은 사람들 가운데서 우리를 선택하신 이유는 우리로 하여금 열매를 맺게 하기 위해서라는 것입니다.

우리 그리스도인에게 열매는 대단히 중요합니다. 우리가 성경을 읽어보면 하나님이 우리에게 얼마나 열매를 요구하시는 분이신지 알 수 있습니다(2절). 그리고 "열매가 항상 있게 하기 위해"서입니다. 우리 그리스도인이 맺어야 할 열매는 한 번만 맺고 없어질 것이 아니라 항상 맺혀 있어야 합니다. 사도 요한은 천국의 모습에 대해 "강 좌우에 생명나무가 있어 열두 가지 열매를 맺되 달마다 그 열매를 맺고"라고 증거했습니다(계22:2). 즉 천국의 생명나무는 1년 내내 12가지 열매를 달마다 맺고 있다는 말씀입니다. 이 얼마나 아름다운 모습입니까?

우리도 이처럼 항상 열매가 있는 아름다운 그리스도인이 되어야 합니다. 참그리스도인은 하나님께 영광 돌릴 수 있는 열매를 맺는 사람입니다.

• **기도 :** 열매를 원하시는 주님, 많은 사람들 중에 저희를 택하여 당신의 제자로 삼아주심을 감사드립니다. 주님이 저희를 택하신 이유가 열매를 맺기 위해서라는 사실을 알았습니다. 이제 아는 것으로 그치지 말게 하시고 주님이 원하시는 열매를 맺어가는 삶을 살아갈 수 있게 하옵소서. 항상 열매가 있는 아름다운 모습으로 주님을 기쁘시게 할 수 있게 하옵소서. 예수님의 이름으로 기도합니다. 아멘

• **중보기도 :** 모든 그리스도인들이 주님이 원하시는 열매를 맺는 삶을 살게 하소서.

믿게 하는 자들

10월 13일 전도
• 성경: 고린도전서 3장 5 ~ 9절 • 찬송: 497장 • 요절: 고전 3: 5

오늘 말씀에 나오는 바울과 아볼로의 이야기를 통하여 우리는 성도가 성도답게 사는 것이 어떤 것인지를 잘 알 수 있습니다. 그것은 성도는 '예수를 믿게 하는 자'로 살아가야 한다는 것입니다.

5절에서 바울이 이렇게 말합니다.

"아볼로는 무엇이며 바울은 무엇이냐 그들은 주께서 각각 주신 대로 너희로 하여금 믿게 한 사역자들이니라".

여기서 바울은 자신과 아볼로에 대하여 '믿게 하는 자들'이라고 소개하고 있습니다.

"너희로 하여금 믿게 한 사역자들이니라".

그렇습니다. 성도가 가져야 할 역할은 믿게 하는 자들의 역할을 감당하는 모습을 갖추고 있어야 하는 것입니다. 다시 말해서 성도의 정체성은 다른 사람으로 하여금 '믿는 사람이 되게 하는 것'입니다.

우리는 각자 처해 있는 환경이 다릅니다. 그러나 우리는 똑같은 일을 하는 자들입니다. 우리는 성도이기 때문에 다른 사람들이 예수 믿는 자가 되도록 하는 일을 감당하는 것입니다.

우리는 비록 생김도 다르고 형편도 다르지만 한 가지 공통점을 가지고 있습니다. 우리가 만나는 모든 사람으로 하여금 예수를 믿는 자가 되게 하는 것입니다. 그것이 성도로서 우리의 공통점이요 우리의 공통분모입니다.

• **기도** : 지금도 복음이 전파되기를 원하시는 주님, 오늘 말씀에 바울이 권면한 말씀을 마음의 심비에 새길 수 있게 하옵소서. 저희가 성도로서 해야 할 역할은 믿게 하는 자들의 역할을 감당하는 것임을 잊지 말게 하여 주옵소서. 저희가 만나는 모든 사람으로 하여금 예수 믿는 자가 되게 하는 역할을 잘 감당할 수 있게 하옵소서. 그것을 위하여 늘 기도할 수 있게 하시고, 주님의 도우심을 구할 수 있게 하옵소서. 예수님의 이름으로 기도합니다. 아멘
• **중보기도** : 모든 그리스도인들이 믿게 하는 자들의 역할을 잘 감당할 수 있게 하소서.

10월 14일 열정

진실된 열정

• 성경: 누가복음 5장 1~11절 • 찬송: 529장 • 요절: 눅 5:4~6

베드로는 한 번의 그물질로 그물이 찢어질 정도의 고기를 잡았습니다. 한 마디로 대박이 터진 것입니다. 얼마나 많은 고기가 잡혔는지, 한 번 던진 그물에 고기가 가득 차서 두 척의 어선이 잠길 정도가 되었다고 했습니다.

이 기적이 있기 전 베드로는 밤이 새도록 그물을 던졌습니다. 한 마리의 고기가 잡히지 않아도 날이 밝기까지 그물을 던진 것입니다. 성공할 때 열심히 하는 것보다 실패할 때 열심히 하는 것이 더 어렵습니다.

성공할 때는 흥이 나서 절로 열심을 내게 됩니다. 그러나 실패할 때는 맥이 빠져서 열심을 내기가 쉽지 않습니다. 실패할 때의 열심이 어렵지만 더 진실된 것입니다.

이 베드로의 진실된 열정을 주님께서 보셨습니다. 그리고 그의 빈 배를 가득하게 채워주셨습니다. 주님은 이런 진실된 열정을 기뻐하십니다. 이런 열정을 그냥 지나쳐 보시지 않습니다.

열정은 행동입니다. 마음속에만 있는 열정은 열정이 아닙니다. 밖으로, 행동으로 드러나야 합니다. 열정은 뜨거운 가슴을 품고 가만히 앉아 있는 것이 아닙니다. 움직이는 것입니다. 뛰는 것입니다. 행동하는 것입니다.

라오디게아 교회를 향하여 뜨겁기를 요구하셨던 주님은 "내가 네 행위를 안다"고 말씀하셨지, "내가 네 마음을 안다"고 말씀하시지 않았습니다(계 3:15). 우리의 열정은 행동으로 나타나야 합니다. 그런 뜨거운 열정을 주님은 우리에게 요구하고 계십니다.

• **기도** : 사랑의 주님, 저희로 마음속에만 있는 열정이 아니라, 행동으로 드러나는 열정을 갖게 하옵소서. 주님을 위하여 움직이고 뛸 수 있는 정열이 있게 하옵소서. 때때로 열정에 대한 대가가 주어지지 않는다 할지라도 결코 실족하거나 낙심하지 말게 하시고, 끝까지 뜨거운 열정을 주님께 보여드릴 수 있는 주님의 사람이 되게 하옵소서. 분명히 우리 주님은 진실된 열정을 뿜어내는 사람을 통하여 큰일을 이루시고 모든 사람을 능력의 주님을 찬양하는 길로 이끄실 줄 믿습니다. 예수님의 이름으로 기도합니다. 아멘

• **중보기도** : 모든 그리스도인들이 뜨거운 열정을 가슴에 품고 주님을 따를 수 있게 하소서.

10월 15일
보호와 인도

책임져 주시는 하나님

• 성경: 사도행전 27장 9~26절 • 찬송: 391장 • 요절: 행 27: 22~26

오늘 함께 읽은 본문의 내용은 바울이 재판을 받기 위해 로마로 압송되는 과정 중에 일어난 일입니다. 죄수의 몸으로 로마로 압송당하는 것도 힘든 일인데 가다가 유라굴로라는 태풍을 만나 배가 파선을 합니다. 그러나 이런 급박하고 어려운 상황 가운데서도 하나님은 바울을 지켜주셨습니다. 바울의 인생은 한마디로 하나님이 지켜주시되 책임져 주시는 인생이었습니다.

사도바울은 전도를 하면서 수많은 어려움을 겪었습니다. 바울이 어떤 고난을 당했는지에 대해서 고린도후서 11장에 자세히 나와 있습니다.

"내가 수고를 넘치도록 하고 옥에 갇히기도 더 많이 하고 매를 수없이 맞고 여러 번 죽을 뻔하였으니"로 시작되는 23절 이하를 한 번 보면 바울이 얼마나 극심한 고난을 받았는지를 알 수 있습니다.

그러나 이런 극심한 어려움을 당하면서도 바울은 이렇게 고백을 합니다. "그러나 이 모든 일에 우리를 사랑하시는 이로 말미암아 우리가 넉넉히 이기느니라 내가 확신하노니 사망이나 생명이나 천사들이나 권세자들이나 현재 일이나 장래 일이나 능력이나 높음이나 깊음이나 다른 어떤 피조물이라도 우리를 우리 주 그리스도 예수 안에 있는 하나님의 사랑에서 끊을 수 없으리라"(롬8:37~39).

하나님이 우리를 책임져 주시기에 우리는 어떤 상황 가운데서도 넉넉히 이길 사람들입니다. 그러므로 우리는 믿음의 담대함을 잃지 않는 삶을 살아야겠습니다.

- **기도**: 책임져 주시는 하나님, 바울의 인생은 한마디로 하나님이 지켜주시되 책임져 주시는 인생이었음을 깨닫습니다. 오늘 그리스도의 피로 값 주고 사신 저희의 인생도 사랑이 많으신 하나님께서 책임져 주시고 붙들어 주실 것을 믿습니다. 그러므로 저희도 바울과 같이 책임져 주시는 하나님의 권세를 선포할 수 있게 하옵소서. 지켜주시는 하나님을 인하여 담대하게 살아갈 수 있는 믿음이 되게 하옵소서. 예수님의 이름으로 기도합니다. 아멘
- **중보기도**: 모든 그리스도인들이 책임져 주시는 하나님을 인하여 담대함으로 살아가는 삶이 되게 하소서.

10월 16일 믿음

믿음이 좋은 사람의 특징

· 성경: 시편 84편 1~4절 · 찬송: 210장 · 요절: 시 84:4

시편을 읽다보면 시편 기자가 두 가지에 대해 큰 관심을 갖고 있음을 알게 됩니다. 첫째는 성전에 대한 그리움과 소망입니다. 대표적으로 시편 42편, 43편을 들 수 있고 오늘 말씀을 포함한 시편 120편부터 134편까지는 아예 성전에 올라가며 부르는 노래로 되어 있습니다. 이들이 얼마나 성전을 사랑하고 귀히 여겼는지를 보여주는 대목입니다.

또 하나는 말씀에 대한 사랑입니다. 대표적인 것으로 시편 119편을 꼽을 수 있습니다. 시편 19편 10절이라든지 시편 119편 103절을 보면 '말씀이 순금보다 더 좋고 말씀이 송이 꿀보다 더 달다'고 표현하고 있습니다. 오늘 우리는 이런 말씀을 대하면 어떻습니까?

누군가가 현대 교인들의 신앙을 풍자하여 이런 말을 했습니다.

"텔레비전은 나의 목자요, 말씀은 내게 수면제며, 찬송과 기도는 내게 고문이다."

주일예배 드리는 것이 마치 고문당하는 것 같고, 그렇다고 안 드리고 다른 일 보자니 찜찜하고 일이 꼬일 것 같아서 억지로 드리고, 겨우 한 시간 예배드리는 것도 지루해서 졸거나, 성경책을 뒤적이거나, 메모하거나 딴전을 피운다면 그런 사람은 올바른 신앙을 가졌다고는 볼 수 없습니다.

특별히 어느 누구를 찍어서 말씀드리지 않아도 어떤 시대이든지 신실한 성도의 특징은 교회를 사랑한다는 것입니다. 말씀을 사모한다는 것입니다. 그러므로 믿음이 좋은지, 그렇지 않은지를 알려면 그가 교회를 얼마나 사랑하고 말씀에 관심을 갖는가를 보면 알 수 있습니다.

- **기도**: 성전의 주인이신 주님, 저희로 시편 기자와 같이 성전에 대한 그리움이 있게 하시고, 성전을 사랑하고 귀하게 여길 수 있게 하옵소서. 성전에서 예배하는 것을 즐거움으로 여길 수 있게 하시고, 성전에서 말씀을 듣는 것을 기쁨으로 여길 수 있게 하옵소서. 또한 주님을 사랑하고 사모하는 것이 성전에 대한 섬김으로 나타날 수 있게 하옵소서. 예수님의 이름으로 기도합니다. 아멘
- **중보기도**: 모든 그리스도인들이 주님의 몸 된 교회를 귀하게 여기며 섬길 수 있게 하소서.

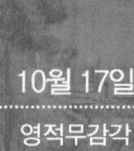

10월 17일
영적무감각

가장 무서운 질병

• 성경: 요한계시록 3장 14 ~ 22절 • 찬송: 312장 • 요절: 계 3: 16

　인간이 갖고 있는 무서운 병 가운데 하나가 '감각을 모르는 병' 입니다. 손발이 썩어 들어가고, 바늘을 가지고 찔러도 전혀 아픔을 느끼지 못하는 이 병은, 감각이 없으니 큰 상처를 입을 가능성도 많고, 상처를 치료 받을 때에도 치료가 잘 되지 않아 큰 고생을 하게 되기 때문입니다. 그런데 이러한 병은 영적으로 볼 때도 상당히 무서운 병입니다. 우리의 신앙생활 속에서 신앙에 대한 감각을 제대로 느끼지 못하여 결국 감각 없는 삶을 살다가 마귀의 유혹에 넘어가 실패하는 경우가 많이 있기 때문입니다.

　오늘 말씀에 나오는 라오디게아교회는 영적으로 무감각한 교회였습니다. 그들은 '나는 부자라 부요하여 부족한 것이 없다' 고 자부하였습니다. 그러나 주님은 '너는 곤고하고, 가련하고, 가난하고, 눈멀었고, 벌거벗었다.' 고 말씀하고 있습니다(17). 주님께서는 문제가 많다고 보고 있는데 자신들은 '신앙적으로 별 문제가 없다.' 고 생각하고 있었으니 얼마나 무감각한 사람들입니까? 바로 그 무감각 때문에 주님으로부터 큰 책망을 받았던 것입니다.

　주님은 영적으로 무감각한 삶을 살아가는 자들을 향하여 "불로 연단한 금을 사서 부요하게 하고, 흰 옷을 사서 입어 벌거벗은 수치를 보이지 않게 하고, 안약을 사서 눈에 발라보게 하라"(18)고 말씀하고 있습니다.

　이 말씀은 영적인 무감각에서 치료를 받아야 살 수 있다는 것을 역설적으로 하신 말씀입니다. 영적인 무감각은 참으로 무서운 병입니다. 무엇이 잘못됐는지 무엇이 죄인지를 전혀 느끼지 못하다가 결국 심판을 받게 되기 때문입니다.

• **기도** : 사랑의 주님, 오늘 저희도 충분히 영적인 무감각증에 걸릴 수 있다는 것을 깨닫습니다. 항상 감각이 예민한 신앙생활을 할 수 있도록 도와주시옵소서. 열심을 다하여 주님을 섬길 수 있게 하시고, 항상 기도하며, 말씀에서 떠나지 않는 생활이 되게 하여 주옵소서. 그리하여 주님으로부터 큰 칭찬을 듣는 신앙의 사람이 되게 하옵소서. 예수님의 이름으로 기도합니다. 아멘

• **중보기도** : 모든 그리스도인들이 영적인 무감각증에 걸리지 않게 하소서.

10월 18일
행함

억지로라도 해보라

• 성경: 골로새서 3장 12절 • 찬송: 452장 • 요절: 골 3:12

「C.S. 루이스」가 지은 '순전한 기독교'를 보면 그는 그리스도인들에게 '가장하라'고 말합니다. 어떤 뜻인가 하면 '그런 척 하면 그렇게 된다.'는 것입니다. 실제의 삶은 의인이 아니지만, 의인이라고 믿고 의인인 척하고 살면 나중에 의인 같은 행동의 사람이 된다는 것입니다. 교만한 사람이지만, 겸손한 듯 행동하고 오래 참음으로 행동하다 보면 나중에는 진짜 겸손한 사람이 된다는 것입니다. 그래서 오늘 말씀에 사도 바울은 이 같은 과정을 '옷 입으라'고 표현합니다.

자포자기한 사람은 대충 옷을 입고 다닙니다. 얼룩이 묻어도 닦아내지 않습니다. 먼지가 묻어도 털지 않습니다. 그냥 되는대로 입는 것입니다. 신앙도 역시 마찬가지입니다. 자포자기한 사람은 대충 믿습니다. 적당히 믿습니다. 열심을 내려고 하지 않습니다. 자기 신앙에 악영향을 끼치는 것이 있어도 신경 쓰지 않습니다.

그래서 사도바울이 권면한 것이 억지로라도 옷을 입어보라는 것입니다. 억지로라도 남의 발을 씻겨 보고, 억지로라도 겸손해져 보고, 억지로라도 참아 보고, 억지로라도 기도해 보고, 억지로라도 전도해 보고, 억지로라도 봉사해 보라는 것입니다. 그러면 나중에 진짜 겸손의 사람, 온유의 사람, 기도의 사람, 전도의 사람, 봉사의 사람이 된다는 것입니다.

주님이 기뻐하는 것이라면 억지로라도 흉내 내 봅시다. 성령의 인도함을 받는 축복의 인생이 될 수 있습니다.

• **기도**: 지금도 저희를 위하여 열심을 내시는 주님, 억지로라도 옷을 입어보라는 사도바울의 권면을 마음에 새길 수 있게 하옵소서. 억지로라도 기도해 보고, 억지로라도 봉사해 보고, 억지로라도 전도해 볼 수 있게 하옵소서. 억지로라도 겸손해 보고, 억지로라도 섬겨볼 수 있게 하옵소서. 그리하여 성령의 인도함을 받는 축복의 인생을 살아갈 수 있게 하옵소서. 예수님의 이름으로 기도합니다. 아멘
• **중보기도**: 모든 그리스도인들이 억지로라도 신앙인답게 살기 위하여 힘쓰게 하소서.

10월 19일 교회사랑

문제 없는 교회는 없다

• 성경: 고린도전서 1장 3 ~ 9절 • 찬송: 543장 • 요절: 고전 1 : 8 ~ 9

영국의 유명한 설교가요, 목회자인 스펄전 목사님께 어느 날 한 젊은이가 찾아왔습니다.

"목사님, 저는 교회 생활에 늘 시험을 받고 지쳐 있는데 목사님, 좀 문제없는 교회 하나 소개해 주셨으면 좋겠습니다."

이러한 요청을 받은 스펄전 목사님은 청년을 향해서 이런 유명한 얘기를 했다고 합니다.

"자네가 혹시 그런 교회를 찾으면 나에게 꼭 알려주게. 나도 그 교회 가서 그 교회 교인이 되고 싶네. 그런데 자네는 말이야 그런 교회를 찾거든 자네만은 절대로 그 교회에 속하지 말게."

"왜요?"

"자네가 끼면 그 날부터 그 교회의 완전함은 깨지고 말테니까 말이야. 바로 자네 때문에 말이야."

바울이 편지를 보낸 고린도 교회는 정말 많은 문제를 갖고 있는 교회였습니다. 바울이 이 문제들을 해결하기 위해 쓴 편지가 고린도전후서입니다. 그런데 바울은 고린도교회에 대하여 "하나님의 교회"라는 표현을 쓰고 있습니다(2). 문제가 있지만, 그럼에도 불구하고 그 교회는 하나님의 교회라는 것입니다. 하나님이 세워주시고 하나님이 사랑하시고 하나님이 기대하시는 교회라는 말입니다.

불완전한 인간이 모여서 형성하는 공동체는 언제나 문제가 있을 수밖에 없습니다. 문제없기를 기대하는 것은 허구적 이상주의라고 할 수 있습니다. 그러기에 문제없는 것이 중요한 것이 아니고 문제를 뛰어넘어 하나님의 기대를 채워가는 것이 중요한 것입니다.

• **기도**: 교회의 주인이신 주님, 저희로 불완전한 인간이 모여서 형성하는 공동체는 문제가 있을 수밖에 없음을 인식하게 하옵소서. 교회에서 문제가 발생할 때, 그것을 들추어내거나 부풀리는 것이 아니라, 그 문제를 자신의 것으로 생각하여 기도할 수 있는 신앙의 사람이 되게 하여 주옵소서. 교회는 문제가 있지만 그럼에도 불구하고 하나님이 세워주신 교회라는 것을 잊지 말게 하여 주옵소서. 예수님의 이름으로 기도합니다. 아멘

• **중보기도**: 모든 그리스도인들이 교회가 문제가 있을 때 기도할 수 있게 하소서.

10월 20일 협력

뵈뵈와 같이

• 성경: 로마서 16장 1~2절 • 찬송: 331장 • 요절: 롬 16:1~2

오늘 말씀에 보면 겐그레아에 뵈뵈라는 성도가 있었습니다. 당시 바울은 이곳 저곳을 돌아다니면서 복음을 전하였습니다. 물론 복음을 전하면서 드는 생활비용은 그가 천막 만드는 일을 해서 조달했습니다. 하지만 한 군데 머무르지 않고 돌아다니면서 복음을 전하는 그에게 있어 천막 만드는 일은 안정된 생활을 보장해 주지 못했습니다. 항상 부족하고 모자랐던 것입니다.

그럴 때 오늘 말씀에 나오는 뵈뵈와 같은 자매가 바울에게 물심양면으로 도와주었습니다. 그래서 바울은 뵈뵈를 '보호자'라고 부른 것입니다. 그리고 로마에 있는 성도들에게 이런 뵈뵈라면 교제의 끈을 가져도 좋을 것이라고 추천하고 있는 것을 보게 됩니다.

그렇습니다. 뵈뵈는 때때로 바울이 어려움에 처하여 복음을 전하지 못할 지경에 이르렀을 때에, 그로 하여금 복음을 전하는 일에 전념할 수 있도록 자신이 가진 것을 사용하였습니다.

우리는 쉽게 바울같이 위대한 신앙지도자만 생각합니다. 그러나 그가 하나님의 일을 감당할 수 있었던 것은 뵈뵈와 같은 사람들이 그의 주변에 많이 있었기 때문입니다. 그들의 협력이야 말로 바울로 하여금 복음을 전하는 일에 최선을 다할 수 있게 하였던 것입니다. 어쩌면 뵈뵈는 그런 사람들 중 이름이 드러난 사람일 뿐일 것입니다.

하나님의 일을 감당하는 사람들은 바울과 같이 드러난 신앙지도자들만이 감당하는 것은 아닙니다. 뵈뵈와 같이 신앙지도자들이 주의 일을 할 수 있도록 그를 위해 기도하고 적극적으로 협력하는 것이 하나님의 일을 감당하는 것입니다.

• **기도** : 사랑의 주님, 오늘 저희로 신앙의 지도자들이 주의 일을 할 수 있도록 그를 위해 기도하고 협력할 수 있는 신앙의 사람이 되게 하여 주옵소서. 신앙의 지도자들이 복음을 전하는 일에 전념할 수 있도록 시간과 물질을 드려 섬길 수 있게 하시고, 마음을 다하여 사랑하며 기쁨으로 수종들 수 있게 하옵소서. 예수님의 이름으로 기도합니다. 아멘
• **중보기도** : 모든 그리스도인들이 신앙의 지도자들을 물심양면으로 도울 수 있게 하소서.

10월 21일
행복, 주의 일

소유의 넉넉함에 있지 않습니다

• 성경: 누가복음 12장 13~21절 • 찬송: 321장 • 요절: 눅 12:15

신앙인들 중에 지금보다 더 잘살게 되면 주의 일을 열심히 하고, 주의 영광을 위해서 살겠다는 사람이 있습니다. 그러나 과연 그렇게 살 수 있을까요? 여기에 대한 우리 주님의 답변은 "사람의 생명이 그 소유의 넉넉한 데 있지 아니하니라"(15)라는 것이었습니다.

여기에서 생명이라는 말을 다른 뜻으로 사용해도 그 의미는 똑같다고 생각됩니다. 예컨대 "사람의 행복이 소유의 넉넉한 데 있지 아니하니라, 주의 일을 할 수 있는 비결이 소유의 넉넉한 데 있지 아니하니라."로 뜻을 바꿔도 그 의미는 똑같습니다. 바로 이 사실을 증명해 주시기 위하여 오늘 말씀에 우리 주님은 어리석은 부자의 비유를 들고 계십니다.

어리석은 부자로 일컬어지고 있는 한 부자는 하나님의 은혜 가운데 농사를 잘 짓고 생활이 매우 윤택해졌습니다. 곡식을 쌓아둘 곳이 없었을 만큼 풍요한 삶이 되었습니다. 그랬을 때 그 사람이 겨우 생각해 낸 것이 창고를 더 많이, 더 크게 짓고 거기에 곡식을 쌓아두고 평안히 먹고 마시자는 거였습니다. 남을 도와주자는 생각을 할 것도 같은데, 오직 자기 자신만 생각했습니다. 이 모습에서 벗어날 수 있는 사람은 그렇게 많지 않습니다. 부자 되면 선한 일을 더 많이 하고 주의 일도 멋있게 할 것 같은데 그렇지를 않습니다. 오히려 그렇지 못한 사람이 선한 일을 많이 하고, 주의 일을 열심히 하는 것을 볼 수 있습니다.

따라서 사람의 생명이 그 소유의 넉넉한 데 있지 않습니다. 주의 일은 결코 그 소유의 넉넉함으로 하지 않는다는 것을 기억해야만 할 것입니다.

• **기도**: 사랑의 주님, 어리석은 부자같이 되지 않기를 원합니다. 사람의 생명이 그 소유의 넉넉한 데 있는 것이 아님을 깨달아 선한 일에 힘쓰게 하시고, 선한 일에 부요한 자가 되게 하옵소서. 주의 일을 할 때도 기쁜 마음으로 할 수 있게 하시고, 재물이 풍요해질수록 섬기는 것도 풍요해질 수 있는 삶이 되게 하여 주옵소서. 예수님의 이름으로 기도합니다. 아멘

• **중보기도**: 모든 그리스도인들이 물질로 하나님의 선함을 나타낼 수 있는 삶이 되게 하소서.

10월 22일 희망의 신앙

절망은 죄다

• 성경: 시편 62편 1~2절 • 찬송: 488장 • 요절: 시 62: 1~2

덴마크 철학자 「키에르케고르」는 그의 저서를 통해 절망은 죽음에 이르는 병이라고 했습니다. 절망이 얼마나 유해한지를 지적하며 제 2편에서는 절망은 죄라고까지 말하였습니다.

희망의 신학자로 알려진 「위르겐 몰트만」 역시 절망에 대하여 "절망은 가장 나쁜 죄다. 절망은 재앙을 부르는 가장 나쁜 죄다."라고 말했습니다. 절망하는 자에게는 미래가 없습니다. 절망하는 자에게는 행복이 없습니다. 절망하는 자에게는 웃음이 없습니다.

철학자 「에른스트 블로흐」는 소망을 모든 인간의 행위 속에 들어있는 하나님의 힘이라고 말하고 있습니다. 하나님의 사람들은 어떤 경우에도 절망하며 포기하지 않았습니다.

살인자로 몰려 도망자 신세가 된 모세도 모든 권력과 부, 명예를 다 잃어버리고 40년 동안 광야에서 도망자 신세로 살았지만 절망하지 않았습니다. 욥도 자녀 모두를 사고로 잃어버리고 가지고 있는 재산도 하루아침에 없어지고 아내까지 자신을 버리는 고통을 당하며 질병 가운데 처절히 쓰러져 갔지만 절망하지 않았습니다.

예레미야도 예레미야애가 3장에 보면 엄청난 곤경에 처했지만 절망하지 않았고, 다니엘도 다니엘 10장에 보면 마치 죽은 사람과 같은 환난을 당하였지만 절망하지 않았습니다.

그렇습니다. 절망이 아닌, 하나님을 희망으로 붙잡을 때 그분의 복이 우리에게 임하기 시작합니다. 이 신앙이 오늘 우리 안에 있기를 소망합니다.

• **기도**: 소망의 하나님, 절망은 하나님께 죄를 짓는 것임을 기억하여 저희로 하나님 앞에서 절망하지 않게 하여 주옵소서. 그 어떤 경우에도 하나님께 소망을 두고 하나님만 바라는 믿음의 삶을 살게 하옵소서. 절망 가운데서도 하나님을 희망으로 붙잡을 때 하나님의 복이 임하는 복된 인생이 되게 하실 것을 믿습니다. 예수님의 이름으로 기도합니다. 아멘
• **중보기도**: 모든 그리스도인들이 하나님께 소망을 두고 하나님만 바라는 삶을 살게 하소서.

10월 23일 핍박

핍박도 받는다

• 성경: 디모데후서 3장 12절 • 찬송: 336장 • 요절: 딤후 3:12

교회의 역사를 보면 어느 시대나 교회는 핍박을 받아왔습니다. 핍박이 얼마나 심했던지 히브리서 기자는 "조롱과 채찍뿐 아니라 결박과 옥에 갇히는 시련도 받았으며 돌로 치는 것과 톱으로 켜는 것과 시험과 칼로 죽임을 당하고 양과 염소의 가죽을 입고 유리하여 궁핍과 환난과 학대를 받았다"고 증언하고 있습니다(히 11:36~37).

하나님의 위대한 종 사도바울은 복음 때문에 얼마나 많은 핍박을 받았습니까? 오늘 우리 앞에도 이런 핍박이 있다면 과연 잘 감당할 수 있을까 하는 생각이 듭니다. 바울은 40에 하나 감한 매를 다섯 번이나 맞았습니다. 세 번 태장을 맞고 한번 돌로 맞고, 세 번 파선하고, 강도, 동족, 이방인, 강, 광야, 바다, 거짓 형제의 위험을 당했습니다(고후 11:23~26). 얼마나 힘들었던지 힘에 겹도록 심한 고난을 당하여 살 소망까지 끊어지고 마음에 사형선고를 받은 줄 알았다고 그가 고백을 했습니다(고후 1:8~9).

이런 일을 만난 사도바울은 인간적으로 볼 때 충분히 낙심하고 절망할 수도 있었습니다. 그러나 사도바울은 낙심하거나 포기하지 않았습니다.

하나님께서 예수 그리스도의 복음과 하나님의 영광을 위해 힘쓰는 자에게, 핍박이 다가올지라도 극복하고 이길 수 있는 힘을 주시는 것을 알았기 때문입니다.

바울에게 역사하신 하신 하나님은 오늘 우리에게도 동일하게 역사하십니다. 그러므로 우리는 그 어떤 핍박 앞에서도 용기를 잃지 말아야겠습니다. 오늘 말씀대로 경건하게 살고자 하는 자에게 핍박은 당연한 것이라며 수용할 줄 아는 믿음의 자세가 있어야겠습니다.

- **기도**: 은혜의 주님, 저희로 사도바울의 믿음을 본받게 하옵소서. 그 어떤 핍박 앞에서도 신앙의 용기를 잃지 않는 삶이 되게 하시고, 불합리한 일을 당한다 할지라도 낙심하거나 포기하지 않는 신앙의 사람으로 살아갈 수 있게 하옵소서. 저희가 믿는 하나님은 그 어떤 경우에도 믿음으로 살고자 하는 자에게 역사하시는 하나님이시고 이길 수 있는 힘을 주시는 하나님이심을 믿습니다. 예수님의 이름으로 기도합니다. 아멘
- **중보기도**: 모든 그리스도인들이 환난과 핍박 앞에서 믿음의 담대함을 보일 수 있게 하소서.

10월 24일 사모함

하늘 양식으로 부요한 자

• 성경: 마태복음 15장 32~39절 • 찬송: 96장 • 요절: 마 15:35~39

　음악의 어머니로 불리우는 헨델이 그 유명한 오라토리오 '메시아'를 작곡할 때 그랬다고 합니다. 그는 떠오르는 영감이 사라지는 것이 두려워서 23일간 식음을 전폐하면서 작곡에 온전히 몰두하였습니다. 23일간 먹지도 않고 메시아를 작곡하였다는 것은 인간의 결단과 각오를 가지고는 불가능한 일입니다.

　오히려 너무 오랫동안 굶으면 영감이나 지력이 떨어지게 되어있습니다. 그런데도 23일 동안 식사를 뒤로 미루고 작곡에 전념할 수 있었던 것은, 메시아 전곡을 쓰는 동안, 하늘의 신비를 맛보며 하늘의 양식으로 부요하였기 때문이었을 것입니다.

　오늘 말씀 역시 하나님의 말씀에 취하여서 배고픔도 모르고 주님 앞에서 말씀을 듣고 있었습니다. 그들이 얼마나 영의 양식에 주리고 있었는지 육의 양식을 뒷전으로 미룰 만큼 말씀에 대한 갈급함과 사모함이 얼마나 컸는지를 짐작해 볼 수 있습니다. 물론 개중에는 먹을 것 때문에 예수님을 따라다니는 자들도 있었을 것입니다.

　지금도 마찬가지입니다. 교회에는 하나님의 은혜를 사모하여 나오는 자들도 있지만, 지금도 여전히 종교적인 매력이나 인간관계 때문에 나오는 사람들도 있습니다. 취미생활의 한 방편으로 교회를 찾는 사람들도 있습니다. 하지만 우리는 이런 사람들 중에 한 사람이 되어서는 결코 안 될 것입니다.

　진정으로 주님의 말씀에 대한 사모함과 하나님의 은혜를 경험하고자 하는 간절함이 우리에게 있어야 할 것입니다. 하나님의 나라는 이들처럼, 하나님의 말씀에 대한 간절한 사모함을 통하여 이루어져 가고 있습니다.

• **기도** : 말씀의 주님, 오늘 저희도 세상에 취한 삶이 아니라 말씀에 취한 삶이 되게 하여 주옵소서. 항상 말씀에 대한 갈급함과 사모함이 있게 하시고, 말씀 속에서 하나님의 은혜를 경험하고자 하는 간절함이 있게 하여 주옵소서. 그리하여 이 땅 위를 살아가는 동안 말씀을 통하여 하나님의 나라가 이루어져 가는 것을 목격하며 살 수 있게 하옵소서. 예수님의 이름으로 기도합니다. 아멘

• **중보기도** : 모든 그리스도인들이 말씀에 대한 갈급함과 사모함이 있게 하소서.

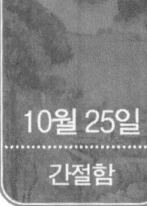

10월 25일 간절함

근심하시는 하나님

• 성경: 사사기 10장 16절 • 찬송: 338장 • 요절: 삿 10: 16

우리가 믿는 하나님도 근심하십니다. 우리는 "어떻게 하나님이 근심하실까?" 의아해할 수 있겠지만 하나님은 분명히 근심하시는 분이십니다. 그런데 하나님이 근심하시는 것은 다른 것보다도 우리 때문에 근심하시는 것입니다. 오늘 말씀에 보면 하나님께서 이스라엘의 곤고함으로 말미암아 마음에 근심하셨다고 했습니다. 따라서 우리의 곤고함을 보시고 하나님이 근심하시는 분이십니다.

그리고 우리의 영혼을 만지시고 곤고한 내 삶을 만져주십니다. 그래서 우리는 하나님을 가까이 해야만 하는 것입니다. 그분께 아뢰고 기도해야만 합니다. 기도할 때 확실한 기도응답을 주십니다. 그러므로 기도한 경험이 많은 사람일수록 응답의 체험을 많이 하게 되어 있습니다. 그리고 기도 응답의 체험이 많은 사람들은 어떤 일들을 당해도 당황하지 않고 주님을 부인하지 않습니다.

백동조 목사님이 시무하시는 목포 사랑의교회 현관에는 이런 표어가 붙어 있다고 합니다.

"죽더라도 예배드리자", "쓰러져도 새벽기도 하자", "못 먹어도 성경 읽자", "굶더라도 십일조하자".

하나님의 백성들에게 하나님을 대면하는 시간보다 더 복된 시간은 없습니다. 할 수 있으면 우리는 하나님을 힘써서 찾아야만 합니다. 그래야 우리의 곤고한 삶이 기쁨과 희망으로 넘칠 수 있습니다.

• **기도**: 근심하시는 하나님, 오늘 말씀을 통하여 저희가 믿는 하나님도 저희 때문에 근심하신다는 사실을 깨닫습니다. 그리고 저희의 영혼을 만져주시고 곤고한 삶을 만져주시는 하나님이심을 깨닫습니다. 그 하나님을 가까이 할 수 있는 저희의 삶이 되게 하여 주옵소서. 그 하나님을 힘써 찾고 기도함으로 응답의 체험이 많아지는 삶이 되게 하옵소서. 예수님의 이름으로 기도합니다. 아멘

• **중보기도**: 모든 그리스도인들의 삶이 기쁨과 희망으로 넘치는 삶이 되게 하소서.

10월 26일 교회

내가 죽을 수 있는 제단

• 성경: 갈라디아서 2장 20절 • 찬송: 327장 • 요절: 갈 2:20

구약의 예배는 짐승을 잡아 번제로 하나님께 예배를 드렸습니다. 번제는 나대신 짐승을 잡아 태워서 드리는 것을 말합니다. 말하자면 자신을 온전히 태워서 없애는 것이 번제입니다. 완전히 죽는 것이 번제입니다.

우리는 오늘의 교회를 통해서 무엇을 경험해야 해야 할까요? 자신의 죽음을 경험할 줄 알아야 합니다. 교회에서 번제를 드리듯 예배를 드리며 내 뜻, 내 의지, 내 자아, 내 욕망, 내 고집을 죽이는 것입니다. 이것이 교회요 예배입니다.

오늘 말씀에 사도바울은 단 한 구절로 이 사실을 잘 묘사하고 있습니다. 그가 말한 대로 예배는 "내가 그리스도와 함께 십자가에 못 박혔다. 죽었다."는 것입니다. 내 과거의 정과 욕심은 십자가에 못 박았노라고 천명하며, 내 뜻과 내 의지와 내 자아의 죽음을 선포하는 것이 예배입니다.

예배를 통해서 "하나님, 내 자아가 죽습니다. 오직 하나님의 능력만이 임하기를 원합니다. 하나님의 뜻만이 내 삶 가운데 주관되기를 원합니다." 하고 확인하고 선언하는 것이 예배입니다.

내가 죽을 수 있는 제단인 교회가 없다는 것은 그에게 예배가 없다는 것을 보여주는 것입니다. 예배가 없기 때문에 일평생 예수 믿고 교회를 들락거려도 예수님과 성령님은 간 곳 없고 여전히 자신만 시퍼렇게 살아있는 것입니다.

오늘 우리에게는 죽을 수 있는 제단이 확보되어 있어야만 합니다. 내 자아가 죽고, 내 고집이 죽고, 오직 하나님의 뜻만이 내 삶을 주관할 수 있는 번제단이 확보되어 있어야만 합니다.

- **기도**: 사랑의 주님, 오늘 저희도 교회를 통하여 자신의 죽음을 경험할 줄 아는 신앙생활을 하게 하여 주옵소서. 잘 죽어야만 주님께 온전히 붙들린 바 된 삶을 살아갈 수 있음을 잊지 말게 하여 주옵소서. 잘 죽기 위해서 기도할 수 있게 하시고, 주님의 뜻만이 주관되는 삶이 되기 위하여 날마다 자아의 죽음을 선언할 수 있게 하옵소서. 예수님의 이름으로 기도합니다. 아멘
- **중보기도**: 모든 그리스도인들이 자신의 삶을 주관할 수 있는 번제단이 있게 하소서.

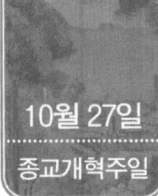

10월 27일 종교개혁주일

청교도와 예배

• 성경: 요한복음 4장 21~24절 • 찬송: 354장 • 요절: 요 4:24

　미국 [프리머스]항에는 신앙의 자유를 찾아 최초로 영국에서 미국으로 건너간 102명의 청교도들이 타고 왔던 '메이플라워호'가 전시돼 있습니다. 또 1620년 그들이 지어놓은 우람한 예배당도 보존돼 있습니다.

　그들은 하나님 한 분만을 찾아서 그 곳에 와 땀과 눈물과 피를 흘리며 예배당부터 지었습니다. 믿음의 형제들이 하나 둘 죽어감에도 기어코 예배당을 완공했으며, 1년 동안 농사를 하고 그 추수를 하나님께 드리면서 추수감사주일을 지켰습니다. 그들이 뿌린 감사와 희생의 씨로 말미암아 그들의 후손은 오늘의 최대 강국인 미국을 이루는 복을 받은 것입니다.

　그러나 똑같은 유럽인들 가운데 황금을 찾아 남미로 간 사람들이 있었습니다. 그들은 노다지를 찾았고, 황금덩어리를 캐냈습니다. 당시 북미로 갔던 청교도인들보다 훨씬 부자가 되었습니다. 하지만 그 후손은 지금 가난하게 살고 있습니다. 그들은 하나님께 감사를 드리지 않았고, 눈물의 씨를 뿌리지 않았던 결과입니다.

　하나님 앞에 드리는 예배는 이렇게 중요합니다. 열악한 조건에서도 예배하는 사람을 하나님께서는 기뻐하시고 축복하십니다. 우리는 하나님을 먼저 찾아야 합니다. 하나님께 감사드리는 것을 가장 우선에 두어야 합니다.

　이 시대에 많은 그리스도인들이 그렇게 사는 것을 불편해 하고 힘들어 하고 있습니다. 그리스도인에게 가장 중요한 예배가 우리 삶의 바깥으로 밀려나고 있다는 것입니다. 그러나 예배는 우리 가정과 우리나라가 하나님의 축복을 받게 되는 은혜의 통로임을 잊지 말아야겠습니다.

• **기도** : 예배 중심의 삶을 원하시는 주님, 저희로 예배 중심의 삶을 사는 것이 말할 수 없이 중요함을 잊지 말게 하여 주옵소서. 아무리 열악한 조건 속에서 산다 할지라도 예배를 사랑하게 하시고, 예배하기에 힘쓸 수 있는 삶이 되게 하여 주옵소서. 하나님께 드리는 예배를 삶의 최우선 순위에 놓을 수 있게 하시고, 하나님께 예배하는 것을 기뻐하고 즐거워할 수 있는 저희의 삶이 되게 하옵소서. 예수님의 이름으로 기도합니다. 아멘
• **중보기도** : 모든 그리스도인들이 예배를 사랑하게 하소서.

10월 28일 — 말씀

말씀이 하나님이시다

• 성경: 요한복음 1장 1절 • 찬송: 285장 • 요절: 요 1:1

영국은 한 때 해가 지지 않는 나라라고 불리울 만큼 많은 식민지를 두었던 나라입니다. 그 식민지 가운데 영국의 통치에 유난히 유순하게 복종을 잘하던 원주민들이 있었습니다. 그런데 그들에게는 아무도 앉지 못하게 하는 의자가 하나 있었습니다.

그러던 중 총독이 새로 부임하게 되었는데 이 사람이 자신의 권위를 확실히 한답시고 원주민들이 신성하게 생각하는 그 의자에 앉고 말았습니다. 그러자 그렇게 유순하던 원주민들이 순식간에 아주 사나운 폭도로 돌변했습니다. 그리고 총독과의 전쟁을 선포하고 목숨을 아끼지 않고 싸우는 것이었습니다.

영국은 이런 원주민들의 태도가 도무지 이해가 되지 않았습니다. '그토록 유순하고 말을 잘 듣던 원주민들이 그까짓 의자에 총독이 한 번 앉았다고 해서 그토록 분노할 수 있는가.' 했던 것입니다. 그래서 조사를 해 보았더니 원주민들은 그 의자를 조상들의 영이 앉는 의자로 신앙하고 있었던 것입니다. 그러니 원주민들이 반발하지 않을 수 없었던 것입니다.

오늘 우리도 생명을 걸고 지켜야 할 것이 있습니다. 바로 말씀의 권위입니다. 교회는 말씀의 권위가 무너지면 생명을 잃는 것과 다름이 없고, 더 이상 은혜를 기대할 수 없게 됩니다.

그러므로 목회자는 말씀을 전하는 일에 최선을 다해야 하고, 성도들은 목회자가 부족한 점이 많다 할지라도 선포되어지는 말씀의 권위는 부인하지 말아야 합니다.

말씀이 곧 하나님이시라는 요한의 증언을 가슴에 새겨둡시다.

- **기도** : 사랑의 주님, 오늘 저희로 말씀의 권위를 지킬 수 있게 하옵소서. 교회는 말씀의 권위가 무너지면 생명을 잃는 것과 다름없음을 깨닫게 하옵소서. 교회에서 말씀을 전하는 교역자를 위하여 기도할 수 있게 하시고, 교역자에 따라서 선포되어지는 말씀의 권위를 부인하는 자가 되지 말게 하옵소서. 말씀이 곧 하나님이시라는 사실을 잊지 말게 하옵소서. 예수님의 이름으로 기도합니다. 아멘
- **중보기도** : 모든 그리스도인들이 말씀의 권위를 지킬 수 있게 하소서.

10월 29일
준비된 예배

하나님이 받으시는 예배

• 성경: 창세기 4장 1~10절 • 찬송: 40장 • 요절: 창 4:3~6

　순교자의 신앙으로 우리에게 본이 되시는 분인 주기철 목사님은 오산학교의 교장이었던 조만식 선생님의 제자였습니다. 후에 주기철 목사님이 산정현 교회에 부임했을 때 조만식 선생님은 그 교회의 장로로 섬기고 있었습니다.

　어느 주일 예배 시간에 조만식 장로님이 손님 때문에 그만 예배에 늦게 참석을 하게 되었습니다. 그러자 예배 도중에 주기철 목사님이 조만식 장로님을 향해서 큰소리로 책망하셨습니다. "조 장로님, 오늘은 의자에 앉지 마십시오. 뒤에 서서 예배를 드리시기 바랍니다."

　그 순간 예배에 참석했던 모든 성도가 긴장했습니다. "젊은 목회자가 연로한 장로에게, 더욱이 개인적으로는 스승인데, 아무리 목사라고 할지라도 어떻게 스승에게 함부로 대할 수 있는가." 그러나 조만식 장로님은 주기철 목사님의 말씀에 순종하여 뒤에 서서 예배를 드렸습니다. 그리고 조만식 장로님이 기도 할 차례가 되자 이렇게 기도했습니다.

　"하나님, 저의 죄를 용서하여 주옵소서. 거룩한 주일에 하나님을 만나는 것보다 사람을 만나는 것을 더 중요하게 여긴 죄를 용서하여 주옵소서. 그리고 장로로서 하나님 앞에 드리는 예배에 본이 되지 못한 것을 용서하여 주옵소서. 그리고 목사님을 잘 보필하지 못하고 마음을 상하게 해 드린 것을 용서하여 주옵소서."

　오늘 우리는 어떻습니까? 우리에게도 아벨처럼 예배를 위해 준비하는 마음이 필요합니다. 믿음으로 준비할 때, 그 예배를 통해 감동을 받고, 예배 중에 임하시는 하나님의 은혜를 체험할 수 있는 것입니다. 예배에는 준비가 필요합니다. 하나님은 준비된 아벨의 제사를 기쁘게 받으셨습니다.

• **기도** : 신령과 진정으로 예배하기를 원하시는 주님, 저희로 예배를 사랑할 수 있게 하옵소서. 아벨처럼 준비된 예배가 있게 하시고, 온 맘과 정성을 다하여 예배할 수 있는 정성이 있게 하여 주옵소서. 예배에 본이 되는 생활을 할 수 있게 하시고, 예배가 중심이 되는 생활을 할 수 있게 하옵소서. 하나님이 감동하시는 예배를 드릴 수 있게 하시고, 예배를 통하여 살아계신 하나님의 임재를 느낄 수 있게 하옵소서. 예수님의 이름으로 기도합니다. 아멘
• **중보기도** : 모든 그리스도인들에게 준비된 예배가 있게 하소서.

10월 30일 예스맨

'예'만 있습니다

• 성경: 고린도후서 1장 15 ~ 22절 • 찬송: 452장 • 요절: 고후 1 : 20

오늘 말씀에 사도바울은 자신이 하나님 앞에서 '예'만 하는 사람이었음을 말하고 있습니다. 하나님은 미쁘신 분이시기 때문에 아니오 할 것이 없다는 것입니다. 그래서 예만 하고 산다는 것입니다(18). 그리고 사도바울은 자신의 "예"하는 삶의 본보기로 예수님을 소개하고 있습니다. 예수님은 하나님의 계획에 늘 '예'만 하셨다는 것입니다(19). 그리고 우리의 삶도 역시 예수님 안에서 그분과 같다는 것입니다. 그래서 하나님의 약속은 얼마든지 그리스도 안에서 예가 되니, 우리도 역시 아멘 하여 하나님께 영광을 돌려야 한다는 것입니다(20).

그리스도인은 예수의 사람을 말합니다. 예수의 사람이라는 것은 첫째, 자신의 생명이 자신의 것이 아니라, 예수님의 소유라는 것을 알고 사는 사람을 말합니다.

둘째, 그렇기에 또한 예수님의 삶이 자신의 삶인 것을 인정하는 사람을 말합니다. 예수님께서 이 땅에 사실 때에, 늘 하나님 앞에서 '예'하는 삶을 사셨기에 그리스도인도 역시 늘 하나님 앞에서 '예'하는 삶을 사는 사람이어야 합니다.

그렇습니다. 그리스도인은 예수님의 사람입니다. 예수맨입니다. 예수맨은 또한 예스맨입니다. 그래서 우리의 입에는 늘 "아멘!" 소리가 강물처럼 흘러야 합니다. 우리가 예스맨이 되면 하나님께서도 우리의 삶의 모든 문제에 "예스"라고 응답하여 주실 것입니다. 우리 모두 하나님 앞에서 예스만 하고 사는 신앙의 사람이 되어야겠습니다.

• **기도** : 아멘이 되신 주님, 오늘 저희도 사도바울같이 하나님 앞에서 '예'만 하는 사람이 되게 하옵소서. 바울이 '예'만 하는 사람으로 그리스도를 본받기를 원했듯이, 저희도 예만 하는 사람으로 그리스도를 본받을 수 있게 하옵소서. 하나님 앞에서 예수맨이 되게 하시고, 예스맨이 되게 하옵소서. 저희의 입에는 늘 아멘만 넘치는 삶이 되게 하옵소서. 예수님의 이름으로 기도합니다. 아멘

• **중보기도** : 모든 그리스도인들이 하나님 앞에서 아멘의 사람으로 살아갈 수 있게 하소서.

10월 31일 별명

아름다운 별명

• 성경: 사도행전 11장 19~26절 • 찬송: 411장 • 요절: 행 11:26

한국 기독교 120년 사에 한국 교회를 대표할 수 있는 사람 중의 한 분으로 故 한경직 목사님을 들을 수 있습니다. 실향민들을 중심으로 한 영락교회를 개척하여 오늘날 5만 명이나 되는 대형교회로 성장을 시켰고, 설교를 통하여 수많은 영혼들이 구원을 받게 한 설교자로도 유명한 분입니다.

1992년 그의 나이 90세 되던 때에는 종교분야의 노벨상으로 알려진 템플턴상 수상자로 선정되기도 하였습니다.

故 한경직 목사님은 목회 일선에서 은퇴한 후에도 아름다웠습니다. 좋은 환경과 좋은 거처를 마다하고 남한산성 영락여자신학원 소유의 보잘 것 없는 18평짜리 단층집을 그의 거처로 삼았습니다. 한경직 목사님은 그 집에서, 한평생 자기 재산 없이 살아온, 욕심 없는 그의 일생을 98세로 마감했습니다. 그의 죽은 이후에 성도들은 그의 이름 앞에 '빈손의 성자'라는 별명을 붙여주었습니다.

구브로에서 태어나 예루살렘 교회에 출석하는 요셉이라는 사람이 있었습니다. 이 사람은 베드로 사도를 비롯한 많은 제자들로부터 바나바란 별명을 들었습니다. 바나바란 '위로의 아들'이란 뜻입니다. 요셉이 다른 성도들을 위로하고, 격려하고, 도와주고, 힘을 북돋아 주는 일을 너무 잘하였기 때문에, 사도들이 그를 높이고 칭찬하여 바나바, '위로의 아들'이란 별명을 붙여주었던 것입니다. 위대한 삶을 살았던 사람들 이름 앞에는 그들의 삶을 보여줄 수 있는 아름다운 별명들이 있습니다.

오늘 우리의 별명은 무엇입니까? 아름다운 이름으로 별명을 듣고 있는지요? 그리고 장차 어떤 별명을 들었으면 좋겠습니까?

• **기도**: 사랑의 주님, 위대한 삶을 살았던 사람들의 이름 앞에는 그들의 삶을 보여줄 수 있는 아름다운 별명들이 있다는 것을 기억하여 저희도 아름다운 별명이 있는 삶이 되게 하여 주옵소서. 예수님을 잘 믿는 것을 드러낼 수 있는 별명이 있게 하시고, 예수님을 닮아가는 것을 보여줄 수 있는 별명이 있게 하여 주옵소서. 저희의 이름 앞에 붙여진 별명으로 주님의 마음도 기쁘게 해드릴 수 있는 삶이 되게 하여 주옵소서. 예수님의 이름으로 기도합니다. 아멘

• **중보기도**: 모든 그리스도인들이 아름다운 별명이 있는 삶이 되게 하소서.

11월 1일
온전한 믿음

두려워 말고 믿기만 하라

• 성경: 마가복음 5장 21~24, 35~43절 • 찬송: 545장 • 요절: 막 5: 41~43

오늘 말씀에 보면 딸이 아파서 죽게 된 회당장 야이로가 예수님을 찾아옵니다. 살려달라는 것입니다. 그런데 아이를 고쳐 주시려고 가는 길에 집에서 사람이 왔습니다. 그새 아이가 죽었다는 것입니다. 그러니 끝입니다. 절망입니다. 아이가 죽었는데 그 다음 이야기가 있을 수 있습니까? 그러나 절망하고 있는 아버지에게 예수님께서 "두려워하지 말고 믿기만 하라"고 말씀하십니다(36).

집에 갔더니 사람들이 다 통곡을 하며 울고 있습니다. 그럴 수밖에 없지요. 방에 들어가 아이를 보신 예수님께서 이렇게 말씀하십니다. "너희가 어찌하여 떠들며 우느냐 아이가 죽은 것이 아니라 잔다"(39).

예수님은 지금 땅을 보고 계신 것이 아닙니다. 하늘을 보고 계신 것입니다. 위를 보니 하나님께서 아이의 생명을 붙들고 계신 것입니다. 그러니 그 아이가 어떻게 죽겠습니까? 모두가 죽었다고 해도 하나님께서 붙들고 계신 것이니, 이 아이는 지금 자고 있는 것입니다.

죽었다 해도 하나님께서 다시 당신의 영광을 위하여 살리실 것입니다. 그래서 예수님은 아이의 손을 잡고 '달리다굼, 소녀야 일어나라'고 말씀하십니다. 그 말을 듣고 죽었던 아이가 잠들었던 것처럼 깨어서 일어났습니다.

이것이 믿음입니다. 아래 세상은 100% 죽었다고 말해도, 위의 하나님께서 잔다고 말씀하시면 자는 것입니다. 그것을 믿기 때문에 우리는 하나님의 싸인에는 그것이 무슨 사안이든지, "아멘"이라고 화답할 수 있어야합니다. 그럴 때 우리의 삶은 완전히 달라져서 하나님께 큰 영광을 돌릴 수 있습니다.

• **기도** : 믿음을 더하시는 주님, 오늘 저희가 이성적인 판단으로 믿겨지지 않아도 주님의 말씀이라면 '아멘'할 수 있게 하여 주옵소서. 모든 사람들이 안 된다고 말해도 주님이 된다고 하시면 믿고 의지할 수 있는 신앙의 사람이 되게 하여 주옵소서. 그리하여 살아계신 하나님의 역사를 보는 삶이 되게 하시고, 하나님의 영광을 보는 삶이 되게 하여 주옵소서. 예수님의 이름으로 기도합니다. 아멘
• **중보기도** : 모든 그리스도인들이 하나님의 싸인에 '아멘'으로 화답할 수 있는 삶이 되게 하소서.

11월 2일 예배의 능력

우리를 살리는 능력

• 성경: 시편 65편 4절 • 찬송: 80장 • 요절: 시 65: 4

다윗이 쓴 시편을 보면 그가 얼마나 하나님께 예배하는 것을 즐거워하고 기뻐했는지를 쉽게 만나보게 됩니다. 한마디로 하나님이 보시기에 예배하는 인생을 살고 싶어 했던 것이 다윗이라는 인물입니다. 오늘 말씀에도 예배를 사모하는 다윗의 마음이 그대로 담겨 있습니다. 그러면 다윗이 왜 그토록 예배를 사모하는 인생을 살았을까요? 예배는 우리를 살리는 능력이 되기 때문입니다.

예배를 떠나서 살면 겉으로는 살았다고 하지만 속으로는 죽은 자요 아무런 능력도 없는 허약한 사람이 될 수밖에 없습니다. 아무리 예수 잘 믿는다고 호언장담하는 사람이라도 한 달만 예배드리지 않으면 그 입에서 별소리 다 나옵니다.

"하나님이 살아 계시냐? 기도는 뭐 때문에 하느냐, 왜 사는지 모르겠다."

이런 소리를 막 해댑니다. 삶이 완전히 뒤죽박죽이 된 것입니다.

예배는 우리에게 생명을 공급해 주는 생명선입니다. 예배를 떠나면 생명줄이 막히기 때문에 죽음을 맛보고 아우성치는 인생이 될 수밖에 없습니다. 영적으로 살아있는 예배, 하나님의 임재가 있는 예배를 드리지 못하는 사람은 날마다 영혼이 시들어갑니다. 다 죽어가는 화분의 꽃처럼 시들시들거리며, 옆에 있는 사람들이 보기에도 짜증날 정도의 모습이 됩니다.

우리는 무엇을 위해 기도하고 무엇을 위해 최고의 준비를 해야만 합니까? 예배입니다. 우리의 모든 힘, 모든 자원을 다 투입해서 가장 영광스러운 예배를 드릴 때 우리의 영혼이 살아납니다. 예배드리는 삶이 축복과 능력의 시작이요, 능력의 통로인 것입니다.

• **기도**: 예배하는 자를 더욱 사랑하시는 주님, 오늘 저희로 예배가 있는 삶이 되게 하여 주옵소서. 예배가 있어야 영혼이 살 수 있음을 잊지 말게 하여 주옵소서. 저희의 모든 힘, 모든 자원을 다 투입해서 가장 영광스러운 예배를 하나님께 드릴 수 있게 하여 주옵소서. 예배를 통하여 살아계신 하나님을 더욱 가까이 느끼는 삶이 되게 하여 주옵소서. 예수님의 이름으로 기도합니다. 아멘

• **중보기도**: 모든 그리스도인들이 예배가 영혼을 살리는 생명줄임을 깨닫게 하소서.

11월 3일
협력의 힘

함께 손을 듦으로

• 성경: 출애굽기 17장 8~16절 • 찬송: 331장 • 요절: 출 17: 12~13

애굽에서 나온 이스라엘은 르비딤이란 광야에서 아말렉이라는 강한 적을 만나게 됩니다. 그들은 맹렬한 용사들이었습니다. 반면에 이스라엘은 애굽에서 나오느라고 몹시 피곤한 상태였고, 광야생활도 익숙하지 않았습니다. 여호수아가 군사를 이끌고 나가지만 싸움을 제대로 할 수 있는 정규군이 아니었습니다. 그래서 여호수아를 전장으로 보낸 후에 모세는 아론과 훌을 대동하고 산꼭대기로 올라갔습니다. 산꼭대기에서 모세가 손을 올리면 이스라엘이 이기고 힘이 들어서 팔을 내리면 전세가 역전이 되어 아말렉이 이겼습니다. 이 상황을 아론과 훌이 여러 차례 보게 됩니다. 그래서 아론과 훌이 지혜를 냈습니다.

큼지막한 돌을 가져다가 모세를 거기에 앉게 하고 자신들은 모세 양편에 서서 모세의 팔을 하나씩 맡아 팔이 내려가지 않게 하였던 것입니다. 결국 해가 지도록 모세의 손은 아론과 훌이 잡고 있었으므로 내려가지 않았고, 따라서 이스라엘은 아말렉을 상대해서 크게 이길 수 이었습니다. 여기서 모세가 두 손을 들었다는 것은 하나님께 '기도한 것'을 의미합니다. 모세의 기도를 들으신 하나님께서 이스라엘에 승리를 주신 것입니다. 그런데 우리는 아론과 훌을 주목해 보아야 합니다. 왜냐하면 아론과 훌이 옆에서 같이 손을 들었기에 아말렉을 물리치고 승리할 수 있었기 때문입니다.

여기서 우리가 알게 되는 한 가지 진리는 하나님의 일은 어느 한 사람에 의해서 이루어지는 것이 아니라, '협력하는 사람들을 통해서 이루어지게 된다.'는 것입니다.

우리는 하나님 나라의 일을 감당해 나가는 자들이 될 수 있습니다. 바로 아론과 훌 같이 우리의 손을 신앙 지도자들과 함께 듦으로 말입니다.

• **기도**: 사랑의 주님, 오늘 저희도 지도자의 피곤한 기도 손을 함께 들어줄 수 있는 기도의 사람이 되게 하여 주옵소서. 하나님의 일은 협력하는 사람들을 통해 이루어진다는 것을 잊지 말게 하옵소서. 아론과 훌 같이 저희의 손을 신앙의 지도자들과 함께 듦으로 하나님 나라의 일을 감당해 나가는 자가 되게 하옵소서. 예수님의 이름으로 기도합니다. 아멘

• **중보기도**: 모든 그리스도인들이 지도자의 피곤한 기도 손을 함께 들어 줄 수 있는 사람이 되게 하소서.

11월 4일
신앙관리

신앙도 역전될 수 있다

• 성경: 누가복음 13장 30절 • 찬송: 380장 • 요절: 눅 13:30

오늘 말씀은 믿음 안에서도 그의 신앙의 모습에 따라 뒤쳐질 수도 있고, 앞설 수도 있다는 말씀입니다. 열심히 성실하게 심는 자는 앞서는 신앙이 되고, 나태하여 되는대로 믿는 사람은 뒤처지는 신앙이 된다는 말씀입니다. 나중 된 자로서 먼저 되는 것은 좋은 일입니다. 그러나 먼저 된 자로서 나중 되는 일은 불행한 일이요, 경계해야 할 일이며, 없어야 할 일입니다.

요즘 사람들은 스포츠를 좋아합니다. 직접 스포츠를 즐기는 사람들도 많아지고, 또 자신이 좋아하는 스포츠를 관전하면서 즐기는 사람들도 있습니다. 그런데 스포츠 경기를 즐기다가 가장 속상할 때가 언제입니까? 초반에 잘 이기고 있다가 막판에 역전패하는 것입니다.

그럴 때면 억장이 무너지고 복장이 터집니다. 아예 처음부터 지고 있었다면 언젠가 이길 수도 있겠지 하는 마음으로 응원을 합니다. 그런데 충분히 이기고 있다가 한 점 두 점 주기 시작하더니 결국에 가서 역전을 당합니다. 그런 경기는 보고 나서도 며칠은 찜찜한 것이 가시지 않습니다. 아예 안 보느니만 못합니다.

그런데 예수님께서는 신앙에도 역전패 하는 사람이 있고, 역전승하는 사람이 있다고 말씀하셨습니다. 일찍이 나폴레옹은 "나의 사전에는 불가능이 없다."고 말했습니다. 그러나 우리의 신앙 사전에는 먼저 된 자로 나중 되는 일은 결단코 없어야 합니다. 이것은 아주 큰 불행이기 때문입니다.

- **기도**: 은혜의 주님, 오늘 저희의 신앙을 되돌아봅니다. 신앙에는 먼저 된 자로서 나중 되는 일도 있고, 나중 된 자로서 먼저 되는 일도 있음을 잊지 말게 하여 주옵소서. 역전패하는 신앙이 아니라, 날마다 승리하는 신앙의 사람이 되기 위하여 깨어 기도하게 하시고, 믿음의 경주를 멈추지 않는 삶이 되게 하여 주옵소서. 예수님의 이름으로 기도합니다. 아멘
- **중보기도**: 모든 그리스도인들이 날마다 승리하는 신앙의 사람이 되게 하소서.

11월 5일
믿음의 선물

내게 주신 선물

• 성경: 에베소서 2장 8 ~ 9절 • 찬송: 357장 • 요절: 엡 2 : 8 ~ 9

사람에겐 본능이 있습니다. 이 본능을 거역하기란 쉽지 않습니다. 그런데 이 본능을 제어하여 사람을 바로 살게 하는 것이 있으니 일반인들에게는 이성이요, 우리 기독교인들에게는 믿음입니다. 그런데 이 이성이라는 개념을 두고도 철학자들 가운데 의견이 분분합니다.

실제로 이성이란 주제를 처음으로 철학으로 끌어낸 칸트만 하더라도 말이 왔다 갔다 하는 것을 보게 됩니다. 이성은 늘 감정의 지배를 받기 쉽습니다. 그래서 이성적으로 산다는 것은 매우 어려운 일입니다. 굉장한 수양과 노력이 필요합니다.

그러나 믿음이란 어떻습니까? 아주 쉬운 것입니다. 우선 믿음의 출발점은 내가 아니라 하나님입니다. 나에게서 나온 것이 아니라 하나님입니다. 하나님이 내게 주신 선물이라고 했습니다(8).

내가 하나님의 은혜로 믿음을 가졌고 또 하나님이 주신 그 믿음으로 인하여 구원을 얻었다고 성경은 말씀합니다. 하나님은 내 속에 더 큰 믿음이 자라도록 믿음의 씨를 선물로 주셨습니다. 이 믿음은 말씀을 들을 때 계속 자랍니다(롬10:17). 이 모든 일이 하나님으로부터 시작되었기에 우리가 믿음을 가질 수 있고 또 말씀을 들을 때 믿음이 자랄 수 있는 것입니다. 그러기에 믿음은 사람의 것이 아닌(살후3:2) 하나님의 선물을 받은 사람만이 가질 수 있습니다.

하나님이 주신 믿음은 육신의 일 곧 본능을 제어할 수 있습니다. 믿음만이 죄로 향하는 본능에서 우리를 구원해 낼 수 있습니다. 하나님이 선물로 주신 믿음이 능력입니다.

• **기도** : 믿음을 더하시는 주님, 저희의 믿음은 하나님이 주신 선물임을 믿습니다. 저희가 하나님의 은혜로 믿음을 가졌고, 하나님이 주신 그 믿음으로 인하여 구원받았음을 믿습니다. 이 믿음을 선물로 주신 하나님께 늘 감사하게 하시고, 이 믿음이 온전히 자랄 수 있도록 말씀을 가까이 하는 삶을 살게 하옵소서. 믿음의 능력 안에서 사는 삶이 되게 하옵소서. 예수님의 이름으로 기도합니다. 아멘

• **중보기도** : 모든 그리스도인들이 믿음이 하나님이 주신 선물인 것을 깨닫게 하소서.

11월 6일
규례와 법도

지켜 행하라

• 성경: 레위기 19장 1~37절 • 찬송: 218장 • 요절: 레 19:37

구약의 규례라고 하여 모두 폐기된 것이 아닙니다. 제사와 같은 의식법은 예수님이 오시면서 폐기되었고 유대인들을 대상으로 한 민법 역시 지킬 수 없고 지키지 않아도 됩니다. 그러나 규례들 중에는 불변이신 하나님과 마찬가지로 변함없는, 그리고 모든 사람들에게 적용되는 도덕법이 있습니다. 십계명과 같은 도덕법은 지금도 우리들이 삼가 지키며 살아야만 하는 것입니다. 오늘 말씀에는 도덕적 원리와 삶에 적용할 수 있는 규례들이 기록되어 있습니다. 2절은 이렇게 기록합니다.

"너희는 거룩하라 이는 나 여호와 너희 하나님이 거룩함이니라".

이것은 하나님께서 거룩하시기 때문에 성도도 거룩한 삶을 살아야 한다는 삶의 원리입니다. 3절 이후로는 이 원리에 입각한 실제적인 규례들이 뒤를 이어 기록되어 있습니다. 그런데 그 규례마다 '나는 여호와니라'는 후렴구가 있습니다. 이 후렴구들이 강조하는 것은 '하나님을 섬기는 백성들은 그 삶속에서 하나님을 늘 기억해야 한다.'는 것입니다.

그렇습니다. 정직한 삶도, 사랑의 삶도 하나님을 기억할 때 가능합니다. 하나님의 거룩하심을 기억하는 가운데 그 자신의 삶도 온전하게 되는 것입니다. 이스라엘 역사 가운데서 도덕적으로 가장 부패할 때가 하나님을 기억하지 않고 살 때였습니다.

오늘의 우리 역시 하나님께서 나의 하나님 되심을 인정하고 인식하며 살아야 합니다. 이 원리를 축으로 하여 삶의 현장에서 하나님의 백성다운 삶을 살아야 합니다. 시대가 바뀌고 새로운 사상이 일어나도 하나님께서 인간에게 말씀하시고 원하시는 근본적인 의미와 목적은 변하지 않습니다.

• **기도**: 거룩하신 하나님, 오늘 저희로 하나님의 거룩하심을 따라가는 삶이 되게 하옵소서. 저희의 삶 속에서 거룩하신 하나님을 늘 기억할 수 있게 하시고, 하나님의 거룩하신 성품을 담아내는 삶이 되게 하여 주옵소서. 정직한 삶도, 사랑의 삶도 하나님의 거룩하심을 기억하는 가운데 온전하게 된다는 것을 잊지 말게 하여 주옵소서. 예수님의 이름으로 기도합니다. 아멘

• **중보기도**: 모든 그리스도인들이 하나님의 거룩하심을 따라가는 삶이 되게 하소서.

11월 7일 열심

게으름

• 성경: 잠언 6장 10~11절 • 찬송: 595장 • 요절: 잠 6: 10~11

　일반적으로 남을 위해 봉사하는 사람들은 대부분 건강하고 행복한 인생을 누립니다. 이것은 주님의 일도 마찬가지입니다. 내가 신앙생활을 하며 교회에서 내가 할 수 있는 일을 찾게 되면 내게 영적 건강과 영적 성장이 임합니다.

　우리에게 영적 성장을 방해하는 가장 큰 적이 있다면 그것은 바로 게으름입니다. 안일함입니다. "좀 더 자자 좀 더 졸자"하는 생각입니다. 오늘 말씀에 잠언서 기자는 "좀 더 자자 좀 더 졸자 손을 모으고 좀 더 누워있자 하면 네 빈궁이 강도 같이 오며 네 곤핍이 군사같이 이르리라"고 하였습니다.

　이 말씀을 쉽게 말하면 '그렇게 하면 망하더라. 망하되 확실히 망하더라.'는 말씀입니다.

　우리가 교회에서 할 수 있는 일을 찾는데, 게으름이 우리를 방해합니다. 그래서 열린 교회를 담임하고 있는 김남준 목사는 기독교인에게 가장 무서운 적은 '게으름'이라고 했습니다. 또한 게으름은 하나님이 나에게 주시는 복을 가로막는 마귀의 생각임을 알아야 합니다.

　어느 교회에는 휠체어를 타고 차량봉사를 하는 성도가 있습니다. 소아마비로 하체를 잘 쓰지 못하는데도 안내위원으로 봉사하는 성도가 있습니다. 이런 교회는 이미 교회에 들어서는 순간 은혜를 받습니다.

　감동이 밀려옵니다. 우리는 사실 내 영적인 성장이 이루어지지 않는다면 부끄럽게 생각해야 합니다. 그러므로 우리의 영적 상태에 보다 더 큰 관심을 가질 수 있어야겠습니다.

• **기도**: 지금도 열심을 내시는 주님, 영적 성장을 방해하는 가장 큰 적이 게으름임을 잊지 말게 하여 주옵소서. 열심을 품고 주님을 섬길 수 있게 하시고, 주님을 위한 일이라면 찾아서 할 수 있는 믿음이 되게 하여 주옵소서. 그리하여 주님을 감동시키는 것은 물론, 칭찬 듣고 영적 성장을 이루는 삶이 되게 하여 주옵소서. 예수님의 이름으로 기도합니다. 아멘

• **중보기도**: 모든 그리스도인들에게 영적인 게으름이 찾아오지 않게 하소서.

11월 8일 / 어려움

깊은 절망에 빠졌을 때

• 성경: 시편 13편 1 ~ 6절 • 찬송: 337장 • 요절: 시 13: 5 ~ 6

유대인 작가 「엘리 비젤(Elie Wiesel)」이 쓴 '밤'이라는 책을 보면, 유대인들이 나치에 의해서 무방비 상태로 죽임을 당하던 때의 생생한 증언들이 나옵니다. 비젤은 유대인이라는 이유로 여러 수용소 등을 전전하면서 유대인들이 참혹하게 처형당하는 광경을 직접 목격하였습니다.

그는 자기 어머니와 누이의 죽음을 보았으며, 아버지가 산 채로 화형을 당하는 광경을 보아야만 했습니다. 그는 그 참혹한 광경을 회상하면서 "우리가 이렇게 고통을 당하는데 하나님은 어디에 계시는가?"라고 묻습니다.

유대인이 무고한 죽음을 당하는 순간에도, 희망의 근거인 하나님이 침묵하고 있다는 것은 그에게 모든 희망이 사라진 것으로 보였습니다.

오늘 말씀에 등장하는 다윗도 똑같은 경험을 하였습니다. 그는 깊은 절망에 빠졌을 때 하나님을 찾고 또 찾았습니다. 그러나 평소에 그렇게 가깝게 느껴졌던 하나님의 모습이 보이지 않았습니다.

아무리 외쳐도 하나님의 음성이 들리지 않았고, 종일토록 근심하며 하나님을 구하여도 발견할 수 없었습니다. 그러나 그때 다윗은 그 자리에 주저앉아 낙심하지 않고 계속하여 하나님을 구합니다. 자신이 절망에 빠져 어려움을 당할 때 원수들에 의해 무너지지 않게 해달라고 하나님께 요청합니다. 그리고 자신이 오직 주님의 사랑을 의지하고, 주님의 구원을 기뻐하겠다고 다짐합니다.

이와 같은 다윗의 모습은 오늘 우리의 인생에 위기가 찾아왔을 때 우리가 어떻게 대처해야만 하는지 그 비결을 가르쳐 주고 있습니다. 그것은 어려울수록 더욱 하나님께 매달리는 것입니다. 그분의 구원을 바라보며 기뻐하고 찬송하는 것입니다.

• **기도**: 사랑의 주님, 오늘 저희도 다윗과 같이 깊은 절망에 빠졌을 때, 하나님을 찾고 또 찾을 수 있게 하옵소서. 아무리 외쳐도 하나님의 음성이 들리지 않아도 낙심치 않고 계속하여 하나님을 구할 수 있게 하옵소서. 이것이 하나님을 신앙하는 사람이 인생에 위기가 찾아 왔을 때 대처하는 방법임을 잊지 말게 하여 주옵소서. 예수님의 이름으로 기도합니다. 아멘

• **중보기도**: 모든 그리스도인들이 인생의 위기가 찾아 왔을 때 하나님을 찾고 또 찾을 수 있게 하소서.

11월 9일 약속

하나님의 약속

• 성경: 이사야 41장 10절 • 찬송: 546장 • 요절: 사 41: 10

하나님이 성경을 통하여 오늘 우리에게 약속하신 말씀들이 있습니다. "내가 너와 함께 하겠다." "내가 위협으로부터 너를 지켜 주겠다." "내가 필요한 것을 공급해 주겠다." "내가 너희에게 한 약속을 반드시 이루어 주겠다."는 것입니다.

오늘 말씀도 그와 같은 하나님의 약속의 말씀입니다. 그런데 우리는 이런 약속의 말씀을 받고도 의심하고 또 의심합니다.

"하나님, 정말 함께해 주실 건가요?"

"물론이지. 나는 지금도 너와 함께 있는 걸."

"하나님, 정말 나를 위험으로부터 지켜주실 건가요?"

"그래, 너는 지금도 안전하게 살고 있지 않니?"

"하나님, 마지막으로 하나만 더 물어볼게요. 하나님, 정말로 내게 필요한 것을 공급해 주실 건가요?"

"애야, 네가 오늘까지 살아온 날들을 돌아보아라. 네가 구해서 못 받은 것이 있었니? 네가 오늘까지 산 것이 정말 너 때문에 산 것이라고 생각하니?"

하나님의 약속은 확실합니다.

하나님이 우리에게 약속하시면 반드시 그 약속이 이루어질 때까지 우리와 함께하십니다. 아니, 언제나 항상 함께하여 주십니다. 세상 끝날까지 우리와 항상 함께하시겠다는 것이 주님의 약속입니다(마 28:20).

그러므로 하나님의 약속을 굳게 붙들고, 그 분이 나와 함께하심을 확실히 믿으며 살아가는 주의 자녀들이 되어야겠습니다.

• **기도** : 약속에 신실하신 하나님, 저희로 하나님의 약속은 확실하다는 것을 깨닫게 하옵소서. 약속하신 것은 반드시 지키시고 이루시는 하나님이심을 기억하게 하옵소서. 하나님의 약속을 의심하는 일이 없게 하셔서 그 하나님의 약속을 굳게 붙들고 믿음으로 살아가는 삶이 되게 하옵소서. 저희의 믿음이 항상 하나님의 약속 위에 굳게 선 믿음이 되게 하여 주옵소서. 예수님의 이름으로 기도합니다. 아멘

• **중보기도** : 모든 그리스도인들이 하나님의 약속을 굳게 붙들고 믿음으로 살게 하소서.

11월 10일
지혜로운 삶

하나님의 기쁨이 되세요

• 성경: 미가 6장 6 ~ 8절 • 찬송: 218장 • 요절: 미 6: 8

오늘 말씀을 기록한 미가 선지자는 주전 8세기 초반에 활동한 사람입니다. 특히 미가는 유대사회의 가난한 지역 출신으로 그 당시 부자들의 포악과 무자비를 강하게 비판한 사람입니다. 그러면서 부자들이 가지고 있는 형식만 남아 있는 신앙을 강하게 비판하며, 믿음으로 온전하게 회복할 것을 권하던 사람입니다.

유대사회에서 주전 8세기 초반이면 북쪽 이스라엘이 멸망하던 시기입니다. 그러기에 그 어느 때보다 사회가 혼란하고 신앙의 가치가 떨어진 시대였습니다. 그들의 신앙의 무지가 어느 정도인가하면 6절, 7절에서 말하는 대로 '하나님은 무엇을 갖다 바치면 좋아하겠지.' 하는 잘못된 신앙을 가지고 있었습니다. 그래서 '많은 수의 소나 양, 그리고 그것으로 부족하면 내 자식을 바치면 되겠지.' 그런 생각을 가지고 있었습니다.

그런데 우리가 분명히 알아야 할 것은 하나님은 우리가 드리는 소나 양 때문에 기뻐하시는 분이 아니십니다. 하지만 많은 사람들이 때로 이 사실을 놓칩니다. '내가 무얼 많이 드리면 하나님이 무척 좋아하시겠지. 나를 사랑하시고 예뻐하시겠지….'

이런 생각은 바로 율법에서 나온 것이고 내 공로 의식에서 나온 것입니다. 성경에서 하나같이 말씀하는 바는 하나님은 나를 사랑하신다는 것입니다. 그러기에 우리는 나를 사랑하는 주님 앞에 '내가 어떤 삶을 살까' 하는 고민을 할 수 있어야합니다. '내가 어떻게 살아야 하나님을 기쁘시게 할 수 있을까?' 이런 생각으로 세상을 살아야 하는 것입니다. 하나님이 우리에게 바라시는 것은 이것입니다.

• **기도** : 저희에게서 눈을 떼지 아니하시는 주님, 오늘 저희로 하나님께 기쁨이 되는 삶을 살아갈 수 있게 하옵소서. 무엇을 어떻게 살아야만 하나님께 기쁨이 될 수 있는지 고민하게 하시고, 하나님이 기뻐하시는 것을 좇아갈 수 있는 삶이 되게 하여 주옵소서. 첫째도 하나님의 기쁨, 두 번째도 하나님의 기쁨, 세 번째도 하나님의 기쁨, 이것이 저희 인생의 목적과 행복이 되게 하여 주옵소서. 예수님의 이름으로 기도합니다. 아멘

• **중보기도** : 모든 그리스도인들이 하나님께 기쁨이 되는 삶을 살아가는 것을 행복의 가치로 삼게 하소서.

11월 11일
아름다운 신앙

아름다운 신앙생활

• 성경: 시편 37편 1~9절 • 찬송: 295장 • 요절: 시 37: 1

어느 교회에서 한 성도가 마음에 항상 '내가 진 십자가는 너무 무거워.' 하는 불평을 했다고 합니다. 그러던 어느 날 꿈에 무거운 십자가를 지고 언덕길을 올라갔는데, 얼마를 힘겹게 가보니 한 곳에 여러 개의 십자가가 있었습니다. 어디서 음성이 돌려오길 "네가 진 십자가가 무겁다고 불평만 하지 말고 여기 많은 십자가 중에서 하나 골라서 져라."고 하였습니다. 그래서 이것저것 살펴보니 번쩍 번쩍 빛나는 조그만 십자가가 있어 그것을 골라졌습니다. 그런데 이 황금으로 된 십자가는 일어서기조차 힘들 정도로 무거웠습니다.

그때 "다시 골라 보라"는 소리가 들렸습니다. 이번에는 조그만 십자가인데 아름다운 장미꽃이 활짝 피어있는 십자가였습니다. 아름다운 향기도 나고 해서 골라 졌습니다. 그러나 이 십자가는 무겁지는 않는데, 가시가 등을 어찌나 찌르는지 지고 갈 수가 없었습니다. 할 수 없이 다시 내려놓았습니다. 그리고는 다시 보니 예전의 자기 십자가가 가장 지기 쉽고 만만하더랍니다.

오늘 말씀을 보면 다윗의 신앙 태도는 '불평하지 않는 것'이었습니다. 다윗도 그의 인생을 통하여 불평거리를 찾으라면 끝이 없었을 것입니다. 그러나 다윗은 그 많은 불평과 원망거리 앞에서 원망과 불평을 택하기보다는 감사를 선택했습니다.

오늘 우리의 삶에도 불평거리가 얼마나 많습니까? 불평거리를 찾으라면 끝이 없을 것입니다. 그러나 불평거리를 이기고 감사거리를 찾는 신앙이야말로 아름다운 신앙, 진정한 '신앙의 힘'이라고 할 수 있습니다.

• **기도**: 사랑의 주님, 오늘 저희도 다윗과 같이 불평하지 않는 신앙이 되게 하여 주옵소서. 불평과 원망거리가 있을 때마다 그것에 마음을 빼앗기지 않고 감사할 이유를 찾음으로 이겨나가는 신앙이 되게 하옵소서. 그것이야말로 주님을 본받는 아름다운 신앙인 줄 믿습니다. 진정한 신앙의 힘으로 사는 그리스도인의 삶의 모습인줄 믿습니다. 예수님의 이름으로 기도합니다. 아멘

• **중보기도**: 모든 그리스도인들이 불평이 생길 때마다 감사로 이겨나갈 수 있게 하소서.

11월 12일
가장 큰 복

예수님을 믿는 복

• 성경: 요한복음 12장 39~40절 • 찬송: 94장 • 요절: 요 12:39~40

우리는 복을 좋아하고 복받기를 원합니다. 그러면 우리가 받을 복 중에 제일 먼저 받아야 할 복이 무엇일까요? 그것은 예수 믿는 복입니다. 예수 믿는 것이 가장 큰 복입니다. 하나님이 복을 주시지 않으면 우리는 예수 믿을 수가 없습니다.

오늘 말씀에 보면 예수님께서는 자신의 말씀과 기적을 보고도 믿지 않는 사람들에게 이렇게 말씀하셨습니다.

"그들이 능히 믿지 못한 것은 이 때문이니 곧 이사야가 다시 일렀으되 그들의 눈을 멀게 하시고 그들의 마음을 완고하게 하셨으니 이는 그들로 하여금 눈으로 보고 마음으로 깨닫고 돌이켜 내게 고침을 받지 못하게 하려함이라".

한마디로 예수 믿는 것도 하나님이 복을 주셔야 가능하다는 말씀입니다. 부모님이 다 예수 믿는 집안이고 어려서부터 교회를 다닌 사람이 있습니다. 그런데 예수님이 믿어지지 않고 성경을 읽어도 깨닫지를 못합니다.

예수님이 나를 위하여 십자가에 죽으신 것과 삼일 만에 부활하셔서 우리의 구주가 되신 것을 믿는 것은 가장 큰 복을 받은 것입니다. 백화점에서 물건을 많이 사면 사은품으로 덤으로 얹어 주는 것이 있습니다. 덤으로 주는 것은 있어도 되고 없어도 되는 것입니다.

하나님이 주신 가장 큰 복은 예수님을 믿는 것이고, 나머지 부자가 되고, 건강을 얻고, 권세를 얻고, 좋은 직장을 얻는 것은 덤으로 주시는 것입니다. 하나님께서 덤으로 주시는 복도 받아야 합니다. 그러나 예수 믿는 사람들은 제일 먼저 가장 큰 복인 예수 믿는 복을 받아야합니다.

• **기도** : 복의 근원이신 하나님, 예수님을 믿는 것도 하나님이 복을 주셔야 가능하다는 것을 다시 한 번 깨닫게 됩니다. 그것이 또한 사람이 누리는 복 중에 가장 큰 복임을 믿습니다. 그 복을 저희가 지금 누리고 있사오니 얼마나 감격스럽고 감사한지요. 항상 하나님께 감사할 수 있게 하시고, 복 있는 사람으로 살아갈 수 있게 하옵소서. 예수님의 이름으로 기도합니다. 아멘

• **중보기도** : 모든 그리스도인들이 예수님을 믿는 복을 누리며 복 있는 사람으로 살아가게 하소서.

11월 13일 신뢰와 확신

하나님을 기쁘시게 하는 삶

• 성경: 에스겔 14장 12~20절 • 찬송: 430장 • 요절: 겔 14:14

에스겔서는 유다가 멸망당할 무렵 전후에 기록된 책입니다. 그러기에 에스겔서는 지은 죄에 대한 책망과 여호와 하나님께만 소망이 있음을 가르쳐 주는 내용이 주를 이루고 있습니다. 그 중에서도 14장은 이스라엘 사람들의 우상숭배에 대한 죄를 지적하시는 내용입니다. 그런데 말씀을 가만히 보면 하나님이 우상숭배의 죄와 그로 인한 심판을 말씀하시면서 예로 드는 세 명의 인물이 있는데 바로 노아, 다니엘, 욥입니다.

하나님이 죄를 지은 이스라엘 사람들을 심판하시는데, 노아, 다니엘, 욥 세 사람이 있어도 이 사람들만 구원을 받을 뿐이지, 이 사람들 때문에 심판이 지연되거나 취소되는 일은 없을 것이라는 말씀입니다. 그러니까 역으로 보면 이 세 사람 정도는 되어야만 심판을 면할 수 있다는 뜻이 되는 것입니다. 그러면 이 사람들은 어떤 믿음을 가졌던 사람들입니까?

노아는 백여 년 동안 하나님 말씀만을 굳게 믿고 방주를 만든 사람입니다. 오직 물로 세상을 심판할 것이라는 하나님의 말씀을 굳게 믿고 순종한 것입니다. 다니엘은 권력보다 믿음을 우선했던 사람입니다. 권력자를 무서워하지 않았습니다. 오직 하나님만을 두려워했습니다. 욥은 믿음으로 고난을 이긴 인물입니다. 그가 당했던 모진 고난을 일일이 설명한다는 것 차제가 불가능할 정도로 엄청난 고난을 당했던 인물이 욥입니다. 그럼에도 불구하고 끝까지 하나님을 바라보았습니다. 그러니 하나님은 이들을 인하여 기뻐하실 수밖에 없으셨을 것입니다.

오늘 우리도 이들 세 명과 같은 믿음이 있을 때 하나님을 기쁘시게 할 수 있습니다.

- **기도** : 믿음의 주님, 오늘 저희도 과연 하나님의 심판을 면할 수 있는 믿음을 가지고 있는지 돌이켜봅니다. 오늘 말씀에 나오는 노아와 같이 하나님의 말씀만을 굳게 믿고 순종할 수 있게 하시고, 다니엘과 같이 오직 하나님만을 두려워할 줄 알게 하시고, 욥과 같이 당한 고난을 믿음으로 이겨나갈 수 있게 하옵소서. 그리하여 하나님이 기뻐하실 수밖에 없는 믿음의 사람이 되게 하옵소서. 예수님의 이름으로 기도합니다. 아멘
- **중보기도** : 모든 그리스도인들이 하나님을 기쁘시게 하는 믿음의 사람이 되게 하소서.

11월 14일 성취

열정만 있으면

• 성경: 열왕기하 2장 1~11절 • 찬송: 545장 • 요절: 왕하 2: 9~11

사람마다 조금씩 생각의 차이가 있겠지만 일을 성취하는 데 있어서 제일 중요한 것이 '포기하지 않는 것' 입니다. 이것을 우리가 흔히 쓰는 말로 하면 '열정' 이라고 할 수 있습니다.

오늘 말씀에 엘리야의 제자였던 엘리사는 하나님이 자신의 스승인 엘리야를 하늘로 올리신다는 사실을 알고 능력을 구하기 시작합니다. 엘리야는 무슨 이유인지 몰라도 길갈, 벧엘, 여리고 등으로 오가며, 가는 곳마다 엘리사에게 자신을 따라오지 말고 여기 머물라고 합니다. 그러나 엘리사는 한결같이 "내가 당신을 떠나지 아니하겠나이다"라고 말합니다(6).

그리고는 기어코 요단 동편까지 따라가 '내가 어떻게 할지를 구하라' 고 묻는 엘리야의 질문에 "당신의 성령의 하시는 역사가 갑절이나 내게 있게 하소서"(9)라고 대답합니다. 결국 엘리야의 능력을 갑절이나 받습니다. 엘리사가 이런 능력을 받은 것은 능력에 대한 포기할 줄 모르는 믿음과 열정 때문입니다. 믿음을 가진 사람들은 기도를 합니다. 소망이 분명합니다.

그러나 어떤 사람은 기도응답을 받고, 소망도 이룸 받으며 문제 해결도 받는데 어떤 사람들은 같은 상황에서 아무것도 이룸을 받지 못합니다. 그 차이는 바로 능력에 대한 '열정의 차이' 입니다.

열정이 없는 사람들은 스스로 능력을 받을 수 없다고 생각합니다. 스스로 하나님의 특별한 은혜를 나는 경험할 수 없다고 생각을 합니다. 그러니까 미리 스스로 자기 자신을 포기해 버립니다. 그러므로 열정을 갖는 것이 중요합니다. 열정으로 가득한 사람은 하나님의 능력을 끌어내리는 사람으로 살 수 있습니다.

• 기도 : 은혜의 주님, 오늘 저희도 엘리사와 같은 열정의 사람이 되게 하옵소서. 포기할 줄 모르는 믿음이 있게 하시고, 능력에 대한 사모함이 있게 하여 주옵소서. 기도의 응답을 받기까지 부르짖을 수 있게 하시고, 주님의 능력을 경험할 때까지 매달릴 수 있게 하여 주옵소서. 그리하여 열정의 사람으로 이 시대를 살아가는 신앙인이 되게 하옵소서. 예수님의 이름으로 기도합니다. 아멘

• 중보기도 : 모든 그리스도인들이 열정으로 가득한 사람이 되게 하소서.

11월 15일 도우심

에벤에셀의 하나님

• 성경: 사무엘상 7장 3~14절 • 찬송: 585장 • 요절: 삼상 7: 10~12

오늘 말씀은 사무엘이 제사장이 된 후에 이스라엘 백성들을 바로 잡는 장면을 기록하고 있습니다. 사무엘이 백성들을 모아놓고 이방신을 버리고 하나님만을 바로 섬길 것을 강하게 말합니다(3절). 그리고 다시 온 이스라엘을 미스바로 모이게 한 후 금식을 하며 회개하게 합니다. 그런데 이 정보가 블레셋으로 새어 들어갔고, 블레셋 방백들이 이스라엘을 치러 올라왔습니다. 온 이스라엘이 아무런 무장도 없이 미스바에 모여 있었고, 모두다 금식을 해서 힘이 없었기 때문에 그냥 치기만 하면 이기는 싸움이었습니다. 겁에 질린 이스라엘 백성들이 사무엘에게 구원을 요청했고(8) 사무엘은 하나님께 번제를 드리면서 부르짖습니다. 그때 절호의 기회라고 생각한 블레셋이 진격해옵니다. 어떻게 되었을까요? 하나님께서 번개를 내리셔서 그 번개가 블레셋 진영으로만 떨어지게 하십니다. 정말 요상한 일이죠?

번개가 머리 위로 수도 없이 떨어진다고 생각해 보세요. 얼마나 무섭고 끔찍한 일입니까? 그래서 블레셋이 뿔뿔이 흩어져 도망가기 시작했습니다. 폭격으로 쑥밭이 된 적진을 공격하는 것은 식은 죽 먹기입니다. 이스라엘이 도망치는 블레셋 사람들을 미스바에서 벧갈 아래까지 쫓아가 진멸합니다.

이렇게 대승을 거두고 돌아오자 사무엘이 커다란 돌을 하나 취하여 세우고는 그 이름을 '에벤에셀'이라고 했습니다. '여호와께서 여기까지 도우셨다'는 뜻입니다.

여기까지 도우셨다는 뜻은 처음부터 도우셨다는 뜻입니다. 이스라엘을 도우신 하나님은 오늘 우리에게도 에벤에셀의 하나님이심을 잊지 말아야겠습니다.

• **기도**: 도우시는 하나님, 오늘 저희에게 역사하시는 하나님도 에벤에셀의 하나님이심을 믿습니다. 지금까지 살아온 저희의 인생에 도우시는 하나님의 손길이 없었더라면 삶을 지탱해 나가기가 매우 어려웠을 것입니다. 저희에게 어느 한 순간도 눈을 떼지 아니하시고 지키시고 도우시는 하나님을 찬양합니다. 하나님이 여기까지 도우셨다는 에벤에셀을 저희의 마음속에도 깊게 새겨 놓을 수 있게 하여 주옵소서. 예수님의 이름으로 기도합니다. 아멘

• **중보기도**: 모든 그리스도인들이 에벤에셀의 하나님을 경험하게 하소서.

11월 16일 — 하나님의 일방적인 복

복

• 성경: 창세기 1장 27 ~ 29절　• 찬송: 304장　• 요절: 창 1: 28

우리가 무엇을 잘해서 하나님께 복을 받는다면 그것은 참으로 어려운 일입니다. 성경의 복의 시작은 하나님에 의해서 일방적으로 주어지는 것입니다. 내가 특별히 무엇을 잘한 것이 없는데도 하나님이 복을 주시는 것입니다. 물론 잘해서 받는 복도 있습니다. 그러나 하나님께서 우리에게 주시는 복은 모두 은혜와 사랑으로 주어지는 것입니다.

오늘 말씀을 보면 하나님이 세상을 만드시고 사람을 창조하신 후에 그 사람에게 복을 주십니다. 사람이 무엇 하나 잘한 일도 없는데 하나님의 놀라운 복이 이렇게 주어지고 있습니다.

범죄하여 선악과를 따먹은 후에도 하나님은 인간을 살리기 위해 양을 잡으십니다. 하나님과 같아지기 위해 바벨탑을 쌓았는데도 언어만 혼잡하게 하실 뿐입니다.

십자가 사건은 어떻습니까? 우리가 무슨 덕을 세운 것이 있고 우리가 무슨 선한 일을 했다고 하나님이 육신으로 오셔서 십자가를 지셨습니까? 오늘 우리가 받은 이 모든 은혜와 복은 하나님이 은혜로 주신 것입니다. 전적인 하나님의 은혜입니다.

그렇다면 '우리의 행동과 상관없이 복을 주시니 내 마음대로 살아도 되겠구나.' 이렇게 생각해야겠습니까? 은혜를 은혜로 받을 줄 아는 자가 하나님의 자녀입니다. 때문에 우리도 해야 할 일이 있습니다. 사람을 축복하는 일입니다. 우리는 사람을 축복하는 데 조건이 많이 붙어 있습니다. 저 사람은 나와 아무런 관계없으니 축복 못하고, 저 사람은 떫은 감정이 있으니 축복 못하고…, 그러나 하나님의 은혜를 아는 자는 축복하며 살아야 합니다. 조건 없이 무조건 축복할 수 있어야 합니다.

• **기도**: 은혜의 주님, 오늘 저희가 하나님의 복을 받을 자격이 없음에도 불구하고 복 있는 하나님의 자녀로 살게 하시니 얼마나 감사한지요. 전적인 하나님의 은혜와 사랑임을 깨닫습니다. 이제 저희가 하나님의 은혜 속에서 그 은혜를 나눌 수 있는 복 있는 사람으로 살게 하옵소서. 다른 사람들을 축복하고 복을 빌어줄 수 있게 하옵소서. 예수님의 이름으로 기도합니다. 아멘

• **중보기도**: 모든 그리스도인들이 하나님의 은혜를 받은 자로 무조건 축복할 수 있는 믿음의 사람으로 살게 하소서.

11월 17일 추수감사절

감사할 수밖에 없다

• 성경: 시편 107편 1 ~ 22절 • 찬송: 287장 • 요절: 시 107: 1

오늘 이 시편은 바벨론 포로에서의 귀환이라는 역사적인 체험을 배경으로 하고 있습니다.

유다가 하나님께 범죄함으로 70년 동안 포로생활을 해야만 했습니다. 그 기간은 정말 지옥과 같은 기간이었습니다. 그러나 하나님께서 저들을 모든 상황 속에서 구원하셨습니다. 그뿐 아니라 모든 삶 속에서 하나님의 구원의 손길을 체험했습니다. 광야에서 길을 잃었을 때도 구원해 주셨고(4~9), 포로의 사슬에서도 해방시켜 주셨고(10~16), 질병에서도 건짐을 받게 해주셨고(17~22), 항해하는 중에 폭풍 속에서도 건짐을 받았습니다(23~32).

따라서 오늘 말씀에 시인은 하나님의 그 구원하심으로 인한 은혜를 깨달으면서 하나님께 감사의 찬양을 드리고 있는 것입니다. 시인은 그것을 특별히 "인생에게 행하신 기적"이라고 하면서 감사하고 있습니다(15). 이 말씀이 시편 107편에서 무려 4번이나 반복해서 나옵니다.

오늘 우리의 삶에도 그렇지 않던가요? 바벨론 포로의 삶은 아니지만, 우리 나름대로 험한 길에 들어섰을 때 하나님께서 우리를 건져주시지 않으셨던가요?

병중에 있었을 때, 혹은 가슴을 후벼 파는 고통이 발생했을 때, 하나님은 그때 우리를 안전한 곳으로 인도해 주신 줄 믿습니다. 그래서 우리는 감사할 수밖에 없는 것입니다.

어느 한 순간 하나님의 손길이 없는 때가 없고, 하나님께서 우리와 함께 하시지 않으신 곳이 없습니다.

• **기도**: 영광을 받으시기에 합당하신 하나님, 오늘 추수감사주일을 맞이하여 저희가 그동안 감사하며 살았는지 돌이켜봅니다. 감사보다는 불평을 앞세웠던 삶이었다면 회개하게 하시고, 감사하며 살아갈 수 있는 주의 사람이 되게 하옵소서. 하나님의 은혜와 복은 감사를 통하여 우리에게 임한다는 사실을 잊지 말게 하여 주옵소서. 언제나 하나님께 넘치는 감사로 영광을 돌리게 하옵소서. 예수님의 이름으로 기도합니다. 아멘

• **중보기도**: 모든 그리스도인들이 하나님께 감사의 찬양을 드릴 수 있게 하소서.

11월 18일
말씀과 변화

말씀을 말씀으로

• 성경: 미가 6장 8절 • 찬송: 266장 • 요절: 미 6:8

1931년 노벨평화상을 받은 「제인 아담스」는 척수장애인입니다. 그녀는 시카고에서 대부호의 딸로 태어나 의과대학에 입학했습니다. 그러나 척수장애로 학업을 포기하는 좌절을 겪었습니다. 제인은 충격을 잊기 위해 유럽여행에 나섰습니다. 그러나 그녀는 영국 런던의 빈민굴을 방문한 후 큰 충격을 받았습니다.

지구상에 이렇게 비참한 사람들이 있는 줄 몰랐습니다. 그 날부터 제인은 가난한 사람들의 친구가 되겠다고 결심을 합니다. 제인은 낡은 집을 구입해 청소년들에게 글을 가르쳤고, 가출한 소녀들을 사랑으로 교화했습니다. 미국 시카고에도 가난한 사람들을 위한 시설을 설립했습니다.

이것이 바로 그 유명한 헐 하우스(Hull House)입니다. 헐 하우스는 1889년에 설립된 복지시설로 영어사전에도 나옵니다. 제인 아담스의 인생을 바꾸어 놓은 말씀이 바로 오늘 말씀입니다. 그녀는 이 말씀을 통해 겸손과 사랑을 배웠습니다.

그런데 오늘날 많은 그리스인들이 수없이 말씀을 듣고도 변화가 일어나지 않는 이유는 무엇일까요? 설교자를 통하여 전해지는 하나님의 말씀을 사람의 말로 받기 때문입니다. 그러나 하나님께서는 말씀을 잘 증거할 사람을 세워서 하나님의 뜻을 전하기 때문에 말씀을 해석하여 전하는 설교자의 설교는 곧 하나님의 말씀인 것입니다. 그러므로 말씀에 대한 존중과 말씀을 전하는 자에 대한 존중이 없이는 말씀을 들어도 하나님의 은혜로 이어질 수 없습니다.

우리의 영적 성장의 기초가 되고 내 마음에 성령이 역사하시는 변화를 경험하려면 말씀을 잘 받을 수 있어야 합니다.

• **기도**: 거룩하신 주님, 오늘 저희가 말씀을 듣는 태도가 어떤지 돌이켜봅니다. 혹 하나님의 말씀을 사람의 말로 받고 있는 것은 아닌지요. 만약 그렇다면 회개할 수 있게 하시고, 말씀을 하나님의 말씀으로 잘 받을 수 있는 저희의 심령이 되게 하여 주옵소서. 말씀에 대한 권위와 그 말씀을 전하는 자에 대한 존중이 있게 하여 주옵소서. 하나님의 말씀을 잘 받아서 저희의 마음에 성령이 역사하시는 것을 경험하게 하옵소서. 예수님의 이름으로 기도합니다. 아멘.

• **중보기도**: 모든 그리스도인들이 말씀을 하나님의 말씀으로 잘 받을 수 있게 하소서.

11월 19일
열심

열심을 품고

• 성경: 로마서 12장 11절 • 찬송: 331장 • 요절: 롬 12:11

'킹덤 오브 헤븐'이라는 영화가 있는데 끝나는 부분을 보면 이슬람 군사들과 기독교 군사들이 전쟁을 하는 모습이 나옵니다. 이슬람 군사들은 성 밖에 있었지만 그 수가 엄청나게 많았습니다.

기독교 군사들은 성 안에 갇혀있을 뿐이었습니다. 그나마 정예 군대는 나가서 전부 패하고, 성 안에는 몇몇 군사들과 노예, 노인과 여자, 성직자들밖에 없었습니다. 하지만 수많은 이슬람 군사가 성을 점령합니까?

못합니다. 성벽 약한 곳이 무너졌는데도 불구하고 점령을 하지 못합니다. 왜냐하면 성 안의 기독교 군사들은 자신의 약한 부분을 알고 철저히 준비했기 때문입니다. 이렇듯 밖으로 보이는 적은 얼마든지 준비할 수 있습니다. 막을 수 있습니다. 하지만 안에 있는 적은 그렇지를 못합니다. 안에서 무너지는 것은 막을 도리가 없는 것입니다.

그러면 우리 안에서 우리를 무너뜨리는 적은 무엇일까요? 사도바울은 오늘 말씀에서 그것을 '게으름'이라고 말하고 있습니다. 게으름은 여간 깨어 있지 않으면 발견할 수가 없습니다. 깊숙이 빠진 다음에야 알아차리게 되고, 그렇게 되면 이미 늦은 것입니다.

우리가 신앙생활 하는 데 있어서 가장 큰 적은 바로 내 안에 있는 게으름, 안일함, 나태함, 무기력입니다. 그러면 게으름을 이기고 신앙생활에서 승리하는 비결은 무엇일까요? 바울의 말에 그 답이 나와 있는데 '부지런하라'는 것입니다. 또 '열심을 품고 주를 섬기라'는 것입니다. 그러므로 게으름을 이기고 승리하는 비결은 부지런해지는 것밖에는 없습니다. 그리고 신앙의 열정을 품는 것입니다.

• **기도**: 사랑의 주님, 저희로 신앙생활에 가장 무서운 적이 게으름, 안일함, 나태함, 무기력이란 것을 깨닫게 하옵소서. 이것에 빠져서 영적으로 허우적거리는 인생이 되지 않기 위하여 항상 깨어있는 신앙생활을 할 수 있게 하옵소서. 부지런하여 열심을 품고 주님을 섬길 수 있게 하시고, 신앙의 열정을 품고 주님을 따를 수 있게 하옵소서. 예수님의 이름으로 기도합니다. 아멘
• **중보기도**: 모든 그리스도인들이 부지런한 신앙생활을 할 수 있게 하소서.

11월 20일 기도의 엎드림
기도가 우선이다

• 성경: 열왕기상 3장 4~13절 • 찬송: 327장 • 요절: 왕상 3: 7~10

솔로몬 왕이 그의 평생에 가장 잘했다고 칭찬할 수 있는 것이 바로 오늘 말씀의 내용입니다. 솔로몬은 이번 기도를 통해서 그가 평생 먹고 쓰고 누리며 살고도 남을 만큼의 놀라운 축복을 받았습니다. 많은 사람들은 일천번제를 많이 강조하지만, 그러나 하나님께서 솔로몬의 요청을 들어주시며 기뻐하신 것은 그가 왕이 된 후에 제일 먼저 하나님께 희생을 드리며 하나님께 기도하러 왔기 때문입니다.

물론 이 행위도 왕이 되면 율법 때문에 어쩔 수 없이 제일 먼저 하나님께 제사를 드리는 것은 관례입니다. 그것을 놓고 솔로몬을 칭찬할 일은 아닙니다. 하지만 여기에서 정말 솔로몬을 칭찬하지 않을 수 없는 것은 하나님께서 말씀하실 때 그가 대답한 기도의 내용입니다.

하나님께서 솔로몬에게, "내가 네게 무엇을 줄꼬 너는 구하라"고 말씀하실 때 자신의 왕권강화를 구할 법도 한데 주님께서 세우신 주님의 나라를 다스릴 수 있는 지혜를 달라고 구했습니다.

이것을 보면 솔로몬이 참 지혜로웠습니다. 백성이 잘되면 자신의 영광은 더 없이 높아지기 때문입니다. 솔로몬의 구하는 것을 들으신 하나님께서는 감동하셔서 그에게 지혜도 주시고 그 밖의 모든 것을 다 주셨다고 했습니다. 우리도 다 나름대로 소원이 있고, 하고 싶은 일이 있습니다. 그것을 위하여 먼저 우리가 취할 행동은 엎드려 기도하는 것입니다.

우리의 구하는 것을 하나님께서 들으시고 감동하셔서 우리를 찾아오실 때까지 말입니다.

• 기도: 기도의 본을 보이신 주님, 저희로 솔로몬같이 겸손히 하나님을 의지하는 신앙적 행위가 있게 하여 주옵소서. 저희 자신의 경험과 지식을 앞세우기보다 전능하신 하나님을 의지하는 것이 성공하는 인생을 사는 비결임을 잊지 말게 하여 주옵소서. 기도하되, 저희가 구하는 것을 하나님께서 들으시고 감동하셔서 찾아오실 때까지 기도할 수 있는 기도의 사람이 되게 하옵소서. 예수님의 이름으로 기도합니다. 아멘

• 중보기도: 모든 그리스도인들이 하나님을 감동시킬 기도의 사람이 되게 하소서.

11월 21일

의심

의심

• 성경: 누가복음 7장 18~23절 • 찬송: 452장 • 요절: 눅 7: 22~23

　오늘 말씀을 보면 예수님에 대한 믿음이 확고할 것만 같았던 세례요한이 의심의 눈초리를 보냅니다. 이때 세례요한은 헤롯왕의 부정을 지적하다가 감옥에 갇혔습니다.

　세례요한의 생각으로는 이제 주님이 메시아로서 무언가 엄청난 일을 시작하실 줄 알았습니다. 그러나 특별한 것이 없었습니다. 여기서 세례요한은 예수님이 과연 메시아일까 하는 의심이 생깁니다. 그래서 제자들을 예수님께로 보내어 '당신이 메시아가 맞나?' 고 질문을 합니다. 이같은 질문은 예수님의 입장을 당혹스럽게 하는 일이었지만, 그들이 지금 얼마나 힘든지 그들의 상한 마음을 알아주시고 이해하셨습니다. 그래서 주님이 이렇게 대답하셨습니다.

　"너희가 가서 보고 들은 것을 요한에게 알리되 맹인이 보며 못 걷는 사람이 걸으며 나병환자가 깨끗함을 받으며 귀먹은 사람이 들으며 죽은 자가 살아나며 가난한 자에게 복음이 전파된다 하라"(22). 그리고 이어서 말씀하십니다. "누구든지 나로 말미암아 실족하지 아니하는 자는 복이 있도다 하시니라"(23).

　의심은 사람이면 누구나 경험하는 일들입니다. 특히 어렵고 힘들 때 더욱 그렇습니다. 우리도 그리스도인이지만 살면서 하나님께 대한 의심이 생기고, 신앙에 대한 의심이 생기고, 사람에 대한 의심이 생겨서 실수한 적이 얼마나 많습니까? 지레 짐작할 때가 얼마나 많습니까? 그러므로 의심이 생긴다고 함부로 행동하고 말고 할 일이 아닙니다. 기다려 줄 줄도 알아야 합니다. 끝까지 기다려 주는 것, 오늘날 우리에게 꼭 필요한 주님이 가지셨던 태도입니다.

• **기도** : 오래 참아 기다리시는 주님, 오늘 저희에게도 세례요한과 같이 의심에 사로잡힌 적은 없었는지 돌이켜봅니다. 하나님을 의심하고, 예수님을 의심하고, 성령님을 의심했던 적이 없었는지요. 의심에 사로잡히지 않도록 저희의 마음을 주장하여 주옵소서. 의심을 버리고 믿음 위에 굳게 서 있을 수 있도록 성령 충만하게 하여 주옵소서. 의심이 생긴다고 함부로 행동하거나 말하지 않게 하시고, 끝까지 믿고 기다리는 신앙의 삶을 살아갈 수 있게 하옵소서. 예수님의 이름으로 기도합니다. 아멘.

• **중보기도** : 모든 그리스도인들이 의심 없이 주님을 섬길 수 있게 하소서.

11월 22일 잘못된 열심

최대 비극

• 성경: 마태복음 7장 21~23절 • 찬송: 425장 • 요절: 마 7:21

　찬송가 305장을 작시한 「존 뉴톤」이 구원받은 후에 아주 의미심장한 말을 한 적이 있습니다. "나중에 천국에 가면 세 번 놀랄 것이다. 구원받았다고 생각했던 사람이 구원받지 못한 것에 먼저 놀랄 것이고, 구원받지 못한다고 생각했던 사람이 구원받아 천국에 있는 것을 보고 두 번째 놀랄 것이다. 세 번째는 내가 천국에 와 있는 것을 보고 놀랄 것이다."

　뉴톤의 이 말을 뒷받침 해주는 사건이 바로 오늘 말씀입니다. 많은 사람들이 주님 앞에서 자신 있게 말을 합니다. "주님, 우리가 주님의 이름으로 선지자 노릇을 했습니다. 주님의 이름으로 귀신을 쫓아내기도 했습니다. 주의 이름으로 많은 권능을 행한 것을 주님이 잘 아시지 않습니까?" 그러기에 자기들은 천국에 들어갈 충분한 조건을 갖추었다고 강조를 합니다. 그런데 그들의 자신감과는 달리 주님은 전혀 예상치 못한 말씀을 하십니다.

　"미안하지만 나는 너희를 도무지 알지 못한다. 불법을 행하는 자들아 내게서 떠나가라."

　이것이 신앙생활의 최대의 비극이라고 생각합니다. 나는 열심히 주님을 믿는다고 생각했습니다. 그런데 주님은 나를 모른다는 겁니다. 왜 이런 일이 벌어지는 것입니까? 주의 일을 할 때 누구나 처음에는 받은 은혜대로 열심히 합니다. 그러나 점차 시간이 흐르면서 그것이 서서히 변질되어가기 시작합니다.

　주님을 믿는 것이 아니라 자기 마음을 믿고, 주의 일도 자기 신념과 자기 생각대로만 하는 것입니다. 주의 이름으로 한다고 하면서 말이죠. 만약 오늘 우리의 모습이 이렇다면 우리에게도 최대 비극이 일어날 수 있습니다.

• **기도**: 사랑의 주님, 오늘 저희에게도 잘못된 열심이 있는 것은 아닌지요. 오늘 예수님이 하신 말씀을 뼛속 깊숙이 새길 수 있게 하옵소서. 주님의 뜻과 빗나간 열심이 되지 않기 위하여 항상 주님의 뜻을 묻는 신앙의 사람이 되게 하시고, 자기 신념과 자기 생각에 사로잡히지 않도록 주님의 말씀을 가까이 하는 신앙생활이 되게 하여 주옵소서. 예수님의 이름으로 기도합니다. 아멘

• **중보기도**: 모든 그리스도인들이 잘못된 열심에 사로잡혀서 신앙의 비극을 맞는 일이 없게 하소서.

11월 23일
믿음

가짜와 진짜

• 성경: 디모데후서 1장 4~5절 • 찬송: 545장 • 요절: 딤후 1: 5

음식점 앞을 지나다보면 쇼 윈도우에 먹음직스럽게 보이는 모조음식들을 진열해 놓은 것을 볼 수 있습니다. 요즘은 모조품을 만드는 기술이 워낙 발전해서 가짜가 오히려 진짜보다 더 진짜 같습니다.

목사님 한 분이 한식집에서 설렁탕 한 그릇을 맛있게 비우시고 나오다가 쇼 윈도우에 진열된 설렁탕을 보고 "이 집은 진짜 설렁탕을 진열해 놓았다." 고 곁에 있는 집사님에게 말했습니다. 그 얘기를 들은 집사님이 "저 설렁탕은 진짜가 아니라 가짜"라고 말하자, 목사님과 "진짜 설렁탕이다" "아니다. 가짜다." 하면서 웃음 섞인 설전이 벌어졌습니다.

결국 찻값을 내는 내기로 설전은 확대가 되었는데, 주인의 증언에도 불구하고 주장을 굽히지 않던 목사님은 진열된 설렁탕을 만져보고 나서야 패배를 인정하였습니다.

그러자 게임에 이긴 집사님이 이렇게 말을 하는 것입니다. "너는 나를 본 고로 믿느냐 보지 못하고 믿는 자들은 복되도다"(요 20:29).

목사님께서 완패한 것입니다.

오늘 말씀에 바울이 디모데에게 보내는 편지 속에서 가짜 믿음, 진짜 믿음이 있다는 것을 보여주고 있습니다. 오늘 우리의 믿음도 진짜 같은 가짜 믿음이 있고, 가짜 같은 진짜 믿음이 있습니다. 우리는 가짜와 진짜를 잘 분간할 수 없지만 참된 믿음에는 반드시 주님이 기뻐하시는 열매가 있다는 것을 기억해야만 하겠습니다(마 7:16).

• **기도**: 은혜의 주님, 오늘 말씀을 통하여 믿음도 가짜 믿음이 있다는 것을 깨닫습니다. 진짜 같은 가짜 믿음이 있고, 가짜 같은 진짜 믿음이 있다는 것을 알았습니다. 저희로 진짜 믿음이 될 수 있도록 성령으로 충만하게 하여 주옵소서. 참된 믿음에는 반드시 주님이 기뻐하시는 열매가 있다는 사실을 기억하여 그 열매를 맺어갈 수 있는 신앙생활이 되게 하여 주옵소서. 예수님의 이름으로 기도합니다. 아멘

• **중보기도**: 모든 그리스도인들이 믿음의 열매를 맺는 진짜 믿음의 사람이 되게 하소서.

11월 24일 감사

시련 중에 드린 감사

• 성경: 고린도전서 8장 1~5절 • 찬송: 336장 • 요절: 고전 8:2

오늘 말씀에 나오는 마게도냐 교회는 데살로니가 교회를 말합니다. 데살로니가 지방 전체를 일컬어서 당시는 마게도냐라고 불렀습니다. 이 지방에 복음이 들어와 교회가 세워지고 많은 이방인들과 유대인들이 개종을 해서 기독교인이 되기 시작했습니다. 그때부터 마게도냐 교회는 유대교로부터 박해를 받게 되었습니다.

그 박해는 마침내 환난으로 변합니다. 나중에는 견디기 어려운 협박과 유혹과 이간질과 핍박으로 압력을 가해옵니다. 그렇게 되면 교회는 큰 타격을 받을 수밖에 없지 않습니까? 그런데 이상하게도 마게도냐 교회 성도들은 전혀 요동함이 없었습니다. 오히려 서로 격려하면서 잘 견디어 냅니다. 이 시험을 잘 이겨내야만 천국 갈 수 있다고 해서 오히려 서로 기뻐합니다.

그런 중에서도 그들은 헌금을 했고, 그리고 그 헌금을 선교헌금으로 사도 바울에게 전달합니다. 사도바울이 그 헌금을 받아들고 어떤 생각이 들었을까요? 가슴이 미어졌을 것입니다. 그래서 바울이 마게도냐 교회에게 눈물로 한 위로의 말씀이 오늘 본문 말씀입니다.

마게도냐 교회는 환난 중에 진짜 감사를 했던 교회입니다. 사람들은 대부분 어려워지면 뒤로 물러나는 습성이 있습니다. 사업도 그렇고, 살아가는 것도 그렇고, 신앙도 그렇습니다. 그런데 마게도냐 교회는 오히려 환난과 시련 때문에 더 풍성한 감사를 했던 교회입니다. 그래서 진정한 감사는 기쁠 때, 잘 될 때 하는 감사가 아닙니다. 또 받고 나서 하는 감사도 아닙니다.

진정한 감사는 환난 중에 하는 감사가 진짜 감사입니다. 그리고 참 신앙은 모두 그때 위력을 발휘하게 되는 것입니다.

• **기도**: 영광을 받으시기에 합당하신 주님, 저희도 시련 중에 감사할 수 있게 하옵소서. 환난 중에 기뻐할 수 있게 하옵소서. 어렵다고 뒤로 물러나지 말게 하시고, 환난과 시련 중에 오히려 더 큰 감사를 드릴 수 있게 하옵소서. 환난과 시련 중에 드리는 감사가 더 풍성해지게 하옵소서. 그리하여 참 신앙의 위력을 발휘하며 살아갈 수 있는 믿음의 사람이 되게 하옵소서. 예수님의 이름으로 기도합니다. 아멘.

• **중보기도**: 모든 그리스도인들이 시련 중에도 감사할 수 있게 하소서.

11월 25일
절대 믿음

개들도 부스러기를 먹나이다

• 성경: 마가복음 7장 24~30절 • 찬송: 569장 • 요절: 막 7: 29~30

오늘 말씀에 보면 간절함을 가지고 주님 앞에 나온 여인이 있습니다. 그 여인이 수로보니게 족속이라 하여 수로보니게 여인이라고 말씀하고 있습니다. 이 여인에게는 딸이 하나 있는데, 하필이면 귀신이 들렸습니다. 그러니 얼마나 마음이 아팠겠습니까? 모든 어머니들이 그렇듯이 이 여인도 어머니로서 딸의 병을 고치기 위해 안 해본 일이 없었을 만큼 다 해보았을 것입니다. 그러나 병든 딸은 차도가 없었습니다.

그런데 이 여인은 놀라운 소식을 듣습니다. 갈릴리 출신 예수라는 사람이 있는데, 죽은 자도 살리는 신비한 능력이 있는 분이라는 것입니다. 이 말을 들은 여인은 곧바로 예수님을 찾아와 자신의 딸을 고쳐달라고 말합니다. 그러나 뜻밖에도 예수님은 "자녀의 떡을 취하여 개들에게 던짐이 마땅치 아니하니라"라고 말씀하십니다(27).

너는 개라는 것입니다. 그래서 이 은혜를 나누어 줄 수 없다는 것입니다. 너무나 모욕적인 말입니다. 그런데 이 여인은 화를 내며 돌아서지 않고 "주여 옳소이다마는 상아래 개들도 아이들이 먹던 부스러기를 먹나이다"라고 대답했습니다(28).

이 얼마나 놀라운 고백입니까? 이 여인은 자신이 개가 되어도 어린 딸만 고칠 수 있다면 관계치 않겠다는 것입니다. 그리고 예수님은 자신의 간절한 요구를 거절치 않으리라는 믿음이 있었습니다.

오늘 우리가 이 여인을 보며 깨달아야 할 것이 무엇일까요? 그것은 하나님 앞에 무릎을 꿇는 것과 절대 포기하지 않는 믿음입니다. 지금 우리는 무엇을 간절히 원하고 있습니까?

- **기도**: 믿음의 주요 온전케 하시는 주님, 저희로 하나님 앞에 무릎 꿇는 삶이 되게 하옵소서. 절대로 포기하지 않는 믿음이 있게 하옵소서. 간절함이 없을 때도 주님 앞에 무릎 꿇을 수 있게 하시고, 간절함이 있을 때는 더욱 무릎 꿇을 수 있는 신앙의 사람이 되게 하옵소서. 그리하여 주님을 감동시키는 사람으로 살게 하시고, 주님의 능력을 끌어내리는 능력의 통로가 되게 하여 주옵소서. 예수님의 이름으로 기도합니다. 아멘.
- **중보기도**: 모든 그리스도인들이 절대로 포기하지 않는 믿음의 삶을 살게 하소서.

11월 26일 도우심

끝까지 도우시는 하나님

• 성경: 민수기 24장 14 – 25절 • 찬송: 391장 • 요절: 민 24: 16 ~ 19

　오늘 말씀을 보면 택하신 백성 이스라엘을 끝까지 도우시는 하나님의 모습을 찾아볼 수 있습니다. 모압 왕 발락은 어떻게 해서든지 자신이 초빙해 온 발람을 통해 이스라엘을 저주하려고 힘을 다합니다. 발람이 이스라엘을 저주한다고 이스라엘이 저주를 받는 것도 아닙니다.
　하나님께서 지켜주시면 아무리 발락과 발람이 용을 써서 저주한다 한들 이스라엘이 저주를 받겠습니까? 그런데도 하나님께서는 발람으로 이스라엘을 저주하지 못하게 하십니다. 이스라엘을 돕고 계신 것입니다.
　발람은 이제 더 이상 이스라엘을 저주하려는 시도는 성공하지 못한다는 것을 알았습니다. 그래서 하나님께서 마지막 주시는 예언을 하면서 이 예언이 틀림이 없고 변개될 수 없다는 것을 발락에게 못을 박아 말을 합니다. 그러니 이제 이 예언 후에는 군말을 하지 말라는 것입니다.
　더 이상 이스라엘을 저주해 달라고 떼쓰지 말라는 것입니다. 그런데 이것도 발람이 이렇게 하고 싶어서 그러는 것은 아닙니다. 발람 자신도 이스라엘을 저주하고 돈을 좀 챙기고 싶은데, 워낙 하나님께서 자신에게 강력하게 말씀하시기에 그럴 수가 없는 것입니다. 그리고 나서 들려주는 발람의 예언은 때가 되면 이스라엘의 진정한 통치자이신 메시아가 오실 것이고, 이스라엘이 모압과 에돔, 아말렉 족속에게 기필코 승리할 것이라는 내용입니다.
　한 마디로 줄이면 하나님은 이스라엘을 끝까지 도우시는 분이시라는 것입니다. 우리는 발람의 마지막 예언의 대목들을 길지 않게 살피면서 이스라엘을 도우시는 하나님이 바로 나를 도우시는 하나님이시라는 것을 잊지 말아야겠습니다.

• **기도** : 도우시는 하나님 아버지, 이스라엘을 끝까지 도우신 하나님께서 오늘 저희에게도 동일한 은혜로 함께하시는 줄 믿습니다. 그 하나님이 저희와 함께하시기에 저희의 삶은 항상 안전하고 승리가 주어지는 삶인 것을 믿습니다. 저희로 도우시는 하나님을 바라보는 시선이 고정되어 있게 하시고, 그 하나님을 찬양하며 감사하는 삶이 되게 하여 주옵소서. 예수님의 이름으로 기도합니다. 아멘

• **중보기도** : 모든 그리스도인들이 끝까지 도우시는 하나님을 경험하는 삶이 되게 하소서.

11월 27일
복음전도

뼛속까지 복음

• 성경: 사도행전 26장 1 ~ 32절 • 찬송: 505장 • 요절: 행 26: 29

오늘 말씀은 '예수의 도'를 따르고 전파한다는 것 때문에 졸지에 죄수가 되어 끌려간 바울이 베스도와 아그립바 앞에서 자신을 변론할 기회를 얻게 된 것으로 시작하고 있습니다. 베스도는 총독이었고 아그립바는 분봉왕이었습니다. 이들 앞에서 바울은 자신에 대해서 열정적인 변론을 합니다.

그런데 그 내용이 좀 이상합니다. 자신이 죄가 없다는 내용을 변론하는 것이 아니라 '자신이 왜 복음을 전하는가'였습니다. 이런 그의 열정적인 변론에 베스도 총독과 아그립바 분봉왕은 바울이 미쳐서 그러는 것이라고 생각했습니다.

또한 바울이 계속해서 그들에게 복음을 전하려하자 그들은 "네가 적은 말로 나를 권하여 그리스도인이 되게 하려 하는도다"(28)라며 쏘아붙였습니다. 저들은 바울에게 자신을 변호할 기회를 준 것인데, 바울은 자신의 입장을 변호하기는커녕, 자신이 믿는 신앙에 대해서 이야기하자 이렇게 말한 것입니다.

여기서 우리는 바울에게는 오직 하나의 의도밖에는 없다는 것을 발견하게 됩니다. 비록 형식은 자신을 변론하는 자리이지만, 이런 형식을 빌려서라도 바울이 정말 말하고 싶었던 것은 '복음을 전하는 것'이었습니다. 그래서 바울은 말할 기회를 놓치지 않고 그들에게 복음이신 예수 그리스도를 이야기하려고 애를 썼습니다.

어느 자리에서든지 복음 전할 기회를 놓치지 않고 복음을 전하는 사람이 진정한 예수 사람입니다.

- **기도**: 증인의 사명을 주신 주님, 뼛속까지 복음이었던 사도바울을 봅니다. 그랬기에 그는 어디서든지 누구에게든지 복음을 전하려고 애를 썼습니다. 복음 전할 기회를 놓치지 않는 삶을 살았습니다. 오늘 저희에게도 사도바울의 이런 모습을 본받게 하옵소서. 복음 전하는 자들이 점점 사라져가고 있는 이때에 복음 전할 기회를 얻기 위하여 마음을 쏟을 수 있는 삶을 살게 하옵소서. 예수님의 이름으로 기도합니다. 아멘
- **중보기도**: 모든 그리스도인들이 복음 전할 기회를 찾는 삶이 되게 하소서.

캄캄한 현장이 벌어진다 할지라도

11월 28일 수직적인 시각

• 성경: 열왕기하 6장 14~19절 • 찬송: 383장 • 요절: 왕하 6:17

우리는 어떤 문제를 만날 때 가장 먼저 무엇을 생각합니까? 상황 앞에서 무엇을 봅니까? 모든 인생 문제의 해결은 우리의 시각에 달려 있습니다. 좌우와 앞뒤에 벌어지는 상황만을 살펴보는 수평적 시각으로 보느냐, 아니면 신앙인으로서 위를 바라보고 능력을 베풀어 주시는 하나님을 바라보느냐 하는 겁니다.

오늘 말씀에 보면 엘리사의 사환이 그랬습니다. 아람 군대가 온통 사방팔방을 에워쌌을 때 너무나 기가 막혔습니다. 성경은 사람이 말을 할 때 감탄사 같은 것은 잘 기록을 하지 않습니다. 그런데 오늘 말씀을 보면 이 사환이 얼마나 혼백이 나갔는지 그 군대를 보면서 "아아 내 주여 우리가 어찌하오리까"라며 탄식을 합니다(15). 그때에 엘리사는 조용히 하나님께 기도를 합니다. "여호와여 원하건대 그의 눈을 열어서 보게 하옵소서"(17).

눈앞에 펼쳐진 그 상황밖에 보지 못하는 그의 어두운 영안을 밝게 해달라고 기도를 합니다. 그럴 때 하나님께서 그의 눈을 열어 주셨습니다. 그러자 방금까지 보이지 않던 불 말과 불 병거가 산에 가득 차 있는 모습을 보면서 "하나님께서 더 힘 있고 더 많은 군대로 우리를 돕고 계시는구나." 하는 것을 그제야 깨닫습니다. 그래서 시편 기자의 고백은 귀한 것입니다. "내가 산을 향하여 눈을 들리라 나의 도움이 어디서 올까 나의 도움은 천지를 지으신 여호와에게서로다"(시 121:1~2).

우리는 이 말씀을 암송만 하고 끝나서는 안 됩니다. 실제로 우리가 그렇게 살아야 됩니다. 눈앞에 캄캄한 현장이 벌어진다 할지라도, 천지를 지으신 여호와 하나님께로부터 오는 도움의 손길을 볼 수 있는 수직적인 시각이 우리에게 필요한 것입니다.

- **기도**: 사랑의 주님, 저희도 시편 기자와 같이 하나님을 향하여 눈을 드는 삶이 되게 하여 주옵소서. 언제나 도움의 손길을 펴시는 하나님을 볼 수 있는 영안이 있게 하여 주옵소서. 눈앞에 캄캄한 일이 벌어진다 할지라도 저희를 돕고 계시는 하나님을 인하여 찬송할 수 있게 하시고, 그 이름을 높이며 선포하는 삶이 되게 하옵소서. 예수님의 이름으로 기도합니다. 아멘
- **중보기도**: 모든 그리스도인들이 도우시는 하나님을 볼 수 있는 영안이 있게 하소서.

11월 29일
은사

받은 은사를 잘 활용해야 한다

• 성경: 사사기 14장 19 ~ 15: 13절 • 찬송: 196장 • 요절: 삿 15: 3 ~ 5

하나님께서는 삼손에게 굉장히 많은 능력을 부어주셨습니다. 그런데 오늘 말씀을 보면 삼손은 하나님의 능력을 엉뚱한 데 사용하고 있습니다. 삼손이 블레셋 여인을 아내로 취한 일이 있었습니다. 그런데 블레셋 장인이 그의 아내를 삼손의 친구에게 개가하게 했습니다. 이에 화가 머리끝까지 난 삼손이 화풀이하는 이야기가 사사기 14장과 15장에 기록된 말씀 전체의 골격입니다.

삼손은 하나님께로부터 역사상 가장 많은 은사를 받은 사람입니다. 그 은사는 동족을 구원하라고 주신 것인데 삼손은 그 능력을 단지 자기 화풀이하는 데 사용했습니다.

하나님께 받은 은사도 중요합니다. 그러나 더 중요한 것은 은사의 활용입니다. 삼손은 성경에서 가장 많은 은사를 받고도 가장 비참하게 살았습니다. 하나님께 받은 은사를 잘못 사용했기 때문입니다.

우리도 받은 은사를 잘못 사용하면 이렇게 됩니다. 따라서 우리의 기도는 "하나님, 능력이 없습니다. 더 많은 능력을 주십시오." 이렇게 기도하는 것보다 "이미 우리에게 부어주신 능력을 잘 활용할 수 있도록 은혜를 주십시오." 이렇게 기도해야만 합니다. 그러면 지극히 작은 능력이라 할지라도 하나님께서 엄청나게 큰 능력으로 사용해 주십니다.

받은 은사가 있는데도 불구하고 그것을 뒤로한 채 새로운 은사에만 매달리면 이것도 하나님께 범죄를 행하는 행위밖에는 되지 않습니다. 그러므로 받은 바 은사를 잘 개발하여 주님을 위해서 활용함으로 주님께 칭찬을 듣는 주의 사람이 되어야겠습니다.

• **기도** : 저희에게 은사를 주님, 저희로 받은 은사를 잘 활용할 수 있는 삶이 되게 하옵소서. 저희에게는 삼손과 같이 큰 은사를 받고도 그 은사를 바르게 사용할 줄 모르는 어리석음이 없게 하시고, 적은 은사라 할지라도 주님을 위해서는 크게 사용할 줄 아는 믿음의 사람이 되게 하옵소서. 받은 바 은사를 잘 개발하여 주님께 큰 칭찬을 듣는 주의 사람이 되게 하옵소서. 예수님의 이름으로 기도합니다. 아멘
• **중보기도** : 모든 그리스도인들이 받은 은사를 주님을 위해서 잘 활용할 수 있게 하소서.

11월 30일
감사의 능력

감사는 용납하는 자의 몫

• 성경: 베드로후서 3장 8 ~ 9절　• 찬송: 305장　• 요절: 벧후 3:9

'최신구약개론'이란 책이 있습니다. 「레이몬드 딜러드」와 「트럼프 롱맨」이라는 분이 8년여에 걸쳐 구약 성경을 연구하여 낸 책인데 복음주의적인 입장에서 비평학자들의 연구도 소개하면서 구약성경 각 책을 소개하고 있습니다. 그 가운데 하나, 믿음의 위대한 사람들, 아브라함이나 다윗 등 모두가 하나님 앞에서 지극히 부족한 사람들이었는데 하나님의 큰 인내와 하나님의 오래 참으심으로 그들은 믿음의 위대한 사람들이 되었다고 하는 것을 보았습니다.

그들이 부족함에도 불구하고 위대한 인물들이 될 수 있었던 것은 하나님이 인내해 주셨고 하나님이 오래 참아 주셨기 때문에 가능했다는 얘기입니다. 은혜이지요. 은혜를 베푸시는 분이시기에 하나님은 오래 참으십니다.

그렇다면 이 같은 하나님의 은혜를 아는 사람이라면 어떻게 해야 합니까? 오래 참고 용서함이 있어야 합니다. 하나님의 은혜를 아는 사람들에게서 가장 먼저 나타나는 태도는 용납할 줄 알고, 용서할 줄 안다는 것입니다.

그리고 진정한 감사도 용서로 나아가야 합니다. 우리가 하나님께 감사한다고 하지만 내 속에 원한을 두고, 미움을 두고, 적개심을 품고 있다면 그것이 참된 감사가 될 수 없습니다. 어쩌면 일만 달란트를 탕감받고도 오히려 자신에게 일백 데나리온 빚진 자의 멱살을 잡고 옥에 가두는 행위와도 같을 수 있습니다. 진정한 감사는 용서로 나아갈 수 있어야 합니다.

감사는 용납하는 자의 몫입니다. 이러한 자가 감사의 능력을 가지게 됩니다. 이러한 자가 승리자가 됩니다. 그리고 하나님은 이러한 사람을 사용하십니다. 하나님은 이러한 사람을 통해서 일하시기를 즐거워하십니다.

- **기도** : 용서의 주님, 저희로 진정한 감사는 용서로 나아가야 한다는 사실을 깨닫게 하옵소서. 감사는 용납하는 자의 몫임을 잊지 말게 하옵소서. 용서하고, 용납하는 것이 감사의 제목이 되게 하시고, 기쁨의 이유가 되게 하옵소서. 그리하여 감사의 능력자가 되게 하시고, 주님이 사용하시기를 즐거워하시는 사람이 되게 하옵소서. 예수님의 이름으로 기도합니다. 아멘
- **중보기도** : 모든 그리스도인들이 용서로 나아가는 감사의 삶을 살게 하소서.

12월 1일
재림신앙

도둑같이 오신다

• 성경: 데살로니가전서 5장 1~6절　• 찬송: 176장　• 요절: 살전 5:5~6

　어느 선장이 오랜 기간 동안 항해를 나갔다가 드디어 자기 고향으로 돌아오게 되었습니다. 고향과 가족을 떠나 긴 항해를 했던 선원들은 저 멀리 고향 항구가 보이자 흥분을 감추지 못하고 모두 갑판으로 나왔습니다.
　배는 드디어 항구에 도착을 했습니다. 고향의 항구에는 선원들의 가족들이 나와서 오랜만에 만나는 남편과 아버지를 환영하고 있었습니다. 선원들 역시 사랑하는 부인과 아들, 딸을 보고 손짓하며 이름을 부르며 기뻐했습니다. 그런데 그 가운데서 쓸쓸함을 감추지 못하는 한 사람이 있었습니다. 그는 선장이었습니다. 선장의 가족들이 아무도 그 자리에 없었기 때문입니다. 선장은 사방을 다시 한 번 살펴보았으나 자기 부인과 아이들은 그 곳에 없었습니다.
　하는 수 없이 혼자 집으로 맥없이 터덜터덜 발걸음을 옮겼습니다. 집에 도착을 하니까 그때서야 그의 부인은 "당신을 기다리고 있었어요."라며 매달렸습니다. 그 남편에게 이 부인의 말이 곧이 들렸을까요?
　주님의 재림을 기다리는 지금 우리의 마음과 자세는 어떻습니까? 오늘날 주님을 모르는 사람도 말세라는 단어를 입에 달고 삽니다. 그만큼 주님이 오실 날이 다 되어간다는 말입니다. 그렇기 때문에 우리는 주님을 만날 준비를 해야 합니다.
　오늘 말씀의 바울의 권면대로 깨어 정신을 차리고 주님의 재림을 준비하는 신앙인이 되어야 할 것입니다.

• **기도** : 재림의 주님, 오늘 저희는 주님의 재림을 확신하고 있는지 돌이켜 봅니다. 아직까지도 주님의 재림을 확신하지 못하고 있다면 깨달을 수 있는 믿음을 더하여 주옵소서. 저희의 믿음과는 상관없이 주님께서는 성경대로 다시 오신다는 사실을 잊지 말게 하여 주옵소서. 깨어 정신을 차리고 주님의 재림하심을 준비하는 신앙인이 되게 하여 주옵소서. 예수님의 이름으로 기도합니다. 아멘
• **중보기도** : 모든 그리스도인들이 주님의 재림을 확신하는 믿음을 갖게 하소서.

12월 2일
참된 예배

예배는 믿음의 표현

• 성경: 히브리서 11장 4절 • 찬송: 40장 • 요절: 히 11 : 4

신앙심 깊은 어떤 흑인이 어느 주일에 교회를 가려고 일어섰습니다. 그러자 주위의 사람들이 만류하였습니다. 날씨도 춥고 비도 오니까 쉬라는 것입니다. 이 흑인은 류머티스로 고생하고 있었습니다. 흑인은 친구들의 만류를 뿌리치며 이렇게 말했습니다.

"나는 반드시 교회에 가야 한다네. 하나님의 은총이 오늘 예배드리는 순간에 내려올지 어떻게 아나? 나는 그 은총을 놓칠 수가 없다네."

그렇습니다. 하나님께서 인간에게 복을 주시기 위해서 특별히 구별한 거룩한 날이 바로 주일입니다. 그 주일이 인간의 편의에 따라 바뀌는 것은 있을 수도 없는 일입니다.

우리는 참된 예배에 대해 늘 고민을 해야만 합니다. 참된 예배란 우리의 편의를 먼저 고려하는 것이 아닙니다. 참된 예배는 하나님께 집중하는 예배입니다. 찬양도, 기도도, 설교도 다 하나님께 집중하고, 그 분의 영광을 위해 드려지는 것입니다.

하나님께서 아벨의 예배를 받으신 이유는 간단합니다. 아벨은 믿음으로 드렸기 때문입니다. 아벨이 믿음으로 드린 제사를 히브리서 기자는 더 나은 제사라고 표현하고 있습니다.

우리도 더 나은 제사, 즉 믿음으로 예배를 드려야 합니다. 지금 우리의 예배를 하나님께서 기뻐 받으신다는 믿음을 가져야 합니다. 하나님께서 지금 우리 위에 임재하여 계시고, 우리는 하나님의 영광스러운 임재 가운데 예배를 드리고 있다는 사실을 믿어야 합니다. 예배는 의식이 아니라 믿음의 표현입니다. 왕께 대한 순종의 엎드림입니다.

• **기도**: 영광을 받으시기를 원하시는 하나님, 저희는 지금 참된 예배를 드리고 있는지요. 하나님께 집중하는 예배를 드리고 있는지요. 그분의 영광을 생각하며 예배하고 있는지요. 저희도 아벨과 같이 더 나은 제사, 더 나은 예배를 드리기 위하여 마음을 쏟을 수 있게 하여 주옵소서. 믿음으로 드릴 수 있는 예배가 되게 하옵소서. 그리하여 예배 때마다 하나님의 임재하심을 경험할 수 있게 하옵소서. 예수님의 이름으로 기도합니다. 아멘

• **중보기도**: 모든 그리스도인들이 아벨과 같이 믿음으로 드리는 예배가 되게 하소서.

12월 3일
섭리하심

형통한 날과 곤고한 날

• 성경: 전도서 7장 13~14절 • 찬송: 398장 • 요절: 전 7: 14

  옛날 중국 북방 요새에 한 노옹이 살고 있었는데 어느 날 이 노옹의 말이 오랑캐 땅으로 달아났습니다. 마을 사람들이 이를 위로하자 노옹은 조금도 애석한 기색 없이 태연하게 말했습니다. "누가 아오? 이 일이 복이 될는지?" 몇 달이 지난 어느 날, 그 말이 오랑캐의 준마를 데리고 왔습니다. 마을 사람들은 노인의 말대로 정말 이것이 복이 되었다는 사실을 알고 이를 치하하자 노옹은 조금도 기쁜 기색 없이 태연하게 말합니다. "누가 아오? 이 일이 화가 될는지?" 그런데 어느 날, 말 타기를 좋아하는 노옹의 아들이 그 오랑캐의 준마를 타다가 떨어져 다리가 부러졌습니다. 마을 사람들이 이를 위로하자 노옹은 조금도 슬픈 기색이 없이 태연하게 다시 말합니다. "누가 아오? 이 일이 복이 될는지?" 그로부터 1년이 지난 어느 날, 오랑캐가 대거 침입해 오자 마을 장정들은 이를 맞아 싸우러 나갔다가 모두 전사하고 말았습니다. 그러나 노옹의 아들만은 절름발이었기 때문에 무사했다는 이야기입니다. 여기에서 생겨난 말이 '인간만사 새옹지마' 라는 말입니다. 인간 세상에서 복이 화가 되고, 화가 복이 되는 순간들이 너무 많기 때문에 그렇습니다. 이 세상일을 볼 때 그 변화가 너무 깊어 측량할 수가 없습니다. 그런데 이 비밀을 전도서 기자가 명쾌하게 밝혀주고 있습니다.

  창조주 하나님이 '형통한 날' 과 '곤고한 날', 이 두 가지를 병행하게 하셨다는 것입니다. 날씨도 항상 맑은 날만 있는 것이 아니고, 비 오는 날도 있듯이, 하나님께서도 인간의 삶 속에 이 두 가지를 두셨다는 것입니다. 이것은 하나님의 섭리입니다. 그러므로 어떠한 경우라 하더라도 하나님을 의뢰하고 살아간다면 우리는 형통한 날 기쁨을 누리게 되고, 곤고한 날 교훈을 얻게 될 것입니다.

• **기도**: 섭리하시는 하나님, 저희로 하나님의 섭리하심을 깨닫는 지혜가 있게 하옵소서. 창조주 하나님께서는 형통한 날과 곤고한 날을 병행하게 하셨다는 것을 기억하여, 어느 날에 처하든지 하나님을 의뢰하면서 감사를 잃지 않는 삶을 살게 하옵소서. 예수님의 이름으로 기도합니다. 아멘

• **중보기도**: 모든 그리스도인들이 하나님의 섭리하심을 깨닫는 지혜가 있게 하소서.

12월 4일
합심기도

합심하여 드리는 기도

• 성경: 마태복음 18장 19~20절 • 찬송: 70장 • 요절: 마 18:19~20

　제 2차 세계대전 때의 이야기입니다. 전쟁 개전 두 주일 만에 프랑스가 독일 탱크에 짓밟혀 백기를 들었을 때, 영국군 36만의 대군이 프랑스 북방해안 던커크 반도에 주둔하고 있었습니다. 프랑스 파리를 점령한 독일군은 그 여세를 몰아서 던커크 반도에 주둔하고 있는 영국군을 섬멸하기 위하여 중무장한 탱크와 비행기로 공격하기 시작했습니다.
　영국군 35만 명은 독안에 든 쥐요 그들의 운명은 풍전등화와 같았습니다. 다급한 나머지 영국의 국왕 조지 6세는 온 국민에게 기도의 날을 선포하고, 전쟁터에 나간 군인들의 가족과 국민은 한마음이 되어 기도하기 시작했습니다. 각료들은 청사에서, 공무원들은 사무실에서, 노동자들은 일터에서, 주부들은 가정에서, 학생들은 학교에서, 35만 명의 구출을 위해서 한마음으로 기도하고 있을 때 하나님의 능력이 나타나기 시작했습니다. 갑자기 독일군이 주둔하고 있는 지역에 엄청난 폭풍이 휘몰아치면서 물을 퍼붓듯 소나기가 쏟아져 내렸습니다. 워낙 심한 폭풍과 폭우였기에 비행기가 한 대도 뜰 수 없었고, 땅이 질고 물이 많아서 탱크가 한 대도 움직일 수가 없었습니다. 바로 그 순간에 영국군이 철수하고 있는 도버 해역에는 빗방울 하나 떨어지지 않았고, 구름 한 점 없었습니다. 35만 명 전원이 무사히 귀환할 수 있었습니다. 이 감격스러운 소식을 들은 영국의 국왕과 국민들은 전국에서 일제히 하나님께 감사의 예배를 드렸다고 합니다.
　혼자서 기도하는 것도 좋지만 합심하여 기도할 때, 더 빠르고 확실한 하나님의 응답을 경험할 수 있습니다. 그래서 연합하여 한마음으로 드리는 기도가 위대한 것입니다.

• **기도**: 은혜의 주님, 두 사람이 땅에서 합심하여 무엇이든지 구하면 응답하시겠다는 약속을 주셨사오니, 저희가 그 약속을 굳게 붙들 수 있게 하옵소서. 합심하여 기도하기를 힘쓰게 하시고, 약속하심대로 이루시는 주님의 은혜를 경험하게 하옵소서. 예수님의 이름으로 기도합니다. 아멘
• **중보기도**: 모든 그리스도인들이 합심하여 기도하기를 힘쓰게 하소서.

12월 5일 천국, 내려놓음

부자는 천국에 갈 수 없는가?

• 성경: 마태복음 19장 23~24절 • 찬송: 321장 • 요절: 마 19:24

오늘 말씀에 예수님께서 제자들에게 이런 말씀을 하셨습니다. "낙타가 바늘귀로 들어가는 것이 부자가 하나님의 나라에 들어가는 것 보다 쉬우니라"(24).

이 말의 역사적 배경을 알아볼 필요가 있습니다. 당시 예루살렘 성 뒤쪽에는 아주 좁고 작은 문이 하나 있었습니다. 문이 너무 작아서 사람들이 그 문을 가리켜서 일명 '바늘귀 문'이라고 했습니다. 그런데 설상가상으로 이 바늘귀 문 좌우는 가파른 비탈길입니다. 다른 곳으로 둘러갈 수도 없게 되어 있습니다. 그래서 그 방향에서 와서 예루살렘에 들어가는 유일한 통로가 이 바늘귀 문입니다. 상인들이 멀리서 낙타의 등에 많은 물건을 싣고 와서 예루살렘 성으로 들어가고자 바늘귀 문을 통과하려 할 때는 갖은 곤욕을 다 치릅니다. 우선 낙타 등에 있는 모든 짐들을 다 내려놓아야 합니다. 그 다음에는 낙타의 머리를 숙이게 하고 무릎을 꿇게 하고 나서야 바늘귀 문을 통과할 수 있었다고 합니다.

낙타가 바늘귀 문을 통과하려면 먼저 짐을 다 내려놓는 것처럼 우리가 천국가기 위해서는 세상의 자랑거리들을 다 내려놓아야 하는데 부자는 이것이 힘들다는 것입니다. 다른 것도 마찬가지겠지만 특히 부(富)라는 맛에 중독되면 그 맛을 끊기가 힘들기 때문입니다.

다 그런 것은 아니지만 실제로 재물이 많은 부자들은 하나님을 잘 섬기지 못합니다. 지나치게 재물을 의지하기 때문입니다. 천국은 죄와 재물과 명예와 자랑이 될 만한 모든 것들을 내려놓고 심령이 가난해져야 갈 수 있는 곳임을 잊지 말아야겠습니다(마5:3).

- **기도**: 심령이 가난해지기를 원하시는 주님, 저희로 세상의 자랑거리들을 다 내려놓을 수 있는 삶이 되게 하옵소서. 또한 물질에 중독되는 일이 없게 하시고, 하나님의 은혜에 길들여진 삶이 되게 하옵소서. 심령이 가난함으로 언제나 하나님의 은혜를 사모할 수 있게 하시고, 하나님의 도우심 없이는 살 수 없는 인생임을 시인하며 사는 삶이 되게 하옵소서. 예수님의 이름으로 기도합니다. 아멘
- **중보기도**: 모든 그리스도인들이 심령이 가난한 자로 하나님만을 의지하며 살게 하소서.

12월 6일
인생길

어떤 길을 가고 있습니까?

• 성경: 예레미야 21장 8절 • 찬송: 521장 • 요절: 렘 21:8

예부터 우리 인생을 가리켜 '길 가는 나그네'라고 했습니다. 예전에 '하숙생'이라는 드라마가 있었는데 그 드라마의 주제가를 최희준씨가 불렀습니다. 그 노래가 대중들의 사랑을 많이 받았기 때문에 지금도 기억 속에 남아 있는 사람들이 많을 것입니다.

　　인생은 나그네길 어디서 왔다가 어디로 가는가
　　구름이 흘러가듯 떠돌다 가는 길에
　　정일랑 두지 말라 미련일랑 두지 말라
　　인생은 나그네길 빈손으로 왔다가 빈손으로 가는 것

하숙생은 외지에서 공부나 직장생활을 하는 동안 잠시 머무르는 생활을 하다가 방학이 되거나 일이 마쳐졌을 때, 고향으로 집으로 돌아가는 사람을 가리킵니다. 가사로만 보자면 하숙생은 성경의 진리를 잘 표현해 주는 성경적인 가사라고 할 수 있습니다.

사실 사람은 매일 매일 인생의 길을 걸어가고 있습니다. 어제도 걸어갔고, 오늘도 걸어가고, 내일도 이 길을 걸어가게 될 것입니다. 우리 앞에도 수많은 사람들이 이 길을 걸어갔습니다. 또 우리 뒤에도 수많은 사람들이 이 인생의 길을 뒤따라서 걸어오고 있습니다.

인생의 길을 걸어가는 데 있어서 가장 중요한 문제는 '내가 과연 어떠한 길을 걸어가고 있는가, 내가 과연 지금 바른 길을 걸어가고 있는가?' 라는 것입니다.

오늘 말씀에 보면 하나님께서 우리 인생 앞에 생명의 길과 사망의 길을 두었다고 말씀하십니다. 우리 앞에 두 길이 놓여 있는 것입니다. 그러면 지금 나는 어떤 길을 가고 있습니까?

- **기도**: 길 되신 주님, 오늘 저희는 지금까지 어떤 길을 걸어오고 있고, 또 어떤 길을 가고 있는지 되돌아봅니다. 저희가 가고 있는 길이 사망의 길이 아닌 생명의 길이 되기를 원합니다. 생명의 주님과 함께 동행하고 있는 길이 되기를 원합니다. 천국으로 향하고 있는 길이 되기를 원합니다. 주님을 만나는 길이 되기를 원합니다. 저희와 함께하시옵소서. 예수님의 이름으로 기도합니다. 아멘
- **중보기도**: 모든 그리스도인들이 주님과 함께 생명의 길을 걸어가게 하소서.

12월 7일
자의식

나는 하나님의 자녀다

• 성경: 요한1서 3장 1~9절 • 찬송: 215장 • 요절: 요일 3:2~3

   오늘 말씀에서 사도 요한은 우리가 항상 가져야 할 중요한 자의식을 말씀하고 있습니다. 그것은 우리가 하나님의 자녀라는 사실입니다(1,2,7). 당시 요한이 이 편지를 쓸 때는 주후 100년경이라고 말을 합니다.

   영국의 성서학자인 「바클레이」는 이때의 상황을 크게 3가지로 말하였습니다. 먼저, 이때는 2대, 3대째의 그리스도인들이 많아져서 순교의식이 사라지고 새로운 것에 대한 감동이 어느 정도 사라진 때라고 합니다. 둘째, 그와 같은 결과로 기독교가 요구하는 규범들을 번거로운 것, 싫증나는 것으로 생각하는 사람들이 많아졌다고 합니다. 셋째는, 박해를 받았다는 흔적이 없고 따라서 교회의 위험은 박해가 아닌 거짓 선지자들에 의한 유혹으로부터 생겨나고 있었습니다.

   이러한 지적처럼 당시 성도들은 감동과 열심이 식어버렸고 따라서 미지근한 신앙생활을 하고 있었습니다. 이러한 신앙생활은 하나님의 자녀로서 자녀다운 삶을 살아가는 일에 게을렀을 뿐만 아니라, 책임의식이 부족했습니다. 따라서 이들에게 찾아오는 것은 당연히 거짓 선지자들의 유혹뿐이었습니다.

   이것은 오늘의 그리스도인들에게서도 쉽게 발견되는 모습들입니다. 하나님의 자녀라는 자의식이 없기 때문에 그분의 자녀답게 살지 못하고 휘청거리며 신앙생활하고 있습니다. 이러한 때에 '너희는 하나님의 자녀다.' 라고 강조하고 있는 사도요한의 말을 귀담아 들어야 할 것입니다. '하나님의 자녀' 는 우리 그리스도인들이 항상 잊지 말고 간직해야 할 중요한 자의식입니다. 왜냐하면 하나님의 자녀는 특권 중의 특권이요, 복중의 복이기 때문입니다.

- **기도** : 저희를 자녀로 삼아주신 하나님, 오늘 저희에게는 하나님의 자녀라는 자의식이 있는지 되돌아봅니다. 그것이 없으므로 휘청거리는 신앙생활을 하고 있는 것은 아닌지요. 저희로 '나는 하나님의 자녀다' 라는 확실한 자의식을 갖게 하여 주옵소서. 그리하여 그 어떤 환경 속에서도 하나님의 자녀로서 자녀다운 삶을 살아가게 하옵소서. 예수님의 이름으로 기도합니다. 아멘
- **중보기도** : 모든 그리스도인들이 하나님의 자녀라는 자의식을 갖게 하소서.

12월 8일 성경

최고로 가치 있는 책

• 성경: 디모데후서 3장 14~17절 • 찬송: 199장 • 요절: 딤후 3: 16~17

　미국의 역대 대통령 중에 가장 존경받는 분은 제 16대 대통령을 지낸 「아브라함 링컨」입니다. 링컨은 어렸을 때 집이 너무 가난해서 학교를 다닐 수가 없었습니다. 학교 공부는 거의 못한 사람입니다. 게다가 그의 나이 여덟 살 때에 어머니가 돌아가셨습니다. 그리고 3년 뒤 아버지가 아이 셋이 달린 과부와 재혼했습니다.

　그때부터 링컨은 가족 부양을 위해서 직업을 갖고 일을 해야만 했습니다. 그런 그가 어떻게 대통령까지 될 수 있었을까요? 그리고 또 어떻게 그렇게 후세에 기억되는 위대한 대통령이 될 수 있었을까요?

　여러 가지 이유를 찾을 수 있겠지만 그 중에 빼놓을 수 없는 것이 어머니가 돌아가시면서 물려준 성경책입니다. 링컨은 그 성경책을 가까이 두고 틈나는 대로 읽었다고 합니다. 학교는 다니지 못했지만 성경을 열심히 읽은 것이 그로 하여금 공부를 많이 한 사람보다도 훨씬 더 지혜롭게 만들었던 것입니다. 링컨은 성경을 그의 입에서 떠나지 않게 하였습니다. 그것이 링컨의 인생의 길을 열어주었고, 링컨으로 링컨이 되게 해 주었던 것입니다.

　오늘 말씀에 사도바울은 디모데에게 성경이 얼마나 가치 있는 책인지를 설명하고 있습니다. 그리고 배우고 확신한 일에 거할 것을 당부하고 있습니다.

　성경은 가까이 두고 내 입에서 떠나지 않게 할 만큼 가치 있는 책입니다. 우리의 인생길을 열어 주고 복되게 하는 능력의 책입니다.

• **기도** : 인생을 주관하시는 하나님, 성경이 얼마나 가치 있는 책인지를 잊지 말게 하여 주옵소서. 성경을 열심히 읽게 하시고, 모든 책보다 더욱 사랑하게 하옵소서. 다른 책을 읽어도 꼭 성경으로 마무리할 수 있게 하옵소서. 그리하면 말씀이 나를 지혜롭게 하고, 길이 되고 빛이 되게 하실 것을 믿습니다. 능력이 되게 하실 것을 믿습니다. 예수님의 이름으로 기도합니다. 아멘

• **중보기도** : 모든 그리스도인들이 성경을 열심히 읽게 하소서.

12월 9일
생명의 말씀

말씀은 살아있다

• 성경: 히브리서 4장 12절 • 찬송: 200장 • 요절: 히 4: 12

오래 전 기차를 타고 함께 여행하는 두 장교가 있었습니다. 「잉거솔」이라고 하는 대령과 「루 월래스」라고 하는 장군이었습니다. 두 사람이 기차를 타고 가며 주고받은 이야기는 온통 예수님을 모독하는 내용들이었습니다. 지루한 기차 여행의 심심풀이로 예수님을 욕하는 것을 택한 것입니다. 잉거솔 대령이 말합니다. "그 예수라고 하는 친구 말입니다. 예수쟁이들은 그를 하나님의 아들이니 하나님이니 하고 허튼 소리를 하는데 이 예수라는 친구를 멋진 연애장이로 만들어 에로틱한 소설을 쓰면 어떨까요? 그러면 돈을 많이 벌 수 있겠지요?" 루 월래스 장군이 맞장구를 칩니다. "아, 그것 참 좋겠는걸. 참 재미있는 소설이 되겠지."

그 후 그들이 전역을 하고 이것저것 할 일을 찾아보았으나 별로 신통한 것이 없었습니다. 장군으로 전역을 했으니 아무 일이나 손댈 수는 없고 해서 월래스는 생각다 못해 전에 기차 안에서 잉거솔 대령이 한 말대로 예수를 주인공으로 한 에로 소설을 쓰기로 합니다. 그러기 위해서는 성경을 읽어야만 했습니다. 얼마나 열심히 연구를 했는지 성경을 제대로 파악하기 위해 직접 이스라엘까지 가서 자료를 수집하기도 했습니다. 그런데 참 이상한 일이 생겼습니다. 성경을 읽고 자료를 모으면 모을수록 그의 마음은 변화되어 가기 시작했습니다. 예수는 진실로 하나님의 아들이며 역사적으로 실존인물임을 확신하게 된 것입니다. 마침내 그가 목적한 소설의 원고가 끝났습니다. 그런데 처음 계획한 것과는 전혀 딴판의 글이 나오고 말았습니다. 탈고를 한 후 그는 자기도 모르게 의자에서 내려와 기도를 드리게 되었습니다. "진실로 주는 하나님의 아들이시오 나의 구주이십니다." 그 소설의 제목이 바로 영화로도 잘 알려진 '벤허'(Ben Hur)입니다. 하나님의 말씀이 살아서 사람을 변화시키는 능력을 입증해 주는 산 증거입니다. 이처럼 하나님의 말씀은 살아있습니다.

• **기도**: 말씀의 주님, 저희로 하나님의 말씀이 살아있음을 깨닫게 하옵소서. 저희를 변화시키고 새롭게 하는 능력의 말씀임을 굳게 믿게 하옵소서. 말씀을 굳게 붙들고 살아가게 하옵소서. 예수님의 이름으로 기도합니다. 아멘
• **중보기도**: 모든 그리스도인들이 살아있는 하나님의 말씀을 경험하게 하소서.

12월 10일 의인

하나님이 찾는 사람

• 성경: 시편 14편 1~7절 • 찬송: 433장 • 요절: 시 14:2~3

오래 전 KBS 아침마당이라는 프로에서 매주 수요일마다 잃어버린 가족을 찾는 방송을 한 적이 있습니다. 매주 수요일마다 잃어버린 가족을 찾고자 하는 사람들이 나와서, 헤어졌을 때의 상황을 눈물겹게 이야기하며 부모와 가족을 찾습니다.

죽도록 보고 싶었던 가족이었기에 눈물을 뚝뚝 흘리면서 말입니다. 콧등이 시큰거리다 보면 어느새 방송을 보고 있던 가족들의 전화가 방송국으로 걸려옵니다. 그리고 가족이 만나서 얼싸안고 눈물로 못다 한 사연을 대신하는 장면을 보며 감사의 기도를 올린 적이 많았습니다.

단 한 번만이라도 보고 싶었던 가족을 만났으니 그 감격은 말로 표현하기 어려울 정도일 것입니다. 그러나 한편, 애타게 찾았던 가족을 끝내 만나지 못하는 사람들도 있습니다. 그들의 가슴은 얼마나 미어지겠습니까?

오늘 말씀에 하나님은 당신을 의지하는 의인을 찾고자 눈을 뜨셨습니다. "여호와께서 하늘에서 인생을 굽어 살피사 지각이 있어 하나님을 찾는 자가 있는가 하신즉" 그러나 끝내 찾지를 못했습니다. 그래서 "다 치우쳤으며 함께 더러운 자가 되고 선을 행하는 자가 없으니 하나도 없다"고 탄식하고 계십니다.

하나님은 인생을 보시며 이렇게 탄식하고 계시는데 오늘 나는 어떤 존재입니까? 나는 과연 하나님의 탄식의 대상에서 제외된 사람이라 확신할 수 있을까요? 하나님은 지금 눈을 크게 뜨시고 의인을 찾고 계심을 잊지 맙시다.

• **기도**: 사랑의 하나님, 지금도 하나님께서는 눈을 크게 뜨시고 당신의 사람을 찾고 계시는 줄 믿습니다. 오늘 우리는 하나님이 보시기에 탄식의 대상이 되지 않기 위하여 하나님을 가까이 할 수 있는 삶이 되게 하여 주옵소서. 죄는 모양이라도 미워하게 하시고 주님이 기뻐하시는 것을 행하는 삶이 되게 하여 주옵소서. 어디서나 우리의 삶을 통해 주님의 영광을 나타낼 수 있게 하옵소서. 참다운 신앙인의 모습을 갖출 수 있게 하옵소서. 예수님의 이름으로 기도합니다. 아멘

• **중보기도**: 모든 그리스도인들이 성도로서의 바른 삶을 살게 하소서.

12월 11일
기도, 찬송

덮어야 산다

• 성경: 사도행전 16장 19 ~ 34절 • 찬송: 338장 • 요절: 행 16: 25 ~ 26

사람들이 처한 환경이 같을지라도 그들이 갖는 태도는 세 가지로 나타납니다. 절망적으로 생각하는 사람이 있고, 운명이니까 체념하는 경우도 있으며, 끝까지 소망을 갖고 걷는 자가 있습니다.

오늘 본문에 나오는 바울과 실라 두 사도는 극한 상황 속에서도 낙심하거나 체념하거나 하지 않고 절망의 상황 속에서도 소망을 가졌습니다.

그러면 그들은 절망의 상황 속에서도 어떤 소망의 모습을 보였습니까? 기도했습니다. 찬송했습니다. 발에 채워진 차꼬나 손에 채워진 수갑에 개의치 않고 열심히 기도를 드렸습니다. 더욱이 오늘 말씀에 보면 그 시간이 한밤중이었다고 했습니다.

일반인들도 한밤중이면 몸이 가장 무겁게 내려앉는 시간인데 죄수의 신분으로 내몰려 고통을 겪고 있는 바울과 실라는 그 몸과 마음이 어떠했겠습니까? 그런데 바울과 실라는 더 큰 소리로 기도하고 더 큰 소리로 찬송을 불렀습니다.

오늘 우리가 인생에 답답하고 괴로운 일이 생길 때 바울과 실라를 통해서 무엇을 배울 수 있습니까? 더욱 기도하는 것입니다. 더욱 찬송하는 것입니다. 절망으로 내 인생을 덮는 것이 아니라 기도로 찬송으로 내 인생을 덮는 것입니다.

그리할 때 하나님의 음성을 듣는 길로 인도함을 받을 수 있습니다. 찬송이 떠나지 않는 길로 인도함을 받을 수 있습니다. 그러므로 힘든 때일수록 기도로 덮고, 찬송으로 덮는 믿음을 가집시다.

- **기도** : 인생을 굽어 살피시는 하나님, 이 시간 말씀을 통하여 절망적 상황에서도 소망을 잃지 않았던 두 사도를 만났습니다. 그들은 극한 상황 속에서도 기도했습니다. 찬송했습니다. 저희도 두 사도와 같은 상황에 놓였을 때, 그 같은 믿음을 보일 수 있게 하여 주옵소서. 절망으로 인생을 덮는 것이 아니라 기도와 찬송으로 저희 인생을 덮게 하옵소서. 그리할 때 찬송이 떠나지 않는 길로 인도함을 받게 될 줄 믿습니다. 힘든 때일수록 더욱 기도하게 하시고 찬송하게 하옵소서. 예수님의 이름으로 기도합니다. 아멘
- **중보기도** : 모든 그리스도인들이 절망을 기도와 찬송으로 덮게 하소서.

12월 12일 감사

환난을 바꾸는 비밀

• 성경: 시편 50편 14 ~ 15절 • 찬송: 336장 • 요절: 시 50: 14 ~ 15

이 땅을 살아가는 사람 중에 어려움을 겪지 않은 인생은 없습니다. 우리는 할 수만 있다면 인생을 살면서 평탄하고 풍성하고 행복하기만 했으면 좋겠다고 생각하지만 사실 우리 인생은 그렇지 않습니다. 환난이 많습니다.

그래서 오늘 말씀에 하나님은 우리에게 '환난 날에 나를 부르라'고 말씀하십니다. 그러면 건져주시겠다고 약속하십니다. 그런데 우리는 그 이전의 말씀에 집중할 필요가 있습니다. 환난 날에 나를 부르되 감사의 제사를 드리며 서원을 갚으며 나를 부르라는 것입니다. 말하자면 "환난 날에 감사하라"는 것입니다.

이 말씀이 잘 이해가 안 되죠? 환난 날에 감사할 일이 있을까요? 오히려 환난 날에 원망할 일이 많을 것입니다. 그런데 그런 환난 날에 감사하라는 것입니다.

사실 환난 날과 감사라는 말은 어울리지 않습니다. "축복의 날에 감사하라! 승리의 날에 감사하라!" 이런 말은 어울리지만, "환난 날에 감사하라!"는 말은 어딘가 조화가 되지를 않습니다. 그러나 조금 시각을 달리해서 이 말씀을 이해하면 이 말씀에 깊은 비밀이 숨겨 있다는 것을 알 수 있습니다.

하나님께서 허튼 말씀을 하시는 분이 아니시기에 더욱 그러합니다. 환난 날에 감사하며 나를 부르라고 말씀하시는 것은, 그 감사에 환난을 바꾸는 비밀이 감추어져 있다는 것을 짐작하게 합니다. 그러므로 감사는 환난을 바꾸는 비밀을 그 안에 담고 있습니다. 그래서 시편 기자가 하는 말입니다. 감사만 제대로 해도 인생이 풀립니다.

• **기도**: 사랑의 주님, 오늘 저희는 환난 날에도 감사할 수 있는 하나님의 자녀인지요. 저희로 환난의 때에도 감사할 수 있는 믿음을 갖게 하옵소서. 환난의 때에도 하나님의 이름을 소리 높여 부를 수 있게 하시고, 감사로 하나님을 영화롭게 할 수 있는 삶이 되게 하옵소서. 그리하여 환난을 바꾸는 비밀이 무엇인지를 깨달아 알게 하시고, 감사는 하나님의 마음을 최고로 기쁘게 해드리는 신앙 태도임을 잊지 말게 하여 주옵소서. 예수님의 이름으로 기도합니다. 아멘

• **중보기도**: 모든 그리스도인들이 환난 날에도 감사할 수 있게 하소서.

12월 13일 소망의 신앙

나의 영을 부탁하나이다

• 성경: 시편 31편 1~8절 • 찬송: 412장 • 요절: 시 31: 5

오늘 말씀 중에 "내가 나의 영을 주의 손에 부탁하나이다"(5절)라는 구절은 예수님께서 십자가에서 운명하실 때 인용하여 말씀하신 이후, 교회 역사에서 주요한 페이지를 장식하게 되었습니다. 신약의 스데반 집사도 돌에 맞아 순교하면서 이 구절을 외운 것을 보게 됩니다(행 7:57).

서기 814년 1월 28일 동방제국의 침략군을 물리치고 프랑스 제국의 평화를 회복했던 「샬레망 대제」가 임종할 때 이 구절을 외우며 주님 품에 안겼습니다. 프로테스탄트의 거장 「마틴 루터」도 임종하면서 이 구절을 외우며 주님 품에 안겼고, 헝가리의 종교개혁자 「요한 후스」도 십자가에 몸이 묶여 화형당할 때 연기에 목이 메인 소리로 이 구절을 외우며 불꽃 속에 사라졌습니다.

오늘 우리가 만일 세상을 떠나야 하는 마지막 시간을 맞이하였다면 무슨 말을 하겠습니까? 아니, 무슨 말을 해야 후회하지 않을 것 같습니까? 죽는 마당에서 우리가 할 수 있는 말은 내 영혼을 기억해달라는 기도밖에는 할 말이 없을 것 같습니다. 지금 내 영혼이 천국에 가느냐, 지옥으로 가느냐 하는 절명(絶命)의 순간에 재물이 무슨 소용이 있고, 명예가 무슨 소용이 있겠습니까? 그 순간에는 영혼 외에는 다 쓸데없는 것이 되어버립니다. 내 영혼이 죽느냐 이것 외에는 중요한 것이 없습니다.

또한 우리가 현재 살아가면서도 이 고백은 유효합니다. 언제 무슨 일을 당할지 알 수 없기 때문입니다. 그러므로 다윗처럼 내 영혼까지도 주님의 손에 의탁할 수 있는 소망의 신앙을 갖고 하루하루를 힘써 살아가야 할 것입니다.

• **기도**: 소망의 주님, 저희가 만약 세상을 떠나야 하는 마지막 시간을 맞이하였다면 무슨 말을 할 수 있겠는지요. 오늘 말씀에 시편기자와 같이 '내 영혼을 기억해 달라'는 기도밖에 없는 줄 믿습니다. 그러므로 내 영혼까지도 주님의 손에 의탁할 수 있는 소망의 신앙을 갖고 하루하루를 힘써 살아가게 하옵소서. 예수님의 이름으로 기도합니다. 아멘

• **중보기도**: 모든 그리스도인들이 영혼까지도 주님의 손에 의탁할 수 있는 소망의 신앙을 갖게 하소서.

12월 14일 단장

너희는 하나님의 성전

• 성경: 고린도전서 3장 16~17절 • 찬송: 595장 • 요절: 고전 3: 16~17

오늘 말씀에 우리를 가리켜 하나님의 성전이라고 했습니다. 그리고 우리 안에 하나님의 성령이 거하신다고 했습니다. 하나님의 성전은 거룩함으로 빛납니다. 마찬가지로 우리 또한 성전이기에 성전으로서 갖추어야 할 것을 갖추어서 거룩함을 지켜야 합니다. 몸과 마음은 따로따로가 아닙니다. 이것은 하나입니다. 때문에 우리 속사람으로 먼저 단장을 해야만 합니다.

베드로전서 3장 3~4절에 "너희 단장은 머리를 꾸미고 금을 차고 아름다운 옷을 입는 외모로 하지 말고 오직 마음에 숨은 사람을 온유하고 안정한 심령의 썩지 아니할 것으로 하라 이는 하나님 앞에 값진 것이니라"고 했습니다.

내적인 단장에 관심을 기울이라는 것입니다. 사람들은 특히 우리나라 사람들은 안보다는 바깥 단장에 더 신경을 씁니다. 우리나라만큼 외모지상주의가 팽배한 나라는 이 지구상에서 찾아보기 어려울 것 같습니다. 외모에 대해 얼마나 신경을 쓰는지 성형중독증까지 걸린 사람들이 많습니다. "무엇을 바르면 예쁠까? 무엇을 입으면 예쁠까? 어디를 뜯어고쳐야 더 예뻐질 수 있을까?"

물론 하나님께 영광을 돌리는 일 가운데 우리의 몸을 단정히 하는 것도 있습니다. 그러나 내적인 단장을 하지 않고 외적인 단장에만 관심을 기울이는 것을 경계하라고 성경은 말씀하고 있습니다. 외적인 단장보다 더욱 중요한 것은 하나님의 말씀으로 단장하고, 하나님의 성품으로 단장하는 것입니다. 그래서 우리의 삶이 거룩함으로 빛나도록 해야 합니다. 우리는 하나님의 성전이요, 하나님의 성령이 거하시는 곳임을 잊지 말아야겠습니다.

• **기도**: 사랑의 주님, 저희로 내적인 단장에 관심을 갖게 하옵소서. 내적인 단장은 하지 않고 외적인 단장에만 관심을 기울이는 것을 경계할 수 있게 하옵소서. 외적인 단장보다 더욱 중요한 것이 내적인 단장임을 기억하여 항상 하나님의 말씀으로 단장하고, 하나님의 성품으로 단장할 수 있게 하옵소서. 예수님의 이름으로 기도합니다. 아멘

• **중보기도**: 모든 그리스도인들이 내적인 단장에 관심을 가질 수 있게 하소서.

12월 15일
물질과 믿음

네 보물이 있는 곳에

• 성경: 마태복음 6장 21절 • 찬송: 427장 • 요절: 마 6:21

주님께서는 오늘 말씀에 "네 보물이 있는 곳에 네 마음도 있느니라"고 하셨습니다. 나와 내 소유를 분리할 수 없음을 말씀하신 것입니다. 나와 내 소유를 분리해 놓는 믿음은 그 이상 벗어나지 못합니다. 물질과 믿음을 분리해 놓아보세요. '물질은 내 마음대로 쓰고 하나님에 대한 믿음만 있으면 된다'는 식이 되어버립니다. 이에 대하여 야고보 선생은 이렇게 말합니다.

"만일 형제나 자매가 헐벗고 일용할 양식이 없는데 너희 중에 누구든지 그에게 이르되 평안히 가라, 더웁게 하라, 배부르게 하라 하며 그 몸에 쓸 것을 주지 아니하면 무슨 이익이 있으리요 이와 같이 행함이 없는 믿음은 그 자체가 죽은 것이라"(약 2:15~17).

말은 그렇게 하고, 돕지 않는 믿음은 믿음이 아니라는 것입니다. 행함이 없는 믿음을 믿음으로 볼 수 없다는 것입니다. 부모를 사랑한다고 하면서 말로만 공경하고, 말로만 사랑한다고 하는 것을 공경이라고 할 수 있겠습니까?

마음이 있는 곳에 물질도 있기 마련입니다. 이 두 가지의 균형이 이루어질 때 참 믿음이 되는 것입니다.

신앙인에게 있어서 몸과 마음과 물질, 내 소유 모두가 다 주님의 것입니다. 우리가 이 문제를 해결하지 않고서는 하나님 나라를 얻을 수 없습니다. 이 땅에서도 결코 행복할 수 없습니다. 그러나 여기서 자유한 사람, 곧 모든 것이 하나님의 것이라는 사실을 깨닫고 살아가는 사람은 행복할 수 있습니다. 참 믿음으로 하나님을 기쁘시게 하는 최고의 삶을 살 수 있습니다.

• **기도**: 모든 것의 주인이신 주님, 저희로 몸과 마음과 물질, 내 소유 모두가 다 주님의 것임을 인정하는 믿음을 갖게 하옵소서. 몸과 마음과 물질을 드려 주님을 기쁘시게 할 수 있는 신앙생활을 할 수 있게 하시고, 선한 일에 부할 수 있는 삶을 살아갈 수 있게 하옵소서. 말로만이 아니라 행함이 있는 믿음으로 하나님께 영광을 돌릴 수 있게 하시고, 사람을 복되게 할 수 있는 주님의 사람이 되게 하옵소서. 예수님의 이름으로 기도합니다. 아멘

• **중보기도**: 모든 그리스도인들이 나의 모든 것이 하나님의 것이라는 사실을 깨닫고 살아가게 하소서.

12월 16일 하나님 나라

이상적인 나라

• 성경: 이사야 11장 1~9절 • 찬송: 242장 • 요절: 사 11:1

오늘 말씀을 보면 정말 기가 막힌 세상이 그려져 있습니다. 그 나라가 어떤 나라인지를 이렇게 설명을 합니다. "그 때에 이리가 어린 양과 함께 살며 표범이 어린 염소와 함께 누우며 송아지와 어린 사자와 살진 짐승이 함께 있어 어린아이에게 끌리며 암소와 곰이 함께 먹으며 그것들의 새끼가 함께 엎드리며 사자가 소처럼 풀을 먹을 것이며 젖 먹는 아이가 독사의 구멍에서 장난하며 젖 뗀 어린아이가 독사의 굴에 손을 넣을 것이라"(6~8).

이 말씀은 더 이상 고통이 없는 세계를 그려내고 있습니다. 사자가 소처럼 풀을 먹으니 더 이상 살육이 없습니다. 모두 다 친구가 됩니다. 그러니 다툴 일도 싸울 일도 없습니다. 그런데 어떻게 이런 나라가 생겨났는지를 1절에서 이렇게 설명합니다. "이새의 줄기에서 한 싹이 나며 그 뿌리에서 한 가지가 나서 결실할 것이요".

이새의 줄기에서 나온 싹은 바로 예수 그리스도를 가리킵니다. 그러니까 예수 그리스도를 통하여 만들어질 나라의 모습을 설명하는 것입니다. 우리가 흔히 말하는 하나님 나라를 가리키는 말입니다. 우리 주님이 건설하시는 나라는 이런 상함도 해함도 없는, 모두가 평안과 평강을 누리는 기쁨이 충만한 나라라는 것입니다.

그런데 우리는 하나님의 나라를 죽어서 가는 천국정도로만 생각할 때가 많습니다. 이 나라는 물론 미래에 완성될 나라이지만 동시에 현재적이며 지금도 이루어지는 나라입니다. 우리가 하나님의 통치를 받고 있다면 하나님의 나라가 지금 내 안에 있기 때문입니다. 그리고 우리는 이 땅에서의 삶이 불완전하지만 미래에 완성될 그 나라를 바라보며 그 나라의 의를 구하는 삶을 살 수 있습니다.

• **기도** : 사랑의 주님, 오늘 저희는 하나님의 나라를 죽어서 가는 천국정도로만 생각하고 있는 것은 아닌지요. 하나님의 나라는 미래에 완성될 나라이지만 현재적이며 지금도 이루어지고 있는 나라임을 깨닫게 하옵소서. 저희가 하나님의 통치를 받고 있다면 하나님의 나라는 지금 내 안에 있음을 잊지 말게 하여 주옵소서. 그러므로 그 나라와 그 의를 구하는 삶을 살게 하옵소서. 예수님의 이름으로 기도합니다. 아멘

• **중보기도** : 모든 그리스도인들이 그 나라와 그 의를 구하는 삶을 살게 하소서.

주께서 주시는 소망

12월 17일 / 소망
• 성경: 욥기 23장 1~10절 • 찬송: 488장 • 요절: 욥 23:10

　원래 사람은 소망하는 존재입니다. 사회심리학자인「에리히 프롬」은 인간이란 소망의 사람, 희망의 사람이라고 정의했습니다.
　오늘 말씀을 보면 너무나도 고통스러운 상황에서 욥은 세상 사람들은 몰라도 하나님만은 내 억울함을 아실 것이라고 고백합니다. 사람들은 다 자신을 향해 "네가 죄를 지었으니 이런 고통을 당한다고 이야기를 해도 하나님은 나의 억울함을 아시매 반드시 나를 들어 순금같이 사용하실 것이라."는 신앙을 고백하고 있습니다.
　욥의 신앙은 오직 하나님만 바라보는 신앙이었습니다. 하나님만 소망하는 신앙이었습니다. 재물이 날아가고 자녀들이 없어지고, 심지어 부인마저 도망치고, 자기 자신은 병이 들어 이루 말할 수 없는 고통의 삶 가운데서도 욥은 오직 하나님만을 소망합니다.
　사람들은 누구든지 어려움이 오면 다 원망을 앞세웁니다. 그 원망의 대상이 자신이든지, 남편이든지, 아내든지, 혹은 이웃이든지, 국가든지, 심지어 하나님이든지 타락한 인간에게 원망하는 것은 정상이라고 할 수 있습니다. 오히려 원망하지 않는 사람이 이상할 수도 있습니다.
　그런데 성경을 가만히 살펴보면 믿음을 가진 사람들의 특징이 한 가지 있는데 원망이 없습니다. 고난 가운데서도 원망하지 않습니다. 질병 가운데서도 원망하지 않습니다. 그 이유가 무엇일까요? 그 안에 소망이 있기 때문입니다. 소망이 있기에 원망하지 않습니다.
　그러므로 삶이 우리를 속일지라도 예수 그리스도로 인한 소망이 있다면 우리는 원망하지 않을 수 있습니다.

• **기도**: 소망의 주님, 지금 저희도 하나님의 자녀로 원망 없는 삶을 살고 있는지요. 혹 원망을 앞세우고 살고 있는 것은 아닌지요. 저희에게도 성경속의 인물들처럼 믿음을 가진 사람들의 특징이 있게 하여 주옵소서. 그 어떤 환경 속에서도 원망하는 일이 없게 하시고, 오직 하나님만을 소망할 수 있는 삶을 살아갈 수 있게 하옵소서. 하나님만 소망함으로 모든 상황을 넉넉히 이길 수 있게 하옵소서. 예수님의 이름으로 기도합니다. 아멘

• **중보기도**: 모든 그리스도인들이 예수 그리스도로 인한 소망이 넘치는 삶을 살게 하소서.

12월 18일
영

육에 속한 사람, 영에 속한 사람

• 성경: 로마서 8장 4~8절 • 찬송: 196장 • 요절: 롬 8: 7~8

일찍이 사도바울은 신앙인을 두 부류로 구분해 놓았습니다. 영에 속한 사람과 육에 속한 사람입니다. 오늘 말씀을 보면 바울은 이렇게 말합니다.

"육신을 따르는 자는 육신의 일을, 영을 따르는 자는 영의 일을 생각하나니 육신의 생각은 사망이요, 영의 생각은 생명과 평안이니라"(5~6).

예수를 믿으면서도 육신의 생각만 좇아가는 사람이 있다는 것입니다. 육신의 일에만 매여 있는 사람이 있다는 것입니다. 이런 사람에 대하여 사도바울은 관대하게 말하지 않습니다. 아주 극단적으로 결론을 내립니다. 뭡니까? 그 사람의 끝이 사망이라는 것입니다.

반면 영을 좇아가는 사람이 있습니다. 여기에서 영은 성령님을 말씀하는 것입니다. 성령께서 주시는 생각을 좇아가는 사람은 생명과 평안을 얻는다고 말씀합니다. 성령께 온전히 이끌리심을 받는 사람을 말합니다.

그 다음 7절에서 사도바울은 또 이렇게 말씀을 이어갑니다.

"육신의 생각은 하나님과 원수가 되나니 이는 하나님의 법에 굴복하지 아니할 뿐 아니라 할 수도 없음이라".

육신의 생각을 따라가는 삶은 사망으로 끌려가는 삶일 뿐 아니라, 더 나아가 하나님과 원수가 된다는 것입니다. 정말 안타까운 일이지만 불신자만도 못한 신앙인들이 있다는 것은 부인할 수 없는 사실입니다.

오늘 우리는 이 말씀을 심각하게 받아들일 수 있어야 합니다.

• **기도**: 사랑의 주님, 오늘 저희는 예수님을 믿으면서도 여전히 육신의 생각만 좇아가고 있는 것은 아닌지요. 육신의 일에만 매여 있는 것은 아닌지요. 그 끝이 사망이라는 것을 기억하여 영을 좇아가는 삶을 살게 하옵소서. 성령님께서 주시는 생각을 좇아가고, 성령님께 온전히 이끌림을 받는 삶이 되게 하여 주옵소서. 예수님의 이름으로 기도합니다. 아멘

• **중보기도**: 모든 그리스도인들이 성령님께서 주시는 생각을 좇아가는 삶이 되게 하소서.

12월 19일
힘, 능력

여호와를 기뻐하는 것

• 성경: 느헤미야 8장 1 ~ 12절 • 찬송: 95장 • 요절: 느 8: 10

70년 간의 포로생활을 마치고 바벨론에서 백성들이 귀환했지만 이스라엘은 아직도 나라가 제대로 서지 못했습니다. 성전도 성벽도 과거에 비해 너무 왜소했습니다. 그러나 이 고난이 있기에 그들은 잃어버린 신앙을 회복하고자 수문 앞에 모여서 말씀을 듣고 기도를 합니다. 그리고 지난날의 잘못과 하나님의 은혜에 감동하여 웁니다. 그러나 에스라는 사람들에게 "오늘은 너희 하나님 여호와의 성일이니 슬퍼하지 말며 울지 말라"고 말합니다.(9) 그리고 이어서 말합니다.

"너희는 가서 살진 것을 먹고 단 것을 마시되 준비하지 못한 자에게는 너희가 나누어 주라 이 날은 우리 주의 성일이니 근심하지 말라 여호와로 인하여 기뻐하는 것이 너희의 힘이니라"(10).

여호와로 인하여 기뻐하는 것이 우리의 힘이라고 합니다. 그렇습니다. 하나님을 믿는 사람들의 힘은 권력이나 세상적인 것이 아닙니다. 그 힘은 전혀 새로운 것입니다. 하나님 때문에 기뻐하고, 하나님을 섬기기에 기뻐하고, 하나님이 계시기에 기뻐하는 것, 이것이 우리만이 가진 힘입니다. 가진 것이 많고 적음에 따라서 기뻐하거나 절망하는 것이 아닙니다. 그런데 언제부턴가 우리는 이 힘을 잃어버렸습니다. 하나님이 계신 것으로 인하여 기뻐하지 못하고 그 위에 다른 것을 두었습니다.

그 결과 우리의 신앙이 힘을 잃어버렸습니다. 능력을 잃어버렸습니다. 세상을 이기는 것이 아니라 세상에 속하고 세상의 가치관을 가지고 사는 아무런 능력 없는 사람이 되고 말았습니다.

"여호와로 인하여 기뻐하는 것이 너희의 힘이다".

우리는 이 말씀을 잊지 말아야겠습니다.

• **기도** : 능력의 주님, 느헤미야는 여호와를 기뻐하는 것이 힘이라고 말씀하고 있습니다. 하나님을 믿는 사람들의 힘은 세상적인 것이 아님을 깨닫게 하옵소서. 하나님 때문에 기뻐하고, 하나님을 섬기기에 기뻐하고, 하나님이 계시기에 기뻐할 수 있는 것이 저희의 힘임을 잊지 말게 하여 주옵소서. 이 힘을 잃어버리지 않는 삶이 되도록 성령의 능력으로 붙들어 주옵소서. 예수님의 이름으로 기도합니다. 아멘
• **중보기도** : 모든 그리스도인들이 여호와로 인하여 기뻐하는 것이 힘이 되는 삶을 살게 하소서.

12월 20일
교만

못한다 하지 말고

• 성경: 예레미야 1장 4~10절 • 찬송: 516장 • 요절: 렘 1:7~8

　오늘 말씀은 예레미야가 선지자로 세움을 받는 장면을 보여주고 있습니다. 예레미야 자신보다 예레미야를 더 잘 아신 하나님이 예레미야를 선지자로 세우시겠다고 말씀하십니다(5). 그렇다면 "예!"하고 순종해야 하는데 예레미야는 그렇게 하지 못했습니다. 오히려 이렇게 말합니다. "슬픈 일이네요. 저는 못해요. 보세요 하나님, 저는 애들 같아서 말할 줄을 모릅니다."(6) 하나님께서 예레미야의 자질과 성품을 다 아시고 세우려 하시는데, 예레미야가 이렇게 말하니 하나님께서 얼마나 답답하셨겠습니까?
　교만은 두 가지로 나눌 수 있습니다. 적극적인 교만과 소극적인 교만이 그것입니다. 적극적인 교만은, 아직 안 됐는데 된 것처럼 생각하는 교만입니다. 자신을 실제보다 한껏 높이는 것입니다. 소극적인 교만은 됐는데 안 된 것처럼, 할 수 있는데 할 수 없는 것처럼 생각하는 것입니다.
　적극적인 교만은 물론 나쁩니다. 그러나 소극적인 교만이 더 나쁩니다. 소극적인 교만은 겉보기에는 겸손한 것처럼 보입니다. 그러나 그 속의 본 모습은 더 큰 교만입니다. 왜냐하면 스스로 안 된다고 말하는 것에 그치는 것이 아니라, 된다고 하시는 하나님을 부정하는 것이기 때문입니다.
　나를 나보다 더 잘 아시는 하나님께서 하라 하시는 일에 시도도 해보지 않고 '안 된다. 못 한다.' 라고 말하는 것은 아주 큰 교만입니다. 우리는 교만해서도 안 되지만, 자신을 비하하고 쉽게 포기하고, 못 한다 안 한다 하지 말아야 합니다.
　하나님께서 나를 인정하시고 맡기시는 일에는 언제나 당당할 수 있어야 합니다.

- **기도**: 은혜의 주님, 오늘 저희는 하나님 앞에서 교만한 것은 아닌지요. 저희에게도 적극적인 교만과 소극적인 교만이 있는 것은 아닌지요. 교만은 패망의 선봉이 된다는 것을 깨닫게 하옵소서. 하나님은 교만한 자를 대적하신다는 것을 마음에 새길 수 있게 하옵소서. 항상 하나님 앞에서 겸손하여 맡기시는 일에 순종과 충성을 다할 수 있게 하시고, 하나님의 뜻을 높일 수 있는 삶이 되게 하여 주옵소서. 예수님의 이름으로 기도합니다. 아멘
- **중보기도**: 모든 그리스도인들이 교만에 사로잡히지 않는 삶을 살게 하소서.

12월 21일 준비

천국은 준비된 자의 것

• 성경: 마태복음 25장 1 ~ 13절 • 찬송: 175장 • 요절: 마 25: 13

예수님은 중요한 진리를 설명하실 때 비유를 많이 사용하셨습니다. 오늘 말씀은 열 처녀에 대한 비유인데, 예수님은 이비유를 통하여 천국은 준비된 사람의 것임을 보여주고 계십니다. 어디 이것이 비단 천국뿐이겠습니까? 이 땅에서의 모든 삶은 어떻게 준비하며 사느냐에 따라 결정이 나게 되어 있습니다. 심는 대로 거두게 되는 것이 주님이 말씀하신 진리요, 만고불변의 법칙이기 때문입니다. 오늘 본문에 예수님은 천국을 지금 그렇게 비유하고 있습니다.

인간이 이 땅에서 70~80년 사는 이유는 영원한 천국에서 살게 하시려고 허락하신 기간입니다. 그렇기 때문에 그리스도인으로서 이 땅에 사는 동안 무엇을 준비하고, 어떻게 살아야 하는가를 깨닫게 하시려고 열 명의 처녀를 예로 들어 말씀하고 계신 것입니다.

"그 때에 천국은 마치 등을 들고 신랑을 맞으러 나간 열 처녀와 같다 하리니"(1).

그런데 열 명의 처녀가 신랑을 맞이하기 위해서 준비하고 있는 모습이 달랐습니다. 미련한 처녀들은 등을 가지되 기름을 가지지 아니하였고, 슬기 있는 처녀들은 그릇에 기름을 담아 등과 함께 가져갔습니다(3~4).

이 두 부류의 차이점이 무엇일까요? 기름입니다. 한 부류는 기름을 준비하지 않았고, 다른 한 부류는 기름을 준비했습니다. 기름이 없다면 등은 불필요한 것입니다.

이 시대도 준비하지 않은 사람을 필요로 하는 곳은 한 곳도 없습니다. 우리는 천국도 예외가 아님을 기억해야만 하겠습니다. 천국은 준비된 사람의 것입니다.

• **기도**: 저희를 천국백성으로 삼아주신 하나님, 저희도 이 땅을 살아가는 동안 천국 갈 수 있는 준비를 잘하며 살아가게 하옵소서. 미련한 처녀들과 같은 신앙생활이 아니라 슬기로운 처녀들과 같은 신앙생활을 할 수 있게 하옵소서. 천국은 준비된 사람의 것임을 분명히 깨닫고 그리스도인으로서 이 땅에 사는 동안 무엇을 준비하고 어떻게 살아야 하는지를 고민하며 살아가게 하옵소서. 예수님의 이름으로 기도합니다. 아멘

• **중보기도**: 모든 그리스도인들이 천국 갈 수 있는 준비를 잘하며 신앙생활하게 하소서.

12월 22일 - 사랑

더욱 사랑하며

• 성경: 요한복음 3장 16절 • 찬송: 503장 • 요절: 요 3: 16

두 번에 걸친 재혼과 거듭된 이혼으로 사랑을 불신하게 된 여인이 있었습니다. 이 여인은 아들에게 "사람을 믿지 말아라. 사람을 사랑하지 말아라. 세상에 사랑은 없다. 사랑하는 것처럼 보이지만 다 가짜다. 아무것도 믿을 것이 못 된다."고 가르쳤습니다.

늘 불안한 생활 속에서 사랑을 받지 못하고 자라난 아들은 고등학교를 다니다가 사고를 쳐서 퇴학을 당하였고, 군대에서도 또 다른 사고를 내어 불명예제대를 당했습니다. 결혼을 했지만 아내의 사랑을 받아 주는 방법도 모르고 이해할 줄도 몰랐기에 그는 항상 부부싸움을 격하게 하였고, 그런 자신의 삶에 절망감을 느낄 수밖에 없었습니다.

1963년 11월 22일, 그는 자신의 직장 건물 옥상에 올라가서 누군가를 기다립니다. 바로 존 F. 케네디 대통령이었습니다. 그는 건물 앞을 지나가는 대통령을 향하여 총을 겨누고 방아쇠를 당겼습니다. 세상에 태어나서 한 번도 사랑을 받아 본 적이 없었던 한 사람이 이 같은 엄청난 비극을 만든 것입니다.

우리는 밥만 먹고 사는 존재가 아닙니다. 사랑을 먹고 삽니다. 어린아이들은 물론 어른들도 사랑 없이는 살 수 없습니다. 그러기에 세상에서 가장 큰 비극이 있다면 사랑을 믿지 않는 것이며, 사랑을 받아들이지 않는 것입니다. 복음이 무엇입니까? 그것은 사랑입니다. 사랑 받을 자격이 없는 우리를 하나님께서 자기 독생자를 주시기까지 사랑하신 것이 복음입니다. 이 사실을 믿고 받아들이셨습니까? 그렇다면 더욱 사랑하며 살아야 합니다. 우리는 지금 사랑이 더욱 필요한 계절을 지나고 있습니다.

• **기도**: 사랑의 하나님, 저희로 하나님의 사랑을 닮아갈 수 있게 하옵소서. 더욱 사랑하며 살아갈 수 있게 하옵소서. 상대방이 사랑을 받아들이지 않는다 할지라도 끝까지 사랑할 수 있게 하옵소서. 사랑이 하나님이요, 사랑이 예수님이요, 사랑이 성령님임을 잊지 말게 하여 주옵소서. 사랑이 메말라 있는 세상에 사랑이 강이 되어 흐르게 하옵소서. 예수님의 이름으로 기도합니다. 아멘

• **중보기도**: 모든 그리스도인들이 서로 사랑하며 살게 하소서.

12월 23일
은혜 감당

은혜를 입은 자

• 성경: 누가복음 1장 26 ~ 38절 • 찬송: 122장 • 요절: 눅 1: 28

성탄절이 다가올 때마다 생각나는 여인이 있습니다. 바로 예수님의 어머니 마리아입니다. 갈릴리 해변 구릉지대인 나사렛 동리에 살던 무명의 처녀 마리아는 학벌도 가정배경도 없는 순진한 시골처녀였습니다. 하나님의 뜻이 있어 천사 가브리엘이 찾아와서 "은혜를 받은 자여, 평안할지어다 주께서 너와 함께 하시도다"(눅1:28)하고 말했습니다. 여기서 "너와 함께 하시도다"는 마리아의 수태를 의미합니다. 그러나 남자를 알지 못했던 마리아는 어째서 이런 인사를 하는지 의아해합니다.

마리아는 보통 아이가 아니라 하나님의 아들을 잉태하였습니다. 부정모혈(父精母血)로 잉태한 것이 아니라 성령으로 잉태했습니다. 그러니 마리아는 세상 여인들 중에서 굉장한 은혜를 입은 여인입니다. 하지만 마리아에게 잉태의 기쁨만 있었던 것은 아닙니다. 약혼자인 요셉은 의로운 사람이지만 마리아의 잉태 소식을 듣고 가만히 약혼을 깨고자 했습니다(마1:19). 당시 파혼은 여자에게 엄청난 충격이고 위험이며 불이익이었습니다. 또한 마리아는 아기 예수에게 할례를 행하기 위해서 성전에 올라갔다가 시므온에게 아기 예수가 고난을 당할 것이라는 예언을 들었습니다(눅2:34~35, 사 53:5). 예언을 들은 마리아는 어머니로서 무척이나 곤혹스러웠을 것입니다. 늘 마음에 묵직한 것이 있었을 것입니다. 하나님의 은혜를 입은 자, 마리아는 이처럼 기쁨과 마음의 무거움을 지니고 있었습니다.

누구나 즐거워하는 성탄절의 배후에 이 같은 한 여인의 아픔이 있었다는 것을 간과하지 말아야 합니다. 하나님의 뜻을 이루기 위해 숨어서 가슴 졸이며 어려움을 감당한 마리아의 아픔을 공유해보는 것도 성탄을 맞는 진정한 그리스도인의 모습일 것입니다.

• **기도** : 사랑의 하나님, 오늘 말씀을 통하여 성탄절의 배후에 한 여인의 아픔이 있었다는 것을 깨닫습니다. 마리아는 하나님의 은혜를 입은 여인이었지만, 많은 아픔과 어려움을 감수해야만 했습니다. 오늘 저희도 하나님의 은혜를 받은 자로, 그 은혜가 값싼 은혜가 되지 않도록 마리아와 같이 대가를 치를 줄 아는 신앙의 사람이 되게 하옵소서. 예수님의 이름으로 기도합니다. 아멘

• **중보기도** : 모든 그리스도인들이 성탄의 기쁨 전에 마리아의 아픔도 느껴볼 수 있게 하소서.

12월 24일 성탄절 이브

평화의 왕

• 성경: 누가복음 2장 8~14절 • 찬송: 122장 • 요절: 눅 2:14

제 2차 세계대전 때의 일입니다. 12월 24일 크리스마스 이브에 작은 강을 사이에 두고 프랑스군과 독일군이 대치하고 있었습니다.

별빛만이 반짝이는 이 살벌한 전쟁터는 쥐 죽은 듯이 고요했습니다. 이때 참호 속에 앉았던 한 병사가 고향을 생각하며 무심코 낮은 휘파람소리로 크리스마스 캐롤을 불렀습니다. 그런데 이 노래가 강을 건너 독일 보초병의 귀에도 들렸습니다.

독일 병사도 캐롤을 들으며 향수에 젖어 그 멜로디를 따라 입술을 움직이게 되었습니다. 서로 적인 두 병사의 캐롤 소리가 점점 커졌습니다. 그러다가 고향 생각에 잠겨있던 다른 군인들도 모두 이 노래를 함께 부르게 되었고 마침내 고요하던 강가에는 우렁찬 캐롤의 대향연이 벌어지게 되었습니다. 아군도 적도 없었습니다.

오직 하나의 노래를 부르며, 성탄절을 생각하는 사람들만이 있었습니다. 모든 병사들이 소리를 높여 캐롤을 합창하며 성탄을 맞았고 지휘관들은 서로 의논하여 세 시간동안 적과 적이 마음을 같이하여 성탄 예배를 드리고 즐거운 파티를 열었습니다.

이것이 평화의 왕으로 오신 성탄절의 주인공 아기예수님의 힘이었던 것입니다. 인류가 그렇게도 원하는 참된 평화를 주시는 분이 오셨기 때문에 아기 예수님의 탄생은 가장 큰 기쁨의 좋은 소식이 될 수 있습니다. 우리는 이 평화의 왕을 모셔 들이고 이 평화의 왕을 섬기며 살아감으로 마음의 평화, 가정의 평화, 이웃과의 평화를 누리며 살아가는 삶이 되어야겠습니다.

• **기도**: 평화의 왕으로 오신 예수님, 오늘 저희도 평화의 왕을 마음에 온전히 모셔 들일 수 있게 하옵소서. 그리하여 마음의 평화를 누리며 살아갈 수 있게 하시고, 가정의 평화, 이웃과의 평화를 누리며 살아가는 삶이 되게 하옵소서. 그것이 이 땅에 육신을 입으시고 평화의 왕으로 오신 예수님을 기념하는 성탄절의 정신임을 잊지 말게 하옵소서. 예수님의 이름으로 기도합니다. 아멘

• **중보기도**: 모든 그리스도인들이 평화를 누리며 살게 하소서.

12월 25일
준비된 성탄

하늘에 민감한 사람

• 성경 : 마태복음 2장 1 ~ 11절 • 찬송 : 116장 • 요절 : 마 2 : 10 ~ 11

'크리스마스'는 본래 크라이스트(christ)와 매스(mass-미사, 예배)가 합쳐진 그리스도의 미사라는 매스 오브 크라이스트에서 발전된 말입니다. 즉 '그리스도의 예배', 이것이 크리스마스의 본뜻입니다. 그런데 이 크리스마스가 여러 나라를 거쳐 가면서 각각 나라의 풍속까지 섞이면서 이상한 크리스마스가 되어버렸습니다. 예수님께 예배하는 본 의미는 사라지고 산타클로스 할아버지가 주인공이 되어버렸습니다. 그러나 우리들은 성탄의 의미를 바로 알고 있어야겠습니다.

오늘 말씀은 예수님의 탄생을 축하한 사람의 모델이 제시되고 있습니다. 바로 동방박사입니다. 그들은 별을 연구하는 점성학자들이었습니다. 별을 보며 세상의 변화를 예견했습니다. 그런데 별이란 것은 동방박사들만 볼 수 있는 것이 아니라 누구나 볼 수 있습니다. 그럼에도 불구하고 동방박사들만 한 별이 메시야 탄생을 예고하는 별임을 깨닫고 별을 따라 이스라엘까지 왔습니다. 그만큼 동방박사들은 하늘에 민감했다는 것입니다.

오늘 우리도 하늘에 민감할 줄 알아야 합니다. 하나님의 음성을 듣기에 민감해야 한다는 말입니다. 그리고 동방박사들은 가장 귀한 것을 예물로 드린 사람들입니다. 그 당시 황금과 유향과 몰약을 가지고 예물을 드렸다는 것은 존귀한 사람을 알현할 때나 사용하는 예물입니다. 그들이 보배합을 열어서 이 예물을 드린 것을 보면 이 예물이 그들에게 얼마나 소중하고 귀한 것이었는가를 알 수 있습니다.

오늘 우리도 대충 때우기 식으로 예물을 준비하여 주님 앞에 드릴 것이 아니라 동방박사의 심정을 가지고 주님께 드릴 수 있는 주의 자녀들이 되어야만 합니다.

• **기도** : 성탄절의 주님이신 주님, 저희로 동방박사들 같이 하늘에 민감한 삶을 살게 하옵소서. 하나님의 음성을 듣기에 민감할 수 있게 하시고, 주님의 뜻을 좇아가기에 민감한 삶이 되게 하옵소서. 더욱이 동방박사들처럼 가장 귀한 것을 주님께 예물로 드릴 수 있는 마음을 갖게 하여 주옵소서. 예수님의 이름으로 기도합니다. 아멘

• **중보기도** : 모든 그리스도인들이 하늘에 민감한 사람이 되게 하소서.

12월 26일 감사

감사하는 사람

• 성경: 시편 136편 1 ~ 26절 • 찬송: 428장 • 요절: 시 136: 1

독실한 크리스천인 한 농부가 지방의 유명인사들과 함께 초청을 받아서 식사를 하게 되었습니다. 이 농부는 늘 하던 대로 음식을 앞에 놓고 감사의 기도를 드렸습니다. 그러자 그 유명인사가 하는 말이 "허허, 구식이군요. 요즘 교육받은 사람은 식사하기 전에 기도하지 않아요."

그러자 이 농부는 "저는 기도하는 습관이 있기 때문에 늘 감사 기도를 드립니다. 그런데 우리 농장에도 식사 전에 기도를 드리지 않는 이들이 있지요." 그러자 유명 인사는 말합니다.

"그래요? 그것 참 지각 있고 품위 있는 사람이군요. 그들은 도대체 어떤 사람입니까?" 하고 묻자, 농부는 "우리 집에서 기르는 돼지들입니다."라고 대답했습니다. 감사할 줄 모르는 사람은 짐승과 같은 대접을 받는다는 이야기입니다.

시편 136편은 매 절마다 "감사하라"는 말이 들어가 있는 감사 권장시입니다. 오늘 말씀에 시편기자는 구구절절 하나님께 대하여 감사의 고백을 남기고 있습니다. 감사하지 못하는 사람은 언제나 자기중심적으로만 생각합니다. 주변사람과 자신을 비교하되 자신의 부족한 점만을 찾아내며 불평불만을 말합니다. 이런 사람은 계절을 보면서도 불평불만을 말합니다.

봄은 왜 이렇게 졸립냐고 불평하고, 여름은 왜 이리 덥냐고 투정하고, 가을은 낙엽 때문에 지저분하다고 불평합니다. 또 겨울은 왜 이리 춥냐고 불평합니다. 이런 사람은 평생 동안 감사하며 살지를 못합니다.

우리는 감사할 줄 아는 사람이 하나님의 복을 담아낼 수 있는 은혜의 사람임을 잊지 말아야겠습니다.

• **기도**: 사랑의 하나님, 저희로 감사하지 못하는 사람이 아닌 감사하는 사람으로 살게 하옵소서. 감사로 예배할 수 있게 하시고, 감사로 찬송하며 기도할 수 있게 하옵소서. 감사로 순종할 수 있게 하시고, 감사로 봉사할 수 있게 하옵소서. 또한 감사의 열매를 풍성히 맺음으로 하나님께 기쁨이 되는 은혜의 사람이 되게 하옵소서. 예수님의 이름으로 기도합니다. 아멘

• **중보기도**: 모든 그리스도인들이 하나님께 감사의 고백을 드리는 삶이 되게 하소서.

숨겨진 복

12월 27일 복

• 성경: 시편 92편 12~15절 • 찬송: 429장 • 요절: 시 92: 12~13

성경은 우리 주님이 보화이시고 복이시라고 말씀하고 있습니다. 그런데 그것이 감추어져 있다고 합니다(골2:3). 이것이 무슨 말일까요? 오늘 말씀에 시편기자는 이렇게 외칩니다.

"여호와의 정직하심과 나의 바위 되심과 그에게는 불의가 없음이 선포되리로다"(15).

그가 왜 이렇게 외친 까닭은 12절부터 14절까지 약속한 모든 말씀들 때문입니다. 그것이 진짜이기에 담대히 외치겠다는 선언입니다. 그런데 시편기자는 그 놀라운 복을 받을 사람이 "의인"이라고 말하고 있습니다(12).

'의인'이라는 말은 히브리어로 "차디크"인데 "올바르다, 정의롭다"라는 뜻을 가지고 있습니다. 또 헬라어로 의인이란 "디카이오시스"란 말인데 이 말 역시 "의롭다, 무죄선언을 받았다"라는 뜻을 가지고 있습니다. 그러니까 의인이란 쉽게 말씀드려서 '예수님의 은혜로 죄용서받아 믿음으로 살아가는 사람'을 지칭하는 말로써 하나님을 공경하는 사람이라고 표현하면 무리가 없을 것입니다.

12절부터 14절까지 약속한 복들은 의인에게 주어지는 것입니다. 그러니까 다른 사람들에게는 숨겨진 것이지요. 또한 믿음으로 살아가려는 사람이 아닌 사람에게도 숨겨진 것입니다. 그러나 믿음으로 살아가려고 애쓰는 사람들에게는 이런 복들이 약속되어 있습니다.

그러기에 우리는 먼저 이 약속된 복을 바라보아야 합니다. 복이 있음을 알아야 합니다. 지금 우리의 삶이 풍족하지 못해도 이 복을 바라볼 수 있기를 소망합니다.

- **기도**: 사랑의 주님, 오늘 저희가 하나님을 진심으로 공경하고 있는지 돌이켜보기를 원합니다. 하나님의 약속의 자녀임에도 불구하고 여전히 세상 사람처럼 살아가고 있는 것은 아닌지요. 어떻게든 주님 보시기에 믿음으로 살아가려고 힘쓰는 모습이 저희에게 있게 하여 주옵소서. 그러므로 시편 기자가 언급한 복을 누리게 되는 삶이 되게 하옵소서. 예수님의 이름으로 기도합니다. 아멘
- **중보기도**: 모든 그리스도인들이 의인에게 주어지는 복을 누릴 수 있게 하소서.

12월 28일
달음질

뒤돌아보지 말아야 한다

• 성경: 누가복음 9장 62절 • 찬송: 359장 • 요절: 눅 9:62

2001년 911테러 때 아주 인상 깊은 장면이 하나 있었습니다. 그것은 무역센터 건물이 무너지기 직전에 소방대원들이 그 안에 있는 시민들을 향해 외치는 소리였습니다. 소방대원들은 '런 포 유어 라이프(Run for your Life)' "살려면 빨리 뛰어나가시오!" 목이 터져라 외쳤습니다. 그러나 건물 안에 둔 현금이나 귀중품, 보석 등에 대한 미련을 버리지 못한 채, 뒤돌아보며 건물 밖으로 빠져나오지 못한 사람들은 결국 건물이 무너질 때 잿더미에 파묻히고 말았습니다.

오늘 우리의 신앙생활을 한마디로 어떻게 표현할 수 있을까요? 신앙생활은 앞을 보고 달리는 생활입니다. 신앙생활은 뒤를 돌아보는 생활이 아닙니다. 사도바울은 "뒤에 있는 것은 잊어버리고 앞에 있는 것을 잡으려고 푯대를 향하여 그리스도 예수 안에서 하나님이 위에서 부르신 부름의 상을 위하여 달려가노라"고 했습니다(빌 3:13,14).

오늘 말씀에 예수님은 "손에 쟁기를 잡고 뒤를 돌아보는 자는 하나님의 나라에 합당하지 아니하니라 하시니라"고 하셨습니다(눅9:62).

과거가 아무리 좋았고 화려했고, 즐거웠다고 해도 우리는 과거로 돌아가면 죽습니다. 우리는 죄에서, 사단에게서 빠져나왔습니다. 하나님 없는 세계에서 빠져나왔습니다. 그러므로 예수 믿고 구원받은 사람은 천성 길을 향해 힘차게 달려가야 합니다.

우리는 뒤돌아보지 않고 주의 말씀에 미련 없이 순종하여, 영원한 구원에 이르는 축복의 삶을 살아야겠습니다.

• **기도**: 은혜의 주님, 주님의 말씀과 같이 저희로 쟁기를 잡고 뒤를 돌아보는 삶이 되지 말게 하여 주옵소서. 예수 믿고 구원받은 사람으로 뒤에 있는 것은 빨리 잊어버리게 하시고, 앞을 향하여 힘차게 달려갈 수 있게 하옵소서. 뒤돌아보지 않고 미련 없이 주님의 말씀에 순종할 수 있게 하시고, 영원한 구원에 이르는 축복의 삶을 살게 하옵소서. 예수님의 이름으로 기도합니다. 아멘

• **중보기도**: 모든 그리스도인들이 영원한 구원에 이르는 축복의 삶을 살게 하소서.

12월 29일
행복

행복한 사람

• 성경: 신명기 33장 29절 • 찬송: 411장 • 요절: 신 33: 29

오늘 말씀에 하나님은 이스라엘에게 "이스라엘이여 너는 행복한 사람이로다"라고 말씀하십니다. 물론 이 말을 사람들에게 전해 줄 당시의 이스라엘의 상황은 결코 행복할 수 없는 상황이었습니다. 이스라엘은 아직도 광야 여정 중에 있기 때문입니다. 그것도 40년째 광야를 헤매고 있습니다. 이 여정 중에 많은 사람들이 죽었습니다. 그런데 젖과 꿀이 흐른다는 가나안은 가보지도 못한 채 애굽에서 나온 20세 이상 남자들 대부분이 광야에서 떠돌며 죽어가는 이 비참하고 안타까운 상황에서 하나님은 말씀하십니다.

"이스라엘이여 너는 행복한 사람이로다".

이것이 지금 이해가 됩니까? 아멘 할 수 있겠습니까? 상황이 조금씩 다르긴 하지만 행복감을 느끼는 사람보다 자신이 불행하다고 느끼는 사람들이 참으로 많습니다. 그런데 우리가 불행하다고 느끼는 것의 대부분은 환경과 조건이 안 좋다는 뜻입니다.

오늘 말씀에 이스라엘의 상황도 그렇습니다. 조건과 환경이 안 좋기는 마찬가지입니다. 그런데도 우리 하나님은 "이스라엘이여 너는 행복한 사람이로다"라고 말씀하십니다. 그렇다면 우리는 이 말씀을 대하면서 깨달아야 할 것이 무엇일까요? 행복은 조건이 아니라는 것입니다. 조건 때문에 행복해질 수 없다는 것입니다. 그런데 우리는 조건이 행복이라는 세상의 소리에 너무 오랫동안 세뇌되어 있습니다.

진짜 행복은 하나님을 만날 때 가능한 것입니다. 진짜 행복은 하나님께로부터 오는 것입니다. 그러므로 우리는 다른 것이 다 없어도 내게 하나님이 계시기 때문에 행복할 수 있어야합니다.

- **기도**: 살아계신 하나님, 저희로 행복은 조건이 아님을 깨닫게 하옵소서. 진짜 행복은 하나님을 만날 때 가능한 것임을 잊지 말게 하옵소서. 그러므로 저희의 삶이 하나님을 만나는 삶이 되게 하옵소서. 하나님을 힘써서 찾을 수 있게 하시고, 하나님과의 교제가 풍성해질 수 있게 하옵소서. 그리하여 하나님이 함께하시는 것으로 인하여 행복을 느끼는 삶이 되게 하여 주옵소서. 예수님의 이름으로 기도합니다. 아멘
- **중보기도**: 모든 그리스도인들이 삶 속에서 함께하시는 하나님을 느낌으로 행복을 찾을 수 있게 하소서.

12월 30일 위로

위로하는 사람

• 성경: 이사야 40장 1~2절 • 찬송: 406장 • 요절: 사 40: 1

이스라엘 백성들은 바벨론의 포로시절을 보내면서 메시야를 기대하였습니다. 이들이 기대하고 기다렸던 메시야는 카운슬러입니다. 즉 마음의 슬픔을 들어주고 보듬어줄 위로자를 기다렸습니다. 그런 그들에게 오늘 본문은 말씀합니다.

"너희는 위로하라 내 백성을 위로하라".

그러면서 위로할 이유를 2절에서 설명하고 있는데 이스라엘 사람들이 고통받는 이유는 그들의 죄 때문이었습니다. 그런데 이제 죄의 대가를 다 치렀기에 이제는 내 백성을 위로하라고 하십니다. 죄를 지어도 죄만 보시고 사람은 사랑하시되 끝까지 사랑하시는 주님의 마음이 잘 드러난 말씀입니다.

때로 우리는 나에게 서운한 일을 한 사람에게는 끝까지 눈총을 보내는 경우가 많습니다. 그래서 미워하고 막말을 할 때가 얼마나 많습니까? 그러나 주님은 죄의 대가를 이미 치렀으니 이제는 위로하시겠다고 말씀하십니다.

같은 시대를 살아가는 우리 모두가 오늘 말씀을 통해 꼭 알아야 할 것은 주님이 이스라엘을 위로하시듯이 우리가 우리를 서로 위로하며 살아가야 한다는 사실입니다.

우리 가운데 상처와 아픔이 없는 사람이 누가 있겠습니까? 작고 큰 정도의 차이는 있어도 우리 모두는 상처와 아픔이 있습니다. 그러하기에 위로가 필요합니다. 힘든 일을 많이 겪은 사람은 위로를 더 잘할 수 있는 사람입니다. 우리는 주님이 말씀하시는 것처럼 어떤 경우에도 위로하며 살아갈 수 있어야겠습니다.

• **기도** : 사랑의 하나님, 오늘 저희가 하나님의 위로를 받듯, 서로를 위로하며 살아갈 수 있게 하옵소서. 위로를 통하여 마음의 상처와 아픔이 있는 사람을 치유할 수 있게 하시고, 넘어지고 실족한 사람에게 다시 일어설 수 있는 용기를 심어줄 수 있게 하옵소서. 서로를 위로하며 사는 자에게 하나님의 위로를 넘치도록 경험하는 삶이 되게 하실 것을 믿습니다. 예수님의 이름으로 기도합니다. 아멘

• **중보기도** : 모든 그리스도인들이 서로를 위로하며 살아가게 하소서.

12월 31일
송구영신

잊어버림의 은혜

• 성경: 창세기 41장 50 ~ 52절 • 찬송: 301장 • 요절: 창 41:51

오늘 말씀에 요셉을 보면 우여곡절을 겪으면서 파란만장한 삶을 살다가, 애굽의 총리대신이 되고 거기서 아스낫과 결혼하여 두 아들을 낳았습니다. 큰 아들의 이름을 '므낫세'라고 지었는데 그 뜻이 '망각'이라는 뜻입니다. '모든 것을 깨끗이 잊어버렸다.'는 것입니다.

지난날 요셉에게 억울한 일들이 얼마나 많았습니까? 또한 가슴 아픈 일들이 얼마나 많았습니까? 형들에게 버림을 받고 애굽의 상인에게 노예로 팔려가서 애굽의 총리에 이르기까지, 그의 삶의 여정은 그야말로 정말 괴롭고 분하고 힘든 과정이었습니다. 아마 우리 같았으면 그 지긋지긋한 고생을 영원히 잊을 수가 없을 것입니다.

그도 인간이기 때문에 지난날의 모든 아픔과 억울한 일들, 분하고 괴로운 일들을 다 잊어버린다는 것이 쉽지는 않았을 것입니다. 그런데 첫 아이를 낳으면서 다 잊어버리기로 한 것입니다. 그래서 그는 모든 것을 깨끗이 잊어버렸다는 뜻으로 첫아들의 이름을 므낫세라고 지으면서 하나님의 은혜를 고백하고 있는 것입니다.

지난 한 해 동안 어떻게 사셨습니까? 잊어버리는 것도 하나님의 은혜입니다. 만약에 사람들이 모든 일들을 다 기억하고 살아야 한다면, 우리 인생이 기쁨보다는 오히려 아픔과 수고함과 괴로움의 일들이 나를 끝없이 괴롭힐 것입니다. 그러므로 적절하게 잊어버리는 것, 억울한 것과 부정적인 것을 잊어버리는 것도 하나님의 은혜가 되고 축복이 될 수가 있습니다.

• **기도** : 지금까지 인도해주신 하나님, 잊어버리는 것도 하나님의 은혜임을 깨닫게 되었사오니 저희에게 잊어버릴 수 있는 은혜를 더하여 주옵소서. 안 좋은 기억들, 아픈 기억들은 모두 다 잊게 하시고, 좋은 기억들만 갖고 주님께 감사하면서 한해를 마무리하게 하옵소서. 그리고 저희를 향하신 하나님의 계획하심을 바라보며 희망찬 새해를 맞을 수 있게 하옵소서. 예수님의 이름으로 기도합니다. 아멘

• **중보기도** : 모든 그리스도인들이 좋은 기억들만 갖고 한 해를 마무리하게 하소서.

평온한 날의 기도

아무런 근심도 걱정도 없이
평온한 날은
평온한 마음으로
주님을 생각하게 하십시오.
양지바른 창가에 앉아
인간도 한 포기의 화초로 화하는
이 구김살 없이 행복한 시간

주여,
이런 시간 속에서도
당신은 함께 계시고
그 자애로우심과 미소지으심으로
우리를 충만하게 해주시는
그 은총을 깨닫게 하여 주십시오.

그리하여
평온한 날은 평온한 마음으로
당신의 이름을 부르게 하시고
강물같이 충만한 마음으로
주님을 생각하게 하십시오.

순탄하게 시간을 노 젓는
오늘의 평온 속에서
주여,
고르게 흐르는 물길을 따라
당신의 나라로 향하게 하십시오

3월의 그 화창한 날씨 같은 마음속에도
맑고 푸른 신앙의 수심(水深)이 내리게 하시고
온 천지의 가지란 가지마다
온 들의 푸성귀마다
움이 트고 싹이 돋아나듯
믿음의 새 움이 돋아나게 하여주십시오.

_박목월

추모 예배와 명절 가정예배

추모 예배의 의미

추모 예배
설날 가정예배
추석 가정예배

추모 예배의 의미

가족이나 가까운 친지들의 죽음은 생의 뿌리를 뒤흔드는 위기 상황이 아닐 수 없다. 그러나 신앙을 가진 사람에게는 그것은 파괴적인 일만은 아니며, 오히려 생에 대한 진지한 이해와 복음의 소망을 더 견고히 할 수 있는 창조적 위기를 제공한다. 그런 맥락에서 우리는 고인을 기념하는 추도예배를 가족 공동체의 영적 삶을 승화시키는 긍정적인 기회로 활용할 수 있다. 추모 예배가 가질 수 있는 적극적인 의미들을 고찰해 보자.

첫째, 추모 예배는 부활의 소망을 공고히 하는 기회가 된다. 초기 교회의 장례식을 지배하던 일반적 분위기는 승리에 대한 증언이요, 부활에 대한 소망이었다. 이러한 죽음에 대한 적극적인 해석은 그들로 하여금 앞서 간 자의 죽음의 날을 기념하며, 그것을 통해 자신들의 부활신앙을 재정립하는 독특한 추도 문화를 형성했다. 3세기 교부였던 오리겐(Origen)은 다음과 같이 증언한다.

"우리는 고통과 시련의 시작일 뿐인 출생일을 기념하지 않고 오히려 죽음의 날을 기념한다. 그날은 모든 고통을 벗어버리고 모든 유혹으로부터 피할 수 있는 날이기 때문이다. 우리가 죽음의 날을 기념하는 것은 죽는 것같이 보이는 사람도 진정으로 죽는 것은 아니기 때문이다. 그래서 우리는 성자들을 기리며 믿음으로 죽은 우리의 부모나 친구를 신실하게 기념한다. 그들 모두 복락의 세계를 즐기고 있으며, 우리가 궁극적인 믿음의 승리를 얻을 수 있도록 간구하고 있다."

이와 같이 우리는 추모 예배를 통하여 앞서 간 자가 누리고 있을 그리스도의 영광의 교제를 사모하게 된다. 하늘에서 누릴 안식과 장차 있을 몸의 완전한 구속을 대망하게 되는 것이다.

둘째, 추모 예배는 생에 대한 진지한 반성을 안겨다 준다. 추모 예배는 모든 가족들에게 인생의 유한함과 세월의 신속함, 땅에 속한 모든 것의 제한됨을 반추하며 촌음을 아껴 주의 뜻대로 살고자 하는 종말론 의식을 새롭게 해준다.

고인에 대한 추억과 고인의 신앙을 반추하게 될 때 자녀들은 자신들의 삶에 대한 책임감을 느끼게 된다. '나도 죽게 되었을 때 하나님의 심판대 앞에 서게 되지만 나의 삶에 대해서 가족들에게 회자될 수 있겠구나. 그러니 이 땅에서 우리 부모님처럼 잘 살아야겠구나.' 라는 생각을 하게 된다.

셋째, 추모 예배는 하나님의 주권적 역사를 겸허히 수용하게 한다.
인생의 흥망과 생사의 주도권이 오직 전능자 하나님께 있음을 고백하며 겸손히 하나님의 인도를 바라보는 신앙의 정화는 추모 예배를 통해 얻을 수 있는 큰 유익이다.

넷째, 추모 예배는 가족의 유대를 견고히 하는 유익도 있다. 파편화된 핵가족 시대, 엄청나게 급변하는 시대에 살고 있기에 사람들은 너무 바쁘다. 따라서 모이기가 쉽지 않다. 이런 상황에 놓인 현대인에게 추모 예배는 자연스럽게 가족의 연대감을 공고히 하는 사회적 기능도 발휘할 수 있다. 특히 개인적이고 자유분방한 신세대들에게는 가족 공동체의 사랑과 존중을 깨닫게 하는 무시하지 못할 교육적 효과를 발휘한다.

다섯째, 추모 예배는 교육적인 효과가 있다. 죽음이 나와 아무 상관이 없다고 생각했던 사람들도 가족의 죽음을 경험한 후에는 가장 진지한 자세에서 죽음의 문제를 더 이상 남의 이야기가 아닌 나의 이야기로 받아들이게 되므로 죽음의 준비 또는 사생관(死生觀) 확립을 위한 좋은 교육적 기회가 된다. 그리고 기독교적 효(孝)가 무엇이며, 어떻게 효를 할 것인가를 가르치고 더 나아가 고인의 생전의 교훈과 유지를 기억하고 계승하는 구체적인 방법이 교육될 수 있다.

여섯째, 복음을 전하기 위해 덕을 세우는 효과가 있다. 베드로는 이방인이 우리에게 덕을 구하고 있는 이상으로 성도가 덕을 구해야 할 것을 가르치고 있다(벧후 1:5). 뿐만 아니라 사도 바울은 복음을 전하기 위해서 여러 계층이나 인종에게 공감대를 형성하기 위한 노력을 기울였다고 고백하고 있다. "…내가 여러 사람에게 여러 모습이 된 것은 아무쪼록 몇 사람이라도 구원하고자 함이니 내가 복음을 위하여 모든 것을 행함은 복음에 참여하고자 함이라"(고전 9:19~23).

우리가 추모 예배를 드림으로써 그리스도인들의 부모님을 추모하는 마음은 방식만 다를 뿐 꼭 같다는 것을 보여주어야만 한다. 요즘 교회 일각에서는 추모 예배 폐지론이 있긴 하지만 불신자를 위해서는 추모 예배를 잘 드리는 것이 공감대를 형성하는 데 크게 기여할 것이다. 교회가 추모 예배라도 성화된 모습으로 전승시킨다면 복음을 전하는 데 유익할 것이다.

이런 의미에서 추모 예배는 단순한 옛날 우리 조상에게 제사를 지내는 형식을 기독교적인 옷만 입힌 관습적인 의식이 아니라 새로운 형태의 목회의 장으로, 교육의 장으로 활용할 수 있다.

추모 예배 (1)

개회선언

지금부터 고 ○○○님의 기일을 맞이해서 추모 예배를 시작하겠습니다. 다함께 묵도하심으로 예배를 드리겠습니다.

"보라 형제가 연합하여 동거함이 어찌 그리 선하고 아름다운고
머리에 있는 보배로운 기름이 수염 곧 아론의 수염에 흘러서 그의 옷깃까지 내림 같고
헐몬의 이슬이 시온의 산들에 내림 같도다 거기서 여호와께서 복을 명령하셨나니 곧 영생이로다" (시편 133:1~3)

신앙고백	다함께
찬　송	522장<통:269>(다함께)
대표기도	모인 가족 중 한 사람
성경봉독	마가복음 5:21~24

"예수께서 배를 타시고 다시 맞은편으로 건너가시니 큰 무리가 그에게로 모이거늘 이에 바닷가에 계시더니
회당장 중의 하나인 야이로라 하는 이가 와서 예수를 보고 발 아래 엎드리어
간곡히 구하여 이르되 내 어린 딸이 죽게 되었사오니 오셔서 그 위에 손을 얹으사 그로 구원을 받아 살게 하소서 하거늘
이에 그와 함께 가실새 큰 무리가 따라가며 에워싸 밀더라"

설 교   영원한 생명

오늘 추모 예배를 드리면서 고인과 죽음에 대해 한 번 생각해보고자 합니다. 본문에 보면 예수님이 길을 가시는데 회당장 야이로라 하는 사람이 와서 엎드려 자신의 딸이 죽어가고 있는데 예수님께서 오셔서 살려달라고 간청을 합니다. 그래서 예수님이 승낙하시고 야이로의 집으로 가고 있는데 중간에서 회당장의 하인들이 와서 딸이 이미 죽었다는 소식을 전합니다.

예수님과 일행이 집에 도착해보니 아니나 다를까 소녀는 이미 죽었고 사람들은 모두 울며 슬퍼하고 있었습니다. 그러나 예수님은 소녀가 죽은 것이 아니라 자고 있다는 이상한 말씀을 하셨습니다. 물론 사람들은 비웃었지요. 그런데 여기서 놀라운 일이 벌어집니다.

예수님께서 "달리다굼, 소녀야 일어나라" 하시니 소녀가 깨어난 것입니다. 사람들은 놀라고 큰 동요가 일었습니다.

이 말씀을 통해 우리가 새겨야 할 교훈이 있습니다.

첫째, 큰일을 당했을 때 낙심치 말고 예수님을 찾아야 합니다. 회당장 야이로는 상당히 높은 지위를 갖고 있었지만 겸손히 예수의 발 앞에 엎드려 간구했습니다. 인간의 생명을 주관하시는 주 앞에 우리는 교만할 수 없습니다. 차마 나가지 못하는 것조차도 교만입니다. 엄청난 일이 우리의 앞을 가로막아도 낙심과 좌절의 도가니에 빠지지 말고 만물의 주인이신 주 앞에 나가는 것이 우리가 할 일입니다.

둘째, 생명의 주인은 내가 아니라는 것입니다. 회당장 야이로의 딸은 열두 살이었습니다. 물론 예수님의 능력과 은혜로 살아났지만 죽음이라는 것은 나이와 상관없이 찾아옵니다. 그리고 누구에게나 반드시 찾아옵니다. 그러므로 생사를 주관하시는 하나님께 우리의 영혼을 맡기고 살아야 합니다.

셋째, 예수 안에서는 죽음도 끝이 아니라는 것을 알아야 합니다. 예수님께서 몸소 부활하심으로 우리에게도 부활의 소망을 주셨습니다. 죽음은 끝이 아닙니다. 모든 것이 마찬가지입니다. 삶의 소망이 끊어진 것 같은 때에도 예수님이 마음에 계시다면 끝이 아닙니다. 우리는 어떤 상황에서도 예배할 수 있고 소망을 품을 수 있습니다. 죽음을 이기신 예수님은 우리에게도 그 상황을 이기게 하실 것이기 때문입니다.

오늘 고인의 살아왔던 날들을 다시 되새기며 말씀을 나눴습니다. 사는 동안 슬픔이 있고 고난이 있는 것이 당연하지만 그것을 예수의 능력으로 이기고 날마다 믿음으로 승리하는 삶을 살아갈 수 있기를 바랍니다.

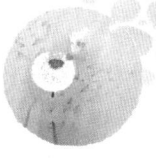

기도	설교자
	은혜로우신 하나님, 우리 가정을 사랑하셔서 예수님으로 인한 소망을 갖게 하시니 감사합니다. 오늘 ○○○의 기일을 맞아 가족들이 모였습니다. 세상을 살면서 어렵고 힘든 일이 많이 있겠지만 죽음조차도 끝이 아니라 하시는 예수님의 말씀을 가슴에 새기고 서로 격려하며 승리의 삶을 살아갈 수 있게 도와주시옵소서. 부활하신 예수 그리스도의 이름으로 기도합니다. 아멘
찬송	384장<통:434>(다함께)
주기도문	다함께

추모 예배 (2)

[개회선언]

지금부터 고 ○○○님의 기일을 맞이해서 추모 예배를 시작하겠습니다. 다함께 묵도하심으로 예배를 드리겠습니다.

> "여호와를 경외하며 그의 길을 걷는 자마다 복이 있도다
> 네가 네 손이 수고한 대로 먹을 것이라 네가 복되고 형통하리로다
> 네 집 안방에 있는 네 아내는 결실한 포도나무 같으며 네 식탁에 둘러 앉은 자식들은 어린 감람나무 같으리로다
> 여호와를 경외하는 자는 이같이 복을 얻으리로다" (시편 128:1~6)

신앙고백	다함께
찬 송	301장<통:460>(다함께)
대표기도	모인 가족 중 한 사람
성경봉독	누가복음 16:19~21

> "한 부자가 있어 자색 옷과 고운 베옷을 입고 날마다 호화롭게 즐기더라
> 그런데 나사로라 이름하는 한 거지가 헌데 투성이로 그의 대문 앞에 버려진 채
> 그 부자의 상에서 떨어지는 것으로 배불리려 하매 심지어 개들이 와서 그 헌데를 핥더라"

설교 하나님의 나라를 바라보며

오늘 우리는 고인이 되신 ○○○(님)을 추모하는 시간을 갖고 있습니다. 이미 ○○○(님)은 하나님의 나라에서 평안을 누리고 있을 것을 믿습니다. 우리 또한 세상에서의 시간이 다 지나면 그곳에 갈 것입니다. 다시 말씀드리면 우리가 마지막에 갈 곳은 천국입니다.

그러나 종종 우리는 죽음 이후에 갈 곳이 없는 사람들처럼 살고 있다는 생각을 합니다. 세상에서의 즐거움을 좇고 성공을 이루려고 갖은 애를 쓰고 실패에 낙심하고 좌절하며 살아가고 있습니다.

바로 본문에 나오는 부자와 같은 모습입니다. 부자는 세상에서 성공한 사람이었나 봅니다. 자색 옷이나 고운 베옷을 입고 날마다 호화롭게 즐겼다고 했습니다. 사람들이 부러워할 만한 사람이었을 것입니다.

하지만 부자는 죽음이라는 것을 생각하지 않는 사람이었습니다. 세상이 전부였고 그것이 끝이었습니다. 죽은 후에야 비로소 또 다른 세상이 있음을 알게 됩니다. 그러나 이미 늦었습니다.

하나님은 성경의 곳곳에서 영원한 하나님의 나라를 보여주고 계십니다. 그리고 만물의 주인이시요, 온 우주의 통치자이신 하나님을 기억하라고 말씀하고 계십니다. 땅을 딛고 세상을 살고 있지만 우리의 최종적인 도착지는 하나님의 나라라는 것을 거듭 말씀하고 있는 것을 볼 수 있습니다.

하나님의 나라를 생각하며 바라보면 세상에서의 부와 성공과 즐거움이 그리 커 보이지 않습니다. 하늘에서의 평안과 기쁨은 이 세상의 어느 것과도 비교조차 할 수 없을 것이기 때문입니다.

죽음이라는 것은 분명 슬프며 가슴 아픈 일입니다. 그러나 죽음을 통해서 하나님의 나라를 바라볼 수 있다면 죽음이 복이 될 것입니다. 이 세상이 끝이 아님을 되새길 수 있다면 큰 은혜일 것입니다. 하나님의 사랑으로 우리는 이미 천국을 얻었습니다. 천국의 백성이 되었습니다. 고인을 생각할 때마다 하나님의 나라인 천국을 떠올리며 천국 백성으로서의 모습을 이루어 가는 모두가 되기를 바랍니다.

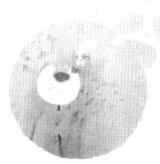

기도	**설교자** 하나님 아버지, 저희를 사망의 길에서 구원하여 주시고 하나님 나라의 영원한 소망을 품게 하시니 감사합니다. 저희에게 주신 하나님의 생명을 가슴에 품고 하나님의 나라에 가신 고인을 생각할 때마다 하나님의 은혜와 사랑과 소망을 되새길 수 있는 복을 허락하여 주옵소서. 감사드리며 예수 그리스도의 이름으로 기도합니다. 아멘
찬송	242장<통:233>(다함께)
주기도문	다함께

추모 예배 (3)

개회선언

지금부터 고 ○○○님의 추모 예배를 시작하겠습니다. 다함께 묵도하심으로 예배를 드리겠습니다.

"나와 함께 여호와를 광대하시다 하며 함께 그의 이름을 높이세
내가 여호와께 간구하매 내게 응답하시고 내 모든 두려움에서 나를 건지셨도다" (시편 34:3~4)

신앙고백	다함께
찬 송	507장〈통:273〉(다함께)
대표기도	모인 가족 중 한 사람
성경봉독	히브리서 10:32~35

"전날에 너희가 빛을 받은 후에 고난의 큰 싸움을 견디어 낸 것을 생각하라
혹은 비방과 환난으로써 사람에게 구경거리가 되고 혹은 이런 형편에 있는 자들과 사귀는 자가 되었으니
너희가 갇힌 자를 동정하고 너희 소유를 빼앗기는 것도 기쁘게 당한 것은 더 낫고 영구한 소유가 있는 줄 앎이라
그러므로 너희 담대함을 버리지 말라 이것이 큰 상을 얻게 하느니라"

| 설 교 | 새로운 인생 |

한 해가 시작되거나 새로 어떤 일을 시작할 때 많은 사람들이 인생의 목표를 다시 정하고 꼭 해내리라 굳은 결심을 하곤 합니다. 그러나 작심삼일이라는 말처럼 보통 그런 결심들은 곧 잊혀버리고 맙니다. 날마다 뼈를 깎는 노력이 동반되어야 하는데 그것이 쉽지 않기 때문일 것입니다. 그러면서도 매번 다시 목표를 정합니다. 이 모양 이 꼴로 살아서는 안 되겠다는 반성 또한 늘 갖고 있기 때문입니다.

오늘 먼저 떠나신 고 ○○○(님)의 생애를 돌아보면서 우리의 삶을 반성하고 하나님께서 인도하시는 인생길을 살펴보고자 합니다.

본문에 의하면 그리스도인으로서 살아가면서 새겨야 할 덕목 중의 하나로 담대함을 말하고 있습니다. 담대함이 큰 상을 얻게 한다고 했습니다.

담대함이란 담대하라고 말씀하신 하나님을 믿는 것입니다.

새로이 이스라엘의 지도자가 된 여호수아는 계속 담대하라고 하신 하나님을 믿고 가나안으로 들어갔습니다. 공회에 붙잡힌 사도 바울도 "담대하라 네가 예루살렘에서 나의 일을 증언한 것 같이 로마에서도 증언하여야 하리라"고 하신 주님을 믿고 복음을 전하는 데 온몸을 바쳐 헌신했습니다.

하나님은 여호수아와 사도 바울을 통해 우리에게도 "담대하라"는 말씀을 하고 계십니다. 믿음에 의심이 들 때에도, 핍박이 올 때에도, 고난으로 괴로울 때도 우리가 가슴에 품어야 할 하나님의 말씀은 "담대하라"입니다. 이것을 지켜야 합니다. 담대해야 하나님의 능력을 경험할 수 있습니다. 즉 하나님의 도우심을 이끌어내는 길은 바로 우리의 담대한 믿음입니다. 다윗이 골리앗을 이길 때의 담대한 믿음이 바로 그것입니다.

매번 새로운 결심을 하기보다 우리는 먼저 더욱 담대해질 것을 결심해야 하겠습니다.

어떤 상황에서도 우리를 도우실 주를 믿는 담대한 믿음, 그리고 어떤 상황에서도 주의 뜻을 이루며 살겠다는 담대한 결심, 이것이 필요합니다.

변화하고 싶어도 한 번도 변화되지 못한 인생, 주의 뜻대로 살고 싶어도 한 번도 그렇게 살지 못한 인생, 복음을 증거하고자 해도 한 번도 입을 열지 못한 인생. 이런 인생에서 필요한 것은 담대함입니다.

담대함은 이제까지 한 번도 해보지 못한 것들을 가능하게 할 것입니다. 한 번도 살아보지 못한 새로운 인생을 살게 할 것입니다. 우리 모두 담대하라고 하신 하나님을 믿고 담대하게 승리의 삶을 사는 믿음의 사람이 되기를 바랍니다.

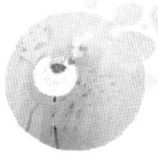

기도 **설교자**
하나님 아버지, 저희 예배를 받아주심을 감사드립니다. 이제 저희가 살아가면서 죽음도 두려워하지 않고 실패도 두려워하지 않고 저희의 못난 모습도 두려워하지 않고 사람들의 거절도 두려워하지 않고 하나님과 함께 담대하게 살아갈 수 있도록 도와주옵소서. 위기의 때마다 복음이 필요한 사람을 만날 때마다 우리 마음속에 담대하라는 하나님의 음성을 기억할 수 있도록 하여 주옵소서. 죽음을 이기신 예수 그리스도의 이름으로 기도합니다. 아멘

찬송 380장<통:424>(다함께)
주기도문 다함께

추모 예배 (4)

[개회선언]

지금부터 고 ○○○님의 추모 예배를 시작하겠습니다. 다함께 묵도하심으로 예배를 드리겠습니다.

"나와 함께 여호와를 광대하시다 하며 함께 그의 이름을 높이세
내가 여호와께 간구하매 내게 응답하시고 내 모든 두려움에서 나를 건지셨도다"(시편 34:3~4)

신앙고백	다함께
찬 송	508장<통:270>(다함께)
대표기도	모인 가족 중 한 사람
성경봉독	에스겔 34:25~28

"내가 또 그들과 화평의 언약을 맺고 악한 짐승을 그 땅에서 그치게 하리니 그들이 빈 들에 평안히 거하며 수풀 가운데에서 잘지라
내가 그들에게 복을 내리고 내 산 사방에 복을 내리며 때를 따라 소낙비를 내리되 복된 소낙비를 내리리라
그리한즉 밭에 나무가 열매를 맺으며 땅이 그 소산을 내리니 그들이 그 땅에서 평안할지라 내가 그들의 멍에의 나무를 꺾고 그들을 종으로 삼은 자의 손에서 그들을 건져낸 후에 내가 여호와인 줄을 그들이 알겠고
그들이 다시는 이방의 노략 거리가 되지 아니하며 땅의 짐승들에게 잡아 먹히지도 아니하고 평안히 거주하리니 놀랠 사람이 없으리라"

설교 복된 소나비

가뭄이 들면 사람들은 하늘만 쳐다보게 됩니다. 마른 땅에서 곡식은 타들어가고 사람들 마음도 타들어가고…. 동물들도 비가 오지 않으면 살기 어렵습니다. 이런 때 간절히 원하는 게 소나기입니다. 가물었을 때 내리는 시원한 소나기는 그야말로 축복입니다.

오늘 본문에는 그런 소나기가 나옵니다.

"내가 그들에게 복을 내리고 내 산 사방에 복을 내리며 때를 따라 소나비를 내리되 복된 소나비를 내리리라".

복된 소나비는 어떤 것인지 복된 소나비를 통해 우리는 어떤 하나님을 경험하게 되는지 한 번 나눠보겠습니다.

여기서의 소나비는 하나님께로부터 오는 은혜를 말합니다.

가물어 갈라진 땅을 충분히 적셔줄 은혜, 즉 고난과 고통을 겪을 때 다시 회복시키시는 하나님의 은혜를 말합니다. 꼭 기억해야 할 것은 은혜와 축복의 근원이 하나님이라는 것입니다. 하나님이 하셔야 완전합니다. 인간의 노력으로 이리 싸매고 저리 붙이고 해도 하나님께서 다시 무너뜨리면 아무 소용이 없습니다. 그래서 은혜의 근원이신 하나님을 언제나 기억하고 그 앞으로 나아가야 합니다.

복된 소나비는 때를 따라 내립니다.

가장 필요할 때 내리는 것이 복된 것입니다. 하나님은 우리에게 가장 필요한 것을 가장 적절한 때에 주십니다. 뜻하지 않은 고난으로 힘든 사람에게도 가장 적합한 은혜를 내리시고 본인의 죄 때문에 괴로워하는 사람에게도 가장 적절한 깨달음을 주십니다. 그 은혜로 인해 새로운 힘을 얻고 용서에 대한 확신을 가지고 승리하게 되는 것입니다.

하나님은 불순종하고 교만한 이스라엘을 징계하셨습니다. 바벨론에 의해 멸망당하도록 허락하신 것입니다. 그리고 오랫동안 고통을 겪게 하셨습니다. 그러나 하나님은 다시 회복을 약속하고 계십니다. 그러면서 음란과 우상숭배와 죄악을 제하여 버릴 것을 명령하십니다.

복된 소낙비는 하나님께 순종하며 말씀대로 행하는 자에게 주시는 것입니다.

그럴듯한 것이 많고 지혜롭게 보이는 것들이 많아도 거기에는 하나님의 은혜가 없습니다. 변함없이 우리를 기뻐하시고 사랑하시는 하나님 안에서만 영원한 은혜를 누릴 수 있습니다.

모두 마음을 다하고 성품을 다하고 힘을 다하여서 하나님을 온전히 섬겨 복된 소낙비를 누리는 주의 자녀들이 되기를 바랍니다.

기도	**설교자**
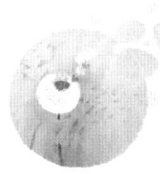	은혜로우신 하나님, 하나님께로부터 오는 것만이 영원한 것인 줄 믿습니다. 하나님의 말씀대로 살며 그 뜻에 순종하는 저희들이 되게 도와주옵소서. 그래서 어렵고 힘든 때 하나님의 복된 소낙비를 경험하는 저희가 될 수 있도록 인도하여 주옵소서. 예수 그리스도의 이름으로 기도합니다. 아멘

찬송	**309장<통:409>(다함께)**
주기도문	**다함께**

추모 예배 (5)

개회선언

지금부터 고 ○○○님의 추모 예배를 시작하겠습니다. 다함께 묵도하심으로 예배를 드리겠습니다.

"여호와는 은혜로우시며 긍휼이 많으시며 노하기를 더디 하시며 인자하심이 크시도다
여호와께서는 모든 것을 선대하시며 그 지으신 모든 것에 긍휼을 베푸시는도다
여호와여 주께서 지으신 모든 것들이 주께 감사하며 주의 성도들이 주를 송축하리이다"(시편 145:8~10)

신앙고백	다함께
찬 송	494장<통:188>(다함께)
대표기도	모인 가족 중 한 사람
성경봉독	고린도후서 1:3~5

"찬송하리로다 그는 우리 주 예수 그리스도의 하나님이시요 자비의 아버지시요 모든 위로의 하나님이시며
우리의 모든 환난 중에서 우리를 위로하사 우리로 하여금 하나님께 받는 위로로써 모든 환난 중에 있는 자들을 능히 위로하게 하시는 이시로다
그리스도의 고난이 우리에게 넘친 것 같이 우리가 받는 위로도 그리스도로 말미암아 넘치는도다"

설교 넘치는 위로

　아버지(어머니)께서 하나님의 부르심을 받은 지 벌써 ○년이 되었습니다. 이 시간 우리 모두는 기억 속에서 살아생전 아버지(어머니)의 모습들이 생생하게 되살아날 겁니다. 특히 질병으로 고통당하시던 아버지(어머니)가 치유되기를 간절히 바랐던 것은 우리 가족들에게 제일 큰 소망이었습니다. 그러나 그 간절함에도 불구하고 하나님께서 아버지(어머니)를 데려가셨습니다. 이 자리에 있는 우리 모두가 알고 있듯이, 아버지(어머니)는 누구보다도 우리들을 위해서 모든 것을 쏟아 부으셨고, 너무나 자상하셨고, 인자하셨습니다. 자식을 위해서 최선을 다하셨습니다. 특히 자식사랑에 대하여 남다른 애틋함을 보여주셨던 사랑 많은 아버지(어머니)였습니다.

　그러나 그 착하신 분을 하나님이 부르셨습니다. 우리는 하나님의 그 깊으신 경륜과 뜻을 헤아리기가 어렵지만, 그래서 하나님께 대하여도 다소 서운한 감정을 지울 수 없겠지만 시간이 흐르면서 언젠가는 그 뜻을 깨닫도록 반드시 인도하실 것입니다.

　우리는 그때까지 아버지(어머니)의 자녀로서 고인이 되신 아버지(어머니)의 신앙을 생각하며 신앙생활을 잘해야만 할 것입니다. 우리가 신앙생활을 잘해야만 하나님의 뜻을 깨달을 수 있고, 하나님이 주시는 위로도 받을 수 있을 것입니다.

　오늘 본문에서 사도 바울도 이것을 고백하고 있는 것입니다. **고통 가운데 하나님의 위로도 있다는 것을 말하고 있는 것입니다.** 어쩌면 고난의 삶일수록 주님의 위로도 매우 크다는 것입니다. 그러므로 현재 우리가 불행처럼 느껴지는 일들로 인하여 가슴아파하고 괴로워 할 것이 아니라, 사도 바울처럼 주님이 주실 넘치는 위로를 바라보는 것입니다.

　어떤 사람에게 위로가 필요하겠습니까? 우리 같이 슬픔이 있는 자에게 주님의 위로가 필요한 것 아니겠어요? 그러므로 주님의 위로를 경험하면서 살려면 우리 모두가 신앙의 길을 잘 걸어야 할 줄로 압니다. 이것이 또한 우리 곁을 떠나신 아버지(어머니)가 저 천국에서 소망하고 있는 것이기도 할 것입니다.

　아무쪼록 주님이 주실 넘치는 위로를 바라보며, 현재의 불행처럼 느껴지는 모든 아픔들을 잘 이겨나갈 수 있는 우리 모두가 돼야만하겠습니다.

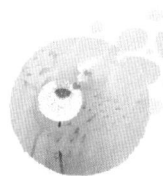

기도	**설교자** 자비로우신 하나님, 세상의 모든 일들이 하나님의 섭리 안에서 이루어짐을 믿습니다. 저희에게 닥친 아픔 가운데에서도 하나님의 은혜를 발견하게 도와주옵소서. 고통과 고난 속에 빠졌을 때 더욱 하나님을 찾게 하시고 영원한 위로를 얻을 수 있도록 인도하여 주옵소서. 예수 그리스도의 이름으로 기도합니다. 아멘
찬송	250장<통:182> (다함께)
주기도문	다함께

추모 예배 (6)

[개회선언]

지금부터 고 ○○○님의 추모 예배를 시작하겠습니다. 다함께 묵도하심으로 예배를 드리겠습니다.

"내게 주신 모든 은혜를 내가 여호와께 무엇으로 보답할까
내가 구원의 잔을 들고 여호와의 이름을 부르며
여호와의 모든 백성 앞에서 나는 나의 서원을 여호와께 갚으리로다"
(시편 116:12~14)

[신앙고백]	다함께
[찬　　송]	249장<통:249>(다함께)
[대표기도]	모인 가족 중 한 사람
[성경봉독]	데살로니가후서 2:13 ~ 17

"주께서 사랑하시는 형제들아 우리가 항상 너희에 관하여 마땅히 하나님께 감사할 것은 하나님이 처음부터 너희를 택하사 성령의 거룩하게 하심과 진리를 믿음으로 구원을 받게 하심이니
이를 위하여 우리의 복음으로 너희를 부르사 우리 주 예수 그리스도의 영광을 얻게 하려 하심이니라
그러므로 형제들아 굳건하게 서서 말로나 우리의 편지로 가르침을 받은 전통을 지키라
우리 주 예수 그리스도와 우리를 사랑하시고 영원한 위로와 좋은 소망을 은혜로 주신 하나님 우리 아버지께서

너희 마음을 위로하시고 모든 선한 일과 말에 굳건하게 하시기를 원하노라"

설교 영원한 위로

아버지(어머니)가 우리들 곁을 떠나 하늘나라로 가신 지 벌써 ○년이 되었습니다. 아직도 저의 기억 속에는 아버지(어머니)의 운명하시던 마지막 모습이 지워지지 않고 있습니다. 가쁜 숨을 몰아쉬시면서 무엇인가 우리들에게 들려주고 싶으신 말씀이 있으셨는데, 말문을 열 기력조차 없으셔서 입만 벌리고 계시다가 하늘나라로 가셨습니다. 우리는 아버지(어머니)의 마지막 모습을 지켜보면서 그분이 마지막으로 들려주고 싶으셨던 말씀이 '천국에서 다시 만나자'는 말씀일 것이라고 짐작해봅니다.

하나님께서 우리에게 천국을 기업으로 주셨으니 우리가 아버지(어머니)의 신앙을 본받아 신앙생활을 잘하면 머잖아 다시 만나게 될 것입니다. 이 소망이 있으니 하나님께 감사하면서 이 땅에서 신앙생활 잘 할 수 있는 우리 모두가 되어야만 하겠습니다.

우리가 알듯이 이 땅에서의 인간관계의 이별은 누구에게나 닥칠 일입니다. 이별을 안 할 수가 없습니다. 반드시 이별할 수밖에 없습니다. 그것이 자연의 이치이고 하나님의 섭리입니다.

아버지(어머니)는 하나님이 주신 장수의 복을 누리셨습니다. 우리나라에도 인생칠십고래희(人生七十古來稀)라는 말이 있어서 장수는 희귀한 일로 찬양했습니다. 칠십만 살아도 장수라고 생각한 것입니다. 그래서 칠십까지 산 것을 희귀하다고 하여 희연이라고 하고, 팔십 세의 장수를 기쁘다고 하여 기쁠 희자를 사용하여 희수라고 하기도 하고 미수라고 하기도 합니다.

그리고 구십 세의 장수를 흔히 백수를 누리셨다고들 말합니다. 아버지(어머니)는 장수하셨으니 이 사실을 생각하면서 슬픔 속에서도 큰 위로가 있기를 바랍니다.

오늘 말씀에도 사도 바울은 하나님께서 영원한 위로와 좋은 소망을 은혜로 주셨다고 했습니다. 인간의 위로는 잠시뿐이지만 하나님이 주시는 위로는 영원하다는 것입니다. 또 좋은 소망을 은혜로 주셨다고 했습니다. 우리 주님께서 저뿐만이 아니라 우리 가정 모든 식구에게도 천국의 소망을 은혜로 주셨습니다. 이 사실을 생각할 때마다 얼마나 감사한지 모릅니다.

이제 우리 모두는 아버지(어머니)의 믿음을 이어받아 주님의 몸 된 교회를 잘 섬기고, 믿음의 덕을 세우는 삶을 살아가야만 할 것입니다. 또한 아버지(어머니)가 물려주신 믿음의 기업을 자자손손 이어갈 수 있도록 힘써야만 할 것입니다. 그리고 하나님께서 우리에게 천국을 기업으로 주셨으니 저 천국에서 아버지(어머니)를 다시 만날 것을 생각하며 소망 가운데 살아갈 수 있는 우리 모두가 될 수 있기를 바랍니다.

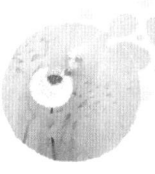

기도	**설교자** 은혜가 많으신 하나님 아버지, 저희 아버지(어머니)를 오래 살게 하셔서 하나님의 은혜를 많은 사람에게 알리게 하시니 감사합니다. 이제 하늘로 불리워 가셨지만 저희를 통해 그 받은 은혜들이 이어지고 전해지게 하옵소서. 예수 그리스도의 이름으로 기도합니다. 아멘
찬송	559장<통:305>(다함께)
주기도문	다함께

◦ 설날 가정 예배 (1)

개회선언

　지금부터 설날 가정예배를 시작하겠습니다. 다함께 묵도하심으로 예배를 드리겠습니다.

　　"할렐루야, 여호와의 종들아 찬양하라 여호와의 이름을 찬양하라
　　이제부터 영원까지 여호와의 이름을 찬송할지로다
　　해 돋는 데에서부터 해 지는 데에까지 여호와의 이름이 찬양을 받으시리로다
　　여호와는 모든 나라보다 높으시며 그의 영광은 하늘보다 높으시도다
　　(시편 113:1~4)

신앙고백	다함께
찬　　송	435장<통:492>(다함께)
대표기도	모인 가족 중 한 사람
성경봉독	창세기 12: 1~3

　　"여호와께서 아브람에게 이르시되 너는 너의 고향과 친척과 아버지의 집을 떠나 내가 네게 보여 줄 땅으로 가라
　　내가 너로 큰 민족을 이루고 네게 복을 주어 네 이름을 창대하게 하리니 너는 복이 될지라
　　너를 축복하는 자에게는 내가 복을 내리고 너를 저주하는 자에게는 내가 저주하리니 땅의 모든 족속이 너로 말미암아 복을 얻을 것이라 하신지라"

설교   결단하게 하소서

 묵은해가 지나가고 새해 아침을 맞이하면 기분도 새롭고 마음도 새롭고 결심도 새로워집니다. 그래서 새해에는 새사람이 된 기분입니다. 원래 설이란 '섫다'는 뜻으로 한해가 바뀌어 새해의 첫날에 1년 동안 아무 탈 없이 무사하게 지낼 수 있도록 이 날에 근신한다는 뜻입니다. 크리스천 가정에서는 설날에 가족들이 모여 새해 축하예배를 드리며 새로운 마음으로 한 해를 시작하고 있습니다.

 오늘 말씀에 보면 하나님께서 축복자로 선택하신 아브라함의 이야기가 나옵니다. 아브라함은 하나님의 부름을 받았을 때 영적 결단을 바로 하였습니다. 새해를 맞이하여 하나님의 선택자로 선택받은 우리는 어떤 결단을 해야만 할까를 생각해 보려고 합니다.

 첫째, 떠날 곳을 떠나야 합니다.
 아브라함은 하나님께서 "너의 고향과 아버지 집을 떠나라."고 하셨을 때 즉시 떠났습니다. 우리도 마찬가지입니다. 세속의 자리, 육적인 자리, 우상 숭배의 자리를 과감하게 떠날 때 하나님의 축복자로서 당당하게 살아갈 수 있습니다.

 둘째, 하나님의 말씀을 좇아 살아가야 합니다.
 사람들은 거의 대부분 자기 경험이나 신념, 혹은 주변 사람들의 말에는 귀를 기울이지만 정작 중요한 하나님의 말씀은 무시하며 살아갑니다. 그러나 우리는 하나님의 말씀에 따라 살아가야 합니다. 성경은 "이 예언의 말씀을 읽는 자와 듣는 자와 그 가운데에 기록한 것을 지키는 자는 복이 있나니(계 1:3)"라고 하였습니다.

셋째, 축복의 전달자로 살고자 하는 결단이 있어야 합니다.

하나님께서는 아브라함을 부르실 때 "너는 복이 될지라"고 하셨습니다. 이 말은 복의 전달자가 되라는 뜻입니다. 하나님의 진정한 축복은 나만 복을 받고 움켜쥐는 것이 아닙니다. 내가 하나님께 받은 은혜와 사랑과 축복을 아무 조건 없이 나누어 주고 베푸는 것을 의미합니다.

이제 우리는 모두 한 해를 시작합니다. 순간순간 하나님의 축복자로서 영적인 결단을 하며 살아야겠습니다. 이러한 결단이 우리의 삶을 진정한 하나님의 축복 가운데 세우는 원동력이 될 것입니다.

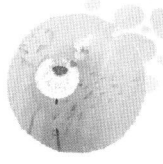

기도	설교자

자비하신 하나님, 새해에는 우리 모두가 주님의 축복자로 우뚝 서게 하옵소서. 특히 주님 보시기에 올바른 결단을 내리게 하시어 아브라함과 같이 떠날 곳은 떠날 줄 아는 삶을 살게 하시고, 하나님의 말씀을 좇아 살아가게 하시고, 축복의 전달자로 살아가는 한 해가 되게 하옵소서. 그리하여 주님께 영광을 돌리고 주변 사람들에게 선한 영향력과 덕을 전파하는 삶을 살게 하옵소서. 축복의 통로가 되는 삶을 살게 하옵소서. 예수 그리스도의 이름으로 기도합니다. 아멘

찬송	381장<통:425>(다함께)
주기도문	다함께

설날 가정 예배 (2)

개회선언

지금부터 설날 가정예배를 시작하겠습니다. 다함께 묵도하심으로 예배를 드리겠습니다.

> "그러므로 우리가 이제부터는 어떤 사람도 육신을 따라 알지 아니하노라 비록 우리가 그리스도도 육신을 따라 알았으나 이제부터는 그같이 알지 아니하노라
> 그런즉 누구든지 그리스도 안에 있으면 새로운 피조물이라 이전 것은 지나갔으니 보라 새 것이 되었도다"(고후 5:16~17)

신앙고백	다함께
찬 송	552장<통:358> (다함께)
대표기도	모인 가족 중 한 사람
성경봉독	고후 4:7~10

> "우리가 이 보배를 질그릇에 가졌으니 이는 심히 큰 능력은 하나님께 있고 우리에게 있지 아니함을 알게 하려 함이라
> 우리가 사방으로 우겨쌈을 당하여도 싸이지 아니하며 답답한 일을 당하여도 낙심하지 아니하며
> 박해를 받아도 버린 바 되지 아니하며 거꾸러뜨림을 당하여도 망하지 아니하고
> 우리가 항상 예수의 죽음을 몸에 짊어짐은 예수의 생명이 또한 우리 몸에 나타나게 하려 함이라"

| 설 교 | 좋은 그릇

　새해 첫 날을 맞이하여 우리 가족이 한 자리에 모여 첫 예배를 드릴 수 있도록 인도하신 하나님께 감사를 드립니다.

　새해 아침에 우리가 함께 묵상하며 마음 판에 새길 말씀은 고린도후서 4장 7절의 말씀입니다. 오늘 말씀은 그릇에 관한 말씀입니다.
　우리가 잘 알듯이, 그 그릇이 어떤 그릇이냐의 판단은 그 그릇 안에 무엇이 담겨져 있느냐에 달려 있습니다. 좋은 것을 담으면 좋은 그릇이요, 나쁜 것을 담으면 나쁜 그릇이라는 얘기입니다.
　그러고 보면 우리 인간도 마찬가지라고 봅니다. 어떤 생각을 하며, 어떤 행동을 하느냐에 따라서 그 사람에 대한 평가가 나오기 때문입니다.
　새해를 출발하면서 우리는 과연 우리 안에 무엇을 담아야 할까요?

　첫째로, 우리는 질그릇이라는 점을 꼭 알아야 합니다.
　무엇을 의미합니까? 약하다는 얘깁니다. 깨지기가 쉽다는 얘깁니다. 그러니 누군가가 붙들어줘야 한다는 결론이 나옵니다. 그러면 질그릇과 같은 우리를 누가 붙잡아야 하겠습니까?
　이는 곧 두말할 필요도 없이 주님께서 붙잡으셔야만 하는 것입니다. 주께서 붙잡으시는 그릇은 오래 오래 보존될 수가 있습니다. 그러나 나 혼자 살겠다고 하면서 주님의 붙들어주심을 거절하는 교만한 자들이 있습니다. 그들은 머지않아 깨지고 마는 것입니다.

둘째로, 이 그릇에 무엇을 담아야 합니까?

그런데, 무엇을 담기 전에 옛 것, 곧 세상의 지저분한 것들을 다 쏟아야 합니다. 그러고 나서 하나님의 말씀으로 가득 채우십시오. 하나님의 은혜와 사랑으로 가득 채우십시오.

하지만 한 가지 꼭 기억해야 할 것이 있습니다. 한 번 채웠다고 방심하면 안 됩니다. 날마다 주시는 은혜로 항상 채워야만 좋은 그릇으로 쓰임 받는 것입니다.

대망의 새해에는 하나님의 주시는 신령한 은혜로 항상 채워서 이웃과 사회, 교회, 소속돼 있는 곳에서 좋은 그릇으로 쓰임 받는 우리 가족이 되어야 하겠습니다.

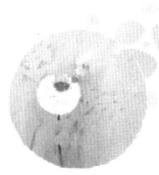

기도	**설교자**
	하나님 아버지, 저희를 좋은 그릇으로 삼아 주신 은혜를 감사드립니다. 더 좋은 그릇이 되기 위하여 주님의 은혜를 항상 채우는 저희들이 되게 하시고, 어느 곳에서나 귀하게 쓰임 받을 수 있는 그릇이 되게 하여 주시옵소서. 예수 그리스도의 이름으로 기도합니다. 아멘
찬송	430장〈통:456〉(다함께)
주기도문	다함께

◦ 설날 가정 예배 (3)

개회선언

지금부터 설날 가정예배를 시작하겠습니다. 다함께 묵도하심으로 예배를 드리겠습니다.

"복 있는 사람은 악인들의 꾀를 따르지 아니하며 죄인들의 길에 서지 아니하며 오만한 자들의 자리에 앉지 아니하고
오직 여호와의 율법을 즐거워하여 그의 율법을 주야로 묵상하는도다"
(시 1:1~2)

신앙고백	다함께
찬　　송	551장<통:296> (다함께)
대표기도	모인 가족 중 한 사람
성경봉독	사무엘하 23장 3~5절

"이스라엘의 하나님이 말씀하시며 이스라엘의 반석이 내게 이르시기를 사람을 공의로 다스리는 자, 하나님을 경외함으로 다스리는 자여
그는 돋는 해의 아침 빛 같고 구름 없는 아침 같고 비 내린 후의 광선으로 땅에서 움이 돋는 새 풀 같으니라 하시도다
내 집이 하나님 앞에 이같지 아니하냐 하나님이 나와 더불어 영원한 언약을 세우사 만사에 구비하고 견고하게 하셨으니 나의 모든 구원과 나의 모든 소원을 어찌 이루지 아니하시랴"

설교 돋는 해와 같게 하소서

우린 묵은해를 보내고 들뜬 마음으로 새해를 맞고 있습니다. 왜 우리의 마음이 들떠 있을까요? 그것은 오늘 말씀처럼 돋는 해를 바라보기 때문일 것입니다.

잠언서 기자는 "의인의 길은 돋는 햇살 같아서 크게 빛나 한낮의 광명에 이르거니와"(4:18)"라고 했습니다. 참된 하나님의 백성의 길은 의인의 길입니다. 그러기에 돋는 햇살처럼 크게 빛나는 것이 마땅합니다.

한 해의 첫 날을 시작하면서 오늘 말씀이 주는 교훈을 깨달읍시다.

첫째, 올 한 해는 돋는 해가 되기를 바랍니다.

우리 주변의 환경 여건이 모두 어두워졌지만 여기에 돋는 해가 떠오르면 모든 어두움이 물러가게 될 것입니다. 아무리 힘들고 어려운 현실에 있다 할지라도 하나님께서 능력의 광선을 내리쬐어 주시면 어두움이 다 물러갈 것을 믿고 힘차게 한 해를 시작합시다.

둘째, 구름 없는 아침이 되기를 바랍니다.

낮의 구름은 뜨거운 태양을 잠시 가려주기도 하겠지만, 하루를 시작하는 아침에는 구름이 없어야 상쾌한 출발을 기대할 수 있습니다. 지난해의 구름을 다 걷게 하시고 아침을 주신 하나님께 감사하면서 하루를 시작합시다.

셋째, 비 내린 후의 광선으로 땅에서 움이 돋는 새 풀과 같기를 바랍니다.

마른 땅에서는 초목이 자랄 수 없습니다. 오직 젖은 땅에서 초목이 자랄 수 있습니다. 하나님께서는 빈 들에 마른 풀같이 시들어 있는 우리의 영혼

속에 단비를 부어주십니다.

이 단비를 맞으면서 새 움이 돋아나는 한 해가 되시기 바랍니다.

이렇게 돋는 해와 구름 없는 아침 그리고 땅에서 움이 돋는 새 풀이 되기 위해서는 사람을 공의로 다스리시는 자, 곧 하나님을 경외해야 합니다. 하나님만이 인생의 생사화복을 주관하시는 창조주이시기 때문입니다. 시간과 해와 달까지 창조하신 하나님을 온전히 의지하는 믿음으로 한 해의 첫날을 시작하여 믿음의 열매가 가득하기를 바랍니다.

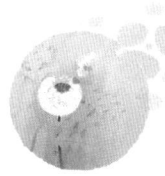

기도	설교자
	하나님 아버지, 올 한 해에 저희를 변함없이 인도하여 주실 것을 믿습니다. 세상의 유혹과 지혜롭게 보이는 것들이 많이 있지만 저희가 끝까지 하나님을 따르겠노라고 마음으로 결단하여 돋는 해 같은 삶을 살게 하옵소서. 예수 그리스도의 이름으로 기도합니다. 아멘
찬송	559장<통:305>(다함께)
주기도문	다함께

설날 가정 예배 (4)

개회선언

지금부터 설날 가정예배를 시작하겠습니다. 다함께 묵도하심으로 예배를 드리겠습니다.

> "할렐루야 그의 성소에서 하나님을 찬양하며 그의 권능의 궁창에서 그를 찬양할지어다
> 그의 능하신 행동을 찬양하며 그의 지극히 위대하심을 따라 찬양할지어다"

신앙고백	다함께
찬 송	549장<통:431>(다함께)
대표기도	모인 가족 중 한 사람
성경봉독	잠언 8: 17 ~ 21

> "나를 사랑하는 자들이 나의 사랑을 입으며 나를 간절히 찾는 자가 나를 만날 것이니라
> 부귀가 내게 있고 장구한 재물과 공의도 그러하니라
> 내 열매는 금이나 정금보다 나으며 내 소득은 순은보다 나으니라
> 나는 정의로운 길로 행하며 공의로운 길 가운데로 다니나니
> 이는 나를 사랑하는 자가 재물을 얻어서 그 곳간에 채우게 하려 함이니라"

설교 여호와를 만나는 삶이 됩시다

오늘은 설날입니다. 설날을 맞이하여 이 자리에 모인 우리 모든 가족들에게 하나님의 은혜가 함께하는 복된 날이 되기를 소원합니다.

새롭게 한 해를 맞이하는 우리에게 가장 중요한 것은 무엇보다도 하나님을 만나는 한 해를 사는 삶일 것입니다. 인간이 한평생 이 세상을 살아가는 동안 네 가지를 잘 만나면 복 있는 자라고 합니다. 첫째 부모를 잘 만나야 하고, 둘째 친구를 잘 만나야 하고, 셋째 선생을 잘 만나야 하고, 넷째 배우자를 잘 만나야 복 있는 자라고 합니다. 그러나 가장 중요한 만남은 하나님과의 만남입니다. 하나님은 인간과의 만남을 기뻐하시며 또한 끊임없이 약속으로 만남을 축복하여 주셨습니다. 그러므로 우리가 축복된 한 해를 살려면 하나님을 만나는 한 해를 살아야 할 것입니다. 그러면 하나님은 어떤 자를 만나 주시며, 또한 하나님을 만날 자는 어떠한 자인가에 대하여 잠깐 말씀을 살펴보겠습니다.

첫째, 간절한 마음으로 하나님을 찾는 자가 만날 수 있습니다.

잠언8장 17절 말씀에 "나를 사랑하는 자들이 나의 사랑을 입으며 나를 간절히 찾는 자가 나를 만날 것이니라"고 하였습니다. 이 말씀대로 하나님을 사랑하고 하나님을 간절히 찾는 자가 하나님을 만날 수 있습니다. 따라서 이 자리에 모인 우리 가족은 하나님을 사랑하고 하나님을 간절히 찾는 한 해가 되기를 기원하시기 바랍니다. 하나님을 진정으로 만나야 합니다. 그래야 진정한 변화를 체험할 수 있는 한 해가 될 수 있습니다.

둘째로, 신령과 진정으로 예배하는 자가 만날 수 있습니다.

예배는 하나님의 최대 관심입니다. 그래서 주님은 요한복음 4장 23절에도 하나님은 신령과 진정으로 예배하는 자를 찾으신다고 하셨습니다. 혹 우리가 한 해를 살면서 참된 예배를 드릴 수 있는 환경적 조건이 뒷받침 되지 않는다 할지라도 최대한 예배하는 일에 힘써야만 할 것입니다. 예배를 통해서 하나님은 우리에게 회복을 주시기 때문입니다.

셋째, 은혜를 구하는 자가 하나님을 만납니다.

스가랴 8장 22절에 보면 "만군의 여호와를 찾고 은혜를 구하자"고 했습니다. 가장 불행한 사람은 하나님의 은혜를 알지 못하고 그 은혜를 구하지 못하는 자들입니다. 반면 가장 행복한 사람은 하나님의 은혜를 입은 사람입니다. 설날을 맞이하여 이 자리에 모인 우리 모두도 이 중에 한사람이 되실 수 있기를 바랍니다.

우리가 한 해를 살면서 삶 속에서 하나님을 만나야 될 일들이 얼마나 많습니까? 오늘의 말씀대로 올 한 해는 전심을 다하여 하나님을 찾으심으로 하나님의 은혜를 입는 복된 한 해 되시기를 바랍니다.

기도	**설교자**
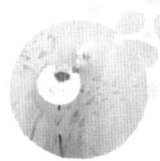	은혜로우신 하나님 아버지, 설날을 맞이하여 우리 모든 식구들이 한자리에 모여 하나님께 예배를 드리게 하시니 감사드립니다. 오늘 말씀을 통해서 하나님을 만나는 삶이 가장 복 있는 삶임을 다시 한 번 깨닫습니다. 간절한 마음으로 하나님을 찾게 하시고, 예배하는 일에 힘쓰게 하시고, 하나님의 은혜를 구하는 삶이 되게 하여 주옵소서. 예수 그리스도의 이름으로 기도합니다. 아멘
찬송	380장 〈통:424〉(다함께)
주기도문	다함께

설날 가정 예배 (5)

개회선언

지금부터 설날 가정예배를 시작하겠습니다. 다함께 묵도하심으로 예배를 드리겠습니다.

> "만군의 여호와여 주의 장막이 어찌 그리 사랑스러운지요
> 내 영혼이 여호와의 궁정을 사모하여 쇠약함이여 내 마음과 육체가 살아 계시는 하나님께 부르짖나이다
> 나의 왕, 나의 하나님, 만군의 여호와여 주의 제단에서 참새도 제 집을 얻고 제비도 새끼 둘 보금자리를 얻었나이다
> 주의 집에 사는 자들은 복이 있나니 그들이 항상 주를 찬송하리이다
> 주께 힘을 얻고 그 마음에 시온의 대로가 있는 자는 복이 있나이다"
> (시편 84:1~5)

신앙고백	다함께
찬 송	550장<통:248>(다함께)
대표기도	모인 가족 중 한 사람
성경봉독	시편 112:1~3

> "할렐루야, 여호와를 경외하며 그의 계명을 크게 즐거워하는 자는 복이 있도다
> 그의 후손이 땅에서 강성함이여 정직한 자들의 후손에게 복이 있으리로다
> 부와 재물이 그의 집에 있음이여 그의 공의가 영구히 서 있으리로다"

설교 **여호와를 경외하는 자**

　오늘 민족 고유의 명절인 설날을 맞이하여 우리 가족을 한자리에 모이게 하신 하나님께 감사를 드립니다. 이 설날 아침에 우리가 함께 묵상할 말씀은 "여호와를 경외하는 자"입니다. 이 말씀을 함께 묵상하는 가운데 하나님을 사랑하고 의지하며, 말씀대로 살아가는 우리 가족들이 되기를 바랍니다.
　오늘 말씀에 보면 '여호와를 경외하는 자'에게 복을 주신다고 했습니다. 그러면 어떤 복을 주시는 것일까요?

첫째로, 자손의 복, 즉 후손의 복을 주신다고 하셨습니다.
　"그의 후손이 땅에서 강성함이여 정직한 자의 후손에게 복이 있으리로다"
　이것은 믿음의 축복을 후손들에게 전승시킨 것을 말씀합니다. 성경에 보면 이런 말씀이 있습니다. "아브라함의 하나님, 이삭의 하나님, 야곱의 하나님"이라고 말입니다. 무슨 뜻입니까? 결국 대대로 믿음을 가졌다는 얘깁니다. 조상 적부터 하나님을 섬기더니 그 후손들도 조상들이 섬기던 하나님을 섬기더라는 말씀입니다.
　우리 가족 모두가 다 신앙생활 잘하기를 원합니다. 그래서 자녀들에게 좋은 신앙을 유산으로 물려줄 수 있어야 하는 것입니다.

둘째로, 물질의 복입니다.
　"부와 재물이 그의 집에 있음이여 그의 공의가 영구히 서 있으리로다".
　요한 3서 1:2절에 보면 "사랑하는 자여, 네 영혼이 잘됨 같이 네가 범사에 잘되고 강건하기를 내가 간구하노라"고 말씀합니다.

그렇습니다. 하나님을 경외하는 자는 성경에 있는 그대로 살아야 하는 것입니다. 우리가 이것 한 가지를 기억하십시다. 물질이 많고 적음에 부자와 가난함이라는 칭호가 붙여지는 것이 아니라는 사실입니다.

제아무리 가진 것이 많아도 감사가 없고 만족이 없으면 이는 가난한 것이요, 비록 가진 것은 많지 않아도 감사와 만족을 가질 수가 있으면 이는 참으로 부자인 것입니다.

오늘 우리 가족 모두는 이런 사람이 되기를 원합니다. 그래야 이 어렵고 힘든 시대에 우리가 중심을 잃지 않고 믿음을 키워 나갈 수 있고 화목한 가정을 가꾸어 나갈 수 있습니다.

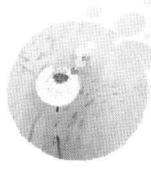

기도 **설교자**
하나님 아버지! 여호와를 경외하는 자는 복이 있다고 했습니다. 우리 가족 모두가 하나님을 경외함으로 하나님이 주신 복을 받아 누릴 수 있는 삶이 되게 하여 주시옵소서. 올해도 사회적으로 매우 어렵습니다. 자칫 주님 곁을 떠나서 생활하기 쉬운 이 때에 우리 가족은 환경에 흔들리지 않고, 하나님을 잘 경외함으로 주님의 인도를 받을 수 있는 복 있는 삶이 되게 하여 주시옵소서. 예수 그리스도의 이름으로 기도합니다. 아멘

찬송 **556장 (다함께)**
주기도문 **다함께**

설날 가정 예배 (6)

개회선언

지금부터 설날 가정예배를 시작하겠습니다. 다함께 묵도하심으로 예배를 드리겠습니다.

"여호와 우리 주여 주의 이름이 온 땅에 어찌 그리 아름다운지요 주의 영광이 하늘을 덮었나이다" (시편 8:1)

신앙고백	다함께
찬 송	560장 (다함께)
대표기도	모인 가족 중 한 사람
성경봉독	디모데후서 1:1~5

"하나님의 뜻으로 말미암아 그리스도 예수 안에 있는 생명의 약속대로 그리스도 예수의 사도 된 바울은
사랑하는 아들 디모데에게 편지하노니 하나님 아버지와 그리스도 예수 우리 주께로부터 은혜와 긍휼과 평강이 네게 있을지어다
내가 밤낮 간구하는 가운데 쉬지 않고 너를 생각하여 청결한 양심으로 조상적부터 섬겨 오는 하나님께 감사하고
네 눈물을 생각하여 너 보기를 원함은 내 기쁨이 가득하게 하려 함이니
이는 네 속에 거짓이 없는 믿음이 있음을 생각함이라 이 믿음은 먼저 네 외조모 로이스와 네 어머니 유니게 속에 있더니 네 속에도 있는 줄을 확신하노라"

설교 물려주어야 할 유산

　사람은 누구에게나 조상에게서 많은 유산을 물려받고 후손들에게도 많은 유산을 물려주고 싶어 합니다. 유산이 많으면 그만큼 부요하고 평안한 삶을 살 수 있기 때문입니다.
　그런데 사람들은 유산 하면 눈에 보이는 물질적인 것만을 생각하지만 우리 그리스도인들에게는 물질적인 것보다 훨씬 가치가 있는 소중한 유산이 있는데, 바로 신앙이라는 유산입니다.

　이 유산이 소중한 이유는 이 속에 하나님의 은혜와 축복이 있기 때문입니다. 하나님은 모세를 통해 십계명을 주시면서 "나를 사랑하고 내 계명을 지키는 자에게는 천대까지 은혜를 베푸느니라"(출 20:6)고 말씀하셨습니다. 즉 신앙의 유산을 대대로 계승하는 집안을 크게 축복해 주신다는 말씀입니다.

　오늘 말씀에 나오는 디모데는 바울이 2절에서 밝히듯이 '믿음의 아들'이라고 칭찬할 만큼 훌륭한 청년 목회자였습니다. 그런데 디모데의 훌륭한 신앙은 바로 외조모와 어머니로부터 물려받은 것이었습니다. 디모데를 대사도 바울이 믿음의 아들로 삼을 만큼 훌륭한 신앙인이 될 수 있었던 것은 바로 조상으로부터 물려받은 신앙의 유산 덕분이었다는 것입니다. 신앙의 유산이 얼마나 값진 것인가를 보여주는 대목입니다.

　그리고 또 하나는 교회라는 유산입니다. 교회도 우리 그리스도인이 후손들에게 물려주어야 할 소중한 유산입니다. 하나님이 사람들에게 내려 주시는 축복은 교회를 통해서 공급되기 때문입니다. 그래서 교회는 은혜의 통로라고도 하는 것입니다.

이처럼 소중한 교회를 후손들에게 물려주어 후손들로 하여금 교회 중심의 신앙생활을 하게 하는 것은 후손들을 복되게 하는 것입니다. 우리 가정은 이 같은 유산을 후손들에게 물려주어 천대까지 하나님의 은혜를 누리는 복된 가문을 이루기 원합니다.

기도	**설교자** 호주가 되시는 주님, 저희 가정은 다른 무엇보다 신앙이 자손 대대로 계승되어지는 가정이 되게 하여 주옵소서. 부모의 뒷모습을 보며 자녀가 본받을 수 있는 신앙의 모습이 있게 하시고, 자녀를 보며 부모가 칭찬할 수 있는 신앙의 아름다움이 있게 하여 주옵소서. 우리 가정은 주님을 향한 바른 신앙이 계승되어짐으로 자손 대대로 복을 누리게 하옵소서. 예수님의 이름으로 기도합니다. 아멘
찬송	557장 (다함께)
주기도문	다함께

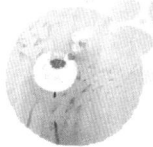

추석 가정 예배 (1)

개회선언

지금부터 추석 가정예배를 시작하겠습니다. 다함께 묵도하심으로 예배를 드리겠습니다.

"할렐루야 내 영혼아 여호와를 찬양하라
나의 생전에 여호와를 찬양하며 나의 평생에 내 하나님을 찬송하리로다"
(시편 146:1~2)

신앙고백	다함께
찬　송	384장〈통:434〉(다함께)
대표기도	모인 가족 중 한 사람
성경봉독	신명기 8:1~10

"내가 오늘 명하는 모든 명령을 너희는 지켜 행하라 그리하면 너희가 살고 번성하고 여호와께서 너희의 조상들에게 맹세하신 땅에 들어가서 그것을 차지하리라 네 하나님 여호와께서 이 사십 년 동안에 네게 광야 길을 걷게 하신 것을 기억하라 이는 너를 낮추시며 너를 시험하사 네 마음이 어떠한지 그 명령을 지키는지 지키지 않는지 알려 하심이라 너를 낮추시며 너를 주리게 하시며 또 너도 알지 못하며 네 조상들도 알지 못하던 만나를 네게 먹이신 것은 사람이 떡으로만 사는 것이 아니요 여호와의 입에서 나오는 모든 말씀으로 사는 줄을 네가 알게 하려 하심이니라 이 사십 년 동안에 네 의복이 해어지지 아니하였고 네 발이 부르트지 아니하였느니라 너는 사람이 그 아들을 징계함 같이 네 하나님 여호와께서

너를 징계하시는 줄 마음에 생각하고 네 하나님 여호와의 명령을 지켜 그의 길을 따라가며 그를 경외할지니라
네 하나님 여호와께서 너를 아름다운 땅에 이르게 하시나니 그 곳은 골짜기든지 산지든지 시내와 분천과 샘이 흐르고 밀과 보리의 소산지요 포도와 무화과와 석류와 감람나무와 꿀의 소산지라 네가 먹을 것에 모자람이 없고 네게 아무 부족함이 없는 땅이며 그 땅의 돌은 철이요 산에서는 동을 캘 것이라 네가 먹어서 배부르고 네 하나님 여호와께서 옥토를 네게 주셨음으로 말미암아 그를 찬송하리라"

설교 감사와 기쁨과 소망

우리 민족의 고유 명절인 추석으로 인해 온 가족이 한자리에 모여 하나님께 감사의 예배를 드리게 하시니 너무나 기쁘고 감격스럽습니다. 그동안 하나님께서 우리 가정에 베푸신 사랑에 감사를 드리며 추석의 기쁨으로 한데 어우러지는 즐거움이 있기를 바랍니다.
본문의 가르침은 크게 3개의 명령형 동사와 깊은 관계를 맺고 있습니다.

첫째는 "기억하라"입니다(2절).

지난날에 40년 간 광야의 길을 걷게 하신 것을 기억하라는 말입니다. 광야생활 중에 먹거리와 의복을 해결해 주신 기적의 삶 속에서 땅이 아니라, 하늘을 의지해서 살아가는 인생임을 기억해야만 합니다.

둘째는 "생각하라"입니다(5절).

현재 나의 삶속에 임하신 하나님의 은혜와 복을 생각해 볼 때 기뻐할 수

있습니다. 나에게 없는 것을 불평하거나 더 많이 가진 사람과 비교해서 원망하는 것이 아니라, 지금 내게 있는 것을 헤아려보고 모든 것이 하나님께서 베풀어주신 은혜라고 생각하고 기뻐하는 것입니다.

셋째는 "행하라"입니다(1,6절).

현재와 다가올 미래에 취할 삶의 태도입니다. 지금 내가 처한 이 자리에서 하나님의 말씀과 가르침을 행하면 반드시 그 열매를 미래에 거둘 수 있다는 것입니다.

추석을 맞아 이 가르침대로 과거를 기억하여 감사하고, 현재를 생각하며 기뻐하고, 하나님의 뜻을 행함으로 미래를 소망 중에 기다리는 주의 백성들이 되어야 하겠습니다. 하나님은 과거에도 함께하셨고, 지금도 은혜를 베푸시며, 미래도 책임져 주시는 분이십니다. 하나님의 약속을 믿고 삶속에서 승리하며 복을 받는 우리 가족이 되어야하겠습니다.

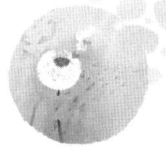

기도	**설교자** 신실하신 하나님, 하나님의 은혜로 풍요로운 추석 명절을 맞이하게 하심을 감사드립니다. 오늘 추석 명절을 맞이하여 다시 한 번 하나님의 베풀어 주신 은혜를 기억할 줄 아는 우리 가족이 되게 하시고, 그 은혜를 생각하며 더욱 감사할 수 있는 우리 모두가 되게 하여 주옵소서. 또한 하나님의 말씀에 늘 순종하여서 그에 따른 합당한 열매를 맺는 복이 있는 사람이 되게 하옵소서. 예수 그리스도의 이름으로 기도합니다. 아멘
찬송	430장<통:456>(다함께)
주기도문	다함께

추석 가정 예배 (2)

개회선언

지금부터 추석 가정예배를 시작하겠습니다. 다함께 묵도하심으로 예배를 드리겠습니다.

> "너희 모든 나라들아 여호와를 찬양하며 너희 모든 백성들아 그를 찬송할지어다
> 우리에게 향하신 여호와의 인자하심이 크시고 여호와의 진실하심이 영원함이로다 할렐루야" (시편 117:1~2)

신앙고백	다함께
찬 송	589장<통:308>(다함께)
대표기도	모인 가족 중 한 사람
성경봉독	시편 112:1~6

> "할렐루야, 여호와를 경외하며 그의 계명을 크게 즐거워하는 자는 복이 있도다
> 그의 후손이 땅에서 강성함이여 정직한 자들의 후손에게 복이 있으리로다
> 부와 재물이 그의 집에 있음이여 그의 공의가 영구히 서 있으리로다
> 정직한 자들에게는 흑암 중에 빛이 일어나나니 그는 자비롭고 긍휼이 많으며 의로운 이로다
> 은혜를 베풀며 꾸어 주는 자는 잘 되나니 그 일을 정의로 행하리로다
> 그는 영원히 흔들리지 아니함이여 의인은 영원히 기억되리로다"

설 교 하나님께 감사하라

성경은 우리에게 "범사에 감사하라"(살전 5:17)라고 가르치고 있습니다. 이 말씀은 어떤 날에만 해당되는 것이 아니라 "모든"날에 해당하는 말씀입니다. 올 추석을 맞이하여 우리가 어떤 환경에서라도 감사할 줄 아는 사람이 되어야 하겠습니다.

1. 자족하는 마음이 있으면 감사가 넘칩니다(딤전 6:6).

모든 사람은 많은 것을 바라고 계획합니다. 그러나 계획한 모든 것을 이루지는 못합니다. 이런 이들이 감사하는 마음을 가지려면 우선적으로 자족하는 마음이 있어야 합니다. 오직 예수 그리스도 한 분만 내 마음에 계신다면 모든 것이 좋다는 이 마음을 모두 소유하시기를 바랍니다.

2. 기쁨이 있으면 감사가 넘칩니다(고후 9:7).

하나님은 우리가 억지로 무엇을 하는 것을 좋아하시지 않습니다. 감사하는 마음도 마찬가지입니다. 기쁨이 넘치는 감사를 하나님께 드리십시오. 그러면 하나님께서는 그 기쁨의 감사에 대해서 정말로 놀라울 정도로 기뻐하십니다. 올 추석에는 하나님께 기쁨을 드리는 추석이 되시기를 바랍니다.

3. 감사하는 자에게는 축복이 있습니다(시 112:1~6).

예수 그리스도 한 분만으로도 감사를 드릴 줄 아는 성도에게는 오늘 본문의 말씀에 놀라운 축복이 나타납니다.

① 그 후손의 땅에서 강성합니다. ② 그 후손이 복을 받습니다. ③ 부와 재물이 그 집에 넘칩니다. ④ 어둠 속에서도 빛을 발하는 자가 됩니다. ⑤ 하나

님께서 그 이름을 영원히 기억하신다 하십니다.

　감사는 성도가 해도 되고 안 해도 되는 것이 아니라 반드시 해야 하는 것입니다. 우리가 주 예수 그리스도로 말미암아 하나님의 자녀가 된 사실을 알고 어찌 감사하지 않을 수 있겠습니까?

　올해도 하나님의 은혜에 감사할 줄 아는 사람이 되어, 나뿐만 아니라 모든 자손들이 복 받는 사람들이 되기를 바랍니다.

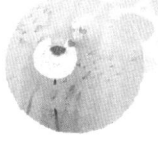

기도	설교자
	사랑의 하나님! 금년에도 때에 따라 비와 햇빛을 내려 주셔서 농부들이 추수할 수 있도록 하시니 감사합니다. 또한 감사의 대상을 알게 하여 주셔서 하나님께 감사할 수 있도록 도와주셔서 감사합니다. 오늘 말씀대로 어떤 상황에서라도 감사할 수 있는 우리 가족이 되게 하여 주시고 자족하는 마음과 기쁨을 허락하여 주옵소서. 그리하여 우리 생활도 감사의 결실을 더욱 맺을 수 있게 하시고, 모든 자녀 손들도 복을 받을 수 있게 하옵소서. 예수 그리스도의 이름으로 기도합니다. 아멘
찬송	559장<통:305>장(다함께)
주기도문	다함께

추석 가정 예배 (3)

개회선언

지금부터 추석 가정예배를 시작하겠습니다. 다함께 묵도하심으로 예배를 드리겠습니다.

> "여호와께 감사하라 그는 선하시며 그 인자하심이 영원함이로다
> 신들 중에 뛰어난 하나님께 감사하라 그 인자하심이 영원함이로다
> 주들 중에 뛰어난 주께 감사하라 그 인자하심이 영원함이로다
> 홀로 큰 기이한 일들을 행하시는 이에게 감사하라 그 인자하심이 영원함이로다" (시편 136:1~4)

신앙고백	다함께
찬 송	390장<통:444>(다함께)
대표기도	모인 가족 중 한 사람
성경봉독	시편 100:1~5

> "온 땅이여 여호와께 즐거운 찬송을 부를지어다
> 기쁨으로 여호와를 섬기며 노래하면서 그의 앞에 나아갈지어다
> 여호와가 우리 하나님이신 줄 너희는 알지어다 그는 우리를 지으신 이요 우리는 그의 것이니 그의 백성이요 그의 기르시는 양이로다
> 감사함으로 그의 문에 들어가며 찬송함으로 그의 궁정에 들어가서 그에게 감사하며 그의 이름을 송축할지어다
> 여호와는 선하시니 그의 인자하심이 영원하고 그의 성실하심이 대대에 이르리로다"

설교 감사하는 생활

가을은 일년 중 가장 좋은 계절입니다. 오곡백과가 무르익고 산에 가든 들에 가든 하나님의 선물이 너무 많습니다. 이것이 일년도 아니요 오년도 아니요 이 세상 끝나는 날까지 주시니 하나님의 그 은혜가 얼마나 감사합니까? 오늘 추석 명절을 맞이하여 감사의 의미를 찾아보려고 합니다.

1. 사계절을 만드시고 알게 하신 하나님께 감사해야 합니다.

하나님께서 천지를 만드시고 사계절을 주시어 섭리하시면서 그 안에서 살도록 하여주신 것에 감사하여야 합니다.

2. 때를 따라 주시는 은혜를 감사해야 합니다.

하나님께서 이스라엘 백성들뿐만 아니라 온 세계 인류에게 의식주를 허락하신 것처럼 우리나라에도 때를 따라 풍요로운 결실의 절기 추석 명절을 주심을 감사해야 합니다.

3. 우리는 주어진 모든 것에 감사하며 영적인 결실도 할 수 있도록 간구해야 하겠습니다.

우리들에게 주신 사명을 잘 감당하여 아름다운 열매를 맺어야 합니다. 기도의 열매, 전도, 감사, 순종, 그 외 성령의 아홉 가지 열매인 사랑과 희락과 화평과 오래참음, 자비, 양선 충성, 온유 절제와 같은 열매를 맺도록 간구해야 하겠습니다.

기도

설교자

만물을 창조하셔서 때를 따라 일용할 양식을 공급하시는 하나님 감사합니다. 우리나라의 고유한 추석 명절을 주셔서 온 가족이 한자리에 모여 조상의 은혜를 감사하며 하나님께 영광 돌리게 하심을 감사합니다. 더욱이 많은 사람들은 명절을 맞이하여 우상을 숭배하며 사단 마귀의 종노릇을 하고 있으나 우리 가정은 신앙의 교훈을 받으며 하나님께 감사하게 함을 진실로 감사드립니다. 우리 가정은 하나님을 잘 섬겨 자손만대로 축복 받는 가정이 되게 하시고 성경의 가르침대로 부모님이 살아계실 때 효를 다할 수 있게 하시옵소서.

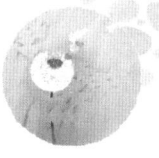

또한 오늘 명절을 맞이하여 어려운 이웃을 기억하며 헤아릴 수 있는 마음도 있게하여 주시옵소서. 예수님의 이름으로 기도합니다. 아멘

찬송 220장<통:278>장(다함께)
주기도문 다함께

◦ 추석 가정 예배 (4)

개회선언

지금부터 추석 가정예배를 시작하겠습니다. 다함께 묵도하심으로 예배를 드리겠습니다

"여호와께 감사하고 그의 이름을 불러 아뢰며 그가 하는 일을 만민 중에 알게 할지어다
그에게 노래하며 그를 찬양하며 그의 모든 기이한 일들을 말할지어다
그의 거룩한 이름을 자랑하라 여호와를 구하는 자들은 마음이 즐거울지로다" (시편 105:1~3)

신앙고백	다함께
찬 송	393장<통:447>(다함께)
대표기도	모인 가족 중 한 사람
성경봉독	데살로니가후서 3:6~12

"형제들아 우리 주 예수 그리스도의 이름으로 너희를 명하노니 게으르게 행하고 우리에게서 받은 전통대로 행하지 아니하는 모든 형제에게서 떠나라
어떻게 우리를 본받아야 할지를 너희가 스스로 아나니 우리가 너희 가운데서 무질서하게 행하지 아니하며
누구에게서든지 음식을 값없이 먹지 않고 오직 수고하고 애써 주야로 일함은 너희 아무에게도 폐를 끼치지 아니하려 함이니
우리에게 권리가 없는 것이 아니요 오직 스스로 너희에게 본을 보여 우

리를 본받게 하려 함이니라

우리가 너희와 함께 있을 때에도 너희에게 명하기를 누구든지 일하기 싫어하거든 먹지도 말게 하라 하였더니

우리가 들은즉 너희 가운데 게으르게 행하여 도무지 일하지 아니하고 일을 만들기만 하는 자들이 있다 하니

이런 자들에게 우리가 명하고 주 예수 그리스도 안에서 권하기를 조용히 일하여 자기 양식을 먹으라 하노라"

설교 일하고 먹어야한다

오늘은 추석 명절입니다. 추석(秋夕)은 중추절(仲秋節), 가위, 한가위, 가배(嘉俳)라고도 합니다. 가위라 함은 신라의 여인들이 길쌈하던 것을 의미하던 가배가 변해서 된 말입니다.

신라 유리왕은 두 공주에게 6부의 부녀자들을 두 편으로 나누어 음력 7월 보름부터 한 달간 베를 짜게 하고, 그 공을 평가하여 진 쪽은 이긴 쪽에 음식을 대접하게 했습니다. 또한 8월 보름(15일)에는 왕이 관원들에게 활쏘기를 시켜 삼베를 상품으로 주었습니다. 이러한 원형으로 볼 때 우리나라 고유 명절인 추석은 일을 장려하기 위해 지킨 명절이라 할 수 있습니다.

예수님은 "내 아버지께서 이제까지 일하시니 나도 일한다(요5:17)"고 하셨습니다. 그리고 부지런히 일하지 않는 자에게는 악하고 게으른 종이라 책망하셨습니다(마25:26).

오늘 말씀에 바울도 "일하기 싫어하거든 먹지도 말게 하라(살후3:10)."고 했습니다. 가나안 농군학교를 세운 고(故) 김용기 장로는 음식 한 끼에 반드시 네 시간씩 일하고 먹자는 신조를 가르쳤습니다.

오늘날은 불로소득이나 일확천금을 꿈꾸는 사람들이 많아졌습니다. 부지런히 땀 흘려 얻는 소득을 외면하고, 땀 흘리지 않고도 얻을 수 있는 소득에 마음을 두는 것입니다. 그러다 보니 실업자는 많다고 하는데 땀과 수고로써 일해야 하는 일자리는 사람들에게 외면당하고 있습니다.

땀과 수고가 없는 소득은 허망하여 그 사람의 영혼을 지켜주지 못합니다. 그것은 헛되이 쓰이게 되고 결국은 하나님께서 도로 거둬 가실 것입니다. 주님도 일하셨던 것같이 우리도 땀을 흘리며 부지런히 일하는 자세를 가져야하겠습니다.

기도	**설교자**
	은혜로우신 하나님, 오늘 저희 가족이 민족의 고유명절인 추석을 맞이하여 하나님께 감사의 예배를 드리며 주님의 말씀을 묵상했습니다. 오늘 말씀대로 저희로 일확천금을 꿈꾸는 사람이 되지 말게 하여 주옵소서. 땀 흘리지 않고도 얻을 수 있는 소득에 마음을 두지 말게 하여 주옵소서. 부지런히 땀 흘려서 얻은 소득을 기뻐할 수 있게 하시고, 일할 수 있는 기회를 주신 하나님께 감사하며 사는 삶이 되게 하여 주옵소서. 예수 그리스도의 이름으로 기도합니다. 아멘
찬송	450장〈통:376〉(다함께)
주기도문	다함께

추석 가정 예배 (5)

개회선언

지금부터 추석 가정예배를 시작하겠습니다. 다함께 묵도하심으로 예배를 드리겠습니다

"주의 인자하심이 생명보다 나으므로 내 입술이 주를 찬양할 것이라
이러므로 나의 평생에 주를 송축하며 주의 이름으로 말미암아 나의 손을 들리이다" (시편 63:3~4)

신앙고백	다함께
찬 송	221장<통:525>(다함께)
대표기도	모인 가족 중 한 사람
성경봉독	베드로전서 4: 7~11

"만물의 마지막이 가까이 왔으니 그러므로 너희는 정신을 차리고 근신하여 기도하라
무엇보다도 뜨겁게 서로 사랑할지니 사랑은 허다한 죄를 덮느니라
서로 대접하기를 원망 없이 하고
각각 은사를 받은 대로 하나님의 여러 가지 은혜를 맡은 선한 청지기 같이 서로 봉사하라
만일 누가 말하려면 하나님의 말씀을 하는 것 같이 하고 누가 봉사하려면 하나님이 공급하시는 힘으로 하는 것 같이 하라 이는 범사에 예수 그리스도로 말미암아 하나님이 영광을 받으시게 하려 함이니 그에게 영광과 권능이 세세에 무궁하도록 있느니라 아멘"

설 교 **뜨겁게 사랑합시다**

　오늘은 우리 민족 최대 명절인 팔월 한가위, 추석입니다. 음력 8월 15일을 추석 또는 가위라고 합니다. 가위의 뜻은 무엇인지 확실치 않으나 일 년 중에서 가장 즐거운 명절입니다. 오늘 추석을 맞이하여 지금까지 우리를 보호하시고 인도해주신 하나님의 사랑을 감사하면서 사랑에 대한 말씀을 잠깐 나누어보려고 합니다.

　눈썹이 없는 한 여인이 있었습니다. 이 여인은 눈썹 콤플렉스 때문에 늦게까지 결혼을 못하고 있었는데, 눈썹을 예쁘게 화장하여 눈썹이 없는 것을 속이고 건실한 연탄장수 청년과 결혼하게 되었습니다. 여인의 부모는 딸을 시집보낼 때, 절대 눈썹이 없다는 것을 남편에게 알리지 말라고 당부했습니다.
　이 여인은 매일 남편을 도와 연탄을 배달하며 즐거운 신혼을 보냈습니다. 그런데 문제가 있었습니다. 여인은 눈썹이 없다는 것을 감추기 위해 남편이 잠든 후에야 자고, 남편이 깨기 전에 일어나 화장을 하고 눈썹을 그려 넣어야 했던 것입니다. 어느 화창한 가을날, 겨울을 준비하는 집이 늘어나면서 연탄 배달도 많아졌습니다. 남편이 끄는 손수레를 열심히 밀다보니 아내의 온 몸이 땀에 젖어 있었습니다. 손수레를 곁에 세워두고 잠시 앉아 쉬었습니다. 남편의 얼굴은 그나마 나은데, 아내의 얼굴은 땀으로 엉망이 되어 있었습니다. "여보, 얼굴 좀 봐요, 땀 닦아주게!" 남편의 갑작스런 제의에 아내는 화들짝 놀랐습니다. 아내는 극구 사양을 했지만 남편은 막무가내였습니다. '이러다간 눈썹이 없는 것을 들키고 말텐데….'
　남편의 성화에 아내는 당황했습니다. 그 순간, 남편이 몸을 돌려 아내의 얼굴에 수건을 갖다 댔습니다. "여보, 고생이 많지?" 당황한 아내는 어찌할 바를 몰랐습니다. 한참 뒤 아내의 눈에는 눈물이 흘러내렸습니다. 남편의 거친 손길은 아내의 눈썹을 건드리지 않으려고 조심스럽게 움직이고 있었던 것입니다.

　사랑은 상대의 모든 허물을 덮는 힘이 있습니다. 그래서 오늘 말씀에 베드로 사도는 서로 뜨겁게 사랑할 것을 권면하고 있습니다. 우리는 이 땅을 살아가는 동안 더욱 뜨겁게 사랑하기에 힘써야겠습니다. 예수님이 우리의 모든 허물을 십자가의 사랑으로 온전히 덮으신 것처럼 말입니다. 그것이 우리를 향하신 하나님의 사랑에 반응하는 삶이요. 예수님의 십자가의 사랑을 실천하는 삶입니다.

기도	**설교자** 서로 사랑하라 말씀하신 주님, 오늘 민족 고유의 명절인 추석을 맞이하여 저희들을 향하신 하나님의 사랑을 생각하며, 사랑에 대한 말씀을 나누었습니다. 미움과 증오가 가득한 이 세상을 치유할 수 있는 것은 사랑밖에 없는 줄 믿습니다. 저희로 서로 사랑하며 살아가게 하옵소서. 사랑하되 모든 허물을 덮을 수 있는 사랑이 되게 하시고, 저희를 죽기까지 사랑하신 예수님의 십자가 사랑을 보여 줄 수 있는 사랑이 되게 하옵소서. 예수 그리스도의 이름으로 기도합니다. 아멘
찬송	**218장<통:369>(다함께)**
주기도문	**다함께**

추석 가정 예배 (6)

개회선언

지금부터 추석 가정예배를 시작하겠습니다. 다함께 묵도하심으로 예배를 드리겠습니다

"내가 간구하는 날에 주께서 응답하시고 내 영혼에 힘을 주어 나를 강하게 하셨나이다" (시편 138:3)

신앙고백	다함께
찬 송	301장<통:460>(다함께)
대표기도	모인 가족 중 한 사람
성경봉독	룻기 1: 15~18

"나오미가 또 이르되 보라 네 동서는 그의 백성과 그의 신들에게로 돌아가나니 너도 너의 동서를 따라 돌아가라 하니
룻이 이르되 내게 어머니를 떠나며 어머니를 따르지 말고 돌아가라 강권하지 마옵소서 어머니께서 가시는 곳에 나도 가고 어머니께서 머무시는 곳에서 나도 머물겠나이다 어머니의 백성이 나의 백성이 되고 어머니의 하나님이 나의 하나님이 되시리니
어머니께서 죽으시는 곳에서 나도 죽어 거기 묻힐 것이라 만일 내가 죽는 일 외에 어머니를 떠나면 여호와께서 내게 벌을 내리시고 더 내리시기를 원하나이다 하는지라
나오미가 룻이 자기와 함께 가기로 굳게 결심함을 보고 그에게 말하기를 그치니라"

설 교 **추석은 감사의 명절**

 오늘은 우리 민족 최대의 명절인 추석입니다. 이날이 되면 흩어져 살던 가족들이 고향을 찾아옵니다. 집안의 어른들을 뵙고 인사를 드리고, 보모님의 사랑에 감사하며 온 가족이 한 자리에 모여서 그동안의 안부를 나눕니다.

 햅쌀로 밥을 짓고, 송편을 빚으며, 조상의 묘를 찾아 성묘를 하기도 합니다. 농촌에서는 한 자리에 모여서 농악과 춤으로 흥겹게 지내기도 하고, 마을마다 편을 짜서 줄다리기도 하며, 모래밭에서는 씨름판이 벌어지기도 하였습니다. 전라남도 서해안 지방에서는 추석날 저녁 보름달이 뜰 무렵에는 부녀자들이 넓은 공터에 모여 손에 손을 잡고 원을 그리며 강강술래를 즐기고 친교를 나누기도 하였습니다.

 우리 민족이 지키는 이 추석 명절의 정신을 한마디로 말한다면 '감사의 정신'이라고 설명할 수 있습니다. 추석은 하나님께 감사함을 갖는 절기입니다. 지난해를 살아오면서 여러 가지로 많은 어려움이 있었지만 오늘 풍요로운 명절을 맞이하기까지 우리 가정을 지켜 주시고 인도해주신 하나님의 은혜에 크게 감사하는 마음을 가져야 합니다.

 또한 추석은 우리 가족의 소중함을 다시 생각하고 가족들에게 감사하는 절기가 되어야 합니다. 평소에는 잊고 살았던 조상님들을 깊이 생각해 봅시다. 특별히 낳아 주시고 길러 주신 부모님의 은혜에 감사하는 절기가 되어야 합니다.

 가족들 간에도 서로에게 감사하는 마음을 표현합시다. 남편은 아내에게, 아내는 남편에게 감사하는 마음을 전합시다. 명절을 맞아 부모의 은혜에 감사하고 효로써 공경하면 그것은 곧 우리 사람에 축복으로 이어질 것입니다.

오늘 본문은 극도의 가난 속에서 남편을 잃은 룻이 홀시어머니인 나오미를 따르기로 작정하고 자기의 고향 모압을 떠나 베들레헴으로 가려는 결단의 모습을 보여줍니다. 하나님을 사랑하는 그의 신앙은 시어머니에 대한 효심으로 이어지고 있습니다.

이러한 결단은 상상하기조차 벅찬 하나님의 복을 그녀에게 안겨주었습니다. 그녀는 생전에 복의 사람 보아스를 만나 결혼하였고 다윗 왕의 증조할머니가 되었으며 예수님의 족보에도 그 이름을 올렸습니다.

오늘 우리도 하나님의 은혜와 가족들과 부모님의 사랑에 감사하며 살면 룻에게 함께하신 하나님을 경험하는 사람을 살 수 있습니다.

| 기도 | 설교자 |

자비로우신 하나님, 오늘 추석 명절이 있기까지 우리 가정을 보호해 주시고 인도해 주심을 진심으로 감사드립니다. 주님의 사랑과 은혜 가운데 모든 가족이 강건하고 행복한 삶을 살아가게 하옵소서. 특히 범사에 하나님의 은혜에 감사할 줄 아는 신앙의 사람이 되기를 원합니다. 조상의 은덕을 잊지 않고 감사의 마음을 표현할 줄 아는 가족이 되기를 원합니다. 특히 부모님의 사랑과 은혜에 감사할 줄 아는 자녀들이 되게 하옵소서. 가족들 서로 간에도 감사의 마음을 전할 수 있는 복된 모습이 있게 하여 주옵소서. 예수 그리스도의 이름으로 기도합니다. 아멘

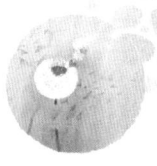

| 찬송 | **569장<통:442>(다함께)** |
| 주기도문 | **다함께** |

모범기도문

추모 예배 기도문

주일예배 대표기도문

치유기도문

■ 추모 예배 기도문 - 부모님 기일

그의 경건한 자들의 죽음은 여호와께서 보시기에 귀중한 것이로다 여호와여 나는 진실로 주의 종이요 주의 여종의 아들 곧 주의 종이라 주께서 나의 결박을 푸셨나이다 (시 116:15~16)

영원부터 영원까지 살아계시고 변함없는 사랑으로 우리들을 인도하신 하나님 아버지께 감사드립니다. 오늘 부모님 기일을 맞이하여 온 가족이 함께 모여 베풀어 주신 은혜를 기억하며 주님을 찬양합니다. 마음과 뜻과 정성을 다하여 겸손히 주님 앞에 예배드리오니 영광 홀로 받으시옵소서.

살아계신 주님, 오늘날 저희들이 있기까지 부모님을 통하여 베풀어 주신 사랑이 없었던들 지금의 저희들을 상상할 수 없습니다. 어리고 철이 없었던 저희들을 먹이시고 기르시기 위하여 부모님 당신을 위해서는 너무나 인색하셨습니다.

살아생전에는 빈자리를 몰랐는데 이제는 너무나 그 사랑이 그리워집니다. 왜 그때 더 잘해드리지 못했는지 이제 와서 후회해도 아무소용이 없음을 잘 알지만 한스럽기 그지없습니다.

하나님 아버지, 그 사랑을 다시금 기억하게 하시옵고 무엇보다 우리 남은 가족들이 주 안에서 화목하게 하옵소서! 주님께서 주신 믿음을 잃지 않게 하시고 더욱 굳건하게 뿌리 내리게 하옵소서. 부모님을 통하여 베풀어 주신 주님의 사랑을 잊지 않게 하시옵고 각자 있는 위치에서 그리스도인으로 사랑을 실천하며 부끄럽지 않은 삶을 살아가게 하옵소서. 그래서 각자의 가정에서 찬양과 감사가 넘치게 하옵소서. 부모님을 통하여 베풀어 주신 사랑과 은혜를 다시금 감사드리며 예수 그리스도의 이름으로 간절히 기도드립니다. 아멘.

추모 예배 기도문 - 추모 심방 1

내가 진실로 진실로 너희에게 이르노니 내 말을 듣고 또 나 보내신 이를 믿는 자는 영생을 얻었고 심판에 이르지 아니하나니 사망에서 생명으로 옮겼느니라 (요 5:24)

인간의 생사화복을 주관하시는 하나님 아버지.

고 ○○○ 님을 추모하며 예배를 드립니다. 우리들의 모든 삶이 주님께로부터 와서 주님께로 돌아감이 인생의 이치임을 압니다. 우리도 모두 가게 될 아버지 나라에 먼저 간 고인을 생각하며 추모 예배를 드리오니, 이 시간 주님께서 임재하셔서 가족들 위에 함께하시옵고 주님의 위로와 평강이 넘치기를 간절히 간구합니다.

주님, 저희 삶의 모든 것이 주님의 은혜와 사랑임을 깨닫게 하시니 감사드립니다. 언젠가는 저희들도 주님 앞에 갈 날을 기억하며 믿음 안에서 최선을 다하며 주어진 순간들을 아름답게 보내게 하옵소서.

사랑의 주님!

육신으로 살아가는 이 세상은 안개와 같이 쉬 지나간다고 하셨사오니 추모 예배를 드리는 우리들 모두 세상 욕심에 빠지지 말게 하시고 세속에 물들지 않도록 인도하여 주시옵소서. 오직 하나님의 선하시고 기뻐하시고 온전하신 뜻이 무엇인지 분별하며 승리할 수 있도록 말씀과 성령으로 인도하여 주시옵소서. 언제나 주님만을 의지하며 바라며 사랑하며 살게 하옵소서. 특별히 추모 예배를 드리는 가족들을 주님의 이름으로 축복하여 주시고 이 가정에 고귀한 믿음의 유산이 대대로 뿌리 내리게 하옵소서.

주님, 이 시간 능력으로 임재하시고 온전히 주장하시옵소서. 예수 그리스도 이름으로 기도합니다. 아멘!

■ 추모 예배 기도문 - 추모 심방 2

예수께서 이르시되 나는 부활이요 생명이니 나를 믿는 자는 죽어도 살겠고 무릇 살아서 나를 믿는 자는 영원히 죽지 아니하리니 이것을 네가 믿느냐 (요 11:25~26)

부활이요 생명이신 주님!

오늘 이 시간 ○ 년 전에 주님의 품으로 부르셨던 고 ○○○ 성도(직분)님의 추모일을 맞이하여 주님께 감사 예배를 드립니다. 눈물과 슬픔뿐인 이 세상에서 기쁨의 나라로, 흑암의 세상에서 영광의 나라로 고인을 옮기신 것으로 믿고 감사를 드립니다. 또한 지금까지 고인의 유족을 돌보아 주시고 믿음 안에서 승리하게 하심을 감사드립니다. 하지만 주님! 육신을 입은 저희들 문득 고인의 빈자리가 생각날 때, 허전함과 회한이 밀려옴을 감당키 어려울 때가 있음을 고백합니다. 위로하여 주시옵소서. 고인의 유지를 잘 받들어 가족 모두가 화목하게 하시고 믿음의 반석 위에 굳게 서게 하옵소서. 주여, 사랑하는 남은 가족을 축복하셔서 생활 가운데 부족함이 없게 하시고 나누고 베풀며 살아 갈 수 있도록 은총을 베풀어 주시옵소서. 참 소망되신 주님! 산 자와 죽은 자 모두에게 하늘의 영원한 은총을 베풀어 주셔서 주님의 영광만을 찬양하는 우리 모두가 되게 하옵소서. 주님께서 항상 저희 곁에 계심을 믿음으로 확신하고 새 소망으로 넘치게 하옵소서. 실의에 빠진 이들에게 눈을 들어 새 하늘과 새 땅을 바라보게 하옵소서. 땅 위의 것을 보고 실망하지 않게 하시고 눈을 들어 부활의 주를 바라보게 하옵소서. 오늘 말씀을 전하시는 목사님을 성령으로 붙드시고 선포되는 말씀으로, 주님의 심판과 부활과 영생의 말씀이 마음 깊숙이 더욱 견고하게 하옵소서. 마음과 뜻과 정성을 모아 주님을 예배하오니 주님 홀로 영광을 받으시옵소서. 예수님의 이름으로 기도 올리옵나이다. 아멘.

■ 추모 예배 기도문 - 새해, 설날

너희는 마음에 근심하지 말라 하나님을 믿으니 또 나를 믿으라 내 아버지 집에 거할 곳이 많도다 그렇지 않으면 너희에게 일렀으리라 내가 너희를 위하여 거처를 예비하러 가노니 (요 14:1~2)

전능하신 하나님 아버지!

새 날 새 아침에 주님의 무한하신 사랑과 은혜를 생각하며 온 가족이 추모 예배로 모여 주님을 예배합니다. ○○ 전에 돌아가신 할머니(○○○)를 통하여 저희 가문에 믿음의 씨를 뿌려 주시고 저희 온 가족을 구원의 길로 인도해 주심을 깊이 감사드립니다. 주님, 유교 문화속에서 많은 핍박과 어려움이 있었지만 기도와 믿음으로 복음의 끈을 놓지 않으시고 늘 말씀을 읽으시던 할머니(○○○)를 기억합니다. 저희들도 이 믿음을 본받아 어떤 어려움이 닥쳐도 불굴의 믿음으로 승리하게 하옵소서.

주님, 새해에는 주의 말씀을 의지하여 저희의 소망을 예수 그리스도 안에 두게 하옵시며 말씀을 생활 속에서 실천할 수 있도록 은혜를 베풀어 주시옵소서. 지식으로 풍성하되 머리 신앙으로 그치지 말게 하시고 뜨거운 가슴과 열정으로 행동하는 신앙, 열매 맺는 신앙이 되게 하여 주옵소서. 주여, 이 시대를 옳게 분별할 수 있도록 도와주시옵소서. 이단이 많이 일어나고 물질을 우상으로 삼는 시대입니다. 오직 예수 그리스도 우리 주님만 섬기며 의지하는 우리 모두가 되게 하옵소서.

주여, 저희 형제와 가족들은 항상 겸손과 용서하는 마음으로 서로 존경하며 어려움을 함께 나눌 수 있게 하옵소서. 또한 할머니(○○○)의 신앙을 대대로 유산으로 물려주는 저희 모두의 가정이 되게 하옵소서.

언제나 변함이 없으신 예수 그리스도의 이름으로 기도합니다. 아멘.

■ 추모 예배 기도문 - 추석

보라 내가 너희에게 비밀을 말하노니 우리가 다 잠 잘 것이 아니요 마지막 나팔에 순식간에 홀연히 다 변화되리니 (고전 15:51)

사랑과 은혜가 풍성하신 하나님 아버지!

한량없는 은혜를 감사드립니다. 오곡백과 무르익은 결실의 계절에 주님의 사랑을 생각하며 감사와 찬송을 올려드립니다. 우리 민족의 명절인 추석을 맞이하여 흩어져 있던 가족들이 한자리에 모여 주님을 예배합니다. 주여, 결실을 맺기까지는 기후 변화에 따른 병충해와 태풍의 피해는 많은 시련을 안겨주지만 믿음과 인내로 이기게 하심을 감사드립니다. 엎친 데 겹친 격으로 혹독한 가뭄은 참으로 견디기 어려웠습니다. 그러나 괴롭고 힘든 일이 있을 때마다 주님을 의지할 수 있기에 얼마나 감사한지요.

주님, 저희들의 미련함과 연약함을 아시고 오히려 지혜 있는 자와 강한 자를 부끄럽게 하시는 반전의 은혜를 허락하심 감사드립니다. 생전의 부모님의 헌신과 사랑은 오늘의 저희들을 있게 하셨습니다. 하지만 마음을 다하여 공경하지 못하고 불순종함으로 마음 아프게 한 적이 한두 번이 아니었음을 회개합니다. 지금은 너무 늙으신 ○○○ 님께 효성을 다하게 하옵소서.

저희들의 신앙이 날로 성숙되게 하시고 하나님의 뜻에 합당한 삶을 누리게 하옵소서. 성령의 도우심으로 말미암아 주님의 이름이 거룩히 여김을 받으시옵소서. 불가피하게 이 자리에 참석하지 못한 가족들에게도 동일한 은총으로 함께하여 주시기를 원합니다.

저희의 생명을 주관하시는 예수 그리스도의 이름으로 기도합니다. 아멘.

■ 추모 예배 기도문 - 장례를 마치고-첫성묘

우리의 모든 환난 중에서 우리를 위로하사 우리로 하여금 하나님께 받는 위로로써 모든 환난 중에 있는 자들을 능히 위로하게 하시는 이시로다 (고후 1:4)

우리의 힘이 되신 여호와 하나님!

사랑하는 ○○○ 님을 떠나보내고 슬픔과 허전함 가운데 있는 저희들을 만나 주시고 다시금 마음에 평안을 주시니 감사합니다. 장례식에 경황없이 어찌할 바를 몰랐지만 사랑하는 친척들과 이웃들, 특별히 목사님과 성도님의 사랑과 헌신으로 은혜롭게 장례식을 마치게 하심을 감사드립니다.

큰 슬픔을 당했지만 그 속에서 하늘의 더 큰 소망을 주심과 하나님의 말씀으로 위로받게 하심을 감사합니다. 이제부터 저희 자녀 모두는 하나님의 살아계심을 믿으며, 예수님이 우리의 구주가 되심을 믿고, 하나님 나라를 소유하며 살게 하옵소서.

아직도 마음에 슬픔과 허전함이 남아 있습니다. 속히 이 슬픔을 극복하고 이전보다 더 힘 있고 건강한 삶을 살게 하옵소서. ○○○ 님이 없는 빈자리를 하나님이 친히 채워 주시고, 마음의 빈자리를 믿음의 열매로 가득하게 하옵소서. ○○○ 님이 세상에 계실 때보다 가족들과 저희 형제들이 더욱 화목하게 하시고, 각자의 일터와 사업장에도 복을 주셔서 어려움 당하지 않게 하시고 나누며 섬기는 삶을 살게 하옵소서.

주여, ○○○ 님이 남겨 놓으신 유업을 잘 이어받아 길이길이 가문을 빛내는 저희 후손들이 되게 하옵소서.

세상이 줄 수 없는 평안과 소망이 오직 예수님을 믿고 의지하는 모든 자에게 넘치게 임하실 줄 믿고 감사드리며 예수님의 이름으로 기도합니다. 아멘.

■ 추모 예배 기도문 - 가족

우리가 예수께서 죽으셨다가 다시 살아나심을 믿을진대 이와 같이 예수 안에서 자는 자들도 하나님이 그와 함께 데리고 오시리라 (살전 4:14)

영원한 소망과 생명의 주인 되신 하나님 아버지여!

○○○ 님이 이 세상을 떠난 지 ○ 년의 시간이 지났습니다. 오늘 온 가족들이 하나님 앞에 추모 예배를 드리려 모였습니다. 성령님께서 친히 우리 가운데 함께하심을 믿습니다. 저희는 생전의 ○○○ 님을 추억하며 자녀들에게 베풀어 준 그 큰 사랑을 감사하며 주님께 경배드립니다. 오직 예수 안에서 같은 믿음을 가지고 승리의 삶을 살다가 천국에서 ○○○ 님을 만나길 소원합니다.

하지만 아직도 예수님을 알지 못하는 가족이 있습니다. 하나님께서 형제(자매)를 불쌍히 여기시고 주님을 사모하는 마음 주시고, 십자가의 사랑을 깨닫고 주님을 구주로 영접하는 은혜를 베풀어 주시옵소서. 온 가족이 구원받고 주님을 섬기는 것이 생전의 ○○○ 님의 간절한 기도와 소원이었습니다. 주여, 기도를 응답해 주셔서 한 소망 안에서 하나님을 섬기는 복을 허락하여 주시옵소서. 저희 가족과 형제자매를 통하여 영광스러운 복음 사역을 이루어 가시는 하나님의 은총을 널리 전하게 하옵소서.

주님, ○○○ 님은 천국에서 세상에서는 맛볼 수 없는 영광과 안식과 기쁨을 누릴 줄 믿기에 다시금 위로와 소망을 갖습니다. 주님, 가족 모두에게 풍성한 하나님의 말씀의 은혜를 누리며 건강하게 하시고 범사에 감사하게 하옵소서.

예수 그리스도의 이름으로 기도합니다. 아멘.

■ 추모 예배 기도문 - 추모 심방 3

우리 주 예수 그리스도와 우리를 사랑하시고 영원한 위로와 좋은 소망을 은혜로 주신 하나님 우리 아버지께서 너희 마음을 위로하시고 모든 선한 일과 말에 굳건하게 하시기를 원하노라 (살후 2:16~17)

사랑이 많으시고 자비가 풍성하신 하나님 아버지!

오늘 고 ○○○ 성도님의 ○ 주기 추모 예배로 모이게 하신 것 감사합니다. 고인이 세상을 떠난 지 벌써 몇 해가 지났지만 생전에 열심히 살면서 항상 밝고 건강하게 웃으시던 그 모습이 아직도 눈에 선합니다. 고인이 이제는 우리 곁에 계시지 않지만 그의 성실한 삶의 모습과 그의 믿음은 자녀들의 마음속에 기억되고 있습니다. 유족들은 고인이 돌아가신 후 슬픔과 고통이 컸지만 이제는 그 아픔과 고통을 이겨내고 새롭게 삶을 개척하며 최선을 다하는 모습을 볼 때에 주님께 더욱 감사드립니다.

주여, 유족들에게 믿음의 복을 부어 주셔서 영원히 살아계시고 전지전능하신 하나님을 믿는 믿음 안에서 늘 이김 주시기를 원합니다. 세상 사람들은 돈과 사람의 힘을 의지하지만 저희들은 오직 죽음의 권세를 이기신 주님을 믿고 의지하며 살게 하시니 감사합니다.

주님, 간절히 원하옵기는 고인의 유족들을 붙드시고 특별히 자녀들에게 복을 내려 주시옵소서. 자녀들이 홀로 계신 어머니(○○○)께 더욱 효도하고 감사하며 살아가게 하옵소서. 또한 경영하는 사업에도 복을 주시어 물질적으로도 어려움이 없도록 은총을 베풀어 주시옵소서.

하나님께서 이 가정의 대소사에 간섭하여 주시며 가장 좋은 길로 인도하실 줄 믿사오며 우리 주 예수님의 이름으로 기도 올립니다. 아멘.

■ 추모 예배 기도문 – 초신자

이제 후로는 나를 위하여 의의 면류관이 예비되었으므로 주 곧 의로우신 재판장이 그 날에 내게 주실 것이며 내게만 아니라 주의 나타나심을 사모하는 모든 자에게도니라 (딤후 4:8)

사랑이 많으신 하나님!

우리 가정에 믿음을 주셔서 감사드립니다. 추모 예배가 살아 있는 제사인 줄 믿습니다. 올해는 제사 대신 추모 예배를 드리기 위해서 많은 설득과 노력이 필요했습니다. 아직도 주님을 영접하지 못한 친척들이 있습니다. 하지만 성령께서 그들의 마음을 감화시켜 주셔서 내년에는 한마음으로 추모 예배를 드리게 하옵소서.

주님, ○○○ 님이 세상을 떠났을 때 성도들이 베풀어 주신 사랑을 기억하며 감사를 드립니다. 그 사랑에 힘입어 우리가 이와 같이 예수를 믿는 가정이 되었습니다. 저희도 남을 도우며 사랑을 베풀기에 힘쓰는 가정이 되게 하옵소서. ○ 년 전 장례식에는 경황이 없었지만 성령께서 저희에게 한없는 위로를 베풀어 주시고 장례의 절차 하나하나 함께하여 주신 것을 감사드립니다. 주여, 이제 저희 가정이 걷는 믿음의 길을 지켜 주옵소서. 심히 부족하고 연약합니다. 흔들리지 않게 하시고 곁길로 가지 않도록 도와주옵소서. 믿음의 사람 에녹과 같이 주와 동행하는 삶을 살게 하옵소서.

오늘 우리는 ○○○ 님이 살아생전에 바르게 살기 위해서 힘쓰던 모습을 기억합니다. 저희 자녀를 위하여 항상 헌신과 희생으로 한 알의 밀알이 되었음을 고백합니다. 주여, 저희들은 정직과 성실함 위에 믿음을 덧입혀 주옵소서. 예수님이 한 알의 밀알이 되어 우리 위하여 자신을 내어 주심으로 많은 열매를 맺음과 같이 저희도 주님을 본 받는 자 되게 하여 주옵소서.

예수님의 이름으로 기도합니다. 아멘.

추모 예배 기도문 - 불신자

우리 주 예수 그리스도의 아버지 하나님을 찬송하리로다 그의 많으신 긍휼대로 예수 그리스도를 죽은 자 가운데서 부활하게 하심으로 말미암아 우리를 거듭나게 하사 산 소망이 있게 하시며 (벧전 1:4)

처음과 나중 되시며 알파와 오메가 되신 하나님 아버지!

주님의 이름으로 모여 추모의 예배를 드립니다. 고인은 주 예수 그리스도를 믿지 않고 세상을 떠났지만 이 가정이 교회를 다니며 주님을 영접하고 주의 자녀가 되었습니다. 이제는 제사 드리는 전통에서 하나님 앞에 추모예배를 드리는 신앙의 결단을 했습니다. 하나님께서 기뻐 받으시고 모든 영광을 홀로 받으시옵소서.

주여, 사랑하는 이 가정의 결단력을 크게 칭찬하여 주시고 놀라운 복으로 채워 주실 줄 믿습니다. 주님께서 말씀하시길 저가 나를 사랑한즉 내가 저를 건지리라 저가 내 이름을 안즉 내가 저를 높이리라 저가 내게 간구하리니 내가 응답하리라 저희 환난 때에 내가 저와 함께하여 저를 건지고 영화롭게 하리라 약속하셨사오니 감사합니다. 축복의 말씀이 이 가정 위에 충만히 임하여 주옵소서. 주여, 여기 모인 고인의 자손들과 성도들에게 영적인 귀가 열려서 주님의 음성을 듣게 하옵소서. 모세의 율법에 기록된 대로 지키라 그리하면 네가 무릇 무엇을 하든지 어디로 가든지 형통할지라 하신 주의 말씀이 우리 모두에게 임하여 주옵소서. 그러므로 불신자들이 부러워하게 하시며 전도의 삶을 살아가는 우리 모두가 되게 하여 주옵소서.

주여, 우리의 예배를 열납해 주시고 사랑하는 가정을 축복해 주옵소서.

예수님의 이름으로 간절히 기도합니다. 아멘.

■ 사랑의 실천 - 주일예배 대표기도문
나를 사랑하는 자들이 나의 사랑을 입으며 나를 간절히 찾는 자가 나를 만날 것이니라 (잠 8:17)

   독생자 우리 주 예수 그리스도를 아낌없이 주신 하나님 아버지 감사드립니다. 주님께 불순종하고 죄에 빠져 절망하던 저희들이 무엇이관대 이처럼 사랑하시고 주의 자녀 삼아 주시는 지요. 그 은혜를 감사드립니다.
   오늘 거룩하고 복된 안식일을 허락하시고 주의 성전으로 불러 주셔서 진정과 신령으로 예배드리게 하심을 감사드립니다. 하오나 저희들 믿음으로 살지 못하고 세상의 죄악과 타협하며 살았습니다. 주의 자녀다운 삶을 살지 못하고 주님의 영광을 가린 죄를 회개하오니 용서하여 주시옵소서.
   주여 마음의 무릎을 꿇고 간절히 기도드리오니 우리의 연약함을 도우시고 주님만 따르게 하옵소서. 누구든지 나를 따르려거든 자기 십자가를 지고 나를 따를 것이니라 말씀하신 주님 그 길이 어렵고 힘들지라도 주님만 바라보는 저희들 되게 하옵소서.
   주여 저희들의 신앙이 날로 성장하여 성령의 열매를 맺기 원합니다. 마음에만 그치지 않게 하시고 작은 것부터 사랑을 실천하는 저희가 되게 하옵소서. 주님의 나라는 말보다 능력이라 하셨사오니 말을 앞세우기보다 행함으로 본을 보이게 하옵소서. 작은 변화의 물결이 우리 교회에서 퍼져 나가 지역 사회를 변화시키는 희망이 되게 하옵소서.
   할 수 있거든이 무슨 말이냐 믿는 자에게는 능치 못할 일이 없느니라 하신 대로 믿음을 강하게 하시고 성령의 능력으로 사로잡아 주옵소서.
   성가대가 준비한 아름다운 찬양을 흠향하시고 말씀을 들고 서신 목사님에게 권세와 능력을 더하여 주옵소서 예수 그리스도 이름으로 기도드립니다. 아멘.

꿈과 비전 – 주일예배 대표기도문

주 안에서 항상 기뻐하라 내가 다시 말하노니 기뻐하라 너희 관용을 모든 사람에게 알게 하라 주께서 가까우시니라 (빌 4:4–5)

우리의 기쁨과 소망되신 전지전능하신 하나님.

죄와 허물로 죽었던 저희들을 십자가의 사랑으로 구원하시고 저희를 인하여 기쁨을 이기지 못하여 하시며 잠잠히 사랑하심을 감사드립니다.

온 누리에 생동감 넘치는 5월을 맞이하여 세상 사람들은 산과 바다로 안식을 얻기 위하여 나가지만 저희들 마음을 다하여 주님을 섬기게 하시고 참 평안과 안식을 주시니 감사드립니다.

저희들 살아가면서 세상적인 방법을 앞세우며 죄악 가운데 살았습니다. 나의 가치 기준으로 이웃을 판단하고 정죄하였습니다. 회개하오니 용서하옵시고 보혈로 깨끗하게 씻어주옵소서.

주여 나라와 민족에 복을 주시되 반세기만에 세계가 놀라고 부러워하는 나라를 만들어 주시고 이처럼 아름다운 금수강산을 유산으로 주심을 감사드립니다. 저희들 이 아름다운 조국의 산하를 잘 보존하고 가꾸어 후손에게 물려줄 수 있도록 은총을 베풀어 주옵소서.

만물이 성장하는 계절입니다. 우리들 신앙과 인격이 성장하여 세상에 그리스도인의 본을 보이게 도와주시옵소서.

주여 저희들을 낳으시고 길러주신 부모님의 은혜를 소홀히 하고 잊고 살았습니다. 저희를 위하여 모든 것을 희생하신 부모님을 주님께서 친히 위로하시고 영원한 소망으로 충만케 하옵소서. 물심양면으로 부모를 공경하고 자녀된 도리를 다하는 하나님이 기뻐하시는 저희들 모두가 되게 하옵소서.

성가대의 찬양을 기뻐 흠향하시고 세우신 목사님 성령의 능력으로 붙잡아 주옵소서. 예수 그리스도 이름으로 기도드립니다. 아멘.

■ 성령 충만 – 주일예배 대표기도문

하늘로부터 급하고 강한 바람 같은 소리가 있어 그들이 앉은 온 집에 가득하며 마치 불의 혀처럼 갈라지는 것들이 그들에게 보여 각 사람 위에 하나씩 임하여 (행 2:2-3)

사랑과 은혜가 풍성하신 하나님.

지난 한 주간도 주님의 강한 팔과 능력으로 붙드시고 다스려 주심을 감사드립니다. 주일을 맞이하여 온 성도가 마음을 같이하여 주님을 앙망하며 모였습니다. 초대교회 마가 다락방의 성령의 역사가 오늘 이 시간 임하시길 간절히 기도드립니다. 주의 성령님을 환영하고 모셔 들이고 의지하오니 바람같이 불같이 임하셔서 저희를 변화시켜 주옵소서.

주여 바리새인같이 자신의 의를 내세우며 교만했던 죄를 회개합니다. 또한 무기력하고 열매 없는 습관적인 신앙도 자복하오니 긍휼히 여기시고 용서하여 주옵소서.

주여 이 나라와 민족에게 다시금 성령의 불길이 타오르게 하셔서 온전한 복음화가 이루어지게 하옵시고 이 백성에게 꿈과 비전을 제시하는 교회가 되게 하옵소서. 주여 성령 충만함을 허락하셔서 내 중심의 삶에서 주님 중심으로 변화되게 하시고 지식과 경험을 의지하기보다 하나님의 말씀을 의지하며 순종하는 주의 제자의 삶을 살게 하옵소서.

가난한 자에게 복음이 전파되고 눈먼 자가 다시 보게 되며 눌린 자가 자유케 되는 성령의 역사가 일어나게 하옵시고 병든 자가 치료받고 귀신이 떠나가며 의와 평강과 희락이 넘치는 주님의 나라가 임하실 줄 믿습니다.

성령이 임하시므로 우리가 권능을 받고 예루살렘과 유대와 사마리아와 땅 끝까지 선교하는 교회와 우리 모두가 되게 하옵소서.

세상 끝 날까지 항상 우리와 함께하시는 예수 그리스도 이름으로 기도드립니다. 아멘.

■ 능력과 치유 - 주일예배 대표기도문

네 빛이 새벽 같이 비칠 것이며 네 치유가 급속할 것이며 네 공의가 네 앞에 행하고 여호와의 영광이 네 뒤에 호위하리니 (사 58:8)

평강의 왕이신 하나님. 때를 따라 돕는 은혜를 베풀어 주심을 감사드립니다. 주의 거룩한 성전에서 주님을 경배하고 찬양하오니 영광을 받으시옵소서. 죄와 허물로 주님을 외면하고 떠나갔던 저희들을 용납하여 주시고 넓으신 품에 안아주심을 감사드립니다. 지나간 한 주간도 내 중심으로 살았습니다. 남을 판단하고 비판하였던 완악한 저희들입니다. 회개하오니 용서하여 주시옵소서.

이 시간 주님을 앙망하며 의지하오니 저희의 연약함을 붙드시고 말씀대로 살아갈 수 있도록 능력을 더하여 주시옵소서. 나의 유익보다 공의를 앞세우게 하시고 순간의 이익을 위해서 불의와 타협하지 말게 하시며 정직하고 올바르게 살아갈 수 있도록 성령으로 붙들어 주옵소서.

주여 이 민족을 고난과 시련에서 건져주신 주님을 기억합니다. 우리나라를 침략했던 세력으로부터 회복을 허락하신 주님의 은혜를 생각하며 감사드립니다. 주여 저들을 용서하되 억울함과 치욕을 잊지 않게 하옵소서. 이 나라가 힘 있고 강한 나라가 되어 다시는 치욕의 역사를 되풀이하지 않게 하옵소서.

주님께서 이 나라에 복을 주시고 기적을 베풀어 주셔서 부족함이 없도록 채워주시고 시온의 대로를 활짝 열어 주시니 감사드립니다.

이와 같이 놀라우신 하나님의 은혜를 고통 받는 이웃과 세계 여러 나라에 나누고 베풀 수 있는 복된 나라요 존경받는 나라가 되게 하옵소서.

목사님을 통하여 주신 말씀 안에서 예수님의 사랑을 깊이 체험하게 하옵소서. 예수님의 이름으로 기도드립니다. 아멘.

빛과 소금 - 주일예배 대표기도문

진리를 따르는 자는 빛으로 오나니 이는 그 행위가 하나님 안에서 행한 것임을 나타내려 함이라 하시니라 (요 3:21)

　생명의 빛이신 하나님. 무한하신 사랑으로 한 주간을 인도하시고 영광스런 주의 성전으로 부르셔서 예배드리게 하심을 감사드립니다. 영적인 혼돈과 어두운 세상 속에서 주님을 바라보며 소망을 갖게 하시니 감사합니다.
　이 사회의 어둠이요 고통인 양극화가 심화되고 있습니다. 긍휼을 베풀어 주옵소서. 주여 저희들이 빛 가운데 살지 못하고 내 자신의 이익만을 추구하며 살았습니다. 회개하오니 정결한 마음과 정직한 영을 새롭게 하시옵소서. 사람들은 오직 지식 습득에만 몰두하지만 지식만으로 성공할 수 없고 돈이면 안 되는 것이 없다지만 돈으로 행복을 살 수 없으며 예수님 안에서만 참 만족과 행복이 있음을 고백합니다.
　주여, 교회가 세상의 빛과 소금의 직분을 감당케 하시옵소서. 가난하고 병들고 절망에 처한 이웃에게 예수 그리스도의 가르침을 실천하게 하시고 주님이 허락하신 복을 나눔으로 빛을 비추게 하옵소서.
　주님께서 이 나라를 축복하셔서 절대 다수가 풍족함을 누리며 살아가고 있습니다. 하지만 비교 가난으로 여유와 감사를 잊어버리고 염려하며 살았습니다.
　주여 없는 것을 바라보기보다 주신 복을 헤아려 감사하는 저희들 되게 하시고 주님의 주신 복을 이 나라를 넘어 세계의 어려운 나라를 돕고 희망을 나누어 주는 데 사용할 수 있도록 도와주시옵소서.
　진리의 말씀으로 저희들 마음의 눈을 열어 주셔서 부패하고 진리를 왜곡하는 권력에 당당히 맞서게 하옵소서. 세상의 빛과 소금 되신 예수 그리스도 이름으로 기도드립니다. 아멘.

전도의 삶 – 주일예배 대표기도문
이르시되 너희는 온 천하에 다니며 만민에게 복음을 전파하라 (막 18:15)

　영원부터 영원까지 살아 계신 하나님. 영광과 찬송을 세세토록 받으시옵소서. 사람이 무엇이관대 이처럼 저희들을 사랑하셔서 우리 형질이 이루어지기 전에 아시고 택하셔서 주님의 자녀 삼아 주심을 감사드립니다.
　이 시간 마음과 뜻을 다하여 주님을 예배하오니 영광을 받으시옵고 주님이 주시는 참 평안과 구원의 기쁨을 다시금 충만케 하여 주옵소서.
　수고하고 무거운 짐 진 자들아 다 내게로 오라 내가 너희를 쉬게 하리라 말씀하신 주님, 주 안에서 참된 안식과 영원한 소망을 허락하여 주옵소서.
　한 영혼을 천하보다 귀하게 여기시는 주님의 음성에 귀를 기울입니다. 그동안 전도를 게을리 하며 무지했던 저희들을 용서하여 주옵소서.
　주님, 저희들이 복음을 부끄러워하지 아니하고 때를 얻든지 못 얻든지 최선을 다하여 복음을 전하는 순종하는 주의 자녀 되길 원합니다.
　성령으로 충만케 하여 주시옵소서.
　주여, 기도하며 입술로 복음을 전할 때 인내와 헌신이 필요함을 고백합니다. 도와주시옵소서.
　사랑을 실천함으로 전도하기 원하지만 일회적으로 끝날 때가 많았던 부족하고 연약한 저희들입니다. 능력으로 붙들어 주시옵소서.
　주여 신앙이 지식에만 머물지 않게 하시고 저희들 주님의 온유하고 겸손하신 마음을 본받아 생활 속에서 전도의 열매를 맺도록 은총 베풀어 주옵소서. 주여, 기도와 연구로 지혜롭게 전도하여 잃은 양을 찾은 주님의 기쁨을 맛보게 하여 주시옵소서. 목사님의 말씀 선포를 통하여 회개와 부흥의 역사가 넘치게 하옵소서. 예수님의 이름으로 기도합니다. 아멘.

신년축하예배 - 대표기도문

일어나라 빛을 발하라 이는 네 빛이 이르렀고 여호와의 영광이 네 위에 임하였음이니라 (사 60:1)

    천지와 우주 만물을 창조하신 하나님 아버지. 새해 첫 주일을 맞이하여 마음과 뜻과 정성을 모아 주님을 예배하게 하시니 감사드립니다. 새해에는 주님께 더 가까이 나아가며 주님을 순종하며 주님과 동행하기 원합니다. 말씀과 성령으로 인도하여 주시옵소서. 주여, 저희들의 각오와 새로운 결단이 헛되지 아니하고 주 안에서 아름다운 열매를 맺는 한 해가 되게 도와주시옵소서. 이 시간 나라와 민족을 위하여 기도드립니다. 침체된 세계 경제의 여파로 서민들의 어려움이 가중되고 있사오며 곳곳에서 탄식 소리가 넘치고 있습니다. 주여, 도와주시옵소서. 이 백성들이 주님을 사랑하고 섬기기보다 우상을 섬기며 돈을 사랑하며 교만한 죄를 속히 회개하고 돌아오게 하옵소서. 먼저 부르심을 받은 저희들이 말씀대로 살지 못하고 사랑을 실천하지 못한 죄를 회개합니다. 용서하여 주시옵소서.

    새해에는 교회 기관마다 맡겨주신 사명을 온전히 감당하도록 능력을 더하여 주시고 모든 성도들이 충성된 일꾼으로 쓰임 받게 하옵소서.

    사랑의 하나님, 마지막 때에 이 민족을 들어서 땅 끝까지 복음을 전하는 선교의 사명을 감당케 하심을 감사드립니다. 순종하며 헌신하는 선교사님의 사역과 가정 위에 크신 은총을 베풀어 주시옵소서. 우리들도 선교에 기도와 물질로 동참하게 도와주시고 특별히 가족 구원을 온전히 이루는 새해가 되게 하시고 전도의 열매를 맺는 한 해가 되게 도와주시옵소서.

    찬양으로 영광 돌리는 성가대 위에 함께 하시고 담임목사님을 통하여 주시는 말씀에 기름 부어 주시옵소서. 예수 그리스도 이름으로 기도드립니다. 아멘.

부활 주일예배 – 대표기도문

그러나 이제 그리스도께서 죽은 자 가운데서 다시 살아나사 잠자는 자들의 첫 열매가 되셨도다
(고전 15:20)

　부활이요 생명이 되신 주님을 찬양합니다. 우리를 사랑하사 가시 면류관 쓰시고 채찍에 맞아 피투성이가 되신 주님 저가 남은 구원하였으되 자기는 구원할 수 없도다 조롱당하시며 죽기까지 저희를 사랑하신 주님. 주님의 사랑을 어찌 말로 다 형용하오리까. 사망 권세 이기시고 부활하신 주님을 소리 높여 찬양합니다.

　주여, 저희들 주님을 믿는 자녀로써 본이 되는 삶을 살지 못하고 세상과 구별되지 못했음을 고백합니다. 주의 보혈로 깨끗이 씻어 주시고 부활의 능력으로 붙들어 주옵소서. 이제부터 무기력한 저희들이 아니라 부활의 기쁜 소식을 온 세상에 전하는 예수 그리스도의 산 증인이 되게 하옵소서.

　주여, 지금 이 시간에 육신의 질병으로 고통당하는 사람 심한 좌절감에 빠진 사람 경제적인 어려움과 파탄에 빠진 사람을 부활의 능력으로 안수하여 주셔서 주의 영광을 보게 하시고 소생하게 하옵소서.

　주여, 아직 이 나라가 복음화 되지 못했습니다. 우상숭배도 수그러들지 않았습니다. 이 백성들이 속히 회개하고 주님께 나오도록 한없는 은총을 베풀어 주옵시고 주님만 섬기는 복 있는 백성이 되게 하옵소서. 먼저 부름 받은 저희들이 세상의 빛과 소금의 직분을 감당하도록 성령으로 충만하게 도와주시옵고 우리들 가정과 자녀들에게 소망이 넘치게 하옵소서.

　주여, 성가대의 찬양을 기뻐 받으시고 단 위에 세우신 목사님에게 부활의 능력으로 충만하게 하셔서 전해지는 말씀이 우리 심령을 새롭게 하는 위대한 능력이 되게 하옵소서. 부활이요 생명되신 예수 그리스도 이름으로 감사하며 기도드립니다. 아멘.

■ 추수감사 주일예배 – 대표기도문

보라 농부가 땅에서 나는 귀한 열매를 바라고 길이 참아 이른 비와 늦은 비를 기다리나니 (약 5;7)

사랑과 은혜가 풍성하신 좋으신 하나님 아버지. 감사드립니다. 주님께서 때를 따라 햇빛과 비를 주셔서 올해도 오곡백과 무르익어 풍성한 결실을 허락하심 감사드립니다. 오늘 우리의 정성과 마음으로 드리는 예물을 받으시고 홀로 영광을 받아 주시옵소서.

한 해를 뒤돌아보면 온통 감사의 제목인데도 주님의 은혜를 너무도 많이 잊고 살았습니다. 때로는 부족함이 없도록 채우시고 인도하시는 주님의 은혜보다 나의 노력과 땀의 댓가를 받아 마땅하다 생각했습니다. 저희들의 무지함과 오만함을 용서하여 주옵소서. 먼저 주님의 나라와 의를 구하면 이 모든 것을 더하시리라 하신 말씀보다 무엇을 먹을까 무엇을 입을까 염려하며 산 적이 많았습니다. 주의 보혈로 깨끗하게 씻어 주시옵소서.

주여, 부족함을 인하여 불평하기보다 주신 것을 헤아려 감사하는 저희들 되게 하시고 육신의 눈으로 바라보기보다 영의 눈을 떠서 썩지 아니할 영원한 나라를 바라보게 도와주시옵소서.

한 해 동안도 많은 어려움이 있었지만 저희 가족을 건강하게 지켜 주시고 생업 가운데 복을 주셔서 감사함으로 예배드리오니 기뻐 받으시옵소서.

하지만 양극화가 심화되어 직장을 잃은 어려운 가정도 있습니다. 병들고 소외되고 고통 가운데 빠진 어려운 이웃도 있사오니 주여 불쌍히 여겨 주옵소서. 주님의 마음으로 이와 같이 어려운 분들을 돌보는 것이 교회의 역할인 줄 아오니 힘써 도움을 베푸는 저희 교회가 되게 하여 주옵소서. 오늘도 말씀으로 임하시길 간절히 기도하며 예수님의 이름으로 기도드립니다. 아멘.

■ 성탄축하 예배 - 대표기도문
보라 처녀가 잉태하여 아들을 낳을 것이요 그의 이름을 임마누엘이라 하리라 (사 7:14)

만왕의 왕이신 하나님. 아버지 절망에 빠진 저희들을 사랑하시어 독생자를 보내주심 감사드립니다. 하늘 보좌의 영광을 버리시고 이천 년 전에 베들레헴 구유에 나시기까지 낮아지신 예수님의 은혜와 사랑을 감사드립니다. 황금과 유향과 몰약을 드린 동방박사처럼 저희들 마음과 정성을 모아 이 시간 예물을 드리며 주의 탄생을 경배합니다.

주여, 사람이 무엇이관대 이처럼 크고 놀라운 사랑을 베풀어 주시는지 저희들 측량할 길 없습니다. 많고 많은 사람 중에 저희들을 부르시고 택하셔서 주의 백성 삼아 주시오니 무한 감사드립니다.

하늘에는 영광이요 땅에서는 기뻐하심을 입은 자들에게 평화로다 이 기쁨과 영광을 온전히 누리는 저희들 되게 하옵시고 놀라운 기쁨의 좋은 소식을 널리 전하는 우리 모두가 되게 축복하여 주옵소서.

주여, 성탄의 참된 의미를 깨닫게 하시고 그 능력으로 붙들어 주셔서 인생의 무거운 짐을 지고 절망에 빠진 자에게 소망의 빛을 전하게 하옵소서. 그리고 허무와 무의미로 삶을 포기하는 자에게 기쁨의 근원 되신 예수 그리스도를 증거하게 하옵소서.

지금껏 지식에 머무른 신앙과 실천하지 못한 마음뿐인 신앙을 회개하고 고백하오니 주여 용서 하옵시고 보혈로 깨끗하게 하옵소서.

이제는 가난하고 소외된 자의 이웃이 되고 작은 것부터 사랑과 나눔을 실천하는 진정한 그리스도인이 되도록 성령의 능력을 부어 주시옵소서.

목사님을 통하여 주시는 말씀에 기름 부어 주셔서 새롭게 변화되게 하옵소서. 예수 그리스도 이름으로 기도드립니다. 아멘.

■ 영적 침체에서 자유하라 - 치유기도문 ; 영적침체

하나님이 레히에 한 우묵한 곳을 터치시니 물이 거기서 솟아나오는지라 삼손이 그것을 마시고 정신이 회복되어 소생하니 그러므로 그 샘 이름은 엔학고레라 (삿 15:19)

생명의 주가 되시는 하나님 아버지!

죄로 말미암아 영원히 죽었던 저희들을 그리스도의 십자가 보혈로 구속하여 주심을 감사드립니다. 그러나 하나님의 변함없는 은혜에도 불구하고 저희의 믿음 없음과 연약함으로 인해 먹고 사는 데에만 치우쳐 영적인 무기력증에 빠지고 말았습니다.

이제 다시 성령의 능력으로 돌이키기를 원합니다. 회개의 영을 허락하셔서 다시 말씀과 기도의 자리로 불러 주시고 거룩한 영성의 자리로 돌아갈 수 있도록 도와주옵소서.

날마다 세상의 유혹과 욕심에 빠지는 연약함을 능력의 팔로 붙들어 주시고 어떠한 어려움을 만날지라도 생명의 주를 떠나지 않게 하시며, 영원한 구원의 소망을 잃지 않게 하옵소서.

죽음에서 새 생명을 얻게 하신 처음 사랑을 기억하여 이기는 자에게 주시는 생명나무의 과실을 얻게 하시며 주님으로 말미암아 참 승리자가 되게 하옵소서.

우리를 구원하신 예수 그리스도의 이름으로 기도합니다. 아멘

■ 새 힘을 주시옵소서 - 치유기도문 ; 우울증

그는 하나님께 기도하므로 하나님이 은혜를 베푸사 그로 자기의 얼굴을 즐거이 보게 하시고 사람에게 그 의를 회복시키시느니라 (욥 33:26)

사랑의 하나님 아버지!

이 시간 외롭고 힘들어 지쳐 있는 이곳에 임하여 주옵소서. 슬픈 생각에 젖어 들어서 고통스러운 생각과 부정적인 생각을 갖게 하는 어둠의 세력을 예수의 이름으로 물러가게 하옵소서.

기쁘고 즐거운 마음을 주셔서 무엇인가를 하고자 하는 의욕을 주옵소서. 평안을 허락하셔서 잠도 잘 자고 식욕도 좋아져서 삶의 의욕이 생겨나게 하옵소서.

마음을 상하게 했던 모든 좌절과 낙심의 근원들을 회복시켜 주옵소서.

우리 주님만이 기쁨이요, 소망입니다. 마음의 중심을 차지했던 상실과 허탈이 주님으로 채워지게 하시고 주님이 주시는 기쁨으로 자유함을 얻게 하옵소서.

위로의 하나님!

다니엘이 힘이 없었을 때 그를 어루만지시며 일으켜 세우셨던 주님을 기억합니다. 낙심과 패배 속에서 우울함에 지쳐있는 귀한 당신의 영혼을 일으켜 새 힘을 주시옵소서. 힘을 얻고 주님을 향해 새로운 길로 전진하는 삶을 살게 하여 주옵소서.

예수 그리스도의 이름으로 기도합니다. 아멘

나는 너를 치료하는 여호와 - 치유기도문;입원환자

내 모든 규례를 지키면 내가 애굽 사람에게 내린 모든 질병의 하나도 너희에게 내리지 아니하리니 나는 너희를 치료하는 여호와임이니라 (출 15:26)

은밀한 중에 살피시는 자비로우신 하나님!

그동안 건강을 주셔서 살게 하셨음을 감사합니다. 그러나 건강한 몸 주셨을 때 감사하지 못했고 주를 위해 온전히 헌신하지 못했던 것을 용서해 주옵소서.

건강을 잘 돌보지 못하고 함부로 했던 것도 용서해 주옵소서.

이 시간 오셔서 예수님의 이름으로 명하여 연약하고 병든 부분을 주님의 손으로 어루만져 주시고 치료의 빛을 비춰 주시어 깨끗이 나음을 입게 해 주옵소서.

주께서 치료하심을 보게 하여 주옵소서.

부족한 저에게 건강 주시면 주를 위해서 더욱 헌신하겠사오니 남은 생애가 주님 앞에 복이 되게 해 주옵소서. 이 질병을 통하여 말씀하시는 주님의 음성도 들을 수 있게 해 주옵소서. 주님의 원하시는 뜻대로 살게 하옵소서.

병실에 머무는 동안 전도할 수 있는 은혜도 주셔서 영적인 기쁨도 넘치게 해 주옵소서.

모든 질병의 의원이 되시는 예수 그리스도의 이름으로 기도합니다. 아멘

■ 환난 앞에서도 맞서 싸울 수 있는 용기 – 치유기도문 ; 환난 시험

시험을 참는 자는 복이 있도다 인정하심을 받은 후에 주께서 자기를 사랑하는 자들에게 약속하신 생명의 면류관을 얻을 것임이니라 (약 1:12)

살아 계신 하나님 아버지!

환난과 시험을 당한 사랑하는 주의 자녀들이 있습니다. 지금 당하는 시험이 너무나 힘겨워 아파하고 있습니다. 저희들 너무나 연약하여 넘어지오니 성령의 능력을 주셔서 환난과 시험을 믿음으로 이겨낼 수 있도록 하여 주옵소서.

이 환난과 시험을 헤쳐 나갈 용기도 주시고 피할 지혜도 주시어서 주님의 뜻 가운데 인내하며 정금같이 나올 수 있도록 붙들어 주시기를 원합니다. 사슴이 시냇물을 찾기에 갈급함같이 이 불쌍한 영혼을 만나 주시기를 원합니다.

간절히 비옵기는 폭풍과도 같은 환난 앞에서도 맞서 싸울 수 있는 용기와 불같은 시험 앞에서도 참고 인내할 수 있는 불같은 믿음을 주옵소서. 거친 파도 날 향해 와도 주님 함께 어두운 구름을 헤치고 맑은 하늘로 날아오르는 것을 소망하며 나의 영혼 잠잠히 왕 되신 주님을 바라보기를 원합니다.

오직 주님만이 환난에서 저희들을 건지실 분이오니 시험에 들게 하지 마옵시고 다만 악에서 구하소서.

예수님의 이름으로 기도드립니다. 아멘

마음이 상한 자를 구원하시는 예수님 – 치유기도문 ; 낙심

여호와는 마음이 상한 자에게 가까이 하시고 중심에 통회하는 자를 구원하시는도다 (시 34:18)

마음이 상한 자를 위로하시는 아버지 하나님!

오늘 낙심 가운데 힘들어 하는 사랑하는 성도들 위하여 기도합니다. 열심히 살기를 원했고 또 그렇게 살았습니다만 뜻하지 않은 어려움이 앞을 가로막았습니다. 너무 힘들어 기도할 기력을 잃어버리고 주님을 미워하는 마음도 생겼습니다. 그러나 하나님은 긍휼이 많으신 분이시며 우리의 연약한 성정을 아시오니 회복의 은혜를 부어 주옵소서.

이 시간도 주님의 은혜로 모든 고통이 지나가게 하시고 죽음을 이기신 우리 주님처럼 우리도 말씀으로 승리하게 하옵소서. 주님은 높이기도 하시고 낮추기도 하시며, 상하게도 하시고 고치기도 하시는 분이오니, 우리가 낙심할 때 죄를 짓지 않도록 도와주시어서 오늘의 시련으로 낙심하지 않도록 보살펴 주시옵소서.

우리에게 믿음 없는 것을 용서해 주시고 모든 것을 인내와 용기로 극복할 수 있게 하여 주옵소서.

오직 주님만을 온전히 믿음으로 승리의 삶이 되게 하시고 믿음의 결실이 평안과 축복으로 드러나게 해 주옵소서.

예수님의 이름으로 기도드립니다. 아멘

낙심하지 않는 기도 - 치유기도문 ; 사업실패

우리가 선을 행하되 낙심하지 말지니 피곤하지 아니하면 때가 이르매 거두리라 (갈 6:9)

우리를 높이기도 낮추기도 하시는 하나님 아버지!

여기 사업에 실패하여 좌절한 성도를 기억하여 주옵소서. 사랑하는 형제가 더 큰 사업을 위하여 노력했지만 사업의 실패로 좌절하고 있습니다. 이 시간 찾아오셔서 모든 위기가 기회가 되게 하여 주옵소서.

이번 시련을 통해서 돈으로 살 수 없는 큰 경험을 얻었사오니 이 일로 더욱 큰 하나님의 사랑을 깨닫게 하시고 더 큰 비밀을 알게 하여 주옵소서.

고통 가운데 참 위로가 되시는 하나님!

우리 성도님의 가정을 붙잡아 주셔서 금번 어려운 일로 인해서 더 뜨거운 가족애로 하나되게 하시고, 더 깊은 교제 속에 천국의 모형을 이룰 수 있도록 도와주시옵소서. 가족 한 사람, 한 사람의 마음을 주께서 붙잡아 주시고, 위로해 주옵소서.

물질은 잃었사오나, 건강과 신앙과 가족만은 잃지 않도록 주께서 붙잡아 주옵소서. 잃은 것보다 얻은 것이 더 많은 것을 알게 하시고 더 큰 믿음으로 믿음 지키고 감사하며 살게 도와주옵소서.

거룩하신 예수 그리스도의 이름으로 기도드립니다. 아멘

■ 마음과 생각을 다스려 주옵소서 - 치유기도문 ; 무기력

내 영혼아 네가 어찌하여 낙망하며 어찌하여 내 속에서 불안하여 하는고 너는 하나님을 바라라 그 얼굴의 도우심을 인하여 내가 오히려 찬송하리로다 (시 42:5)

심은 대로 거두게 하시는 하나님 아버지!

저희들의 생명을 보호하시고 선한 길로 이끌어 주심을 감사드립니다.

이 세상 사는 동안에 주를 만나게 하시고 주의 자녀 삼아 주셨사오니 감사합니다. 주님의 자녀로서 하나님이 기뻐하시는 아름다운 삶을 살기 원합니다.

지금은 자다가 깰 때요 추수할 때라고 말씀하신 주님을 기억합니다. 저희들이 부지런함으로 우리에게 맡겨진 사명을 잘 감당케 하시고 하나님과 사람들 앞에서 인정받는 삶을 살게 하옵소서. 개미처럼 부지런히 일하라 하셨사오니 무엇보다 먼저 하나님을 아는 일에 부지런하게 하시며 주님을 섬기는 일에도 부지런하여 모든 삶에서 활력을 찾게 하옵소서.

이제 나만을 위하여 살지 않고 하나님과 이웃을 위하여 살아가게 하심으로 주께 영광 돌리게 하옵소서.

사탄은 우리를 안일함이나 나태함으로 넘어지게 하오니 성령께서 함께하셔서 우리의 마음을 빼앗기지 않도록 지켜 주시옵소서.

예수 그리스도의 이름으로 기도합니다. 아멘

■ 하늘의 평안으로 채워주소서 – 치유기도문 ; 이혼
내가 평안히 눕고 자기도 하리니 나를 안전히 거하게 하시는 이는 오직 여호와시니이다 (시 4:8)

사랑의 하나님 아버지!

우리에게 따뜻하고 아름다운 가정을 주셨던 주님께 감사를 드립니다. 그러나 주님 앞에서 한 서약을 지키지 못했음을 용서해 주옵소서. 서로 사랑으로 하나 되지 못하고 이해하고 용서하고 참지 못했음도 용서해 주시옵소서.

우리의 심령을 감찰하시는 주님, 불행해진 가정을 돌보시고 그 가운데에 성령의 위로와 은혜를 더하여 주옵소서. 답답한 중에 있는 자들을 주님의 품에 안아 주옵소서. 하나님이 동행하시고 말씀으로 그의 앞길을 인도하여 주옵소서.

주님만이 소망이요 의지가 되심을 믿습니다. 마음속 깊이 자리 잡고 있는 상처를 성령의 위로하심으로 싸매어 주시고 더 큰 은혜 주심을 따라 스스로의 죄를 회개하게 하옵소서. 모든 계획을 주님께 맡기고 낙망치도 말고 불안해 하지도 않는 하늘의 평안으로 채워 새로운 삶이 이어지게 하시고 마음에 남아 있는 미움도 사라지게 하옵소서.

주 예수 그리스도의 이름으로 기도드립니다. 아멘

■ 압제에서 자유하게 하옵소서 - 치유기도문 ; 중독
나를 압제하는 악인과 나를 에워싼 극한 원수에게서 벗어나게 하소서 (시 17:9)

사랑이 많으신 아버지 하나님!

여기 주님의 강력한 도우심을 받기를 원하는 성도가 있습니다. 중독으로 인하여 고통 받고 있는 이 성도를 긍휼히 여겨 주시고 은혜를 베풀어 주시옵소서.

안타깝게도 알코올 중독(마약, 도박)이 악한 것이고 끊어야 될 것인 줄 알면서도 자의로 끊을 수 없는 지경에까지 이르게 되었습니다.

주님, 이 시간 그의 마음속에 찾아가 주셔서 그를 지배하고 있는 중독을 끊어지게 하시고 완전히 해방될 수 있도록 인도하여 주시옵소서. 사랑하는 성도가 날마다 육체의 소욕을 이기고 성령의 소욕대로 살 수 있도록 도와주시옵소서. 다시는 이러한 유혹에 빠지지 않게 하시고, 신앙으로 새 삶을 살도록 허락하여 주옵소서.

성도의 가족에게도 힘을 더하여 주시고, 사랑하는 성도가 나쁜 습관을 완전히 끊고 새로운 삶을 살 수 있도록 기도로 도우며, 함께 고통을 나눌 수 있는 가족들이 되게 하시옵소서.

중독에서 완전히 해방될 줄 믿사오며, 예수 그리스도의 이름으로 기도드립니다. 아멘

■ 히스기야의 기도 - 치유기도문 ; 말기암 환자

여호와여 구하오니 내가 진실과 전심으로 주 앞에 행하며 주의보시기에 선하게 행한 것을 기억하옵소서 하고 심히 통곡하더라 (왕하 20:3)

인간의 생사화복을 주관하시는 하나님!

우리의 육신은 날로 쇠하나 우리의 영은 날로 새로워지게 하시니 감사합니다.

주님께는 능치 못함이 없사오니 이 시간 능하신 손으로 어루만지사 깨끗이 치료하여 주옵소서. 연약한 믿음을 붙들어 주시고 육체에 강건한 새 힘을 공급하여 주옵소서. 그러나 육신의 장막집보다 하늘의 영원한 집을 사모하게 하옵소서. 믿음으로 영원을 동경하도록 영의 눈을 뜨게 하여 주시옵소서.

사랑의 주님!

이 땅에서의 삶은 고난과 괴로움의 시간이었으나 주님이 계신 영원한 천국에 이를 때 인간의 모든 고통은 사라지고 주님께서 베푸신 축제에 들어가게 하옵소서. 병으로 씨름하는 하루하루가 능력 있는 주님의 손을 통해서 감격과 희망의 삶이 되게 해 주옵소서.

예수님을 이 땅에 보내셔서 구원의 은총을 주시고 죄 사함의 은혜를 주심을 다시 감사드리며 우리의 소망이신 예수 그리스도의 이름으로 기도합니다. 아멘

| 부록 |

가족 · 친족 사망 시 참고사항

사람이 살다가 세상을 떠나는 것은 참으로 안타까운 일이 아닐 수 없다. 어쩌면 가장 위로 받아야 할 사람들이 사랑하는 가족이나 친족을 떠나 보내고 남은 가족들일 것이다. 그들은 깊은 슬픔과 충격으로 인해 여러 가지 일들을 침착하게 해나갈 경황이 없을 것이다.

다음은 그럴 때 기억하면 도움이 될 만한 몇 가지 순서와 절차들이다.

1. 각종 구비 서류

1) 일반 자연사 또는 병사일 경우
(1) 사망 진단서 3통(보험 가입시 5통) – 의사 또는 한의사에게 발급 의뢰
(2) 가정에서 노환으로 운명할 경우에는 보증인 2인의 인감증명서로 주거 관할 지역 주민센터에서 확인 후 보증 서류로 대치가 가능함(단 선영, 시립묘지, 화장일 경우에는 가능하며, 공원묘지에서 매장하고자 하는 경우에는 반드시 사망진단서를 첨부해야 한다.).

2) 변사 또는 사고사일 경우
(1) 사체 검안서 2통
(2) 사체 촬영 사진 3~5장
(3) 주민등록등본 또는 주민등록증 앞뒤 사본

(4) 사고 지역 관할 경찰서에 제출
　　① 교통사고 – 관할 경찰서 교통사고 처리계
　　② 일반사고 – 관할 경찰서 형사계
(5) 사체 부검은 사망 원인 자살·타살의 구분, 사망 시간의 추정 등을 규명하기 위하여 실시하며, 사체 부검이 끝나면 검사 또는 사법 경찰관의 지시에 따라 장례 절차에 임한다.

3) 보험 및 합의 관계
일반 보험 관계 및 가해자와의 합의 관계는 장례 후에 처리한다.

4) 매장으로 인한 묘지 이용 시 구비서류 및 주의사항
(1) 공원묘지
　　① 사망진단서(또는 사체검안서) 1통
　　② 주민등록등본 1통
　　③ 관리사무소에 제출

(2) 시립묘지, 시립공원 묘지
　　① 서울 근교에는 경기도 벽제, 용미리에 소재
　　② 매장 증명서 1통(사망 진단서 1통을 주거 관할 지역 주민센터에서 매장 증명서 1통과 교환하여 발급)
　　③ 관리사무소에 제출(반드시 유가족이 제출하고 요금은 납부)

(3) 선산, 선영, 공동묘지
구비 서류를 준비할 의무는 없다.

5) 화장 시의 구비 서류 및 주의사항

(1) 관리할 가족이 없을 경우, 본인의 유언이나 전염병 등의 사정으로 화장할 경우에는 반드시 교역자와 상의 하에 화장한다.

(2) 서울 근교 화장터는 경기도 벽제, 성남, 부평, 수원에 있다.

(3) 화장 후 분골은 묻거나 납골당에 보관하고, 경우에 따라서 산에 뿌려도 무방하다.

(4) 구비 서류

　① 사망진단서 1통(주거 관할 지역 내의 화장장을 이용할 시에는 관할 지역 주민센터에서 화장증명서를 발급받아 첨부한다.)

　② 인지대 약 000원

　③ 주거 관할 외의 지역의 화장장을 이용할 경우에는 사망진단서만 첨부 요(인지대 약 000원)

2. 부고 예문

부 고

　○○○의 아버님(어머님) ○○○장로(권사)께서 병환으로 (또는 다른 이유로) 20 년 월 일 시에 자택(○○병원)에서 별세하시어 하나님께로 가셨음을 알려드립니다.

발인 예배
일시: 20 년 월 일(요일)   시
장소:
장지: ○○도 ○○군 ○○면 ○○리 선영
　　　(또는 ○○○공원 묘원)
주례: ○○○목사

상제
아들: ○○○, ○○○, ○○○
손자: ○○○, ○○○
딸: ○○○, ○○○
사위: ○○○

20 년 월 일
친족대표 ○○○
교회대표 ○○○
호　상 ○○○

3. 감사 인사 예문

귀하

주님의 이름으로 문안드립니다.

저희 ○○○의 장례 때 보여주신 귀하의 사랑과 정성은 슬픔에 잠긴 저희 가족에게 큰 위로와 힘이 되었습니다.

먼저 찾아뵙고 인사드리는 것이 도리인 줄 아오나 황망 중이옵기에 찾아뵙지 못하고 우선 서면으로 인사드림을 관용해 주시기 바랍니다. 앞으로도 변함없으신 사랑과 지도를 바랍니다.

부디 하나님의 은혜가 함께하시기를 바랍니다.

20 년 월 일
상주 ○○○(또는 유족 ○○○, ○○○)